宿豫年鉴

2017

总第16卷

中共宿迁市宿豫区委员会
宿迁市宿豫区人民政府 主办

宿迁市宿豫区地方志编纂委员会办公室 编

方志出版社
Publishing House of Local Records

图书在版编目（CIP）数据

宿豫年鉴. 2017 / 宿迁市宿豫区地方志编纂委员会办公室编. —北京：方志出版社，2017. 12

ISBN 978-7-5144-2745-5

Ⅰ. ①宿… Ⅱ. ①宿… Ⅲ. ①宿豫区—2017—年鉴 Ⅳ. ①Z525.34

中国版本图书馆CIP数据核字（2017）第295709号

宿豫年鉴（2017）

编　　者：宿迁市宿豫区地方志编纂委员会办公室

责任编辑：顾　洁

出 版 人：冀祥德

出 版 者：方志出版社

地址　北京市朝阳区潘家园东里9号（国家方志馆4层）

邮编　100021

网址　http://www.fzph.org

发　　行：方志出版社发行中心

电话（010）67110500

经　　销：各地新华书店

印　　刷：南京顺和印刷有限责任公司

开　　本：787 × 1092　　1/16

印　　张：27

字　　数：710千字

版　　次：2017年12月第1版　　2017年12月第1次印刷

印　　数：0001 ~ 1000册

ISBN　978-7-5144-2745-5　　定价：230.00元

宿豫年鉴编纂委员会

《宿豫年鉴》编辑部

编辑部地址 江苏省宿迁市宿豫区政府3号院A楼

电　　话 0527—84465430

邮　　编 223801

邮　　箱 syzb260@126.com

宿豫荣誉

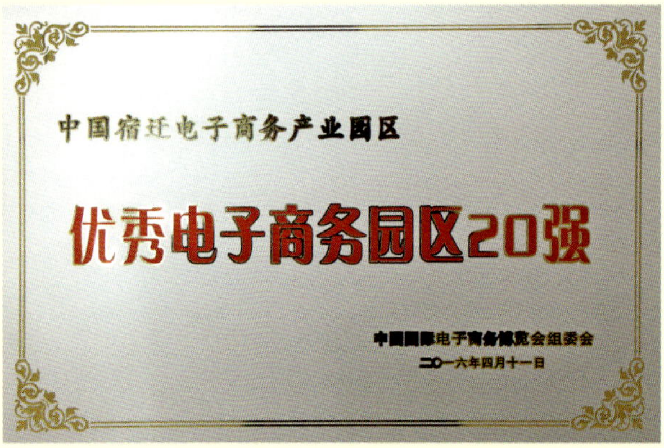

2016年2月

序

宿豫区人民政府区长 殷其国

《宿豫年鉴》自2002年创刊以来，已经历16个春秋。16年来，《宿豫年鉴》以别具一格的体例、科学合理的架构、全面翔实的内容、权威严谨的数据，承载着宿豫的时代特征、年度特色和地域特点，饱含着宿豫人锐意进取、艰苦奋斗、勇于拼搏的光辉历程，成为展示宿豫、宣传宿豫的重要窗口和平台，也是社会各界了解宿豫、认知宿豫的工具书和资料文献。

过去的一年，全区上下深入学习贯彻习近平总书记系列重要讲话精神，以“两学一做"活动为统领，以机关作风建设提升年活动为抓手，内化素质，外强本领，在工业强区、电商名城、幸福家园建设的征途中，迈出了坚实的步伐，取得了可喜的成绩。2月，宿豫区被中国科学技术协会评为2016—2020年度全国科普示范县区；4月，宿迁电子商务产业园区被中国国际电子商务博览会组委会列为全国优秀电子商务园区20强；5月，宿豫区被中宣部、司法部评定为2011—2015全国法治宣传教育先进区；9月，宿豫区被国家质检总局评为国家级出口食品农产品质量安全示范区……

在全区上下学习贯彻十九大精神、聚焦“三大建设”之际，《宿豫年鉴(2017)》付梓出版。此书全面客观记录和反映了2016年全区经济社会发展历程，在提供信息、记载成绩、总结经验方面，“集百家于一册、缩全年为一瞬”，展现了宿豫人在推动“两聚一高”、落实“三项任务”中取得的阶段性成效，起到了很好的宣传、存史、资政和育人作用。值此之际，向为《宿豫年鉴(2017)》出版发行付出辛勤劳动的史志工作者表示祝贺和衷心感谢。

《宿豫年鉴》作为全区文化建设的一个靓丽品牌，希望在继承中不断创新、在创新中不断提质，越编越精，更好地发挥“鉴往知来"的作用，为推进发展提供参考，为留住乡愁提供载体，为宿豫发展生态经济走新路留下历史的印记！

是为序。

2016年12月6日，中共宿豫区委书记、宿迁高新区党工委书记刘海红（前左二），区委常委、宣传部部长徐海涛（前左一）带领相关部门负责人检查豫新街道小区文明创建工作

2016年3月4日，“做文明人 创文明城”宿豫区2016年学雷锋志愿服务集中行动仪式在红星美凯龙广场举行。区领导徐海涛及有关部门负责人出席仪式

2016年5月25日，在宿迁市文明礼仪养成教育成长仪式上，少年儿童用童谣朗诵《宿迁文明20条》

2016年12月9日，宿豫区召开创建全国文明城市推进会。区委书记、宿迁高新区党工委书记刘海红出席会议并讲话。区级领导班子成员，各乡镇、街道、园区，区直各部门主要负责人参加会议

“炮轰”浮尘
净化空气

改造后的锦华名园小区

改造后的金外滩国际花园

2016年6月11—12日，中共宿豫区委书记、宿迁高新区党工委书记刘海红，区委副书记、区长刘士武（右三）带领宿豫党政代表团赴张家港市考察。受到中共张家港市委书记朱立凡（右五）等人热情接待。图为参观张家港市经济社会建设成就展。区领导袁昌华、王占军、孙济刚、陈磊等参加考察

2016年10月28日，中共张家港市委书记朱立凡（右二），市委副书记、代市长黄戟带领张家港市党政代表团，到宿豫参加张家港宿豫工业园区成立十周年交流活动。左图为区委书记刘海红等陪同参观百威啤酒。右图为区委书记刘海红、区长刘士武陪同参观宿迁电子商务产业园，区委常委、常务副区长陈磊介绍情况

2016年10月28日，张家港宿豫工业园区成立十周年座谈会在尚阳湖酒店举行，张家港市党政代表团成员、宿豫区四套班子主要领导参加会议

宿迁中玻电子玻璃有限公司在建厂房

宿迁天成锋精机股份有限公司生产车间一角

2016年上市企业

10月18日，江苏永星化工股份有限公司在新三板挂牌上市

2月16日，江苏华星新材料股份有限公司在新三板挂牌上市

9月28日，江苏良木新材料股份有限公司在E板挂牌上市

11月11日，江苏众客食品股份有限公司在新三板挂牌上市

2016年11月29日，宿豫区政府与京东集团在南京签订京东（宿迁）物联网智能制造产业园项目合作协议。京东集团首席执行官刘强东、京东集团高级副总裁熊青云，江苏省商务厅厅长马明龙，市领导魏国强、王天琦、沈海斌，区领导刘海红、刘士武等参加签约仪式

2016年9月20日，当当网络销售客服工作现场

2016年3月19日，大兴镇集东居委会电商喜糖盒在线销售

宿迁电子商务产业园
（2016年4月6日摄）

2016年9月20日，大兴镇高圩村“支部+电商”引领党建富民示范点

京东全国客服中心（2015年3月13日摄）

2016年12月27日，中共宿豫区委书记、宿迁高新区党工委书记刘海红主持召开镇村“1+10”工程牵头部门工作汇报会，区领导刘士武、袁昌华、王占军、仲林、胡赣江、陈磊、吴昊、赵杉、温士才、张成龙、朱静波以及相关部门负责人等参加了会议

2016年10月12日，宿豫区第八届“重阳杯”老年人健身运动会在区文化公园广场开幕

仰化瓜蒌丰产（2016年12月17日摄）

农民喜获丰收（2016年9月23日摄）

2016年6月23日，宿豫城区突降暴雨。中共宿豫区委书记、宿迁高新区党工委书记刘海红亲临水灾现场指挥抢险救灾

2016年7月30日，宿豫区召开创建国家生态文明建设示范区动员大会。区领导刘海红、刘士武、袁昌华、王占军、郜学东、胡赣江、陈磊、江小军、刘后举、徐海涛、吴昊、赵杉、温士才等参加会议。会议由区委常委、常务副区长、宿迁电子商务产业园区党工委书记陈磊主持

2016年6月10日，中共宿豫区委书记、宿迁高新区党工委书记刘海红轻车简从前往部分乡镇调研重点工作开展情况，区委副书记胡赣江（左二）参加调研

2016年7月1日，宿豫区召开中国共产党成立95周年庆祝大会。区委书记刘海红等区四套班子全体成员及各乡镇、街道、园区、部门单位负责人参加会议

2016年12月27日，中国·宿豫项羽文化研究高峰论坛在宿豫尚阳湖大酒店举行。北京大学历史系教授、博导岳庆平，苏州大学历史系教授、博导臧知非，市委宣传部副部长、市社科联主席周长胜，区领导刘士武、袁昌华、王占军、徐海涛、刘培禄等出席活动

2016年6月20日，宿豫区召开重大项目观摩推进会。区领导刘海红、刘士武、袁昌华、王占军等区级领导班子全体成员以及各乡镇、街道、园区党政主要负责人等参加会议

2016年10月7日，中共宿豫区委书记、宿迁高新区党工委书记刘海红带领相关部门负责人调研十万亩生态核心区重点工程推进情况。区委副书记胡赣江，副区长张成龙、朱静波参加调研

2016年6月6日，中共宿豫区委书记、宿迁高新区党工委书记刘海红调研园区发展情况，区委常委、宿迁高新区管委会主任江小军（右一）介绍情况

2016年6月30日，宿豫区举办“唱响主旋律 颂歌献给党”主题合唱比赛和大学生村官“两学一做”学习教育主题汇报演出，向“七一”献礼，庆祝建党95周年。区领导刘海红、刘士武、袁昌华、王占军等区级领导班子成员观看了演出，并参加主题大合唱

编辑说明

一、指导思想：坚持以马克思列宁主义、毛泽东思想、邓小平理论、“三个代表”重要思想、科学发展观、习近平新时代中国特色社会主义思想为指导，贯彻落实习近平总书记系列重要讲话精神和治国理政新理念新思想新战略，坚持辩证唯物主义历和历史唯物主义的立场、观点、方法。

二、《宿豫年鉴（2017）》为第16卷，系统、全面、真实地记录了2016年度宿豫区域政治、经济、文化和社会生活等方面的基本情况。

三、《宿豫年鉴（2017）》采用条目式记事体，基本结构分为类目、分目、条目三级结构层次，不同层次的标题用不同的颜色、字号、字体和辅助标志区别。

四、《宿豫年鉴（2017）》采用双重检索系统。书前有中英文总目和详细目录，书后有索引，索引采用主题分析索引方法。

五、为叙述方便，书中记述各种机构大多采用习惯性简称。卷首附“宿豫区组织机构名录及简称、全称对照表”。

六、《宿豫年鉴（2017）》收录的信息资料，主要由各园区、区直机关各部门、各乡镇（街道）及驻宿豫各单位提供，专人撰写，并经供稿单位审核。撰稿人姓名均加括号紧随该条目之后，书中有些分目中所有条目均由一人撰写的，撰稿人姓名则放在分目中最后一个条目之后。公益彩页图片由区委宣传部、区电子政务中心提供，随文插图由相关单位提供。

七、《宿豫年鉴（2017）》使用的阿拉伯数字，凡不具有统计意义且超过四位数的，一律以万为单位，有小数的一般保留两位小数，百分数一般保留两位小数。

八、凡涉及宿豫国民经济和社会发展的全局性数据，原则以区统计局提供的统计公报为准；区统计局未提供或不便公开的，由各业务部门提供。由于资料来源和统计口径不尽一致，数值也不尽相同，同一数据往往因要求不同而各异。

宿豫区组织机构名录及简称、全称对照表

简　称	全　　称
区委	中国共产党宿迁市宿豫区委员会
区人大	宿迁市宿豫区人民代表大会常务委员会
区政府	宿迁市宿豫区人民政府
区政协	中国人民政治协商会议宿迁市宿豫区委员会
区委办	中共宿迁市宿豫区委办公室
区委研究室	中共宿迁市宿豫区委政策研究室
区委保密办（区委机要局）	中共宿迁市宿豫区委保密委员会办公室（中共宿迁市宿豫区委机要局）
区人大办	宿迁市宿豫区人大常委会办公室
区人大人代联委	宿迁市宿豫区人大常委会人事代表联络委员会
区人大教科文卫委	宿迁市宿豫区人大常委会教育科技文化卫生委员会
区人大财经委	宿迁市宿豫区人大常委会财政经济工作委员会
区人大环资城建委	宿迁市宿豫区人大常委会环境资源保护城乡建设委员会
区人大内司委	宿迁市宿豫区人大常委会内务司法工作委员会
区人大农经委	宿迁市宿宿豫区人大常委会农村经济工作委员会
区政府办	宿迁市宿豫区人民政府办公室
区挂钩办	宿迁市宿豫区南北挂钩办公室
区法制办	宿迁市宿豫区人民政府法制办公室
区人防办	宿迁市宿豫区人民防空办公室
区外事侨务办	宿迁市宿豫区人民政府外事侨务办公室
区政协办	政协宿迁市宿豫区委员会办公室
区政协提案法制委	宿迁市宿豫区政协常委会提案法制委员会
区政协经科委	宿迁市宿豫区政协常委会经济科学技术委员会
区政协教文医体委	宿迁市宿豫区政协常委会教育文化医卫体育委员会
区政协学习文史委	宿迁市宿豫区政协常委会学习文史委员会

简　称	全　　称
区政协外事委	宿迁市宿豫区政协常委会港澳台侨外事委员会
区纪委	中国共产党宿迁市宿豫区纪律检查委员会
区委组织部	中共宿迁市宿豫区委组织部
区委“两新”工委	中共宿迁市宿豫区委新经济组织和新社会组织工作委员会
区委党建办	中共宿迁市宿豫区委党的建设工作领导小组办公室
区委人才办	中共宿迁市宿豫区委人才工作领导小组办公室
区委老干部局	中共宿迁市宿豫区委老干部局
区委宣传部	中共宿迁市宿豫区委宣传部
区文化产业办	宿迁市宿豫区文化产业办公室
区新闻办	宿迁市宿豫区新闻工作领导小组办公室
区社科联	宿豫区哲学社会科学界联合会
区委政法委	中共宿迁市宿豫区委政法委员会
区综治办	宿迁市宿豫区社会治安综合治理委员会办公室
依法治区办	宿迁市宿豫区依法治区领导小组办公室
区委统战部	中共宿迁市宿豫区委统一战线工作部
区民宗局	宿迁市宿豫区民族宗教事务局
区委党校	中共宿迁市宿豫区委党校
区委农工办	中共宿迁市宿豫区委农村工作办公室
区扶贫办	宿迁市宿豫区扶贫工作领导小组办公室
区委党史工委	中共宿迁市宿豫区委党史工作委员会
区地方志办	宿迁市宿豫区地方志编纂委员会办公室
区台办	中共宿迁市宿豫区委区政府台湾工作办公室
区信访局	宿迁市宿豫区信访局
区委机关工委	中共宿迁市宿豫区区级机关委员会
区编办	宿迁市宿豫区机构编制委员会办公室
区事业局	宿迁市宿豫区事业单位登记管理局
区发改局	宿迁市宿豫区发展和改革局

简　称	全　　称
区物价局	宿迁市宿豫区物价管理局
区经信局	宿迁市宿豫区经济和信息化局
区中小企业局	宿迁市宿豫区中小企业管理局
区教育局	宿迁市宿豫区教育局
区体育局	宿迁市宿豫区体育局
区督导室	宿迁市宿豫区政府教育督导室
区科技局	宿迁市宿豫区科学技术局
区知识产权局	宿迁市宿豫区知识产权局
区地震局	宿迁市宿豫区地震局
区监察局	宿迁市宿豫区监察局
区民政局	宿迁市宿豫区民政局
区司法局	宿迁市宿豫区司法局
区财政局	宿迁市宿豫区财政局
区国资委	宿迁市宿豫区国有资产管理委员会
区人社局	宿迁市宿豫区人力资源和社会保障局
区环保局	宿迁市宿豫区环境保护局
区住建局	宿迁市宿豫区住房和城乡建设局
区征收办	宿迁市宿豫区房屋征收和补偿办公室
区交通运输局	宿迁市宿豫区交通运输局
区农委	宿迁市宿豫区农业委员会
区水产局	宿迁市宿豫区水产局
区农开局	宿迁市宿豫区农业资源开发局
区农机局	宿迁市宿豫区农业机械管理局
区商务局	宿迁市宿豫区商务局
区粮食局	宿迁市宿豫区粮食局
区水利（务）局	宿迁市宿豫区水利（务）局
区文广新局	宿迁市宿豫区文化广播电视新闻出版局
区版权局	宿迁市宿豫区版权局
区文物局	宿迁市宿豫区文物局

简　称	全　称
区广播电视台	宿迁市宿豫区广播电视台
区卫计委	宿迁市宿豫区卫生和计划生育委员会
区爱卫办	宿迁市宿豫区爱国卫生运动委员会办公室
区市场监督管理局	宿迁市宿豫区市场监督管理局
区药监局	宿迁市宿豫区食品药品监督管理局
区食安办	宿迁市宿豫区食品安全委员会办公室
区审计局	宿迁市宿豫区审计局
区统计局	宿迁市宿豫区统计局
区安监局	宿迁市宿豫区安全生产监督管理局
区档案局	宿迁市宿豫区档案局
区供销总社	宿迁市宿豫区供销合作总社
区旅游局	宿迁市宿豫区旅游局
区金融办	宿迁市宿豫区人民政府金融工作办公室
区政管办	宿迁市宿豫区政务服务管理办公室
区招商服务局	宿迁市宿豫区招商服务局
区接待办（机关事务管理局）	宿迁市宿豫区接待办公室（区机关事务管理局）
区车管中心	宿迁市宿豫区公务用车管理中心
区数字化城管中心	宿迁市宿豫区数字化城市管理指挥中心
区人武部	中国人民解放军江苏省宿豫区人民武装部
区公安分局	宿迁市公安局宿豫分局
区检察院	宿迁市宿豫区人民检察院
区法院	宿迁市宿豫区人民法院
武警宿豫区消防大队	中国人民武装警察部队宿豫区公安消防大队
区国税局	宿迁市宿豫区国家税务局
区地税局	宿迁市宿豫地方税务局
区国土分局	宿迁市国土资源局宿豫分局
区规划分局	宿迁市规划局宿豫分局

简　称	全　　称
区城管分局	宿迁市城市管理行政执法局宿豫分局
区烟草局	宿迁市宿豫区烟草专卖局
区盐务直属分局	宿迁市盐务管理局直属分局
区气象局	宿迁市宿豫区气象局
宿豫记者站	宿迁日报社宿豫记者站
区总工会	宿迁市宿豫区总工会
团区委	中国共产主义青年团宿迁市宿豫区委员会
区妇联	宿迁市宿豫区妇女联合会
区科协	宿迁市宿豫区科学技术协会
区文联	宿迁市宿豫区文学艺术界联合会
区工商联	宿迁市宿豫区工商业联合会
区残联	宿迁市宿豫区残疾人联合会
区红十字会	宿迁市宿豫区红十字会
区关工委	宿迁市宿豫区关心下一代工作委员会
宿迁高新区	江苏省宿迁高新技术产业开发区
张家港宿豫工业园	张家港宿豫工业园区
宿迁化工产业园	江苏宿迁生态化工科技产业园
区农园	江苏省宿豫现代农业产业园
宿迁电商产业园	宿迁电子商务产业园
区城开公司	宿迁市宿豫区城镇建设开发公司
区邦丰（道勤）担保	宿迁市宿豫区邦丰（道勤）担保有限公司
区裕丰公司	宿迁市宿豫区裕丰资产经营管理有限公司
区水投公司	宿迁市宿豫区水务投资管理有限公司
区砂矿	宿迁市宿豫区砂矿

总　目

年度聚焦
Annual Focus

大　事　记
Major Events

地情概览
General Situation of Suyu

组织机构及其负责人名录
Organization and Person in Charge

中共宿豫区委
Suyu District CPC Committee

宿豫区人民代表大会
Suyu District People's Congress

宿豫区人民政府
Suyu District People's Government

政协宿豫区委员会
Suyu District Committee of the CPPCC

中共宿豫区纪委
Suyu District Commission for Discipline Inspection of the CPC

民主党派·工商联
Democratic parties & Federation of Industry and Commerce

军事·法治
Military & Rule of law

社会团体
Social Groups

工业经济
Industrial Economy

招商引资·园区建设
Investment &Construction of the Park

农业·农村
Agriculture&Village

水 利
Water Conservancy

商贸·服务业

Trade & Services

金融·保险业

Finance&Insurance

交通·通信·能源

Transportation & Communications &Energy

财政·税务
Finance &Taxation

经济事务管理
Economic affairs management

科技·卫生
Science and Technology &Hygiene

教育·体育
Education &Physical Education

文化·传媒

Culture & Television media

城建·城管·环保
Urban Construction&Urban management&Environmental Protection

建筑业·房地产业
Construction &Real Estate

就业与社会保障
Employment and Social Security

社会·民生
Society & People's Livelihood

乡镇街道
Township Streets

人物·荣誉
People &Honor

文献辑录
File Collection

统计资料
Statistical Data

索 引
Index

·全国文明城市创建·

全国文明城市创建宿豫贡献

起航2015、奋战2016、决胜2017，是市委、市政府制定创建全国文明城市的行动计划。2016年，是全市创建全国文明城市关键年。宿豫区紧紧围绕创建利民、创建惠民的总目标，以“八大工程”、90个实施项目建设为抓手，深入推进全国文明城市创建，全力打造“幸福家园”，打好创建攻坚战，确保如期创成全国文明城市。

完善创建机制，夯实创建基础

构建网格化工作机制。出台《关于实行全国文明城市创建区级领导班子成员挂钩联系制度》《进一步做好创建包保工作的通知》《关于调整区创建全国文明城市指挥部组成人员及主要任务的通知》等系列文件，形成区主要领导总揽全局，分管领导抓条线，乡镇、街道、重点责任单位各负其责又相互合作的网格化工作机制。

优化月考核机制。采取“每月一考核、每月一排名、每月一通报、每月一兑现”模式，对日常督查整改完成情况进行分类汇总，排出综合考核名次，根据考核排名进行奖惩。2016年，共奖励文明创建工作经费近600万元。

构建大督查交办机制。构建区领导重点督查、创文办督查室日常督查、专项督导组分类督查“三维督查机制”，督促问题整改。2016年，共下发交办单1533份，按时限销号完成1493份，销号率达99.73%。

构建结对共建机制。优化区领导联系创建重点单位、区直部门与小区结对共建、文明单位与村居结对共建“三大共建”制度。各包保单位为包保小区营造文明创建浓厚氛围，增置垃圾桶、提供文明创建帮扶资金，推进包保小区文明创建工作。

构建追究问责机制。在区电视台开设《创建进行时》《创建曝光台》，媒体的舆论监督作用，推进创建工作有序开展。对创文工作不力的责任单位、责任人移交纪检监察部门按照《宿豫区创建全国文明城市工作问责暂行办法》处理，以强有力的督查问责推动创建全国文明城市工作高效有序开展。

加强思想道德建设，大力提升市民文明素质

多措并举营造浓厚创建氛围。创新宣传形式，开拓宣传载体，利用主流媒体、流动广播、公益广告、标语、宣传栏、文艺演出等多种形式，开展社会主义核心价值观、中国梦和文明城市创建应知应会知识宣传，变群众被动参与创建为积极主动参与创建。

大力开展“我们的节日”主题活动。以“我们的节日”为主题，围绕春节、元宵、清明、端午、中秋、重阳等传统节日，广泛开展勤劳节俭、孝老敬老、文明礼仪等一系列主题教育活动，提升市民文明素质。

开展道德典型选树。开展“宿豫好人”推荐评选，加强“中国好人”“江苏好人”“感动宿迁人物”推荐参评工作，健全好人选树推荐机制，促进各类道德典型不断涌现、常推常新。综合运用媒体报道、道德讲堂宣讲、善行义举榜展示、文艺作品、文艺演出宣传和网上传播等形式，倡导凡人善举。2016年上报好人线索近4000条，10月张洪波入选“中国好人”候选人，12月左美荣入选“中国好人榜”。1月，韩玉福获评“江苏好人”称号；2月，于翠平获评江苏好人称号；10月，张洪波获评“江苏好人”称号。5月，于翠平获感动宿迁人物称号，张杰、韩玉福获感动宿迁人物提名奖，解美红获宿迁市最美教师称号，张先红获宿迁市最美节俭孝亲人物称号。

加强文明风尚引领，着力营造浓厚创建氛围

坚持志愿服务常态化。完善志愿者注册登记、培训、服务记录、考核评价制度，制定出台《关于加强全区志愿服务工作的意见》《宿豫区志愿者管理办法》《宿豫区志愿者礼遇回馈20条》《宿豫区志愿者服务备案制度》等系列文件，在“志愿宿豫平台”注册的志愿组织213支，注册志愿者4.7万余人，各级志愿服务队积极开展文明交通劝导、环境卫生保洁、文明创建知识宣传等志愿活动600多次。

开展诚信系列教育活动。会同区法院、国税局、地税局、市场监督管理局、信用办等相关职能部门对区内诚信缺失问题开展专项整治，同时开展诚信宣传教育实践活动。

大力开展文明餐桌行动。深入开展文明餐桌宣传教育，在餐厅悬挂或在餐桌上摆放“光盘行动，反对浪费”等宣传标语，开展不文明餐桌行为曝光和文明餐饮示范评选活动，打造出湘江路文明餐饮示范一条街。

积极开展文明单位创建工作。参加“文明单位（社区、校园）、文明村镇”评选工作，2016年新增省级文明乡镇2家，文明村5个，文明单位（社区、校园）31个。新增宿迁市文明单位65个、文明乡镇4个、文明社区9个、文明村居5个。

全力打造文明创建示范点。制定并下发《宿豫区深化推行〈宿迁文明20条〉文明劝导示范点建设任务分解表》，打造12类27个文明劝导示范点，按照有宣传氛围、有劝导方案、有劝导队伍、有引导标识、有工作记录的“五有”要求，常态化开展文明劝导志愿服务，由点及面，逐步开拓一条符合宿豫实际的《宿迁文明20条》推广之路，引导市民自觉遵守。宿豫张家港实小、秀强玻璃公司等被选为省、市会议观摩点。

加强基础设施完善，有效提升城市服务水平

重点基础设施建设稳步推进。新珠江路农贸市场、御田菜场、宿迁国际购物公园等一批惠民项目投入使用，西湖东路商业街、锦绣江南沿街商铺、尚东一号沿街商铺、众大上海城沿街商铺等项目建设稳步推进。全力推进“四新一亮工程”，改善和提升居民小区设施和秩序，着力推进小区道路硬化出新、环卫绿化美化出新、楼道通畅整洁出新、公益宣传载体出新，小区道路和楼道照明灯常态亮化。城区各小区新增车位1834个，补植新增绿化面积近4.2万平方米，修缮小区道路5672平方米、新增塑胶运动场地992平方米，修缮路灯楼道灯4217个，新增监控点897个，对全部楼道墙壁进行粉刷出新，大部分老旧小区面貌焕然一新，居民对创建工作的获得感和满意度不断提升。

道路设施完善工程有序推进。按照“精品路、提升路、达标路”三个标准，对城区道路进行整治提升，全面排查解决路面破损等问题，对道板、护拦等设施进行修整完善。完成项王东路（松花江路—江山大道）、秀强桥南匝道、京东大道北延（武当山路—九华山路）、九龙江路（西湖东路—庐山路）、项王东路（清水江路—汉江路）、长江南路（庐山路—黄山路）、黄浦江路雨污水管道工程、玉泉山路（宿豫大道—扬子江路）的新建提升工程，有效弥补城区基础建设的短板问题。

加快园林绿化项目建设。加强城市绿地养护管理，实施一批重点园林绿化项目。重点

完成雨露绿地、锦泰绿地、地税广场、农林广场、信用广场5个街头绿地以及电商产业园花廊花架，珠江路、韶山路人行道绿化改造，项王桥南侧匝道绿化等15个园林绿化项目，城区绿化覆盖率大于35%、绿地率大于30%，人均公园绿地面积大于8平方米，进一步提升宿豫的城区形象，城市环境更洁，城市家园更美。

无障碍设施建设管理不断优化。常态化开展对新建建筑无障碍设施建设设计审查，严格按照设计标准对新建建筑无障碍配套设施进行验收；发挥数字城管作用，全面排查城区无障碍设施损坏和占用情况，开展无障碍设施专项整治行动，督促相关单位整改到位。

加强城市管理优化，全面优化城市对外形象

制定下发《关于印发〈创建全国文明城市专项整治集中行动方案〉的通知》，全力开展专项整治，采取“正面劝导+规范执法”的模式，有效提升市容环境，打造良好的城市秩序。

实施城市环境综合整治行动。按照“店铺招牌标准化、车辆停放秩序化、店面经营规范化、建筑立面整洁化”的标准，开展城区主干道和重点区域环境专项整治行动，对流动摊点、乱停乱放、店外经营、乱扯乱挂、乱扔垃圾、招牌破损等突出问题开展集中整治，维护良好公共秩序，城区环境卫生和街区面貌有较大的改观。

开展主次干道及交通路口秩序管理。组织开展“便衣行动”“围堵行动”“礼让行动”“联合行动”专项整治交通秩序，着力加强交通秩序管理，车辆、行人各行其道，机动车在有交通信号灯的斑马线处让行，无闯红灯、乱穿马路现象，打造城区交通新秩序。

开展经营性公共场所卫生整治。宣传并组织排查，了解各经营单位卫生许可证、从业人员健康证持证情况；对所有美容美发、游泳馆、浴场、餐饮店、食品店等场所进行监督检查，建立档案，经营性公共场所证照齐全，亮证经营，从业人员持健康证明、卫生知识培训证明上岗。

加强校园周边秩序整治。定期开展校园周边环境专项检查，加强治安和交通管理，加强对网吧、娱乐场所和商业网点的监管，取缔从事非法经营活动的游商和无证摊点，严厉惩治危害师生人身、财产安全和教唆胁迫、引诱指使未成年人从事不良活动的违法犯罪行为。

加强城乡文明一体化，加快推进文明创建步伐

大力开展镇村环境综合整治。出台镇村环境整治标准和长效管理机制，紧扣生活垃圾处理、秸秆综合利用等关键环节，大力开展镇村环境综合整治，完成区级全域整治和验收。乡镇镇村公交全部开通，实现城乡公交一体化。

加快推进农村文化设施建设。推动农民文化广场、文化礼堂等基础文化设施建设，促进基本公共文化服务的标准化、均等化。在全区所有乡镇及区级以上文明村居建设农民文化广场，实现乡镇级文化广场全覆盖，省级以上文明村居全部建成农民文化广场。

培育乡风文明。深化文明镇村、文明集市、星级文明户、诚信新农户等系列创评活动，广泛开展好媳妇、好妯娌、好公婆等评选表彰，健全村规民约，充分发挥村民议事会、道德评议会、禁赌禁毒会、红白理事会等民间组织作用，加强道德教化，倡导文明新风，涵养醇美乡风。

加强城乡共建。充分发挥城市在资源、人才、技术、信息、服务等方面的优势，深入推进各级文明单位结对村居（社区）开展文明共建活动，加强村民教育、净化村居环境、发展志愿服务、活跃文化活动、培育文明典型，进一步推动城乡文明一体化发展。 （于泽鲲）

链接：2016年，宿迁市的全国文明城市创建工作以全国第一的名次成功通过中央文明委的年度测评。宿豫区的全国文明城市创建工作在全市排名第一，荣立市委、市政府集体二等功；区委常委、宣传部部长徐海涛个人荣获市委、市政府二等功。

·通讯方式发展·

微信起源与发展

微信（Wechat）是腾讯公司推出的一个为智能手机提供即时通讯服务的免费应用程序。微信是在4G、WiFi支持下，跨通信运营商、跨操作系统平台，通过网络快速发送免费（需消耗少量网络流量）语音短信、视频、图片和文字，支持多人群聊的手机聊天软件。

微信起源

2010年10月，腾讯广州研发中心产品团队经理张小龙的带领下，开始着手微信研发。2011年1月，微信发布1.0测试版。5月，微信2.0版本发布。10月，微信3.0版本发布。2012年4月，微信4.0版本发布，从4.0版开始，微信的官方英文名称被定为Wechat。2013年8月，微信5.0版本发布。2014年9月，6.0版本发布。

微信的发展

1.0版本的微信功能比较单一，能以文字形式聊天，不可以使用语音。2.0版本的微信加入语音功能，被广大的用户所认知，此版本的微信与腾讯QQ划出界限，3.0版本微信增加“摇一摇”功能，进一步加强微信社交影响力，繁体中文界面和支持5个地区手机号绑定预示着微信迈入国际化脚步。4.0版本微信增加视频功能，并且发布网页微信界面，又一次增加微信用户量，使得微信能够蓬勃发展。5.0版本微信新增了关注公众号，扫一扫，以及银行卡绑定的功能，三个功能融会贯通，把微信带到一个崭新的营销界面，也让微信渗透在人们生活的方方面面。6.0版本主要更新小视频功能，增加钱包设置手势密码功能。

2016年，微信的开机图曾进入江苏“小高考”，而在2017年9月，微信产生巨变——微信的启动图把美国NASA换成中国的风云四号，让14亿国人沸腾了！微信表示，此次更换寓意着从“人类起源”到“华夏文明”，旨在向亿万微信用户展示华夏大地的大好河山！微信这一变化带给世人举足轻重的影响：从今以后，大自然的灾害将被风云4号净收眼底，中国的防灾减灾能力将大幅提升。更意味着，中国卫星技术已从“跟跑”到“并跑”变成“领跑”。弥补3项国际空白，拿下7个世界第一！微信此项举动，才是中国企业的所作所为，若不是微信换图，如此骄傲的大事可能随着时间而淹没在众多娱乐新闻中。

微信的发展处于上升阶段，随着微信版本的逐渐更新，功能的逐渐增多，服务的逐渐完善，吸引着众多潜在用户群。微信营销也会成为微信未来发展的一大趋势，越来越多的企业及通过微信进行企业形象和新产品的宣传，微信的未来发展会更加的多元化和全面化。

微信的优缺点

优点。一是节省资费。微信是一种更快速的短邮，具有跨平台沟通、显示实时输入状态等功能传统的短信沟通方式，更灵活、智能，只需耗费些许流量或有无线网络的地方便可蹭网使用。二是缩短距离感。自从有了微信群，家族群、同学群、师生群、朋友群、工作群、学习群、公众群快乐中，再远的距离都不是问题，开心就好。三是获取便利。微信的朋友圈就像客厅，可以沟通生活、交流琐事、传播八卦，随时随地的实现零碎阅读，彰显“数字阅读的便捷性”。四是简化支付手段。微信支付功能是如今相对便捷的移动支付方式，支持所有主流银行卡，避免顾客忘记带钱包，商家不方便找零钱的麻烦。同时，微信红包功能方便亲友之间、陌生人之间相互转账，更有利于扩大朋友圈，有效减少陌生人社会带给的冷漠感。

缺点。一是浪费时间。《人民日报》和央视的官方微博曾经转发新华社一篇名为《该不该戒掉朋友圈》的文章，现在人们对刷“朋友圈”过于沉迷，每天都要花费不少于一小时的时间看朋友圈、回消息，影响正常生活，且朋友圈充斥着心灵鸡汤、代购等内容，实际上满足不了精神需要，反而浪费时间。二是安全性差。犯罪嫌疑人易利用微信，寻找涉世不深的年轻女性为侵害对象，通过网络聊天骗取信任后邀请受害人见面，实施诈骗、抢劫、强奸等犯罪活动。微信本身是一个基于位置信息的社交平台，用户在使用过程中可能会将个人位置信息以及其他方面的信息泄露。三是信息不准确。信息发布者没有受过专业训练，不会像媒体人一样遵守真实等准则，其发布的信息可能更鲜活，但是不够专业。使得受众群体轻率表态，然后更正和致歉——对被误导的朋友圈进行事实澄清，正是“修行”的过程。抢先发言，多是虚荣导致的急躁。四是微阅读产生惰性。有些内容虽然有用，但是都是碎片化的。让人有一种错觉，以为自己看过就是懂了。其实这种信息的轻率传播，没有经过沉淀、反思、消化，没有实践和学习，只是给自己一个虚幻的阅读假象。

微信的社会影响力不断增大，从一个聊天工具逐渐变成一个交友平台，随着微信版本的不断更新，其发展空间也将越来越大，必将趋于商业化和全球化！（姚静文）

短信的发展变化

短信（SMC）是指短信使用者通过通信终端将文字、图片等信息从一方传递到另一方的信息沟通方式。短信的出现提升了人们信息沟通的效率，节省通讯资费，便捷了人们的生活。

一、短信的产生与发展

2000年以前，手机通话本地资费为0.6元每分钟，漫游资费为1.6~1.9元每分钟，并向交谈双方双向收费。高昂的通话费用让很多工薪阶层难以承担，0.1元每条的短信应运而生。短信的发展主要经历了BB机短信和手机短信两种形式。

（一）BB机短信

BB机也叫无线寻呼机、传呼机，是接收单工消息的小型便携装置。我国从1983年开始研究发展寻呼系统，1991年11月15日，上海首先用150兆赫兹频段开通汉字寻呼系统。当主叫用户寻找某个被叫用户时，可用市内电话拨通寻呼台，告知被叫用户的寻呼编号、用户姓名、回电号码以及简短的留言内容。话务员将其输入计算机终端，经过编码市制由基站无线电发射机发送出去。被叫用户寻呼机如在信号覆盖范围内，则会收到无线寻呼信号，并发出声音和振动。同时把收到的信息以汉字的形式在屏幕上显示出来，就形成BB机短信。BB机短信使个人即时通信成为可能，加快了信息传播效率，方便了人们的生活。

（二）手机短信

1992年12月，世界上第一条短信在英国沃尔沣的GSM网络上通过个人计算机发送成功。而最先将短信应用于手机中的是Acision公司。1992年，该公司的短消息服务中心系统（SMSC）1.0版本只具有每秒处理10条短信的能力。其后Acision通过产品研发创新，1999年推出一套高速SMSC系统，此系统对短信的处理能力被提升到500条每秒，而最新的Acision IP SMSC系统又将这个数据提升32倍。

2000年以前，国内手机还不具备短信收发功能，中国移动公司于2000年下半年推出手机短信业务，中国联通紧跟其后。随后短信业务平均每月增加4000万条。2001年，短信业务已经成为中国电信发展的一大亮点。全国短信业务量189亿条，收入20亿元。2008年初，我国手机短信发送量为5900多亿条，同比增长37.8%。特别是在过年期间，人们乐于通过短信向亲朋好友传达新年的祝福。因此，每年春节期间，运营商的短信收入达到高峰。2012年春节期间，短信发送已经突破300亿条。尽管近几年受到其他通信软件的冲击，2017年春节仍有116亿条祝福短信发送量。

二、短信的优势

2000年，国内短信的发送量超过10亿条，随后几年发送量更是成倍增加，给相关产业带去极大的经济效益。短信的迅猛发展与其自身的功用有很大关系。

便捷与及时。短信与手机密不可分，相对于0.2元每分钟的通话费用，手机短信每条仅收0.1元，因此更受用户喜爱。随科技不断进步，编辑短信的方式也变得越来越多，由最初的拼音输入、笔画输入、五笔等输入法等到现如今的语音智能识别输入。输入方式的改进方便了那些不会拼写用户的使用，受到好评。同时，运营商也积极寻求创新，主动研发手机报，将最新的资讯及时通过短信推送给用户，以方便用户了解国内外事件。

保密与安全。短信相对于传统书信来说有着高度的保密性。传统书信在传递过程中需要经过写信、投递、运输等多个环节，中间过程过多，使得其保密性大打折扣。而通过短信进行沟通交流，是沟通双方近乎面对面的一种方式，简化了信息传播的环节，保密性得到很大的提升。当使用者处于一个不便通电话的环境中却又必须要沟通时，短信就是一个很有效的方式。

高效与实用。随着手机技术的不断进步，短信形式有了日新月异的改变，从文本到声音，从声音到图像，从图像到视频，手机短信整合了多种信息形式，形成了一个全新的、性能优越的媒介。技术的进步帮助手机短信推出多种实用功能。短信群发功能在过年期间被大量使用，为用户节省时间。飞信定时发送功能有助于用户提前规划，定时发送不遗漏。如此时尚又实用功能的加入，让短信使用者眼前一亮，也更加愿意使用短信。

三、当前短信业务面临的困境与发展趋势

（一）短信发展所面临的困境

1.微博、微信等软件的冲击。随着信息技术的发展、智能手机的普及，QQ、微博等聊天软件兴起，给短信的发展带来挑战，其后微信等功能更加完备、可表达观点发表动态的软件更是占据公众信息沟通半壁江山。这些软件广泛应用使得短信交流平台逐渐走向没落。

2.短信资费较高昂。当今短信收费标准0.1元每条，从单条短信收费看并不是特别高昂，但是在人际交往频繁的今天，如果仅仅通过短信沟通将是一笔不小的开支。此外，短信的另一分支彩信费用则更加昂贵，当前彩信资费标准0.5元每条，即发送一张照片就要支付0.5元，如此收费标准相对于4G环境下，一些聊天软件一张图片几分钱的收费标准显得过高。

3.短信形式陈旧。当前手机短信的形式主要有0.1元每条的短信和0.5元每条的彩信。0.1元每条的手机短信只能够发送简单的字符符号，形式单一且受到字数限制，而彩信受到资费限制不能大量使用。而新出现的例如QQ、微信等软件大多可以在WiFi下免费直接发送数字、图片、文件，甚至可以满足人们基本的消费结账的需求，形式新颖深受用户的喜爱。

（二）短信未来发展趋势

当前短信业务面临着客户流失的严重威胁，各运营商应该设法留住老客户。因此应立足营业窗口，强化营销激励政策，不断巩固老客户，积极发展新客户，探索新业务模式。力争在彩信业务上有实质性的突破，以形成短信业务新的增长点。例如彩信广告宣传业务，提供更廉价、快捷的新型广告宣传方式；彩信报刊业务，通过长短信配上丰富的彩图制成彩信，图文并茂，生动直观，让用户一目了然。

手机短信业务在出现发展的这20多年里经历了缓步上升期、繁荣发展期、增长放缓期，当前更是受到了前所未有的挑战，这就需要短信运营商努力为短信的发展注入新鲜活力，巩固老客户，发展新客户，探索短信业务新模式，促进短信业务重新焕发活力。（吕珊珊）

1月

8日　中共宿豫区第十一次代表大会第六次会议暨区委十一届七次全体（扩大）会议召开。区委书记、宿迁高新区党工委书记张晓伟主持会议，并代表区委作题为《收拢五指抓重点　集中力量创特色　全力打赢“十三五”开局之战》的工作报告。

15日　丁嘴镇“丁嘴金菜”获国家农产品地理标识登记认证，由农业部备案登记，依法实施保护。

20日　苏北首张电子增值税普通发票在江苏京东信息技术有限公司开出，标志着宿迁市步入“开票无纸化”时代。

21日　省委书记罗志军到大兴镇，看望慰问农村基层老党员、劳动模范、优抚对象，走访生活困难群众。

2月

1日　宿迁市人民政府、江苏省商务厅、南京海关、江苏出入境检验检疫局四方共建宿迁跨境电子商务试点城市签约仪式暨当当网全国客服中心落成启用暨国际馆上线运营仪式在宿豫区举行。市委书记魏国强，当当网集团CEO、创始人李国庆，区委书记张晓伟等出席仪式。副市长冯岩主持仪式。

3月

11日　宿豫区被中国科协评定为2016—2020年度全国科普示范区，成为全市首家全国科普示范区。

16日　宿豫区与南京途牛科技有限公司签订合作协议，标志途牛旅游网全国客服中心正式落户宿迁电子商务产业园区。

4月

12日　宿豫区召开创建全国文明城市工作推进大会。会议传达市创建全国文明城市工作推进大会精神，对全区创建工作成绩进行总结回顾，对2016年重点工作任务进行部署安排。

28日　宿豫区召开“两学一做”学习教育动员大会。会上，全体与会人员共同观看《“两学一做”学习教育精神解读》专题片。区委书记、宿迁高新区党工委书记张晓伟出席会议并讲话。

5月

4日　省委书记罗志军、省长石泰峰带领参加省委、省政府加快苏北发展推进全面建成小康社会工作会议的人员到宿豫区考察经济社会发展情况。

20日　宿迁市2016“文化四季·艺术之夏”舞台艺术精品演出季启动暨宿迁音乐厅（宿豫大剧院）揭牌。市委书记魏国强在仪式上致辞，并为宿迁音乐厅（宿豫大剧院）揭牌。

6月

3日　宿豫区召开领导干部大会，宣布省委、市委关于宿豫区委主要负责同志职务调整的决定：张晓伟任宿迁市委常委，不再担任宿豫区委书记、宿迁高新技术产业开发区党工委书记职务；刘海红任宿豫区委书记、宿迁高新技术产业开发区党工委书记。市委常委、组织部部长李健出席会议并讲话，市委组织部副部长龚和主持会议并宣读干部调整决定。

△　宿豫区被中宣部、司法部评为全国法治宣传教育先进区，是宿豫区继2011年之后再一次获此殊荣。

8日　京东无人机配送首单在曹集乡双河站顺利完成。

11—12日　区委书记、宿迁高新区党工委书记刘海红，区委副书记、区长刘士武带领宿豫党政代表团赴张家港市考察。举行《张家港市与宿豫区2016年度南北挂钩合作协议》签订暨张家港保税区进口商品直销中心（海豚西选）宿迁分公司项目签约仪式。

7月

8日　宿迁市宿豫区政务服务中心为宿豫区乐优购商贸中心颁发全市首张全程电子化登记营业执照。

18—19日　中国共产党宿迁市宿豫区第十二次代表大会在枫华丽致环球会议厅举行。18日，会议传达中央和省委、市委的决策部署，回顾总结区十一次党代会之后的工作，研究部署之后五年的目标任务。区委书记刘海红代表中国共产党宿迁市宿豫区第十一届委员会向大会作题为《聚焦聚力，务实求实，矢志不渝建设工业强区电商名城幸福家园》的工作报告。19日，选举产生中共宿迁市宿豫区第十二届委员会和纪律检查委员会。会议选举刘海红为区委书记，刘士武、胡赣江为区委副书记，陈磊、江小军、刘后举、张星仲、徐海涛、吴昊、赵杉、温士才为区委常委。

21日　2016年“网聚宿豫　豫见精彩”宿豫区首届网民节正式启动。

26日　宿豫区在北京举办投资环境推介会。会上，与会人员共同观看专题片《豫见精彩》，区委书记、宿迁高新区党工委书记刘海红在会上致辞。中亚新材料、三夫电子商务有限公司等分别与宿豫区签订项目投资协议，协议投资额超过25亿元。

30日　宿豫区召开创建国家生态文明建设示范区动员大会。会上，区委副书记、区长刘士武安排部署国家生态文明建设示范区创建工作；各乡镇、园区主要负责人向区委书记、宿迁高新区党工委书记刘海红递交目标责任状。

8月

1日　江苏春绿粮油有限公司被国家工商总局评为国家级“守合同重信用”企业。

2日　在由中国足球协会和国际奥林匹克体育中心主办的“青禾杯”2016全国青少年足球冠军杯赛中，宿豫区8名球员参加的江苏省代表队荣获全国一等奖。

27日　“邗建杯”2016首届中国宿迁荧光半程马拉松比赛在宿迁电子商务产业园区举行开幕式。比赛分21千米半程马拉松男子组、女子组，10千米男子组、女子组和5千米三个级别5项赛事，全国3000多名选手到宿迁参赛。

9月

21日　宿豫区禽肉及其制品质量安全示范区被国家质检总局列入全国65个新增国家级出口食品农产品质量安全示范区名单，属江苏省唯一一家国家级出口禽肉及其制品质量安全示范区。

30日　宿豫区被省体育局命名为第三批江苏省公共体育服务体系示范区。

10 月

28日　宿豫区举行张家港宿豫工业园区成立十周年交流活动。张家港市委书记朱立凡，市委副书记、代市长黄戟带领张家港市党政代表团参加活动。张家港市代市长黄戟、宿豫区区长刘士武分别代表两地政府签订新一轮（2016—2018）共建园区合作协议。

11 月

11日　市委书记、市人大常委会主任魏国强带领参加全市经济社会发展重大项目推进会的与会人员到宿豫区观摩。

29日　宿豫区与京东集团在南京签订京东（宿迁）物联网智能制造产业园项目合作协议。

12 月

1日　宿迁高新区举行“江苏省海外华侨华人创业示范基地”揭牌仪式。省侨办副主任孙彬，市委常委、副市长冯岩，区委书记、宿迁高新区党工委书记刘海红等出席仪式，孙彬和刘海红共同为基地揭牌。

19日　2016全国大学生移动应用创新大赛（CMAIT）总决赛暨“无创客不青春”颁奖盛典在宿迁电子商务产业园区宿豫大剧院举行。本届大赛由中国教育电视台、光明日报社、中国互联网协会、宿豫区人民政府等联合举办。

22日　宿豫区举行全区干部联系农户“三进三帮”（即走进乡村，了解资源禀赋，帮助镇村理清发展思路；走进农户，了解收入状况，帮助农民就业创业增收；走进田头，了解生产状况，帮助农民发展高效农业）活动动员会议。会议传达全市会议精神，要求各相关单位、部门结合自身工作实际，深化干部联系农户工作，全力推进“三进三帮”活动有序开展，帮助贫困户脱贫致富。区委书记、宿迁高新区党工委书记刘海红在会上作讲话，区委副书记、区长刘士武主持会议。

24日　是宿迁“三进三帮”活动规定的首个统一“三走进活动日”，以后每月的第一、第三个周六为统一“三进三帮”活动日。宿豫机关干部全到扶贫点去开展工作。

截至12月底，宿豫区完成乡镇卫计事业改革，全区13个乡镇（街道）卫计服务中心组建到位，基本药物制度实现镇村全覆盖。

是年　全区党政机关和“参公”事业单位公务用车制度改革工作全面完成。该项工作启动于2015年11月，涉及参改单位73家、公务用车419辆、参改人员1673人。

（区政府办　区档案局　区地方志办）

·建置区划·

【建置沿革】 宿豫区历史积淀深厚。据考古发掘，早在新石器时代（距今10000年到4000年），境内即有先民聚居，为传说中的远古东夷族首领少昊的活动地域之一。春秋时曾为钟吾国的一部分，自周敬王八年（公元前512年）至秦始皇二十四年（公元前223年）间，相继为吴、楚国的属地。

秦置下相县，城址在今宿迁市宿城区西南古城村。东晋义熙元年（405年）置宿预县，城址在今宿城区郑楼镇，宿预县与下相县并置。至北齐，废下相县，其境由宿预县统辖。唐代宗宝应元年（762年），为避皇帝李豫名讳改称宿迁县，一直沿袭至1987年撤县建市（县级）。1996年7月经国务院批准，设立地级宿迁市，原县级宿迁市更名为宿豫县，隶属于宿迁市。2004年3月，宿豫撤县设区。境域历代多有变动，北宋时宿迁县境域最大，包括今宿城区、宿豫区、新沂市的大部和睢宁县、泗阳县及淮安市淮阴区的渔沟镇等。元代划出睢宁县、桃园县（今泗阳）。至新中国成立前，析出县北境（今新沂市）部分地区，宿迁县辖境缩小近半。至设立宿豫区，辖境仅为县级宿迁市的2/3。至2013年，宿豫仅辖运河以东乡镇，乡镇仅占原1/3。

【行政区划】 1996年7月，根据国务院国函〔1996〕58号批复，批准撤销县级宿迁市，设立地级宿迁市，新设宿豫县和宿城区。宿豫县辖原县级宿迁市的顺河、耿车、皂河、埠子、大兴、来龙、蔡集、王官集8个镇和骆马湖、龙河、关庙、黄墩、陆集、罗圩、丁嘴、保安、曹集、晓店、塘湖、仰化、三棵树、侍岭、新庄、洋北、卓圩、赵埝、南蔡19个乡，县人民政府驻顺河镇黄运东路，新建县城。宿城区辖原县级宿迁市的宿城镇、井头乡、支口乡、双庄乡、果园乡和原种场。

2004年3月，根据国务院2004年1月15日国函〔2004〕6号批复和省政府2004年2月25日苏政发〔2004〕2号文件，撤销宿豫县，设立宿迁市宿豫区。原宿豫县的耿车镇、埠子镇、洋北镇、龙河镇、罗圩乡、南蔡乡和三棵树乡划归宿城区管辖，原宿城区的井头乡划归宿豫区管辖。调整后，宿豫区辖顺河、皂河、大兴、来龙、蔡集、王官集、仰化、丁嘴、黄墩、陆集、关庙、侍岭、新庄、晓店14个镇，曹集、保安、井头3个乡和嶂山林场。

2005年11月下旬，市委决定成立宿迁市湖滨新城开发区，把晓店镇、嶂山林场、井头乡的部分村居划归湖滨新城开发区托管。2011年7月，市委决定将井头乡整建制托管到市湖滨新城开发区；10月，按照宿迁市人民政府市长办公会议纪要第84号精神要求，将宿豫区皂河镇整体建制托管到市湖滨新城开发区。2013年6月，市委决定将宿豫区蔡集镇、王官集镇整建制托管给宿城区；将宿豫区黄墩镇整建制托管给市湖滨新区。

2014年11月21日，顺河镇撤镇设顺河、豫新、下相三个街道，区政府驻豫新街道。

（区地方志办）

2016年宿豫区行政区划基本情况一览

表1

乡镇（场）（驻地）	面积 (km^2)	人口（万人）	村级单位	村（居）委会名称
顺河街道	40.2	3.5	居委会、社区(8)	卓圩、文昌、周石庄、张圩、蔡老庄、陆槽坊、椿树、京东社区
豫新街道	9.21	4.3	居委会(8)	锦华、中通、江山、天一、庐山、豫苑、雨露、顺河
下相街道（高新区）	42.88	3.2	村委会(3)	陆墩、季桥、德太
			居委会(7)	油坊、陆桥、河塘、兴隆、罗桥、新化、三合
大兴镇（大兴）	58.38	5.1	村委会(14)	清高、周马、桃园、新新、先进、前高圩、邹大庄、堤南、逸奇、同心、先锋、陈洼、卢集、启宇
			居委会(3)	大兴、集东、启建
来龙镇（来龙）	74.96	4.2	村委会(9)	张大庄、水庄、玉皇、路墩、王庄、高圩、陵园、左庄、光明
			居委会(3)	来龙、太平、龙西
仰化镇（仰化）	52.36	3.6	村委会(7)	同义、复隆、建新、解闸、涧河、保祥、刘涧
			居委会(2)	仰化、新桥
丁嘴镇（丁嘴）	48.9	3.31	村委会(12)	继章、张新庄、德高、周下、丁长庄、莫庄、储嘴、倪牌坊、登山、岔河、苗冲、丁庄
			居委会(2)	丁嘴、继先
陆集镇（陆集）	36.75	2.56	村委会(7)	义合、长胜、东风、利民、虎山、乐园、官庄
			居委会(1)	陆集
关庙镇（关庙）	79.46	4.1	村委会(11)	二元、董圩、永平、仁和、泰山、董墩、长兴、水汉、卓庄、林河、陆相
			居委会(3)	关庙、乔口、崇河
侍岭镇（侍岭）	57.19	2.78	村委会(7)	岭西、陆宋、吴圩、佟庄、盛湖、朱岭、姚塘
			居委会(2)	侍岭、大墩
新庄镇（新庄）	53.68	2.32	村委会(7)	陈墩、袁庄、前进、朱瓦、新庵圩、振友、朱林圩
			居委会(1)	新庄
曹集乡（快乐）	47	3.4	村委会(5)	道方、孙庄、小岭、旱闸、双河
			居委会(3)	快乐、天同庵、冒店
保安乡（保安）	44.6	2.2	村委会(6)	黄泥、大庄、坡墩、韩集、东张圩、五魁
			居委会(2)	保安、永胜
生态化工园区	23	1.06	居委会(3)	光前、苗庄、刘圩
现代农园	17.1	1.2	居委会(3)	高滩、陆河、闸东
合　计	685.67	46.83	—	—

总计：3个街道，8个镇，2个乡，2个园区，51个居民委员会，88个村民委员会，面积685.67平方千米，人口46.83万人。

（朱勤磊）

·位置与交通·

【位置】 宿豫区位于江苏省北部，东接沭阳县，南靠泗阳县、宿城区，西邻徐州市睢宁县，北隔沂河与徐州市的新沂、邳州两市接壤。地跨北纬33°48′34″～34°09′40″，东经117°56′15″～118°35′40″。宿豫地处鲁南丘陵与苏北平原过渡带，地势呈西北高、东南低，最高点位于晓店镇东南的嶂山林场附近，高程为71.2米，最低处位于关庙镇东南袁王荡，高程为8.8米。全区除北部一带为低山丘陵岗外，其余皆为平原。

【区位交通】 宿豫区是宿迁中心城市“一体两翼”的东翼，主城区位于京杭大运河东岸，与宿城区隔河相望。宿豫区位优势明显，处于沿海经济带、沿江经济带和陇海经济带的交叉辐射区，位于苏鲁豫皖淮海经济区的中心。京沪高速、宁宿徐高速、徐宿淮盐高速、宿新高速所组成的高速公路主干网把宿豫区带入全国高速路网，综合京杭运河和铁路、航空的优势，拉近了宿豫与渤海经济区和长江三角洲的距离。辖区内贯穿全境的道路为“四横两纵”，东西横向道路4条，分别是省道S324、S325，老宿沭路、宿泗路；南北纵向道路2条，分别是省道S249、宿新高速。境内省道S324长26.07千米，沿线有曹集、新庄、关庙、保安4个乡镇；省道S325长26.4千米，沿线有顺河、陆集、大兴、仰化、丁嘴5个乡镇；来龙、侍岭2个乡镇在区域东北部，无省道经过。境内省道S249长24.36千米，宿新高速长29.8千米，分别在高新区、曹集乡、侍岭镇各有一个出口。辖区内主要河流3条，运河境内长41.13千米，陆塘河长38千米，新沂河长17.3千米。（区地方志办）

·人　口·

2016年年末，全区户籍总户数12.6万户，比上年增加0.1万户；户籍总人口46.83万人，比上年增加0.45万人。常住人口44.87万人，比上年增加0.37万人。户籍人口出生率16.06‰，自然增长率0.2%。男女性别比106.08(女=100)。0～14岁少儿人口98756人，15～64岁劳动年龄人口345257人，65岁及以上老年人口55868人，流动人口14752人，城镇人口238534人，城镇化率达61.35%，比上年提高2.44%。（区统计局　区公安分局）

·气　候·

【气候要素】 气候　2016年气候特点：全年平均气温偏高，总降水量正常或偏多，总日照时数正常或偏少。

气温　全年平均气温15.7℃，较常年正常偏高1.1℃。冬季、春季、秋季气温较常年偏高，夏季气温正常略低，年平均气温偏高。其中4月全市平均气温16.6～17.1℃，较常年异常偏高2℃以上。年平均气温空间分布南高北低。年极端最高气温为37.3℃，出现在7月24日；年极端最低气温为-13.4℃，出现在1月24日。

降水　2016年冬季和夏季降水量较常年偏少，春季降水量正常或偏多，秋季降水量明显偏多，年降水量与常年相比正常或偏多。其中，10月全市降水量较常年异常偏多3～6倍，12月降水量异常偏多1～2倍。年总降水量空间分布南多北少。日最大降水量为166.5毫米，出现在6月23日。

2016年大于等于0.1毫米的降水日数98天，大于等于50毫米的暴雨日数3天，降雪日数9天。

日照　2016年全市总日照时数1926.5～2079.4小时，空间分布东多西少，市区较常年偏少1成左右。

湿度　2016年平均相对湿度73%，年最小相对湿度17%，出现在2月7日。

【农业气象灾害】 低温雨雪　2016年1月

20—24日，受强冷空气影响，全市出现降雪、寒潮、低温和冰冻天气，22—24日最低气温下降9~10℃，24日早晨最低气温降至-12.2~-14.1℃，刷新近10年来全市最低气温（-14.0℃，2011年1月16日）极值，寒潮、低温致小麦旺苗和弱苗受冻害。

干旱　2015年12月至2016年3月，全市降水量较常年同期偏少3~5成，农田表层土壤缺水严重，对小麦拔节孕穗影响较大。4月5日夜间至6日下午，气象部门抓住有利时机先后在泗阳、宿豫、市区等多个作业点实施人工增雨作业，共发射火箭弹16枚，增雨效果明显。此次降雨对夏熟小麦补施穗肥创造了非常有利的条件，同时改善了土壤墒情，蓄墒后对春播作物播种也极为有利。

“6·23”大暴雨　2016年6月23日10时起，全市自西北向东南先后出现强降水，至24日6时降水结束，全市普降暴雨到大暴雨。此次强降水是2016年范围最广、强度最大的一次降水过程，市区最大1小时雨强62毫米，最大2小时雨强103.4毫米，接近历史极值（127.7毫米），全市最大降雨出现在宿豫区，为176.3毫米。此次大暴雨伴有强雷电、短时强降水、7~9级雷暴大风等强对流天气，导致道路积水、农田受灾，树木倒伏，房屋倒塌等灾害。

连阴雨　2016年10月中下旬，全市出现连续阴雨天气，10月15—27日累计降雨量126.5~144.3毫米，较常年偏多7~8倍，突破历史极值；日照时数4.4~7.8小时，较常年偏少9成左右。持续阴雨天气对迟熟水稻的灌浆结实和人工手插稻的及时收割、稻谷晾晒烘干等造成重大影响，导致全市水稻收割期较常年明显推迟。

（徐春阳）

·自然资源·

【土地资源】　宿豫区地形平展，土地成方连片，水田利用系数、复种指数较高，基本实现自流灌溉和境内农田林网化。丘陵山地主要分布在区境北延的晓店、井头、嶂山林场一带，既有水平组合分布上的差异，又有垂直组合的差度。地面遭受抬升与切割，显得高低不平、坡度大。全区土地面积为11.49万公顷，农用地7.45万公顷，其中耕地5.13万公顷、林地1239.88公顷、果园和桑园7870.88公顷。耕地中水田占76.99%，旱地占18.98%。建设用地中交通、水利用地分别占土地总面积的0.47%和2.15%。居民及工矿用地占土地总面积的12.1%。河流、湖泊、苇地、滩涂等占地2.34万公顷，占全区总面积的20.37%。未利用土地244.98公顷。

【水资源】　境内水资源比较丰富。骆马湖、大运河、六塘河是宿豫区主要的地表水资源，中运河是境内主要洪水出路之一，也是境内主要灌溉水源及城区工业、生活用水水源，同时也是国家南水北调东线向北输水的河道。境内地表水资源量，丰水年为1.863亿立方米，中等干旱年0.853亿立方米。2015年，全区沿河各闸共引水2.3亿立方米。2016年，全区年降雨量1081.8毫米，折合降水量为15.69亿立方米，比2015年增加57%，比多年平均增加22%。全区入境水资源量22.6亿立方米，比2015年增加6.6%。全区地下水资源量1.629亿立方米，水资源总量3.90亿立方米，创成省级节水型社会示范区。

【矿产资源】　全区已探明的矿产资源均为非金属矿产，主要有建筑用黄沙、玻璃原料石英砂、陶瓷器原料陶瓷土、烧制砖瓦原料黏土及矿泉水、红石等。骆马湖东岸白马涧出产的优质石英砂总储量在5亿吨以上，石英砂矿的二氧化硅含量在80%左右，品位稳定，埋藏浅，易于开采，是玻璃工业的优质原料。从晓店至井头的60平方千米内，蕴藏着质优量丰的陶瓷土，它是生产高品位陶瓷墙、地板砖、琉璃瓦、陶瓷器具、陶瓷工艺品的理想原料，储量约6亿吨，属特大储量矿床。分布在骆马湖、晓店、侍岭一带的建筑用黄沙总储量在10亿吨以上，年开采量约400万吨左右。晓店镇的矿泉水水质清澈透明，无臭无味，含多种对人体有益的矿物质，为优质含锶偏硅酸矿泉水。2009年3月，晓店温泉出水，其水质优良，其中锶、氟含量达到国家医疗热矿泉命名水质标准。

【生物资源】 宿豫区地处暖温带落叶阔叶林植被区南端，毗邻亚热带常绿阔叶林植被区，植物资源丰富。境内植物资源有136科388属614种，其中木本植物有84科176属261种。植物资源中属国家保护的有9种，被列入江苏省稀濒植物的有2种，被列入宿迁市级濒危植物的有3种。境内古树名木合计201株，隶属26科35属36种2变种。药用植物资源合计106科276属417种。地方品种资源为铁球山楂和小黑葡萄两种，特有物种资源是宿半夏和芒苞车前。宿豫区地处鲁南丘陵与苏北平原过渡地带，全境地形复杂，植物资源丰富，适宜动物栖息繁衍。明末清初，尚有鹿、虎、狼、野猪等，后绝迹。近年生态环境改善，野生动物特别是羽禽类明显增多，人工饲养和野生动物在150科500种以上，鱼类有16科93种，野生羽禽有20科35种以上。畜禽饲养业是宿豫区优势产业，养蚕是全区农民收入增长的支柱产业。境内药用类动物有蚂蟥、蜈蚣、蝎子、土地鳖、南方大斑蝥等29科32种。

（区委党史工委）

·民风民俗·

【节日习俗】 春节农家吃素馅饺。初一早饭要吃元宝（饺子），农家的饺馅只能是素馅。据说如果吃了荤馅，家里养的畜禽会不兴旺。这天不仅饺馅不能是荤的，菜也不能含荤的。人们还会把饺子给牛、驴吃，说“打一千，骂一万，大年初一给顿饭”。

初五商店开门营业。从前，所有商店从初一早晨开始打烊，直到初五才恢复营业。初五是财神日，早晨起来出门迎财神。当天要在饺子锅里下面条，叫吃“钱串子”。现在春节期间，各类商家不休业，相反还会抓住商机多搞促销活动。初五沿袭清早放鞭炮迎财神的习俗。

正月十五赶会。旧时，是日为宿城城隍庙会。宿城的城隍庙建在城外，财神庙北街上建有行宫，叫显佑伯行宫。大清早，人们抬出城隍神像，沿街巡行，商家燃放鞭炮迎接，后有旱船，高跷、舞狮、舞龙演出队伍，直把财神迎进行宫接受人们膜拜。据说举行这样隆重的迎财神习俗，在全国唯宿城独有。除宿城表演队以外，县城周边的乡镇也有队伍进城表演。互相你能我胜地开展比赛。尤其是20世纪20年代，宿城老猪市排演的抬阁、架阁，表演《西厢记》《空城计》等戏剧内容，其精彩逼真的场景设计，演员的艳丽服饰、俊俏的扮相、扣人心弦的杂技动作，引得观众一片喝彩。不仅附近居民，邻县群众也不远百里到宿城赶会，有的提前一两天进城，心甘情愿在商店厦檐底下露宿，为的是一睹抬阁、架阁风采。域内还有正月十五为孩子认“石干爷”的习俗，意为石头坚硬，孩子有依靠。“项王故里”碑下、财神庙门前的石狮子，被认的最多。乡民带着孩子，未认过“石干爷”，要前往拜认；已拜过的要给“石干爷”上香，这也是乡民赶会一项重要的事。

正月十六走北边，吃马蹄糕、巧饭。每年正月十六晚饭后，宿城人要出门向北走，边走边唱：“正月十六走北边，腰不疼腿不酸。”宿迁县城在马陵山南，地势较洼，常因黄河泛滥遭水淹。洪水来时，要向马陵山顶逃，所以是向北走，逐渐成为习俗。宿城的走北边习俗，扩大到乡村，那里虽然北边没有马陵山，也有人出门向北走。走北边，成了域内特有的传统习俗。这一天家家要吃一种用米粉蒸成的筒糕，形似马蹄，称为马蹄糕。小孩子要饾巧饭，一群孩子到邻家讨米、豆、山芋干等，到田野捡拾柴草，自炊自食，不要大人插手。据说吃“饾巧饭”，会心灵手巧。

二月二做搭子、炸虫眼、摞刷把。农历二月二大清早，农家即在院子里、谷场上用草木灰画出许多大大小小圆圈，叫做摺子。摺子是盛粮的囤子，摺子做到院子里、谷场上，表明屋里已经装不下了。是日，家家要炸玉米花，家有属龙、蛇之人不能炸，说是炸瞎害虫的眼；吃豆芽，是吃掉蝎子的钩，不被蝎子蜇。天黑以后，孩子们聚集到空旷地方，点起火堆，各自将带来的废弃刷把点燃抛向天空，边抛边唱："刷把子，溜溜灯，一棵小秫（高粱）打二升，吃半升，留半升，还有一升送给和尚补窟窿。"撂刷把，可算是域内孩子们的狂欢节。

三月三荠菜花扫锅台。农村孩子们到田野拔出苔开花的荠菜，在锅台上扫，唱："荠菜花抓（宿豫方言说扫为"抓"，读作"zhuá"）锅台，抓你蚂蚁上不来。"

清明戴柳。清明节这天人们不仅在屋檐上插柳条，还把细柳条拧成圈套在头上，说是"清明不戴柳，死后变黄狗"。现在住楼房，无法在檐下插柳枝，但戴柳的习俗还在沿袭。

六月初一过小年。农历六月初一，半年还差一个月，所以叫小半年，一般就简称半年。是日，家家吃饺子，饺子馅要用韭菜。

七月七炙树杈。七月七日织女要到天河鹊桥上与牛郎相会。年轻姑娘三五成群向织女乞巧。乞巧的仪式是将干艾叶揉搓成圆锥状，点燃放在树杈上，叫炙树杈，拍着树干或拍手反复唱："七月七，炙树杈，会裁会剪会做花。"近年，七月七成了中国情人节，男子向情侣送花。

大冬吃番瓜。大冬即冬至日，域内东部比西部隆重，称冬大如年。是日，不管东部西部，无论农村城市，都有吃番瓜的习俗，番与翻同音，说是吃了番瓜来年就可以翻身，翻过坏时运，转来好时运。

年三十回家过年。除夕日，不但在外地的人要赶回家过年，自家所有物品也要回家过年。如互相借用的农具、家具等，借用的人家，一定要在日落前送还，如果还需要再用，也只能在节后再借。

【婚嫁习俗】 导门帖。旧时迎娶，只由男方家派"行首"（相当于婚礼主持人）带领花轿鼓乐到女方家抬人，为避免抬错，"行首"必须持由男方家长署名的帖子，女方家长查核无误才能同意新娘上轿，故称这帖子叫"导门帖"，性质相当于今日的介绍信。近年来域内时兴用车队迎亲，新郎随车到女方家迎娶，本不会出现差错，但凭导门帖迎娶已经成为一种程式，如果新郎没带帖子，只要女方家坚持，仍要回去拿来方能迎人。

穿红色棉嫁衣。新娘上头（化妆）时，要换上嫁衣。嫁衣为大红色，包括鞋子。而且嫁衣不能是单衣，即使是大热天，也要穿上棉袄、棉裤。据传有的新娘被热死。

换鸡腿。男方家迎亲时带一只公鸡，女方家准备一只母鸡。鸡叫长命鸡。在新娘上头（化妆）时，由女方弟弟或侄子先将系在公鸡腿上的红绳子调换到鸡的另外一条腿上，再将母鸡腿上的红绳子并扣在公鸡腿上。换鸡腿时，男方家要给喜钱。

闭门、拉车。从前花轿抬到男方家门前时，男方家把大门闭上，把花轿关在门外一段时间，再开门由搀轿姑娘搀进家，意为先关在门外捺捺新娘性子。近年来，在迎亲车队到来之前，人们就把喜公公、喜婆婆带到路上等候。婚车停下，喜公公、喜婆婆套上红绳拉套，把新媳妇象征性地拉回家。

打红纸捻说吉利话。正日子，亲邻来看新娘子，要说"吉利话"。内容是夸新娘漂亮，祝新娘子孙满堂。说吉利话时，新郎的父亲或伯、叔、兄弟，要手拿红纸捻蘸上油点燃照着。夸新娘一般从头夸起，一直夸到脚，说到哪里，红纸捻要照到哪里。每说一句，都有众人齐声道好。

吃了开口糕再说话。新娘从上轿开始，直至拜完天地，进入洞房坐帐，所有仪式都进行完毕，其间，不能开口说话。待夜阑客散，吃了从娘家带来的开口糕（桂花糕），才可开口说话。

百日里办喜事。无论男方还是女方，父

（或母）去世，结婚喜事可在百日以内举办。过了百日，婚礼须待三年守孝期满才能举行。

女方年龄大于男方。从前，域内讲究夫妻双方女方年龄要大于男方。有“女大一好夫妻，女大两黄金档，女大三抱金砖，女大四如意子”的说法。但不能太大，女大五就“赛老母”了。

【过生日、做寿习俗】 60岁以前叫过生日，60岁以后叫做寿。域内风俗过九不过十，逢59岁、69岁……的生日叫整生日，要做大寿。

从前，不是整生日，家人一般当天吃面条（长寿）、炒豆芽（扎根）。老人过整生日，出嫁的女儿以及亲友会前往祝贺，贺礼一般为糕、桃、面条。老人66岁的生日，出嫁女儿一定要送肉，俗语：六十六，要吃闺女肉。

2000年以后，只要逢九，如9岁、19岁、29岁……以及本命年即12岁、24岁、36岁……都算是大生日，要吃蛋糕、点蜡烛、唱生日歌、放鞭炮，有的还到酒店设宴，宾客除亲戚外，还会有同事、朋友，寿礼也演变为礼金。

【丧葬习俗】 挪铺。如死者此前住在房间里，必须在咽气前移到厅堂中，叫“挪铺”。一旦死在房间里，要从梁上（现从房门上方）将一只公鸡从里间扔出，以便死者灵魂随鸡飞出房间。

换送老衣。为死者换送老衣要在死者咽气之前进行。送老衣忌用黑色，黑色衣服为铁衣。衣料忌用缎子（断子），忌用毛料、蚕丝之类。

破孝。丧家发孝布，旧时一律为白色粗布。男的缝成帽；女的不缝，顶在头上，叫孝首巾。孝子的要直缝，且在耳朵上缀棉花球，父死缀在左耳，母死缀在右耳，父母双亡，左右耳都缀。其余亲友皆斜缝。孝帽、孝首巾用的布有长有短，按血缘关系远近区分。1960年代多用黑色袖章（俗称黑膀箍）。1990年代后，又恢复戴孝帽、顶孝首巾，直接亲属且在背上加披一块孝布，子侄辈为白色，孙辈为红色，曾孙辈为绿色。孝帽、孝首巾的颜色与披布相同。

设灵棚、迎祭桌。灵棚门上方悬：当大事匾。棚内设灵位，用红纸白字写上逝者名讳（白字是用毛笔蘸醋先在红纸上写字，再敷上白色面粉即成）。灵位前摆放祭桌。正吊日上午，由已出嫁女儿、孙儿、近房侄女送，如死者为女性，娘家也要送。祭品有猪头、公鸡、鲤鱼（称三牲）及糕点、时鲜水果等。祭品不能直接送到丧家，要在离家300米开外处停在路边等候，由孝子、孝媳领着家人，带上抬祭桌人员，鼓乐引路前往迎祭。每次只能迎一家，如有多家送祭品，即使同时在一地等候，也须分多次迎。迎回后由摆祭人按血缘关系的顺序摆放在祭桌上。

祭七、祭百日。从去世之日起，每逢第七日，都要上坟祭拜，直至第七个七日结束。再后就是一百天。祭七里以第五、第六个七日最为隆重。第五个七日清早，先在自家门前烧纸、焚香、摆供品，全家人都必须到场，据说死者灵魂在这天会随着太阳升起来上望乡台，看家人最后一眼。除在门前祭拜外，还要上坟祭拜。第六个七日和一百天，除家人外，至亲也要上坟祭拜。第六个七日的酒食供品，由出嫁的女儿和亲戚置备，俗说六七不吃家里饭。

周年祭。逝者去世后的第一、第三、第十个周年（头周、三周、十周），家人和至亲要上坟祭祀。

合葬。夫妻死亡相互间隔百日之内或超过三年的要合葬。如超过百日而又不满三年，则暂不能合葬。从前埋土坟，后死者需单独埋，且坟头为平顶，不留坟头，待满三年后再移棺合葬。现在多将骨灰暂存在陵园里，待三年后取出葬入墓穴合葬。

【饮食习惯】 宿迁历史上为旱作物产区，居民以小麦、玉米（俗称大秫秫）、高粱（俗称小秫秫）、甘薯（俗称山芋、红芋或白芋）等为主食，多磨为面粉，或磨成稀糊状物烙煎饼。甘薯除蒸煮食外，可切片晒干（俗称山芋干），可煮稀粥食用，或将山芋干磨成糊状物烙煎饼，还可将山芋干磨成面粉做馒头。新收获的山芋洗净磨碎后，加水漏浆沉淀成淀粉（俗称粉面），粉面经加工为粉丝、粉皮等。境内居民早晚以稀饭和煎饼为主，旱作物改种水稻后，中午以米饭为主。境内居民多喜食葱、蒜、辣椒。冬季到来之前，多习惯腌制大白菜、酱豆、腊菜、萝卜干、大头菜等以备冬天食用。旧时，城乡居民养成一天吃两顿饭的习俗。农民夏季大忙时，增一顿午饭，即食用随身携带的煎饼。此习俗农村仍在沿袭，城市居民逐渐养成一天吃三顿饭习惯，但早餐仍很简单。

【见面打招呼习俗】 域内熟人见面打招呼，说问候语、客气话，与外地人大不相同。不过，这些只是在农村一些年龄较大的人中还有保留。如大清早见面说“起来啦”，晚上见面说“没睡呐”，特别是白天见到人要说“吃（饭）没”“上哪的（到哪里去）”。如果手里拿着东西正在吃，要把手里的东西举向人面前说“吃吧”。 （张家桐）

·文化遗产·

【文物保护】 2016年，成立宿豫区文物普查小组2个，投入经费10万元，对全区企事业单位开展可移动文物普查，普查的内容包括古代史类、民俗类、革命史类、当代史类和古生物化石类。全区共普查出可移动文物9件，对普查出的不可移动文物进行登记造册。区博物馆拥有馆藏文物31件、主要陶罐23件、铜镜3件、瓷器5件登记造册。

【非物质文化遗产保护传承】 全区有省级非物质文化遗产名录项目4个、保护单位1个，市级非物质文化遗产名录项目12个、保护单位10个，县区级非物质文化遗产名录项目16个、保护单位8个。全年举办各类宣传展示活动5次，参与人次达3800人次。全区有各类非物质文化遗产健在代表性传承人99人，学徒1920人。联合教育部门做好非物质文化遗产进校园传承活动并取得显著成绩。侍岭小学的琴书《凿壁借光》荣获第六届江苏省少儿曲艺大赛二等奖；丁嘴中心校的跑驴、大兴中心校的旱船参加全区第二届文化艺术节荣获二等奖；剪纸传承人张红、王丽及其培养的学生参加全市“美丽中国梦”“建市二十周年”等多项赛事并荣获奖项。泥塑、舞龙等10多个非遗传承场所传承发展，不断培养壮大传承人。组织郝氏泥塑第四代传承人郝欢欢参加文化部组织的中国非遗传承人群研修研习培训班，郝氏泥塑传承人郝钧的作品荣获第四届

2016年宿豫区可移动文物普查统计一览

表2

序号	收藏单位	名称	时代	类别	数量（件/套）	完残程度	来源
1	宿豫区档案局	张忭私志	1700	纸	1	完好	馆藏
2	宿豫区档案局	同治县志	1874	纸	1	完好	馆藏
3	宿豫区档案局	耀徐玻璃股份公司章程	1904	纸	1	完好	馆藏
4	宿豫区档案局	宿迁县立师范学校	民国	纸	1	完好	馆藏
5	宿豫区档案局	解放前四十年史	1911-1949	纸	1	完好	馆藏
6	宿豫区档案局	国务院奖状	1958.12.31	纸	1	完好	馆藏
7	宿豫区档案局	高南阜砚史拓片	清	纸	1	完好	馆藏
8	宿豫区档案局	民国县志	1935	纸	1	完好	馆藏
9	宿豫区档案局	淮海战役苏北支前方案	1938	纸	1	完好	馆藏

2016年宿豫区不可移动文物保护点登记一览

表3

序号	名称	级别	时 代	所属乡镇	评定时间
1	竹城寺井	县级	明代	大兴	2010.7.5
2	凤凰墩遗址	市级	新石器	保安	2009.12.4
3	吴庄遗址	县级	新石器	保安	2000
4	后场遗址	县级	周代汉代	保安	2010.6
5	大坡墩遗址	县级	汉代	保安	2000
6	黄泥滩遗址	县级	新石器	关庙	2000
7	关庙南井	县级	唐代	关庙	2000
8	关庙北井	县级	唐代	关庙	2000.2
9	孙庄小墩墓群	县级	汉代	关庙	2010.7.5
10	刘庄大墩墓群	县级	明代	关庙	2010.7.5
11	十八楞井	县级	清代	开发区	2010.7.5
12	王墩遗址	市级	新石器	来龙	2009.12.4
13	尖墩遗址	市级	西周	来龙	2009.12.4
14	毛墩遗址	市级	西周	来龙	2009.12.4
15	沈墩遗址	市级	西周汉代	来龙	2009.12.4
16	后墩遗址	市级	周代汉代	来龙	2009.12.4
17	曹墩墓群	市级	汉代	来龙	2009.12.4
18	路墩遗址	县级	新石器	来龙	2000
19	东大宅子遗址	县级	汉代	来龙	2000
20	东黄林遗址	县级	西周汉代	来龙	2006.12.21
21	西黄林遗址	县级	汉代	来龙	2000
22	张大营遗址	县级	汉代	来龙	2000
23	东大墩遗址	县级	汉代	来龙	2000
24	双蒋遗址	县级	汉、唐	来龙	2000
25	玉皇村墓群	县级	汉代	来龙	2006.12.21
26	蔡集烈士陵园	县级	近代	来龙	2000
27	来龙庵战场遗址	县级	近代	来龙	2000
28	穆墩墓群	县级	汉代	来龙	2010.7.5
29	邱墩遗址	市级	西周	侍岭	2009.12.4
30	乌鸦岭墓群	市级	汉代	侍岭	2009.12.4
31	洪武墩墓群	市级	汉代	侍岭	2009.12.4

续表3

序号	名称	级别	时 代	所属乡镇	评定时间
32	斗墩遗址	县级	西周	侍岭	2000
33	黄庄遗址	县级	东周汉代	侍岭	2000
34	土城遗址	县级	汉代	侍岭	2000
35	徐宅子遗址	县级	汉代	侍岭	2000
36	芝麻墩遗址	县级	西周	侍岭	2006.12.21
37	侍岭古井	县级	唐代	侍岭	2006.12.21
38	侍岭北井	县级	唐代	侍岭	2006.12.21
39	吴圩烈士陵园	县级	1946年	侍岭	2000
40	尖墩墓群	县级	汉代	侍岭	2010.7.5
41	卓圩战场遗址	县级	近代	顺河	2006.12.21
42	顺河行宫遗址	县级	清代	顺河	2010.7.5
43	顺河顺堤石桥	县级	明代	顺河	2010.7.5
44	张圩五斗渠渡槽	县级	近代	顺河	2010.7.5
45	陈墩遗址	市级	新石器	新庄	2009.12.4
46	陈墩南井	县级	唐代	新庄	2006.12.21
47	陈墩北井	县级	唐代	新庄	2006.12.21
48	时济泉井	县级	唐宋	新庄	2010.7.5
49	刘陵墓群	县级	宋代	新庄	2010.7.5
50	康庄井	县级	唐代	新庄	2010.7.5
51	仰化行宫遗址	市级	清代	仰化	2009.12.4

2016年宿豫区非物质文化遗产各级名录项目一览

表4

序号	项目类别	项目名称	级别	公布文件	公布时间
1	传统舞蹈	大兴旱船	省级	苏政发〔2009〕94号	2009.6.20
2	传统舞蹈	丁嘴跑驴	省级	苏政发〔2011〕124号	2011.9.2
3	民间文学	项羽传说	省级	苏政发〔2011〕124号	2011.9.2
4	传统技艺	丁庄大菜制作技艺	市级	宿政发〔2007〕143号	2007.12.27
5	民间文学	来龙庵燃灯大师传奇故事	市级	宿政发〔2007〕143号	2007.12.27
6	传统戏剧	淮红戏	市级	宿政发〔2007〕143号	2007.12.27
7	民间文学	伍家沟传说	市级	宿政发〔2010〕155号	2010.11.25
8	民间文学	宿豫区民间谚语	市级	宿政发〔2010〕155号	2010.11.25

续表4

序号	项目类别	项目名称	级别	公布文件	公布时间
9	传统音乐	大兴吹打乐	市级	宿政发〔2010〕155号	2010. 11. 25
10	传统舞蹈	顺河舞龙	市级	宿政发〔2010〕155号	2010. 11. 25
11	传统舞蹈	侍岭舞狮	市级	宿政发〔2010〕155号	2010. 11. 25
12	传统美术	宿豫剪纸	市级	宿政发〔2010〕155号	2010. 11. 25
13	传统美术	宿豫烙书	市级	宿政发〔2010〕155号	2010. 11. 25
14	游艺、传统体育与竞技	六六周	市级	宿政发〔2010〕155号	2010. 11. 25
15	游艺、传统体育与竞技	徐家杂技	市级	宿政发〔2010〕155号	2010. 11. 25
16	民　　俗	宿豫婚俗	市级	宿政发〔2010〕155号	2010. 11. 25
17	传统音乐	埙演奏	区级	宿豫政发〔2009〕33号	2009. 5. 7
18	传统音乐	打夯调	区级	宿豫政发〔2009〕33号	2009. 5. 7
19	传统舞蹈	龙潭舞狮	区级	宿豫政发〔2009〕33号	2009. 5. 7
20	曲　　艺	宿迁琴书	区级	宿豫政发〔2009〕33号	2009. 5. 7
21	游艺、传统体育与竞技	打梭	区级	宿豫政发〔2009〕33号	2009. 5. 7
22	传统美术	宿迁绒绣	区级	宿豫政发〔2009〕33号	2009. 5. 7
23	传统技艺	陆氏粉皮制作技艺	区级	宿豫政发〔2009〕33号	2009. 5. 7
24	民　　俗	宿迁葬俗	区级	宿豫政发〔2009〕33号	2009. 5. 7
25	民　　俗	正月十六走北边	区级	宿豫政发〔2009〕33号	2009. 5. 7
26	传统音乐	泰康锣鼓	区级	宿豫政发〔2013〕21号	2013. 2. 27
27	传统舞蹈	丁嘴跑马灯	区级	宿豫政发〔2013〕21号	2013. 2. 27
28	传统舞蹈	大兴花车舞	区级	宿豫政发〔2013〕21号	2013. 2. 27
29	传统美术	郝氏泥塑	区级	宿豫政发〔2013〕21号	2013. 2. 27
30	传统技艺	山楂糕（霸王糕）制作技艺	区级	宿豫政发〔2013〕21号	2013. 2. 27
31	传统技艺	宿迁大头菜制作技艺	区级	宿豫政发〔2013〕21号	2013. 2. 27
32	民　　俗	来龙庵三月十五庙会	区级	宿豫政发〔2013〕21号	2013. 2. 27

全国非物质文化遗产博览会传统工艺类项目二等奖；豫苑社区舞龙被确定为全市重点传承项目。依托区老年大学建设丁嘴跑驴传承基地，新培养传承人20多名。

（陆敬伟　徐春雷）

【重点文化遗产项目简介】 龙王庙——乾隆行宫原名为“敕建安澜龙王庙”，坐落于宿迁市区西北20千米处的古镇皂河。该建筑群始建于清顺治年间，改建于康熙二十三年（1684年）。后经雍正、乾隆、嘉庆历代皇帝的复修和扩建，形成了现在占地2.4公顷，周围红墙，三院九进封闭式合院的北方宫式建筑群。乾隆皇帝6次下江南，5次驻跸于此，并建亭立碑，帑金修缮，故又俗称为“乾隆行宫”。1983年，江苏省人民政府为了保护这一珍贵的文化遗产，公布其为省级文物保护单位。2001年6月，被国务院公布为全国重点文物保护单位。

财神庙　位于宿迁市皂河镇北首，建于清康熙年间。该建筑为廊院式建筑格局、砖木结构、小平瓦屋面、正堂为明三暗五、前屋四间，建筑面积350平方米，总占地约为550平方米。财神庙原为民间祭祀财神的庙宇，周边百姓每逢吉日进庙上香、敬奉财神，祀求降福、赐财。财神庙整体建筑风格清晰，文化内涵丰富，是皂河镇区内保存较好的清代庙宇之一，1991年被原县级宿迁市公布为文物保护单位。2004年被宿迁市公布为市级文物保护单位。

陈家大院　该建筑群始建于清嘉庆年间，是宿迁目前最大的清代古民居。2004年宿迁市人民政府将其公布为市级文物保护单位。陈家大院总占地约0.4公顷，北方回廊式建筑结构，共有房屋66间，建筑面积约1500平方米。原为宿迁骆马湖马老太爷私人住宅，后转卖给山东商人陈永茂，一直延续到新中国成立前夕，故曰陈家大院。抗日战争时期，陈家大院沦为驻皂河日军总部。中华人民共和国成立后，该建筑群收为国有，成为地方粮食仓库。1950年代，先后成为皂河轮船站、杂品站、针织厂、福利厂。1980年代，陈家大院部分房屋被卖给个人。2011年，陈家大院被列入江苏省大运河沿线重点文物抢救保护工程，政府拨专款进行修缮，基本恢复了陈家大院六进院落的历史原貌。2013年5月正式对外开放。

合善堂　位于皂河镇内全国重点文物保护单位龙王庙行宫以北100米处，建于清光绪二十年（1894年），属市级文物保护单位。该建筑布局规范，房屋结构完好，前后两进院，正门朝南。后院的正堂及东西配房皆为硬山清水脊，置有跪兽和龙吻。正堂进深五架加前廊，面阔三开间，两旁设耳房，前庭院有山门及东西房，整个建筑群南向，占地约1500平方米。正堂中敬奉普度众生的观世音菩萨，后堂供奉释迦牟尼。2013年5月正式对外开放。

（姜　训　张大勇）

·历史名人·

古往今来，宿豫文化璀璨，文化名人辈出。民族英雄有西楚霸王项羽；南宋的魏胜，明朝的刘荣与晚清的杨泗洪，号称抗御外侮的“宿迁三杰”；清朝为民请命而蒙冤入狱的宿迁诗人、老秀才张忭；多才多艺、忧国忧民的现实主义女诗人倪瑞璇和曾当选江苏省第二届众议院议员的举人卢瀚荫等。灿若繁星，放射出熠熠光华。中共宿迁县委首任县委书记马仑为革命英勇献身，给宿豫历史增添光荣篇章；刘少奇、陈毅、邓子恢、粟裕、张爱萍、张震、李一氓等老一辈无产阶级革命家曾在这里运筹帷幄，浴血奋战。县委书记的榜样焦裕禄曾在宿豫流寓。当代舍己救人小英雄韩余娟诞生于这一方热土，原国家主席李先念题词“向少年英雄韩余娟学习”。

（区地方志办）

·宿豫名胜·

【中运河风光带】　京杭大运河，滔滔千余载，绵延几千里，福泽亿万人。中运河风光带综合整治工程是一项集防洪、排涝、调水、景观建设于一体的两级政府实施的重点综合整治工程，由北京土人景观与规划设计研究院设计，工程于2003年4月启动，2007年年底全面建成。中运河风光带全长5.5千米，绿植环抱，景色迷人。船行碧波上，如在画卷中，仿佛看到了梦幻般的“烟波水世界”。中运河风光带以自然景观要素——运河为主，以人工景观要素——雕塑、广场为辅，塑造各具特色的景观段。通过景观点和标志点转换，构筑风光带的整体景观，形成步移景异、流动感极强的滨河景观带，是一个开放式没有屋顶的运河博物馆。2007年，中运河水利风景区被省水利厅评为省级水利风景区，2008年8月，被水利部评为国家水利风景区。

【千鸟园广场】　广场位于宿豫区江山大道西侧、韶山路南侧，西临湘江路，南临泰山路，占地12.67公顷，总投资500多万元。该广场兴建于2000年6月，为进一步完善美化园区环境，2004年9月，区委、区政府聘请南京明宇环境艺术设计有限公司对千鸟园维修改建。广场南首矗立9根图腾柱，以示宿豫人民誓当淮北领头雁之意。四周8根石柱上雕刻的鸟图案象征着：春夏秋冬、东南西北、世界各地的鸟融合在一起。图腾柱由8根直径1.28米、高10.8米的汉白玉石柱，环绕一根高20.04米、直径2米的中国第一高汉白玉石柱组成，每根石柱上雕刻着千只各种鸟类图案。广场以绿色为基调，小草依依，绿柳翠柏，内饰木桥亭台、喷泉石径，是宿豫新区居民集娱乐、休闲、健身、消费于一体的综合性广场。2007年，兴起的广场专场文娱晚会，是宿豫打造的特色文化，成为部门、企业和商家对外宣传的窗口，聚集商气人气，实现文化与经济的互动双赢。

【来龙古寺】 来龙古寺建在白鹿湖畔，来龙古寺因恢复重建明代来龙庵故名。有“干木老祖”的神话故事。“干木老祖”法号燃灯，传说燃灯60余岁圆寂时，仍闭目端坐，尸体风干，完好如生，故称为“干木老祖”。燃灯法师本姓王，俗名月轮，来龙镇西王庄人士。至今燃灯法师那一支的王姓家族大部分仍居住本镇，“文化大革命”初期，干木老祖真身被运至县城，焚为灰烬。据当地老者回忆，燃灯法师的真身被弟子们置于来龙古寺的东配殿供养，法师真身披金，盘曲正坐于龛内，两臂交于胸前正中一个T形支架上，身披黑面红里的披风，头戴黑面红里的大风帽。颧骨略凸，双目平视，深邃、慈祥。殿内中央为站立柜式佛龛，高约2米，宽约1.2米，紫檀木质。龛前敞开，两边设联，联底红色，正楷金字，上联：“祖身宛在德庇来龙传百世”，下联：“佛晔绵存慈荫广宇照千秋”，横批：“祭如在”。

来龙古寺作为宗教旅游区，将让游客尽情领略自然与人文的风光，通过景点介绍，向人们展示宗教博大精深的文化内涵，辅以针对性的宗教活动，使人们的情感彻底释放，在游玩的同时，悟到了更多做人做事的道理。以此吸引广大游客，特别是宗教信众慕名而来。

【宿北大战遗址】 宿北大战，是华中野战军和山东野战军集中后，遵照毛泽东关于“集中优势兵力，各个歼灭敌人”的军事原则，在陈毅、粟裕、谭震林等指挥下，在当时江苏省宿迁县城以北、沭阳县以西、新安镇（现属新沂市）以南地区，进行的一次进攻战役。战役从1946年12月13日打响，至19日结束，共歼国民党军三个半旅，国民党军第六十九师师长戴之奇自毙。宿北战役，开创了解放战争初期全歼国民党整编师的范例，对整个华东战场，乃至全国战局都产生深远的影响。在宿豫区东北乡镇留有一些战争遗址。

峰山　位于宿迁城北12千米处，东面是广阔平原，西边靠大运河、骆马湖，是马陵山余脉在这个地区的制高点。海拔72米，地势陡峭，易守难攻，为宿北大战攻坚战的主战场。旧战场以峰山为中心，约5000平方米，今在晓店镇峰山村域内。当年山顶松树、山坡构筑的堑壕偶有遗存。

来龙庵　位于宿迁城东北20千米处，今来龙镇政府所在地。当年约有百来户人家，宿北大战阻击战从这里打响。

晓店子　位于宿迁城北10千米处，是峰山南2千米山岭上一个小镇，四周有围寨，寨内筑有地堡及单人掩体，寨外有壕沟、鹿砦、铁丝网。当年晓店战斗战场旧地，今为晓店镇所在地。

曹家集　宿城东北10千米，宿沭公路南侧的一个小集市。宿北大战时，国民党整编十一师师部曾前进到此地驻扎。现为曹集乡政府所在地。

三台山　为晓店镇东南3千米处的一个小山包，是晓店以南的制高点，宿北大战中华东野战军一个连在此阻击国民党军一个团的轮番进攻。现为国家AAAA级风景区森林公园内一个重要景点。

人和圩　位于宿迁东北15千米处（现吴圩村），圩墙高约4米，厚1~2米，圩墙外有水壕，壕外有鹿砦，地形开阔。为宿北大战中国民党六十九师师部所在地，也是围歼战的主战场，六十九师师长戴之奇自杀之地。今为侍岭镇吴圩村村部所在地。当年土筑围墙早已拆除，曾作过戴之奇指挥所的吴家客厅，现为民居。1950年，宿迁县人民政府在此建立了吴圩烈士陵园。陵园占地1.47公顷，四周有圩沟、防护林带。后来又在陵园内、墓区间修筑水泥道路，栽植四季长青的松柏，修建了纪念碑亭、陈列室。2001年，全镇党员干部捐款重修了陵园，使之成为爱国主义教育基地。

宿北大战烈士陵园　位于宿沭公路北侧，来龙镇政府西约7千米处陵园村（村原名小蔡集），占地5.2公顷，为宿迁市、宿豫区爱国主义教育基地。宿北大战胜利后，参战部队2700余名战士遗体葬于此，最多的一座墓中掩埋了600多位烈士忠骨。1950年，宿迁县人民政府在这里建陵园。1962—1964年，政府扩建陵园，建纪念碑亭，围绕烈士墓周围栽植800多棵松柏，命名为小蔡集烈士陵园。2006年，宿豫区政府对陵园进行修建，后面建有76个精致的大理石墓穴。2011年，宿豫区投资420多万元，再次对陵园进行提升改造，建有主纪念碑、史料陈列馆、余娟纪念广场等，并将小蔡集烈士陵园更名为宿北大战烈士陵园。

【红十五军三师纪念园】　纪念园坐落于江苏省民防训练基地院内，2013年11月建成。主要分为纪念碑和纪念馆两个区域。纪念馆分党组织建立、红色起义、抗日烽火、根据地建设、解放支前、缅怀先烈六大部分。内含电子解说、幻影成像、电子虚拟翻书、人物触摸查询等多媒体技术，并配有硅胶塑像、绘画、图表、照片、实物等表现形式。详细展现红十五军三师在组建过程中所举行历次起义、抗战时期的日军暴行及宿迁大地的抗日战争，生动再现当年革命历史画卷。纪念碑高15.3米，底座是5字简型，底座上面3字造型的火炬，既象征红三师点燃的宿迁革命火种，熊熊燃烧，又象征一张笑脸，微笑着注视着后来人。

（区委党史工委）

·土特产·

【丁嘴金菜】　早在清末民国时期，上海、镇江等地的客商便与宿迁境内丁嘴集丁姓、大兴集陆姓、仰化集朱姓等行商联合坐庄收购金针菜，运销浙江、广东、上海及苏南一带。金针菜的品种有大乌嘴、大枚椒、小黄壳等，尤以宿豫区丁嘴镇产的大乌嘴最为出名。丁嘴金针菜花大肉厚，粗壮整齐，长短均匀，色泽淡黄，干而光泽，紧实柔软，久煮不烂，微带脆感，风味独到。金针菜又名黄花菜，是一种多年生草本植物萱草的花蕾，味鲜质嫩，含有丰富的糖、蛋白质、维生素C、钙、脂肪、胡萝卜素、氨基酸等人体所必需的养分。其性味甘凉，有清热解毒、生津去火和安眠功效。

【乾隆贡酥】　乾隆贡酥是皂河叶家烧饼的别称，得名于清乾隆二十二年（1757年）乾隆二下江南之时。其实叶家烧饼早在唐代就很有名气。那时叶家炉内功夫已达顶级，可以制作出60多个品种的名点小吃，如“一指饼”“水磨镜”等，享誉一时。叶家烧饼传人曾被选入御膳房。后因战乱叠起，朝代更迭，叶家烧饼虽又返民间，但有许多炉内绝活已相继失传，唯“乾隆贡酥”流传至今。“乾隆贡酥”有四绝：香、脆、酥、透。所谓香，即饼香、油香、芝麻香三香合一。特别是芝麻香，据说芝麻皮苦且涩，芝麻仁才是真香，叶家用的全是上等的去皮芝麻仁。所谓脆，即沾唇即碎，该饼需轻拿轻放，夏天放置3～5天香脆依旧。若是用塑料袋包装，脆皮可保持两三个月。所谓酥，就是松软，不但皮酥，且内外如一。所谓透，就是玲珑剔透，外形美观。刚出炉的烧饼白生生、黄澄澄一颗颗晶莹闪亮的芝麻仁镶嵌其间，如精美的艺术品，诱人食欲，却又不忍下口。

【五香大头菜】　中国名菜。商业部和江苏优质食品。宿迁市政府重点保护产品。起源于明朝初期，又叫正德香菜或乾隆香菜。民国16年（1927年）获巴拿马国际博览会金奖。制作工序主要包括选料、清洗、削净、盐渍、晾晒、原卤浸泡。将晒干的大头菜与炒熟的精盐、五香（花椒、胡椒、八角、桂皮、茴香）粉、醋等掺拌均匀，装入坛内，封存7天即可食用。其色泽酱赭、香味纯正、脆嫩爽口、口嚼无渣、辛辣味浓，有助增进食欲。

【水晶山楂糕】 宿豫糕点茶食，从清末就驰名。其中，山楂糕和桂花糕销往苏南等地甚至远销国外。民国16年（1927年），水晶山楂糕获巴拿马国际博览会金奖。水晶山楂糕色泽赭黄透明如水晶状，呈玫瑰色，晶莹透亮，放在报纸上能透过糕体看清文字，酷似一枚红色的水晶，放于手上，似有弹性，入口细腻，酸甜适口，百吃不厌。水晶山楂糕能开胃消食、生津养颜、活血化淤，对心血管系统的疾病有一定疗效。

【骆马湖银鱼】 宿迁骆马湖水多来自沂蒙山洪和天然雨水，沿湖无工业污染，常年水体清澈透明，湖滩浅水中生长密密扎扎的芦苇和众多浮游生物，为鱼类生产提供了良好的生存环境。湖中鱼类多达56种，尤以银鱼最佳。骆马湖银鱼通体洁白透明如美玉，形状如根根银条，肉质细嫩鲜美，有“水中白银”“水中人参”的美誉。“金梅”牌冷冻保鲜银鱼为江苏省优质产品，远销日本、东南亚等国家。

【“黄狗”猪头肉】 由民间名师黄德（诨名叫黄小狗）始创，人称“黄狗”猪头肉，已有200多年历史。其肉色泽酱赭，香味浓郁，肥肉酥烂，精肉鲜香，味纯而正。乾隆皇帝下江南曾品尝此肉，大为赞赏。自乾隆皇帝品尝后，黄德将其锅中剩下肉汤倒入新烹制的猪头肉汤中，如此每天将肉汤留下一碗掺进新汤，世代相袭，故又有“乾隆老汤”之称。

【宿豫凤鸡】 宿豫是西楚霸王项羽的故乡，古楚文化沉淀深厚。楚人崇尚鸟，以鸟为图腾。

“百鸟朝凤”，凤为百鸟之王。鸡以其形态似凤，很受宿豫人喜爱。自古以来，宿豫人几乎家家户户养鸡，不仅是一项传统的家庭副业，而且是吉（鸡）祥富贵的象征。在宿豫地方土鸡品种中，有一种脚高长尾、头顶戴一簇长羽，酷似凤头，俗称“姑姑头”的更被视为珍品。故称为“宿豫凤鸡”。主要出产在宿豫区的来龙、保安、关庙、大兴、蔡集、王官集等乡镇。生长在酒都花乡、河清湖秀的大自然环境中的“宿豫凤鸡”，肉质鲜嫩，营养丰富，风味独特。一直是高档宾馆、酒店、食品店的抢手货。2008年之后，“宿豫凤鸡”产业已形成规模，集苗鸡孵化、成品鸡养殖、屠宰加工为一体，2011年出栏肉鸡突破6000万羽，年加工能力达到8000万羽，成为全国闻名、江苏第一的百亿级农业产业化支柱产业。 （张家桐）

·2016年宿豫区国民经济和社会发展统计公报·

2016年，面对宏观形势复杂、经济下行压力加大等困难和挑战，全区上下认真贯彻中央和省、市决策部署，全面落实创新、协调、绿色、开放、共享的发展理念，以“三抓三促”为主线，深入推进供给侧结构性改革，聚力围绕“三个高于”“一个率先”的奋斗目标，统筹推进“工业强区、电商名城、幸福家园”三大建设，经济社会发展取得新的成效，实现“十三五”良好开局。

一、综合

经济总量保持稳定增长。初步核算，2016年全区实现地区生产总值252.13亿元，按可比价计算比上年增长9.2%。其中，第一产业增加值26.73亿元，增长1.8%；第二产业增加值146.23亿元，增长9.1%；第三产业增加值79.17亿元，增长12.0%。人均GDP按常住人口计算，初步核算为56658元，比上年增长9.2%，高出全市平均水平近8000元，位居全市县区首位。

经济结构进一步优化。产业结构逐步优化。三次产业结构由2010年的15.4∶59.1∶25.5调整为10.6∶58.0∶31.4，其中第三产业实现较快增长，占比首次超过30%，比重较上年提高1.6个百分点。工业继续保持主导地位。实现全部工业增加值129.82亿元，增长9.7%，比GDP增速快0.5个百分点，占GDP比重达51.5%。全年“2+1”产业实现产值229.9亿元，占工业总产值的46%。高新技术产业实现产值114.2亿元，占工业总产值的22.9%。服务业快速发展。第三产业增加值实现79.17亿元，增长12.0%，比GDP增速快2.8个百分点，对GDP增长的贡献率达48.4%，拉动GDP增速4.6个百分点，占全区GDP比重达31.4%，同比提升1.6个百分点，(2011—2014年间同比年均仅增长0.2个百分点)。

二、农业

农业生产保持稳定。2016年，全区实现农林牧渔业总产值47.31亿元，同比增长4.1%。

种植业略有减收。全年粮食作物播种面积73.74万亩，比上年增加0.15万亩，增长0.20%；全年粮食总产36.00万吨，比上年减产0.30万吨，下降0.82%。其中夏粮11.98万吨，比上年减产0.17万吨；秋粮24.02万吨，比上年减产0.13万吨。粮食单产488公斤/亩，比上年减少1.02%。

畜禽饲养基本稳定。生猪年末存栏23.28万头，同比减少2.84%；家禽年末存栏1699万只，同比减少1.56%；生猪出栏30.8万头，同比减少2.75%；家禽出栏3123万只，比上年增加7.27%；肉类总产量7.9万吨，禽蛋总产量2.2万吨。水产生产稳定增长。全区水产养殖面积稳定在5.6万亩，总产量达1.44万吨。

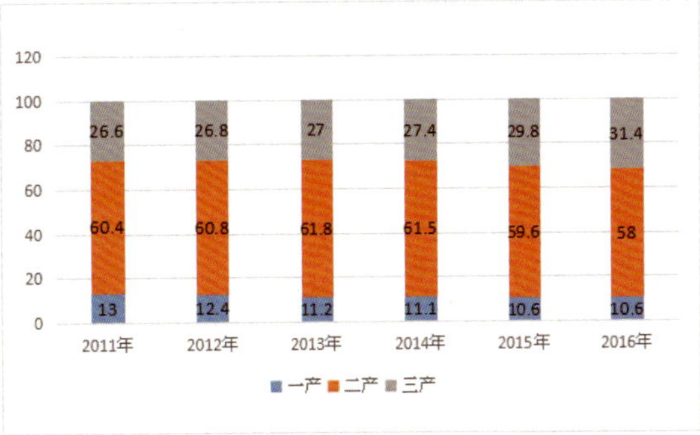

2011年—2016年三次产业比例构成图

现代农业向特色发力。稳步推进“双10”共进发展战略，加快重点区域农业结构调整，有组织流转土地3.9万亩，新培育家庭农场156家，新增农民专业合作社257家，新增休闲体验农业1.7万亩。

三、工业

工业经济发展平稳。2016年，全区规模工业企业共251家。累计实现工业总产值499.53亿元，同比增长12.3%；完成工业增加值105.60亿元，同比增长10.0%；实现产品销售收入456.37亿元，同比增长11.1%；实现利税总额35.53亿元，同比增长6.3%。

主导产业增量集聚。2016年，全区“2+1”主导产业实现产值229.9亿元，主导产业在全区规模工业总产值中所占比重为46.0%，较上年提高8.3个百分点。其中食品饮料行业实现工业产值64.9亿元，装备制造行业实现工业产值16.1亿元，新材料行业实现工业产值148.9亿元。

园区经济主体地位继续巩固。2016年，宿迁高新区、生态化工科技园、张家港宿豫工业园等三大园区131家规模工业企业实现总产值407.5亿元，同比增长14.4%，增速高于全区

2016年宿豫区主要工业产品产量情况一览

表5

指标名称	计量单位	产　量	增速（±%）
涂料	吨	3497.00	287.69
电工仪器仪表	台	385832.00	266.57

续表5

指标名称	计量单位	产　量	增速（±%）
砖	万块	799.00	89.97
商品混凝土	立方米	273590.00	84.11
无纺布（无纺织物）	吨	160.40	80.63
蚕丝被	万条	54.50	45.33
不锈钢日用制品	吨	5730.00	36.66
布	万米	2989.50	30.30
蚕丝及交织机织物（含蚕丝≥50%）	万米	2682.00	24.69
化学纤维	吨	182787.00	19.76
发酵酒精（折96度，商品量）	千升	33389.00	17.74
化学药品原药	吨	1663.40	15.98
铅酸蓄电池	千伏安时	2663395.00	15.98
精制食用植物油	吨	92182.00	13.80
蚕丝	吨	1838.50	12.72
鞋	万双	199.70	7.95
方便面	吨	41038.00	7.31
化学试剂	吨	2377.40	6.61
服装	万件	424.02	6.50
合成橡胶	吨	52270.00	4.37
钢化玻璃	平方米	16584561.00	4.27
化学农药原药（折有效成分100%）	吨	23485.00	2.85
橡胶轮胎外胎	条	2670000.00	2.30
平板玻璃	重量箱	4308938.00	0.59
人造板	立方米	23609.00	0.34
家具	件	54272.00	-0.56
合成氨（无水氨）	吨	183871.00	-1.76
农用氮、磷、钾化学肥料（折纯）	吨	126503.00	-1.76
大米	吨	649409.00	-5.97
罐头	吨	15718.00	-9.16
纱	吨	1832.00	-15.07
小麦粉	吨	82610.00	-20.27
硫酸（折100%）	吨	27493.00	-28.60
塑料制品	吨	2692.00	-34.13
水泥	吨	232926.00	-36.66
电子元件	万只	9870.00	-78.12

2.1个百个点，占全区规模工业总产值81.6%。

大中型企业增速加快。2016年，全区大中型企业实现工业产值290.5亿元，同比增长14.6%，在全区规模工业产值中占比达58.2%。增速高于全区规模工业产值增速2.3个百分点，拉动全区工业产值增长8.3个百分点。

高新技术产业占比提升。2016年，全区高新技术企业实现总产值114.2亿元，同比增长3.8%。高新技术产业产值占规模工业总产值的比重为22.9%，占比较上年提升0.1个百分点。

工业产品产量增减不一。列入统计的36种主要产品中，有24个产品产量实现增长。主要工业产品产量如下表：

建筑工程产值有所回落。2016年，全区建筑企业完成建筑总产值106.4亿元，下降15.2%。其中，完成建筑工程产值99.9亿元，下降20%，占全部建筑产值的93.9%；完成安装工程产值1.7亿元，增长1033.3%。建筑业增加值为17.7亿元，同比增长4.6%。

四、固定资产投资

投资总量持续扩大。2016年，全区累计完成固定资产投资252.94亿元，同比增长13.1%，较上年同期增加29.3亿元。整体平稳增长，但与上年同期相比，增速呈现逐步放缓态势。分产业看，第一、二、三产业分别完成投资2.93亿元、160.46亿元、89.55亿元，同比分别增长15.4%、13.8%、11.8%。第二产业中的工业和制造业投资分别增长13.5%和11.6%，同比分别回落8.0和6.7个百分点。从占比情况看，第一产业占1.2%，同比提高0.1个百分点；第二产业占63.4%，同比下降0.4个百分点；第三产业占35.4%，同比提高0.4个百分点。

基础设施投资高速增长。2016年，全区基础设施投资完成40.93亿元，同比增长41.1%，增速高于全部投资28个百分点，拉动全部投资增长5.3个百分点。基础设施建设的不断加强，对改善人民群众生产生活条件、提升城市形象、优化投资环境具有重要意义，为更多、更好、更大项目落户宿豫提供基础保障。

现代服务业投资异军突起。2016年，全区非房地产服务业投资继续保持快速增长态势。非房地产服务业投资完成69.89亿元，同比增长44.8%，占项目投资比重由上年同期的25.2%提升到30%。传统服务业中的批发和零售业投资同比下降26.6%，现代服务行业投资保持较快增长，如信息传输、软件和信息技术服务业投资增长128.2%，科学研究和技术服务业投资增长219.4%，生态保护和环境治理业投资增长141.6%，文化、体育和娱乐业投资增长58.8%。

高新技术产业投资增长较快。2016年，全区高新技术产业完成投资34.83亿元，同比增长13.5%，拉动项目投资增长2.1个百分点。分主要行业看，增长较快的有仪器仪表制造业同比增长48.8%，新材料制造业同比增长23.4%。

五、贸易和外经

社会消费品零售额增速稳步提升。2016年，全区实现社会消费品零售总额突破50亿元，达53.69亿元，同比增长12.7%，增速较一季度、上半年和前三季度分别提升1.3、0.9和0.3个百分点，分别高于全国、全省、全市平均水平2.3、1.8、0.1个百分点。

城镇市场增速快于农村市场。2016年，全区城镇市场实现消费品零售额48.44亿元，同比增长13.7%，增幅较上年同期提升0.9个百分点，高于农村市场增幅9.3个百分点；农村市场实现消费品零售额5.25亿元，同比增长4.4%。

批零业仍是消费品市场发展的主力军。2016年，批发业和零售业仍是消费品市场快速增长的中坚力量。按行业分，批发业实现零售额7.48亿元，同比增长24.5%；零售业实现零售额38.46亿元，同比增长23.8%，占市场份额最大，达85.5%。

限额以上消费品市场发展较快。2016年，限额以上消费市场实现零售额37.05亿元，同比增长22.5%，增速较上年提升0.8个百分点，高于全市平均水平7.7个百分点，居全市三县两区第一位。分产业看，批发零售业实现社会消费品零售额35.99亿元，增长23.0%；住宿餐

2016年宿豫区限额以上批发零售业主要商品销售情况一览

表6

商品分类	销售额（万元）	增速（%）	备　注
粮油、食品、饮料、烟酒	5881.8	-13.3	—
服装、鞋帽、针纺织品类	395	-28.7	—
化妆品类	177.2	-19.7	—
日用品类	5345	86.9	—
书报杂志类	267048.4	31.4	京东集团的圆周电子公司专门从事网上销售图书，直接拉动宿豫区批零业上涨
家用电器和音像器材类	2869	76.2	—
中西药品类	32571	13.8	—
文化办公用品类	2079	55.5	—
家具类	1283	-44.6	—
石油及制品类	9019	-37.3	—
化工材料及制品类	30324.2	-11.6	—
建筑及装潢材料类	386.6	-81.9	—
机电产品及设备类	5708.7	-33.6	—
汽车类	29859.7	12.7	—
其他类	3146.4	-83.9	—

饮业实现社会消费品零售总额1.06亿元，增长6.8%。分商品类别看，书报杂志类实现零售额26.71亿元，同比增长31.4%；石油及制品实现零售额2.64亿元，同比增长4.9%；汽车类实现零售额2.17亿元，同比增长12.4%；日用品类实现零售额0.89亿元，同比增长45.8%。

新兴业态蓬勃发展。随着“电商名城”建设步伐加快，宿豫区越来越多的企业利用互联网拓展业务，网络销售增长迅猛。2016年，全区限额以上批零企业实现网上零售额27亿元，同比增长34.5%，比限上批零业商品零售额增速高10.6个百分点，占限上批零业商品零售额比重为58.8%，拉动限额以上批零业零售额增长18.6个百分点，已成为拉动全区消费增长的重要动力。

对外贸易增速趋缓。2016年，全区实现进出口总额3.5亿美元，同比上升4.3%。其中，出口总额3.26亿美元，同比上升8.3%。实际利用外资总额0.43亿美元，绝对值比2015年增加0.41亿美元。

六、财政和金融

财政收支规模不断扩大。2016年，全区实现财政总收入33.1亿元，同比下降3.6%；完成一般公共财政预算收入23.0亿元，同比增长8.4%，一般公共预算收入中税收收入18.5亿元，增长12.8%，税收占比达87.8%；非税收入2.87亿元，增长15.1%。

民生支出不断提高。全区一般公共预算支出39.72亿元，同比增长18.02%。其中，用于医疗卫生、社会保障和就业、教育、住房保障等民生支出23.3亿元，增长24%，占一般公共预算支出的58.7%。

金融业平稳运行。2016年年末，全区拥有银行类金融机构11家，小额贷款公司7家，担保机构5家。年末，金融机构人民币各项存款余额155.03亿元。金融机构人民币各项贷款余额262.21亿元。

2016年宿豫区金融机构存贷款情况一览

表7　　单位：亿元

指　　标	2016年	2015年	比年初增减（%）
年末各项存款余额	155.03	142.43	8.85
1.企业存款	51.56	47.34	8.9
2.储蓄存款	100.16	91.77	9.15
3.农业存款	3.37	3.32	1.54
年末各项贷款余额	238.16	214.45	11.06
1.工业贷款	103.95	94.81	9.64
其中：中长期贷款	17.19	11.33	51.8
2.农业贷款	63.12	55.28	14.18
其中：中长期贷款	23.34	16.28	43.41
3.商业贷款	7.43	6.52	13.98
其中：中长期贷款	0.34	0.73	-53.49
4.房地产贷款	18.87	16.03	17.69
其中：中长期贷款	11.59	11.89	-2.5
5.基础设施贷款	2.43	2.79	-12.9
其中：中长期贷款	1.73	1.89	-8.47
6.个人消费贷款	41.63	38.21	8.95
其中：中长期贷款	1.75	1.8	-2.83

七、交通运输和旅游业

重点交通道路工程有序推进。2016年投入5700万元完成洪泽湖东路东延、扬子江路、魏胜路、晓仰线侍岭段、侍姚线、乡镇共建工业园区的华兰路、云南路、乡镇扶贫路等交通重点工程。投入5400万元加快实施农村公路提档升级和“最后一公里”通达工程，其中农村公路提档升级70千米，总投资4000万元；农村公路“最后一公里”通达工程实施30千米，总投资1400万元，有力地推动了全区经济社会发展，改善了广大群众的出行条件。

公路管理水平显著提高。2016年完成沥青砼3000平方米、绿化乔灌木栽植85000株、全线路中分带及路肩边坡绿化修剪8次等。县道方面，共投入390万元用于县道安保设施和小修工程施工。重点解决了晓仰线、丁仰线、宿沭路的路面破损维修和新大线、宿沭路、宿穿线、来关线等多条县道安保完善工作。农村公路养护上从组织建设、养护质量、养护管理、内业管理和路产路权维护五个方面对管养工作进行细化，农村公路养护质量明显改善。

交通运输保障能力不断提升。全年新增物流公司16个，车辆900辆，驾校2个，维修企业11个，车辆考核率和审核率达到100%；创建“江苏快货品牌线路”3条，全年进行从业人员资格培训1600人，初驾学员18000人；完成公路货运量900万吨，完成水路货运量650万吨，完成港口吞吐量50万吨；完成区下达的“两减六治三提升”等工作任务。

旅游业得到快速发展。2016年完成旅游业投资12.92亿元，其中电商小镇组团投资11.39亿元、关庙光伏小镇投资1.8亿、运河湾房车露营基地投资5104万元、秀强西楚植物园投资300万元、全域旅游项目规划106万元。水利遗址公园景区、玖久丝绸工业旅游点、新庄杉荷园、顺河梨园湾、丁嘴桃缘梦5个项目申报省级旅游业发展专项引导资金；启动杉荷园、梨园湾景区规划提升和旅游道路规划设计工作，同步开展全域旅游总体规划。

八、社会事业

科技创新有效增添转型发展动力。新引进国家"千人计划"专家3人，分别入选省"双创人才"2人，省"双创博士"3人，"苏北创业领军人才"1人，阿尔法药业漆志文团队获批2016年全市唯一的省级"双创"团队；新增省级工程技术研究中心、研究生工作站6个，南航新材料与装备制造研究院成为全市唯一的"江苏省重大创新载体项目"。成功举办2016年全国大学生移动应用创新大赛。

教育内涵建设全面加强。年内新增省优质园2所，年末，全区32所成型幼儿园全部建成省合格园，其中省优质园26所、占比81.25%；豫园幼儿园于2016年秋季开学正式开园。义务教育均衡发展，全区小学入学率、巩固率、毕业率、升学率均达100%，初中生巩固率达99.03%，升学率达98.2%。职社教育特色鲜明，截至年底，全区职教拥有省级高水平示范性实训基地3个、省级品牌特色专业5个，国家技能大赛摘得3金2银，对口高考本科上线数连续17年位居全市之首。

文化惠民工程深入实施。完成全区139个农村电影公益放映固定点确定和系统设置工作，送电影下乡1056场次；完成送戏44场；为乡镇（街道）、机关、企业送图书1.3万册。农家书屋工程更加惠民。全年更新90个农家书屋出版物，增添图书约1.5万册，价值22.5万元。完成64个农家书屋与区图书馆实现"资源共享、通借通还"建设工作。年末，全区133个农家书屋已完成通借通还工作86个。

医疗卫生服务进一步优化。乡镇卫计事业改革取得实质性进展，13个乡镇街道卫计服务中心全部组建到位，基本药物制度实现镇村全覆盖；

九、人口、人民生活和社会保障

2016年年末，全区户籍总户数12.6万户，比上年增加0.1万户，户籍总人口49.99万人，比上年增加0.45万人。常住人口44.87万人，比上年增加0.37万人。户籍人口出生率16.06‰，男女性别比106.08（女=100）。全区城镇化率达61.35%，比上年提高2.44个百分点。

居民收入继续增加生活水平持续改善。2016年，全区城乡居民人均可支配收入18990.9元，同比增加1625.1元，增长9.4%。按收入来源分，工资性收入10883元，增长9.1%；经营净收入5136元，增长8.6%；财产净收入841.9元，增长12.6%；转移净收入2130元，增长11.5%。按常住地分，城镇居民人均可支配收入23611.5元，比上年增长8.6%；农村居民人均可支配收入14077.4元，比上年增长9.0%。全区城乡居民人均消费支出12558.9元，比上年增长8.5%，恩格尔系数为34.6%。

社会保障体系更加健全。创立京东特困救助基金、广博暖基金，引导社会力量参与救助，社会救助资源更加丰富；逐年提升城乡低保户、五保户、孤儿保障标准，动态开展核查工作，社会保障更精准；推动社会保险扩面提标，城镇职工"五险"覆盖率均超过96%，新农合参合率达99.95%，社会保险覆盖人群更广泛。

说明：

1.各项指标数据均为初步统计数。

2.地区生产总值、规模以上工业增加值及其分类项目增长速度按可比价计算，为实际增长速度；其他指标除特殊说明外，按现价计算，为名义增长速度。

3."2+1"产业是指食品饮料、装备制造、新材料三大主导产业。

（区统计局）

·中共宿豫区委·

书　　记　张晓伟（2013.8—2016.5）
　　　　　刘海红（女，2016.5任）
副 书 记　刘士武（2013.8任）
　　　　　姜　华（2011.5—2016.4）
　　　　　孙济刚（2013.7—2016.8，挂职）
　　　　　李春华（2015.8—2016.8，挂职）
　　　　　郃学东（2016.2任，挂职）
　　　　　胡赣江（2016.4任）
　　　　　陈亚光（2016.8任，挂职）
常　　委　陈　磊（2012.4任）
　　　　　江小军（2014.1任）
　　　　　郃学东（2014.2—2016.2，挂职）
　　　　　李春华（2014.5—2016.5，挂职）
　　　　　刘后举（2015.1任）
　　　　　张星仲（2015.3任）
　　　　　徐海涛（女，2015.8任）
　　　　　吴　昊（2015.12任）
　　　　　赵　杉（2016.4任）
　　　　　温士才(2016.4任)

·区人大常委会·

主　　任　袁昌华（2012.12任）
副 主 任　卜启芳（2012.4任，不驻会）
　　　　　张为民（2011.3任）
　　　　　袁　彩（2014.1任）

·区人民政府·

区　　长　刘士武（2013.8任）
副 区 长　郃学东（2014.2—2016.2，挂职）
　　　　　李春华（2014.5—2016.5，挂职）
　　　　　赵　杉（2012.2—2016.4）
　　　　　陈　磊（2015.8任）
　　　　　袁凤彬（2015.8任）
　　　　　仲崇东（2015.8任，挂职）
　　　　　孙国防（2015.11任，挂职）
　　　　　张成龙（2015.12任）
　　　　　刘志凌（2015.12任，挂职）
　　　　　朱静波（女，2016.4任）
　　　　　赵其良（2016.4任）
　　　　　刘培禄（2016.11任）

·政协宿豫区委员会·

主　　席　王占军（2012.4—2016.12）
　　　　　仲　林（2017.1任）
副 主 席　朱义和（2003.2任，不驻会）
　　　　　卢秀强（2003.2—2017.1）
　　　　　（不驻会）
　　　　　王立新（2007.7—2016.4）
　　　　　（不驻会）
　　　　　（2016.4—2017.1，驻会）
　　　　　丁必江（2016.4任）
党组副书记　彭德平（2011.6—2016.11）

·中共宿豫区纪律检查委员会·

书　　记　刘后举（2015.1任）
副 书 记　殷　亮（2015.6任）
　　　　　张志刚（2015.12任）
常　　委　周永科（2015.6—2016.11）
　　　　　于成艳（2016.5任）

·区人民法院·

院　　长　吴跃华（女，2012.2—2017.1）
　　　　　肖　文（2017.1任）
副 院 长　袁　震（2008.12—2016.12）
　　　　　王东林（2005.3任）
　　　　　张言伟（2014.11任）
　　　　　陈加宽（2015.9—2016.9）
　　　　　（挂职）

·区人民检察院·

检 察 长　许兴军（2015.1任）
副检察长　朱建华（2006.9任）
　　　　　苏　伟（2012.2任）
　　　　　张丛飞（2016.5任）

·区人大常委会办事机构·

区人大办公室（研究室）

主　　任　崔学洲（2014.8任）
副 主 任　郝景延（2016.11任）

人事代表联络工作委员会

主　　任　林　松（2014.1—2016.2）
　　　　　王新军（2016.11任）
副 主 任　王先巍（2015.11任）

教科文卫工作委员会

主　　任　王　蓓（女，2012.1任）
副 主 任　杨邦中（2014.5—2016.11）

财政经济工作委员会（预算工作委员会）

主　　任　穆　东（2014.8任）
副 主 任　杨邦中（2016.11任）

农业经济工作委员会

主　　任　丁先堂（2014.1任）
副 主 任　张卫东（2011.3任）

环境资源城乡建设委员会

主　　任　陈卫东（2014.1—2016.11）
　　　　　李　杰（2016.11任）
副 主 任　方立珍（女，2009.5任）

内务司法工作委员会（法制工作委员会）

主　　任　臧公才（2010.10任）
副 主 任　籍新元（2011.8任）
　　　　　朱秀庭（2016.11任）

·区政协办事机构·

秘 书 长　宣士忠（2015.6任）

区政协办公室

办公室主任　宣士忠（2015.6任）
副 主 任　闫景柏（2015.11—2016.11）
　　　　　邢　刘（2016.11任）

提案法制委员会

主　　任　胡文成（2014.1—2016.11）
　　　　　闫景柏（2016.11任）
副 主 任　伍秀娟（女，2015.11任）

学习文史委员会

主　　任　鲍建农（2014.5—2016.11）
　　　　　朱晓慧（2016.11任）

经济科技委员会

主　　任　王　刚（2015.11—2016.11）
　　　　　钱黎明（2016.11任）
副 主 任　庞新婷（女，2012.7—2016.11）
　　　　　李先锋（2016.11任）

港澳台侨外事委员会

主　　任　王保斌（2012.1—2016.11）
　　　　　王　刚（2016.11任）

教育文化医卫体育委员会

主　　任　姚秀全（2015.6—2016.8）
　　　　　李金驰（2016.8任）
副 主 任　曹方东（2014.8—2016.11）
　　　　　张小村（2016.11任）

·区人大党组·

书　　记　袁昌华（2012.2任）

·区政府党组·

书　　记　刘士武（2013.8任）
副 书 记　陈　磊（2015.8任）

·区政协党组·

书　　记　王占军（2012.2—2016.11）
　　　　　仲　林（2016.11任）
副 书 记　彭德平（2011.6任）

·区法院党组·

书　　记　吴跃华（女，2012.2—2016.11）
　　　　　肖　文（2016.11任）
副 书 记　袁　震（2013.11—2016.12）
　　　　　陈加宽（2015.9—2016.9）
　　　　　（挂职）

·区检察院党组·

书　　记　许兴军（2015.1任）
副 书 记　朱建华（2011.3任）

·区委部门及直属机关党组织·

区委办公室

主　　任　王云峰（2014.1—2016.12）
副 主 任　池华祥（2015.11任）
　　　　　孙巧娟（女，2015.12—2016.11）
　　　　　周永科（2016.11任，挂职）
　　　　　章延敬（2016.11任，挂职）

区委研究室

主　　任　张　勇（2015.1—2016.8）
副 主 任　王宏贵（2015.11任）

区委组织部

部　　长　胡赣江（2011.5—2016.4）
　　　　　温士才（2016.4任）
副 部 长　林　松（2014.1任）
　　　　　王新军（2015.1任）
部务委员　连　媛（女）
　　　　　（2013.11—2016.11，副科）
　　　　　（2016.11任，正科）
　　　　　高文博（2016.11任）

区委“两新”工委

书　　记　林　松（2016.2任）
副 书 记　李冬冬（2016.2任）
　　　　　王　辉（2016.2任）
　　　　　蔡佩全（2016.2任）
　　　　　王灵芝（女，2016.2任）
　　　　　李　群（2016.2任）
纪工委书记　高文博（2015.11—2016.11）

党建办

主　　任　林　松（2015.2任）

人才办

主　　任　王新军（2014.11-2016.11）
　　　　　连　媛（2016.11任）

区委宣传部

部　　长　徐海涛（女，2015.8任）
副 部 长　何　可（2012.2任）
　　　　　殷朝霞（女，2014.5任）

部务委员　史运扬（2007.9—2016.5）
邓爱银（女，2012.7—2016.11）
刘晓燕（女，2016.11任）
邱肖杰（女，2016.11任）

文产办

主　　任　史运扬（2015.1—2016.5）
刘晓燕（女，2016.11任）
副 主 任　邱肖杰（女，2016.11任）

区委统战部

部　　长　王立新（2007.5—2016.5）
赵　杉（2016.5任）
副 部 长　王　勇（2006.6任）
王　辉（2015.11任，挂职）
高美红（女，2012.2任）

政法委员会

书　　记　吴　昊（2015.12任）
副 书 记　管守南（2008.9—2016.8）
张　武（2012.12任）
蒋广辉（2016.8任）

综治办公室

主　　任　管守南（2008.12—2016.8）
张　武（2016.8任）
副 主 任　徐　勇（2011.8—2016.4）
张　瑞（2016.4任）

国安办公室

副 主 任　韩　虎（2014.1任）

依法治区办公室

主　　任　管守南（2008.12—2016.8）
蒋广辉（2016.11任）
副 主 任　王秋波（女，2015.1任）

农村工作办公室

主　　任　曹冬民（2015.12—2016.8）
张少建（2016.11任）
副 主 任　卓　亮（2011.3任）
朱晓杰（2014.8任）
曾　鹏（2015.1任）

扶贫办公室

主　　任　曹冬民（2015.12—2016.8）

编制委员会办公室

主　　任　尤东亚（2011.8—2016.8）
叶润卿（2016.8任）
副 主 任　乔　伟（2009.5任）
王亚莉（女，2014.5任）

老干部局

局　　长　叶　琴（女，2012.12任）
副 局 长　张玉林（2015.1任）

台湾工作办公室

主　　任　张小村（2015.11—2016.11）
庞新婷（2016.11任）
副 主 任　宋克实（2013.11任）

信访局

局　　长　李　桥（2015.12任）
副 局 长　郑尊武（2011.10任）
孙宗亚（2012.7任）

区委机要局

副 局 长　章厚成　（2016.4任）

区级机关工委

书　　记　陈绕林（2015.11任）
副 书 记　张　晴（女，2016.11任）
纪委书记　吕翠玲（女，2015.11—2016.11）
徐　建（2016.11任）

党　校

校　　长　胡赣江（2011.5—2016.5）
温士才（2016.5任）
常务副校长　马　军（2014.5—2016.5）
张　勇（2016.8任）
副 校 长　李永权（2012.1任）
朱　军（2012.7任）
孙登科（2014.5—2016.8）

党史工作委员会（地方志办公室）

主　　任　蔡兆银（2001.12任）
副 主 任　韩朝晖（女，2002.11任，2014.1明确正科级）
章厚成（2014.5—2016.4）
蔡绍武（2016.5任）

政府办公室党组

书　　记　胡德斌（2016.4任）

发展和改革局党组

副 书 记　郝康永（2014.7—2016.11，挂职）

物价局党组
书　　记　李　杰（2012.4—2016.11）

经济和信息化局党委
书　　记　钱黎明（2015.1—2016.11）
　　　　　陈谨慎（2016.11任）
副 书 记　张　辉（2015.1—2016.11）
　　　　　张鹏程（2015.11任）
纪委书记　张鹏程（2015.11任）

区委教育工委
书　　记　曹庆颜（2015.11任）
副 书 记　杨培良（2015.11任）
　　　　　孙巧娟（2016.11任）
纪工委书记　陈以学（2015.11任）

科学技术局党组
副 书 记　赵　彦（2011.6任）

民政局党组
书　　记　苏斯洲（2014.8—2016.11）
　　　　　王新春（2016.11任）

司法局党组
书　　记　朱秀庭（2008.9—2016.11）
　　　　　李　彦（2016.11任）
副 书 记　李　彦（2013.11—2016.11）

财政局党组
书　　记　赵城勇（2015.5任）
副 书 记　赵城勇（2014.11—2015.5，挂职）
　　　　　仲　熠（2015.11任）

人力资源和社会保障局党组
书　　记　高华华（2010.5任）

环境保护局党组
书　　记　朱晓慧（女，2015.6—2016.11）
　　　　　邓　全（2016.11任）
副 书 记　邓　全（2015.12—2016.11）

住房和城乡建设局党委
书　　记　温冠军（2015.1任）
副 书 记　力芝玲（女，2015.11）
纪委书记　力芝玲（女，2015.11）

交通运输局党委
书　　记　周维生（2016.2任）
副 书 记　周维生（2014.8—2016.2）
　　　　　朱　江（2015.11任）

农业委员会党委
书　　记　胡　瑞（2016.2任）
副 书 记　胡　瑞（2014.1—2016.2）
纪委书记　刘红瑞（2015.11任）

商务局党组
书　　记　李金驰（2013.5—2016.5）
　　　　　李　群（2016.5任）

水利局党委
书　　记　宋成武（2015.6任）
副 书 记　谭以峰（2012.2任）
　　　　　周成勇（2016.11任）
纪委书记　唐永胜（2014.1任）

文化广电新闻出版局党组
书　　记　蒋淮义（2015.6任）

卫生和计划生育委员会党委
书　　记　陈　军（2015.6任）
副 书 记　肖玉敏（女，2015.6任）
纪委书记　刘广平（2015.11—2016.4）
　　　　　陈　辉（2016.4任）

市场监督管理局党委
书　　记　杜利强（2015.1任）
副 书 记　李　群（2015.1—2016.5）
纪委书记　朱晓宁（2015.6任）

审计局党组
书　　记　张中华（2015.1—2016.12）

安全生产监督管理局党组
书　　记　张　越（2012.12任）

统计局党组
书　　记　徐　超（2016.2任）
副 书 记　徐　超（2014.5—2016.2）

公安分局党委
书　　记　袁凤彬（2015.9任）
副 书 记　顾爱川（2014.2—2016.2）
　　　　　侍继满（2016.2任）
纪委书记　戚海阳（2012.12任）

农机局党组
书　　记　杨　宁（2014.8任）

农业资源开发局党组
书　　记　张少建（2014.5—2016.11）
　　　　　张　瑜（女，2016.11任）

供销总社党委

书　　记　董聿国（2015.6任）

总工会党组

书　　记　徐　旭（2015.6任）

工商联党组

书　　记　王　辉（2015.11任）

政务服务管理办公室党组

副 书 记　于成匀（2015.6任）

江苏省宿迁高新技术产业开发区党工委

书　　记　张晓伟（2014.11—2016.5）
　　　　　刘海红（女，2016.5任）
副 书 记　江小军（2015.8任）
纪工委书记　项文军（2015.3任）
党工委委员　孟　凯（2014.11任）
　　　　　唐善林（2014.11任）
　　　　　项文军（2015.3任）
　　　　　冷庆丰（2015.8任）
　　　　　王　坤（2015.12任）
　　　　　吴英梅（女，2016.5任）
　　　　　唐善林（2016.8任）

张家港宿豫工业园区党工委

副 书 记　杨立清（2011.6—2016.9）

宿迁中医院党委

书　　记　闫苏洲（2012.2任）
副 书 记　王建彬（2012.2任）
　　　　　丁厚银（2012.12任）
纪委书记　刘根顺（2016.4任）

江苏宿豫现代农业产业园区党工委

书　　记　宣士忠（2014.1—2016.4）
　　　　　王保君（2016.4任）
副 书 记　王保君（2014.2—2016.4）
　　　　　陈思军（2016.4任）

江苏宿迁生态化工科技产业园党工委

书　　记　姜　华（2011.8—2016.5）
　　　　　吴英梅（女，2016.5—2016.8）
　　　　　赵其良（2016.8任）
副 书 记　吴英梅（女，2013.11—2016.5）
　　　　　朱安军（2016.4任）
　　　　　李金驰（2016.5-2016.8）
　　　　　唐善林（2016.8任）
纪工委书记　杜　辉（2013.11—2016.4）
纪工委副书记　刘庆华（2012.2任）

中国宿迁电子商务产业园党工委

书　　记　张先军（2015.1—2016.5）
　　　　　陈　磊（2016.5任）
副 书 记　胡德斌（2015.1—2016.4）
　　　　　孟　凯（2016.10任）
　　　　　周　斌（2016.10任，挂职）
纪工委书记　盛怀志（2015.9—2016.11）
　　　　　赵　轶（2016.11任）

来龙新城党工委

书　　记　丁必江（2013.11—2016.5）
　　　　　马　军（2016.5任）
副 书 记　田　强（2015.11任）
　　　　　潘红海（2014.1任）
　　　　　王新新（2015.1任）
纪工委书记　陈文传（2015.11—2016.11）
　　　　　翟　建（2016.11任）

区纪委派驻纪检组组长

区委办公室纪检组组长
　　　　　张文峰（2015.11任）
区人大机关纪检组组长
　　　　　王宁军（2015.11任）
区人民政府办公室纪检组组长
　　　　　祝兴伟（2015.11任）
区政协机关纪检组组长
　　　　　朱　辉（2015.11任）
区委组织部纪检组组长
　　　　　高文博（2015.11—2016.11）
区委宣传部纪检组组长
　　　　　王　严（2015.11任）
区委政法委纪检组组长
　　　　　管守玉（2015.11—2016.5）
区委统战部纪检组组长
　　　　　张金文（2015.11任）
区政管办纪检组组长
　　　　　张士宏（女，2015.11任）
区委区级机关工委纪检组组长
　　　　　吕翠玲（女，2015.11—2016.11）
　　　　　徐　建（2016.11任）

区水利局纪检组组长
唐永胜（2015.11任）
区文广新局纪检组组长
张处红（2015.11任）
区科技局纪检组组长
张新兰（女，2015.11任）
区审计局纪检组组长
李庆国（2015.11任）
区安监局纪检组组长
程新录（2015.11任）
区农委纪检组组长
刘红瑞（2015.11任）
区住建局纪检组组长
力芝玲（女，2015.11任）
区财政局纪检组组长
唐晓虎（2015.11任）
区卫计委纪检组组长
刘广平（2015.11—2016.4）
陈　辉（2016.4任）
区民政局纪检组组长
李大愈（2015.11任）
区商务局纪检组组长
王一兵（2015.11任）
区教育局纪检组组长
陈以学（2015.11任）
区交通运输局纪检组组长
朱　江（2015.11任）
区环保局纪检组组长
陈　辉（2013.5—2016.4）
刘广平（2016.4任）
区人社局纪检组组长
张玉辉（2015.11—2016.11）
区市场局纪检组组长
朱晓宁（2015.11任）
区经信局纪检组组长
张鹏程（2015.11任）
区发改局纪检组组长
张　晴（女，2015.11—2016.11）
贾宗海（2016.11任）
区公安分局纪检组组长
戚海阳（2015.11任）
区人民检察院纪检组组长
王　鹏（2015.11—2016.5）
王庆鹏（2016.5任）
区人民法院纪检组组长
唐瑞典（2015.11任）
区司法局纪检组组长
王　岭（2015.11任）
宿迁市中医院纪检组组长
陆召宝（2015.11—2016.4）
刘根顺（2016.4任）
区广播电视台纪检组组长
马　健（2015.11—2016.5）
徐　勇（2016.5任）
区委党校纪检组组长
靳余良（2015.11任）
区供销总社纪检组组长
方素文（女，2015.11任）
宿迁砂矿纪检组组长
赵　军（2015.11任）

·区政府工作部门及直属单位·

区政府办公室

主　　任　胡德斌（2016.4任）
副 主 任　曹　兵（2010.5—2016.5）
唐德明（2010.5—2016.11）
蔡莉莉（女，2013.11任）
罗　旋（2014.8—2016.5）
沈振勇（2014.11任）
刘　锋（2016.8任）

区委区政府督查室

主　　任　叶润卿（2015.6—2016.8）
周永科（2016.11任）
副 主 任　王　震（2014.11—2016.5）
韩宇波（2015.6—2016.11）
王　皓（2016.4任）
孙建中（2016.11任）

接待办公室

主　　任　蔡莉莉（女，2013.11任）

政务服务管理办公室

主　　任　张秀梅（女，2015.1任）
副 主 任　于成匀（2015.1任）

挂钩办公室

主　　任　陈　敏（女，2009.5任）

旅游局

局　　长　程莉莉（女，2012.2—2016.11）
　　　　　陈　博（女，2016.11任）
副 局 长　南三山（2014.11任）
　　　　　李　昂（2016.2任）

车管中心

副 主 任　王　岩（2013.7任，主持工作）

发展和改革局

局　　长　郝康永（2014.8—2016.11，挂职）
副 局 长　蔡绍武（2010.10—2016.5）
　　　　　陈斯泽（2016.5任）
　　　　　钱　程（2014.8任）

物价局

局　　长　李　杰（2012.4—2016.11）
　　　　　张智勇（2016.11任）
副 局 长　吴体明（2014.1任）
　　　　　纪东海（2014.11—2016.11）
　　　　　王保东（2016.11任）
　　　　　陈　谚（女，2016.11任）

经济和信息化局（中小企业局）

局　　长　钱黎明（2010.5—2016.11）
　　　　　陈谨慎(2016.11任）
副 局 长　张　莉（女，2012.1任）
　　　　　张　辉（2015.1—2016.11）
　　　　　马　彦（2014.11任）

教育局（体育局）

局　　长　曹庆颜（2013.5任）
副 局 长　徐遵喜（2011.6任）
　　　　　马　勇（2013.5—2016.4）
　　　　　李海霞（女，2012.1任）
　　　　　仲江林（2016.4任）

科学技术局（地震局、知识产权局）

局　　长　赵　彦（2011.6任）
副 局 长　袁冬梅（女，2012.1任）
　　　　　卜启元（2013.11任）
　　　　　孙晓霞（女，2015.11任，挂职）

监察局

局　　长　殷　亮（2016.4任）
副 局 长　康建平（2012.7—2016.11）
　　　　　姜　潮（2015.7任）
　　　　　蔡　坡（2015.11任）

民政局

局　　长　苏斯洲（2014.8—2016.11）
　　　　　王新春（2016.11任）
副 局 长　高　斌（2010.5—2016.2）
　　　　　苏　瑞（2010.5任）
　　　　　侍行运（2016.2—2016.8）
　　　　　蔡佩全（2010.5任）
　　　　　苏　瑞（2010.05—2016.11）
　　　　　叶　敏（2016.11任）

司法局

局　　长　朱秀庭（2008.9—2016.11）
　　　　　李　彦（2016.11任）
副 局 长　徐　勇（2013.5任）
　　　　　李　彦（2013.11—2016.11）
　　　　　汪　鹏（女，2013.11任）

财政局

局　　长　赵城勇（2015.6任）
副 局 长　周业齐（2012.7任）
　　　　　吴建民（2014.8任）
　　　　　张春雷（2016.5任）

人力资源和社会保障局

局　　长　高华华（2010.5任）
副 局 长　周永泉（2010.5任）
　　　　　王群昌（2014.11任）
　　　　　高念亚（2014.11任）

人才中心

主　　任　戴竞峰　(2007.2任）

环境保护局

局　　长　朱晓慧（女，2015.6—2016.11）
　　　　　邓　全（2016.11任）

副　局　长　李先锋（2000.8—2015.6）
叶　青（女，2009.5任）
陈梅生（2013.11任）
总工程师　张韦华（2012.2任）

住房和城乡建设局

局　　长　温冠军（2014.1任）
副　局　长　葛淑梅（女，2010.5任）
徐三华（2014.11任）
徐　辉（2015.11任）
总工程师　池　永（2012.2任）

交通运输局

局　　长　周维生（2014.8任）
副　局　长　马昌壮（2014.11任）
马　勇（2016.4任）
总工程师　仲　霞（女，2014.11任）

农业委员会

主　　任　胡　瑞（2014.1任）
副　主　任　刘益召（2010.5任）
叶敬礼（2010.5任）
何光余（女，2014.5任）
张　磊（2016.8任，挂职）

商务局

局　　长　李金驰（2014.5—2016.5）
李　群（2016.5任）
副　局　长　张　鑫（2014.11任）
朱海平（女，2010.5任）
何加利（2014.8任）

水利局

局　　长　宋成武（2015.6任）
副　局　长　伍士松（2012.12任）
查　伟（2013.5任）
高翠平（女，2015.6—2016.11）
周成勇（2016.11任）
总工程师　力　辉（2012.2任）

文化广电新闻出版局

局　　长　蒋淮义（2015.6任）
副　局　长　吴亚明（2012.9任）
张明敏（女，2014.1任）
韩向东（2015.10任）

卫生和计划生育委员会

主　　任　陈　军（2015.6任）
副　主　任　晁先红（女，2015.6任）
张丽娇（女，2015.6任）
丁义军（2015.6任）

爱国卫生运动委员会办公室

主　　任　陈少清（2009.5任）

审计局

局　　长　张中华（2015.1—2016.12）
副　局　长　郭同林（2012.7任）
徐　良（2014.8任）
周　瑞（2014.8任）
总审计师　蔡敦甫（2011.6任）

市场监督管理局

局　　长　杜利强（2015.1任）
副　局　长　李　群（2015.1—2016.5）
王灵芝（女，2015.6任）
张玉春（2015.6任）
王　勇（2015.6任）
张　宝（2015.6任）
童万书（2015.6任）
王　池（2015.6任）
胡茂学（2015.6—2016.11）
刘志华（2015.6任）

安全生产监督管理局

局　　长　张　越（2012.12任）
副　局　长　张梅枝（女，2014.11任）
梁科峰（2011.10—2016.11）
胡茂学（2016.11任）

统计局

局　　长　徐　超（2015.1任）
副　局　长　张恩辉（2015.3任）
晏　慧（2015.1任）
总统计师　罗　斌（女，2012.1—2016.2）

公安分局

局　　长　袁凤彬（2015.9任）
副　局　长　周硕俊（2008.12任）
谷孝庭（2009.5任）
陈海清（2012.9—2016.2）
李　强（2014.11任）

王　飚（2016.5任）
姜亚泽（2016.9任，挂职）
政　　委　顾爱川（2014.5—2016.2）
侍继满（2016.2任）

农业资源开发局

局　　长　张少建（2014.5—2016.11）
张　瑜（女，2016.11任）
副 局 长　侍行运（2011.10—2016.2）
高　斌（2016.2任）
吴　东（2014.5任）
李　波（2016.8任）

农业机械管理局

局　　长　杨　宁（2014.8任）
副 局 长　任崇坡（2006.6任）
刘瑞强（2013.5任）

档案局（档案馆）

局（馆）长　史运扬（2016.5任）
副局（馆）长　吴慧玲（女，2011.10—2016.11）
晁成亚（2014.8任）
王　鹏（2016.11任）

招商服务局

局　　长　蒋广辉（2014.11—2016.8）
李劲柏（2016.10任）
副 局 长　蔡莉莉（女，2014.1—2016.10）
邹海洋（2014.11—2016.4）
王　皓（2014.11—2016.4）
池永超（2016.4任）
李明山（2016.4任）
李敬才（2016.10任）

残疾人联合会

理 事 长　石志勇（2014.5任）
副理事长　陈　谚（女，2015.1—2016.11）
张　锦（2016.11任）

供销总社

主　　任　董聿国（2015.6任）
副 主 任　姚遵喜（2007.2任）
陈斯泽(2011.10—2016.5)
李爱珺（女，2014.11任）
闵　艳（女，2016.11任）
主任科员　孙　曙（2016.5任，未到职）

工商业联合会

主　　席　杨　鹏（2008.5—2016.11）
朱义和（2016.11任）
副 主 席　王　勇（2006.5—2016.2）
王　辉（2016.2任）
公丽云（女，2016.11任，不驻会）
卢向杞（2016.11任，不驻会）
田志伟（2016.11任，不驻会）
李向民（2016.11任，不驻会）
杨团结（2016.11任，不驻会）
汪仁平（2016.11任，不驻会）
汪世龙（2016.11任，不驻会）
周咸材（2016.11任，不驻会）
林展图（2016.11任，不驻会）
徐宏卫（2016.11任，不驻会）
黄家忠（2016.11任，不驻会）
薛美婷（2016.11任，不驻会）

宿豫广播电视台

台　　长　孙汝龙（2015.11任）
总 编 辑　张海明（2014.5任）
副 台 长　程新文（2010.10任）
刘　佳（女，2011.8任）
杨安民（2012.9任）

金融办

主　　任　陈谨慎（2010.5—2016.11）
副 主 任　唐宏伟（2015.1—2016.5）
陶梦瑶（女，2015.12任，挂职）
朱慧娟（女，2016.5任）
郭　健（2016.11任）

数字化城市管理指挥中心

主　　任　陈思军（2014.1—2016.4）
张　瑜（女，2016.4—2016.11）
副 主 任　张用东（2014.11任）

江苏省宿迁高新技术产业开发区管委会

主　　任　江小军（2015.8任）
副 主 任　孟　凯（2014.11任）
唐善林（2014.11任）
冷庆丰（2015.8任）
王　坤（2015.12任）
吴英梅（女，2016.5任）

宿迁技师学院

院　　长　李瑞华（女，2015.8—2016.12）
副 院 长　高维杰（2015.4任）

张家港宿豫工业园区管委会

副 主 任　杜利强（2012.2—2015.1）
　　　　　杨立清（2011.6—2016.9）
　　　　　唐善林（2016.8任，挂职）
　　　　　杜宏兵（2016.9任，挂职）
　　　　　惠　荣（2016.9任，挂职）

江苏宿豫现代农业产业园管委会

主　　任　王保君（2014.2—2016.4）
　　　　　陈思军（2016.4—2016.11）
　　　　　张　辉（2016.11任）
副 主 任　方立斌（2012.12任）
　　　　　闫长新（2010.5任）
　　　　　毕喜书（2016.2任）

江苏宿迁生态化工科技产业园管委会

主　　任　吴英梅（女，2013.11—2016.5）
　　　　　李金驰（2016.5—2016.8）
　　　　　唐善林（2016.8—任）
副 主 任　朱义和（2011.08—2016.11）
　　　　　张　瑜（女，2014.11—2016.5）
　　　　　杜　辉（2016.4任）
　　　　　陈立芳（女，2015.9任，挂职）
　　　　　史金炜（2015.9任，挂职）
　　　　　王　群（2016.8任，挂职）

中国宿迁电子商务产业园区管委会

主　　任　胡德斌（2015.1—2016.4）
　　　　　孟　凯（2016.10任）
副 主 任　刘宏军（2015.1—2016.11）
　　　　　伏广宇（2015.1—2016.5）
　　　　　王　杨（2015.9任，挂职）
　　　　　罗　斌（女，2016.2任）
　　　　　李春吉（2016.8任，挂职）
　　　　　康建平（2016.11任）

来龙新城管委会

主　　任　田　强（2015.11任）
副 主 任　周硕俊（2013.11任）
　　　　　王化文（2015.11任）

·社会团体·

总工会

主　　席　徐　旭（2015.6任）
副 主 席　李　强（2012.7任）
　　　　　李　群（2012.12任）
　　　　　张利华（女，2013.9任，不驻会）
　　　　　张　莉（女，2014.5任，不驻会）

共青团宿豫区委员会

书　　记　陈　博（女，2012.9—2016.11）
　　　　　郭　浩（2016.11任）
副 书 记　郭万君（2012.7—2016.2）
　　　　　李　岩（女，2015.12任，挂职）
　　　　　王春明（2016.2任）
　　　　　李守强（2016.9任，挂职）

妇女联合会

主　　席　刘书戎（女，2010.5任）
副 主 席　王　莉（女，2011.10任）
　　　　　韩金珍（女，2012.12任，不驻会）

科学技术协会

主　　席　罗晖乾（2007.7任）
副 主 席　滕　敏（女，2013.11任）
　　　　　伏广宇（2014.5—2016.4，不驻会）
　　　　　董玉红（女，2014.5任，不驻会）

文学艺术界联合会

主　　席　陈　刚（2008.9任）
副 主 席　孙　曙（2014.1—2016.5）
　　　　　（任职，之后挂职）

哲学社会科学界联合会

主　　席　殷朝霞（女，2014.5任）
副 主 席　张　镭（2012.2任，不驻会）
　　　　　陈　曙（2015.1—2016.2）

·驻宿豫单位·

人民武装部

部　　长　陈志群（2013.3—2016.3）

副　部　长　潘华培（2012.3任）
政　　　委　张星仲（2015.3任）

宿迁市国土资源局宿豫分局

局　　　长　王慧珠（女，2013.1任）
副　局　长　倪亚军（2011.11任）
　　　　　　王玉强（2015.6任）
　　　　　　王新生（2015.6任）

宿迁市宿豫区国家税务局

局　　　长　姜建明（2013.5任）
副　局　长　李艳艳（女，2008.5任）
　　　　　　王　武（2015.6任）
　　　　　　冯立新（2015.6任）
纪检组长　郑领先（2015.6任）

宿迁市宿豫地方税务局

局　　　长　周生学（2009.8—2016.1）
　　　　　　孙家胜（2016.1任）
副　局　长　蔡爱东（2006.2任）
　　　　　　张祝安（2007.5任）
　　　　　　石爱国（2008.9—2016.2）
纪检组长　李　鹏（2013.9任）

宿迁市规划局宿豫分局

局　　　长　何家乐（2014.8任）
副　局　长　林云久（2014.8任）

宿迁市城市管理行政执法局宿豫分局

局　　　长　朱北平（女，2010.9—2016.11）
副　局　长　陈金忠（2013.2任）
　　　　　　张　宁（2014.7任）
　　　　　　倪成龙（2014.7任）
　　　　　　张鑫益（2016.11任，挂职）

宿豫区烟草专卖局（江苏省烟草公司宿迁市公司宿豫分公司）

局　　　长　严海军（2015.6任）
副　局　长　黄春生（2008.9—2016.7）
　　　　　　邵海燕（女，2016.7任）
副　经　理　邵海燕（女，2014.4—2016.7）
　　　　　　王　伟（2016.7任）

宿迁市盐务局直属分局

局　　　长　施　凯（2013.2—2015.11）
副　局　长　伍玉柱（2011.1任）
　　　　　　万宏玲（女，2011.1任）
　　　　　　毛广宁（2013.2任）
　　　　　　李云山（2013.2任）

宿豫区气象局

局　　　长　徐春阳（2012.9任）

·乡镇（街道）党（工）委·

顺河街道党工委

书　　　记　周　斌（2015.1任）
副　书　记　周　勇（2014.11—2016.2）
　　　　　　章延敬（2014.11—2016.4）
　　　　　　李劲柏（2015.12—2016.10）（挂职）
　　　　　　罗　旋（2016.5任）
　　　　　　康　凯（女，2016.4任）
　　　　　　朱　军（2016.11任，挂职）
纪工委书记　周　勇（2014.11—2016.2）
　　　　　　陈　曙（2016.2任）
党工委委员　李广东（2014.11任）
　　　　　　高行科（2014.11任）
人武部部长　李广东（2014.11任）

豫新街道党工委

书　　　记　陆　振（2015.6任）
副　书　记　陆敬伟（2014.11—2016.2）
　　　　　　李先锋（2015.6—2016.11）
　　　　　　张红梅（女，2016.2任）
　　　　　　邓爱银（女，2016.11任）
　　　　　　韩宇波（2016.11任，挂职）
纪工委书记　陆敬伟（2014.11—2016.2）
　　　　　　郭万君（2016.2任）
党工委委员　常　松（2014.11—2016.11）
　　　　　　时先明（2015.6—2016.8）
　　　　　　李前进（2016.11任）
人武部长　常　松（2014.11—2016.11）
　　　　　　李前进（2016.11任）

下相街道党工委

书　　　记　郑家宝（2014.11任）
副　书　记　张　锦（2014.11—2016.11）
　　　　　　朱栋凯（2014.11—2016.2）

邹海洋（2016.4任）
周玲玲（2016.8任，挂职）
施小军（2016.11任）
纪工委书记 朱栋凯（2014.11—2016.2）
胡 进（2016.2任）
党工委委员 郭训超（2014.11任）
董爱华（女，2014.11—2016.4）
人武部长 郭训超（2014.11任）

中共大兴镇委员会

书 记 戚艳红（女，2015.1—2016.5）
王 进（2016.5任）
副书记 王 进（2013.10—2016.5）
张 斌（2012.9—2016.2）
侍一名（2014.11—2016.4）
王爱华（2016.5—2016.11）
刘 洁（2016.2任）
纪委书记 张 龙（2014.1—2016.11）
蒋 宁（女，2016.11任）
政法委书记 张 斌（2012.9—2016.2）
刘 洁（2016.2任）
政法委员 毕强书（2013.5—2016.4，股级）
吴 勇（2016.5任，挂职）
组织委员 王 春（2015.1—2016.4，股级）
（2016.4任，副科职）
宣统委员 王 艳（女，2014.8—2016.4，股级）（2016.4任，副科职）
人武部长 张明艳（2013.5任）
总工会主席 费宗光（2013.7—2015.1）
刘 洁（2016.2任）
党委委员 肖日考（2014.1—2016.2）
张 龙（2014.1—2016.11）
张明艳（2013.5任）
王 春（2014.1—2015.1，挂职）
（2015.1任）
王 艳（女，2014.8任）
吴 勇（2016.5任，挂职）
蒋 宁（女，2016.11任）

中共来龙镇委员会

书 记 丁必江（2013.11—2016.5）
马 军（2016.5任）
副书记 田 强（2015.11任）
朱春相（2016.4任）
纪委书记 陈文传（2015.11—2016.11）
翟 建（2016.11任）
政法委书记 朱春相（2016.4任）
政法委员 潘家宏（2011.9—2016.4，股级）
孙 岳（2016.5任，挂职）
人武部长 刘 海（2012.9—2016.5）
张俊春（2016.5任）
组织委员 许红亮（2013.2—2016.4，股级）
李 莉（女，2016.4任，副科职）
宣统委员 朱立胜（2014.8—2016.4，股级）
王 磊（女，2016.4任，副科职）
党委委员 潘家宏（2011.9—2016.4）
刘 海（2012.9—2016.5）
许红亮（2013.2—2016.4）
朱立胜（2014.8—2016.4）
陈文传（2015.11—2016.11）
张俊春（2016.5任）
王 磊（女，2016.4任）
李 莉（女，2016.4任）
孙 岳（2016.5任，挂职）
费宗光（2016.11任）
翟 建（2016.11任）

中共陆集镇委员会

书 记 郭 磊（2012.2任）
副书记 戚 磊（女，2014.1—2016.4）
孙 莹（2015.11任）
侍 茹（女，2016.4任）
纪委书记 刘根顺（2015.11—2016.4）
韩瑞才（2016.4任）
政法委书记 戚 磊（女，2014.1—2016.4）
侍 茹（女，2016.4任）
组织委员 孙化全（2014.8—2016.4，股级）
（2016.4任，副科职）
宣统委员 王余娟（女，2014.8—2016.2）
（股级）
曹冬梅（女，2016.4任，副科职）
政法委员 曹冬梅（女，2012.12—2016.4）
（股级）

人武部长　刘跃斌（2016.1任）
党委委员　刘根顺（2015.11—2016.4）
曹冬梅（女，2012.12任）
王余娟（女，2014.8—2016.2）
孙化全（2014.8任）
刘跃斌（2016.4任）
韩瑞才（2016.4任）

中共关庙镇委员会

书　　记　臧　涛（2014.1—2016.5）
刘　义（2016.5任）
副书记　刘　义（2015.11—2016.5）
周玲玲（女，2014.1—2016.8）
高　永（2016.8任）
朱　江（2016.11任）
刘宏娟（女，2016.11任，挂职）
纪委书记　沈永孝（2013.5—2016.4）
王红军（2016.4任）
政法委书记　周玲玲（女，2014.1—2016.8）
高　永（2016.8任）
组织委员　张小雷（2015.1—2016.4，股级，2016.4任，副科职）
宣统委员　唐小兵（2015.1—2016.4，股级，2016.4任，副科职）
人武部长　刘　凯（2016.4任）
党委委员　沈永孝（2013.5—2016.4）
王红军（2016.4任）
张小雷（2015.1任）
唐小兵（2015.1任）
刘　凯（2016.4任）

中共仰化镇委员会

书　　记　孙由伟（2015.6任）
副书记　王青松（2015.1任）
蔡　猛（2013.5—2016.2）
卢开坤（2016.2任）
张玉辉（2016.11任，挂职）
纪委书记　刘　辉（2016.2任）
政法委书记　蔡　猛（2013.5—2016.2）
卢开坤（2016.2任）
政法委员　施　部（2011.9—2016.2，股级）
常新春（2016.5任，挂职）
组织委员　刘怀宁（2013.5—2016.4，股级）（2016.4任，副科职）
宣统委员　王　鹏（2014.1—2016.2，股级）
陶化林（2016.4任，副科职）
人武部长　邹　丹（2012.9任）
党委委员　施　部（2011.9—2016.2）
王　鹏（2014.1—2016.2）
邹　丹（女，2012.9任）
刘怀宁（2013.5任）
刘　辉（2016.2任）
陶化林（2016.2任）
郭　浩（2016.4—2016.11）

中共丁嘴镇委员会

书　　记　仲凤武（2015.1任）
副书记　侍　茹（女，2015.1—2016.4）
孙　光（2015.1任）
张胜杰（2016.4任）
纪委书记　吴　超（2015.6任）
政法委书记　侍　茹（女，2015.1—2016.4）
张胜杰（2016.4任）
组织委员　张胜杰（2011.6—2016.4，股级）
曹　虎（2016.4任，副科职）
宣统委员　曹　虎（2013.5—2016.4，股级）
杨　宇（2016.5任，副科职）
人武部长　刘　军（2013.5任）
党委委员　刘　军（2013.5任）
吴　超（2015.6任）
曹　虎（2013.5任）
杨　宇（2016.5任）

中共侍岭镇委员会

书　　记　潘红海（2014.1任）
副书记　单海军（2014.5任）
毕喜书（2015.1—2016.2）
唐献甫（2016.2任）
纪委书记　陈安东（2015.11任）
政法委书记　唐献甫（2016.2任）
组织委员　孙　全（2015.1—2016.2，股级）
高维林（2016.4任，副科职）
宣统委员　孙　全（2016.4任，副科职）
人武部长　葛建国（2015.11任）

党委委员 陈安东（2015.11任）
葛建国（2015.11任）
孙　全（2015.1任）
高维林（2016.4任）

中共曹集乡委员会

书　　记 姜成文（2016.5任）
副 书 记 姜成文（2014.1—2016.5）
曹　兵（2016.5任）
盛怀志（2016.11任，挂职）
纪委书记 袁　雪（女，2013.5—2016.4）
张晓明（2016.4任）
政法委书记 袁　雪（女，2016.4任）
政法委员 丁卫东（2016.5任，挂职）
组织委员 高维林（2015.6—2016.4，股级）
张　平（女，2016.4任，副科职）
宣统委员 井旭东（2015.6—2016.4，股级）
（2016.4任，副科职）
人武部长 彭　跃（2013.5—2016.5）
党委委员 袁　雪（女，2013.5—2016.4）
高维林（2015.6—2016.4）
彭　跃（2013.5—2016.5）
张晓明（2016.4任）
张　平（女，2016.4任）
井旭东（2015.6任）
丁卫东（2016.5任，挂职）

中共新庄镇委员会

书　　记 臧其永（2013.5任）
副 书 记 张玉军（2015.11任）
杨永泉（2016.2任）
孙　华（2016.11任，挂职）
纪委书记 张永鹏（2015.11任）
政法委书记 杨永泉（2016.2任）
组织委员 张　平（女，2012.9—2016.4，股级）
何　丽（女，2016.4任，副科职）
宣统委员 杨安成（2014.1—2016.4，股级）
郑国强（2016.4任，副科职）
人武部长 李前进（2012.9—2016.11）
党委委员 李前进（2012.9—2016.11）
张　平（女，2012.9—2016.4）
杨安成（2014.1—2016.4）
张永鹏（2015.11任）
张大敏（2016.4任）
何　丽（女，2016.4任）
郑国强（2016.4任）
陈文传（2016.11）

中共保安乡委员会

书　　记 王新新（2015.1任）
副 书 记 张克扬（2014.1—2016.2）
彭　敏（女，2015.1任）
倪陆军（2016.2任）
纪委书记 张晓东（2015.11任）
政法委书记 张克扬（2014.1—2016.2）
倪陆军（2016.2任）
政法委员 李先锋（2011.9—2016.4，股级）
组织委员 姚　亮（2015.1—2016.4，股级）
（2016.4任，副科职）
宣统委员 沈德芳（女，2012.12—2016.4）（股级）
李先锋（2016.4任，副科职）
人武部长 邹志举（2011.8任）
党委委员 邹志举（2011.8任）
李先锋（2011.9任）
沈德芳（女，2012.12—2016.4）
张晓东（2015.11任）
姚　亮（2015.1任）

·乡镇（街道）人民政府（办事处）、人大（人大工委）·

顺河街道办事处

主　　任 张智勇（2013.11—2016.5）
罗　旋（2016.5任）
副 主 任 康　凯（女，2014.11—2016.4）
唐维民（2014.11任）
刘艳芳（女，2014.11任）
施友梅（女，2016.4任）
李春吉（2016.8任，挂职）

人大工委主任　李劲柏（2015.12—2016.10）
朱　军（2016.11任）

豫新街道办事处

主　　任　李先锋（2015.6—2016.11）
邓爱银（2016.11任）
副 主 任　张红梅（女，2014.11—2016.2）
陈先扬（2014.11—2016.4，聘任）
王华东（2014.11任）
张　巍（2016.4任）
仲　亚（2015.9任，挂职）
董佳锋（2014.11任，挂职）
袁酩惠（女，2015.1任，挂职）
薛桂波（女，2016.8任，挂职）
人大工委主任　刘晓燕（女，2014.11—2016.11）
韩宇波（2016.11任）

下相街道办事处

主　　任　张　锦（2014.11—2016.11）
施小军（2016.11任）
副 主 任　袁振鹏（2014.11—2016.2）
杨宏宇（2014.11任）
张　丽（女，2014.11—2016.4）
朱　琳（女，2016.4任）
董爱华（女，2015.9任）
何　辉（2016.8任，挂职）
人大工委主任　仲江林（2014.11—2016.4）

大兴镇人民政府

镇　　长　王　进（2013.10—2016.5）
王爱华（2016.5—2016.11）
郝康永（2016.11任）
副 镇 长　刘　洁（2012.2—2016.2）
卢开坤（2012.2—2016.2）
高慎明（2012.1—2016.4）
费宗光（2015.1—2016.11）
肖日考（2016.2任）
秦　猛（2016.11任）
胡建国（2016.11任）
人大主席　戚　磊（女，2016.4任）

来龙镇人民政府

镇　　长　田　强（2015.11任）
副 镇 长　张　巍（2014.11—2016.4）
吴昊雨（2015.11任）
潜　义（2016.4任）
李　莉（女，2014.8—2016.4）
伏广宇（2016.4任）
许红亮（2016.4任，挂职）
费宗光（2016.11任）
人大主席　王化文（2016.4任）

陆集镇人民政府

镇　　长　孙　莹（2015.11任）
副 镇 长　韩瑞才（2012.2—2016.4）
王红军（2011.10—2016.4）
褚　凯（2012.7任，挂职）
蔡效峰（2014.8—2016.2）
王余娟（女，2014.11—2015.11，挂职，2016.2任）
魏东博（2014.8—2015.8，挂职）
彭伟平（2015.9任，挂职）
王　斌（2016.3任，挂职）
毕强书（2016.4任）
常　松（2016.11任）
人大主席　刘建军（2014.11任）

关庙镇人民政府

镇　　长　刘　义（2015.11—2016.5）
张智勇（2016.5—2016.11）
朱　江（2016.11任）
副 镇 长　倪陆军（2014.1—2016.2）
鲍兴洲（2014.1—2016.8）
刘　洋（2015.6—2016.8，挂职）
李晓静（女，2016.2任）
蔡同伍（2016.3任，挂职）
陈先扬（2016.4任）
张　磊（2016.8任，挂职）
韩　啸（2016.11任）
人大主席　施小军（2015.11—2016.11）
刘宏娟（2016.11任）

仰化镇人民政府

镇　　长　王青松（2015.1任）
副 镇 长　郭　浩（2013.11—2016.11）
刘　辉（2012.12—2016.2）
朱　琳（女，2015.1—2016.4）

马小晓（2015.1—2016.4，挂职）
张　丽（女，2016.4任）
邢印环（女，2016.4任）
人大主席　周成勇（2015.1—2016.11）
张玉辉（2016.11任）

丁嘴镇人民政府

镇　　长　孙　光（2015.1任）
副 镇 长　张大敏（2011.10—2016.4）
杨　宇（2014.8—2016.5）
张艳兵（2015.1—2016.1，挂职）
沈德芳（女，2016.4任）
张大庆（2016.4任）
陈艳丽（女，2016.5任）
人大主席　王爱华（2014.1—2016.5）
王　震（2016.5任）

侍岭镇人民政府

镇　　长　单海军（2014.5任）
副 镇 长　唐献甫（2012.2—2016.2）
张高喜（2014.11任，挂职）
李启明（2015.6任）
周　斌（2015.11任）
朱凤莲（女，2016.4任）
袁珍宝（2016.3任，挂职）
人大主席　侍一名（2016.4任）

曹集乡人民政府

乡　　长　姜成文（2014.1任）
副 乡 长　王　磊（女，2014.8—2016.4）
张晓明（2013.5—2016.4）
解云祥（2014.1任）
艾阿芬（女，2016.3任，挂职）
卢　锋（2016.4任）
王　群（2016.8任，挂职）
孙　斌（2016.11任）
人大主席　张文峰（2012.1—2015.11）
朱　江（2015.11—2016.11）
盛怀志（2016.11任）

新庄镇人民政府

镇　　长　张玉军（2015.11任）
副 镇 长　杨永泉（2014.8—2016.2）
刘宏娟（女，2011.10—2016.11）
郑国强（2013.11—2016.4）
单海涛（2016.3任，挂职）
张大敏（2016.4任）
罗羽洧（2015.9任，挂职）
陈文传（2016.11任）
方　宇（2016.11任）
人大主席　闵　艳（女，2015.11—2016.11）
孙　华（2016.11任）

保安乡人民政府

乡　　长　彭　敏（女，2015.1任）
副 乡 长　翟　建（2014.8—2016.11）
马　耿（2014.11任，挂职）
金　浩（2016.2任）
闫　鸣（2016.3任，挂职）
高慎明（2016.4任）
人大主席　郭明利（2015.6任）

（孟　夏）

·综　述·

2016年，全区上下紧紧围绕全面建成小康社会的奋斗目标，自觉践行新发展理念，以“三抓三促”为工作主线，按照推动“八个方面”转型升级要求，积极应对经济持续下行带来的挑战，扎实做好稳增长、促改革、调结构、惠民生、防风险等各项工作，圆满完成了既定的目标任务。

经济运行稳中有进。全区完成地区生产总值252.13亿元，同比增长9.2%；财政总收入33.15亿元，一般公共预算收入23.02亿元；500万元以上固定资产投资252.94亿元，同比增长13.1%；进出口总额3.5亿美元；到账外资4294万美元，同比增长1751%；城镇居民人均可支配收入23611.5元，农民人均可支配收入14077.4元，同比分别增长8.6%、9.0%。

工业转型步伐加快。工业开票销售、入库税收等重点经济指标回归合理增长区间；新引进开工工业项目46个，完成竣工工业项目33个，累计完成投资48.2亿元；“511”工程深入开展，42个列市千万元技改项目累计完成投资16.2亿元，实施兼并重组企业13户，新增股改企业6户，挂牌上市企业4户；国家高新区创建扎实推进，高新技术产业产值占工业总产值的比重提高到23.5%，累计创成国家高新技术企业46家、省级工程技术研究中心14家。

电商发展势头迅猛。电商园区保持迅猛发展态势，实现电商交易额202亿元，同比增长95%，一般公共预算收入同口径增长51.8%，累计入驻企业252家，电商从业人员达到2.2万人，形成了呼叫客服、电商运营、物流仓储三大基础产业，物联网智能制造、手游动漫、互联网金融三大特色产业，先后获批国家电子商务示范基地、全国优秀电商园区20强等省级以上品牌。全区“一村一品一店”网店数达到1810个，销售额超过12亿元，创成省级电商示范镇2个、示范村3个。

城乡统筹扎实推进。全民创业园建设全面启动，新建、盘活厂房25万平方米，同步推进自主创业、家门口就业；“双10”工程稳步推进，实现土地流转3.9万亩，新增休闲体验农业1.7万亩；镇村建设“1+10”工程稳步实施，扎实推进小镇客厅、农贸市场、污水处理厂及管网等10项重点工程；出台鼓励农民进城入镇的政策措施，引导形成梯次人口布局；制定生态文明建设三年行动计划，国家生态文明建设示范区创建重点工程有序实施；获评全省唯一的国家级出口食品农产品质量安全示范区。

民计民生持续改善。文化馆创成国家一级馆，宿豫大剧院正式启用；连续6年实现民生投入增幅高于一般公共预算支出增幅，连续11年获评“全省社会治安安全区”，蝉联“全省法治建设示范区”，高质量完成国家文明城市创建年度任务。扎实开展“三进三帮”等工作，4053户、15849人脱贫，16个经济薄弱村实现新“八有”（有群众拥护的“双强”班子、有科学合理的发展规划、有高产高效的农业设施、有特色鲜明的主导产业、有持续稳定的集体收入、有先进适用的信息网络、有健康向上的文明新风、有村容整洁的居住环境）。

党的建设全面加强。扎实开展“两学一做”学习教育，党员干部的党性修养、宗旨意识进一步增强。区乡党委和人大、政府、区政协以及村（居）“两委”换届圆满完成。坚持“凭实绩用干部”，注重“四个一线”培养选拔干部，着力打造宿豫干部“勤于思考、敢于争先、勇于担当、善抓落实、严于自律”的鲜明特质。制定“四个公开”“六个从严”工作制度，建立“宿豫政务”“宿豫党建”“宿豫招商”3个微信群，党员干部作风持续转好。扎实推进“基层党建责任深化落实年”活动，深入实施“书记项目”，严格落实党风廉政建设“两个责任”，创新实施纪实档案管理，推动正风肃纪常态长效。（乔丛继）

·重要会议·

【中共宿豫区第十一次代表大会第六次会议暨区委十一届七次全体（扩大）会议】 1月7—8日，中共宿豫区第十一次代表大会第六次会议暨区委十一届七次全体（扩大）会议召开。大会分两个阶段进行，7日为全天现场观摩，8日举行会议。区委书记、宿迁高新区党工委书记张晓伟在会上作题为《收拢五指抓重点　集中力量创特色　全力打赢“十三五”开局之战》的工作报告。报告指出，当前和今后一个时期，全区要抓重点创特色，必须坚定不移地推进工业强区，全力在扩量提质、载体升级上取得新成效；必须坚定不移地壮大互联网经济，全力在平台建设、融合发展上增创新优势；必须坚定不移地推进城市错位发展，全力在丰富内涵、提升品位上谋求新进展；必须坚定不移地拉长短板，全力在村镇发展、提升形象上实现新突破；必须坚定不移地增进民生福祉，全力在促改善、保基本上力求新作为；必须坚定不移地突出生态优先，全力在环境保护、绿色发展上开创新局面；必须坚定不移地全面从严治党，全力在锻造干部特质、夯实基层基础上抓出新高度；必须坚定不移地强化工作保障，全力在推动落实、加快落实上采取新举措。会上，区委副书记、区长刘士武传达全市经济工作会议和有关会议精神；区委常委、纪委书记刘后举作纪委工作报告；区委常委、组织部部长胡赣江通报了2015年度区委领导班子人事调整情况。会议还审议通过《中共宿豫区第十一届委员会第七次全体会议决议（草案）》。

【扶贫开发工作会议】 2月5日上午，宿豫区召开扶贫开发工作会议。张晓伟、刘士武、袁昌华、王占军等区四套班子领导出席会议，区委副书记姜华主持会议。区委书记、宿迁高新区党工委书记张晓伟提出三点要求：一要认清新形势，迎接新挑战，切实增强做好新一轮扶贫开发工作的责任感和使命感；二要找准切入点，选好突破口，努力提高新一轮扶贫开发工作的针对性和时效性；三要实干勇担当，聚力抓落实，坚决打赢新一轮扶贫开发攻坚战。会上，区委副书记、区长刘士武对全区“十二五”时期扶贫开发工作进行总结，对“十三五”时期扶贫开发工作进行部署；区委常委、副区长、市委驻宿豫帮扶工作队队长郜学东宣读了《关于表彰2015年度脱贫奔小康工程先进集体和先进个人的决定》；各乡镇、街道、园区主要负责人递交《2016年度扶贫开发工作目标责任状》；仰化镇、新庄镇、民政局三家单位主要负责人作大会发言。

【2016年度目标管理暨招商引资动员大会】 2月15日下午，宿豫区召开2016年度目标管理暨招商引资动员大会。区委书记、宿迁高新区党工委书记张晓伟出席会议并讲话，区委副书记、区长刘士武总结2015年度工作，部署2016年度目标任务。会议由区委常委、常务副区长陈磊主持。张晓伟在会上作题为《围绕目标立足当前　求实务实抓落实》的讲话，从“为什么提求实务实抓落实、怎么样做到求实务实抓落实、如何保障求实务实抓落实”三方面提出具体要求。刘士武在会上作了题为《咬定目标奋力作为　确保打赢十三五开局之战》的讲话。会上，区有关领导传达有关会议精神、宣读奖惩决定、通报相关文件；各乡镇、街道、园区主

要负责人向区委、区政府主要领导递交目标责任状；关庙镇、区住建局、宿迁高新区、侍岭镇主要负责人作交流发言与表态发言。

【十一届纪律检查委员会第六次全体（扩大）会议】 2月23日上午，宿豫区十一届纪律检查委员会召开第六次全体（扩大）会议，张晓伟、刘士武、袁昌华、王占军等区四套班子领导出席会议。区委副书记、区长刘士武主持会议。区委书记、宿迁高新区党工委书记张晓伟在会上提出四点要求：一要充分肯定成绩，深刻认清形势，切实增强做好党风廉政建设和反腐败工作的政治自觉；二要突出重点任务，持续精准发力，全面推进党风廉政建设和反腐败斗争向纵深发展；三要坚守政治担当，严格执纪问责，认真履行党风廉政建设“两个责任”；四要强化自我监督、注重自身建设，着力打造一支过硬的纪检监察队伍。会前，区四套班子领导、各乡镇（街道）党（工）委书记以及新提拔的科级干部到宿迁看守所进行警示教育。会上，与会人员集中观看警示教育片；区有关领导传达上级有关精神、宣读有关实施方案；仰化镇、丁嘴镇、卫计委、财政局四家单位负责人进行述责。

【区委党的建设工作领导小组会议】 3月3日下午，区委书记、宿迁高新区党工委书记张晓伟主持召开区委党的建设工作领导小组会议。区领导姜华、胡赣江、徐海涛参加会议。就做好今年党建工作，张晓伟强调要抓好五项重点任务：一要扎实开展“两学一做”学习教育；二要高质量高标准抓好区乡（镇）两级党委换届工作；三要全面加强基层组织建设；四要驰而不息改进干部作风；五要始终保持遏制腐败的高压态势。会上，区委副书记姜华传达上级有关精神；区委常委、组织部部长胡赣江宣读表彰决定；会议讨论研究《中共宿豫区委2016年党的建设工作要点》等相关文件。

【工业经济转型发展暨项目建设推进大会】 3月17日上午，宿豫区召开2016年工业经济转型发展暨项目建设推进大会。区委书记、宿迁高新区党工委书记张晓伟出席会议并作重要讲话，区委副书记、区长刘士武主持会议，区四套班子领导，各部门、各乡镇、重点企业负责人等参加大会。张晓伟强调三点意见，即：要把时间紧在前头，加快落实速度；要把责任层层压实，强化落实担当；要把服务做细做优，加强落实保障。刘士武提出三点要求：一要强化现状分析，明确方向抓落实；二要强化工作研究，把握重点抓落实；三要强化服务帮办，注重实效抓落实。会议传达上级有关精神、通报有关工作情况、宣读有关表彰决定；各园区、乡镇、街道及有关区直单位主要负责人递交目标责任状；三元轮胎、新亚强股份、区发改局、经信局主要负责人作大会发言。

【创建全国文明城市工作推进大会】 4月12日下午，宿豫区召开创建全国文明城市工作推进大会。区委书记、宿迁高新区党工委书记张晓伟出席会议并讲话，区委副书记、区长刘士武主持会议，区领导姜华、李春华、徐海涛、赵杉、仲崇东、张成龙参加会议。张晓伟强调三点意见，即：不断深化思想认识，更加清醒认识到创建工作的重要性和艰巨性；全力聚焦工作重点难点，进一步提升创建工作的整体水平；切实强化组织领导，确保各项创建工作任务落到实处。刘士武提出三点要求：一要始终强化目标引领；二要始终强化问题导向；三要始终强化工作保障。会议表彰先进单位和先进个人，通报2015年全国文明城市创建工作情况，安排部署今年创建工作任务；豫新街道、陆集镇、住建局等部门主要负责人作会议发言。

【“两学一做”学习教育动员大会】 4月28日下午，宿豫区召开“两学一做”学习教育动员大会，区委书记、宿迁高新区党工委书记张晓伟出席会议并讲话，区委副书记孙济刚主持会议。张晓伟强调三点意见：一要充分认识“两学一做”学习教育的重大意义，切实把思想和行动统一到中央决策部署上来；二要严格落实各项“规定动作”，扎实推动全区“两学一做”学习教育深入开展；三要从严从实抓好责任落实，确保“两学一做”学习教育真正落到实处。会上，全体与会人员共同观看《“两学一做”学习教育精神解读》短片；区委常委、组织部部长温士才传达习近平总书记重要批示精神以及中央、省、市委“两学一做”学习教育相关会议精神。

【全区领导干部大会】 6月3日下午，宿豫区召开领导干部大会，宣布省委、市委关于宿豫区委主要负责同志职务调整的决定：张晓伟任宿迁市委常委，不再担任宿豫区委书记、宿迁高新技术产业开发区党工委书记职务；刘海红任宿豫区委书记、宿迁高新技术产业开发区党工委书记。市委常委、组织部部长李健出席会议并讲话，市委组织部副部长龚和主持会议并宣读了干部调整决定。李健充分肯定了宿豫区近年来的发展成绩，希望宿豫各级干部以高度的政治责任感，坚决贯彻好市委的决定，在新一任宿豫区委领导班子的带领下，继续开创宿豫经济社会发展新局面。张晓伟表示，坚决拥护、服从省委、市委的调整决定，并作饱含深情的临别感言，表述对宿豫的不舍情怀。刘海红表示，坚决拥护、服从省委、市委的调整决定，将竭尽全力为宿豫发展尽职、为宿豫人民谋利，努力做到四个“全力以赴”：全力以赴抓好上级要求在宿豫的实践；全力以赴推动宿豫经济社会加快发展；全力以赴谋求民计民生持续改善；全力以赴当好严格自律的标杆表率。

【庆祝建党95周年大会】 7月1日上午，宿豫区召开中国共产党成立95周年庆祝大会，区领导刘海红、刘士武、袁昌华、王占军等区四套班子全体成员及相关单位负责人等参加会议。就如何做一名合格共产党员，展示先锋形象，刘海红提出五点要求：一要以“忠诚”为信仰之根，爱党护党有定力，做政治过硬的明白人；二要以“担当”为成事之道，务实求实重成效，做善谋发展的引路人；三要以“为民”为用权之本，倾力倾情惠民生，做服务群众的贴心人；四要以“清廉”为处事之基，守纪守法强作风，做廉洁自律的清白人；五要以“修德”为正身之要，落细落小塑品行，做表里如一的老实人。会上，全体与会人员共唱国歌；区级领导干部及区直相关单位负责人依次为盐城受灾地区捐款；区委副书记胡赣江领誓，新党员进行入党宣誓，老党员重温入党誓词；区委常委、组织部部长温士才宣读《关于表彰全区优秀共产党员、优秀党务工作者和先进基层党组织的决定》，主要领导为先进单位及个人颁奖；相关单位党员代表分别作交流发言。

【中国共产党宿迁市宿豫区第十二次代表大会】 7月18日上午，中国共产党宿迁市宿豫区第十二次代表大会开幕。会议在枫华丽致环球会议室举行，大会执行主席刘海红、刘士武、袁昌华、王占军、郜学东、胡赣江、陈亚光、陈磊、江小军、刘后举、张星仲、徐海涛、吴昊、赵杉、温士才等在主席台前排就座。会议由区委副书记、区长刘士武主持。刘海红代表中国共产党宿迁市宿豫区第十一届委员会向大会作了题为《聚焦聚力 务实求实 矢志不渝建设工业强区电商名城幸福家园》的工作报告。报告主要分为四个部分：一是过去五年的发展成就令人鼓舞，取得的经验弥足珍贵；二是抢抓新一轮发展机遇，科学谋划未来五年奋斗目标；三是以全面小康为统领，聚焦聚力推进“三大建设”；四是与时俱进加强党的建设，为全面小康建设提供坚强保证。刘后举代表中国共产党宿迁市宿豫区第十一届纪律检查委员会向大会作题为《强化使命担当 忠诚履职尽责 为建设工业强区电商名城幸福家园提供坚强纪律保证》的工作报告。7月19日上午，中国共产党宿迁市宿豫区第十二次代表大会选举产生新一届区委委员、区委候补委员、区纪委委员和出席中共宿迁市第五次代表大会代表，通过关于十一届区委工作报告的决议，通过关于区纪委工作报告的决议，并胜利闭幕。

【中共宿迁市宿豫区第十二届委员会第二次全体会议】 7月30日下午，中共宿迁市宿豫区第十二届委员会第二次全体会议开幕。区委书记、宿迁高新区党工委书记刘海红主持会议并作重要讲话，区委委员、候补委员出席会议，区纪委委员，不是区委委员、候补委员的区级领导班子成员等列席会议。刘海红传达省委十二届十二次全会和市委四届八次全会精神，并作会议主题报告。刘士武总结上半年工作，安排部署下半年任务。就会议的贯彻落实和当前工作，刘海红强调四点意见：一是切实把会议精神贯彻好；二是努力把发展工作统筹好；三是真正把社会民生关注好；四是全力把和谐稳定保持好。会议通报有关工作完成情况和违反作风建设典型案例；播放了重点项目现场督查视频；大兴镇、水利局主要负责人作交流发言，仰化镇、住建局主要负责人作表态发言。

【乡镇党委书记工作讲坛】 9月24日下午，宿豫区举办乡镇党委书记工作讲坛。区委书记、宿迁高新区党工委书记刘海红出席活动并讲话，区委副书记、区长刘士武主持讲坛。刘海红强调三点要求：一是提起气来，沉下心去，扎扎实实补好乡镇工作短项短板；二是坚持实干，勇于创新，聚焦聚力抓好乡镇工作重点特色；三是肩膀要硬，心胸要宽，善作善为筑牢乡镇工作基础基石。豫新街道党工委书记陆振、大兴镇党委书记王进、来龙镇党委书记马军、新庄镇党委书记臧其永4位同志作交流发言。

【区委全面深化改革领导小组会议】 10月10日上午，区委书记、宿迁高新区党工委书记刘海红主持召开区委全面深化改革领导小组会议。区委全面深化改革领导小组成员，各专项小组组长等参加会议。刘海红指出，要找准定位，突出问题导向；要把握重点，突出“三大领域”；要抓住关键，既要有积极作为的态度又要有善于学习的意识，既要有突破束缚的勇气又要有解决问题的能力；要围绕“1+3”重点领域、重点指标、重点任务、重点工作，找准切入点，持续推进，保障改革顺利推进。

【干部联系农户“三进三帮”活动动员会议】 12月22日上午，全市召开干部联系农户“三进三帮”活动电视电话动员会。会后，宿豫区立即召开全区干部联系农户“三进三帮”活动动员会，区委副书记、区长刘士武主持会议。区委书记、宿迁高新区党工委书记刘海红参会讲话，提出三点要求：一要准确把握上级“三进三帮”活动要求，带着事业情怀、民生情怀做好乡镇基层工作；二要理清“三进三帮”活动思路，强力推进工作高效落实；三要加强责任统筹，按照责任要求，扎实推进“三进三帮”活动开展，按照时间节点，确保任务全面完成。 （乔丛继）

·重要决策·

【概况】 全年召开区委常委会19次，党政联席会议21次。区委发文和区委、区政府联合发文245份；区委办发文和区委办、政府办联合发文102份。重要决策涉及成立“三大建设”指挥部、推进全民创业工作、加快先进特色产业园建设等方面。

【乡镇卫生计生事业改革】 3月30日，区委办公室、区政府办公室联合印发《宿豫区乡镇卫生计生事业改革实施方案》，提出2016年在全区所有乡镇逐步推开乡镇卫生计生事业改革试点，通过政府购买服务的形式，实施公共卫生计生服务和基本药物制度，更好满足群众基本医疗卫生服务需求。改革的主要任务是改革乡镇卫生计生服务机构、购买公共卫生计生服务、实施基本药物制度。

【“三大建设”指挥部成立】 6月20日，区委、区政府联合印发《关于成立“工业强区、电商名城、幸福家园”建设推进机构的通知》，决定成立“工业强区、电商名城、幸福家园”建设三个指挥部。区委、区政府对三个指挥部充分授权，由指挥部指挥负总责，具体负责各自领域工作的目标制定、政策研究、思路谋划、工作推进、改革创新、督查考核等。区委、区政府每月组织一次区党政领导班子成员、区人大、政协主要领导，对各指挥部工作领域内的重点工作、重大项目推进情况，进行现场观摩、现场评分，工作实绩列入年度考核。

【推进全民创业工作】 6月20日，区委、区政府联合印发《关于推进全民创业工作的实施意见》，提出围绕全民创业走在全市前列的目标，深入推进网络创业、返乡创业、科技创业、草根创业四大专项行动，培育更加活跃的创业主体，建立更加丰富的创业载体，提供更加优惠的创业政策，营造更加宽松的创业环境，到2020年全民创业总量实现倍增、三类载体平台全面建成、创业服务水平显著提升。重点任务是加强外出务工人员引导，实现返乡创业规模新突破；加大大学生创业指导，实现大学生创业增量新突破；加快乡村能人创业扶持，实现“二次创业”规模新突破；加快网络创业培育，实现网络创业总量新突破；加大科技人才创业培养，实现科技成果转化新突破。

【推动全区工业企业转型发展】 6月20日，区委、区政府联合印发《关于推动全区工业企业转型发展的意见》，加快推进宿豫区“2+1”主导产业转型发展、绿色发展、创新发展，促进工业转型升级、产业集约集聚、企业做精做强。“十三五”期间，大力推进“2+1”主导产业集聚，深入实施企业培育“511”工程，区政府每年统筹设立规模为1亿元的“重点产业发展引导资金”，重点扶持附加值高、竞争力强的新材料、装备制造、食品饮料及精细化工等重点产业项目，专项用于扶持重点产业发展的奖励、融资及贷款贴息等。主要扶持政策是鼓励企业加大设备投入、鼓励企业集约发展、鼓励企业外向型发展、鼓励企业提档升级、鼓励企业兼并重组、鼓励企业股改上市、鼓励企业科技创新、鼓励企业创优精品、鼓励企业两化融合、支持企业拓宽融资渠道。

【推动转作风提效能抓落实】 6月20日，区委、区政府联合印发《关于进一步推动转作风提效能抓落实的实施意见（试行）》，提出通过进一步推动转作风提效能抓落实，切实转变工作作风，提高工作效能，狠抓工作落实，为如期建成“强富美高”全面小康新宿豫提供坚强保障。主要任务是聚焦工作重点，形成推进合力；严肃工作纪律，切实转变作风；规范会议制度，提升工作效能；搭建交流平台，加强协调互动；健全督促机制，激发落实动力。

【“六个从严”管理办法】 6月24日，区委办公室、区政府办公室联合印发《宿豫区“六个从严”管理办法（试行）》，提出从严执行禁酒令、从严执行请假制度、从严执行值班制度、从严执行保持通讯畅通制度、从严执行请示报告制度、从严执行信访稳定、安全生产“一把手”负责制度，切实转变机关作风，提高工作效能，狠抓工作落实。

【“三大建设”积分制考核】 8月19日，区委、区政府联合印发《关于对“工业强区、电商名城、幸福家园”建设工作进行积分制考核的实施意见（试行）》，按照目标化引领、项目化推进、责任制保证的思路，坚持“动态考评、精准量化”的原则，将区第十二次党代会提出的目标任务进行细化分解，采取积分制办法进行考核，强化过程管控，最大限度地激发工作动力，凝聚推进合力，确保高标准、高质量、高效率完成“三大建设”任务。考核对象为区“三大建设”指挥部、各乡镇（街道）、园区、区委各部委办、区各委办局和区各直属单位，分为四类六组进行考核评比，并对考核体系设立、考核分值组成、积分考核方式、积分考核程序进行明确。

【加快先进特色产业园建设】 12月9日，区委、区政府联合印发《关于深入实施创新驱动战略加快先进特色产业园建设的工作方案》，决定启动电子商务（智慧物流、智能制造）、北斗电子信息和智能装备、玻璃科技、广告、食品饮料、医药健康等六大先进特色产业园建设，推动产业特色集聚，打造转型发展标杆，培育创新驱动亮点，塑造生态经济示范，并分别明确了六大先进特色产业园的产业定位、空间布局、发展目标、推进措施和推进要求，聚力把先进特色产业园打造成为新产业、新技术、新业态、新模式"四新"产业集聚基地。（乔丛继）

·重要活动·

【江苏宿迁技术交易服务中心揭牌】 1月21日上午，江苏宿迁技术交易服务中心举行揭牌仪式，市领导魏国强、吕德明、冯岩，区领导张晓伟、刘士武、江小军，广东博士信息科技有限公司华东区域总经理唐丽娜等出席揭牌仪式。市委书记、市人大常委会主任魏国强为江苏宿迁技术交易服务中心揭牌，对交易服务中心的成立表示祝贺。

【当当网全国客服中心落成启用暨国际馆上线运营仪式】 2月1日下午，宿豫区举行当当网全国客服中心落成启用暨国际馆上线运营仪式。市委书记魏国强，当当网集团CEO、创始人李国庆，省商务厅厅长马明龙，南京海关关长薛金楼，江苏出入境检验检疫局局长王伟，省新闻出版广电局副巡视员钱薇，北京临空经济核心区管委会产业发展处处长董学仲，市领导吕德明、冯岩、武倩，区领导张晓伟、刘士武、陈磊、张先军等出席仪式。仪式举行前，嘉宾们一起参观了中国宿迁电子商务产业园区展示馆、当当网全国客服中心、国际馆线下展示馆等。

【途牛旅游网全国客服中心项目落户宿豫】 3月16日上午，宿豫区与南京途牛科技有限公司签订合作协议，标志着途牛旅游网全国客服中心正式落户宿迁电子商务产业园区。南京途牛科技有限公司常务副总裁常静勇，区委书记、宿迁高新区党工委书记张晓伟，区委常委、常务副区长陈磊，区政协副主席、宿迁电商产业园区党工委书记张先军参加签约仪式。

【科技部专家组到宿迁高新区考察】 4月7日，科技部高新司副司长曹国英带领国家科技部专家组，就宿迁高新区"以升促建"创建国家高新区进行考察，并召开专题座谈会。省科技厅副厅长蒋洪，市领导王天琦、冯岩，区领导张晓伟、江小军等陪同考察并参加座谈。

【参加省委省政府加快苏北发展推进全面建成小康社会工作会议人员到宿豫观摩】 5月4日，省委书记罗志军、省长石泰峰带领参加省委、省政府加快苏北发展推进全面建成小康社会工作会议人员到宿豫区考察经济社会发展情况。省领导樊金龙、徐鸣、蒋宏坤、张敬华、范燕青，市领导魏国强、王天琦，区领导张晓伟、刘士武、陈磊、赵杉等陪同考察。罗志军、石泰峰一行先后来到丁嘴镇家庭农场集群服务中心、宿迁电商产业园区当当大厦等地，实地考察宿豫区经济社会发展的亮点工作，直面感受宿豫区经济社会发展的蓬勃活力和强劲的发展势头，并对宿豫区工作给予充分肯定。

【全省"支部+电商"工作现场会与会人员到宿豫观摩】 5月24日，全省"抓党建促脱贫攻坚座谈会"学习贯彻会暨"支部+电商"工作现场会在宿迁市召开，会前，与会人员实地观摩宿豫区"支部+电商"的经验做法。观摩分为五个组进行，省委组织部副部长、省委党建办主任盛克勤带领第一组人员先后观摩宿迁电子商务产业园区、丁嘴镇金菜家庭农场集群服务中心、新庄镇杉荷园、曹集乡天同庵电商示范街等地。市领导魏国强、李健，区领导张晓伟、刘士武、温士才等参加观摩。

【魏国强到宿豫调研指导换届工作】 6月21日上午，市委书记魏国强到宿豫区调研党代会筹备及重点工作开展情况，并召开座谈会。市委常委、秘书长沈海斌，区四套班子领导成员、各乡镇、各部门主要负责人等参加座谈。魏国强实地调研江苏沃华智能科技股份有限公司、淮海经济区电子商务运营中心等新建和在建项目，对宿豫大项目建设竣工一批、开工一批、进场一批的良性循环给予较高评价。在随后召开的座谈会上，区委书记、宿迁高新区党工委书记刘海红汇报宿豫区经济社会发展和换届工作筹备情况。魏国强希望新组建的宿豫区各级班子牢记重托、不辱使命，强化责任、勇于担当，以身作则、以上率下，坚定不移地把建设“强富美高”全面小康新宿豫作为未来五年的奋斗目标，扎扎实实抓好各项工作推进和落实。

【中国宿迁首届百威啤酒节开幕】 8月26日晚，由中国宿迁电商产业园区与百威英博（宿迁）啤酒有限公司共同主办的中国宿迁首届百威啤酒节在宿豫文化公园大剧院隆重开幕。副市长冯岩，百威英博（中国）投资有限公司中区总裁林风富，区领导刘海红、刘士武、袁昌华、王占军等参加开幕式。冯岩、林风富、刘海红、刘士武、袁昌华、王占军共同启动啤酒节开幕式。

【“邗建杯”2016首届中国宿迁荧光半程马拉松比赛开幕】 8月27日晚，邗建杯2016首届中国宿迁荧光半程马拉松比赛在宿迁电子商务产业园区举行开幕式。国家体育总局登山运动管理中心副主任王勇峰、中央国家机关户外健身运动协会副秘书长夏本立、江苏省体育局竞赛管理中心竞赛一部部长张拴太、雅典奥运会女子网球双打冠军李婷、前女篮国家队队长宋晓波，三夫户外用品股份有限公司创始人、董事长张恒，副市长赵丽丽，区领导刘海红、刘士武、陈磊、张成龙以及市、区相关部门负责人等参加开幕式。

【张家港宿豫工业园区成立十周年交流活动】 10月28日上午，张家港市委书记朱立凡，市委副书记、代市长黄戟带领张家港市党政代表团，到宿豫区参加张家港宿豫工业园区成立十周年交流活动。省苏北发展协调小组办公室副主任鄂有阳，区四套班子领导，在宿投资的张家港市部分企业家代表等参加交流活动。与会人员首先观摩长江润发、北斗星通、百威英博、宿迁电商产业园区等重点项目，切身感受宿豫经济社会发展的浓烈氛围。随后，区委书记、宿迁高新区党工委书记刘海红出席座谈会并致辞，区委副书记、区长刘士武主持座谈会。与会人员共同观看张家港宿豫工业园区成立十周年专题纪录片《情牵宿豫》；长江润发、张家港农商行、百威英博等企业代表先后作交流发言；黄戟、刘士武分别代表两地人民政府签订新一轮共建园区合作协议。

【全市经济社会发展重大项目观摩会与会人员到宿豫区观摩】 11月11日上午，市委书记、市人大常委会主任魏国强带领参加全市经济社会发展重大项目推进会与会人员到宿豫区观摩，区领导刘海红、刘士武、陈磊、江小军等参加观摩。魏国强一行实地观摩宿迁中玻电子玻璃有限公司、宿迁技术交易服务中心、波尔高压新材料、智慧物流园区等地，听取相关负责人的情况汇报，了解项目建设进展情况。

【宿豫区与京东签订协议共同打造物联网智能制造产业园】 11月29日下午，宿豫区与京东集团在南京签订京东（宿迁）物联网智能制造产业园项目合作协议。京东集团首席执行官刘强东、京东集团高级副总裁熊青云，江苏省商务厅厅长马明龙，市领导魏国强、王天琦、沈海斌，区领导刘海红、刘士武、陈磊等参加此次签约仪式。仪式上，熊青云代表京东集团与区委副书记、区长刘士武共同签订京东（宿迁）物联网智能制造产业园项目投资协议。

【宿迁高新区“江苏省海外华侨华人创业示范基地”揭牌仪式】 12月1日下午，宿迁高新区“江苏省海外华侨华人创业示范基地”举行揭牌仪式，省侨办副主任孙彬，市委常委、副市长冯岩，区委书记、宿迁高新区党工委书记刘海红等出席揭牌仪式。仪式上，宿迁高新区党工委委员、管委会副主任冷庆丰介绍“江苏省海外华侨华人创业示范基地”有关情况，孙彬和刘海红共同为宿迁高新区“江苏省海外华侨华人创业示范基地”揭牌。（乔丛继）

·区委办工作·

【综合文字】按照“站位高、立意新、谋划远”的总要求，围绕“创精品、争一流”的目标，以高质量的文稿为领导提供高质量的服务。2016年，共完成区委重要文件、重要会议报告、领导讲话材料等各类文稿210篇，160余万字，参与起草各类公文90份，编发《宿豫通讯》9期。紧贴区委工作思路，围绕促进全区经济社会发展和群众关注的热点和难点问题，组织开展生态经济示范镇建设、进城入镇等系列专题调研30余次，撰写调研报告11篇，为区委科学决策及重要文件出台提供全面、准确的参考依据。

【信息调研】坚持求新、求实、求快、求深的原则，准确、全面地捕捉改革创新、经济建设、社会管理等方面情况，主动研究挖掘宿豫工作特色、发展亮点、社情民意，及时形成信息上报。全年编发《宿豫快报》12期，形成调研文章10篇，向省委办公厅和市委办公室报送信息1200余篇，被省厅采用176篇、市办采用184篇，获得中央领导批示1件次，省委领导批示21件次，为区委及上级党委决策参考提供依据，很好地发挥以文辅政的作用。2016年信息工作绩效考核排名继续保持全省区级前五，分别被省委办公厅和市委办公室表彰为年度信息工作先进单位。

【综合协调】围绕区委中心工作，全面提高文件、会议办理规范化、精细化、专业化水平，较好完成办文办会工作。全年共牵头组织各类会议310余场，办理各级来文1300余份，办理领导批示件800多件，有力地保障区委各项工作顺利开展。认真开展各重要会议精神贯彻落实情况、书记办公调研会交办事项落实情况等系列督查活动，全年共下发书记交办单及催办单135份，收集情况反馈135份，推动各项重点工作落实。（乔丛继）

·督查督办·

【概况】2016年，区督查室先后共开展各类督查工作10余项，出动督查人员500余人次，拍摄督查图片1万余张，编发《督查通报》81期，上报《督查专报》42期，《督查快报》25期，印发督查事项交办单100份、催办单6份、预警提醒单119份。被区委、区政府表彰为全国文明城市创建工作先进单位、重大事项及重点工程建设先进单位；1人次被市委、市政府表彰为全市目标管理工作先进个人。

【重要项目建设情况督查】2016年，区委区政府督查室对21项市级中心城市基础施工项目，115项区“三类项目”（50项区重大项目、45项区重点基础设施项目、20项区为民办实事项目）建设进展情况进行跟踪督查，实行“半月一督查、一月一通报”制度，全年先后开展重点项目常规督查18次、不定期动态巡查20次，共出动督查人员200余人次，编发《督查通报》23期，《督查专报》10期，《督查快报》4期，下发督查事项交办单4份，催办单6份，预警提醒单5份。配合市委市政府督查室开展列市项目现场督查8次，上报督查结果10期。在年末的验收检查中，全区115项“三类项目”中有109个项目完成年度建设任务，完成率94.8%。宿迁高新区、宿迁生态化工科技产业园、区政府办、区住建局、区交通运输局、区国土分局、区绩效办、区机关事务管理局、新庄镇等8家单位被区委、区政府表彰为重大事项及重点工程建设先进单位。

【领导交办事项落实情况督查】 2016年，先后对市委四届八次全会、市政府四届九次全体（扩大）会议重点工作任务、区委第十二届二次会议重要任务、区政府周工作例会区长交办事项、创建文明城市、增材制造、环境保护、扶贫开发、特色镇村建设、区域供水、全民创业、道路通达、农村道路提档升级、土地增减挂钩、保障性安居工程等10余项领导交批办事项落实情况进行督查，先后开展督查100余次，编发《督查通报》19期，上报《督查快报》9期，下发督查事项交办单28份，预警提醒单64份，确保领导的决策和意见快速贯彻落实到位。

【机关效能督查】 2016年，区委区政府督查室在乡镇和部门工作人员、企业代表、人大代表、政协委员、群众代表中选聘软环境建设监督员69名，深入开展机关效能和作风建设督查，先后组织假期值班纪律查访活动7次，开展机关作风查访活动6次，开展会风会纪督查活动106次，先后查处各类违纪违规问题50余起，编印《督查通报》2期，通过电视、网站公开曝光2次，促进全区机关作风的转变和行政效能的提升。（徐　敏）

·组织工作·

【概况】 2016年，全区组织工作在市、区委的正确领导下，深入贯彻落实中共十八届三中、四中、五中、六中全会及全国全省全市组织部长会议精神，紧贴中心，服务大局，求真务实，锐意创新，在选干部、配班子，建队伍、聚人才，抓基层、打基础等方面全面提升组织工作服务科学发展的水平。努力把“学”的基础打得更牢、“做”的关键抓得更紧，推进“两学一做”学习教育扎实开展。坚持把党的领导贯穿换届全过程，强化统筹协调、组织把关、换届纪律，区、乡、村三级换届圆满完成。按照宿豫干部五种特质要求，建立以实绩为用人导向的考评机制，进一步明确任职条件、任免权限、交流借用等程序，提高选人用人与中心工作的契合度。紧紧围绕“抓党建促脱贫攻坚”主题，在党建工作网络、“纪实管理”“支部+电商”党建富民行动等方面持续用力，基层组织基础不断夯实。紧扣宿豫产业“集约、集聚、特色”发展需求，全面做好政策保障、人才培育、载体建设等，人才队伍规模不断壮大。注重开展学习教育，强化党性修养，提高组工干部综合素质，自身建设不断加强。

【“两学一做”学习教育】 坚持把“两学一做”学习教育作为党建工作的“龙头项目”，聚焦基层党建7项重点任务，扎实开展各项工作，取得显著成效。区委常委在全程参加领导班子和所在支部“双重组织生活”的同时，建立“1+4”（1名常委联系指导1个乡镇、1个部门、1个企业、1个软弱后进村）联系点；开展“党员示范岗”“党员中心户”“党员责任区”评创活动，在区电视台开辟《先锋》专栏，推出20期“宿豫群众身边好党员”；开展“两探访一寻找”“党员传家宝”征评活动，组织党员探访建国前老党员和生活困难党员、探访入党介绍人，征集承载红色故事的老物件、党员的家规家风家训，挖掘168名新中国成立前老党员的先进事迹，整理汇编成27余万字《忠诚与信仰》一书，同时通过“宿豫基层党建”微信公众号每日连载；选派21名机关事业单位优秀年轻干部到经济薄弱村担任支部书记，选派186名优秀党员担任非公企业专职党务工作者，促进党的工作全覆盖。选配138名专职副书记，先后开展8次网络创业服务联盟活动，帮助248人成功开办网店，培育全国销量单打冠军4个，实现350种地产品上线销售；下发《关于进一步严格执行党的组织生活制度的通知》，开展为期1个月的“严格执行党内组织生活制度专题推进月”活动，宿豫区委组织部机关党支部带头开展“三会一课”，并推广到全区。

中组部多次到宿豫区进行调研；中央电视台《新闻联播》栏目组、《人民日报》《农民日报》《新华日报》等省级以上媒体多次报道宿豫区

“两学一做”经验做法；“党员活动日”制度被市委组织部全面推广。

【区乡村三级换届工作】 实行区领导挂镇包村制度，通过规范职数精简一批、任期审计查处一批、交流分流调整一批、机关单位选派一批的“四个一批”方式，优化村干部队伍结构。经过换届，乡镇逐步形成以40岁左右干部为主体，专业配套、个性互补的班子。村（社区）党组织班子平均年龄44.16岁，高中以上占比76.7%，书记平均年龄43.9岁，比上届降低6.6岁，高中以上占比94.9%，比上届提升15.5%。在全市较早启动乡镇换届考察工作，认真把好谈话推荐、会议推荐、深入考察、集体面谈等重点环节的程序关和质量关。实行领导干部个人推荐痕迹管理，强化推荐人责任。对拟提拔进入班子人选，实行差额考察、差额酝酿，充分发挥党组织把关作用。对乡镇换届工作方案逐个审核，加强与市委组织部沟通协调，对换届风险点进行排查摸底，逐一跟踪研判风险舆情，及时采取应对措施。深入开展严肃换届纪律教育，印发学习宣传材料2600余份，发送换届风气监督短信35期9200余条，与干部个别谈心谈话1200余人次，签订纪律承诺书2200余份，组织观看警示教育片《镜鉴》《警钟》2700余人次，区、乡领导班子换届风气测评“好”以上等次均达到99.8%以上。

【领导班子和干部队伍建设】 按照“四个一线”（一线认识干部、一线培养干部、一线考察干部、一线使用干部）要求，近距离考察识别、培养使用干部。通过组织部部长“谈心谈话”和走访调研，了解掌握干部思想、能力、性格、气质、特长等方面差异。2016年，先后组织召开6次专题干部座谈会，“面对面”考察了解干部。按照“勤于思考、敢于争先、勇于担当、善抓落实、严于自律”要求，编制干部潜质考察评价分析表，对干部思考的能力、争先的业绩、担当的表现、落实的成效、自律的情况等五个方面按照“优秀、良好、较好、一般”四个等次进行评价。共对165名干部实行潜质考察评价分析，63名综合评定情况良好以上等次的干部得到提拔重用。常态化开展科级干部实绩收集、抽查、通报、研判工作，每季度上报一次分管或负责工作完成情况、重要工作完成情况、创新创优情况、考核奖惩情况，经确认后作为评先评优、职务职级晋升的依据。引导干部到乡村基层、招商服务、信访稳定、重点工程等一线岗位锻炼成长。年内，集中选派13名扶贫专干分别到13个乡镇、街道园区专干扶贫工作；在区直部门遴选29名年轻干部到经济薄弱村担任指导员，兼任村党支部第一书记，指导挂钩村开展扶贫工作；在村（社区）“两委”换届过程中，通过个人自荐、组织推荐，先后从机关事业单位优选22名优秀年轻干部到经济薄弱村和党组织软弱涣散村担任支部书记；选派21名年轻干部到乡镇、街道和园区进行挂职锻炼。

【干部监督】 按照全市严肃换届纪律工作“24+6”实施项目部署，强化换届风气监督工作，落实好领导干部个人有关事项报告填报及查核，加强对领导干部的日常监督管理。组织召开集体谈心谈话会、干部监督联席会暨换届纪律培训会、党代表专题培训会、人大代表和政协委员专题培训会等，强调换届纪律。通过印发宣传册、推送短信、个别谈话、签订换届承诺书、手抄“九严禁”、观看警示教育视频等方式，提高换届纪律知晓率。成立10个严肃换届纪律巡回督查组和1个驻点督导组，逐一跟踪研判风险舆情，及时采取应对措施，该做法被省组工信息第23期刊发推介。组织全区科级干部填报个人有关事项报告表，并分类编号建档；拟提拔使用干部还要报告“生活圈、社交圈”情况。坚持“凡提必核”，2016年共分9批次对393名拟提拔使用和换届提名人选个人有关事项报告进行抽查核实，其中37人就填报有关情况进行说明，4人因个人有关事项填报不实被取消考察或任职资格。按照离任必审、逐步扩大任中责任审计的原则，组织开展2016年“三责联审”工作。对3名乡科级单位党政正职进行任中"三责联审",对2名区直单位主要负责人进行离任"三责联审",对17名干部开展经济责任审计。规范工作规划、财务、干部人事、重要事项"四项交接"内容,抓好换届干部离任继任阳光交接,抓好党政正职干部书面交接,监督指导副职干部阳光交接。组织61名宿豫区2015年新提拔科级干部到市看守所召开警示教育现场会,进行廉政宣誓并签订勤廉承诺书。

【干部教育培训】 制定出台2016年宿豫区干部教育培训主体班计划,加强全区干部教育培训工作的管理和指导。全年,组织各类领导班子培训3期,机关干部培训3期,组工干部培训班1期,村居(社区)书记培训3期,实现了培训对象全覆盖。举办"周末2.5天培训班",推进换届后各级各类干部大培训。组织领导干部参加中央组织部、省委组织部、市委组织部等举办的各类培训班的学员选调和送训工作,全年完成国家级调训1批1人,省级调训13批15人,市级调训10批148人。按照《"江苏省干部在线学习中心"网站管理办法(试行)》的文件精神,组织县处级党政领导干部在线学习,同时做好在线学习的技术指导工作。

【基层党建】 宿豫区以落实省委农村基层党建工作座谈会"六强六过硬"要求和市委"基层党建责任深化落实年"活动为主线,聚焦"六个基本",推动基层党建工作全面进步。全区建成"支部+电商"党建富民示范点50个,350多种地产品实现上线销售,全省农村基层党建"支部+电商"现场会把宿豫区作为观摩的主阵地,并在大会上作经验交流。开展"抓党建促脱贫攻坚驻村调研月"活动,组织组工干部、驻村第一书记等150多人对全区55个经济薄弱村和软弱涣散村进行深度调研。2016年,宿豫区委按照每个村10万元、每个社区20万元标准,为138个村(社区)设立党建为民服务专项资金,全年共投入1170多万元,兴办党建实事项目408个。全面推行"支部+文化",先后培育雨露社区"邻里文化大舞台"、锦华社区红色电影放映室、豫苑社区"夕阳红"志愿文化等社区文化品牌。围绕"组织结对、党员结亲、联手共建、联动服务",分别建立11个"社区大党委",整合全区83个机关企事业单位的优势资源,与54个小区签订共建协议,排出共建项目。深化"红领助企"行动,为三大园区公开选聘94名善抓党建的"红领",通过发放"红领"岗位津贴、开展专题培训、实施"红领引领人才"计划等方式推动905家非公企业实现党的工作和组织两个覆盖。

【党员教育管理】 2016年,宿豫区下发《关于进一步规范发展党员工作的实施意见》,将发展党员作为开展"两学一做"学习教育、年度党建述职评议的重要内容,建立基层党委和党支部"发展党员工作责任清单",健全村干部近亲属入党申报备案、发展党员票决、发展党员备案等三项制度,解决农村发展党员优亲厚友、突击发展、关门发展等问题。10月,在15个乡镇(街道、园区)设立创业青年党支部,直接吸收发展务工经商人员、电商达人、种养殖大户等创业青年。由乡镇(街道、园区)党(工)委主要领导兼任支部第一书记,组织委员兼任支部书记,班子成员分别结对1~2名创业青年,作为其培养联系人、入党介绍人及创业帮带人,提高发展党员层级和发展质量。坚持年度民主评议定格与严格过程管理相结合,要求各单位定期组织召开专题组织生活会并开展民主评议党员,对不合格党员及时进行教育谈话,对于部分严重有损党员形象的个人,根据民主评议结果,给予出党处分。实行党员"月度、季度之星评选""积分考核""纪实管理"等制度,将党员管理纳入党(工)委书记抓党建责任清单,每季度公布乡镇党委书记抓基层党建成绩单和"考核对账单"。专门设立200万元的党内关爱帮扶资金,同时,以党员和大学生村官为主体成立"满天星"党员爱心互助联合会,按照"一月一主题一活动"要求,开展电商扶贫、志愿服务、党员义卖等活动。

2016年12月17日，“满天星”党员爱心互助联合会首届义卖现场

【大学生村官工作】 成立7个考核组，通过入村实地走访、干部群众个别访谈、民主测评、村官背靠背互评等方式，对全区大学生村官2016年度在村履职情况进行全面考察。赴东南大学、西安交通大学、兰州大学、西北农林科技大学等4所“985”高校开展大学生村官招聘政策宣讲。2016年，全区共有7名村官被纳入选调生培养管理，10名村官进入公务员队伍，20名村官走向定向事业单位岗位，40余名大学生村官通过公开招考有序流动。做实“积分选岗”工作，推动聘用期满大学生村官岗位之间有效交流；强化“自管会”载体作用，成功举办全区大学生村官“迎七一”文艺汇演、户外拓展、汽车影院等特色活动；拓展“满天星”志愿服务内涵，成功举办“满天星”党员爱心义卖活动。全年共选派5批次、30人次大学生村官参加市级以上外出培训，12月21—26日成功举办全区大学生村官培训班。

2016年9月4日，宿豫区大学生村官论坛暨“积分选岗”工作会议召开

【党员电教和远程教育】 2016年，宿豫区委出台《关于进一步加强基层党建工作的实施意见》，明确将每月20日作为远教“固定学习日”，并将远教工作纳入年度基层党建工作目标考核。全区138个村级远教站点更新工作全面完成，根据村居、城市社区、机关事业单位、非公企业四类群体对学习内容的不同需求，定制数字菜单，建立手机微信公众平台，拓宽传播渠道。联合区广播电视台拍摄、制作一批讲诉本土优秀党员的课件，如专题片《创业路上显风采》《丹心报国铸忠诚》《先锋村里的“先锋书记”》等；开办《旗帜》栏目，每月定期拍摄、制作一期身边优秀共产党员先进事迹节目。严格执行“双向通报”制度，在“固定学习日”当天，通过实地查看、随机走访、电话抽检等形式，对活动情况全程跟踪问效，对工作不力的实行红黄牌警告并通报批评。2016年，全区222个远教站点每月开机率均保持100%，学习时间达3小时以上的站点达100%。

【人才工作】 制定出台《宿豫区“十三五”人才发展规划纲要》《宿豫区2016年人才工作要点》《宿豫区2016年招才引智工作考核办法》《增材制造（3D打印）产业人才支持政策》系列文件，壮大人才队伍。引进国家“千人计划”专家3人；入选省“双创人才”2人、省“双创团队”1个、省“双创博士”3人，其中江苏阿尔法药业有限公司漆志文团队是全市唯一入选的战略性新兴产业类省“双创团队”；入选省第五期“333工程”三层次培养对象12人；新获批省“苏北创业领军人才”1人；入选市创新创业领军人才10人；入选“苏北发展急需人才引进计划”15人；入选市“英才计划”71人；评选宿豫区“英才计划”13人、“四名四优”本土拔尖人才42人；组织申报“购房券”88人。积极参加“引凤工程”活动，并成功促成辰宇电气与海外人才陈旻签约。阿尔法药业柔性引进韩国金庆日教授，并荣获省级国外智力示范基地称号。强化对科技镇长团的管理，高标准遴选8名专家到宿豫区挂职省第九批科技镇长团成员，出台《江苏省第九批科技镇长团宿豫团服务管理办法(试行)》《江苏省第九批科技镇长团宿豫团绩效考核办法》，实行“周总结、月例会、季汇总”制度。开展政产学研合作活动，先后赴哈尔滨工业大学、黑龙江省科学院、苏州大学、

2016年宿豫区“英才计划”引进人才名单一览

表8

序号	姓　名	工　作　单　位
1	苏　航	宿迁南钢金鑫轧钢有限公司
2	李金国	江苏奇纳新材料科技有限公司
3	颜蓓蓓	中节能（宿迁）生物质能发电有限公司
4	叶常青	长江润发（江苏）薄板镀层有限公司
5	陆　铭	江苏华星新材料科技股份有限公司
6	杨润强	江苏玄禾谷生物科技有限公司
7	卢　华	新亚强硅化学股份有限公司
8	洪剑寒	玖久丝绸股份有限公司
9	华　霄	趣园食品股份有限公司
10	成洪业	江苏阿尔法药业有限公司
11	王小聪	宿迁至诚纺织品有限公司
12	郭坤祺	宿迁市苏农信息科技有限公司
13	李　明	宿迁龙相高新技术服务有限公司
14	史金炜	宿迁绿金人橡塑机械有限公司

2016年宿豫区“四名四优”本土拔尖人才名单一览

表 9

序 号	人才类别	姓 名	工作单位
1	教育名家（6名）	左永娟	宿豫区实验小学
2		丁友梅	宿豫区实验小学
3		马苏娜	宿豫区第一实小
4		张克利	宿豫区第一实小
5		徐　进	丁嘴中心学校
6		程长宾	新庄中心学校
7	医学名家（5名）	何庆忠	宿迁市中医院
8		王家顺	宿迁市中医院
9		王喜梅	宿迁市中医院
10		张九英	宿迁市第三人民医院
11		陈　勇	宿迁市珠江医院

续表9

序号	人才类别	姓名	工作单位
12	文化名家（8名）	姜　澎	宿豫区文联
13		王善余	宿豫文艺编辑
14		王秀营	宿豫中学
15		张用惠	宿豫区书法家协会
16		董　鹏	宿豫区政府办
17		陈兆安	宿豫区残联
18		王发学	来龙中心小学
19		李培荣	豫新街道豫苑社区
20	电商名家（6名）	李庚润	来龙光明电子商务有限公司
21		葛　超	宿迁市冠龙礼品有限公司
22		胡艳辉	宿迁市新富鞋业有限公司
23		陈　荣	宿迁市鑫宝布业有限公司
25		张冬剑	宿迁豫见精彩电子商务有限公司
26		李前政	宿迁政鹏网络科技有限公司
27	优秀专业技术人员（8名）	顾　国	宿迁科思化学有限公司
28		吴以军	中节能（宿迁）生物质能发电有限公司
29		王　岩	江苏颖盛化工有限公司
30		张　领	江苏永星化工股份有限公司
31		胡传宝	江苏阿尔法药业有限公司
32		闫　洁	张家港宿豫实小
		李崎川	宿豫区畜牧兽医站
33		徐　猛	宿迁技师学院
34	优秀田园精英（7名）	施俊山	绿荷生态养殖专业合作社
35		刘金锁	村村配植保农民专业合作社
36		王海荣	恒源生猪养殖专业合作社
37		朱　超	鸿鑫食用菌专业合作社
38		叶书龙	双丰稻麦产销专业合作社
38		孙　群	天翔家禽养殖场
39		侍继梅	宿豫区林果站
41	优秀社会工作者（2名）	朱勤磊	宿豫区民政局
42		周爱红	宿豫区妇联
43	优秀教师（3名）	葛高山	江苏秀强玻璃工艺股份有限公司
44		韩　超	宿迁技师学院
45		孙开坤	宿迁技师学院

河海大学、华东理工大学等18所高校院所开展政产学研对接活动，成功签署校地全面合作协议8项，建设技术转移中心1个，校企合作意向5个；开展“专家企业行”活动，邀请大连理工大学等高校、科研院所的100余名专家、教授到企业实地考察、现场指导。2016年，全区新增国家高新技术企业10家、省级企业技术中心1个、省级企业工程中心1个、省级企业工程技术研究中心2个、省级企业研究生工作站4个。目前全区共有国家高新技术企业36家、省级企业技术中心11个、省级企业工程中心4个、省级企业工程技术研究中心14个、省级企业院士工作站2个、研究生工作站14个、国家级企业博士后科研工作站1个、省级企业博士后创新实践基地2个。组织省“双创人才”、市“领军人才”、市优秀科技专家、省科技镇长团团员等47名优秀人才到市中医院参加免费健康体检；拨付省、市级人才项目资助资金900余万元，新投入建设人才公寓119套。

【学习型机关建设】 常态开展部机关每周一次集体学习会，全年开展240期。以党小组为单位开展“每日半小时”学习活动，常态化开展交流研讨。建立微信群、QQ群等学习平台，部领导班子成员带头分享学习内容、学习心得，确保随时随地学习。将党性提升与传统文化相结合，走进秀强开展“崇孝向善”主题教育活动。注重走进基层，将6月份定为“抓党建促脱贫攻坚驻村调研月”，组织全体组工干部进驻55个经济薄弱村和软弱涣散村。 （张笑晨）

·宣传工作·

【概况】 2016年，宿豫区被市委、市政府表彰为2015年度文化建设先进单位；区委宣传部被市委宣传部授予2015年度全市宣传思想文化工作一等奖，文化留根工程——民俗风情驿站建设被评为2015年度全市宣传思想文化工作创新奖，李寒冰被表彰为2015年度全市宣传思想文化工作先进个人。

【文化建设】 2016年，全区建成农村特色文化大院5个、文化广场5个，顺利启用宿豫文化大剧院，区文化馆成功创成国家一级馆。豫新街道豫苑社区俏年华文艺演出队和区老年大学“夕阳红”艺术团荣获江苏省首批群众文化“千百万”工程群文团队称号。区文化馆、豫苑社区荣获第五届江苏省服务农民服务基层文化建设先进集体。

【文化专项资金争取】 2016年，争取省市文化产业专项资金140万元，新增当当网等文化产业名录库“三上”企业11家，以圆周电子、当当图书、易工厂等一批龙头型文化企业为引领，地区文化产业集聚区建设初具规模。

【理论宣教】 2016年，围绕党的理论宣讲和机关干部综合素质提升等方面内容，举办区委中心组学习会和干部素质提升系列讲座12场次。全区党员冬训工作，受到省、市多项表彰。

【专题文化活动】 2月3日，2016新春团拜会暨第二届宿豫大舞台颁奖典礼在文化公园小剧场举行。5月28日，以“弘扬时代精神，传承创新文化”为主题的宿豫区第二届文化艺术节开幕式在区文化大剧院举行，本届艺术节设有区中小学生和幼儿艺术展演汇报演出、文化创意设计大赛等八大主题活动。6月30日，“唱响主旋律颂歌献给党”合唱比赛在区文化大剧院举行，有19支代表队汇演。7月1日，“光芒党史、辉煌成就、美好未来”宿豫党史图片展、“红军长征胜利80周年暨建市20周年”书画作品展在区文化馆举行。7月22日，2016年夏季“广场文化节”开幕式在宿豫区汽车客运东站广场举行，活动延续到10月下旬，举办广场文化活动39场。8月29日，由区委宣传部主办、宿迁高新区承办的宿豫企业文化展演在区文化大剧院举行，此次展演以“建设企业文化，共筑幸福家园”为主题，和友、京东、秀强、百威等企业累计选送展演13个节目。9月30日，在区文化公园小剧场举行“庆华诞、诵辉煌、展风采”诗歌朗诵比赛。

【宣教创新】 2016年1月，策划“构筑冬训‘四大平台’确保工作出新出彩”项目，对全区党员干部进行为期一个月的冬训；9月，在区文化馆开设“国学讲堂”；与顺河街道共同打造理论宣讲阵地“梨花书苑”。

【网络剧《追爱》开播】 8月24日，由中共宿迁市宿豫区委宣传部策划、苏州传视影视拍摄的宿迁市首部网络剧《追爱》（原名《追爱千年》）在爱奇艺开播。该剧讲述的是楚汉时期，在项羽和刘邦达成鸿沟合议、两分天下的背景下，项羽义弟项翊因探得吕后意图偷袭楚军的阴谋而被追杀，却意外穿越到现代，和医学女博士范小雨、记者马晓诺成为同居室友，发生

2015—2016年度宿豫区冬训工作集体获奖情况一览

表10

序号	单　位	荣誉称号	表彰单位	表彰时间
1	宿豫区	2015—2016年度全省党员冬训工作示范县区	省委组织部、省委宣传部	7月
2	豫新街道	省党员冬训工作示范乡镇（街道）	省委组织部、省委宣传部	7月
3	新庄镇	省党员冬训工作示范乡镇（街道）	省委组织部、省委宣传部	7月
4	仰化镇	2015—2016年度全市党员冬训工作先进单位	市委组织部、市委宣传部	12月
5	区公安分局	2015—2016年度全市党员冬训工作先进单位	市委组织部、市委宣传部	12月
6	区教育局	2015—2016年度全市党员冬训工作先进单位	市委组织部、市委宣传部	12月

2015—2016年度宿豫区冬训工作个人获奖情况一览

表11

序号	姓　名	工作单位	荣誉称号	表彰单位	表彰时间
1	单睿智	区委宣传部	2015—2016年度全省党员冬训工作先进个人	省委组织部、省委宣传部	2016.7
2	张红梅	豫新街道	2015—2016年度全市党员冬训工作先进个人	市委组织部、市委宣传部	2016.12
3	陶化林	仰化镇	2015—2016年度全市党员冬训工作先进个人	市委组织部、市委宣传部	2016.12

2016年宿豫区宣教活动创新成果一览

表12

序号	项目/阵地名称	组织单位	荣誉称号	表彰单位	表彰时间	备注
1	“构筑冬训‘四大平台’确保工作出新出彩”项目	区委宣传部	基层党员冬训工作创新项目	省委组织部、省委宣传部	2016.7	—
2	理论宣讲阵地“梨花书苑”	区委宣传部、顺河街道	江苏优秀讲坛	省委组织部、省委讲师团	2016.9	全市唯一

一系列诙谐故事，演绎一段跨越千年的爱情故事。故事以爱情和创业为主线，与当前宿迁“互联网+创业”热潮相辅相成，具有较强的现实意义，充满正能量。该剧开播首日，吸引200万余次点击率，截至12月，点击量突破3500万次，荣获全市十佳网络作品。（邱肖洁）

·精神文明建设·

【全国文明城市创建】 年内，出台《宿豫区创建全国文明城市工作问责暂行办法》。60个区直部门与62个城区小区结对共建，夯实基层创建工作基础。开展专项整治行动，累计解决问题9000多个，新增落地式广告牌、小区道旗、地插1万余块。全区在“志愿江苏平台”注册的志愿组织达213支（全市第一），注册志愿者达4.7万人。利用新闻媒体、流动广播、公益广告、文艺演出等多种形式开展宣传，打造西湖东路公益宣传集中区、千鸟园好人广场展示区、宿豫区道德大讲堂等一批宣传阵地。

【典型人物评选与推荐】 2016年，区文明办评选“宿豫好人”10人，其中孝老爱亲3人、助人为乐5人、见义勇为1人、敬业奉献1人。在典型推荐中，有2人被评为“江苏好人”，分别是宿豫公安分局的张洪波、来龙镇龙西居委会的左美荣；4人获得“全市最美+”称号，仰化镇中心小学教师解美红荣获“全市最美教师”称号，保安乡张圩村村民张先红荣获“全市最美节俭孝亲人物”称号，区公安分局张洪波荣获“全市最美义举诚信人物”，区司法局李洪荣获“全市最美法治人物”；在“感动宿迁”人物推荐中，新庄镇振友村瓦东组村民于翠平获得当选，保安乡韩集村西庄组村民韩玉福、宿豫区特殊教育学校张杰获得提名。（邱肖洁）

·统战工作·

【出台文件】 6月，中共宿豫区委相继出台《关于成立区委统一战线工作领导小组的通知》《关于进一步加强全区统一战线工作的实施意见》等文件，加强对全区统战工作的理论指导。7月，将宿豫区民族宗教事务局由在宿豫区委统战部挂牌机构调整为合署办公，明确由区委统战部副部长兼任宿豫区民族宗教事务局局长，强化统战机构建设。

【省市领导到宿豫观摩】 全年，区委统战部共接待上级领导到访观摩4批次，其中省级2批次、市级2批次。依次是：3月5日，全市党外女干部观摩电商产业园；4月7日，民盟市委

2016年“宿豫好人”推荐当选人物一览

表13

序号	姓　名	性别	单位/住址	职业	荣誉类别	备　注
1	韩玉福	男	保安乡韩集村西庄组	农民	孝老爱亲	—
2	金喆香	男	北京通州宋庄当代艺术园	画家	助人为乐	2013年5月，被宿豫区政府授予“宿豫荣誉市民”
3	孙　文	男	顺河街道卓圩社区	社区书记	见义勇为	—
4	周　刚	男	江山国际花园	安保员	孝老爱亲	—
5	马树来	男	九龙花园A栋	个体户	助人为乐	—
6	张洪波	男	区公安分局	警察	助人为乐	—
7	陆　迅	男	区公安分局	警察	助人为乐	—

续表13

序号	姓　名	性别	单位/住址	职业	荣誉类别	备　　注
8	于翠平	女	新庄镇振友村瓦东组	农民	助人为乐	—
9	臧　建	男	曹集乡天同庵居委会六组	退休教师	敬业奉献	曹集乡老干部支部书记
10	黄小娟	女	卓圩社区东5组	个体	孝老爱亲	80后的镇江姑娘

委员参观梨园湾；6月7日，省委第七督查组组长、省委统战部副部长黄仕亮一行到宿豫区考察电商产业发展情况，区委书记刘海红陪同考察；6月16日，省政协副主席、致公党江苏省委主委麻建国带领致公党江苏省委“引凤工程”活动考察团到宿豫区考察，市领导卜平、何通，区领导刘士武、王占军、陈磊、江小军、赵杉等陪同考察。

2016年6月16日，省政协副主席、致公党江苏省委主委麻建国带领致公党江苏省委“引凤工程”活动考察团到宿豫区考察

【换届指导】 指导区基督教三自爱国运动委员会于2016年7月28日完成换届，曹建任主席；指导民进宿豫总支于2016年8月24日完成换届，陈梅生任主委；指导民盟宿豫总支于2016年8月25日完成换届，张智勇任主委；指导区党外知识分子联谊会于2016年8月26日完成换届，康建平任会长；指导区工商联于2016年12月13日完成换届，朱义和任主席。

【政党协商】 进一步加强政党协商规范化、制度化建设，出台《关于加强政党协商的实施意见》，及时将重要文件、重要人事、重大事项向各民主党派、工商联和党外知联会通报。1月27日，向党外代表人士通报2015年全区干部工作和党风廉政建设工作情况；10月27日，区委书记刘海红与党外人士举行座谈会，征求对宿豫经济社会发展的意见建议；11月3日，召开协商民主工作座谈会，围绕全区“十三五”规划和“三大建设”以及协商民主工作征求党外代表人士意见和建议；12月8日，召开区人大代表和政协委员推荐征求意见会。

【建言献策】 支持民主党派和无党派人士履行参政议政和民主监督职能。在政协宿迁市宿豫区第十三届委员会第五次会议上，晁先红等5名党外政协委员受表彰；张智勇撰写的《关于提升打造“梨园湾”农业旅游开发的建议》等5件提案被表彰为优秀提案。在全区党外人士中开展“专题议政”活动，向各民主党派、工商联和党外知识分子联谊会下发产业升级、观光农业、教育养老、生态文化建设等方面调研课题27个。5月20日，召开党外人士专题议政工作情况通报会。10月，调研报告全部结题上报，精选19篇汇编成册，报区委、区政府领导审阅。

【社会服务】 强化社会服务，扩大“同心工程”的影响，组织各民主党派、党外知识分子联谊会开展社会服务。5月4日，区党外知联会组织中医院专家到大兴镇卢集村开展义诊活动；5月17日，区党外知联会到保安乡开展送科技活动。5月，民革总支“同心志愿者服务队”到大兴镇卢集村开展志愿服务，举办卫生应急知识培训，并为200余名村民免费进行健康体检。8月，民革同心志愿服务队组织30名志愿者为2016年首届宿迁荧光半程马拉松比赛提供赛道应急救援。10月，第三届“民革宿豫总支励志奖学金”成功发放，为20名品学兼优学生送去2万元奖学金。10月15日，民盟40多名志愿者深入江山社区、桃李苑小区、东方花园小区等，参与文明城市创建宣传。民进总支组织会员长期在丁嘴镇开展扶贫助困活动，并在仰化复隆小学开展送教育下乡活动，为学生送去集体音乐、美术课。

【党外代表人士队伍建设】 1月，召开党外代表人士迎新春座谈会，组织党外人士学习市、区委工作会议精神。4月1日，组织统一战线成员40余人观瞻宿北大战纪念馆，接受爱国主义教育。9月9—11日，联合区委组织部、区委党校举办宿豫区党外人士专题培训班，来自各民主党派、无党派知联会等50余人参加培训。10月9日，组织部分党外代表人士学习中共宿迁市第五次党代会精神。为民革宿豫总支、民盟宿豫总支、民进宿豫总支和党外知识分子联谊会分别配备办公用房、会议室和办公设备，为党派开展活动提供阵地保障。强化党外人士的组织安排，2016年共调整副科级以上党外干部3人，新提拔副科级干部3人。

【促进非公企业发展】 开展分层次多元化培训，联合区工商联先后举办“互联网+”与民营企业转型发展报告会、“破解企业债务困局”“全区企业税收新政策讲解与业务辅导”等培训班，培训非公企业家和企业各类人才442人次。举行宿豫区民营企业家“互联网+”行动宣言发布会，组织企业家现场签名。组织非公企业家观摩电商产业园，引导企业“触网”发展。定期会同区工商联、金融办、经信局，组织银企之间不同形式的交流与联谊活动，帮助企业解决融资难、融资贵等问题。

【非公有制经济人士健康成长】 注重教育引导，促进非公有制经济人士健康成长。以“守法诚信、增强发展信心”为重点，在非公有制经济人士中积极开展理想信念教育实践活动。围绕创建国家社会信用体系建设示范城区，下发《关于加快全区民营企业诚信体系建设的实施意见》，推进非公企业诚信体系建设。引导非公有制经济人士致富思源，积极投身光彩事业和社会公益事业。2016年年初，邀请30家苏州籍客商参与“同粥共济，和合暖心”企业家慈善活动座谈会。8月，为仰化镇56名优秀中、高考考生发放2016“和友励志助学基金”。举办两期走进工商联主席（常委）企业“学习先进经验，学习先进文化，争当优秀企业家”的“两学一争”活动：8月29日，“文化汇聚力量，企业经营管理的‘道’与‘术’”秀强玻璃专场；9月28日，“定制化经济助力制造业发展”易工场股份专场。

【基层商会建设】 下发《关于乡镇商会换届和街道商会组建工作的意见》，并召开专题会议，加强对宿豫区乡镇商会换届和街道商会组建工作的指导。11月20日，全面完成宿豫区10个乡镇商会换届工作和顺河、豫新、下相三个街道商会组建工作。（王　坦）

·机构编制·

【行政审批制度改革】 2016年，编制乡镇政府（街道管委会）“两张清单”（权力清单和责任清单），并面向社会公布。动态调整行政审批项目，制定《宿豫区行政权力事项目录清单管理办法》，落实上级取消和下放的行政审批事项，及时动态调整审批事项，共承接上级下放行政审批事项53项，取消行政审批事项45项。推进“并联+串联”审批模式，发放工业项目房产证3件，对8家餐饮服务类民生项目开展联审联验。建立“双随机”抽查监管工作机制，以区市场监管局为试点，制定随机抽查监管事项清单、执法人员信息库等规范材料。对企业投资项目开展“多评合一”，制定实施意见和细则，将项目办理周期从135个工作日压缩至60个工作日以内。出台《宿豫区证照联动监管实施操作细则》，完善证照联动监管机制，实施失信企业（个人）“黑名单”制度，建立联动惩戒的信用监管机制。出台《宿豫区行政审批后续监管问责工作实施细则》，加大监管部门考核问责力度。

【行政机构编制管理】 经区编委会研究，区公安分局成立合成侦查中心，股级建制，设主任职数1名；区民族宗教事务局由在区委统战部挂牌改为与区委统战部合署办公，为区政府工作部门，从区委统战部中划转3名行政编制作为区民族宗教局人员编制，设局长职数1名（由统战部副部长兼任）、副局长职数1名，另将区委统战部内设机构民族宗教科调整为区民族宗教事务局内设机构，更名为综合科，设科长职数1名；成立区委人才工作办公室，正科级，设在区委组织部，设专职副主任1名；区法院少年案件综合审判庭更名为家事少年审判庭；区委办增加行政编制2名，增编后区委办行政编制为19名；区文联增加行政编制1名，增编后区文联行政编制3名；区委组织部成立组织员办公室，设主任职数1名（股级），组织部增加行政编制2名；各乡镇城建规划环保办公室、顺河街道城市综合管理办公室、豫新街道城市综合管理办公室增挂乡镇（街道）环境监督管理办公室牌子，接受区环保局业务指导；原顺河镇使用的40名乡镇行政编制调整为区级行政编制，用于新成立的顺河、豫新、下相三个街道。

【事业机构编制管理】 经区编委会研究，将全区乡镇卫生和计生事业机构进行整合，成立乡镇卫生和计划生育服务中心，同时成立顺河街道社区卫生服务中心和下相街道社区卫生服务中心，分别核定事业编制9名、6名，均为全额拨款，股级建制，分别设主任、副主任职数各1名；区机关事务管理中心设置3个内设科室（综合管理科、资产管理科和后勤保障科），各设科长职数1名；宿豫公证处由区司法局直属行政机构改为具有独立法人资格的公益二类事业单位，自收自支，核定事业编制5名，设主任职数1名；撤销区中华会计函授站和区政府采购中心，其编制和人员划入区财政稽查办公室，区财政稽查办公室增加政府采购监管职能；从宿豫中等专业学校划出80名事业编制由宿迁技师学院使用；从区公共资源交易中心现有人员编制中划转3名给区政务服务中心，撤销区公共资源交易中心内设机构和相应职数；整合区人才交流服务中心和区劳动就业管理处，成立区公共就业和人才服务中心，全额拨款，副科级，编制35名；整合区劳动社会保险管理处、区城镇职工医疗保险处、区机关事业单位社会保险管理处、区农村社会养老保险事业管理处和区社会保险征缴中心，成立区社会保险基金管理中心，全额拨款，副科级，编制43名；成立区扶贫开发指导中心，为区委农工办下属事业单位，股级，全额拨款，编制4名，设主任职数1名；区纪检监察干部教育培训中心更名为区党风廉政建设教育中心；成立区黄山路小学，附设幼儿园，幼儿园隶属小学管理；下达全区事业单位用编招聘指标98人，下达区第一实小、张家港实小和文昌小学选聘教师指标分别为25、15、10人，下达区教育局选聘文秘人员指标2人；区委机要局技术服务站编制由3名增加到8名；明确区接待办全额拨款事业编制5名；区干部信息管理中心由独立设置改为在远程办挂牌，人员编制全部划转到远程办，另从村官办调剂2名编制至远程办，调整后远程办编制7名；区事业单位登记管理局明确为正科级，编制由3名增加到6名，增设登记管理科。

【机构编制责任审查】 与区委组织部、区审计局联合开展党政领导干部“三责联审”工作，对关庙镇原党委书记臧涛、区水利局原局长宣士忠、区文广新局原局长胡德斌3名党政领导干部进行离任联审，对区农委主任胡瑞和区教育局局长曹庆颜进行任中联审。联审中未发现上述领导在机构编制方面有重大违纪违规行为。

【事业单位登记管理】 开展事业单位登记管理，全年办理事业单位设立登记16家，变更登记71家，证书补领2家，撤销登记5家。开展事业单位法人年检制度改革，将原来的事业单位法年度检验制度改为年度报告制度，对事业单位监管由事前监管向事后监管转移，279家事业单位年度报告书在宿豫机构编制网上进行公告。开展2015年度事业单位信用等级评价工作，对事业单位信用评价等级划分为A、B、C、D四个等级，对信用等级较低的单位将采取一定的惩戒措施。加强事业单位监管平台建设，在诚信宿豫网和宿豫机构编制网设立“宿豫区事业单位信用信息公示专栏”，将事业单位年度报告、法人登记管理情况、信用等级评价情况信息等进行公开，接受社会监督。（高　阳）

·机要保密·

【概况】 2016年，区委机要局收取中央、省、市明电624份，密电260份，传真1752份，全区共有125家单位安装文电安全传输系统，及时下发文件及电报1156份，从未发生延、误、漏、错办现象，确保各级党政重要信息的传递办理，为实现党政信息安全畅通提供技术支持。承担省、区委书记信箱及领导批示件督办工作，共办理“区委书记信箱”11件。区委机要局被省机要局评为2016年度市县机要密码工作先进单位，贺颖荣获省委机要系统先进个人称号。

【保密督导】 2016年，保密局对全区各机关单位开展六次保密专项检查，组织三次废品回收站密件、密品等保密执法检查。指导区政府办、区法院、区检察院、区纪委、区委组织部、区宣传部等做好涉密集成信息系统分级保护安全保密测评技术检查并于年底顺利通过省涉密信息系统分级保护测评小组验收。区委保密委下发《关于组织开展保密承诺书签订工作的通知》，在全区党政机关、涉密单位、军工企业中开展保密承诺书签订，共500余人签订在岗保密承诺书，160余人签订离岗保密承诺书。

【互联网安全建设】 2016年，区财政投入49万余元对党政办公大楼互联网机房进行升级改造，配备屏蔽机柜、防火墙、门禁系统、交换机、光端设备等，确保互联网系统信息运行可靠，安全保密。（刘晓磊）

·机关党建·

【概况】 2016年，区级机关工委下设二级党委2个，党总支20个，直属党支部30个，新增城管分局党总支部1个，撤销职教办党支部1个。年末共有党员2136名，发展预备党员19名，13名预备党员按期转正。年内转入党员82名，转出党员151名，比上年减少党员69名。

【学习型党组织建设】 以提升党员干部素质为重点，创新形式，丰富内容，规范制度，结合每月20日“固定学习日”活动、廉政大讲堂、中心组理论学习、每周业务学习等形式，推进学习型党组织建设。组织区直机关各党组织在宿迁市“党课菜单”网络预选系统开展“党课预选菜单”活动，共邀请30名老师到各支部讲党课。对机关党员开展分层次教育培训，全年举办系统内党员干部冬训班、入党积极分子和预备党员培训班及党务干部培训班各1期，参加培训和学习人数580多人次。

【区直机关党组织建设】 对区直机关各党组织的入党积极分子进行摸底，组织2016年入党积极分子培训班，发展预备党员19名，13名预备党员按期转正。加强机关党组织党费的收缴、管理和使用。指导50个机关党组织为1500余名党员领取党员证，并按期进行换届。组织区直机关各党组织选举出22名党代表参加出席中国共产党宿豫区第十二次代表大会。11月，组织全区机关、园区及医院等90余家单位选举3名人大代表出席第十七届宿豫区区乡两级人大代表大会。

2016年机关工委在系统内表彰110名优秀党

员、23名优秀党务工作者和18个先进基层党组织。

【区级机关“两学一做”教育活动】 2016年，机关工委召开机关工委系统“两学一做”动员会。开展“怎样做合格的机关党员”演讲活动，共30家机关单位参与。组织区级机关“两学一做”知识竞赛，全区各基层党组织的34支代表队，102名选手参加笔试。七一前夕，区级机关工委系统120个党支部先后召开专题组织生活会，组织党员重温入党誓词、重读入党申请。

【文体生活】 为迎接建党95周年，机关工委组织区直机关各党组织参与“唱响主旋律，颂歌献给党”合唱比赛。与总工会、教（体）育局联合举办第三届职工运动会，区直机关近1000名干部参加。（王　勇　孙佼佼）

·史志工作·

【概况】 2016年，区委党史工委（地方志办公室）紧紧围绕“突出中心，开门办史，史志（鉴）互动，资政育人”的工作思路和“二线工作争一流”的指导思想，扎实推进各项工作有序开展。完成《宿豫年鉴（2016）》出版发行工作，开展第二批党史“六进”工程及地方旧志整理工作，启动宿迁地情文化信息中心建设，宿豫区乡镇（街道）、园区、部门志编修工作被列为全市试点。圆满完成中国共产党成立95周年纪念活动，完成《江苏年鉴（2016）》《宿迁年鉴（2016）》《宿迁市志》组稿任务。开展伍子胥文化研究，形成3篇调研文章，同时启动《骆马湖记忆》编修工作，挖掘地方历史。年内，《宿北大战》《中国共产党宿迁县历史（1927—1978）》分别荣获“新宿迁建市20周年党史系统优秀党史成果”称号。

【《宿豫年鉴（2016）》出版发行】 1月19日，区委、区政府办公室印发《关于做好〈宿豫年鉴（2016）〉组稿工作的通知》，启动年鉴编纂工作。1月21日，举办全区年鉴撰稿和修志人员培训班，对全区年鉴供稿人员加强业务指导，进一步提高年鉴编纂质量。2016年是《宿豫年鉴》创刊15周年，区长刘士武为该书作序。按照“体现宿豫特色，打造精品年鉴”的总体要求，合理设计框架，精心编排文字、表格和图片。在公益彩页部分，紧跟区委工作布署，设有工作会议、工业强区、电商名城、幸福家园四大板块，突显年度特色和主体工作安排。全书约70万字，含33大类232类目1302条目、125张表格，注重内容和形式整体提升。全书首次采取全彩印刷，文内插入600余幅反映部门特点和地域特色的随文图片，图文并茂的表现方式使年鉴整体鲜活生动。12月中旬，由方志出版社出版发行。

【第二批党史“六进”工程】 2016年，深化红色文化传播，继续实施党史“六进”工程。5月16日，区委党史工委印发《关于上报第二批党史“六进”工程实施单位的通知》。在自愿申报、实地考察、网上公示确定第二批实施单位的同时，修改完善党史“六进”工程展示文案设计。9月底，全区乡镇10所学校、30个村部、2个文化站共42家单位党史“六进”工程已免费安装到位，并全部验收合格。

【旧志整理工作】 2016年年初，区地方志办启动旧志点校整理工作。截至年底，累计完成6部77卷180余万字旧志点校工作。其中，明万历《宿迁县志》8卷，约8万字；清康熙《宿迁县志》12卷，约40万字；《张忭私志》共12卷，约20万字；清嘉庆《宿迁县志》6卷，约15万字等已全部完成文字录入工作。12月，明万历《宿迁县志》完成第一阶段文字校对，进入影印出版招标环节。

【伍子胥文化研究】 根据区政府要求，承担伍子胥文化研究任务。3月上旬，筹备伍子胥文化研究会，完成伍子胥文化研究会初步方案。3～4月，多次组织人员对曹集乡、关庙镇、侍岭镇、生态化工园区及周边地区进行田野调查，了解伍氏后人分布情况，挖掘伍子胥文化资源，获得初步调查成果，形成2篇调查手记。8月19日，组织人员赴新沂市马陵山镇堰湾寻访伍子胥后人及家谱，并撰写《伍子胥故里说浅析》《从姓氏田野调查考察伍子胥祖籍地》《伍子胥研究综述》3篇调研文章。

【《骆马湖记忆》编修启动】 4月，启动《骆马湖记忆》编修工作，并成立《骆马湖记忆》编委会。9月2日、9月23日，两次召开编纂工作研讨会，组织人员深入查找骆马湖档案文献资料，并对相关资料归类整理。11月，《骆马湖记忆》选录的73篇文章目录整理完成。

【全区乡镇(街道)、园区、部门志编修指导工作】 3月22日，印发《2016年度乡镇（街道）、部门、园区志编修工作目标考核实施细则》征求意见稿。5月27日，召开全区乡镇（街道）园区部门志编纂工作推进会，副区长张成龙到会讲话并提出要求。8月26日，举办全区修志人员培训班，就志书编写、资料搜集、体例规范等进行深入交流。5月16—20日、8月9—10日、8月30—31日、12月8—9日，区地方志办四次对全区乡镇（街道）园区部门志修纂工作进行检查和指导。

【纪念中国共产党成立95周年党史图片展】 七一前夕，根据区委部署，区委宣传部牵头，区委党史工委、区档案局承担“光芒党史 辉煌成就 美好未来”中国共产党宿豫历史图片展展陈文案设计、图片搜集整理、文字解说撰稿工作。展览利用大量历史图片，以1996年宿迁市区划调整为界，多角度反映1927年以来党团结人民群众进行革命斗争和经济建设的历史进程。7月1—10日，在区文化馆二楼展厅集中展出，全区各部门单位均组织参观。

【宿迁地情文化信息中心建设】 宿豫区委党史工委存有县级宿迁市党史、地方志资料6000多卷、专业书籍8000余册、历史照片3000余幅，是宿迁市三县二区史料最丰富的单位。全年累计投入项目资金17万余元，其中基础硬件达14万余元。聘用专门人员对地情资料进行整理、分类及归档，共分类整理出图书6500余册，装盒资料3000余份，全部上架到位。9月8—9日，组织人员前往扬州、淮安等地学习交流地情信息中心建设经验。

【招商引资】 2月18日，区委党史工委召开招商引资动员会，成立招商引资工作领导小组，制定招商引资奖励制度，加强对招商引资的组织领导工作。5月18日，招引的江苏明润信息技术有限公司落户宿迁电商产业园，并通过考核认定，完成年初区委区政府下达的招引1个电商项目任务。

【挂村扶贫】 通过引荐稻麦良种繁育基地建设，帮助丁嘴镇周夏村流转土地970亩，增加村级集体经济收入；联系周边电子加工厂，为贫困户提供18个就业岗位；支持资金1.2万元用于渡水槽项目建设，为300多户农民解决800余亩土地的灌溉问题，每亩节约成本80元；三夏大忙、节假期间先后4次组织职工为帮扶对象送复合肥、食用油等，累计金额3000元。截至年底，周夏村集体收入达到10.6万元，同比增长4万元，5户帮扶对象已全部实现脱贫。（陈 宇）

·档案工作·

【档案征集接收】 组织力量做好区委、区政府、区委办、区政府办2015年度文书档案的接收整理工作，共接收现行文件3517件（卷），并全部进行规范性整理入库，整理资料251册。征集到百忍堂张氏族谱、项氏族谱、区人大办《宿豫人大》、区政协《两个甲子的思念—纪念杨泗洪抗倭卫台殉国120周年文集汇编》、区总工会《咱们工人有力量》摄影集以及各单位移交的荣誉档案等档案资料，优化馆藏结构。

【档案利用服务】 组织专业技术人员做好档案接收、整理、保管、提供利用等服务工作。2015年共接待社会各界档案利用3645人次，检索档案9450多卷（件），其中退伍军人档案5315件，婚姻档案4127件，出具档案复制件6927页，同时提供政府信息公开查询服务。

【业务监督指导】 以创建星级档案室为抓手，加强档案业务工作指导力度，全面推进全区档案室建设提质升级“2513”行动，确保到2017年底，全区创成省AAA级数字档案室2家、省四星级档案室5家、省三星级档案室10家、省五星级档案室3家。加大档案业务技术培训力度，先后举办培训班三期，培训全区专兼职档案员110余人次。

【档案编研】 2016年，采集编写刊发《宿豫大事记》，编发12期，共82000多字。承办宿豫区“光芒党史、辉煌成就、美好未来”中国共产党在宿豫历史图片展。收集馆内档案中建国前到2016年中国共产党在宿豫的图片及文字材料，制作中国共产党在宿豫历史图片展，七一前后在宿豫大剧院一楼展厅展出。

【土地确权发证建档督导】 抓好土地确权档案的建档、整理、指导、接收工作，会同区土地确权办，适时跟进土地确权发证的每一个环节，对土地确权发证工作进行建档立卡指导监督，明确归档范围、整理标准、建档程序等具体要求，每周深入乡镇、村组进行指导督查，对符合标准的土地确权档案及时征集接收入馆。 （张　亮）

·党校教育·

【概况】 2016年，区委党校在全市党校系统目标考核中再次荣获一等奖。12月，在全市党校系统优课竞赛中，宿豫党校3名青年教师参赛，获得二等奖1名、三等奖2名，在全市县（区）党校中居先。

【干部培训】 2016年，区委党校联合区委组织部创新举办周末2.5天培训，利用周五下午和周六、周日，对全区副科级以下干部实行分层、分类集中培训，每期培训班留有半天时间专设学员论坛。全年，共举办2.5天周末轮训班14期，受训学员达到782人次；举办主体班6期，受训学员445人次。

2016年区委党校举办主体（专题）培训班情况一览

表14

序号	班　名	类别	时　间	参训对象	授课形式
1	宿豫区村（居）党组织书记班	主体	3月28—30日	村支部书记	专题讲座+现场教学
2	基层工会班	专题	4月26日	工会主席、工会负责人	专题讲座
3	机关工委入党积子	专题	4月25—27日	2016年度入党积子	专题讲座+现场教学
4	中青年干部能力素质提升班	主体	6月20日—7月19日	新任副科级干部，乡镇、区直部门部分后备干部	专题讲座+现场教学
5	2015年新录用人员培训班	主体	6月29日—7月31日	2015新录用人员	专题讲座+现场教学
6	2016年新录用人员培训班	主体	8月5—7日	2016新录用人员	专题讲座
7	政法干部培训班	专题	8月12—14日	各乡镇、街道、园区政法委书记或分管领导	专题讲座
8	信访干部培训班	专题	8月19—21日	各乡镇、街道、园区分管信访领导	专题讲座
9	生态文明培训班	专题	8月26—28日	各乡镇、街道、园区分管生态工作的领导	专题讲座

续表14

序号	班 名	类别	时 间	参训对象	授课形式
10	宿豫区换届后党委班子培训班	专题	9月2—4日	乡镇班子成员	专题讲座
11	宿豫区党外人士培训班	专题	9月9—11日	党外人士	专题讲座
12	宿豫区基层团干部培训班	专题	9月23—25日	各乡镇（街道、园区）团（工）委书记，区直各团委负责人、各企业团组织负责人	专题讲座+现场教学
13	年轻干部能力素质提升班	主体	10月16—30日	年轻干部	专题讲座+现场教学
14	宿豫区档案管理培训班	专题	10月21—23日	各乡镇、园区、街道分管档案工作负责人、专职档案人员	专题讲座
15	宿豫区乡镇副乡镇长专题培训班	专题	10月28—30日	各乡镇副乡镇长	专题讲座
16	宿豫区组工干部专题培训班	专题	11月4—6日	各乡镇组委	专题讲座
17	宿豫区机关工委党务干部培训班	专题	12月2—4日	党务干部	专题讲座
18	宿豫区新提拔科级干部培训班	主体	12月9—11日	新提拔科级干部	专题讲座
19	专业技术型干部培训班	专题	12月16—18日	区直各部门、各单位专业技术型干部	专题讲座
20	宿豫区大学生村官培训班	专题	12月21—25日	大学生村官	专题讲座+现场教学

【理论宣讲】 2016年，区委党校组织骨干教师开展送课上门活动。全年累计送课70多场次，受训党员群众6000多人。先后在区法院、农委、技师学院、化工园区、天一社区等单位开展党员冬训20余场次；9名骨干教师利用每月“党员固定学习日”到村（居）累计授课24场次。

【理论研究】 2016年，区委党校完成结项课题20个，其中省委党校2个、市委党校7个、市社科联2个、区组织部9个；确定立项课题24个，其中省委党校1个、市委党校8个、市社科联6个，区组织部9个。在各级刊物上发表文章44篇，其中省级以上2篇、市级42篇。在市委党校举办的十八届六中全会理论研讨会上，宿豫党校获得一等奖1人、二等奖1人、三等奖3人，并获得优秀组织奖。4月11日，蔡武会同人大办撰写的《关于我区特色镇村建设的调查与思考》获区委书记张晓伟签批。年内，在宿迁日报B版开设《理论视窗》专栏，刊出10期；党校自编《领导参阅》手册4本。（王 惠）

2016年区委党校完成省委党校结项课题情况一览

表15

序号	项目名称	项目类别	课题负责人	课题参与人	立项时间	结项时间	结项鉴定单位
1	新形势下推进从严治党的法治途经研究	党建	马军	蔡 武 徐 琴 刘淑颖	2015年5月	2016年3月	江苏省委党校
2	加强基层党员干部作风建设研究——以宿豫区为例	党建	朱军	王梅花 张 静	2015年7月	2016年6月	江苏省委党校

·对台事务·

【经贸交流】 全区有台企7家。3月，台办按照区委、区政府安排组织区相关单位申报赴台招商考察。落实“以经济促政治”的对台政策，抓好对台招商引资和为台资企业服务两个重点，继续打造招商引资平台，吸引台商到宿豫投资兴业。9月24日，国台办经济局局长张世宏一行5人到宿豫区调研“两岸青年电商交流基地”。10月，以胡赣江副书记为团长一行10人赴台进行农业考察。

【台胞接待慰问】 区台办利用春节、清明、端午、中秋等节日走访慰问重点台商、台胞、台属120余人（次）。一代台胞原有1000多人，第二、三代台胞约有1600多人。全年接待台胞约32人次，与上年相比，一代台胞回大陆的人数减少，二、三代台胞增加。9月，接待以张守礼为团长的一、二、三代宿迁籍台胞返乡团一行10余人到宿豫进行为期6天的交流访问活动。11月12日，台湾新北市板桥区党部执行长游嘉明一行22人（基层干部）到宿豫区参观交流社区服务与管理。

【宿豫区台商台胞服务中心】 帮助德文米业有限公司协调解决在生产经营中遇到的资金贷款担保事宜；帮助百农可生物科技有限公司协调解决与员工的劳务纠纷；帮助虹光化学工业股份有限公司解决扩大再生产中遇到的问题；在突降暴雨后及时到台资企业走访慰问，并帮助百农可生物科技有限公司协调解决了暴雨后受灾试验田的灾后修缮工作。

【宿豫区第五届第二次台属代表大会召开】 2月3日，宿豫区第五届第二次台属代表大会在枫华丽致召开。理事会全体成员、宿豫区台办全体人员参会，台办副主任宋克实主持会议。

（刘　莉）

·信访工作·

【概况】 2016年，全区共发生群众上访641批2964人次，与2015年相比，批次上升12.9%，人次上升2.3%。其中，集访146批2170人次，与上年比，批次上升47.5%，人次下降13.5%。进京上访23批32人次，与上年比，批次下降4.2%，人次上升6.7%。赴省上访42批79人次，与上年比，批次下降14.3%，人次下降46.3%。到市上访156批1094人次，与上年比，批次上升4.7%，人次上升2.6%。到区上访420批1759人次，与上年比，批次上升21.4%，人次上升6.4%。群众来信来访事项回复率91%；向区委、区政府上报《信访专报》40期，刊发《每周信访动态》24期。区信访局被省人社厅、省信访局表彰为“全省信访工作先进集体”；宿豫区被市委、市政府表彰为“2016年度社会治安综合治理和信访稳定工作先进单位”。

【畅通信访反映渠道】 2016年，共办理网上信访案件107起，接听群众来电上访173个，受理人民建议97条。推进阳光信访系统应用力度，系统录入率达90%以上。依法规范信访秩序，加强与政法、公安等部门的协调配合，宣讲法律政策，打击违法上访行为，全年行政拘留6名缠访闹访人员。

【信访事项复查复核委员会成立】 7月，成立全区信访事项复查复核委员会，首批聘请20余位信访业务和法律界人士作为委员。年内，共开展信访复查复核终结8次，终结信访事项8件。

（陈　勇）

宿豫区人民代表大会

·综　述·

【概况】 2016年，宿豫区第十六届人民代表大会举行全体代表大会1次、人大常委会会议7次、主任会议15次，作出重大决议、决定7项，发出审议意见23项，开展1次专题询问、1次公开评议，组织5次执法检查。全年依法任免地方国家机关工作人员53人，其中任命35人、免职18人。办理和督促办理代表议案和建议、批评、意见52件，受理人民群众来信27（件）次。区十六届人大五次会议共收到议案2件，建议、批评、意见办理68件。3月，召开议案建议交办会。6月和12月，分别对议案建议办理情况进行督查。年内，各类议案建议代表答复率100%，代表满意率稳步提升。

【人大代表及组织机构】 2016年，宿豫区人大代表完成换届选举工作，截至年底，共有区级人大代表251人。新增区人大财政经济委员会和法制委员会，区第十六届人民代表大会常设机构常务委员会由25人组成，下设区人大办公室（研究室）和区人大人代联委、区人大教科文卫委、区人大财经委（预算工委）、区人大环资城建委、区人大内司委（法制工委）、区人大农经委等6个工作委员会，区人大办公室新设立信息中心。

【区乡两级人大换届选举】 区人大常委会根据《中华人民共和国选举法》和《江苏省选举实施细则》规定和省市人大换届选举工作精神，在区委领导下，从9月开始，组织区乡两级人大换届选举工作。第33次常委会通过《关于建立街道市民代表大会制度（试行）的意见》，要求各街道在区人大常委会授权下（除选举权和人事任免权外）参照乡镇人民代表大会召开市民代表大会。此次换届共选出区人大代表251名，乡级人大代表1031名，街道市民代表205名。　（郝景延）

·人大及其常委会会议·

【区第十六届人大五次会议】 1月12—14日在枫华丽致酒店召开。会议听取并审议通过区人大常委会工作报告、区政府工作报告、区法院工作报告、区检察院工作报告以及宿豫区国民经济社会发展第十三个五年规划纲要、宿豫区2015年国民经济社会发展计划执行情况及2016年国民经济社会发展计划报告、宿豫区2015年财政预算执行情况和2016年财政预算报告、宿豫区政府2016年为民办实事项目计划报告，审议通过“加快实体经济和互联网深度融合”和“加快特色镇村建设”两个议案并表彰履职优秀代表。

【区十六届人大常委会会议】 2016年，先后召开7次区人大常委会会议，即区十六届人大常委会第30次至第36次会议。

第三十次会议　2月24日，在区人大常委会会议室召开。会议审议并通过区人大常委会2016年工作要点、2016年度兼职委员和专家组成员名单、2016年被跟踪问效单位名单、关于许可对陆松波代表依法采取强制措施的决定、罢免代表资格审查情况报告、区政府关于将政府购买棚户区改造服务费用纳入财政预算的议案。会议听取区住建局局长温冠军、区发改局局长郝康永履职报告。会议分别对2015年被跟踪问效单位整改落实情况、常委会第二十八次会议审议意见落实情况进行满意度测评。会议听取并审议通过区政府、区法院、区检察院提请的有关人事任免议案。会议决定：免去李海港区法院来龙法庭副庭长职务，免去徐敏俐区法院立案庭副庭长职务，免去姜丽娜区法院民事审判第一庭副庭长职务。会议决定任命：刘志凌为区人民政府副区长；李海港为区人民法院来龙法庭庭长，徐敏俐为区人民法院民事审判第一庭副庭长，姜丽娜为区人民法院立案庭副庭长，李志华、罗晓亮、于海秋、李敏、贾芳、陆文婷为区人民法院审判员；叶敬松、丁晴晴、宋金鑫、廖璇、徐刚为区人民检察院检察员。

第三十一次会议　4月28日，在区人大常委会会议室召开。会议审议并通过区法院执行工作开展情况的报告、"一核一带多点"重点工程建设情况的报告、宿迁电子商务产业园区建设情况的报告、市四届人大代表履职情况的报告。会议听取区市场监管局局长杜利强、区交通局局长周维生的履职情况报告。会议对常委会第二十九次会议审议意见落实情况（区旅游局《关于〈旅游法〉贯彻执行工作审议意见的落实情况报告》和区法院《关于法院公正司法及司法公开工作审议意见的落实情况报告》）进行满意度测评。会议听取并审议通过区人大常委会和区政府提请的有关人事任免议案。会议决定：免去仲江林下相街道人大工委主任职务，免去赵杉区人民政府副区长职务。会议决定任命：朱静波为区人民政府副区长，赵其良为区人民政府副区长，胡德斌为区人民政府办公室主任，殷亮为区监察局局长。

第三十二次会议　6月24日，在区人大常委会会议室召开。会议审议并通过全区招商引资及企业帮办服务工作开展情况的报告、农村道路交通安全监管工作情况报告、全区大气污染防治工作开展情况的报告、全区农业综合开发工作情况报告、执法检查组关于全区《江苏省新型农村合作医疗条例》贯彻执行情况的检查报告。会议听取区文广新局局长蒋淮义、统计局局长徐超的履职情况报告。会议表决通过曹冬民代表提交的关于辞去区第十六届人民代表大会代表职务的申请。会议听取并审议通过区政府和检察院提请的有关人事任免议案。会议决定：免去李金驰区商务局局长职务。会议决定任命：李群为区商务局局长，张丛飞为区人民检察院副检察长。

第三十三次会议　8月26日下午，在区人大常委会会议室召开。会议审议并通过2015年区级财政预算执行和其他财政收支情况审计报告、2016年上半年国民经济和社会发展计划执行情况报告、2016年上半年财政预算执行情况和2015年区级财政决算情况报告、农产品电子商务运营情况报告、"七五"普法启动工作开展情况报告、《关于建立街道市民代表大会制度（试行）的意见（草案）》《关于市民代表大会代表产生的暂行办法（草案）》《宿豫区乡镇人民代表大会及其主席团专题询问暂行办法（草案）》《宿豫区乡镇人民代表大会及其主席团工作评议暂行办法（草案）》，批准2015年区本级财政决算，听取对被跟踪问效单位公开督察的情况报告。

第三十四次会议　9月26日，在尚阳湖会议厅召开。会议审议并通过关于成立区乡两级选举委员会的决定、关于区乡两级人民代表大会换届选举时间的决定、关于确定各乡镇人民代表大会代表名额的决定、关于确定各街道市民代表大会代表名额的决定。

第三十五次会议　10月19日，在区人大常委会会议室召开。会议审议并通过全区基础教育特色品牌建设情况报告、关于《江苏省物业管理条例》贯彻执行情况的检查报告、关于《中华人民共和国审计法》贯彻执行情况的检查报告；《关于宿豫区第十七届人民代表大会代表名额分配和选举问题的决定》《宿迁市宿豫区人大常委会关于全面推进依法治区的决议》。会议听取并审议通过区人大常委会和法院提请的有关人事任免议案。会议决定：免去李劲柏顺河街道人大工委主任。会议决定任命：周玲玲为下相街道人大工委主任；孟永生、孙长磊、章周平为区人民法院审判员。

第三十六次会议　12月26日，在区人大常委会会议室召开。会议听取并审议《区人大常委会工作报告》《区人民政府工作报告》《区2016年国民经济社会发展计划执行情况和2017年国民经济社会发展计划（草案）报告》《区2016年财政预算执行情况和2017年财政预算（草案）报告》《区人民法院工作报告》《区人民检察院工作报告》《关于2016年财政预算调整的报告》，区政府关于十六届人大五次会议代表议案、建议、批评和意见办理情况的报告，区政府关于2016年为民办实事项目完成情况和2017年为民办实事项目计划的报告，区十七届人大一次会议《日程（草案）》。会议审议并通过《代表资格审查情况报告（草案）》、区十七届人大一次会议《主席团成员和秘书长建议名单》《主席团常务主席建议名单》《执行主席分组建议名单》《副秘书长建议名单》《国民经济社会发展计划和财政预算审查委员会成员建议名单》《议案审查委员会成员建议名单》《各代表团正、副团长建议名单》等名单和列席人员范围，城区医疗卫生服务能力提升和全面二孩政策落实情况报告，区检察院反贪污贿赂工作开展情况报告，区政府《关于宿豫区棚户区（城中村）改造一期工程项目政府购买服务资金列入财政预算的议案》，区政府《关于宿迁市宿豫区顺河片区整体城镇化建设项目委托代建购买服务资金列入财政预算的议案》，区政府《关于将宿迁裕丰资产经营管理有限公司10亿元企业债券还款资金纳入政府财政预算的议案》，区政府《关于调整2016年国民经济和社会发展计划部分指标的议案》。会议表决通过胡赣江等88名区乡两级选举委员会成员辞职申请。会议听取并审议通过区人大常委会和区政府提请的有关人事任免议案。会议决定：批准吴跃华辞去区人民法院审委会委员、院长职务；免去袁震区人民法院审委会委员、副院长职务；免去陈卫东区人大环资委主任职务；免去林松区人大人代联委主任职务；免去杨邦中区人大教科文卫委副主任职务；免去刘晓燕豫新街道人大工委主任职务；免去朱秀庭区司法局局长职务；免去朱晓慧区环保局局长职务；免去钱黎明区经信局局长职务；免去苏斯洲区民政局局长职务；免去郝康永区发改局局长职务。会议决定任命：肖文为区人民法院审委会委员、副院长；李杰为区人大环资委主任；王新军为区人大人代联委主任；朱军为顺河街道人大工委主任；韩宇波为豫新街道人大工委主任；李彦为区司法局局长；邓全为区环保局局长；陈谨慎为区经信局局长；王新春为区民政局局长；郝景延为区人大常委会办公室副主任。肖文为区人民法院代院长。（郝景延）

·人大专题会议·

【区乡人大换届选举工作会议】　10月9日召开。贯彻落实省、市委关于人大换届选举工作的各项要求，对全区区乡两级人大换届选举工作进行全面部署。会上，区委书记、宿迁高新区党工委书记刘海红就做好区乡两级人大换届选举工作强调三点意见，即：要以更坚定的政治意识，正确认识换届选举的形势和要求；要以更严谨的组织工作，精准把握换届选举的原则和关键；要以更有力的保障措施，圆满完成换届选举的目标和任务。按照省委、市委统一部署，宿豫区将于2016年底前选出新一届区乡两级人大代表，2017年1月选举产生新一届人大、政府领导班子。会上，区人大常委会主任袁昌华对换届选举工作进行具体部署，区委常委、宣传部部长徐海涛，区委常委、组织部部长温士才分别对换届选举工作提出要求。

【2016年度工作评议大会】　9月26日下午，宿豫区人大常委会召开2016年度工作评议大会。区委书记、宿迁高新区党工委书记刘海红强调三点意见：坚持履职担当，充分发挥人大监督作用；坚持问题导向，统筹推进各项工作；

坚持立查立改，切实提高工作效率。会议还听取区政府关于区十六届人大五次会议大会议案办理情况的报告，审议通过相关决定（草案）；观看前期区人大常委会通过走访调研发现问题的专题片；人大代表、企业特邀代表、群众特邀代表进行现场评议；代表委员们就群众关心的问题进行现场提问，涉及单位主要负责人进行答复；进行满意度测评。

【乡镇（街道）人大工作研讨会】 8月11日召开。区人大主任、党组书记袁昌华出席会议并讲话。会上，区人大常委会党组成员、办公室主任崔学洲传达全市乡镇（街道）人大工作研讨会会议精神，宣读2016年全区人大工作考核内容；各乡镇（街道）人大负责人汇报上半年人大工作及下半年工作计划。会前，与会人员实地观摩各乡镇（街道）人大工作开展情况。（郝景延）

·人大监督·

【省人大代表考察宿豫区基层人大工作】 6月15日上午，省人大常委会副主任公丕祥带领部分省人大代表到宿豫区考察基层人大工作。市领导王天琦、叶辉，区领导刘士武、袁昌华、袁彩等陪同视察。公丕祥一行到曹集乡、豫新街道等地，实地察看基层人大代表之家、人大代表活动室等地，详细了解宿豫区基层人大工作开展情况，并与基层人大工作人员亲切交谈。公丕祥充分肯定宿豫区基层人大工作取得的成绩。

【市人大调研组调研宿豫城市绿地保护工作】 5月17日，市人大常委会副主任薛启书带领调研组到宿豫区调研城市绿地保护工作，并就《宿迁市城市绿地保护条例（草案）》召开征求意见座谈会。区人大常委会副主任张为民陪同调研。座谈会上，区住建局局长温冠军汇报宿豫区城市绿地保护情况以及《宿迁市城市绿地保护条例（草案）》的修改意见和建议；区城管分局、规划分局、农业委员会3家单位相关负责人对《条例（草案）》的制定提出意见和建议。薛启书对宿豫区近年来在城市建设、绿地保护工作中取得的成绩给予充分肯定。

【市人大代表考察宿豫农村道路交通安全管理工作】 6月15日，市人大常委会委员、副秘书长梁建军带领部分市人大代表到宿豫区考察农村道路交通安全管理工作，并召开座谈会。副区长孙国防陪同视察。座谈会上，孙国防汇报宿豫区农村道路交通安全管理工作情况；市公安局、市交通局相关负责人汇报全市农村道路交通安全管理工作议案办理情况；市公安局相关负责人汇报全市农村道路交通安全管理工作情况；市交通局、市安监局、区教育局、区公安分局等单位有关负责人作交流发言。梁建军对宿豫区在农村道路交通安全管理工作中取得的成绩给予充分肯定。会前，梁建军一行先后视察新庄镇御马大道、新庄镇振友村交通安全管理室、农村道路交通安全示范路等地，听取相关负责人的情况介绍。

【区人大代表考察“一核一带多点”重点工程建设】 3月31日，区人大常委会根据年度工作安排，组织部分委员、代表考察“一核一带多点”重点工程建设情况，区人大常委会副主任张为民参加考察并讲话。

【区人大代表检查人民法院执行工作】 3月31日，区人大常委会根据2016年工作要点安排，组织检查组对法院执行工作开展情况进行检查。区人大常委会副主任袁彩参加视察并讲话。视察组首先视察区法院执行指挥中心，详细了解区法院执行工作信息化建设情况、执行案件和失信被执行人名单公布等流程，并观看部分执行情况的影视资料。

【新型农村合作医疗条例贯彻执行情况调研】 4月8日，区人大常委会组织市区人大代表、部分兼职委员和专家组成员组成执法检查组，对全区《江苏省新型农村合作医疗条例》进行检查。区人大常委会副主任袁彩参加检查并讲话。检查组检查市中医院和曹集乡卫计服务中心、曹集医院、小岭村卫生室，详细了解区、乡、村级新农合医疗工作开展、资金管理使用以及参合筹资情况，并询问农民住院、看病、报销等相关情况。

【区人大代表视察宿迁电子商务产业园建设】 4月9日，区人大常委会组织部分人大代表和相关专家组成员视察宿迁电子商务产业园建设情况。区人大常委会副主任张为民参加视察。区政协副主席、宿迁电子商务产业园党工委书记张先军，党工委副书记、管委会主任胡德斌陪同考察。视察人员先后到京东客服中心、宿迁馆、国际馆、当当客服中心、易工厂、园区展厅等地实地检查。在随后的座谈会上，胡德斌汇报宿迁电子商务产业园发展情况。

【区人大代表调研大气污染防治工作】 5月30日，区人大常委会副主任张为民带领部分人大代表专题调研宿豫区大气污染防治工作。调研组一行先后实地观摩浦东国际花园建筑工地扬尘管控、江苏翔盛粘胶股份有限公司锅炉改造、宿迁科思化学有限公司有机废气治理等项目现场。在随后召开的座谈会上，区环保局负责同志汇报宿豫区大气污染防治工作情况，与会人大代表提出意见建议。

【区人大代表视察农业综合开发项目建设】 6月8日下午，区人大常委会副主任袁彩带领部分区人大代表考察全区农业综合开发项目建设情况，并召开座谈会。副区长朱静波参加视察。会前，袁彩一行先后实地察看荣欣肉鸡养殖专业合作社、关庙长兴米业有限公司、江苏春绿粮油有限公司等7个农业综合开发项目建设情况，并听取相关情况汇报。

【区人大代表调研农民集中居住区建设】 9月8日下午，区人大常委会副主任袁彩带领部分人大代表专题调研全区农民集中居住区建设工作，并召开座谈会，副区长朱静波参加调研并座谈。会上，区特色镇村办负责人汇报全区“积极稳妥推进农民集中居住区工作 加快特色镇村建设步伐”议案落实情况；7个整村推进特色村支部书记就各自农民集中居住区建设过程存在的问题进行汇报。

【区人大代表考察物业管理条例贯彻落实情况】 9月29日，区人大常委会副主任张为民带领区人大常委会执法检查组对全区贯彻落实《江苏省物业管理条例》情况进行执法检查，执法检查组一行实地观摩锦绣江南、郡王府、尚阳城等小区物业管理情况，查阅有关档案资料，听取区住建局负责人情况汇报。

【区人大代表调研基础教育特色品牌建设】 9月29日，区人大常委会副主任袁彩带领区人大常委会调研组对宿豫基础教育特色品牌建设情况进行专题调研。调研组一行实地察看宿豫张家港实小的科技教育，大兴小学、宿豫一中的足球教育的开展情况，听取区教育局负责人情况汇报。

【区人大代表调研城区医疗卫生服务和二孩政策落实情况】 11月10日，区人大常委会副主任袁彩带领部分人大代表、人大常委会兼职委员和专家组成员对城区医疗卫生服务能力提升和全面二孩政策落实情况进行专题视察。视察组一行实地察看市中医院、关庙镇卫计服务中心、市第三人民医院和区计划生育指导站相关工作开展情况，并召开座谈会。（郝景延）

·重要会议·

【区政府常务会议】 2016年，区政府共召开政府常务会议两次。

第十七次常务会议　3月29日，区委副书记、区长刘士武在区党政办公大楼第二会议室主持召开区政府十六届十七次常务会议，讨论研究区文明交通提升、农村道路交通安全综合治理、生态文明建设三年行动、生态文明建设实绩考核、全区环境监管体系建立、乡镇卫生计生事业改革等相关工作的实施计划、方案；听取审议区农委起草的《关于鼓励和支持乡镇发展的若干政策意见》，区机关事务管理中心起草的《宿豫区机关事务管理办法》《宿豫区区级机关办公用房集中统一管理实施办法》，区司法局起草的《关于建立新型法律顾问制度的意见》，区水利局起草的《宿豫区区域供水运行管理办法》，区财政局起草的《关于鼓励利用废钢生产成品钢企业扩大销售的实施意见》，区创业办起草的《关于推进宿豫区大众创业万众创新的实施意见》，裕丰公司起草的《宿豫区平台公司委托贷款管理办法》等文件讨论稿。

第十八次常务会议　9月12日，区委副书记、区长刘士武在区党政办公大楼第二会议室主持召开区政府十六届十八次常务会议，听取区政府法制办《关于区政府重大行政决策程序规定》，区发改局《关于企业投资项目“多评合一”实施细则》，区农委《关于2016年特色现代农业奖励办法》，区财政局《关于区级财政专项资金管理办法》，区人社局《关于进一步做好新形势下就业创业工作实施意见》，区农工办《关于加强涉农项目资金整合使用意见》、《电商扶贫试点工作方案》，宿迁高新区关于《增材制造产业发展引导资金实施办法》、《实施细则，区民政局关于城乡困难群众临时救助暂行办法》和《医疗救助实施办法》、《社会组织分类培育办法》等文件起草情况的汇报，并达成一致意见。

【区长办公会议】 1月15日，区委常委、常务副区长陈磊在区党政办公楼二楼223会议室主持召开会议，专题会办宿迁高新区相关企业补办建设工程规划许可证问题。宿迁高新区、区住建局、区城管分局、区财政局、区规划分局等单位负责人参加会议。会议指出，宿迁高新区江苏秀强玻璃工艺股份有限公司等70家企业约77.86万平方米建筑，未及时报批规划方案，至2016年1月未办理建设工程规划许可证。根据《中华人民共和国城乡规划法》要求，城管部门需进行行政处罚后方可补办手续。会议就相关问题进行研究。

1月25日，区委副书记、区长刘士武到曹集乡专题调研特色镇村建设工作，实地察看小岭果蔬基地、小岭花园、曹集小微企业孵化中心、快乐老街等项目建设情况，随后在曹集乡党政办公楼会议室召开座谈会。副区长赵杉、张成龙参加调研，区政府办、经信局、住建局、交通运输局、农委、城管分局、国土分局、规划分局等部门负责人以及区特色镇村建设指挥部办公室负责人参加活动。会议听取曹集乡特色镇村建设工作情况汇报，重点研究下一步推进措施。

2月4日，区委常委、常务副区长陈磊在区党政办公楼二楼223会议室主持召开会议，专题会办宿迁高新区陆桥四期商业综合体、睦邻之家办理房产证问题。宿迁高新区、住建局、城管分局、财政局、规划分局、监察局、消防大队等单位负责人参加会议。会议听取宿迁高新区投资建设的陆桥四期商业综合体、睦邻之家2个项目有关情况汇报。其中，陆桥四期商业综合体为陆桥小区商业设施配套，于2014年建成，建筑面积约0.41万平方米；睦邻之家项目位于高新区兴隆小区，于2012年建成，建筑面积约2.7万平方米。会议指出，因建设时间紧，上述2个项目约3.11万平方米建筑未及时办理建设工程规划许可证，导致无法办理房屋产权证，会议就相关问题进行研究。

2月6日，副区长赵杉在区党政办公大楼二楼第三会议室召开会议，专题会办翔盛集团信贷风险处置问题。市人行、银监分局、农行、建行、中行、工行、交行、民丰银行、产发集团以及宿迁生态化工产业园区、区经信局、财政局、环保局、金融办、裕丰公司等相关负责人参加会议，会议听取翔盛集团信贷风险处置方案，与会人员就企业信贷风险化解问题进行深入细致的讨论。

3月8日，区委常委、常务副区长陈磊在区党政办公楼二楼223会议室主持召开会议，专题会办宿迁电子商务产业园区有关项目建设问题。宿迁电子商务产业园区、经信局、水利局、交通运输局、商务局、财政局、安监局、城管分局、国土分局、正源自来水公司等单位负责人参加会议。会议听取电商产业园区京东呼叫中心二期、京东淮海经济区电子商务运营中心、京东研发中心、洪泽湖东路东延段、扬子江路等项目建设情况，讨论研究园区供水、供电、用地、污水管网建设等问题。

3月11日，区委副书记、区长刘士武主持召开区城乡规划委员会2016年第一次会议。区委常委、常务副区长陈磊，副区长赵杉，区政协副主席张先军及区规委会成员单位主要负责人参加会议。会议讨论文昌阁商业广场、电商公寓、洪泽湖东路东延段绿化、江山大道景观提升、城区花廊绿化、城区控制性详细规划、九龙江路等项目设计方案。

3月14日，区委常委、宣传部部长徐海涛在区党政办公楼二楼223会议室召开会议，专题会办中玻电子玻璃产业园项目建设中存在的相关问题。宿迁高新区、政府办、人大办、经信局、住建局、国土分局、规划分局等单位负责人参加会议。徐海涛就企业提请的项目建设中存在问题逐一进行会办。

3月22日，副区长、区公安分局局长袁凤彬在区政府223会议室召开会议，专题研究会办雨露小商品（服装）市场环境秩序综合整治工作。区政府办、公安分局、水利局、市场监督局、残联、爱卫办、城管分局、住建局、豫新街道等单位相关负责人参加会议。会上，豫新街道介绍雨露小商品市场运行管理情况，与会各单位就有关问题进行研究讨论。

4月9日，区委副书记、区长刘士武在宿迁高新区新材料科技城主持召开增材制造产业（3D打印产业）发展工作领导小组第三次会议，区委常委、宿迁高新区管委会主任江小军，区委常委、宣传部部长徐海涛，以及区增材制造产业发展工作领导小组相关成员单位负责人参加会议。会议听取宿迁高新区关于增材制造产业发展有关情况汇报和各成员单位关于增材制造产业发展工作领导小组第一次、第二次会议交办事项落实情况汇报，研究了推进增材制造产业发展的有关具体问题。

4月9日，区委常委、常务副区长陈磊主持召开2016年城市规划建设管理工作第三次例会，专题会办近期城市规划建设管理工作中存在的问题。区住建局、城管分局、财政局、经信局、征收办、国土分局、公安分局、顺河街道、豫新街道、现代农园、电商产业园区等单位负责人参加会议。

4月26日，区委副书记、区长刘士武在宿迁高新区新材料科技城一楼会议室主持召开增材制造产业发展领导小组第四次会议。区委常委、宿迁高新区管委会主任江小军，增材制造产业发展工作领导小组成员单位相关负责人员参加会议。会议讨论研究增材制造产业发展规划草案，听取增材制造产业发展工作领导小组第三次会议以来有关工作推进情况、存在问题及下一步打算。

4月29日，区委常委、宣传部部长、区政府党组成员徐海涛在区党政办公楼四楼412会议室召开会议，专题会办宿迁华科环保科技有限公司（以下简称华科环保）项目建设中存在的相关问题。生态化工园区、区环保局、区国土分局等单位负责人参加会议。会议就推进华科环保项目建设工作进行深入研究，明确有关要求。

4月30日，区委副书记、区长刘士武主持召开区城乡规划委员会2016年第二次会议。区委副书记、副区长李春华，区委常委、常务副区长陈磊，区委常委、区委宣传部长徐海涛及区规委会成员单位主要负责人参加会议。会议主要研究宿迁技师学院扩建、宿豫区气象预警中心选址等项目方案。

5月7日，区委常委、常务副区长陈磊在区政府二楼第三会议室召开会办会，专题研究区城市管理体制调整移交工作。副区长、区公安分局局长袁凤彬，区政府办、区委组织部、区人社局、区物价局、区财政局、区编委办、区城管分局等单位相关负责人参加会议。会议传达市中心城市管理体制调整有关会议精神，与会各部门就有关问题进行研究讨论。

5月9日，区委常委、区委统战部部长、区政府党组成员赵杉在区党政办公大楼511会议室召开会议，专题研究会商宿豫区国有平台公司金融风险防范化解问题，区公安分局、金融办、裕丰公司、城开公司、水投公司、道勤担保公司有关负责人参加会议。会上，裕丰公司详细汇报企业遭遇网络金融诈骗相关情况，区公安分局汇报目前案件侦办情况，与会人员就企业网络金融风险防范和化解问题进行深入细致的讨论。

5月17日，区委常委、常务副区长陈磊，副区长、区公安分局局长袁凤彬在区党政办公楼二楼第三会议室召开会议，专题会办城区道路通达工程建设问题。区住建局、督查室、财政局、水利局、教育局、发改局、交通运输局、经信局、城管分局、审计局、政管办、规划分局、豫新街道办、宿迁高新区、公安分局、城开公司、裕安公司、市通信协会等单位负责人参加会议。会议听取城区道路通达工程项目建设情况，讨论研究工程建设过程中存在的手续办理、杆线迁移、民房拆除等问题。

6月12日，副区长朱静波召集区政府办、农委、水利局、供销总社、发改局、财政局、市场监管局、金融办等部门负责人，就组织推荐宿豫区来龙灌区玉皇农民用水协会（以下简称玉皇农民用水协会）申报全国农民用水合作示范组织进行会办，会议听取区水利局关于玉皇农民用水协会的情况介绍，并研究讨论。

6月27日，区委常委、常务副区长陈磊主持召开会议，专题会办区党政办公楼办公用房调整问题。区政府办、区委统战部、宿迁砂矿、挂钩办、文联、团区委、招商服务局、妇联、机关工委、机关事务管理中心等单位负责人参加会议。会议听取区党政办公楼和金莎大厦办公用房使用情况汇报，研究区党政办公楼办公用房调整有关问题。

7月22日，区委副书记、区长刘士武在区党政办公楼二楼第三会议室主持召开全民创业园建设工作会办会，区委常委、宣传部部长徐海涛以及顺河街道、大兴镇、仰化镇、经信局、规划分局、国土分局、创业办等单位负责人参加会议。会议听取各乡镇（街道）全民创业园建设进展情况汇报，顺河街道、大兴镇、仰化镇主要负责人分别汇报全民创业园建设推进情况及存在的问题。会议对全民创业园建设工作中的具体问题进行研究。

7月26日，副区长张成龙在党政办公楼225会议室主持召开会议，专题研究会办区休闲农业和乡村旅游示范区相关规划设计招标问题。区法制办、旅游局、监察局、财政局、审计局、政管办等单位负责人参加会议。

8月3日，区委副书记、区长刘士武在宿迁新材料科技城会议室主持召开增材制造产业发展领导小组第五次例会。区委常委、宿迁高新区管委会主任江小军，副区长仲崇东、赵其良，区增材制造产业发展工作领导小组成员单位相关负责人参加会议。会议研究讨论《宿豫区3D打印产业发展引导资金管理办法》征求意见稿，听取增材制造产业发展工作领导小组第四次会议之后有关工作推进情况、存在问题及下一步打算的汇报。

8月10日，区委常委、区委统战部部长、区政府党组成员赵杉在区党政办公大楼二楼223会议室，主持召开解决宿迁裕丰资产经营管理有限公司（以下简称“裕丰公司”）在浦发银行对外担保有关问题的会办会。市浦发银行、区金融办、裕丰公司等相关负责人参加会议。会议听取解决裕丰公司对外担保问题的汇报，与会人员就解决裕丰公司在浦发银行对民营企业担保等相关事项进行深入讨论研究。

8月20日，区委常委、常务副区长、宿迁电子商务产业园区党工委书记陈磊在区政府二楼第三会议室召开会议，研究电商产业园公交首末站（运政服务中心）项目建设有关事项，区发改局、国土分局、财政局、规划分局、交通运输局、顺河街道办等单位负责人参加会议，达成一致意见。

9月2日，区委副书记、区长刘士武就城市规划修编、空间调整工作，专题调研高新区外环南路以北项目区域（环城南路以北，庐山路以南，运河以东，江山大道以西，以下简称高新区北区）有关项目情况，并在区党政办公楼第三会议室主持召开会议，研究城市规划修编、空间调整工作。区委常委、常务副区长陈磊，区委常委、宿迁高新区管委会主任江小军，副区长张成龙，以及区政府办、民政局、住建局、规划分局、国土分局、高新区、下相街道、豫新街道、城开公司等单位负责人参加调研和会办。会议听取高新区情况汇报，研究高新区北区管理体制调整等具体事项。

9月14日，区委常委、常务副区长，宿迁电子商务产业园区党工委书记陈磊在区党政办公楼二楼223会议室主持召开会议，专题会办国有土地上房屋征收工作审计监督问题。区审计局、征收办、财政局等部门负责人参会。学习《江苏省审计厅办公室〈关于转发审计署办公厅关于开展清理退出议事协调机构工作的通知〉》文件精神，听取区审计部门参与国有土地上房屋征收工作的情况汇报。

10月11日，副区长朱静波在区党政办公楼223会议室，召开全区小型水利工程管理体制改革会办会。区水务局、区财政局、区发改局、区农开局、区审计局、区国土分局、区规划分局等单位负责人参加会议。会上，区水务局通报省水利厅对宿豫区小型水利工程管理体制改革督查情况（2016年9月）。会议重点研究小型水利工程产权确权颁证等具体事项。

11月14日，区委常委、统战部部长，区政府党组成员赵杉在区政府223会议室专题会办翔盛粘胶纤维股份有限公司（以下简称翔盛粘胶）融资还贷问题，副区长赵其良、区政府党组成员陈红民及区经信局、金融办、裕丰公司主要负责人及翔盛粘胶有关负责人参加会议。会上，翔盛粘胶主要负责人详细汇报企业融资担保需要协调会办的相关事项，与会人员就具体问题进行认真研究讨论。

11月19日，区委副书记、区长刘士武在区党政办公楼二楼第四会议室主持召开区城乡规划委员会（以下简称区规委会）2016年第四次会议。区委常委、常务副区长、宿迁电子商务产业园区党工委书记陈磊，区委常委、宿迁高新区党工委副书记、管委会主任江小军，副区长张成龙，区政府办、住建局、财政局、规划分局、国土分局等区规委会成员单位负责人参加了会议。会议讨论宿迁高新区控制性详细规划、杉荷园改造提升方案、千鸟园改造提升方案、尚阳城商业街规划设计方案、金色家园小区商业配套设施建设变更方案、豫新小学建设方案等12个方案。

11月23日，区委常委、常务副区长、宿迁电子商务产业园区党工委书记陈磊主持召开会议，专题会办星海湾项目北侧土地回收问题。区住建局、财政局、国土分局、法制办等单位负责人参加会议。

11月23日，副区长、区公安分局局长袁凤彬在区政府225会议室召开会办会，专题研究会办豫新街道成立城管大队问题。区政府办、区财政局、区人社局、区城管分局、豫新街道等单位主要负责人参加会议。会议听取豫新街道基本概况、城管大队拟设置情况、需政府解决经费问题等工作的汇报，参会单位就有关问题进行研究讨论。

12月6日，副区长张成龙在党政办公楼223会议室主持召开会议，专题研究会办旅游景观大道（宿穿线段）建设有关问题。区交通运输局、区发改局、区环保局、区维稳办、区国土分局等单位负责人参加会议。

（区政府办）

·重大项目　重点工程·

【概况】 2016年，宿豫区共有区级重大项目50个，总投资131.2亿元，当年计划投资73.1亿元；列市重大项目29个（其中，22个项目纳入区级重大项目计划），计划总投资140.3亿元，年度计划投资72.24亿元；重点基础设施项目45个，总投资58.46亿元，当年计划投资24.7亿元；为民办实事项目20个，总投资13.9亿元，当年计划投资9.39亿元。

【区级重大项目】 2016年，宿豫区共有区重大项目50个，其中新型工业化项目36个，计划总投资92.6亿元，年度计划投资49.2亿元；新型城镇化项目8个，计划总投资27亿元，年度计划投资21.4亿元；生态文明项目6个，计划总投资11.6亿元，年度计划投资2.5亿元。截至2016年年底，共有49项完成年度建设任务，宿连运河先导段陆运河工程因项目计划纳入“宿连航道”整体规划，新规划的航道设计参数尚未确定，工程暂缓实施。

【列市重大项目进展】 2016年，宿豫区共有29个项目列市重大项目，其中新型工业化项目17个，计划总投资96.8亿元，年度计划投资44.1亿元；新型城镇化项目7个，计划总投资35.3亿元，年度计划投资24.4亿元；生态文明项目5个，计划总投资8.19亿元，年度计划投资3.74亿元。截至2016年年底完成投资75.1亿元，占年度计划的104%，综合排名全市县区第三。其中17个新型工业化项目完成投资46.5亿元，占年度计划的105.4%；7个新型城镇化完成投资24.9亿元，占年度计划投资的102.1%；5个生态文明项目完成投资3.7亿元，占年度计划的100%。

【重点基础设施项目】 2016年，宿豫区共实施洪泽湖东路东延段、项王东路改造、锦绣江南二期、高标准农田建设、宿豫区顺河中心小学一期、书香苑等重点基础设施项目六大类45个，其中，交通工程类6个，市政设施类13个，商业办公设施类5个，公共设施类12个，环境工程类5个，安居工程类4个，计划总投资约58.46亿元，当年计划投资24.7亿元。截至2016年年底，各类项目共完成投资23亿元，占年度计划的91.1%。完成年度目标任务的项目43项，占项目总数的95.6%，其中：洪泽湖东路东延工程、项王东路改造工程、高新区道路工程等道路相继建成，众大上海城商业街区、宿豫区游泳馆、陆集镇医院等商业项目及公共设施建成运营。

【为民办实事项目】 2016年，宿豫区为民办实事项目共有就业服务、社会保障、医疗卫生、全面教育、生态旅游、养老服务、住房保障、便民服务等8大类20个项目（其中，区直部门项目16个、乡镇园区项目4个），总投资13.9亿元，年内，计划投资9.39亿元。截至2016年年底，共有19项完成年度建设任务，气象预警中心因省里取消该项目，暂不实施。　（沈振勇）

·政府办工作·

【办文办会】 全年共办理上级来文来电2670件，批转下级来文785件，下发各类公文323件，牵头或参与组织会议活动、观摩活动325次。强化会务服务水平提升，参与区委扩大会议、区委工作会议、区“两会”等全区性大会以及上级在宿豫区召开各类会议的筹备和服务工作，做好文件印发、观摩组织等相关工作，认真起草政府工作报告、政策规范、领导讲话稿等重要文件，为会议的成功召开作出积极贡献。

【招商引资】 2016年，共招引工业项目3个，分别是亿利洁能科技（宿迁）有限公司、江苏豫星化工工业有限公司、宿迁中玻电子玻璃有限公司（联合招引）；电商项目2个，分别为冠龙礼品、宿迁市梦晨电子设备生产有限公司。

【外事与侨务】 年内，共为侨资企业解决难题3件，接待省、市考察团队12批次。加强与公安、民政等部门的沟通联系，及时全面掌握外国媒体采访、涉外事件处置、使领馆交往等涉外管理工作。规范全区因公出国（境）管理工作，严格控制因公出国（境）人员，全年办理出访8次共计8人，成功申办7张APEC商务旅行卡、办理来华邀请函6批。

【挂钩扶贫】 组织各类走访、调研、慰问活动23次，提供各类物资及慰问品折合人民币5万元，为帮扶项目建设协调资金100多万元。截至2016年年底，莫庄村村集体经济收入达到18.52万元，共有39户低收入农户顺利脱贫，其余低收入户全部达到增收25%的要求。

【电子政务】 2016年，区电子政务办公室共受理网络问政网帖2.7万余件，办结率100%，群众满意率96.34%，被市政府办公室表彰为“先进单位”。整合全区97家单位政务微博资源，形成互动工作机制，增强“@中国宿豫”影响力，通过政务微博平台帮助群众解决实际问题117件，获评全市“2016年度最具影响力微博”。上报“网上宿迁”各类信息1千余条，“中国宿豫”发布各类信息1.1万余条。

【应急管理】 建立“统一指挥、反应灵敏、协调有序、运转高效”的应急联动机制。2016年，全区累计编制应急预案441个，其中总体预案1个，专项预案31个，乡镇村居预案294个，部门预案85个，其他预案30个，初步构建较为完善的预案管理体系。 （沈振勇）

·目标管理·

【概况】 2016年，在市委、市政府的正确领导下，全区上下紧紧围绕全面建成小康社会的奋斗目标，扎实做好稳增长、促改革、调结构、惠民生各项工作，经济社会继续保持平稳较快发展的良好势头。在全市三县两区年度目标考核中，宿豫区荣获“县（区）目标管理二等奖”。

【目标制定】 根据市委、市政府下达的2016年目标任务，按照紧扣市级目标、突出自身发展实际的思路，反复研究、科学编排，出台《2016年度宿豫区目标综合考评办法》，优化目标考核体系，设置三类五组目标考核体系，实现差异化考核，突出特色产业发展。

具体指标设置调整：乡镇目标考核指标重点围绕全民创业、特色发展和民生事业等方面进行设置，充分体现当前乡镇经济社会发展的重点工作；在注重重点经济指标（招商引资）考核的同时兼顾各部门职能工作的考核，同时将市下达区重点指标进行逐一分解至区各相关牵头部门，作为各牵头部门的职能工作进行考核，促进市重点指标有效推进；把区委工作会议精神和要求及区委、区政府确定的重大项目和为民办实事项目逐一进行分解，层层明确任务，级级传递压力，促进全区各项重点工作按节点、按进度有序落实到位，有效推动“工业强区、电商名城、幸福家园”建设。

【目标管理方式方法创新】 对目标综合考评，招商引资，平安创建，机关效能和政（行）风评议，信访稳定，反腐倡廉和作风建设，安全生产、环境保护等8项工作实行后位重管，采取“一票否决”屏蔽其参与评先评优。加强目标管理的过程监测，及时归集目标完成数据。创新实施“三大建设”积分制考核，按月对被考核单位进行积分考核通报，及时掌握目标完成情况，分析全区目标运行状况，对阶段性落后于序时进度的重点目标及时会办、督办，确保区委、区政府确定的目标任务良性发展。同时，进一步加强对上争取和沟通协调、做好市重点指标月度数据跟踪分析，确保市考核的各项指标更加高效有序推进。

【年终目标考核】 年终，在区目标管理工作领导小组的领导下，由区督查室统一组织对全区67个区直单位、5个园区和13个乡镇（街道）2016年度目标完成情况进行全面考核。

豫新街道被表彰为“目标综合考评一等奖”；新庄镇、顺河街道被表彰为“目标综合考评二等奖”；来龙镇、大兴镇、下相街道被表彰为“目标综合考评三等奖”；宿迁电子商务产业园区、区地税局、区财政局、区商务局、区市场监管局、区国税局、区环保局、区住建局、区经信局、区金融办、区交通运输局、区卫计委、区国土分局、区教育局、区人社局、区信访局、区司法局等17个单位荣获目标管理综合先进单位；36个区直单位、4个园区、6个乡镇被表彰为目标完成奖。

设立文明城市创建、依法治区、农业农村工作、党风廉政建设和作风建设、重大事项及重点工程建设、财税金融工作、全民创业工作、党的建设工作、文化建设工作、安全生产工作等10个单项奖；同时对150名目标管理工作先进个人进行表彰。

仰化镇、区台办、区发改局等3个单位因2016年目标综合考核排名后位被列入2017年度目标综合考评后位重管，关庙镇因2016年度平安创建工作落后被列入2017年度平安创建工作后位重管。（丁冬亮）

·公车管理·

【概况】 2016年，纳入区车管中心管理的车辆计522辆，其中轿车337辆，越野车19辆，商务和面包类车68辆，洒水、扫地和垃圾转运等工具类车37辆，执法执勤摩托车61辆。全区各类公车的维修、装潢、轮胎更换、加油和保险执行定价后政府定点采购制度。1月，经区财政局和区公共资源交易中心公开联合招标确定，2016—2017年度公务用车定点采购企业14家，其中车辆维修4家、装潢3家、更换轮胎2家、加油2家、投保3家。

【公务用车改革完成】 2016年，全区党政机关和参公事业单位公务用车制度改革工作全面完成。涉改司勤人员计258人，正式在编49人，实现内部转岗安置36人、提前离岗13人；聘用司勤人员209人，单位留用或转岗的共计114人，通过公开选聘进入区保留车辆集中管理平台的共计75人，自愿办理解聘手续14人。

3月13日，宿迁市富皇拍卖有限公司对此次车改取消的车辆进行首批公开竞拍。首场拍卖车辆111辆，评估总价231.32万元。最终成交107辆，成交金额286.65万元，溢价率30.25％，成交率96.39%。4月9日，第二场公开竞拍公车58辆，评估金额97万元，成交金额147.45万元，溢价率52.01%。6月19日，第三场公开竞拍公车30辆，总评估价67万元，拍卖成交22辆，成交金额84.9万元，溢价率26.72%。

【车辆集中管理平台】 1月26日，注册成立宿迁顺风商务服务有限公司。4月底，完成平台的管理软件、车辆、人员队伍组建工作。平台与车管中心合署办公，设有各类管理工作人员10人（在编4人、聘用6人）、录用参改司勤人员27人。建立分类管理软件系统，对全区车改后保留的应急用车、接待调研用车和综合行政执法用车的加油、保险、维修、装潢、轮胎更换、过路过桥费、车辆年检费、驾驶员个人信息和车辆基本信息等项目纳入系统管理，分类建立数据库电子档案。3月23日前，将拟保留车辆的外检、车辆发动机号和车架号的磨号等车辆所有权属过户前的准备工作完成，在12月底前陆续把保留的106辆公务用车所有权属过户和上牌工作完成。

车改后保留的应急用车和综合执法用车共计123辆，已全部接入公务车智能化管理专属系统，实行智能化、科学化管理。6—12月，调度中心向全区72家用车单位派出公务用车5091车次，安全行车总里程902821千米。

【公车采购“跟踪检查”制度】 建立维修项目“跟踪检查”制度，及时查处采购单位和定点企业执行规定不力行为，以查促改。本年度办理各类车辆上牌手续共计12辆、处置报废车辆10辆。2016年，平台共处置回收废品收入5044元，已按照规定上交区财政专户。

【公车维修保养、轮胎更换和装潢】 2016年，全区公车维修保养、轮胎更换和装潢等项目定点采购支出费用共计人民币133.86万元（含平台统一调度的90辆公务用车支出费用），比2015年减少支出129.5万元，其中公车维修保养支出98.49万元，比2015年减少支出96.32万元；装潢支出18.33万元，比2015年减少支出24.06万元；轮胎更换支出17.04万元，比2015年减少支出9.12万元。

【公车加油管理】 2016年，全区公务用车定点采购油料支出资金共计351.6万元(含平台统一调度的90辆公务用车支出费用89万元，此笔款有11万元尚未使用)，比2015年减少支出资金730.2万元。政府定点采购收入优惠油料资金8.79万元，优惠率2.5%。

【公车投保管理】 公车投保实行政府定点采购。2016年度，全区公车保险费和车船使用税等项目采购支出87.13万元(含平台统一调度的90辆公务用车支出费用37.18万元)，较2015年减少7.06万元。车辆商业险政府定点采购优惠率为30%。

【公车平台费用支出】 2016年度，平台运行支出总费用345.97万元。其中支出10名管理人员和27名司勤人员费用共计98.76万元；组建区公务用车集中管理平台支出19.39万元，其中建造区公务用车停车场工程款11.6万元，购置办公设备和办公用品等支出7.78万元。

2016年4月至12月，车改后车辆运行费用核算到平台的车辆共计90辆，支出车辆运行费用210.85万元。支出取消待拍卖车辆各项费用共计16.83万元。

【公车查纠管理】 公车查纠管理实行日常监督检查和专项治理相结合的管理制度。全年共开展专项监督检查8次，派出检查组18个，印发违反公车管理规定问题督查通报2期，对9家单位10次违规使用车辆问题进行通报批评、限期整改。2016年，全区纠改问题共计15个，14家单位非工作时间使用公车备案135车次。

【公车改革调查统计工作完成】 宿豫区于2016年11月4日正式启动全区非参公事业单位和国有企业公务用车制度改革调查统计工作，于11月22日完成并上报。全区参改单位共390个，其中非参公事业单位319个，国有企业71个。截至2016年11月，参改人数共计4550人，非参公事业单位2228人、国有企业2322人。全区参改企、事业单位车辆数共计196辆，其中非参公事业单位129辆（一般公务用车33辆，特种专业技术用车62辆、其他车辆34辆）、国有企业67辆（企业负责人用车9辆，经营和业务保障用车58辆）。 （王　岩）

·综　述·

【民主协商】 围绕区政府经济社会和民生事业等重要工作、重点课题，广泛征求意见，制定年度工作计划。搭建常委会议协商、主席会议协商、界别协商、专题协商等平台，构筑专题协商、对口协商多层次协商格局。加强政协委员培训工作，举办培训班2期、专题讲座1场，提高委员理论水平和履职能力。制定“对口协商”《委员履职暂行规定》及“委员履职五个一”等10项工作制度，完善机关干部“六个一”工作机制，成立政协办信息中心，实现机关和委员履职项目化、精细化管理。

10月，出台《关于进一步加强区政协民主监督工作的实施方案（讨论稿）》《实施对区直部门工作民主评议的建议方案》，为助推区委决策落实、实施政协监督奠定基础。定期组织民主党派、工商联、无党派负责人召开专题协商会，协商结果报区委、区政府，与区政府及其组成部门交换工作意见。11月，会同区委统战部，召开各民主党派、工商联和无党派代表人士协商民主座谈会，就“十三五”规划和“三大建设”提出意见建议，报区委、区政府和有关部门。

【政协提案】 区政协十三届五次会议以来，共立案提案137件，其中《关于加快推进工业产业化、规模化发展，形成区域支撑力的建议》等8件提案被确定为重点提案。区政府出台区级领导班子成员领衔督办重点提案机制。区政协提案法制委会同区委区政府督查室，深入提案办理牵头部门和协办单位，逐项进行督查督办，召开督办工作座谈会10场，开展专项视察12次，提案办理质量不断提高。2016年，提案办复率和提案人满意率均达100%。

2016年宿豫区政协十三届五次会议重点提案/优秀提案一览

表16

序号	提案单位/人	案　由	承办单位
1	民革宿豫总支	加快推进工业产业化、规模化发展，形成区域经济支撑力	区经信局
2	杨秋梅、王宁军	规划引领 彰显特色 着力推进特色镇村建设	区特色镇村办
3	钱　程	关于推动本土企业发展的几点建议	区经信局
4	姚玉章	关于推动社会融资服务业创新 助推实体经济发展的建议	区金融办
5	民盟宿豫区总支	关于我区乡村旅游提档升级的思考	区旅游局
6	叶润卿	推进乡镇特色项目向特色产业集群发展的建议	区农委
7	康建平、胡文成	关于促进电子商务与实体经济融合发展的建议	区经信局

续表16

序号	提案单位/人	案　　由	承办单位
8	董爱华	巩固扶贫工作成果 建设更高水平小康社会	区扶贫办
9	蒋淮义	关于独立选址建设宿豫区图书馆的建议	区文广新局
10	程　絮	关于加强防控力度减少雾霾天气的建议	区环保局
11	马丽华	关于推进我区职业特色化发展的思考	宿迁技师学院
12	晁先红	合力推进医药卫生体制改革 共同提高医疗卫生服务水平	区卫计委

【文史宣传】 启动《宿豫政协志》编辑工作，全书约30万字，初步完成初稿撰写工作。编辑出版《同心共筑宿豫梦——区十三届政协五年回顾》，全书26万字。在区广播电视台开辟“政协委员风采”专题栏目，先后报道了15名政协委员的优秀事迹，在全区产生积极的影响。

【政协委员队伍建设】 区政协十三届五次会议委员新增18人，委员总数203人，按界别分成十个界别小组，分别是第一组中共界一组22人，第二组中共界二组22人，第三组科技医卫界组20人，第四组文艺教育界组18人，第五组民主党派、无党派界组24人，第六组民宗、台侨联界组15人，第七组工商联界组25人，第八组农业农村界组19人，第九组经济界组25人，第十组特邀人士界组13人。

【考察调研】 聚焦重大发展战略，议政建言助推发展，取得新实效。开展专项视察、专题调研20次，形成《关于乡镇共建工业集中区建设运营情况调查报告》《关于我区特色村建设的调查与思考》等多项成果。围绕“三大建设”，集中开展“专题调研月”活动，对大项目招引、精准扶贫等五个重点项目，分别开展专题调研视察活动，形成《关于全区区域供水情况的调研》《关于高新区高新项目建设情况的调查》等一批调研成果，被区委主要领导批转相关单位、部门，为助力“三大建设”发挥积极作用。主动参与文明城市创建工作，为卓圩社区、金外滩小区协调创建专项资金。认真做好环保巡查、秸秆禁烧等中心工作。　　（刑　刘）

·区政协及其常委会会议·

【区政协十三届五次会议】 政协宿迁市宿豫区第十三届委员会第五次会议于2016年1月11—13日在宿豫区举行。宿豫区委书记、宿迁高新区党工委书记张晓伟作题为《广泛凝聚智慧　多方汇聚力量　共同绘就“强富美高”新宿豫发展蓝图》的重要讲话。会议听取并审议区政协主席王占军所作《政协宿迁市宿豫区第十三届委员会常务委员会工作报告》；会议听取并审议区政协副主席王立新所作《政协宿迁市宿豫区第十三届委员会常务委员会关于十三届四次会议以来提案工作报告》；会议表彰了2015年度优秀政协委员、政协宿迁市宿豫区第十三届委员会第四次会议以来优秀提案和提案办理先进工作单位。列席宿豫区第十六届人民代表大会第五次会议，听取并讨论政府工作报告及其他有关报告。

【区政协常委会议】 2016年，区政协召开4次常委会议。

十三届第二十七次常委会 3月25日，区政协主席王占军主持会议。会议传达学习全国政协十二届四次会议和省政协十一届四次会议精神；审议区政协2016年度工作要点和工作计划；审议区政协十三届五次会议以来提案交办工作情况；协商通过《关于编纂<宿豫政协志>的决议》。会前，市委党校副校长、副教授韩光化为与会人员进行“供给侧结构性改革”专题培训。

十三届第二十八次常委会 6月29日，区政协主席王占军主持召开。区委常委、常务副区长陈磊通报区政府上半年为民办实事项目进展情况。会议传达全省政协工作会议精神、《中共江苏省委关于加强和改进人民政协工作的意见》文件精神、省政协市、县（市、区）政协主席座谈会议精神；通报区政协十三届五次会议提案办理工作情况与《宿豫政协志》编纂工作进展情况。与会人员就强化区政协民主监督工作建议方案进行讨论。

十三届第二十九次常委会 9月26日，区政协主席、党组书记王占军主持召开。会议传达省政协十一届十五次常委会议精神；区政协提案法制委主任胡文成通报区政协十三届五次会议以来提案办理暨2016年度重点提案督查督办情况；会议审议区政协围绕区委提出的“三大建设”开展五项调研专题报告；各位常委分组讨论并提出相关建议。

十三届第三十次常委会 12月28日，区政协主席王占军主持召开，区政协党组书记仲林，区委常委、组织部部长温士才，副区长张成龙参加会议。会议通报2016年政协提案办理情况、协商通过有关人事事项、听取区政协换届筹备工作情况汇报；审议通过政协宿迁市宿豫区第十三届委员会常务委员会工作报告、政协宿迁市宿豫区第十三届委员会提案委员会关于提案工作情况的报告；协商通过政协宿迁市宿豫区第十四届委员会第一次会议议程、关于召开政协宿迁市宿豫区第十四届委员会第一次会议的决定、2016年度优秀政协委员、十三届五次会议优秀提案及提案办理工作先进单位名单；协商决定政协宿迁市宿豫区十四届委员会及委员安排说明；协商提出政协宿迁市宿豫区十四届委员会第一次会议主席团和秘书长建议名单、政协宿迁市宿豫区十四届委员会第一次会议主席团常务主席建议名单、政协宿迁市宿豫区十四届委员会第一次会议各次大会执行主席及主持人建议名单、政协宿迁市宿豫区十四届委员会提案委员会主任及副主任和委员建议名单、政协宿迁市宿豫区十四届委员会第一次会议秘书处各组人员建议名单。（邢 刘）

·综　述·

【概况】 2016年，区纪委（监察局）认真贯彻全面从严治党要求，坚持把纪律挺在前面，认真履行监督执纪问责职责，协助区委深入推进党风廉政建设和反腐败工作。在党风廉政建设“两个责任”落实、机关作风建设、执纪审查、廉政巡察、党风廉政教育等几个方面取得新的进展和成效。区纪委（监察局）被市纪委（监察局）授予2016年度控减中纪委访先进集体、2016年度责任追究工作先进集体。

【中共宿豫区第十一届纪委第六次全会】 2月23日，在区文化大剧院小剧场召开。出席会议的区纪委委员12人，列席330人。会议总结2015年全区党风廉政建设和反腐败工作，研究部署2016年工作。区委常委、区纪委书记刘后举作《坚守使命担当　切实挺纪在前　谱写全区十三五开局之年纪律检查工作新篇章》工作报告。区委书记、宿迁高新区党工委书记张晓伟出席会议并讲话。全会审议通过工作报告并形成决议。大兴镇、新庄镇、陆集镇、仰化镇、教育局、水利局、住建局、公安分局、纪检监察一室、党风政风监督室等10家单位被表彰为2015年度全区纪检监察工作目标管理先进单位。（董　磊）

·纪检监察·

【“两个责任”落实】 在全区86个乡镇和部门进一步健全由党委（党组）副书记或成员担任主任的“主责办”，分类编制区、乡两级责任清单并签订履责承诺书。在全省率先实施“两个责任”纪实档案管理制度，开发运行“两责”网络管理平台，区级建档管理598名科级领导干部，各单位自行建档管理1120人。开展动态检查10次，平台核查24次，现场观摩4批次，年末组织区委常委、党员副区长带队集中检查考核，共交办问题152个，约谈165人次，通报整改不力单位12家。20名区领导针对分管联系单位存在问题开展提醒约谈209人次，区乡逐级开展约谈提醒2200余人次。全年共公开通报47人次，诫勉谈话33人；实施“一案双查”41件，45名责任人被给予党政纪处分或组织处理。

【机关作风建设】 扎实开展“机关作风建设提升年”活动，以监督检查为手段，严格落实“八项规定”精神，深化作风建设。按月落实作风百访千评、营商环境建设、懒政怠政治理等10项重点工作，先后组织作风建设监督检查56次，查处典型问题175个。出台落实“六个从严”管理办法，全面整合“三大建设”、今日关注、网络问政、直通12345、365专报等5个渠道，一共跟进问题152个，问责追责78人，全部公开通报曝光。会同有关部门开展公务用车、违规发放津补贴等“六大整治”活动，查纠各类违纪违规问题28个，问责处理36人。探索实施城市社区联合监察室“八小时外监督”工作，组织活动12场次，发现和反馈提醒问题26人次。对违规经商办企业、强农惠农资金管理问题开展专项治理活动，查纠各类违纪违规问题27个。完成省、市挂牌督办群众身边“四风”问题12件，分批挂牌督办区内侵害群众利益突出问题5批23件，党政纪处分30人。开展走进乡镇、村居、企业和群众家庭等“六个走进”活动，设立“民意会客厅”，2016年访评2.72万人次，纠改不满意问题432个。

【执纪审查】 践行第一种形态要求，健全“1321”（“一登记、三说清、两核实、一处理”）函询工作机制，函询33人次，诫勉谈话48人次。全区新立案件163件，轻处分占比82%。撰写各类报告26篇，下发检查（监察）建议书12份，推动发案单位专项整改7次，推动职能部门完善管理制度61项。构建阳光公开办信机制，建立健全12项规范性制度。年内，共受理涉纪信访举报168件，按期办结率为100%，实名举报见面率为100%，21名信访人参与信访助查，均对调查结果表示满意，化解疑难复杂问题36件，实现全市唯一一家涉纪信访进京赴省“零登记”。

【廉政巡察】 2016年，完成5批21家单位的常规巡察工作，实现乡镇街道、重点部门和国有企业三个“全覆盖”，共发现问题208个，党政纪处分28人。推动区财政局、卫计委等6家主管部门开展系统自查，对扶贫资金、招投标工作、粮食储销工作等13个项目进行“点穴式”巡察，对3个乡镇的3个站所、6个村居开展延伸巡察，共发现和解决实际问题64个。推动全区专项整治8次，立行立改问题117个，督促主管部门出台规范性文件9个，被巡察单位健全内部制度65项。

【党风廉政教育】 成立由纪委、组织、宣传、党校等14家单位组成的党风廉政教育“大宣教”工作领导小组，明确成员单位任务清单21项。建立“月廉政大讲堂”制度，2016年全区共开展讲堂活动822场，受教育党员干部3.6万人次；开展抽检18次，印发通报11期，通报问题29个。先后举办“我要廉”主题演讲比赛、廉政文艺演出、廉政书画摄影作品展和典型案例警示教育为内容的“510廉政宣传周”系列活动；集中开展以一场基层案例巡展、“一名一语”、一次“六大纪律”举案说纪和一次现场“讲廉”为内容的“四个一”农村基层党风廉政教育活动；开展“百名纪检干部进百村宣廉讲纪助力‘三大建设’”和换届后镇村干部集中廉政教育活动，2.8万人次党员干部受到教育。

（董　磊）

·民革宿豫区总支委员会·

【概况】 民革宿豫区总支有5个支部69名党员，孙晓霞任主委，张文军、柳明亮、张明敏、苏衍坤任副主委。党员来自教育、文化、卫生、城建、城管、农林、工商企业等多个行业。其中，研究生学历3名、本科学历55名，中级以上职称38名，科级干部6名，市政协委员3名（其中常委1名），市人大代表3名，区政协委员15名（其中常委2名）。在民革市委第四届委员会换届选举中，总支党员孙晓霞、苏衍坤、王咏江当选为民革市委四届委员，党员柳明亮当选为民革市委监督委员会委员。总支一支部被民革省委授予“全省祖统工作先进支部”，党员王咏江被民革省委授予“全省祖统工作先进个人”。

【民革党员参政议政】 两会期间，组织市区人大代表、政协委员积极撰写高质量的议案提案，主委孙晓霞和党员苏衍坤、王利宏、王青原等撰写的《关于加快宿迁高新区发展的建议》《经济新常态下区内企业融资困境和对策》《新市场监管体制改革下，加强食品安全监管的建议》《关于推进我区医养结合养老体系建设的建议》得到区委区政府主要领导的肯定。总支积极承担市政协“企业培育511工程”专题议政课题，由柳明亮主笔撰写的《以企业培育511工程为抓手，助推宿迁工业经济转型升级》调研报告作为市政协会议大会发言交流，获得好评。

【民革党员服务】 4月，民革宿豫区总支为宿豫孤儿学生争取到省彩票公益金10万元，用于解决孤儿学生生活费用；5月，组织“同心志愿者服务队”到宿豫区大新镇卢集居委会开展“同心志愿服务”活动，为30余名群众进行卫生应急和健康知识讲座，并为200余名居民免费进行健康体检；9月，联系江苏苏萨食品有限公司为宿豫区特殊教育学校捐赠38万元体育用品；10月，在宿豫中学高中部进行了第三届“民革宿豫总支高来达励志奖学金”发放仪式，人均1000元奖励20名品学兼优且学习进步较大的学生；11月，组织医疗界党员到豫新街道庐山社区开展义诊活动，为150余名社区居民免费进行内科、外科、妇科、五官科、X线、B超及肝肾功能生化检查。副主委柳明亮组织志愿者持续开展卫生急救知识进校园、进企业、进社区活动，全年义务为1.2万人进行了救护培训。副主委苏衍坤积极为企业服务，帮助企业融资，助推企业转型升级发展。副主委张明敏定期组织志愿者开展文化进乡村惠民活动，推动“送文化”与农民文化需求有效对接。（柳明亮）

·民盟宿豫区总支委员会·

【概况】 民盟宿豫区总支委员会于2016年8月25日顺利换届，新一届民盟宿豫区总支委员会下设中医院一、二支部、教育一、二、三支部、综合一、二、三、四支部、离退休老干部支部共10个支部。张智勇任总支主委，杨秋梅、张秀梅、李海霞任总支副主委。共有盟员83人，涉及卫生、教育、建设、文化等多个行业，其中本科以上学历72人，高级以上职称21人，中级以上职称54人；处级干部1名，科级干部7名。有28人次担任省、市、区人大代表和政协委员。

【民盟成员参政议政】 民盟宿豫区总支坚持开展“一支部一调研、一盟员一建议”活动，引导盟员围绕区委、区政府的中心工作，把调查研究作为重要抓手，积极主动履行参政议政职能。组织盟员紧扣“三大建设”发展主题，开展专题调查研究，共完成9篇专题调研报告。在市两会上提交8篇提案议案，在区两会上提交17篇提案议案。杨秋梅代表民盟宿豫总支在区政协第十四届委员会第一次会议上做了交流发言，民盟总支《关于加快我区乡村旅游提档升级的思考》和《关于着力打造我区特色镇村建设的建议》两篇提案被大会表彰为优秀提案。盟内7名科级以上干部参加区委刘海红书记召集的党外干部座谈会，围绕党外干部如何围绕中心、服务大局，紧扣“三大建设”发展目标结合自身本职岗位履职情况，积极建议献策，得到主要领导的充分肯定。在区政协召集各民主党派协商民主座谈会上，民盟总支围绕“三大建设”积极建言献策，提出尽快对各乡镇特色产业（功能）进行精准定位、高起点高标准编制具有地方特色的“美丽乡村·幸福家园”建设规划等建议。

【民盟自身建设】 坚持两月一次的学习制度，增强对参政党性质、地位、任务的认识，学习《中国政党制度》、盟史、新《盟章》等内容。盟总支积极组织盟内骨干成员积极参加统战部门组织的各类党外人士专题培训，学习参政议政和民主监督相关知识，提升水平。参加政协、人大组织的参政议政理论知识培训和各类调研、座谈、视察活动。部分盟员代表还参加市、区两级政行风评议、软环境和机关作风监督等。邀请民盟全体市委委员、部分政协委员人大代表视察调研宿豫区“一村一品一店”“支部+电商”以及特色镇村建设等。

【民盟成员服务社会】 盟总支的“同心”送文化、送医疗、送法律、送科技、送教育服务人员继续开展各项社会服务活动。教育支部开展“烛光行动”和中秋节关爱敬老院活动；中医院支部免费送医疗进社区活动；综合支部盟员送科技下乡和结对扶贫活动；盟总支组织40多名盟员志愿者进社区小区、农贸市场、沿街商铺参加创建全国文明城市的宣传活动，发放文明宣传材料2000份，提升广大市民对全国文明城市创建活动的知晓率与支持率。在盟组织和部门网站上发布活动信息20余条，扩大宿豫盟组织影响力。

（李海霞）

·民进宿豫区总支委员会·

【概况】 民进宿豫区总支委员会下设机关、教育、文法和综合4个支部，陈梅生任总支主委，张莉、程絮任总支副主委，共有会员38名，涉及环保、教育、规划、文化、司法、卫计、市场监督等多个行业，90%以上是本科学历，其中研究生2名，高级知识分子3名；副处级干部1名，科级干部3名。有21人次担任市、区人大代表、政协委员，其中市人大代表3人，市政协委员5人，区政协委员13人。

【民进参政议政】 民进宿豫总支中的市、区人大代表和政协委员，利用自身优势，关注社会热点难点问题，向有关部门反映社情民意，先后就新常态下经济转型发展、环境保护、城乡环境综合整治、文明城市建设、中小学教育、医疗卫生改革等问题，撰写提案、议案及建议20多篇，受到市、区领导重视，并被有关部门采纳和落实。

【民进社会活动】 2月16日，民进宿豫总支共筹集资金3000多元，慰问困难群众。6月20日，组织会员深入春绿集团等区内企业，了解经济运行情况。7月12日，到曹集乡开展调研，了解农村环境污染及治理情况。8月21日，开展义工基地活动，为贫困学生及残疾人士送去慰问金3200元。9月19日，组织会员开展农民安置房调研，为相关部门提供建议。12月6日，组织会员开展创建全国文明城市志愿服务活动，散发宣传单，宣讲道德模范先进事迹，参与交通执勤。

【民进自身建设】 3月30日，民进宿豫区总支召开新入会会员座谈会，正式接收王艳、杨碧云2名新会员。定期组织会员学习中共中央和省、市、区委的有关文件和会议精神，提高会员的政治素养。为了促进基层组织健康发展，总支还利用“三八”妇女节、教师节等节日，开展会员座谈交流活动，促进会员团结向上，增强党派凝聚力和荣誉感。8月24日，召开“民进宿豫区总支部三届一次会员大会”，经过民主选举，在全体会员的积极支持参与下，顺利产生新一届总支委员会。 （陈梅生）

·宿豫区党外知识分子联谊会·

【概况】 宿豫区党外知识分子联谊会（以下简称知联会）成立于2011年，2016年8月26日完成换届，康建平任会长，蔡莉莉、葛淑梅、晁先红、力辉、黄侣新任副会长。现有会员34名，涉及教育、卫生、建筑、司法、规划等多个领域，本科以上学历29人，研究生学历5人；副科级以上干部15人，副处级干部2人；省人大代表1人，市人大代表2人，区政协委员14人，市政协委员3人。

【知联会参政议政】 围绕区委中心工作，积极组织会员参政议政。2016年，知联会共完成5篇调研报告，涉及教育、医疗卫生、电商产业园建设等，其中康建平以《关于电商产业园区特色发展的建议》为题作大会发言。加强提案撰写，2016年撰写提案16篇，受到市、区领导重视，并被有关部门采纳和落实。

【知联会服务社会】 4月，与区科技局在知识产权保护日开展知识产权保护和地震知识宣传活动。6月，组织医疗队部分会员，与红十字会在大兴镇启建村开展免费医疗公益活动，为100多名百姓提供免费诊疗活动；中秋节前夕，在康建平带领下，深入油坊社区十余户贫困家庭进行慰问；10月，在技师学院开展医疗救护知识讲座，普及医疗救护知识，让在校学生学会自我救护；11月，教育分会在全区优选10名品学兼优的学生，为其捐助部分学费，参加了一次与品学兼优的贫困学生亲密接触的大讲堂活动；12月，知联会协调来龙太平居委会维修水泵两台，解决多年的打水难问题。

【知联会自身建设】 2016年，知联会在加强理论学习的同时，不断优化组织建设。8月26日，在江山大酒店召开第二届会员大会，大会选举产生新一届理事会领导班子成员，新增两名副会长，为知联会注入新的血液。会上进一步明确会长和副会长的职责，细化各组负责人工作职责，提出“211”的目标，即全年每组组织会员活动不低于2次，撰写调研报告不少于1篇，撰写提案不少于1个。同时做好新会员的发展和建档工作，2016年筛选3名会员作为发展对象。 （朱成华）

·宿豫区工商业联合会·

【工商企业参政议政】 开展“百家企业走访调研”活动，走访调研企业106家，梳理问题30余个，征求意见建议20余条，撰写《关于创建国家信用体系示范城区的建议》《关于推动非公经济健康转型发展的建议》《关于推进企业上市工作的建议》《关于加强新形势下工商联工作的报告》《畅通非公经济人士政治参与渠道推进协商民主工作创新发展》等调研文章5篇，并先后在区政协年会、区协商民主工作座谈会、区直部门“创特色、补短板”座谈会上作专题发言。完成全联和省联安排的“上规模民营企业调查”、《省政府降低实体企业成本意见》

落实情况调查等5项专题调查。2016年，全区企业家人大代表、政协委员撰写议案、提案29件，涉及产业升级、科技创新、电商发展、民生诉求等方面，区政府全部以“两办”文件交办有关部门办理。

【服务会员活动】 举办“互联网+”与民营企业转型发展报告会、“破解企业债务困局讲座”“全区企业税收新政策专题辅导班”“传统企业电商经济命脉转型培训班”等，培训企业各类人才542人（次）。组织9名新生代企业家参加在湖南大学举办的“全市第四期新生代企业家培训班”。安排46名非公经济人士参加市联组织的培训、论坛活动。会同经信局编印7期《中小企业政策信息简报》，印发1套《扶持工业企业发展优惠政策清单汇编》。“区工商联精英群”和企信通平台及时为企业家提供大量供给侧结构性改革及金融、财税等相关政策信息。举办宿豫区民营企业家“互联网+”行动宣言发布会，组织企业家观摩电商产业园、京东全国客服中心等，引导企业“触网”发展。出台《宿豫区工商联系统“两学一争”活动实施意见》，在秀强股份、易工场已成功举办活动2场，100余名企业家参加活动。组织开展“全市部分青年企业家交流座谈会”，观摩京东客服中心、艾伦特企业，并召开企业家座谈会。组织部分青年企业家到宿迁三石包装有限公司考察学习，促进年轻企业家交流互鉴。搭建“产学研”互动平台。联合市科技局、高新区科技局组织开展“宿迁市新材料科技成果产学研合作洽谈对接会”。搭建“政银企”对接平台。参与市级银行机构“511”企业融资服务宿豫行暨政银企对接座谈会，6家区工商联副主席、常委企业与银行签订贷款协议1.9亿元。加强商会民间交流活动。先后有保加利亚中国工商会主席维克多、浙江平阳工商联、盐城市工商联和张家港市工商联到宿豫调研并开展商务考察。参加“情系桑梓、回馈故里——南京宿迁商会‘迎中秋、献爱心’”公益笔会活动，参加2016中澳苏商经贸周活动开幕式等活动。

【非公经济人士理想信念教育实践活动】 开展以“守法诚信、提振发展信心”为重点的理想信念教育实践活动。组织20余名企业家先后到苏北大战烈士纪念馆、湖南韶山接受爱国主义和革命传统教育。组织部分新生代企业家走进“中国好人”——周咸材企业接受学习教育。组织企业家参加“全省非公企业党组织负责人”培训班。配合组织部门开展“红领助企”活动，促进非公企业党建工作。通过企信通等平台发送“四信”教育内容短信70余条。召开执委会通过《宿豫区总商会企业家诚信宣言》，与会企业家在宣言书上签名，《中华工商时报》报道宿豫区的做法。印发《关于加快全区民营企业诚信体系建设的实施意见》《关于开展2016年度诚信示范民企创建活动的通知》等文件，组织15家企业参加“全市企业法律大讲坛”活动。组织由30名苏州籍企业家在宿豫特教学校举办“同粥共济，和合暖心”慈善活动座谈会。按照省联“百企帮百村”精准扶贫活动部署，全区44家民营企业挂钩帮扶44个经济薄弱村，取得初步成效。号召广大民营企业家为受龙卷风灾害的盐城阜宁等地捐款捐物。在全市“群”众扶贫助学行动中，区工商联系统捐款26.34万元。将秀强股份、顶好蛋糕作为诚信典型；宏升电子、团结牧业作为千企互助典型；益客食品作为扶贫开发典型上报市工商联。

【工商业联合会第七次会员代表大会】 12月13日，在江山大酒店召开。205名工商界会员代表参加会议。会议听取中共宿豫区委书记刘海红的重要讲话；选举产生工商联第七届领导班子，区政协副主席朱义和当选工商联主席；听取并讨论第六届执行委员会工作报告。

【乡镇街道商会换届】 10月，召开了区工商联（商会）换届工作动员会和业务培训会，对乡镇商会换届工作进行部署安排。截至11月20日，全区10个乡镇商会和3个街道商会全部完成换届工作。各乡镇街道商会通过选举产生新一届的会长和理事会成员。 （顾秀芳）

·人民武装·

【概况】 2016年，区人武部党委班子始终在工程建设、经费使用、兵员征集等敏感事务上，严格标准程序，实行阳光操作，主动接受监督。“坚持廉洁征兵 树立阳光形象”做法被《宿迁日报》国防专版头条采用。注重抓好营院文化氛围营造，利用亮化灯箱、电子屏幕等载体着力打造法治文化、廉政文化；依托朱瑞将军纪念馆、雪枫公园等红色教育基地，开展缅怀先烈伟绩、重温入党誓词等活动。

【战备工作】 2016年，组织开展识图用图、作战计算、战术标号标图训练和文书拟制等机关业务学习训练，于6月参加分区司令部组织的作战方案和抢险救灾方案修订；协调区政府出资30多万元对作战室各类功能老化的音响进行全面改造；配齐配全应急装备，适应作战值班要求。投入23万元完成区应急连的战备器材室建设，各类作战、应急器材按编制装备到位。

【民兵抗洪抢险训练】 2016年5月9—31日，在训练基地（井头乡）开展抢险救灾应急连骨干训练，全区专武干部20人和三个合成化民兵应急连365人次参加集训。5月29—30日，在骆马湖水域进行水上救援演练，市、区电视台全程跟踪报道，军分区党委常委、后勤部长李守卫带分区机关人员检查并指导训练。

【民兵组织整顿】 2016年，编入民兵组织总人数为47276人，其中普通民兵43426人，基干民兵3850人，编应急队伍1285人，支援队伍1041人，登记储备队伍1524人，5月份在省军区组织的民兵应急连点验中，严格按上级要求做到齐装满员、训练有素，圆满完成上级的点验任务。

【安全管理工作】 在营区管理方面，协调区政府出资12万元新装监控系统和车辆人员营门管理系统，修订完善防暴恐袭击预案，加强所属人员搞好针对性演练。在保密办公方面，加强文印室、保密室管理，强化干部职工保密意识，严格遵守网络办公“十条禁令”。在车辆管控方面，突出驾驶员安全常识教育和行车安全管理，强化驾驶员安全意识。抓好车辆动用派车手续管理和“三证一匙”管理，切实做到不私自出车、不带故障出车。

【征兵工作】 2016年，全区圆满完成上级交办的征兵任务，大专以上学历占征集兵员总数的44.7%，大学生入伍比例居全市之首，达到省里提出的大学生征集目标。走在全市前列；高中（含职高、中专、技校）以上学历占征集兵员总数的51.9%。征集兵员中党（团）员占征集兵员总数的78.5%，无一例责任退换兵事件，圆满完成上级交办的兵员征集任务。 （军事科）

【双拥共建创新】 协调安置随军家属2名、转业士官6名，安置质量和数量均走在全市前列。开展走访慰问贫困户、困难党员、基层营连主官家庭等活动，累计发放慰问金、慰问品价值10万余元，结对扶持2名贫困学生，妥善解决4

起涉军维权问题。

【扶贫参建】 2016年，区人武部先后拿出1.2万元援建新庄镇朱林圩村村部建设，拿出3万元扶持大兴镇新新村发展瓜蒌特色产业，主动协调苏南5个人武部分别对辖区5个贫困村进行重点帮扶。（刘　建）

·人民防空·

【概况】 投资1.2亿元的江苏省民防训练基地，战时为人口应急疏散避难场所，平时则是户外拓展、军事训练和防灾技能培训场所。2016年，人防经费征收力度加大，全区共征收人防经费近2900万元。基地当年共接待全国人防系统161位来宾；接待省内南通市、盐城市、淮安市等人防专业队训练15批次；接待宿迁市内机关干部、企事业员工、学校老师等267个团队、1.7万人到基地拓展训练。2016年9月，区人防办被评为"全省民防系统先进集体"。2016年，民防工作考核位居全市第一；12月，人防办卜向梅被评为"十二五"全省人民防空先进个人。

【人防工程建设】 2016年，全区人防工程立项总面积约31.6万平方米，已竣工总面积约5.8万平方米，在建总面积约9.8万平方米。其中，2016年新开工面积约2.2万平方米，新竣工面积约1.8万平方米。全区人防工程的标识标牌安装工作进一步完善，人防知名度显著提高。

【人防通信警报设备完善】 截至年底，全区共有通信警报设备19台，其中，电动警报器3台、电声警报器5台、固定电声一体机警报器6台、多媒体警报器4台。城区警报音响覆盖率达90%。10月，在盛世家园小区3号楼顶建设警报控制中心台，实现全区警报管理一体化和信息化。利用地面应急指挥中心平台，每周三和市民防局进行一次语音通话调试，每周四进行一次视频会议调试，保持设备运行正常。

【人防宣传教育】 民防知识进校园工作在全区22所中小学全面开展，免费向全区小学四年级和初二年级学生发放8500册《民防知识》读本，并组织学习该课程的8500名学生到江苏省民防训练基地参观防空防灾体验馆，寓教于乐；民防进社区工作稳步推进，在豫兴街道锦华社区和顺河街道金色家园小区成立社区民防工作站，建设民防器材室和民防知识宣传栏，及时向社区居民宣传防空防灾知识。组织300多名民防志愿者到民防基地培训，学习防空防灾知识和技能，提高自救互救能力。

【人防专业队整组】 2016年，修编整组抢险抢修、医疗救护、消防、治安、防疫防化、运输等六支共300人的人防专业队伍，利用"9·18"全省防空警报试鸣日活动，在江苏省民防训练基地成功组织宿豫区人防专业队防空演练，提高专业队应急处理能力。

【徐海蚌地区红十五军三师纪念馆参观接待】 徐海蚌地区红十五军三师纪念馆位于人防训练基地院内，于2013年10月底建成开馆，成为全市红色革命教育基地和爱国主义教育基地。2016年，馆内共接待组团参观100余批次1.1万余人，其中党政机关组团参观11余批300余人次，学校组团90余批9800余人，企业组团10余批1000余人。另外，馆内全年接待散客人数达2000余人。（张　乐）

·武警消防·

【概况】 宿豫区公安消防大队下辖泰山路消防中队，人数43人，执勤消防车8辆，行政用车3辆。大队担负全区防火监督、灭火执勤、抢险救援和社会救助工作，全区连续16年未发生重特大火灾事故。

2016年，大队获得市政府消防工作考核

“优秀”等次，在市消防支队迎新春体能对抗赛暨大型综合商业体实战化考核中获得第二名，被确定为市青少年维权岗创建单位；中队指导员夏新东在支队政工比武竞赛和诗歌朗诵比赛均取得第一名，中队战士李根获得区“十大青年”表彰；中队获得全市消防支队队列会操第三名、全市执勤岗位练兵比武竞赛第三名。

【政府消防工作责任落实】 全区各级党委政府严格落实消防安全“一岗双责”制度，逐级签订消防工作责任状。区政府通过召开消防工作会议、与各乡镇签订目标责任书、督促检查通报等形式推进消防工作责任落实。区主要领导先后12次听取消防工作专题汇报，批示会办公共消防设施建设、政府专职消防队伍建设及区域性火灾隐患整治等消防工作，解决当前我区消防安全问题。明确各有关部门、各乡镇（街道）、园区政府消防工作责任和具体任务，健全职责法定、权责统一的消防工作责任体系，推动消防工作责任落实。

【消防监督有序开展】 大队开展各项消防安全专项行动，采取“5+2”“白加黑”的超常规监管模式，实行不招呼监督抽查、不间断防火巡查、不定时错时检查，切实加大监督检查力度。截止年底，共组织监督检查2582人次，检查单位1291家，发现火灾隐患或违法行为1158处，督促整改火灾隐患或违法行为1098处，下发责令改正通知书619份，下发行政处罚决定书125份，下发临时查封决定书24份，责令“三停”单位9家，罚款68万元。

【消防装备建设】 2016年度，大队始终坚持不断提升灭火救援装备档次，引领消防工作全局。先后投入120万元购买一辆防化洗消车、38万元购买一辆消防宣传车、65万元为官兵购买新式个人防护装备、85万元购买一批荷马特破拆工具组、地震救援和灭火救援器材。此外，宿迁生态化工科技产业园管委会投入100万元购置1台消防机器人。

【市政消火栓建设】 2016年，区政府投入77万元，新建消火栓154只。截至9月30日，区政府在全市率先完成市政府三年规划的773只消火栓建设任务，全面补清市政消火栓历史欠账。同时，从2016年起，在新建道路时，区住建局、区城管局、区水务局和区公安消防部门按照《宿迁市室外消火栓管理办法》要求，同步建设市政消火栓，做到同规划、同施工、同验收。已建成的市政消火栓，确保完好率达100%。

【政府专职消防队建设】 2016年，区政府投入80万元进行营房改造、50万元购买一辆水罐消防车、15万元购买消防器材。新建的来龙镇政府专职消防队位于来龙镇龙腾路东侧，占地面积约3亩，建筑面积约600平方米，建设标准为二级政府专职消防队，配备2辆消防车，16名专职队员，承担来龙镇及周边地区灭火应急救援任务。5月11日，区公安分局召开乡镇政府专职消防队达标创建推进会议，现场观摩陆集镇政府专职消防队建设。截至年底，全区9个政府三级专职队建设已达标。全年，乡镇政府专职消防队单独处置各类火灾事故警情128起，配合消防大队处置各类火灾事故警情156起，挽回各类财产损失120万余元，全面实现初起火灾不出乡镇的目标。尤其在两季秸秆禁烧期间、杨絮火灾多发时节和G20杭州峰会安保期间，各乡镇政府专职消防队及时处警、有效处置，切实发挥应有作用，提升群众满意度和安全感。

【化工园区消防安全综合治理】 年内，大队组织相关部门对园区进行消防安全综合治理。开展安全评估、储备配强50吨泡沫灭火剂、购买消防机器人，开展易燃易爆企业消防安全集中整治，在旭派科技发展有限公司建成宿迁市第一家联防联治办公室并开展区域联防，在丹霞化工有限公司建立区域联防物资储备仓库，在园区30家重点单位建成“四有”标准微型消防站，整改企业消防安全隐患，提升化工园区火灾风险防御能力。

【岗位练兵工作】 2016年，消防以面向实战化练兵为抓手，按照省消防总队、市消防支队执勤岗位练兵比武竞赛方案，制订计划。大队在市消防支队迎新春体能对抗赛暨大型综合商业体实战化考核中获得第二名；支队年终执勤岗位练兵考核荣获第一名。中队长胡海平代表支队参加省公安厅“四项”（基础信息化、警务实战化、执法规范化、队伍正规化）建设竞赛，取得百米消防障碍全省第一名成绩。

【抢险救援】 按照防灭结合、着眼实战、有效准备的原则，加强辖区情况熟悉、数字化灭火预案制作等“六熟悉”工作，保证辖区道路、水源等基本情况底数清、灭火救援预案熟悉，每周开展不少于2次的重点单位、娱乐场所情况熟悉或演练。2016年，大队共接警出动602起，出动697次（含增援），出动消防车1007辆次，消防人员5380人次，抢救被困人员50人，疏散人员37人，抢救财产价值840万元。

（夏新东）

·政法委及综治·

【概况】 持续开展法律“九进”普法宣传，定期组织开展“农民工学法月”“法润宿豫·春风行”“留守儿童法治大讲堂”等活动。全面推行社会稳定风险评估工作，坚持从源头上化解矛盾，全年完成重大决策事项评估32件，超前排查化解一批不稳定因素。年内，宿豫区先后蝉联“全国法制宣传教育先进区”“江苏省法治建设示范区”“全省社会治安安全区”荣誉称号，被评为全国“六五”普法先进单位。在2016年全市法治年度考核中，宿豫区再次位列第一，全区法治建设满意度97.03%，高于省市平均水平，继续保持全市领先地位。

【法治为民办实事】 2016年，全区共实施法治为民办实事项目20件，内容涵盖环境整治、征地拆迁、安全监管、社会保障、执法监督、司法救助等领域。在项目选定方面坚持“广泛征集项目、面向社会公布、贴近群众生活”；在项目推进方面建立领导挂钩、责任包保、定期会办、督察督办、责任追究“五项机制”。

【法治文化典范】 2016年，宿豫区、区司法局、玖久丝绸股份有限公司被表彰为全省“六五”普法先进单位。区国税局法治展厅被表彰为省级法治文化示范点。区公安分局执法办案中心被表彰为市级公正司法示范点。大兴镇新新村、关庙镇水汉村、曹集乡双河村被表彰为省级民主法治示范村。顺河街道椿树社区、豫新街道中通社区、下相街道何塘社区、仰化镇仰化社区被表彰为省级民主法治示范社区。

【司法体制改革】 组织政法各部门传达学习中央、省委关于司法体制改革有关文件会议精神，跟踪全省司法体制改革试点情况，做好政法干警思想政治工作。顺利完成法官、检察官员额制改革，区人民法院被确定为全省家事审判改革试点单位，区人民检察院被确定为全省行政公益诉讼改革攻坚单位。

【矛盾纠纷多元排查化解】 搭建区、乡、村、组及网格信息员“五级调解网络”，建立综合调处服务、多调对接、排查预警、源头预防、利益诉求、经费保障、考核奖惩等“八项调解机制”。区里设立每年100万元调解专项基金，全区建成区级调委会1个、行业调委会10个、专业调解室6个，共有专职调解员191名，费用由区财政统一拨付。2016年，调处矛盾纠纷2500余件，成功率达98%以上。推进多元化纠纷化解平台建设，区政法委出台《关于深入推进诉调对接多元化解决矛盾纠纷的实施意见》，逐步建立人民调解、行政调解、司法调解的“三调联动”和排查、化解、稳控、处置的“四位一体”工作机制；将诉调对接、多元化解决矛盾纠纷工作实绩纳入区社会治安综合治理和“平安宿豫、法治宿豫”建设工作予以考核。建立万人诉讼率、民转刑案件数等指标考核体系，要求各乡镇、各街道、各园区及相关部门对委托调解的案件调解成功率不低于60%，律师、法律工作者参与调解率不低于60%。开展矛盾纠纷“减存量、控增量”专项治理行动，制订全区重点信访事项分类分级化解百日专项行动实施方案，加大劳资关系、征地拆迁、环境保护、医疗卫生等领域矛盾纠纷化解力度。

【治安巡防】 区委办、区政府办联合下发《加强专职巡防保安队伍建设的意见》，区综治委制定《全区治安大巡防考核办法》，通过政法工作群每日报乡村巡逻图片、综治办每周汇总发通报、综治委每半月一考核，形成“天天督查、村村行动”的巡防新格局。

【基层平安创建】 稳步推进平安乡镇(街道)、平安村居(社区)、平安校园、平安医院、平安家庭、平安市场等系列平安创建活动，加大平安创建宣传力度，调动群众参与热情，着力提升平安创建知晓率和公众安全感。特别是在平安校园建设中，全区所有学校食堂均通过量化分级考核，校舍建立安全保障长效机制，维修改造经费纳入财政预算，创成省消防教育示范学校1所、省平安校园27所、省交通安全示范学校4所，全区校园呈现安全稳定的良好局面。

【重点地区整治】 针对治安问题突出的重点区域、部位和场所，以黄、赌、毒等问题为重点，组织开展专项整治行动，宿豫区被评为全省“扫黄打非”工作先进地区；将大兴、新庄列为区级年度社会治安重点地区进行挂牌整治，将丁嘴列为年度平安创建末位重管。在寄递物流清理整顿方面，严格执行100%先验视后封箱、100%实名寄递、100%安检制度。在危爆物品清查整治方面，对省高新区、宿迁生态化工科技产业园进行全面排查，坚持重点企业每日必查、每查必留记录，确保不发生一起安全事故。在交通安全整治方面，在全市率先启动农村道路交通安全综合治理，全市现场会在宿豫区召开。

【特殊人群服务管理】 以底子清楚、管控有力、服务良好为目标，扎实做好刑释解教人员、社区矫正人员、吸毒人员以及易肇事肇祸精神病人等重点人群的管理服务，进一步健全完善安置帮教制度措施，帮助其更好地融入社会。全区社区服刑在册人员、安置帮教人员无一脱管、漏管、重新犯罪。出台宿豫区《关于贯彻以奖代补政策落实严重精神障碍患者监护责任的实施办法》，加强对全区严重精神障碍患者的监护管理。

【社会治安防控体系建设】 推进全区社会治安立体化防控示范乡镇和示范社区建设，壮大群防群治力量，加大区、乡二级社会治安防控经费投入，推动示范乡镇社区人防、技防、物防标准化全覆盖，目前全区三级巡防力量达1200余人，与“红袖标”志愿者协同开展社会面巡逻防范。

【涉法涉诉信访案件处理】 开展清理和依法处理涉法涉诉信访积案专项行动。建立完善专项行动督查督办制度、信息报送制度、定期通报制度，行动开展情况列入2016年度全区依法治区和平安建设考核内容。对全区涉法涉诉信访积案进行梳理，明确涉法涉诉信访积案58件，各责任单位“一把手”作为第一责任人亲自包案，58件案件全部化解到位。建立律师参与化解和代理涉法涉诉信访案件机制。对非访、缠闹访、集体访、极端访的案件，赴省进京越级访案件，扬言滋事的案件，上级机关交办的案件，社会关注度高、可能引发媒体炒作的敏感案件，认识上存在重大分歧以致久诉不息的案件，重大、复杂、疑难的信访案件等案件实行律师参与化解和代理制度。（张　瑞）

·法治政府建设·

【依法行政建设】 制定出台《2016年全区推

进依法行政建设法治政府工作要点》，对各项目标任务、责任分工层层分解，落实到位。通过依法行政考核、示范点创建、督促指导等方式加大对依法行政工作推进力度。坚持典型示范，以点带面，引领和推动全区依法行政工作整体推进，在确认区公安分局等10个部门为区级依法行政示范点的基础上，积极推荐区国税局等4个部门为市级依法行政示范点候选单位。

【依法决策】 9月，区政府常务会研究制定出台《宿豫区人民政府重大行政决策程序规定》，从决策启动、委托第三方起草草案、公众参与、专家论证、风险评估、廉洁性审查、合法性审查、集体决定、后评价制度、责任追究等方面进一步健全行政决策制度机制。先后组织宿豫杉荷园省级湿地公园、《宿豫区"十三五"环境保护和生态建设规划》和乡镇规划等专家评审论证会。对社会涉及面广、与广大群众利益密切相关的决策事项，先后在"中国宿豫"政府网站对宿豫区控制性详细规划、下相街道发展与民生、小型农田水利设施体制改革等21个事项进行意见征集。探索重大决策的后评估工作，分别对农村生态养殖及排污配套工程、养老机构设施提升改造工程等为民办实事项目进行后评估，均达到政策制定的预期效果。建立重大决策事项讨论记录备案制度，先后通过召开政府常务会、区长办公会就进一步做好新形势下就业创业工作、涉农项目资金整合使用、城乡困难群众临时救助、社会组织分类培育等工作，实行集体充分论证和讨论，并以会议纪要等形式记录整理，作为决策依据。

【法律顾问制度建立】 成立区政府法律顾问委员会，建立政府法制机构人员为主体、吸收专家和律师参加的法律顾问队伍。4月，出台《宿豫区关于推动建立新型政府法律顾问制度的意见》，对全区各乡镇政府、街道办事处、园区管委会及区政府各部门普遍建立新型法律顾问制度进行安排部署。目前，法律顾问制度已普遍建立，并在行政诉讼应对、复议案件审理、涉法涉诉问题解决、协议审定等多方面发挥积极作用。

【矛盾化解】 发挥行政复议定纷止争作用，贯彻落实《宿豫区行政复议工作规范化建设实施方案》，逐步推行统一受理、统一审理、统一决定的"三统一"运行模式。全年，共收到行政复议申请3件，经审查，不予受理1件，受理2件，均已审结。拓宽行政复议受理新渠道，在全区13个乡镇（街道）全部建立行政复议基层受理点。开展行政复议调解工作，运用法律手段和行政管理手段化解矛盾，调处行政争议4件。健全行政调解、人民调解制度，依法开展行政调解、人民调解工作。抓住春节、两会等重点时期，重点协调解决消费者权益、交通事故、婚姻关系、邻里关系、物业管理、医患纠纷、劳动关系等方面的矛盾纠纷。开展矛盾排查化解"百日行动"专项活动，做到矛盾纠纷早发现、早调处、早解决，把矛盾纠纷解决在萌芽状态，解决在始发阶段。全年，共受理行政调解8153件，调解成功率96.5%，涉及调解金额3346.95万元；人民调解2302起，调处成功2293起，矛盾调解成功率达到99%以上。

【民意访评中心建设】 将全区70家区直单位和所有乡镇（园区）以及社区居委会、行政村为民服务事项全部纳入民意访评范围。年内，已接收各类办件195106件，按抽样规则有效访评32134件，下发整改通知685件，61件二次不满意办件转纠风办查处，群众满意率达94.45%。巩固完善网络问政、政务微博等交流平台，2016年，全区共受理网贴26620条，回复率达100%，办结率达100%，充分发挥社会监督作用，切实推动行政效能提升。

（王　莉　朱芳远）

·公　安·

【概况】 宿豫公安分局内设办公室、指挥中心、国保大队、治安大队、刑警大队、交警大队、经侦大队、巡特警大队、网安大队、出入境管理大队、法制大队（信访科）、督察大队、政治处、警务保障科、单位内部安全保卫大队、消防大队、科技信通科等17个内设机构和14个派出所，其中原顺河派出所更名为珠江路派出所。2016年，宿豫区被省综治委评为“全省社会治安安全区”，连续11年摘冠；区公安分局分别被省公安厅评为“全省公安信访窗口二级单位”、解决信访突出问题专项行动先进集体，此项殊荣全市唯一；区公安分局被市委政法委表彰为G20峰会安保工作先进集体；被区委、区政府评为目标综合考评先进单位、文明城市创建工作先进单位和依法治区工作先进单位；被区政府表彰为“2011—2015年全区法治宣传教育工作集体三等功”。年内，区公安分局2人荣立二等功，32人荣立三等功。

【维护社会稳定】 围绕全区矛盾较突出的被辞退民办教师、骆马湖打砂船民等重点群体，强化情报信息搜集和目标稳控，共搜集上报各类情报信息1245条，及时预警和化解涉稳涉访苗头92起。成功处置“高考减招”、部分拆迁户、小区业主、企业债权人维权引发的涉稳、涉访事件50余起。

完成全国“两会”、G20峰会、十八届六中全会、全省苏北工作会议等安保任务，实现敏感时期“六个确保”目标。

加大秘密力量物建指挥，开展内线侦察，宿1004、苏厅5020专案、宿3005专案均取得实质性进展。部署开展“2016震慑”“2016净网”专项行动，截至年底，已办理案件15起，移送起诉1人，行政拘留47人，打掉团伙2个。

牵头组织开展影响政治安全风险隐患和工作短板排查，共梳理隐患15起、工作短板1个。

链接：

“六个确保”：确保无进京非正常上访，确保无进京越级走访，确保无进京集体上访，确保无赴省集体上访，确保无来市重复集体上访，确保不发生严重影响社会稳定的重大事件、涉访群体性事件、个人极端事件和重大网络安全事件。

【网络舆情掌控全省先进】 落实互联网信息巡查制度，重点监控网站论坛、QQ群、贴吧，及时发现有害信息和涉及宿豫稳定的信息。2016年，网安大队共计上报各类互联网信息1.4万余条，被省、市网安部门采用1200余条。上报预警本地各类维稳情报信息60余条，及时预警红星凯盛业主到宿集访、御景龙庭业主穿文化衫聚集区政府维权、高考减招家长集访、本地网民声援南海仲裁案、关庙命案、宿豫中学命案等本地重大涉稳事件。互联网信息监控全省排名第一。

【打击犯罪】 组织开展亮剑行动、利剑行动、“打黄赌、铲源头”、打防通信网络诈骗犯罪、惩治食品药品安全犯罪等专项行动。2016年，全区公安机关共破获各类刑事案件735起，破案率34.65%，持续保持全市第一，全省领先，共行政拘留431人，罚款145人。刑事拘留350人，取保候审399人，提请逮捕375人，逮捕346人，移送起诉574人。

年内发生的4起现行命案均在较短时间内破获，“八类案件”破案率98.21%，开展“肃毒”专项行动，侦破贩卖毒品案件6起，缴获冰毒179.7克，抓获贩毒人员19名，涉毒查处数同比增长100%。共破获侵财案件478起，破案率26.25%，全市第一。抓获侵财犯罪嫌疑人227名，破获10起以上串案5串，追回赃款赃物350余万元。抓获通信网络诈骗犯罪嫌疑人5名，破获当地案件17起，扣押追缴赃款200余万元，通信网络诈骗案件同比下降36.47%，环比下降31.51%，下降幅度全市最高。

【治安防控体系建设】 率先在全市公安机关完成农村交警中队与派出所合署办公勤务机制改革，增强农村治安防控能力，提升农村交通安全管理水平。2016年，全市“所队合署”工作现场会在宿豫区召开。

构建社会治安“六张防控网”，技防城共建成监控点1065个、监控相机2188台，监控完好率保持在95%以上，建设密度和运行质态均全市领先。以“四道防线”建设为抓手，整合警力、屯警街面，健全动态巡防机制，实行三色预警、四级勤务，提升重点时空、重要节点巡防覆盖率，全市“四道防线”建设现场会在宿豫区召开。全区公共娱乐服务场所治安管理信息系统安装率100%，148家旅馆、86家公共娱乐场所治安管理信息系统和监控安装率100%，388家特种行业系统安装率达97.9%。

【交通秩序整治】 2016年，共查处各类交通违法行为267846起，其中简易程序处罚案件266378起，一般程序处罚案件1468起；查处饮酒驾驶案件72起；查处无证（未取得机动车驾驶证）驾驶汽车案件9起，无证驾驶摩托车案件483起；侦办危险驾驶96起；抓获网上逃犯2人；查获盗抢车辆4辆。

【危化品安全管理】 完善涉危企业“365”管控模式和分级管理机制，开展危险物品单位新一轮安防达标攻坚活动。深化缉枪治爆专项行动，排查整治涉枪涉爆安全隐患，全力查禁收缴各类非法危险物品。加强烟花爆竹安全监管，严防发生燃放安全事故。2016年，共检查危险化学品单位210余家次，发现整改各类安全隐患62处。全区重点危险品企业备案率100%，列管率100%，硬件设施建设达标率100%，全区未发生因危险品管理不当造成人伤亡事故。

【规范执法】 出台《宿迁市公安局宿豫分局集体通案制度》，实行基层执法所队、法制大队、报审、审核民警与审批局领导三级逢案必通的通案制度。制发《关于将执法点评工作纳入执法单位例会的通知》，明确执法工作每周例会点评，并纳入法制绩效考核记分。

【自主研发软件获奖】 成立宿豫公安分局科技信息化委员会、科技信息化办公室，从机制上对科技信息化项目的立项调研、过程跟踪等方面进行审批和规范。公安分局研发使用的“警E巡系统”和“视频监控微卡口改造”两个项目均被省公安厅评为2016年度省公安厅科技强警三等奖。

【从严治警】 率先在全市公安机关启动全警轮值轮训工作，完善《分局民警损害公信力差错记分办法》，以“负积分”的方式，对损害公信力的行为进行累积记分，记分结果与评先评优、晋级晋职挂钩，有效减少各类违纪违规行为的发生。加大民警合法权益保护，出台《从优待警十项措施》，队伍的凝聚力和战斗力显著提升，涌现出一大批优秀典型和先进人物。2016年，网安大队获评全市最美警队；民警张洪波被评为省文明职工、全市最美警察；民警陈作猛获得全市“十大青年卫士”称号；辅警彭成江荣获“全市最美辅警”称号。

【户籍管理】 2016年，全区常住人口499881人，比上年增0.91%，人口出生率1.6%，自然增长率0.2%。0~14岁少儿人口98756人，15~64岁劳动年龄人口345257人，65岁及以上老年人口55868人，流动人口14752人，城镇人口238534人。办理二代身份证41541张，制发临时身份证17583张，制发居住证3798张。

（高　源　韩玲玲）

·检　察·

【概况】 2016年，区检察院以“创建精品化检察院”为工作目标，各项工作取得积极进展。9月21日，省检察院党组书记、检察长刘华一行莅临区检察院电子商务产业园检察官办公室指导工作。年内被省文明委评为“2013—2015年度江苏省文明单位”，被市政府评为全市文明单位，被区委、区政府表彰为2016年度全区目标考评综合先进奖，公诉科、反贪局分别被市人民检察院授予“集体三等功”，胥凯利、年冬阳分别荣获全省第七届“十优公诉人”、全省第五届“侦查监督业务能手”称号，查办的宿迁市中级人民法院执行局实施处原副处长仲某等人共同受贿案被评为2015年度全省检察机关反贪部门“十佳优质案件”，被市政府评为“六五”普法先进集体。

【查办和预防职务犯罪】 2016年，区人民检察院共立案查办贪污贿赂犯罪案件10件14人。其中，正科级干部4人，在征地拆迁领域查处4件6人。立案查办渎职侵权犯罪案件3件5人，其中供销系统渎职案件1件3人，正科级干部1人。建立反渎案件约谈制度，以“面对面”的方式督促和帮助发案单位立章建制，扩大办案效果。

【批捕起诉】 区人民检察院共受理公安提请逮捕案件151件250人，依法批准逮捕123件194人。受理公安起诉案件490件694人，依法提起公诉464件653人。先后对公安部挂牌督办的特大电信诈骗案首批8名犯罪嫌疑人作出批准逮捕决定。对宿豫公安分局立案侦查的涉案7亿余元、注册会员达50余万人的特大网络传销案20名被告人依法提起公诉。联合区法院、区公安分局、区市场监管局出台《关于办理危害食品药品安全刑事案件的具体实施意见》。推动召开全区行政执法检察监督工作会议，先后到区市场监管局、市盐务局授课，推进“两法衔接”工作，提起公诉危害食品药品安全案件5件13人。

【保障非公经济发展】 先后到秀强玻璃股份公司、禾友化工集团、沂醇生物科技等企业调研，帮扶企业发展。立足宿豫电商产业发展实际情况，在宿迁市电子商务产业园设立检察官办公室。深入京东、当当、易工厂、益农科技等电商企业调研，制定出台《服务和保障电子商务产业健康发展十条措施》，获地方党政领导批示。省人民检察院检察长刘华，市委常委、政法委书记张晓伟，市检察院原检察长王鹏现场调研，对区人民检察院服务电商的具体做法给予充分肯定。结合查办的涉电商企业案件，通过发出《检察建议书》、开展法治教育课等形式帮助企业查找、堵塞管理制度上的漏洞。

【诉讼监督】 2016年，立案监督3件5人，追诉6件，提起抗诉1件1人。监督撤销缓刑、收监执行5人，开展羁押必要性审查案件7件。在全市率先开展审前未羁押判处实刑未交付执行专项检察活动，相关情况反映被省人民检察院采用。对2014年5月以来审前未羁押判处实刑未交付执行罪犯进行专项清理，共排查出32人，积极督促依法处理。深入开展财产刑执行监督工作，在全省刑事执行检察工作会议上交流经验做法。办理民事虚假诉讼2件，向法院发出再审检察建议，并作为虚假诉讼犯罪线索移送公安机关。

2016年9月21日，省检察院党组书记、检察长刘华一行，莅临区检察院电子商务产业园检察官办公室指导工作

【检察改革】 按照检察改革统一部署，遴选出22名干警进入全省首批员额检察官，初步完成人员分类管理改革，形成检察官、检察辅助人员、司法行政人员三类人员架构。与律师事务所签订《关于律师参与化解和代理涉法涉诉信访案件的协议》，坚持运用法治思维和法治方式解决涉法涉诉信访问题。推动召开全区行政执法检察监督工作会议，强化行政执法检察监督工作。

【检察队伍建设】 2016年，组织参加实务培训21批次70人，培训内容包括民行、控申等业务条线的培训以及信息写作、新闻宣传等综合培训，组织干警参加各类电视电话培训19批760余人次。自行举办侦查实训、公诉实训等岗位练兵活动，提升干警实战能力。注重培养和选拔业务骨干参加条线业务竞赛，以赛促进。

（孙晓娟）

·法　院·

【概况】 2016年，区人民法院受理各类案件13154件，同比增加14.47%，审执结各类案件11862件，审、执结案件数同比增加1.42%。先后被省高级人民法院确定为“全省司法公开示范法院”“全省法院文化建设示范单位”“党建工作先进集体”，被市委、市政府表彰为“法治宿迁建设先进集体”，被省文明委授予“江苏省文明单位”称号。

【刑事审判】 年内，共审结各类刑事案件495件，判处被告人518人。开展“两抢两盗一骗”专项治理活动，依法审结江西上饶籍被告人汤某某等7名被告人冒充“律师”假借“慈善捐款”的特大网络团伙电信诈骗案件。为23名符合条件的被告人指定辩护人，对92名主观恶性不大、社会危害较轻的被告人判处缓刑；对因邻里纠纷引发的轻微刑事案件，加强刑事和解工作，促使矛盾纠纷彻底化解。

【民商事审判】 年内，审结各类民商事案件7381件，解决争议标的3.21亿元，案件调解率达47.83%。审结土地承包经营权纠纷案件135件；依法审理运河天玺等一批群体性纠纷案件，审结奥龙机械等公司破产清算案件，加快苏源热电、海特旺斯等公司的破产清算进度。

【少年家事审判】 年内审结少年、家事案件421件。其中，涉少刑事案件21件；民事案件调解率为48.23%。开展家事审判改革，与“宿迁市未成年人成长指导中心”“欣老师工作室”建立共建关系，组建宿豫法院未成年人心理咨询师团队；聘请家事调解员，家事调查员和心理咨询员组成家事调解委员会，负责家事案件诉前调解、诉中心理疏导、家事调查以及判后回访等工作；建立离婚财产申报制度、抚养条件独立评估制度、离婚证明书制度等一系列配套改革制度。2016年，被确定为全省家事案件审判方式和工作机制改革试点法院。开展“法爱同行护佑成长”系列法治宣传教育活动，被共青团江苏省委命名为省级“优秀青少年维权岗”。

【案件执行】 年内，共执结执行案件4502件，同比增长14.26%。开展“百日集中清理积案”和“一打三反”专项执行活动，开展凌晨执行、晚间执行11场次，投入警力300余人次，拘留拘传被执行人420人，对386名失信被执行人予以曝光；推进执行信息化建设，成功开通与民丰银行、东吴村镇银行“点对点”查控系统，实现网上查询、网上冻结；与区公安分局开通被执行人身份信息、车辆、人口流动信息查询；充分利用全国法院被执行人信息查控系统，将财产查控范围拓展至理财产品、支付宝、余额宝。推动执行联动机制建设，与区检察、公安、住建等7个部门实现网络对接，逐步建立执行联动信息共享机制、查控机制、信用惩戒机制和执行统一指挥机制、内部监督机制，形成线上与线下有效联动。

【法院管理】 在全市法院系统首推《司法权运行不规范行为负面清单》，倒逼法官规范行使司法权，有效提升案件质量，促进办案规范。案件法定正常审限内结案率达95.33%，位居全市基层法院之首。加大信访案件管理，推动涉法涉诉信访积案化解工作，解决当事人合法合理诉求，采取“三定一包”、公开听证、法律释明、思想疏导、经济帮助等措施处理重信重访，推行院领导带班、部门负责人值班、接访人跟踪督办等制度，初信初访案件有效化解率达98%，信访量在全市法院最少。

【司法改革】 出台宿豫法院《审判权运行机制改革试点实施方案》，从审判团队结构、裁判文书签发、审委会工作机制和办案责任制四个方面，对审判权运行机制进行改革。建立主审法官、合议庭办案终身负责制，明确违法审判责任追究程序。年内，法官人均结案118件，同比增加16件，审委会讨论案件数量同比下降32%，7名案件承办人因案件质量存在瑕疵被追究责任；推进人员分类管理改革。通过案件权重测算，确定法官员额分配和岗位设置方案。10月，经省、市法院考试、考核，省法官遴选委员会在全院56名法官中择优选任32名员额法官。实行立案登记制改革，加大对立案窗口工作人员的配置，完善诉讼服务中心功能，当场立案率超过99%。

【司法公开】 开通“12368”语音查询系统和短信告知平台，接受群众电话查询、咨询；开通宿豫法院官方微博、微信，开展庭审网络直播302场次，在互联网公布裁判文书11441份，发布微博、微信262条，法律文书上网和庭审三同步均实现100%；举办“观摩案件庭审、见证司法公开”活动，定期举办“法院开放日”活动，主动邀请人大代表、政协委员、大专院校学生及社会各界群众走进法院，参与庭审。

【司法为民】 推出“门诊式”诉讼服务大厅，实现法律咨询、诉讼引导、立案、查询、材料收转一站式服务；开通网上诉讼服务中心，实行网上立案、网上送达，减轻群众诉累；完善巡回审判、“假日法庭”等便民审判方式，方便基层群众就近旁听庭审；关注困难群体的司法需求，对合法权益受到侵害但经济确有困难的当事人实行司法救助。推进多元化纠纷化解平台建设，建立“三调联动”（人民调解、行政调解、司法调解）和“四位一体”（排查、化解、稳控、处置）工作机制；将诉调对接、多元化解决矛盾纠纷工作实绩纳入区社会治安综合治理和“平安宿豫、法治宿豫”建设工作予以考核。建立基层政法专干司法协理员队伍，在全区基层政法专干中选聘140名司法协理员，协助开展工作，提高审判工作效率。

（张清华　陈小平）

·司法行政·

【概况】 2016年，宿豫区司法局先后荣获江苏省文明单位、江苏省优秀司法局、全省普法工作先进单位、“法润江苏”系列专项活动先进集体、全省司法行政系统绩效评价考评优秀单位、宿迁市2011—2015年度法治宣传教育工作集体二等功。5月，宿豫区被中宣部、司法部授予全国法治宣传教育先进县（市、区）。

【人民调解】 2016年，全区共排查调处矛盾纠纷3101起，调处成功3089起，矛盾调解成功率达到99.6%，启动“法润宿豫”系列活动，组织律师、公证员、基层法律服务工作者走访企业120余家，提出法律服务建议50余条，排查调处涉企矛盾纠纷25件；建立“四级”社会矛盾排查化解机制和区乡公共法律服务中心，为基层群众提供“零距离”服务。发挥医患纠纷人民调解委员会职能作用，建立“中心调解、部门联动、源头预防”工作机制，2016年，全区未发生影响社会稳定的医患群体性事件。医患纠纷人民调解委员调解员闫四春被省司法厅表彰为“优秀医患纠纷人民调解员”。

【社区矫正】 建立“八项机制”，实行“审前、入矫、请假、续假、解矫”的全程动态风险评估，推行“四心”（入矫时细心、教育时入心、谈心时交心、日常监管耐心）工作法，增强社区服刑人员服刑意识和遵纪守法意识。强化矫正专网平台、手机GPS定位、执法记录仪、矫务通，在全市率先安装人脸识别考勤机，加强对社区服刑人员动态核查，实现一体化技防体系，实现对重点对象实时监控达100%。开展“德法同行”关爱帮扶专题法律服务和贫困特殊人群关爱帮扶等活动。开展“双严”“三规范三检查”等活动，联合区公安、法院和检察院对全区社区服刑人员进行集中警示教育20余次，加强对社区服刑人员有效管理；完善“五老”志愿者参与社区矫正工作机制，重点发挥政法机关离退休老同志的作用；开展“法润江苏 2016‘黄丝带’关爱特殊人群未成年子女”活动，解决特殊人群后顾之忧。2016年，全区社区服刑人员185名，无脱管、漏管和重新犯罪现象发生。

【法治宣传】 专题召开“六五”普法工作总结表彰暨“七五”普法工作启动会议，制定下发《区委宣传部、区司法局关于在全区公民中开展法治宣传教育的第七个五年规划（2016—2020年）》。启动“法润宿豫·2016春风行动”，集中开展“走进企业”法律服务、农民工和困难群众权益保障、特殊人群帮困扶助、法律服务提质增效等系列活动；开展“法治阳光温暖老龄行”活动，在大兴、顺河、陆集敬老院和宿豫老年大学建立4家法治阳光温暖老龄之家，为老年人提供免费服务；开展以“不忘初心，尊崇宪法，共筑共享法治宿豫”为主题的“12·4”国家宪法日宣传活动，进一步弘扬宪法精神。加强民主法治示范建设，2016年新增省级“法治文化建设示范点”2个，新增省级“民主法治示范村（社区）”7个。截至年底，建成国家级“民主法治示范社区”1个，省级“法治文化建设示范点”7个，省级“民主法治示范村（社区）”54个，省级“民主法治示范村（社区）”创建率达39.1%。

【法律服务】 2016年，全区共建成区乡公共法律服务中心14个，村居（社区）司法行政服务站138个。推进政府法律顾问制度的落实工作，区十六届十七次政府常务会议专题研究政府法律顾问制度；全面启动宿豫公证处改制工作，把宿豫公证处改为自收自支事业单位。2016年，全区共办理各类公证1560件，涉及标的额达1.5亿元。实施法律援助全覆盖工程，召开全区律师工作会议，重点部署律师受理法律援助案件相关工作事宜，区级部门成立了8个法律援助分支机构，乡镇（街道）、园区设立法律援助工作站15个，“一村一顾问”138个，实现法律援助“半小时”服务圈。2016年，全区共办理各类法律援助案件574件，涉及5人以上的集团案件17起，受援人数达278名，群众满意率达100%。其中，法援中心办理的21名女职工经济补偿金案件被省法律援助报告会采用；103名农民工讨薪案件经办人被宿迁市政民互动栏目邀请到现场接受采访，并被市委政法委选定为《法治宿迁进行时》第四期节目内容，进行宣传。

【司法队伍建设】 出台《宿豫区基层司法行政工作建设纲要》，共3大项目，45项子项目，具体明确基层司法行政工作内容、工作流程、工作目标；制订宿豫司法行政工作权力清单、制度清单和责任清单，规范执法执业和基层工作人员基本行为。出台《区级政府购买公共服务实施办法》，把心理及行为教育矫正服务、法律服务和法律援助服务列入政府采购目录；开展评选党员“季度之星”，评选“最美司法所长”“最美人民调解员”等活动，发挥典型模范引领作用，培育职业精神，强化职业归属。年内，评选党员季度之星6名，省最美司法所长提名奖1名，省最美人民调解员1名；落实职业保障，区财政年均拨付乡、村两级专职调解员经费100万元，统一考核发放；社区矫正专职工作者工资按照1300元每月标准发放，解决基层同志后顾之忧。（嵇光前　钱静峰）

·工会工作·

【概况】 2016年，全区新建独立工会31家，新增工会会员1460人，非公企业工会动态建会率和职工入会率分别达到96%和95%，工资集体协商覆盖面达95%以上。

【庆“五一”暨劳模表彰大会】 4月29日下午，宿豫区举行庆“五一”暨劳模表彰大会，表彰来自全区各行各业、各条战线的40名劳动模范。其中，一线工人和专业科技人员占70%以上，农民（含农民工）占总数的20%。区委书记张晓伟，区长刘士武，区政协主席王占军，区委常委、组织部部长温士才出席会议并为受到表彰的劳模颁奖。区总工会制作10名劳模先进事迹专题片，在宿豫电视台轮番播放，并利用工会网站宣传劳模。

【职工法律维权】 微信开通法律援助信息平台，免费为职工提供法律咨询服务，利用“3·18”“12·4”法律宣传日，开展法律法规宣传；健全基层单位法律援助站，定期举办法律工作者培训班，提升工会干部法律素质；专门聘请2名法律工作者为工会受理劳动争议案件，代理职工法律援助等维权事宜；深化实施“职工关爱帮扶计划”，做实“爱心母婴室”“安康驿站”“红线结缘”等服务项目；拓展工资集体协商范围，先后开展顺河纺织行业、化工园区化工行业工资集体协商，推进和谐劳动关系的创建。全年颁发工会社团法人资格证书44家，受理调处43人次的劳动争议案件。

【基层女职工工作】 2016年，区总工会开展“争当五一巾帼标兵”“争创五一巾帼标兵岗”活动，宿迁技师学院贺广梅被表彰为江苏省五一巾帼标兵，京东信息科技有限公司刘秋燕和江苏恒正家纺潘新利被表彰为宿迁市五一巾帼标兵，宿豫区广播电视台和中粮肉食人事部、佳宜工贸缝制一车间荣获江苏五一巾帼标兵岗与宿迁市巾帼标兵岗。

开展“智慧女性·幸福家庭”女职工读书征文活动，引导女职工多读书，以女性阅读带动家庭阅读、社会阅读。拓展“培育好家风——江苏女职工在行动”活动，组织女职工以“写一封家书”或发一条微信、短信等形式，营造注重家庭、弘扬公德的社会氛围。

深化女职工特殊权益专项集体合同制度，推动“江苏禾友”公司等企业将女职工劳动保护规定、禁忌劳动标准、生育保险等纳入专项合同内容；组织开展多种形式的女职工权益督查活动，将落实“四期”保护、社保福利、生育补偿等作为女职工权益督查的工作重点；加强女职工干部培训、建立“爱心母婴室”，先后在龙嫂米线公司、宏达制衣公司、来龙安康医院等十多家企业建立母婴室，因企制宜设立孕妇休息室和哺乳室。

【“安康杯”竞赛】 2016年，区总工会与区安监部门成立“安康杯”竞赛领导小组，制定实施方案、印发专项文件。邀请省市劳动保护专家进行专题授课，对基层工会干部和劳动保护监督员进行业务知识培训，推广江苏“秀强公司”组织职工安全文化活动和安全知识竞赛经验，提升全区企业和职工群众安全生产意识。开展“网上安康课堂”等劳动安全卫生知识普及教育活动、“我身边安全隐患随手拍”活动，组织工会机关人员深入企业履职工会“第一主席”职责，帮助企业解决安全生产中的问题，把安全生理学和健康心理咨询等活动纳入竞赛实践。

【困难职工帮扶】 春节和中秋节期间，区总工会筹集资金80余万元，分别慰问全区457户长效救助家庭和360多名困难职工及环卫工人，发给每人1000元慰问金及食用油、月饼等；开展夏季“安康三送”（送清凉、送安全、送法律）活动，将价值13万元的防暑降温物品分别送到14家职工密集型企业、露天作业建筑工地和高温一线作业场所；抓好“金秋助学”活动，精准核查457名特困职工家庭困难学子情况，对新录取的大、中专学生以及在读的初、高中生及因贫辍学的小学生等分别建档立卡，予以300元、500元、1000元、2000元捐资助学；投资20余万元，改造全区职工服务中心功能，为基层工会与职工提供一站式综合服务。

【党工负责人“一肩挑”津贴激励制度】 区总工会与区委组织部联合印发《关于建立非公企业党工组织负责人津贴制度实施办法（试行）的通知》，推进工会系统党工一体化建设。挑选8个非公企业单位党工组织“一肩挑”负责人，作为首批津贴补助对象，津贴标准为600元/月，其中组织部门补贴200元/月；工会部门补贴400元/月，坚持每季度发放1次。区总工会和区委组织部分别成立考核小组，对推荐享受津贴的非公企业党工组织负责人履行职责情况进行考核，职工群众满意率低于85%以下或单位与本人发生严重责任事故及违法违纪行为的，取消享受津贴。

【劳动保护片区服务站建设】 率先在顺河街道、大兴镇、新庄镇开展劳动保护监督检查员片区服务站建设，明确乡镇街道（总）工会主席兼任片区服务站站长，整合工会劳动保护监督员、政府安全生产专职干部和企业安全管理人员职能。区总工会通过争取办公用房、筹措资金添置办公设施，为片区服务站工作开展奠定基础。同时，督促辖区企业签订劳动合同及安全卫生专项合同，鼓励职代会参与劳动安全卫生提案并监督企业整改落实。

【举办工会财务业务骨干培训班】 9月28日，区总工会组织举办宿豫区工会财务业务骨干培训班，解读职工集体福利政策、经费收支政策和工会会计制度，全区各级工会财务会计共120余人参加培训。（张爱全）

·共青团工作·

【概况】 2016年，宿豫团区委先后被团省委表彰为第二批全省共青团网络文明志愿行动建设示范单位、江苏“青年之声”创新案例三等奖，被团市委授予2016年度全市共青团工作创新创优成果奖、2016年度全市共青团工作先进集体、2016年度宿迁市共青团信息宣传工作暨“青年之声”工作先进单位等荣誉称号。

【志愿服务推动】 2016年，孵化宿豫本土社工机构、志愿服务队与公益组织10家，开展“互联网+志愿服务”行动，推动志愿服务管理的网络化发展，提升“志愿江苏”“志愿者打卡器”APP的使用效率，打造志愿服务网络体系。全年，通过平台注册的志愿者达4万余人，各类志愿服务队伍300余支，累计发起服务项目800余项，志愿服务时数超10万小时，位列全国第74名。在全区组织开展“做文明人创文明城”学雷锋志愿服务启动仪式、志愿服务“五彩工程”“绿满宿豫多彩青春”“‘童’一片天空 同一个家园”“爱心助学点对点”等各类志愿服务活动800余场次。打造“鼎宝宝带你做公益”“爱尚公益”“环保进校园”“广博梦想满屋”“安利音乐教师”等特色品牌，组织800余名志愿者参与首届“荧光夜跑”半程马拉松、全国大学生移动创新创业大赛等多项重大赛事活动。推报的蔡易寰、郭松婷等被评为市十佳志愿者，周咸材被评为省志愿者交流会爱心企业家，京东“阳光天使”、安利“环保嘉年华”等项目获省级表彰。

2016年3月12日，团区委绿色低碳志愿服务总队到林苗圃开展“绿满宿豫 多彩青春”植树活动

【纪念“五四”运动97周年系列活动】 4月20日，团区委印发《关于开展纪念“五四”运动97周年系列活动的通知》，以“薪火传承五四魂 青春聚力新宿豫”为主题，组织各基层团组织开展“弘扬雷锋精神 投身志愿服务”等主题活动30余次。5月3日上午，全区300余名青少年汇聚宿豫区张家港实验小学礼堂，开展纪念“五四”运动97周年活动。区委书记、宿迁高新区党工委书记张晓伟出席活动。

【重点青少年群体管理和服务工作】 2016年，团区委对全区重点青少年底数开展全面排查，排查出社会闲散青少年29人，不良行为或严重不良行为青少年194人，服刑强戒人员未成年子女112人，流动留守儿童6686人。完善青少年“阳光驿站”运作模式，定期公布心理导师上门服务时间，深化“青少年维权岗”“未成年人零犯罪社区（村居）”创建工作。

2016年，全区各乡镇、街道、园区均全面铺开五类重点青少年帮教服务，募集资金30余万元，年度累计发放各类款物合计40万元，其中“圆梦行动”一次性发放助学金21.3万元，全区2000余名困难家庭青少年直接受益。

【共青团自身建设】 2016年，团区委探索团工委工作新模式，抓好互联网行业、青年社会组织等自组织团建工作，推荐光明村电商团支部获得省五四红旗团支部表彰、陆集镇“青年之家”项目获得团中央“百县千乡”示范项目奖。开展“走听转办”活动，了解青年的核心诉求，完善密切联系青年机制。深化“1+100”团干部联系青年工作，促进基层团建工作发展，探索服务青年的有效载体。全年，全区开展基层团委书记培训班等各类团干培训5场，培训团员青年300多人次。

【暖冬助困行动】 11月3日，团区委、区教育局、区少工委联合印发《关于开展宿豫区“广博·励志之星”评选活动的通知》，在全区少先队员中筛选63名学生为2016年宿豫区“广博·励志之星”及“广博·励志少年”。12月2日下午，团区委、区教育局、区少工委联合举办2016年“广博·励志之星”“广博·励志少年”颁奖暨“青年之家”共青团影院揭牌首映仪式。区委常委、组织部部长温士才，区教育局局长曹庆颜，广博集团宿迁地区总经理孙令龙，团区委书记郭浩、副书记王春明参加仪式。

【学子家乡行】 2月17日，团区委、区人才办联合开展“青春创业正当时 宿豫学子家乡行”活动，来自东南大学、中国传媒大学、上海大学、山东大学、重庆大学等省内外高校60余名宿豫籍大学生应邀参加观摩和座谈。区委组织部副部长、区人才办主任王新军，团区委书记陈博参加活动。8月22日，区人才办与团区委联合开展“青春创业正当时宿豫学子家乡行”活动，来自兰州大学、南京财政大学、南京航空航天大学、南京审计大学等省内外高校50余名宿豫籍大学生应邀参加观摩和座谈。区委组织部部长温士才向在场学子们介绍宿豫近年来发展变化，宣传推荐宿豫人才招引政策。

【青年就业创业帮扶】 截至2016年年底，共发放农村青年创业小额贷款4700余万元，其中利率优惠的创业小额贷款748万元；帮扶创业青年达894人。重点实施“青年就业创业微助力项目”，通过“青年之声”平台为青年提供菜单化创业指导服务，在“青年之家”常态化开展“创业堆栈”活动8期，开通青年网络创业在线互动微信平台，培训网络创业青年500余人次，建立青年网络创业孵化基地5个。整合社会资源，联系京拍档、乐天电商等电商培训机构组建宿豫电商培训“加油站”，举办各类培训会、交流会20余场次，实施青年就业创业见习“双百”计划，500个青年就业创业见习岗位实现人岗对接，并积极推荐优秀电商项目参加省级大赛，其中市创青春创业大赛，区内5个项目分获二、三等奖，创业青年蔡同武项目获得省级优秀项目奖。

【青年之家建设】 7月，由共青团宿豫区委建设，建筑面积3000余平方米的宿豫区青年之家正式投入使用。宿豫区青年之家坚持“以青年为本、为青年服务”的鲜明导向，在工作中以团建为引领，以资源、队伍、组织、项目为支撑，积极构建线上线下生态系统，形成全区性青年服务网络。至年末，共有创业堆栈、红豆联盟、快乐义工、驴行天下、爱尚·正能量、书虫汇等18家青年自组织入驻，形成了广博·暖基金、圆梦行动、红豆联谊、创业堆栈、阳光驿站等服务项目。

【希望工程系列活动】 7月，宿豫区“希望工程圆梦行动”资助困难大学生上学申请正式启动。8月上旬，团区委对132名申请“希望工程·圆梦行动”助学金的学子进行家访。8月18日下午，举办2016年度“圆梦行动·枫华丽致”助学行动。8月29日，举办宿豫区农民资金互助合作联社爱心助学行动。全年，募集爱心捐赠38.95万元，资助大一新生100余人。

（王梓君）

·妇联工作·

【概况】 2016年，区妇联先后荣获市委、市政府“十佳社会扶贫先进单位”、市妇联年度目标考核特等奖、区委区政府城乡经济发展优质服务奖等近10项荣誉称号。

【妇女就业创业】 区妇联联合京东商城、技师学院等开展各类培训班近30期，近5000人受益；全区新增网店1200余个，引导女性电商创业400多个，培树女性网络创业典型56人；举办招聘会2期，提供就业岗位1658个；争取市级创业就业引导资金92.6万元，积极向区政府申请妇女就业创业引导资金20万元，全年共争取市区两级资金113万元，帮助近140名女性实现自主创业。评选表彰10户“最美创业致富家庭”，开展创业妈妈宣讲活动，促进妇女创业就业观念转变；引进点多多科技有限公司，带动近百名女性在家门口创业就业。创建培育各类省市级巾帼示范基地16个，区级15个。

【妇女组织建设】 2016年，区妇联向上争取奖补资金2.2万元，创市示范“妇女儿童之家”11个。帮助注册女性社会组织4个，汇聚百名女性社工人才。参与省市公益项目创投活动，争取项目资金7万元。“京东筑梦”项目荣获三等奖，并获项目创意资金和活动资金1.2万元。建立乡镇和村居两级女性人才库1859人，报备区委组织部。开展“五大教育”（书本教育、言传教育、感观教育、指尖教育和实景教育），组织动员56名妇联干部参加社工师考试。开展查短板以及“五查摆五强化”“七查摆七强化”工作。常态化开展“心系妇女儿童做合格党员”“下基层、访妇情、办实事”“一岗双责”“双结双联”等系列活动，搜集妇情民意，帮助妇女群众解决实际问题。联合区委组织部、区民政局举办3期女性进村“两委”、村居妇代会改建妇联等工作培训班，提高农村妇女干部在村级组织换届的参政议政能力。11月，在全市率先开展村居妇代会改建妇联工作，并为市妇联成功提供选举工作现场会。

【妇女儿童维权】 策应市妇联“和谐婚姻幸福家庭”引导项目，通过“四个一”（组建一支巾帼引导队伍、搭建一个培训宣传平台、建立一项诉前诉中联调制度、紧扣“婚姻存续期”）活动，发挥家庭领域的工作优势，整合资源形成合力。开展宣传引导、深化平安家庭创建、实施律师志愿者与妇女儿童之家结对共建暨“法律服务进万家”活动、构建婚姻家庭调解网络，调动广大家庭和妇女的参与积极性。区乡两级妇联开展“和谐婚姻幸福家庭”主题宣传活动近40场，邀请省委党校教授倪洪兰等专业人士开展婚姻家庭方面的讲座、培训5次，受益家庭2000个。参与6起妇儿案件庭审活动，组织2场家事案件旁听庭审活动和1场巡回法庭进社区听庭活动。

【妇女儿童关爱行动】 定期召开“两规”终期评估督导工作交办和业务培训会，推进妇女儿童发展规划高标准实施。联合区政府办开展规划落实专项督查督办，推进规划实施中重难点问题解决。2016年，协调争取各类帮扶资金近200万元，资助困境儿童42名、孤困学生126名、贫困学子694名，捐赠母亲邮包188个。连续8年举办资助单亲贫困母亲发放仪式；结合春节、“六一”、中秋等重要节点，通过真情大走访—“‘执’爱进基层”活动，共上门走访慰问困境妇女、重病患儿、低保户、老妇干、老党员、最美家庭近百人，发放慰问金及慰问品12万余元。组织社会爱心妈妈编织捐赠爱心毛衣400件。“关爱贫困母亲情暖单亲家庭”入选市扶贫开发典型案例。

【妇女儿童节日活动开展】 举办以“和谐宿豫幸福的家”为主题的庆“三八”最美家庭巡展活动，评比表彰最美家庭。开展“传承文明家风，争做‘最美家庭’”倡议活动和以“让孩子

2016年2月23日，宿豫区开展以“和谐宿豫，幸福的家”为主题的庆“三八”最美家庭寻展活动

感受节日、享受快乐”为主题的庆“六一”系列活动。主动协调争取市、区委两级四套班子主要领导和相关单位主要负责人对20所学校及幼儿园进行节日慰问；深入顺河街道周石庄居委会和丁嘴镇岔河村走访慰问贫困儿童，为孩子们送去慰问金和慰问品。组织申报第五届“十佳小公民”、第二届“十佳春蕾之星”“十佳自强之星”评选表彰和学习宣传活动，有7人获市级表彰。联合教育局、机关幼儿园开展“小手拉大手　文明齐步走”“家风家训伴成长　童心共绘文明城”等主题实践活动。以“三牵三进三关爱”为主题，开展纪念“5·15”国际家庭日主题活动。通过搭台、入户、讲座等常态化深入社区、小区、家庭，开展送文明、送法律、送健康活动近20场，受益家庭近5000个。

（周爱红　丁飞虎）

·科协工作·

【概况】 1月，荣获省科协“年度县级科协创新发展能力提升计划”优秀单位；“打造升级版农技协，服务大众创业万众创新”实践成果被省科协评为年度县级科协“三服务一加强”单项工作创新案例。5月，获得省财政厅“基层科普行动计划”专项奖金10万元。7月，在全市“十大科技之星”评选工作中，方园机械有限公司邱绍虎和波尔高压电源有限公司魏云峰分别被评为全市第三届十大科技之星。11月，在宿

迁市第七届自然科学优秀论文评选活动中，区农委农产品质量检验检测中心曹天亚、金鑫、冯正伟3人共同撰写的《〈NY/T761-2008〉标准对参数甲基异柳磷检测适用性的探索》和区住建局穆猛、池永共同撰写的《现浇大体积混凝土施工裂缝分析与控制》论文分别荣获三等奖。12月，宿豫电子商务产业园管委会被中国科协授予全国科普日特色活动优秀单位。

【科普示范社区（基地）创建】 2016年，建成省级科普示范社区1个，顺河街道卓圩社区；建成市级科普示范社区3个，分别是顺河街道卓圩社区、豫新街道江山社区和顺河社区；建成省级科普教育基地2个，分别是宿迁市水利遗址公园、宿迁市宿豫运河湾森林动物园。

【国家级科普示范区创建成功】 2016年，对宿豫科普示范区提档升级，2月4日，顺利通过现场验收，被中国科协命名为首批2016—2020年度全国科普示范区，成为全市首家全国科普示范区。

【城区科普信息化建设】 2016年，宿豫区被率先列入全省城镇社区科普信息化工程首批试点单位，城区3个街道、22个社区符合相关规定，22座全媒体科普屏安装到位并已经正常使用，在全市率先实现城镇科普信息化。

【科普宣传活动精彩纷呈】 2016年，"科普宣传周"期间围绕"创新引领、共享发展"主题，区科协组织科普小分队赶农村集市，分别到保安乡、陆集镇的集贸市场展开宣传活动；在豫新街道豫苑社区、雨露社区等放映科普电影6场；在顺河街道文昌社区、卓圩社区等开展科普专题讲座2次；与区教育局联合举办第四届全区青少年科技制作大赛；更新乡镇、社区科普专栏，宣传科技知识。在宿豫电视台开设"科学大视界"栏目，连播一周。9月中旬科普日期间，全区科普阵地全面联动，组织开展科教电影队进小区活动。（伍士娟）

·残疾人事业·

【"残疾人之家"建设】 2016年，高标准建成豫新街道、下相街道、来龙、陆集、大兴5家"残疾人之家"。新建成的"残疾人之家"集残疾人托养、康复、就业、培训、文体娱乐等各项服务为一体，是残疾人综合服务、辅助性就业、社会化助残扶残的主阵地。

【残疾人互联网就业创业】 依托京东、当当、金志捷科技建成残疾人互联网就业基地，促成60多名残疾人实现网络就业。借助京东"云数据"分析信息，改良种植方式，优化种植结构，扩大有机农产品种植规模，提高残疾人扶贫基地经济效益。培育丁嘴镇丁大军、侍岭镇张报、保安乡张先云，大兴镇刘亮、陆集镇罗芳宝等一批残疾人互联网创业典型，带动全区残疾人网络创业发展。

【残疾人康复服务】 2016年，在落实0~6岁残疾儿童抢救性康复的基础上，重点将免费康复服务向7~14岁延伸，全年转介残疾儿童196名，实现7~14岁残疾儿童免费康复全覆盖，并建立回访制度，做实康复服务档案。全年落实白内障免费复明手术200例；实施免费假肢安装19例；完成精神病免费服药297名、住院20名；发放轮椅车、助听器等辅助器具2000余件。

【残疾人就业培训】 与区农委合作，以来龙、大兴残疾人扶贫基地为依托，开办农村实用技术培训2期，培训35人；组织残疾人参加市残联举办的盲人按摩、插花、服装、SYB培训班，培训残疾人83人；借助淮海技师学院培训资源，举办网络、家政等培训班6期，培训215人；与人社部门合作开展岗前培训46人。在抓好培训同时，促成172名残疾人实现就业。

【残疾人社会福利和保障】 全年，共向900多名残疾人发放护理补贴67.25万元；向800多名重度残疾人发放重残补贴46.82万元；向2900多名城乡特殊困难残疾人发放生活救助金915.07万元；向15名考取高等院校的残疾学生发放一次性教育奖励2.5万元；向45名在校大中专学生发放教育补贴5万元；向300名肢残人士发放机动车燃油补贴7.8万元。同时，全面落实残疾人参加养老保险、医保保险及拆迁安置等优惠政策。

【残疾人托养服务】 对全区持有二代残疾人证的16～50周岁无传染性疾病的轻度智力残疾人、经过治疗病情稳定的精神残疾人和肢体残疾人进行再次排查，掌握托养服务需求信息。全年，区公办托养中心共开展托养服务2批，托养残疾人42人次，各乡镇（街道、园区）开展日间照料，共托养残疾人95人。与“普济康复医院”合作，为入托人员提供康复训练服务、开展心理疏导。组织入托残疾人到工疗、农疗基地参加简单的生产劳动。主动与爱心企业联系，落实托养机构劳动就业项目。

【残疾人文体活动】 举办残疾人才艺展示活动。编排筛选音乐、舞蹈、小品等15个优秀节目，在宿豫文化剧院小剧场举行汇报演出。与特殊教育学校合作，组织排练节目参加省第九届残疾人文艺汇演，荣获2个二等奖。

【策应项目扶持】 2016年，向上争取康复项目补助295万元，就业补助166万元，托养补助100万元，扶贫贴息23万元，争取到康复床、太阳能、彩电、洗衣机等生活用品折合人民币近100万元。 （陈学化）

·文联工作·

【概况】 区文联有下属协会6个，分别为区摄影家协会、区作家协会、区书法家协会、区美术家协会、区音乐舞蹈家协会、区戏剧曲艺家协会。2016年，区文联举办主题活动7个，组织会员参与各类赛事12场次、外出采风5次，共形成作品2000幅（篇），其中获奖作品55幅（篇），获得区政府文化奖补资金20项。区文联先后邀请5名省市文艺专家到宿豫区开设专题讲座，分协会培训，提升会员素质，取得良好效果。年内，加入省级以上会员9人、市级18人。

【文艺活动】 2016年，区文联牵头主办和会同相关部门举办主题文艺活动7项。1月，带领市区书法家12人到庐山社区开展义务为市民写春联活动。2月，组织10名书画名家开展助推文明城市创建创作笔会活动。4—5月，联合区总工会开展“劳动创造美——咱们工人有力量”宿豫区职工摄影大赛，“吾城吾乡”百姓生活纪实——工业篇拍摄活动，形成吾城吾乡系列之《咱们工人有力量》摄影集。8月，区文联配合市文联、宿迁技师学院等单位在宿迁市美术馆为江苏省书法家协会会员、宿迁技师学院退休教师王源达举办个人书法作品展。11月，邀请市区文艺名家张守耀、孙冲等15人到宿豫开展“建市20周年看宿豫变化”采风创作活动。

【文艺赛事】 2016年，积极组织会员参加各级各类文艺赛事活动12次，有55幅（组）摄影作品获奖，其中国级28幅、省级12幅、市级8幅、区级7幅。9月，汪海洋、张用惠作品入选省文化厅举办的“林散之书法双年展”。

【会员采风】 全年，区文联积极组织摄协会员赴各地进行采风创作5次，用镜头记录实景，留下永久记忆。4月16—17日，组织摄协会员到山东五莲山采风创作；5月22—23日，组织摄协会员赴徐州贾汪参加中国摄影报组织的摄影采风创作活动；6月16日，组织摄协会员到泗洪参加非物质文化遗产渔鼓节采风创作活动；6月25—26日，组织摄协会员深入盐城龙卷风灾区现场采风记录；7月，组织摄协全体会员到新庄镇杉荷园摄影创作。

【精品艺术创作】 2016年，区文联会员创作曲艺、小说、散文、诗歌、书法、美术等文艺作品200多件。区作协编审发行《宿豫文艺》双月刊6期，刊登区内外文艺作品135篇，组织会员在市级以上刊物发表文学作品40多篇。区诗词协会编辑出刊四期“宿豫诗画”，组织会员创作诗词100余首。

2016年宿豫区文联会员文艺创作情况一览

表17

序号	作品名称	作品类别	作 者	主办单位	时 间	入展/获奖/出版	活动主题
1	《日落峰山》	长篇小说	范金华 张用来	—	2016.4	出版	—
2	《周永文抒情诗选》	诗歌	周永文	—	—	出版	—
3	—	书法	汪海洋	省文化厅	2016.9	入展	省林散之书法双年展
4	—	书法	张用惠	省文化厅	2016.9	入展	省林散之书法双年展
5	—	书法	张成军	省书协	2016.6	入展	省第十届新人书法篆刻作品展
6	—	书法	陈兆安	省书协	2016.6	入展	省第十届新人书法篆刻作品展
7	—	书法	王德春	省书协	2016.6	入展	省第十届新人书法篆刻作品展
8	—	书法	朱晓琴	省美协、省书协、句容市委宣传部	—	入展	“颜真卿杯”魅力句容全国书画展
9	—	书法	张用惠	中国书法报社	—	入展	首届“沈商文化杯”全国书画作品展
10	—	书法	汪海洋	公安部	2016.10	三等奖	全国公安系统纪念红军长征胜利80周年书画摄影展
11	—	书法	汪海洋	省美协	2016.9	入展	江苏省花鸟画研究会成立30周年画展
12	《我要飞了》	摄影	黄宏志	中国摄协报社	2016.1	入展	“镜像涟水•梦缘小康”今世缘杯全国摄影大展
13	《纺织女工》	摄影	黄宏志	中国摄协报社	2016.1	入展	“镜像涟水•梦缘小康”今世缘杯全国摄影展
14	《梨园人家》	摄影	黄宏志	中国摄影家协会信息资源部	2016.2	入展	“刘邦故里 中华果都”全国摄影大展
15	《沂河之晨》	摄影	黄宏志	大众摄影杂志社	2016.3	入展	“一叶一世界”邳州市第二届银杏美景全国摄影大展
16	《我村来了美猴王》	摄影	黄宏志	中国摄影报社、省摄影协会、泗洪宣传部	2016.5	入选	“大美泗洪•春之韵” 全国摄影作品征集
17	《温暖泗洪（组）》	摄影	陈 刚	中国摄影报社、省摄影协会、泗洪宣传部	2016.5	入选	“大美泗洪•春之韵” 全国摄影作品征集
18	《舞动春天》	摄影	郭铁成	中国摄影报社、省摄影协会、泗洪宣传部	2016.5	入选	“大美泗洪•春之韵” 全国摄影作品征集
19	《丰收的喜悦》	摄影	黄宏志	大众摄影杂志社	2016.8	入选	第十七届中国(寿光)“德润绿城杯”全国摄影大展
20	《害羞》	摄影	黄宏志	大众摄影杂志社	2016.8	入选	第十七届中国(寿光)“德润绿城杯”全国摄影大展

续表17-1

序号	作品名称	作品类别	作 者	主办单位	时 间	入展/获奖/出版	活动主题
21	《踏雪寻梅》	摄影	黄宏志	中国摄协报社	2016.8	入选	“苏州阳山新城杯”苏州高新区全国摄影大展
22	《老酒坊》	摄影	黄宏志	中国摄协报社	2016.8	入选	“中华药都•美丽亳州” 全国摄影作品征集
23	《奔跑吧新娘》	摄影	黄宏志	中国摄影报社、省摄影协会、宿迁文广新局	2016.9	入选	2016“大美宿迁•三台胜景”全国摄影作品征集
24	《衲田胜景》	摄影	陈 刚	中国摄影报社、省摄影协会、宿迁文广新局	2016.9	入选	2016“大美宿迁•三台胜景”全国摄影作品征集
25	《美丽骆马湖》	摄影	姜 澎	中国摄影报社、省摄影协会、宿迁文广新局	2016.9	入选	2016“大美宿迁•三台胜景”全国摄影作品征集
26	《静》	摄影	郭铁成	中国摄影报社、省摄影协会、宿迁文广新局	2016.9	入选	2016“大美宿迁•三台胜景”全国摄影作品征集
27	《群鸥闹春》	摄影	唐 伟	中国摄影报社、省摄影协会、宿迁文广新局	2016.9	入选	2016“大美宿迁•三台胜景”全国摄影作品征集
28	《暮归》	摄影	黄宏志	中国摄协报社	2016.10	入选	“盛世太平•江南荻溪”全国摄影大展
29	《霞光普照洪泽湖》	摄影	黄宏志	中国摄影报、省摄影协会、泗洪宣传部	2016.10	入选	“大美泗洪•夏之声”全国摄影作品征集
30	《雨中精灵》	摄影	陈 刚	中国摄影报、省摄影协会、泗洪宣传部	2016.10	入选	“大美泗洪•夏之声”全国摄影作品征集
31	《笑脸》	摄影	姜 澎	中国摄影报、省摄影协会、泗洪宣传部	2016.10	入选	“大美泗洪•夏之声”全国摄影作品征集
32	《根基》	摄影	黄宏志	中国摄协报社	2016.11	入选	“三美”临安全国摄影大展
33	《女工》	摄影	黄宏志	中国纺织摄影协会	2016.10	入选	第二届中国纺织摄影艺术展
34	《花季》	摄影	唐 伟	大众摄影杂志社	2016.2	入选	“烂漫樱花•幸福鹤壁”首届全国摄影大展”
35	《梅花傲雪》	摄影	唐 伟	中国摄影报社	2016.9	入选	2016“荷兰花海”杯中国花卉摄影大展
36	《春雨润梅图》	摄影	唐 伟	中国摄影家协会	2016.10	入选	“朗静山杯”中国新画意摄影双年展
37	《佛光》	摄影	唐 伟	中国摄影家协会	2016.7	入选	“聚焦五莲山 美在五莲山”全国摄影大展

续表17-2

序号	作品名称	作品类别	作 者	主办单位	时 间	入展/获奖/出版	活动主题
38	《美丽三台山》	摄影	姜 澎	中华文化促进会、中央电视台中央新影集团、宿迁市人民政府	2016.10	一等奖	第二届亚洲青年微电影展、“美丽中国·青春宿迁”极拍48小时微电影
39	《情系三台》	摄影	黄宏志	中华文化促进会、中央电视台中央新影集团、宿迁市人民政府	2016.10	二等奖	第二届亚洲青年微电影展、“美丽中国·青春宿迁”极拍48小时微电影
40	《渔光曲》	摄影	黄宏志	江苏省摄影家协会	2016.6	入选	首届江苏休闲农业摄影作品征集活动
41	《雾里茗香》	摄影	黄宏志	江苏省摄影家协会	2016.6	入选	首届江苏休闲农业摄影作品征集活动
42	《护花使者》	摄影	黄宏志	江苏省摄影家协会	2016.6	入选	首届江苏休闲农业摄影作品征集活动
43	《丰收之年》	摄影	黄宏志	江苏省摄影家协会	2016.6	入选	首届江苏休闲农业摄影作品征集活动
44	《四季歌》	摄影	黄宏志	江苏省摄影家协会	2016.6	入选	首届江苏休闲农业摄影作品征集活动
45	《绿色的荷塘》	摄影	黄宏志	江苏省摄影家协会	2016.6	入选	首届江苏休闲农业摄影作品征集活动
46	《我赢了》	摄影	黄宏志	中国摄影报社、省摄影协会、泗洪宣传部	2016.5	入选	“大美泗洪•春之韵”全省摄影作品征集
47	《我又接一单》	摄影	黄宏志	中国摄影报社、省摄影协会、泗洪宣传部	2016.10	入选	“大美泗洪•夏之声”全省摄影作品征集
48	《“慢”城泗洪》	摄影	姜 澎	中国摄影报社、省摄影协会、泗洪宣传部	2016.5	入选	“大美泗洪•春之韵”全省摄影作品征集
49	《晒》	摄影	姜 澎	中国摄影报社、省摄影协会、泗洪宣传部	2016.10	入选	“大美泗洪•春之韵”全省摄影作品征集
50	《鼓的传人》	摄影	郭铁成	中国摄影报社、省摄影协会、泗洪宣传部	2016.10	入选	“大美泗洪•夏之声”全省摄影作品征集
51	《呵护》	摄影	郭铁成	省文联	2016.10	入选	纪念中国共产党成立95周年“光辉的旗帜”江苏省摄影作品展
52	《公仆颂》	曲艺	汤庆、唐玉侠	省文化厅	2016.11	铜奖	江苏省五星工程奖

（姜 澎）

·红十字会工作·

【红十字宣传】 2016年，区红十字会利用“12·1”世界爱滋病宣传日、“5·8”世界红十字纪念日、“5·12”减灾赈灾日等宣传日，组织冠名医院医疗专家和志愿者开展“应急救护知识”进社区、进企业、进学校活动，深入社区、企业、学校进行应急救护和防病知识宣传教育。全年，区电视台共播放3次红十字会工作新闻，报社刊登了2次新闻报道，网络宣传报道5次。

【红十字救助】 2月，筹集16.9万余元款物，开展“红十字博爱送万家活动”，走访慰问侍岭镇、保安乡等乡镇560余户特困家庭。“六一”期间，组织社会爱心人士到曹集中心学校开展关爱留守学生慰问活动，发放慰问金3000元。及时了解情况，针对每个家庭和个人实际困难给予救助，全年共为特殊群体拨付救助款物11.8万元，为54人次提供救助活动。

【应急救护知识“三进”活动】 2016年，持续开展急救知识进校园、进企业、进社区“三进”活动。进行急救知识普及性培训和救护员培训，累计培训126课时，分别有11325人、1067人参训。4—5月，利用晚自习和体育课的时间对学生进行救护知识培训。帮助宿迁学院红十字会开展系列宣传培训活动，协助学院红十字会举办第二届校园急救大赛。10月，联系宿迁经济开发区社会事业局，确定黄河小学为宿迁学院红十字会友好合作学校，学院定期组织志愿者到小学进行红十字知识宣传和急救知识培训。对京东、苏州电磁厂（宿迁）有限公司、和信服装厂等企业的安全管理人员和班组长开展救护培训。10月，联合安监局在百威英博啤酒公司进行氨气泄露应急演练，提高员工应对突发事件、处置灾难事故能力。强化社区工作者和老年居民的培训，“5·8博爱活动周”期间，为庐山社区居民和大兴镇卢集村村民小组长、驻村干部、留守妇女和老人等开展培训，传播应急救护知识，提高居民自救互救能力。

【“红恤班”助学项目】 持续开展“红恤班”助学项目，春节期间召集32名在班学生共度佳节，并为学生发放5.96万元压岁钱和11.1万元救助帮扶资金。3—5月，对在宿迁本地就读的21名学生进行校访，了解学生在学校的学习和生活情况。暑期，召集在班32名学生到孟良崮战役纪念馆、华东烈士陵园、八路军115师纪念馆等红色教育基地开展爱国主义和革命传统教育夏令营活动，并发放新学期生活费2.2万元。8—9月，区红十字会联系新毕业生汪平、管莲双等5人到江苏省洪泽高级中学、宿迁裕丰资产管理公司等单位就业，实现毕业学生100%就业。

【造血干细胞捐献】 2016年，区红十字会普及居民非血缘造血干细胞捐献知识，宣传发动更多志愿者加入造血干细胞捐献工作中，做好造血干细胞宣传采集和再动员工作。全年完成40余名造血干细胞志愿者血样采集入库工作，累计实现1.1万名造血干细胞志愿者信息入库。进行33人次再动员，高分辨检查6人，捐献前体检2人。 （刘永红　柳明亮）

·综　述·

【概况】2016年，全区共有规模以上工业企业251户，实际开票销售超2000万元工业企业135户。全部工业企业实现开票销售246.6亿元、入库税收8.42亿元，同比分别增长4.69%、22.56%。全区规模以上工业实现总产值499.5亿元，同比增长12.3%；规模以上工业实现增加值105.6亿元，同比增长10.0%；500万元以上工业固定资产投资160亿元。规模以上工业企业用电量达26.99亿度，同比增长11.1%。2016年，全区实施企业培育“511”工程，即按照兼并重组、技术改造、股改上市、规模发展四类分类实施。全区13户企业完成兼并重组工商变更登记，完成年度目标144.44%，累计实现交易金额3.73亿元，盘活资产5735万元，减少原材料采购等交易成本100万元；42户投资超1000万元技术改造项目累计完成投资16.2亿元，完成年度目标101.9%，34个项目竣工投产，完成年度目标130.8%；全区9户企业启动股改上市，3户完成股份制改造，3户获批“新三板”挂牌，1户转E版挂牌；永星化工、良木新材料上市融资938万元；全区67户列入全市销售500强企业实现开票销售收入240.23亿元，同比增长13.52%，完成年度培育任务87.23%，年开票销售10亿元以上企业8户，分别为翔盛粘胶、广博控股、惠然实业、益客食品、百威英博、旭派电源、和友化工、秀强玻璃，新增开票销售超2000万元企业28户。苏源杰瑞、金枫蓄电池公司分别获得市知名商标和市名牌产品称号。

2016年宿豫区工业经济主要指标完成情况一览

表18

类　别	指　标　名　称		完成情况
规模以上工业企业	个数（家）		251.00
	总产值	总额（亿元）	499.53
		增长（%）	12.30
	增加值（预计）	总额（亿元）	105.55
		增长（%）	10.00
工业企业开票销售	总额（亿元）		29.37
	增长（%）		21.47
工业用电量	完成量（亿千瓦时）		29.20
	增长（%）		12.70

续表18

类　别	指　标　名　称		完成情况
“2+1”主导产业	企业个数（家）		59.00
	产值	总额（亿元）	212.50
		增长（%）	8.50
		产值占总产值比重(%)	46.80
	开票销售	总额（亿元）	107.08
		增长（%）	8.35
		销售收入占比(%)	47.80
项目建设（三季度）	新签约亿元项目个数（个）		22.00
	新开工亿元项目个数（个）		5.00
	新竣工亿元项目个数（个）		9.00
	累计完成固定资产投资（亿元）		21.90
外向型经济	现有自营进出口企业个数（家）		77.00
	外贸进出口	总额（亿美元）	3.50
		增长（%）	4.28
	其中，出口	总额（亿美元）	3.26
		增长（%）	8.29
	实际利用外资	总额（万美元）	4294.00
		增长（%）	1751.00
工业增值税	总额（亿元）		4.42
	增长（%）		9.41
固定资产购置进项税抵扣	总额（万元）		15593.70
	增长（%）		53.63

2016年宿豫区进入宿迁市销售收入前50名企业销售情况一览

表19　　单位：亿元

全市排名	企业名称	2016年开票销售	2015年开票销售	同比增长（±%）
7	江苏翔盛粘胶纤维股份有限公司	31.84	19.05	67.14
8	宿迁广博控股集团有限公司	28.05	24.18	15.98
13	江苏惠然实业有限公司	16.49	11.06	49.10
14	江苏益客食品有限公司	13.27	11.68	13.61
16	百威英博（宿迁）啤酒有限公司	12.54	9.90	26.74
17	江苏旭派电源有限公司	12.09	13.39	-9.74
18	江苏和友化工集团	11.39	9.76	16.62
19	江苏秀强玻璃工艺股份有限公司	10.99	10.02	9.70

续表19

全市排名	企业名称	2016年开票销售	2015年开票销售	同比增长（±%）
25	中粮肉食(宿迁)有限公司	8.82	9.13	-3.45
26	宿迁南钢金鑫轧钢有限公司	8.79	10.67	-17.65
31	苏钢中亚特种钢业宿迁有限公司	6.81	6.76	0.70
47	长江润发（宿迁）集团有限公司	4.88	4.52	8.12

2016年宿豫区工业企业税收前50名企业税收情况一览

表20

单位：万元

名　次	企　业　名　称	税　收　收　入		
		2016年实绩	2015年实绩	同比增长（±%）
合　　计		62730.19	53850.35	16.49
1	江苏秀强玻璃工艺股份有限公司	8100.08	9348.58	-13.35
2	旭派电源有限公司	6537.19	2849.62	129.41
3	百威英博（宿迁）啤酒有限公司	5691.07	4206.91	35.28
4	江苏和友化工集团	3428.40	3934.37	-12.86
5	江苏银祥晟华实业有限公司	3291.01	1693.49	94.33
6	宿迁中玻新材料有限公司	2830.04	1865.10	51.74
7	苏钢中亚特种钢业宿迁有限公司	2563.60	1073.86	138.73
8	宿迁龙净环保科技有限公司	2234.33	1457.86	53.26
9	江苏景宏新材料科技有限公司	1850.21	1074.37	72.21
10	新亚强硅化学股份有限公司	1849.71	1431.85	29.18
11	宿迁南钢金鑫轧钢有限公司	1725.60	2148.63	-19.69
12	宿迁嘉禾塑料金属制品有限公司	1359.99	883.31	53.96
13	江苏翔盛粘胶纤维股份有限公司	1230.20	1019.95	20.61
14	江苏三元轮胎有限公司	1180.26	2259.71	-47.77
15	江苏惠然实业有限公司	1128.19	276.67	307.78
16	宿迁市鑫电能合金有限公司	1119.95	900.58	24.36
17	宿迁联盛化学有限公司	1111.95	500.83	122.02
18	宿迁广博控股集团有限公司	1044.93	483.82	115.97
19	宿迁科思化学有限公司	1038.58	1172.03	-11.39
20	江苏阿尔法药业有限公司	945.34	2671.52	-64.61
21	宿迁楚霸体育器械有限公司	784.84	780.60	0.54
22	宿迁林通新材料有限公司	729.54	659.95	10.54

续表20

名　次	企　业　名　称	税　收　收　入		
		2016年实绩	2015年实绩	同比增长（±%）
23	江苏永星化工股份有限公司	710.04	362.51	95.87
24	宿迁市群英纺织印染科技有限公司	668.95	352.78	89.62
25	长江润发（宿迁）集团有限公司	617.68	1170.62	-47.23
26	宿迁思睿屹新材料有限公司	566.30	962.89	-41.19
27	江苏北斗星通汽车电子有限公司	562.73	676.17	-16.78
28	江苏标尚纤维有限公司	524.84	792.59	-33.78
29	江苏省金枫蓄电池制造有限公司	505.54	437.34	15.59
30	江苏华星新材料科技股份有限公司	491.89	1424.65	-65.47
31	宿迁虹光化学工业有限公司	472.37	218.88	115.81
32	宿迁市振兴化工有限公司	456.05	291.46	56.47
33	江苏力引建材科技股份有限公司	422.57	282.87	49.39
34	宿迁格林手套有限公司	401.05	364.20	10.12
35	中粮肉食(宿迁)有限公司	391.71	208.51	87.86
36	宿迁市万尚新材料科技有限公司	374.53	298.84	25.33
37	宿迁南翔化学品制造有限公司	362.11	214.62	68.72
38	中节能（宿迁）生物质能发电有限公司	352.64	398.42	-11.49
39	宿迁明江化工有限公司	287.13	254.11	12.99
40	宿迁市佳宜工贸有限公司	285.83	288.44	-0.90
41	宿迁市万和泰化工有限公司	278.27	279.55	-0.46
42	宿迁杰科化学有限公司	266.92	464.92	-42.59
43	宿迁华虹电子工业有限公司	255.08	193.29	31.97
44	宿迁腾信纸业有限公司	251.19	83.46	200.97
45	宿迁市惠龙实业有限公司	245.05	228.44	7.27
46	宿迁市永盛精细化工有限公司	244.95	203.99	20.08
47	江苏颖盛化工有限公司	243.71	96.53	152.46
48	宿迁市绿源照明有限公司	241.57	224.15	7.77
49	宿迁晨阳医药科技有限公司	239.75	86.75	176.37
50	宿迁市同创化工科技有限公司	234.73	295.73	-20.63

说明：1.税收实绩是国税和地税的合计数； 2.表内数据由国税和地税提供

（张　达　王茜茜　姜春蕾）

·冶金工业·

【概况】 2016年，宿豫区冶金工业共有企业5家，分别是宿迁南钢金鑫轧钢有限公司、江苏银祥晟华实业有限公司、苏钢中亚特种钢宿迁有限公司、宿迁市华亮热镀锌有限公司、江苏惠然实业有限公司等，均为规模以上企业，拥有国家级高新技术企业3个、市级（工程）技术中心2家、省著名商标1个、省级新产品3个；实现销售收入36.35亿元，同比增长11.02%，实现利税0.87亿元、同比增长67.71%；全区冶金工业主要涵盖异型材轧钢、特钢、新型建筑用钢材等大类，产品涉及船用球扁钢（欧标、国标）、L型钢、不等边角钢、等边角钢、冷墩钢、盘螺等数十种。

【技术改造】 2016年，全区冶金工业累计完成技改投资3.8亿元。金鑫轧钢公司实施军工用球扁钢生产线，完成技改投资0.4亿元；惠然实业公司实施年产30万吨不锈钢制品技改项目，完成技改投资2.15亿元；银祥晟华公司实施20万吨型材项目生产线，完成技改投资0.65亿元；华亮热镀锌公司实施年产15万吨镀锌型材项目，完成技改投资0.6亿元。

【技术创新】 2016年，冶金工业完成技术创新投资1103万元，同比增长12.5%。其中，金鑫轧钢公司完成投资520万元，惠然实业公司完成投资380万元，苏钢中亚公司完成投资110万元。惠然实业公司等被认定为国家级高新技术企业。

【争取项目扶持】 根据市经信委、市财政局联合下发的《关于做好新型工业化专项引导资金项目申报工作的通知》精神，对符合申报条件的惠然实业公司进行申报，共争取到提档升级项目扶持资金60万元。 （张 跃）

·纺织工业·

【概况】 2016年，全区纺织重点工业企业累计60家，其中规模以上企业42家。重点企业有群英纺织、华孚色纺、翔盛高新材料、至诚纺织品、亿利达纺织、华茂毛纺织、宇晨纺织、玖久丝绸等；群英纺织、华孚色纺、翔盛高新材料、至诚纺织品等60家纺织重点企业完成固定资产投资18.98亿元，实现开票销售34.88亿元。

【项目建设】 2016年，翔盛高新、群英纺织、华茂毛纺、宇晨纺织、至诚纺织等15家纺织工业龙头骨干企业加大技术创新、项目投入和技术

2016年宿豫区纺织重点工业企业项目固定资产投资完成情况一览

表21 单位：万元

序号	企业名称	项目名称	2016年累计完成投资		
			合计	贷款	自筹
	合计	—	189800	39100	150700
1	江苏翔盛高新材料股份有限公司	年产40万吨差别化化学纤维	3000	600	2400
2	玖久丝绸股份有限公司	年产100万米微纳丝蛋白结构主动诱导创伤使命医用敷料技改项目	3800	800	3000
3		年产500万米防护与过滤环保型纳米纤维面料技改项目	9050	1900	7150
4		无水环保激光喷印纺织面料后整理生产线	3650	800	2850

续表21-1

序号	企业名称	项目名称	2016年累计完成投资		
			合计	贷款	自筹
5	江苏优美特塑胶制品有限公司	年产10亿只医用手套	8000	1600	6400
6	宿迁高盛无纺布有限公司	无纺布生产线项目	5200	900	4300
7	宿迁宏达制衣有限公司	高档男女睡衣、高档西服	3500	600	2900
8	宿迁俊生纺织机械制造有限公司	纺织机械生产线	3500	700	2800
9	宿迁市天缘丝绸家纺有限公司	年产50万套保健型真丝家纺生产线技改项目	1550	300	1250
10	宿迁市格林手套有限公司	橡胶手套生产	3000	500	2500
11	江苏华茂毛纺织有限公司	毛纺生产线扩建工程	2050	400	1650
12	宿迁市鸿运丝绸有限公司	年产50万米隐形吸光防辐射面料生产线	1200	200	1000
13	宿迁市亿峰纺织有限公司	纺织生产线	1800	400	1400
14	宿迁市玖久丝线有限公司	年产100吨超细旦医疗用线生产线	1300	400	900
15	江苏华君毛纺纺织有限公司	毛纺纺织生产线	1000	200	800
16	宿迁市鸿运丝绸有限公司	300吨超细高档生丝生产线	1700	300	1400
17	宿迁市苏禾丝绸有限公司	丝线加工项目	1100	200	900
18	宿迁市虞姬丝绸家纺有限公司	年产100万米高档抗菌丝绸面料生产线技术改	1000	200	800
19	宿迁市宿豫区豫园缫丝厂	缫丝生产线	1000	200	800
20	江苏银龙纺织有限公司	纺织、纺纱项目	1100	300	800
21	宿迁市新光纺织有限公司	纺织生产线	1000	200	800
22	宿迁市鑫瑞服饰有限公司	服装加工项目	1000	200	800
23	宿迁市淮海玻璃纤维有限公司	年产1000万米电子玻纤薄布产品升级技改项目	1200	300	900
24	宿迁至诚纺织品有限公司	年产4500吨纱线生产线	1000	200	800
25	宿迁市柏盛制衣厂	服装加工生产线	750	200	550
26	宿迁东方制衣有限公司	服装加工项目	1200	300	900
27	宿迁市诚信色织布有限公司	色织布生产线	750	200	550
28	宿迁市恒荣皮件有限公司	箱包、皮件生产线	850	200	650
29	宿迁市东日皮件有限公司	皮件加工生产线	750	200	550
30	江苏翔盛粘胶纤维股份有限公司	3*130t/h高温高压循环流化床锅炉烟气脱硫	1700	400	1300
31	宿迁群英纺织印染科技有限公司	25000T圆网印花生产线	1000	200	800
32	宿迁市致富皮业有限公司	牛皮生产线	1000	200	800
33	江苏华孚色纺有限公司	色纺生产线	600	200	400
34	宿迁群英新纤维纺织品有限公司	年产10000吨化纤涤纶布织造生产线	500	100	400

续表21-2

序号	企业名称	项目名称	2016年累计完成投资		
			合计	贷款	自筹
35	宿迁市宇晨纺织有限公司	纺织生产线	5000	1000	4000
36	宿迁市兆成纺织有限公司	纺织生产线改造	5000	1000	4000
37	宿迁市君军服饰有限公司	服饰加工项目	4000	800	3200
38	宿迁市熊猫时装有限公司	服装加工生产线	4200	800	3400
39	宿迁市森仕龙服装有限公司	服装加工生产线	2000	400	1600
40	宿迁市旺红纺织有限公司	纺织生产线改造	3000	600	2400
41	宿迁昌利树脂涂料有限公司	树脂涂料加工	2000	500	1500
42	宿迁金阜服装有限公司	服装加工生产线	2000	400	1600
43	宿迁鑫马织布厂	织布生产线改建项目	1200	200	1000
44	宿迁万腾鞋业有限公司	鞋制品生产线	5850	1200	4650
45	宿迁市帅尔姿服饰有限公司	服饰加工项目	5450	1100	4350
46	宿迁市智勇纺织有限公司	纺织生产线改造	4500	900	3600
47	宿迁市信和鞋业有限公司	鞋制品生产线	2200	400	1800
48	宿迁市广宇纺织有限公司	纺织加工项目	3000	600	2400
49	宿迁市衣茗制衣有限公司	服装加工生产线	4000	1000	3000
50	宿豫区朝阳服装厂	服装加工项目	900	200	700
51	宿迁市诚忆纺织有限公司	纺织加工项目	8200	1800	6400
52	宿迁市宏图羊绒制品有限公司	羊绒制品生产线	5000	1000	4000
53	宿迁市亿通羊绒制品有限公司	新建羊绒制品项目	4500	1000	3500
54	宿迁市建威鞋厂	鞋制品生产线	4000	600	3400
55	宿迁市恒信纺织有限公司	纺织生产线改建项目	9000	2100	6900
56	宿迁中久纺织有限公司	年产1000万米坯布技改项目	3500	700	2800
57	宿迁市佳鑫布业有限公司	布业生产线	6500	1100	5400
58	宿迁市宏坤篷布有限公司	篷布生产线	8000	1700	6300
59	宿迁市文武纺织有限公司	纺织加工项目	7000	1500	5500
60	宿迁市鹏飞纺织有限公司	纺织加工项目	5000	1000	4000
61	宿迁市超越鞋业有限公司	鞋制品生产线	2000	400	1600
62	宿迁市永胜手套厂	手套加工项目	2000	500	1500

改造，取得明显成效。在60家纺织重点工业企业中，项目建设投资3000万元以上（含3000万元）达27家，其中项目投资8000万元以上（含8000万元）有5家。（林　杰）

·粮油食品工业·

【概况】 2016年，全区粮油食品企业累计78家，其中规模以上企业48家。骨干企业有中粮集团、春绿粮油、罐头食品、龙嫂食品、趣园食品、百威英博等；益客食品、中粮肉食、春绿粮油等27家粮油食品重点企业完成项目固定资产投资11.93亿元，实现开票销售32.72亿元，百威英博、益客食品2家企业开票销售分别实现11.94亿元、11.89亿元，同比分别增长26.74%、13.61%；众客食品公司完成新三板挂牌上市，龙嫂食品公司完成股改前财务审计工作。2016年，新增省级新产品2个，市知名商标9个，市五星级数字企业1户，省级研究生工作站1个。

【技改项目投资】 2016年，技改项目投资超2000万元企业有5家，即：中粮肉食投资4050万元改造2万吨熟食加工厂项目，益客食品投资3500万元改建3000万只肉鸡屠宰生产线项目，罐头食品投资2150万元扩建年产5000吨果蔬罐头生产线项目，春绿粮油投资2050万元改造年产8000吨谷物营养油生产线项目，金龙粮食投资6000万元建设年产200吨大米生产线项目。

2016年宿豫区粮油食品重点工业企业项目固定资产投资完成情况一览

表22　　　　单位：万元

序号	企业名称	项目名称	2016年累计完成投资		
			合计	贷款	自筹
	合计		119300	24200	95100
1	江苏趣园食品股份有限公司	年产43万吨月饼、饼干、面包等项目	4000	1000	3000
2	宿迁益和宠物食品有限公司	年产1万吨宠物食品生产线	6000	1000	5000
3	中粮饲料（宿迁）有限公司	年产40万吨精饲料生产线	6000	900	5100
4	中粮肉食（宿迁）有限公司	2万吨熟食加工厂改造	4050	900	3150
5	江苏益客食品有限公司	3000万只肉鸡屠宰生产线改建项目	3500	800	2700
6	江苏春绿粮油有限公司	年加工50万吨植物油料生产线技改扩建项目	3200	700	2500
7		年产8000吨谷物营养油技改扩建项目	2050	400	1650
8	江苏正业食品有限公司	熟食食品生产线	2600	500	2100
9	宿迁益客饲料有限公司	饲料生产线改造	2500	500	2000
10	江苏龙嫂绿色食品有限公司	年产35000吨米线全自动生产线项目	2050	400	1650
11		年产5万吨天然矿泉水及饮料加工项目	3000	600	2400
12		年产2300吨花青素玉带米线生产线	1650	300	1350
13	宿迁市罐头食品有限公司	年产5000吨果蔬罐头生产线扩建	2150	500	1650
14	江苏顶好食品有限公司	食品生产线	950	200	750
15	宿迁金发食品包装有限公司	包装生产线	650	200	450

续表22

序号	企业名称	项目名称	2016年累计完成投资		
			合计	贷款	自筹
16	百威英博（宿迁）啤酒有限公司	年产100万吨啤酒生产线	4200	800	3400
17	宿迁鼎成食品有限公司	食品加工生产线	2000	400	1600
18	宿迁市雪莲山食品有限公司	食品加工生产线改造项目	11000	2300	8700
19	宿迁市捷达食品有限公司	食品加工生产线	4950	1000	3950
20	宿迁市宿豫区仰化米厂	大米加工项目	1900	300	1600
21	宿迁市仓基莲唱农产品有限公司	农产品加工项目	6050	1200	4850
22	宿迁市瑞华米业有限公司	大米加工项目	4500	900	3600
23	宿迁市百味香食品有限公司	食品加工生产线	2050	400	1650
24	宿迁市正元米业有限公司	大米加工项目	7000	1500	5500
25	宿迁市金龙粮食有限公司	年产200吨大米生产线建设项目	6000	1300	4700
26	宿豫区领鲜食品有限公司	食品加工项目	2300	400	1900
27	宿迁市杉荷园食品有限公司	食品加工生产线	9000	1800	7200
28	宿迁市杉荷园水晶粉丝厂	水晶粉丝生产线	9000	2000	7000
29	宿迁市玉谷粮食有限公司	粮食加工项目	3000	500	2500
30	宿迁市佳龙米厂	粮食加工生产线	2000	500	1500

（林　杰）

·机电工业·

【概况】 2016年，宿豫区机电工业共有企业59家，其中规模以上40家，拥有国家级高新技术企业6个、省级（工程）技术中心2家、省著名商标3个、省名牌产品1个、省级新产品18个；实现销售收入35.3亿元，同比增长11.7%；实现利税1.95亿元，同比增长19.8%。

【装备制造】 全区装备制造业主要涵盖光伏发电系统集成装备、信息材料、异性金属、汽车配件、体育器械、电器装备及冶金机械材料等大类，产品涉及不锈钢门滑轨、汽车铅酸电池、节能灯、发动机连杆、套碳纤维复合芯导线、铁路高强螺母、不锈钢复合管、机械密封件、智能垃圾箱、智能电表、新型汽车前悬防倾杆、铬钼球、汽车电子、高性能汽车轴承、新型哑铃杆铃及钢结构等数十种。

【龙头企业】 龙头企业有江苏广新特种装备工程有限公司、宿迁楚霸体育器械有限公司、江苏沃华智能科技股份有限公司、江苏金诺化工装备有限公司、江苏长川科技有限公司、江苏润宇车业有限公司、宿迁市苏源杰瑞电表有限公司、宿迁龙净环保科技有限公司、宿迁市众义达机械有限公司、江苏楚洋轧辊有限公司、江苏易鼎电力科技有限公司、宿迁市方圆机械有限公司、宿迁通用电器制造有限公司、宿迁市鑫电能合金有限公司、旭派电源有限公司等。

【技术改造】 2016年，全区机电工业累计完成技改投资19.8亿元。沃华智能科技公司实施年产智慧爱心亭1500套，充电桩5000套，公交站台1000套，智能垃圾箱20000套，广告道闸2000套，灯箱8000套技改项目，完成技改投资0.98亿元；广新特种装备工程公司实施年产2.6万吨异性金属制品生产线，完成技改投资0.52亿元；金诺化工公司实施年产2万吨压力容器项目生产线，完成技改投资1.27亿元；楚洋轧辊公司实施冶金机械轧辊生产线，完成技改投资0.55亿元；长川科技公司实施年产7500吨配变箱体、电表集装箱项目，完成技改投资1.31亿元；易鼎电力公司实施年产7万套碳纤维复合芯导线配套金具产品技改项目生产线，完成技改投资0.48亿元。

【技术创新】 2016年，机电工业完成技术创新投资3250万元，同比增长13.9%。其中，龙净环保公司完成投资235万元，金诺化工公司完成投资290万元，旭派电源公司完成投资585万元，鑫电能合金公司完成投资225万元，易鼎电力公司完成投资260万元，苏源杰瑞公司完成投资230万元，楚洋轧辊公司完成投资245万元，楚霸体育公司完成投资165万元，方圆机械公司完成投资195万元；旭派电源公司参与国家标准制定。

【争取项目扶持】 根据市经信委、市财政局联合下发的《关于做好新型工业化专项引导资金项目申报工作的通知》精神，对符合申报条件的旭派电源公司进行申报，共争取到扶持资金50万元。 （张　跃）

·化学工业·

【概况】 2016年，全区共有化工企业69家，其中规模以上企业35家，主要集中在医药中间体、原药中间体、化肥等产业。列市500强企业有化工企业25家，实现开票销售79.27亿元，同比增长26.53%，占列市500强企业开票销售33%。其中，龙头企业江苏翔盛粘胶纤维股份有限公司实现开票销售31.84亿元，入库税收1230.20万元；江苏和友化工集团实现开票销售11.39亿元，入库税收3428.40万元；宿迁联盛化学有限公司实现开票销售3.96亿元，入库税收1111.95万元。

【科技创新】 2016年，江苏博迁新材料股份有限公司通过省级企业技术中心认定，新亚强硅化学股份有限公司通过省工程技术研究中心认定；江苏中煦高分子材料有限公司水相（熔融）悬浮法、江苏健谷化工有限公司93%二甲四氯异辛酯原药和88%二甲四氯钠可溶粉剂分别通过省级新产品新技术认定。

【项目固定资产投资】 2016年，化学工业项目固定资产投资超亿元的企业有江苏阿尔法药业有限公司、江苏和友化工集团、宿迁南翔化学品制造有限公司，分别完成投资3.12亿元、

2016年宿豫区化学工业项目固定资产投资完成情况一览

表23　　单位：万元

序号	建设单位	项目名称	2016年累计完成投资		
			合计	贷款	自筹
合计			147850	29600	118250
1	江苏煦和新材料有限公司	年产8万吨共聚精制聚丙烯项目	4200	600	3600
2	江苏豫星化工工业有限责任公司	年产5万吨有机肥料生产线	4150	700	3450
3	江苏绿晶电子材料有限公司	5000吨/年液相法生产磷酸铁锂	3000	500	2500
4	江苏万祥锌业有限公司	纳米氧化锌等系列产品项目	2500	500	2000

续表23-1

序号	建设单位	项目名称	2016年累计完成投资		
			合计	贷款	自筹
5	江苏阿尔法药业有限公司	年产瑞舒伐他汀钙及其中间体540吨、阿托伐他汀钙及其中间体760吨、匹伐他汀及其中间体40吨、孟鲁司特钠及其中间体210吨、醋酸阿比特比龙中间体50吨、普瑞巴林中间体200吨、替卡格雷及其中间体100吨、索非布韦原料药及其中间体200吨和硫酸钠1800吨、碳酸锂450吨、葡萄糖酸钠1300吨	11700	2450	9250
		100吨/年替卡格雷原料药及中间体、60吨/年利伐沙班原料药及中间体、100吨/年磷酸西他列汀原料药及中间体、200吨/年达比加群酯原料药及中间体、2吨/年孟鲁司特钠原料药项目	10000	2200	7800
		年产1740吨瑞舒他汀类原料药及中间体	9500	1850	7650
6	江苏和友化工集团	合成气催化净化环保新材料项目	15300	3500	11800
		年产15000吨二乙基甲酰胺项目	3550	500	3050
		年产8000吨磷酸盐、5000吨环氧促进剂、5000吨环氧固化剂项目	4750	1100	3650
7	宿迁南翔化学品制造有限公司	年产1400吨丙二酸、700吨硼酸三丁酯、700吨2-甲酸吡啶、700吨2-溴乙胺氢溴酸盐生产线	13000	2700	10300
		年产1000吨医药中间体及精细化工产品技改项目	6350	1300	5050
8	宿迁市林通新材料有限公司	年产500吨结晶紫、500吨POB项目	3500	700	2800
9	新亚强硅化学股份有限公司	年产六甲基二硅烷300吨、N-乙基2.3双氧哌嗪200吨、乙烯基硅氧烷（二甲基乙烯基乙氧基硅烷800吨、四甲基二乙烯基二硅氧烷500吨、氯化钠720吨）	7600	1600	6000
10	江苏颖盛化工有限公司	500吨/年2，6-二氯-4-三氟甲基苯胺、500吨/年1,3-环己二酮、2500吨/年2,5-二氯苯酚、200吨/年2-(2-甲基苯氧基甲基)苯甲酰甲酸甲酯项目	3000	900	2100
11	江苏永信生物化工有限公司	年产100吨氧哌嗪酸、5000吨烷基糖苷及副产品50吨二氧化锰、50吨六甲氧基二硅烷	5150	1100	4050
12	宿迁联盛化学有限公司	年产2000吨光稳定剂技术改造项目	9000	1600	7400
13	宿迁万康新材料有限公司	年产8000吨光稳定剂770技术改造项目	8800	1700	7100
14	宿迁久巨环保科技有限公司	年处理废酸2000吨、含铜镍污泥20000吨、含铜镍催化剂3000吨	5000	900	4100
15	宿迁市虹光化学工业有限公司	10000吨/年节能环保型染料项目	2500	400	2100
16	宿迁市科莱博生物化学有限公司	年产50吨卡培他滨项目	2500	400	2100
		年产110吨医药原料及年产1200吨农药中间体项目	1800	400	1400

续表23-2

序号	建设单位	项目名称	2016年累计完成投资		
			合计	贷款	自筹
17	宿迁新亚科技有限公司	3000Nm3/h一氧化碳技改项目	3000	700	2300
18	宿迁市万和泰化工有限公司	年产300吨氟胞嘧啶技改项目	2500	500	2000
19	江苏同创化工有限公司	一甲基肼、二甲基肼、三嗪侧链酸、臣农药中间体	3500	600	2900
20	宿迁市万尚新材料科技有限公司	薄膜卷材功能性涂料项目	2000	200	1800

2.36亿元、1.935亿元。宿迁联盛化学有限公司光稳定剂技术改造项目、宿迁万康新材料有限公司光稳定剂项目固定资产投资均超过8000万元。 （张　达　王茜茜　姜春蕾）

·建材工业·

【概况】 2016年，全区有建材企业15家，其中规模以上7家。全年，实现开票销售2.76亿元，实现入库税收752万元。江苏秀强玻璃工艺股份有限公司实现开票销售10.99亿元，同比增长9.7%；江苏力引建材科技股份有限公司实现开票销售0.79亿元，同比增长15.61%，入库税收422.57万元，同比增长49.39%；宿迁市益明水泥有限公司实现开票销售0.45亿元，同比下降25.36%，入库税收51万元；宿迁市建友建筑机械有限公司实现开票销售0.14亿元，同比下降29.92%，入库税收36.91万元，同比下降57.68%。

【项目固定资产投资】 2016年，建材工业项目固定资产投资超亿元企业有3家，分别为江苏秀强玻璃工艺股份有限公司年产160万平方米薄膜太阳能电池用TCO导电膜玻璃生产线等4个项目累计完成固定资产投资3.5亿元，江苏良木新材料股份有限公司年产200万平方米新型改性强化复合环保材料、15万平方米3D打印改性强化复合环保材料项目完成固定资产投资1.1亿元，宿迁瑞华建材有限公司砂浆、内外墙保温腻子项目完成固定资产投资1.2亿元。

2016年宿豫区建材工业项目固定资产投资完成情况一览

表24　　单位：万元

序号	建设单位	乡镇园区	项目名称	2016年累计完成投资		
				合计	贷款	自筹
合计				79250	9100	70150
1	江苏秀强玻璃工艺股份有限公司	高新区	年产160万平方米薄膜太阳能电池用TCO导电膜玻璃生产线	15000	—	15000
			年产120万平方米防眩光增透镀膜玻璃产品技改项目	7200	—	7200
			超薄屏显镀膜玻璃生产线技改项目	4300	—	4300
			年产3000万片电容式触摸屏盖板玻璃	8500	—	8500

续表24

序号	建设单位	乡镇园区	项目名称	2016年累计完成投资		
				合计	贷款	自筹
2	江苏家和家美有限公司	高新区	特种门窗生产线	2500	600	1900
3	江苏良木新材料股份有限公司	高新区	年产200万平方米新型改性强化复合环保材料、15万平方米3D打印改性强化复合环保材料	11050	2200	8850
4	宿迁德威新材料有限公司	高新区	年产50万平方米玻璃纤维增强水泥轻质多孔隔墙板技改项目	1000	200	800
5	宿迁方科新型墙体材料有限公司	高新区	新型墙体材料项目	1100	200	900
6	宿迁市常鑫建材有限公司	高新区	新型建材生产线	1000	200	800
7	宿迁市建友建筑机械有限公司	高新区	建筑材料生产线	550	100	450
8	宿迁市一诺装饰有限公司	高新区	门窗加工生产线	750	200	550
9	宿迁市万尚新材料科技有限公司	化工区	薄膜卷材功能性涂料项目	2000	200	1800
10	宿迁市风帆建筑材料有限公司	顺河	建材生产线	4300	1000	3300
11	宿迁瑞华建材有限公司	陆集	砂浆、内外墙保温腻子项目	12000	2600	9400
12	江苏中南钢构有限公司	陆集	钢构生产线项目	5000	1000	4000
13	宿迁丰特贝建材有限公司	陆集	新型建材生产线	3000	600	2400

（张　达　王茜茜　姜春蕾）

·电力工业·

【概况】 2016年，全区共有并网发电企业6家，其中，太阳能光伏发电企业2家，水利发电企业1家，生物质能发电企业1家，热电联产机组发电企业2家。

【企业发电】 宿迁正辉太阳能电力有限公司20兆瓦渔光互补光伏电站完成年发电量2165万千瓦时，宿迁兴塘河光伏发电有限公司10兆瓦农光互补光伏发电电站完成年发电量597万千瓦时；江苏宿迁水利综合开发实业公司（江苏省刘老涧闸站管理所）4台800千瓦时水力发电机组完成年发电量54万千瓦时；中节能（宿迁）生物质能发电有限公司2台12兆瓦汽轮发电机完成年发电量17385万千瓦时；江苏豫星化工有限公司2台3兆瓦抽凝机组完成年发电量489万千瓦时，江苏翔盛粘胶纤维股份有限公司30兆瓦背压机组完成年发电量1.44亿千瓦时。

【光伏电站建设】 宿迁兴塘河光伏发电有限公司于2016年6月建成并网发电。宿迁市新荣光伏电力有限公司、宿迁晶辉新能源发展有限公司等18家企业正在申报国家光伏并网，拟建设光伏电站。（张　颖　吴新华）

·新兴产业·

【概况】 2016年，全区新材料产业、精细化工产业总体取得较快发展。全区新材料产业共有企业61家，其中规模以上43家。拥有上市企业2家、国家级高新技术企业14个、省级（工程）技术中心9家、省著名商标4个、省名牌产品1个、省级新产品85个，市级企业技术中心3个。2016年，全区新材料产业实现销售收入131.8亿元，同比增长11.6%，实现利税12.4亿元，同比增长20.1%。全区精细化工产业共有企业46户，其中规模以上32户。2016年，实现销售收入39.35亿元，同比增长-2.04%；获批省名牌产品1个，获批省级工程技术中心1个，市级企业技术中心6个，市级以上新产品22个，市级两化融合试点企业1个；实施1000万元以上技术改造项目15个，完成投资8.157亿元，完成年度任务107.4%。

【新材料龙头企业】 新材料产业主要涵盖高档纺织纤维材料、信息材料、能源材料、光伏并网逆变器、太阳能光伏组件、新型建筑及环保材料等大类，产品涉及高档粘胶短纤维、聚酯切片、锂电池隔膜、亚克力树脂复合材料、高透射可见光AR镀膜玻璃、太阳能光伏镀膜玻璃、太阳能导电膜玻璃、纳米镍粉、太阳能电池浆料、TCO导电膜玻璃、晶体硅电池组件、铝覆塑木合体型材、新型墙体材料及环保工程设备等数十种。龙头企业有江苏秀强玻璃工艺股份有限公司、江苏翔盛高新材料股份有限公司、江苏景宏新材料科技有限公司、江苏博迁新材料有限公司、江苏三元轮胎有限公司、宿迁中玻电子玻璃有限公司、山亿新能源股份有限公司、长江润发（江苏）薄板镀层有限公司、江苏北斗星通汽车电子有限公司、江苏鑫鼎新材料有限公司、江苏宜录电子科技有限公司、江苏旭源科技有限公司、宿迁永盛新材料科技有限公司等。

【精细化工龙头企业】 精细化工产业主要涵盖高新医药材料等大类，产品涉及高新医药中间体等数十种。龙头企业有江苏福友化肥有限公司、江苏阿尔法药业有限公司、江苏禾友化工有限公司、宿迁南翔化学品制造有限公司、江苏丰民肥业有限公司、宿迁新亚科技有限公司、宿迁科思化学有限公司、新亚强硅化学股份有限公司、宿迁联盛化学有限公司、江苏健谷化工有限公司、江苏豫星化工工业有限责任公司等。

（张　跃）

·上市公司·

【概况】 2016年，全区培育在全国中小企业股份转让系统“新三板”挂牌上市企业3家、上海

2016年宿豫区企业挂牌上市及股份制改造完成情况一览

表25　　　　单位：万元

类别	序号	企业名称	目标市场	合作券商	完成情况			
					启动股改时间	完成股改时间	挂牌上市时间	融资额
挂牌上市	1	江苏华星新材料科技股份有限公司	新三板	中信建投	2015.7	2015.11.4	2016.2.16	—
	2	江苏良木新材料股份有限公司	转E板	上海股权托管交易中心	2015.1	2015.12.21	2016.9.28	200
	3	江苏永星化工股份有限公司	新三板	东兴证券	2015.11	2016.5.25	2016.10.18	738
	4	江苏众客食品股份有限公司	新三板	光大证券	2015.9	2016.5.6	2016.11.11	—
股份制改造	1	江苏博迁新材料科技股份有限公司	新三板	总部公司证券部操作	2015.7	2016.9.14	—	—
	2	天成锋精机股份有限公司	新三板	大通证券	2016.1	2016.9.22	—	—
	3	江苏力引建材科技股份有限公司	新三板	西部证券	2016.1	2016.11.8	—	—

股权托管交易中心E板挂牌上市企业1家，并完成股份制改造企业3家。

【企业股份制改造】 2016年，江苏博迁新材料股份有限公司、天成锋精机股份有限公司、江苏力引建材科技股份有限公司分别于9月14日、9月22日、11月8日完成股份制改造，并与年底前成功申请报备。

【企业上市融资】 2016年，全区有2家上市企业实现融资，融资总额为938万元，其中江苏永星化工股份有限公司融资738万元、江苏良木新材料股份有限公司融资200万元。

【企业挂牌上市】 2016年，经过对9家股改上市后备企业培育，有4家企业成功在国内挂牌上市。其中，江苏华星新材料科技股份有限公司、江苏永星化工股份有限公司、江苏众客食品股份有限公司3家企业分别于2月、10月、11月完成“新三板”挂牌上市，江苏良木新材料股份有限公司于9月顺利完成Q板转E板成功上市。（张　苏　徐福高）

·三服务三促进·

【概况】 2016年，区“三服务三促进”活动办公室组织推动全区63个部门、单位开展“两访两帮”“百名干部帮百企”“我为企业办实事”等重点工作，帮助企业解难事、办实事。

【统筹推进】 印发《关于印发〈2016年区领导及区级机关部门单位挂钩帮扶企业明细表〉的通知》，排定2016年区领导及相关部门挂钩帮扶“511”工程重点企业和工业再造项目；印发《区委办公室区政府办公室关于印发〈宿豫区2016年度“三服务三促进”活动考核办法〉的通知》，健全健全考核标准和量化分值；通过全区“三服务三促进”微信群、“三服务三促进”QQ群，适时发布各单位开展活动情况，先后发布挂钩帮办活动图片750张，各类信息560条；指导各单位建立健全活动“三本台账”63台套，保证活动持续有效开展。

【督促推进】 为推动各活动单位围绕“股改上市、技术改造、兼并重组、规模企业培育”等工作，先后组织召开全区工业经济运行分析会4次、全区“511”工程推进会5次，下发交办单42份，印发“511”工程月通报10期、周通报8期、经信情况专报10期；召开股改上市推进会3次、培训3次；小微企业、兼并重组业务会各2次。协调召开重点企业座谈会、区长会办会30次，帮助企业解决用水、用电、手续证件办理等问题120项；组织各帮服部门开展企业业务培训活动65期，参培人员750人次。组织开展“惠企政策宣传服务月”活动，深入企业开展惠企政策宣传活动，发放“惠企政策包”30多份、《宿迁市扶持服务企业发展资料汇编》100本，政策宣传册2350余本、宣传彩页4200余份。

【落实推进】 组织各单位结合自身职能开展“我为企业办实事”活动，共计开展办实事项目150项。先后协调、解决百威啤酒、中玻产业园、机械产业园内企业等10余家企业用电问题；指导、帮助企业申报省电力直购电试点，获批4.3亿度直购电交易量，为企业节省电费共计1047万元；为企业争取策应扶持资金6200余万元；印发《关于推动全区工业企业转型发展的意见》，制定下发《推动全民创业促进工业发展优惠政策清单》汇编；区委区政府协调担保公司、银行等金融机构为工业企业实现贷款担保4.67亿元、银行工业贷款110.19亿元，解决企业融资难、融资贵问题。区财政局将国家、省、市、区新近出台的财政政策和项目申报指南，编印成册，先后到生态化工科技产业园、电子商务产业园、高新技术开发区开展一系列财政政策宣讲活动3场；区安监局对49家企业安全副总或安全总监进行危险化学品及安全生产管理培训；区经信局分别进行股改上市、策应扶持政策、技改项目备案培训3次，参培

2016年宿豫区获批省、市级“两化融合”示范试点企业一览

表26

类　别	序号	企　业　名　称	获试点类别
省级互联网与工业融合创新试点	1	江苏北斗星通汽车有限公司	两化融合省级试点企业
	2	江苏益客食品有限公司	两化融合省级试点企业
	3	宿迁南钢金鑫轧钢有限公司	两化融合省级试点企业
市级两化融合示范试点	1	江苏煦和新材料有限公司	两化融合市级示范企业
	2	江苏金枫蓄电池制造有限公司	两化融合市级试点企业
	3	宿迁瑞星化工有限公司	两化融合市级试点企业
	4	宿迁振兴化工有限公司	两化融合市级试点企业
	5	江苏联君科技有限公司	两化融合市级试点企业
	6	宿迁嘉禾塑料金属制品有限公司	两化融合市级试点企业

企业业务人员达150余人次。创新宣讲方式。区司法局制作、发放50条围裙、50个普法小扇子；区公安分局组织全区社会治安力量，全面参与惠企政策服务宣传各项工作，制定对口服务措施和办法，健全涉企治安保障体系，严厉打击各种干扰企业正常生产经营和影响公平竞争的非法行为；宿迁技师学院组成惠企政策活动团进入企业开展“惠企政策”宣讲活动，并与企业达成对企业中层管理人员、车间普通员工、网络销售人员进行专题培训活动。

（陆裕军）

·信息化建设·

【概况】 2016年，全区电子信息产品实现销售收入31.6亿元，软件业务收入4.61亿元。实施重点两化融合项目5个，推广中小企业信息化应用35家，获批省“互联网与工业融合创新”试点企业3家，获批市“两化融合”示范试点企业6家。帮助企业向上争取信息化引领专项扶持资金300万元。

【“两化融合”技术服务】 2016年，区经信局组织开展“软件产品与工业企业对接”“两化融合诊断服务”活动，邀请扬州瑞丰信息技术有限公司、江苏海宝物联科技有限公司、江苏明润信息技术有限公司等对全区25家企业进行两化融合发展诊断服务活动。完成企业两化融合评估诊断13家，企业信息化覆盖调研30家。

【信息基础设施建设】 2016年，中国铁塔股份有限公司宿迁分公司全面承接电信、移动、联通公司新建基站和共享基站需求，需求满足率达到95%以上，推动通信行业4G深度覆盖；新建基站50个，共享基站130个，完成投资2000万元。中国移动公司宿豫分公司移动用户达到21.9万户，4G用户达到16.3万户；推进无线智慧城市平台应用，实现公交一卡通等民生应用，发展用户2.6万户；深入研究六大产业信息化应用，加强重点企业信息化合作应用，提升管理效能。中国联通公司宿豫分公司全年4G发展7.1万户，有线宽带发展3100户，新建4G基站128个，4G信号覆盖宿豫全区，重点区域和场所密集覆盖，新建光纤宽带小区12个，总小区达72个，覆盖用户约4万户；加大行业应用，重点打造示范园区综合应用，推进智慧城市、移动OA、一卡通、移动视频监控等重点项目建设。中国电信公司宿豫分公司在宿豫区所有乡镇，行政村建成全光网，宽带村达到100%，FTTH覆盖率达100%；实现天翼用户新增8.5万户，ITV新增2.7万户，宽带达到5.6万户，天翼用户达到30万户，创建数字企业30家。 （苏　云　徐福高）

·信用建设·

【信用体系建设】 2016年，区信用办以区政府名义出台政策性文件6份、以区信用办名义出台各类操作性文件36份。全年累计归集信用信息29.4万条，信用承诺、信用核查报告、第三方信用报告使用量分别为1.6万份、6994份、2507份。2016年1月，区信用办组织召开全区行政许可和行政处罚等信用信息“双公示”工作推进会暨业务培训会。10月，区信用办联合区文明办、区法制办、区法院、区人社局等有关职能部门召开黑名单曝光评审会，审议通过拟曝光严重失信企业1家。2016年，全区因失信被限制办理相关业务的企业和个人21个，进行信用修复18个。

【信用管理贯标】 2016年，宿豫区深入推进信用管理“千企贯标、百企示范”工程。全年新增市级信用管理贯标企业12家。

2016年宿豫区获市级信用管理贯标企业一览

表27

序号	企业名称	序号	企业名称
1	宿迁市万尚新材料科技有限公司	7	宿迁洵疆实业有限公司
2	宿迁市群英纺织印染科技有限公司	8	宿迁市荣欣塑业有限公司
3	江苏奇隆酿造有限公司	9	江苏耀徐特种玻璃有限公司
4	宿迁沂醇生物科技有限公司	10	江苏豫星化工工业有限责任公司
5	江苏金枫蓄电池制造有限公司	11	宿迁市东升塑业有限公司
6	宿迁华虹电子工业有限公司	12	宿迁市亿鑫环保设备有限公司

（黄　露　田春艳）

·江苏省宿迁高新区·

【概况】 2016年，宿迁高新区顺利通过省级生态园区创建验收。12月，科技部将江苏省宿迁高新区创建国家高新区正式行文呈送国务院待签批。

【招商引资】 2016年，宿迁高新区将专业招商

2016年高新区指标完成情况统计一览

表28　　　　单位：亿元

序号	指标名称	1—12月完成情况	同比增长	备　　注
1	工业企业开票销售收入	137.24	-7.68%	考核口径（统计口径为145.7亿元，同比增长2.69%）
2	工业企业开票税收收入	4.31	5.41%	考核口径（统计口径为3.67亿元，同比增长4.57%）
3	82家规上工业总产值	268	22.0%	区考核指标(增长率达25%)
4	82家规上工业主营业务收入	205.6	14.7%	—
5	82家规上工业开票销售收入	131.96	6.3%	—
6	82家规上工业开票税收收入	3.37	30.2%	—
7	500万元以上固定资产投资	118.6	15.6%	区考核指标（增长率达25%）
8	财政总收入	8.44	-19.49%	—
9	公共财政预算收入	5.9	-29.54%	区考核指标（增长率达10.1%）
10	新增固定资产购置进项税抵扣额	6624	—	区考核指标（6500万元）
11	进出口总额	20003	-2.48%	—
12	实际到账外资	2660	105%	—
13	“2+1”产业开票销售	129.1	3.57%	—
14	“2+1”产业开票税收	3.36	25.8%	—
15	高新技术产业产值占规模以上工业产值比重	16.7%	下降0.4个百分点	区考核指标（占比25%）
16	30家列市500强企业开票销售收入	135.04	9.4%	—
17	企业兼并重组	8家	—	任务数9家

续表28

序号	指标名称	1—12月完成情况	同比增长	备　注
18	企业股改上市	3家	—	任务数6家
19	超1000万元技改项目	18家	—	任务数18家

局分组成立四个招商小队，分赴苏南、上海、浙江、福建广东等地驻点招商；其他办局分别安排一名科级干部和一名工作人员组成专职队伍开展招商引资工作；招商实绩与部门考核、个人待遇相挂钩，建立微信群管理制度，招商人员每天以图文形式向微信群报送招商情况；每月召开一次通报会，通报外出招商情况、存在问题；每月组织一次集体培训活动。2016年，市考核认定开工项目11个，竣工项目16个，累计固定资产投资38.37亿元，其中注册资本1亿元以上项目11个，符合“2+1”产业定位项目10个，外资项目1个。

2016年高新区招商引资考核开工项目认定明细一览

表29

序号	企业名称	注册情况	开工时间	主要产品	认定固定资产投资额（万元）	项目类型	考核结果
1	宿迁市通用玻璃有限公司	2016年5月增资2000万元	2016.1	特种玻璃	6080	增资开工	认定注册资本2000万～5000万元开工项目
2	江苏惠然实业有限公司	2016年12月增资2000万元	2016.7	镍铁合金	10289	新开工	—
3	江苏润宇车业有限公司	2016年12月增资5000万元	2016.9	发动机凸轮轴	2794	增资开工	认定注册资本5000万～10000万元开工项目
4	江苏佳宇科技有限公司	2016年11月增资10000万元	2016.9	智能APP城市家居	2895	新开工	—
5	宿迁市华骏广告设备有限公司	2016年6月注册5000万元	2016.1	智能广告装备	10474	新开工	—
6	江苏沃华智能科技股份有限公司	2016年7月注册10000万元	2016.9	城市智能家具	5562	新开工	认定注册资本 1亿～3亿元开工项目
7	江苏金诺化工装备有限公司	2016年7月注册10000万元	2016.8	低、中压容器	5472	新开工	—
8	宿迁长发背材有限公司	2016年9月注册10000万元	2016.1	LED背板	34925	新开工	—
9	江苏华展金属科技股份有限公司	2016年5月注册11000万元	2016.1	智能广告装备	6267	新开工	—
10	宿迁市天源环保污水处理有限公司	2016年9月注册10000万元	2016.7	污水处理	34627	新开工	—
11	宿迁中玻电子玻璃有限公司	2016年9月注册30000万元	2016.7	电子玻璃	15176	新开工	认定注册资本3亿～5亿元开工项目

2016年高新区招商引资考核竣工项目认定明细一览

表30

序号	企业名称	注册情况	开工时间	竣工时间	主要产品	认定固定资产投资额(万元)	项目类型	考核结果
1	宿迁市天工纸制品有限公司	2015年9月注册2000万元	2015.3	2016.4	纸质包装材料	10288	结转竣工	认定注册资本2000万～5000万元竣工项目
2	宿迁市通用玻璃有限公司	2016年5月增资2000万元	2016.1	2016.8	特种玻璃	10412	增资竣工	—
3	宿迁市润普五金制品有限公司	2015年7月增资2000万元	2015.8	2016.3	五金制品	10475	增资竣工	—
4	江苏长川科技有限公司	2014年11月注册2000万	2016.7	2016.11	配电设备	10431	竣工	—
5	江苏惠然实业有限公司	2016年12月增资2000万元	2016.7	2016.12	镍铁合金	10289	竣工	—
6	江苏鼎盛印务有限公司	2015年7月增加5000万元	2015.6	2016.10	纸质包装材料	17540	增资竣工	认定注册资本5000万～10000万元竣工项目
7	江苏优美特塑胶制品有限公司	2015年12月增资5000万元	2015.12	2016.12	PVC手套	16457	结转竣工	—
8	江苏良木新材料股份有限公司	2015年12月注册6600万元	2015.12	2016.12	玻镁防火板	22082	结转竣工	—
9	宿迁市亿宏新材料科技有限公司	2015年12月增资5000万元	2015.12	2016.3	亚克力树脂	20725	结转竣工	—
10	江苏广博罗纳斯科技有限公司	2015年4月注册5000万元	2015.4	2016.6	绿色无菌包装	20676	结转竣工	认定注册资本5000万～10000万元竣工项目
11	宿迁市华骏广告设备有限公司	2016年6月增资5000万	2016.1	2016.9	智能广告装备	18682	新竣工	—
12	江苏佳顿科技股份有限公司	2015年6月注册10000万元	2015.9	2016.6	高端软体家具	41206	结转竣工	认定注册资本1亿～3亿元竣工项目
13	宿迁长发背材有限公司	2016年9月注册10000万元	2016.1	2016.9	LED背板	34925	新竣工	—
14	江苏华展金属科技股份有限公司	2016年5月增资10000万元	2016.1	2016.8	智能广告装备	36458	增资竣工	—
15	宿迁市天源环保污水处理有限公司	2016年9月注册10000万元	2016.7	2016.12	污水处理	34627	竣工	—
16	宿迁清源水务有限公司	2016年11月注册10000万元	2016.7	2016.12	自来水生产供应	36635	盘活竣工	—

【项目培育】 对在建拟建项目，宿迁高新区制订落实“1+3”（1个项目+1名班子成员、1名中层干部、1名工作人员）全程跟踪服务机制，以帮助企业解决土地招拍挂手续办理，城管、人防、消防、环保等手续办理为重点，排定详细的建设内容、制订具体的推进措施，确保项目建设顺利推进。已建成投产企业，高新区按区域将企业划分至各部门，实行专人帮办，建立定期上报制度。同时，高新区建立集中备案制度，理顺帮办流程，所有涉及企业的工作安排和活动需要审批下发，最大限度地减少对企业正常经营的干扰和影响。宿迁高新区全年共实施千万元以上技改项目18个，兼并重组8家，良木新材料、众客食品分别在E板、新三板成功挂牌；景宏新材料、龙净环保等5家企业名列全区工业企业税收前10强，秀强股份继续蝉联工业纳税企业榜首。

2016年宿迁高新区工业企业开票销售前50强企业一览

表31

序号	企业名称	销售收入（万元）		
		2016年	2015年	同比增长（%）
1	宿迁广博控股集团有限公司	240249.41	199836.16	20.22
2	江苏益客食品有限公司	132737.64	116836.76	13.61
3	江苏惠然实业有限公司	112358.85	98629.84	13.92
4	江苏秀强玻璃工艺股份有限公司	109565.04	99584.58	10.02
5	宿迁南钢金鑫轧钢有限公司	76768.29	100045.17	-23.27
6	中粮肉食(宿迁)有限公司	65981.86	64772.86	1.87
7	苏钢中亚特种钢业宿迁有限公司	53881.11	55891.35	-3.60
8	江苏三元轮胎有限公司	47486.38	47710.45	-0.47
9	江苏银祥晟华实业有限公司	41066.96	26654.93	54.07
10	江苏豫星化工工业有限责任公司	34690.74	15289.32	126.90
11	长江润发（江苏）薄板镀层有限公司	33540.55	27921.69	20.12
12	宿迁中玻新材料有限公司	28808.28	30077.37	-4.22
13	江苏北斗星通汽车电子有限公司	26778.87	15870.71	68.73
14	中粮肉食(宿迁)有限公司宿豫分公司	22171.60	26534.19	-16.44
15	宿迁龙净环保科技有限公司	21272.07	23757.28	-10.46
16	江苏景宏新材料科技有限公司	20001.41	17054.41	17.28
17	宿迁广博文仪科技有限公司	19714.66	25375.44	-22.31
18	宿迁格林手套有限公司	18639.34	19213.00	-2.99
19	宿迁益客饲料有限公司	17378.77	20010.14	-13.15
20	江苏博迁新材料股份有限公司	16784.03	13841.32	21.26
21	宿迁嘉禾塑料金属制品有限公司	15501.43	13962.80	11.02
22	江苏煦和新材料有限公司	14007.44	6123.98	128.73
23	中节能(宿迁)生物质能发电有限公司	12943.79	13282.33	-2.55

续表31

序号	企业名称	销售收入（万元）		
		2016年	2015年	同比增长（%）
24	宿迁南钢金鑫钢铁有限公司	11106.07	6666.75	66.59
25	宿迁楚霸体育器械有限公司	8307.20	7543.77	10.12
26	江苏春绿粮油有限公司	7879.38	6819.49	15.54
27	江苏力引建材科技股份有限公司	7852.47	6792.32	15.61
28	宿迁市鑫宏铝业开发有限公司	7650.05	7169.73	6.70
29	宿迁市荣欣塑业有限公司	7261.47	8903.61	-18.44
30	宿迁宏达制衣有限公司	6854.60	5747.60	19.26
31	宿迁市罐头食品有限责任公司	6432.94	6303.51	2.05
32	宿迁洵疆实业有限公司	6107.23	5927.77	3.03
33	江苏强维橡塑科技有限公司	5135.85	5415.02	-5.16
34	宿迁市中塑实业有限公司	5098.91	4669.59	9.19
35	江苏苏华达新材料有限公司	4668.11	16180.53	-71.15
36	宿迁市益明水泥有限公司	4504.92	6035.45	-25.36
37	江苏富雅工贸有限公司	4440.24	2312.17	92.04
38	宿迁市荣鑫金属制品有限公司	4229.14	7170.74	-41.02
39	江苏益和宠物用品有限公司	4226.18	2028.08	108.38
40	宿迁东方制衣有限公司	4141.65	5276.79	-21.51
41	宿迁味霖食品有限公司	3670.28	4100.48	-10.49
42	江苏楚洋轧辊有限公司	3632.91	3113.62	16.68
43	宿迁市现代生物科技有限公司	3459.50	3055.73	13.21
44	长江润发（宿迁）集团有限公司	3412.38	2903.94	17.51
45	宿迁市嘉豪机械制造有限公司	3361.88	2540.40	32.34
46	宿迁市华茂毛纺织染有限公司	3344.88	2901.33	15.29
47	江苏龙嫂绿色食品有限公司	3217.49	1839.61	74.90
48	国风塑业科技宿迁有限公司	3210.23	2766.66	16.03
49	玖久丝绸股份有限公司	3182.07	9357.00	-65.99
50	宿迁市长城机械密封制造有限公司	3106.20	3472.06	-10.54

【科技创新】 2016年，已入驻孵化高科技企业8个，科研院所及服务机构18个，获批省广告产业园、省玻璃功能化及应用创新创业服务示范基地、省标准化创新基地、省两化融合示范区、省生态工业园区、省海外华侨华人创业示范基地。新培育国家高新技术企业9家，北斗星通、博迁新材料、苏源杰瑞、现代生物、惠然实业、奇纳新材料、力引实业、三元轮胎、长江润发；易鼎电力、良木新材料等20家企业获批省民营科技型企业；绿金人、至诚纺织等15家企业获批省科技型中小企业；广博罗纳斯、嘉禾塑料、长润耐指纹板等企业获批省高新技术

产品5个；获批省级以上科技计划项目21项，获省科技经费支持达1477.7万元；完成技术交易107项，实现交易额1065万元。深化与宿迁学院合作，先后与宿迁学院建立了3D打印研究室、大学生校外创业指导站。与市科技局共同主办2016年省产学研专场对接洽谈会—（宿迁）先进复合材料专题活动，会上高校院所与宿豫区企业共达成24个合作意向，切实解决宿豫区一些企业的技术难题。

【人才引培】 2016年，先后引进国家“千人计划”专家2人，朱强（北京有色研究总院副总工程师，原康明斯涡轮公司首席材料专家）、赵喆（瑞士皇家学院博士，专注于3D打印陶瓷领域）。自主培育省“双创人才”获批2人（益客食品的冯艳忠、春绿粮油的曾庆梅）、市领军人才6人（益和宠物的王正武、益客食品的冯艳忠、玖久丝绸的刘向东、奇纳新材料的彭伟平、力引实业的卢爽、广博罗纳斯的郑松）。

【社会事业】 发放土地补偿欠款7260万元；新安置被拆迁户306户、房屋439套；启动实施油坊、陆桥两个安置小区五期工程，目前油坊小区五期即将交付；完成高新区中心校教学楼、幼儿园改造和食堂新建工程。化解涉企矛盾，完成钢铁去产能阶段性工作，维护园区稳定发展局面。

【基础设施建设】 完成江山大道、S249省道南延段、S325省道以及赣江路、金沙江路等13条道路提升改造；完成江山河、嘉陵江河等两条河道清淤、边坡杂物清理；新建小区附属用房7000平方米，铺设柏油路8000平方米、新增停车位1100多个。

（刘　威）

·宿迁生态化工科技产业园·

【概况】 江苏宿迁生态化工科技产业园位于宿迁市北部，新沂河南岸，宿新一级公路东侧，规划境域总面积40平方千米，建成面积约10平方千米，辖光前、苗庄、刘圩3个居委会40个村民小组，居民2980户，社会人口12150人。2016年，园区实现工业总产值132.62亿元，同比增长10.98%；销售收入123.85亿元，同比增长11.24%；500万元以上固定资产投资21.22亿元，同比增长15.9%；进出口总额1.53亿美元，同比增长30.36%。一般公共预算收入1.78亿元，同比增长6.57%。年内，化工园区荣获省文明单位、区重点项目建设先进单位、全区纪律审查工作先进集体等荣誉。

【规划编制】 制定完成《关于进一步加快化工园区转型升级的实施意见》，确定生物医药产业为园区主导产业，全面启动医药健康特色产业园建设。委托国内知名规划编制单位中机产城（北京）规划设计研究院，牵头推进园区产业规划编制工作，现已组织北京化工大学、中国药科大学等高校专家完成对园区规划的前期调研工作，规划文本正在编制之中；“两大中心”规划编制工作分别由江苏省表面工程处理行业协会、江苏省纺织工业设计研究院承担，规划编制工作已经启动。同时，园区环境影响跟踪评价的编制工作也在进行中。

2016年宿迁生态化工科技产业园工业企业开票销售前30强企业一览

表32　　单位：万元

序号	企 业 名 称	销售额	地　址
1	江苏翔盛粘胶纤维股份有限公司	229307.10	南化路188号
2	旭派电源有限公司	90438.46	南化路
3	江苏阿尔法药业有限公司	36469.58	燕山路9号

续表32

序号	企 业 名 称	销售额	地 址
4	宿迁新亚科技有限公司	25722.58	南化路28号
5	宿迁科思化学有限公司	25648.61	扬子路22号
6	江苏禾友化工有限公司	21364.68	扬子路
7	宿迁联盛化学有限公司	20841.53	南化路22号
8	宿迁市惠龙实业有限公司	20224.85	纬二路12号
9	宿迁市群英纺织印染科技有限公司	18474.92	大庆路 8号
10	新亚强硅化学股份有限公司	18347.91	经五路3号
11	宿迁林通新材料有限公司	16347.65	扬子路36号
12	江苏奇隆酿造有限公司	15346.75	扬子路2号
13	宿迁沂醇生物科技有限公司	14651.77	经一路
14	亿利洁能科技(宿迁)有限公司	13871.23	南化路
15	宿迁思睿屹新材料有限公司	10674.70	扬子路36号
16	宿迁英豪皮业有限公司	10537.74	扬子路16号
17	宿迁市鑫电能合金有限公司	10503.87	南化路26号
18	宿迁虹光化学工业有限公司	9274.51	经六路1号
19	江苏丰民肥业有限公司	8559.11	经五路1号
20	宿迁市振兴化工有限公司	8557.18	扬子路36号
21	江苏省金枫蓄电池制造有限公司	7764.15	经六路1号
22	江苏健谷化工有限公司	7616.47	经五路1号
23	江苏永星化工股份有限公司	7364.62	扬子路6号
24	宿迁市万尚新材料科技有限公司	7095.14	中兴路
25	宿迁鹏鸿工贸有限公司	6628.96	经二路9号
26	宿迁杰科化学有限公司	6340.41	扬子路22号
27	江苏颖盛化工有限公司	6098.80	扬子路8号
28	江苏华星新材料科技股份有限公司	6042.63	纬二路8号
29	江苏标尚纤维有限公司	5118.49	大庆路9号
30	宿迁威生金属制品厂	5098.21	扬子路5号

【环境治理】 聘请南京工业大学专家组完成对园区30家重点企业“三废”产生、治理工艺及治理成效的核查，制定“一企一策”整改方案。废气方面：新投入1.7亿元，新上污染防治设施600余台（套），在阿尔法、振兴化工等企业开展RTO（高温焚烧）、高温等离子技术试点；在林通化工结晶紫车间进行负压车间建设；开展无机废气专项整治。通过治理，园区大气质量持续改善。废水方面：园区涉水企业52家，除2家直排外，其余企业污水全部经预处理达标后接入“一企一管”；废水治理新增投资约1亿元，完成雨水管网明渠改造合计20千米，实现雨污彻底分流。园区废水实现稳定达标排放。固废方面：企业固废储运、转运、处置台账

健全，申报及时，相关规定得到切实执行，31家企业已完成危废仓库视频监控联网。新增投资约4000万元，新建、改建危废库房约4000平方米，建成固废焚烧炉1座。园区固废处置进一步规范。监管技术方面：投资4000万元建成环境检测监控中心，实现园区企业三废排放、重大危险源等视频监控24小时在线联网监测，为环境执法提供技术支撑，提升园区环境监测监管效果。

【安全监管】 园区持续开展安全生产大检查，全年共排查各类生产经营单位260次，发现安全隐患1335项，已完成整改1266项，邀请第三方评价机构对32家重点企业的生产工艺、设备隐患等安全生产现状进行综合评价，计划实行第三方长期监管。加强企业安全机制建设，在46家企业试行安全总监、2家企业试点专项治理“十到位”工作模式并进行全面推广；完善安全生产责任制、重大危险源监控等“十项工作制度”；以服务外包的形式引入安全专家管理团队；成立联防联治办公室，建成30家微型消防站，储备应急消防泡沫60吨，定期开展消防安全应急演练；推动安全标准化创建，在所有企业均通过安全生产标准化三级验收，有10家企业通过安全标准化二级验收。创新安全监管新模式，探索“互联网+安全”监管模式，进行“智慧安监”和手机APP应用的建设和推广，实现对企业重点岗位和关键部位安全检查、隐患整改的实时监管。

【项目清理盘活】 2016年，园区根据企业亩均投入、亩均产出和亩均税收等情况，对企业进行分类管理，制定企业项目管理“正面清单”和“负面清单”。对照清单要求，对长期闲置、无产出或低效利用的土地，进行清理盘活，为招商引资及大项目扩建用地提供保障。截至年底，已盘活项目8个，占地面积317亩，其中已投产项目1个（腾信纸业），在建项目6个；跟踪推进项目4个，占地面积634亩，其中破产项目2个（沃特凯尔、锦达工贸）；法院拍卖项目2个（恒升纸业、建中电力电杆）。

【招商引资】 全年新引进工业项目6个，分别是永信生物、福瑞康泰药业、龙江生物、罗迈特生物、吉尔生化、卡乐新材料；完成竣工项目1个，永信生物；实现开工项目5个，分别是万康新材料、宇新固废、福瑞康泰药业、龙江生物、罗迈特生物。

【产业提升】 深入推进“511工程”（市委、市政府提出，“5”是指重点推动全市500强企业对外合作、兼并重组、改股上市，两个“1”分别是指3年内组织1000户企业实施千万元以上的重点技改项目，新增规模企业1000户。）全年完成兼并重组企业3家；列入全市设备投资超千万元技改项目15个，完成投资7.16亿元；列市重大项目5个，列区重大项目8个，项目建设全部超序时进度；园区列入全市500强企业29家，实现开票销售70.51亿元；完成股改上

2016年宿迁生态化工科技产业园村（居）概况一览

表33

居委会名称	小组个数（个）	户数（户）	人口（人）	耕地（亩）	村集体年收入（万元）	村集体工农业项目	党支部书记	村（居）委书记
刘 圩	13	845	4500	2090.66	125	—	朱登宝	朱登宝
光 前	18	1283	5250	3413.65	88	—	高为敏	高为敏
苗 庄	9	620	2400	2349.65	68	—	周继辉	周继辉
合 计	40	2748	12150	7853.96	—	—	—	—

市企业2家，华星新材料、永星化工成功在新三板上市；“两大中心”已获市政府批复同意挂牌。2016年底，威生金属二期启动生产，群英纺织和标尚纤维生产线技改完成，园区产业配套能力进一步提升。

【社会事业】 做好园区精准扶贫建档立卡工作，确保年底完成25%低收入人口脱贫工作目标；加强社会综合治理，建立矛盾排查机制，有效化解社会矛盾，维护园区社会稳定，建设平安园区；累计投入社会事业各类资金达200余万元。 （赵　奇）

·宿迁电子商务产业园·

【概况】 2016年，宿迁电子商务产业园区实现财政总收入5.5亿元，同比增长45.12%；新增从业人员10400人，从业人员达22000人；电商交易额达202亿元，同比增长94.98%。年内，获批整体城镇化贷款15亿元，获得上级扶持资金7000余万元，获得支持土地指标950亩，园区公共基础设施建设PPP项目有序推进。在全区2016年度目标管理表彰会上，园区被表彰为岗位目标考评先进单位、党的建设先进单位和依法治区工作先进单位。

【电商园区招商引资】 2016年，分别在上海、北京（2次）、杭州组织召开投资说明会4次，拜访客商600余人次，接待客商500余人次，新引进电商及其关联配套企业144家，园区产业特色更加明显。144家新落户企业业态扩展至手游、跨境电商、物流、金融、基金、培训等新领域，同时，引进京东智慧物流、京东智能制造等电商前沿项目，逐步优化产业结构。

【电商园区重大项目建设】 京东淮海经济区电子商务运营中心一期10万平方米建成，二期10万平方米正在进行钢结构安装施工。快递配送中心和质押仓库一期10万平米基本建成。京东信息科技园呼叫中心二期项目基本建成，进行设备调试与正式用电施工。电商第一街8栋商务写字楼竣工、9栋投入使用。京东呼叫三期取得挂牌红线及设计要点，进行临时围墙砌筑、地面附着物清理和土地挂牌材料准备工作。京东智慧物流全国调度运营中心已经进场装修。

【电商园区配套设施建设】 文化公园、新新家园一期投入使用，玉泉山西路、京东大道北延、洪泽湖东路东延段建成通车，项王东路改造与扬子江路、玉泉山东路建设加快推进。智慧云谷项目完成修建性详细规划报批和试桩检测，进行地勘审查和施工图设计；筑梦小镇特色街区项目完成修建性详细规划报批，进行施工图审查、土方开挖和驳岸施工；邻里中心规划设计20个项目，已有美食广场、游泳馆等13个项目投入使用，南京外国语学校仙林宿迁分校达成重要合作意向。

【电商园区品牌建设】 2016年，园区获批“省级跨境电子商务产业园试点”“江苏省大学生创业示范园”“省大众创业万众创新示范基地”“省级生产性服务业集聚示范区”等品牌，并入选中国物流与采购联合会物流园区专业委员会常务理事单位和国家电子商务示范基地创新发展联盟发起成员单位；被省经信委和中国联通江苏分公司联合认定为江苏省“企企通”建设试点园区。4月，在浙江义乌召开的中国国际电子商务博览会上，园区被评选为2016年全国优秀电子商务园区20强。

【电商平台运营】 京东“中国特产·宿迁馆”，2015年7月6日上线，已有142家企业入驻，上线产品4000余种，累计销售额已突破亿元。江苏农产品馆已上线运营，入驻企业40余家，上线产品800个，线下农产品科普展示体验馆投入使用。国际馆线上APP、PC端网页上线，线下体验馆正式开馆，上线产品3000多种。在北京开设国际馆二店，2016年11月2日开业。

海豚西选、55进口商品（药品）直销中心等项目投入运营。制定跨境电商发展三步走计划，开展第一阶段进口商品销售业务。（苗椿松）

·张家港宿豫工业园·

【概况】 张家港宿豫工业园区是实施“南北挂钩、合作共建”的重要项目，是全省首批十个共建园区之一，于2007年5月23日经省发改委、省外经贸厅批准成立。园区位于宿豫主城区东部，与江苏省宿迁高新技术产业开发区接壤，规划范围东至六塘河、北至洪泽湖东路、西至张家港大道及环城东路，南至宿泗路及项王东路，总规划面积17.25平方千米，其中已开发区域约3平方千米。2013—2016年，园区连续4年被江苏省苏北发展协调小组评为江苏省共建园区先进单位，2014—2016年，连续3年，位列全省共建园区考核县（区）级第一名。

2016年，园区实现财政总收入0.68亿元，同比增长21%；完成一般公共预算收入0.43亿元，同比增长25.7%；新增500万元以上固定资产投资1.4亿元，同比增长10.2%；实现出口6900万元，同比增长2.3%。全年，实现工业开票销售收入6.6亿元；工业入库税收6900万元；新增固定资产购置进项税抵扣额780万元；新增规模以上工业企业1家。

【机构设置】 2007年3月，宿迁市委、市政府批准成立张家港宿豫工业园区党工委和管委会，副处级建制，实行“单独选址、充分授权、独立运作”的管理模式，由张家港经济技术开发区为主派出管理团队。管委会设置办公室、招商局、规划建设（国土）局和财政局等四个部门，正科级建制。党工委、管委会以及内设机构的主要负责人均由张家港市选派。2007年1月，注册成立宿迁市张家港开发区投资开发建设有限公司，首期注册资本8000万元，由江苏省张家港经济开发区实业总公司和江苏省宿豫经济开发区开发投资有限公司按80%、20%的比例出资。2010—2016年，每年增资1250万元。至2016年末，注册资本达1.675亿元。

【两地政府合作共建】 2016年10月28日，园区成立十周年之际，张家港市委书记朱立凡，市委副书记、代市长黄戟率领张家港市党政代表团，到宿豫区参加共建园区成立十周年交流活动。省苏北发展协调小组办公室副主任鄂有阳，区四套班子领导，在宿投资的张家港市部分企业家代表等参加交流活动。张家港市代市长黄戟、宿豫区区长刘士武分别代表两地人民政府签订《张家港宿豫2016—2018年共建工业园区合作协议》。

【张家港园区项目建设】 2016年，总投资4亿美元的百威英博（宿迁）啤酒有限公司，新增1条啤酒灌装线，新增产能10万吨；江苏乐乐宠物食品有限公司完成二期厂房建设；三辰智能科技、金拓机械等新招引项目办理完各项开工前期准备工作；总投资3亿元、建筑面积6.5万平方米的张家港大厦项目，土建完工，开始进行内外装修。（王永斌）

·宿豫现代农业产业园·

【概况】 江苏省宿豫现代农业产业园区位于宿迁中心城市东翼，是宿豫区建设现代农业强区的窗口、平台和载体。园区总面积19.4平方公里，其中核心区面积13.4平方公里，下辖陆河、高滩、闸东3个社区35个居民小组，常驻人口1.7万人。园区以建设“现代农园、精品农园和经济农园”为目标，初步建成高新农业区、科普教育区、农耕体验区、观赏花木区等功能区12个，容纳农园广场、农科院基地、拓展训练中心、民兵武器装备库、八强生态农业园、运河湾生态农趣园、豫博家庭农场、运河湾垂钓竞技中心、生态农园仁爱公寓、动物园、耘园等特色精品项目30多个，是宿迁人的高效农业产业园、产城融合示范区和城市客厅与后花园。相继创成国家首批农业产业化示范基地、省现代农业产业园区、省四星级乡村旅游区等品牌，十八弯银杏大道被确定为江苏省园林绿化优质工程。

【经济指标】 年内，农园公共预算财政收入目标为3148万元，全年完成收入3334万元，占年度目标任务的105.9%，税收占比为96.2%。园区公共财政支出预算目标为3148万元，全年完成支出3240万元，主要投入民生及工程建设等方面。新增入园经营主体12个，推广绿宝石番茄、章姬草莓等农业新品种10个。大力发展蔬菜园艺主导产业，主导产业产值占比86%。

【重点项目】 投资2300多万元，建成农园新村3期150户安置房，小区污水管网、道路、绿化亮化、生态停车位、视频监控等附属设施也同步配套到位。由当地老板投资5000万元建成的仁爱老年公寓，已入驻社会养老68人，政府托底养老21人，运营情况良好，二期项目计划流转土地30亩，重点打造生态养老。流转土地300多亩，启动圆梦房车露营项目建设，已完成项目区绿化、水电安装等基础工作，入驻房车20辆，正在细化项目分区方案。占地115亩、投入资金达500万元的美人鱼垂钓中心，已建成国家级标准的比赛场地，年内累计举办10多次全国性及省级垂钓比赛，二期即将建设抛杆竞技池。引入并繁育金刚、非洲、亚马逊等珍稀鹦鹉100多对，建成集鹦鹉繁育、种苗出售、游客观赏等功能为一体的精品鹦鹉园。建成"十分田"农趣体验基地，配套餐饮、采摘、农耕、休闲等内容，年内接待游客5000多人。流转土地170亩，建设金家园家庭农场，配套葡萄、花生、红薯等农产品采摘功能区，建成大棚温室3万多平方米。

【民生实事】 坚持大信访全面防控、大力度考核追究，信访稳定工作效果较好。加快推进脱贫攻坚，分解落实帮扶任务，帮助低收入农户218户、507人实现脱贫，并建立"一户一档、一组一册、一村一盒、一镇一柜"工作台账。做好土地确权登记颁证工作，园区涉及二轮土地承包合同面积7401亩，已完成资料收集、入户调查、公示审核、签印确认工作。启动"乐钓江苏"四季精英赛，吸引全国各地240名垂钓高手齐聚农园"美人鱼"垂钓基地，评选出前50名获奖选手，前30名选手可获得国家竞钓大师积分。完成省级双拥模范城创建任务，园区义务兵家庭优待金及时足额发放。落实五保供养待遇自然增长机制，签订分散供养五保对象"3+1"包保责任协议书，实现尊老金动态更新。组织农园机关及社区全体人员，开展文明城市创建志愿服务，加强改造农园新村和陆河小区环境，新建农园新村道路停车位1100平方米、陆河小区道路停车位1500平方米、陆河小区文化活动广场4000平方米。

【基层党建】 围绕区委28项党建工作要点和基层党建"10个到位"责任清单，统筹推动党群服务中心、党员"统一活动日""四务公开"、党员"月度之星"等载体建设，落实非公有制企业和社会组织"四个集中"行动推进"两个覆盖"。细化落实20多项基层党建项目，突出抓好党员证核发、党费补缴等7项重点任务。推动社区基层党建提档升级，陆河、高滩、闸东分别为1档村、2档村、3档村，党群服务中心分别升格为五星级、五星级、四星级，陆河社区500平方米综合文化中心对外开放，闸东210平方米社区卫生服务站投入使用。

在全区率先完成社区党组织和居委会换届工作。深化社区专职党务干部党建指导员、电商义务推广员、远程教育管理员"一岗三责"，开展"支部+电子商务"党建富民提升行动，实现"村村有"的目标。扎实开展"两学一做"学习教育，创新党员教育形式，严格落实党费收缴管理、"三会一课"、组织生活会、民主评议党员等基本制度。做好党员组织关系排查后续工作，完成343名党员证核发及08年以来党费补缴工作，做到底数清、情况明、档案全。

（朱勤才）

·招商引资·

【概况】 2016年，全区共新引进工业项目49个，其中亿元开工项目16个，完成全年目标任务的45.71%，2000万元以上开工项目33个，完成全年目标任务110%。实现竣工项目38个，其中亿元竣工项目13个，完成全年目标任务的43.33%，2000万元以上竣工项目25个，完成全年目标任务的125%。引进入驻电子商务产业园区和创业谷的电商项目209个，完成全年目标任务的209%。万康新材料、长发背材、华展金属科技等一批大项目相继建成投产。

【园区工业项目引进】 宿迁高新区完成开工项目9个，其中亿元以上项目6个，分别是沃华智能、宿迁长发背材、天源环保污水处理、润宇车业、惠然实业不锈钢板带、良木新材料项目；2000万元以上项目3个。完成竣工项目12个，其中亿元以上项目6个，分别是长发背材、天源环保污水处理、广博罗纳斯、长川科技、惠然实业不锈钢板带、良木新材料项目；2000万元以上项目3个；追加投资项目3个。

宿迁生态化工科技产业园区完成亿元以上开工项目1个，为宇新固废项目；完成竣工项目5个，其中2000万元以上项目4个，追加投资项目1个。

张家港宿豫工业园区完成追加投资项目1个。

【区直部门工业项目引进】 区直部门共完成开工项目22个，其中亿元以上项目8个，分别是区委办1个（优美特塑胶，增资项目），区纪委1个（万康新材料），区机关党委1个（金诺化工，与区政协办联合引进），区经信局1个（宿迁中玻，与区政府办、人大办、高新区联合引进），区国税局1个（华晖实业），区地税局1个（景宏新材料，增资项目），区国土分局1个（佳宇科技，与高新区联合引进），区水务局1个（清源水务，与高新区联合引进）；2000万元以上项目14个，分别是区交通局2个，区委组织部、区发改局、区财政局、区商务局、区住建局、区农机局、区民政局、区科技局、区市场监管局、区公安分局、区环保局、区城管分局各1个。

区直部门共完成竣工项目34个，其中亿元以上项目5个，分别是区委办1个（优美特塑胶制品）、区纪委1个（万康新材料）、区财政局1个（润普五金）、区地税局1个（亿宏新材料）、区水利局1个（清源水务）；2000万元以上项目13个，分别是区委组织部2个，区政府办、区政协办、区农机局、区环保局、区住建局、区教育局、区交通局、区商务局、区国税局、区公安分局、区城管分局各1个；追加投资项目16个（不计入项目数），区纪委、区经信局、区环保局、区卫计委、区政府办、区人大办、区政协办、区委宣传部、区财政局、区商务局、区科技局、区市场监管局、区人社局、区安监局、区水利局、区妇联各追加投资项目1个。

【乡镇街道工业项目引进】 乡镇街道共完成开工项目17个，其中亿元以上项目1个，为豫新街道招引的华展科技；2000万元以上项目16个，丁嘴镇、大兴镇、关庙镇、新庄镇、曹集乡、保安乡、陆集镇各完成开工项目2个，来龙镇、仰化镇各完成开工项目1个。

乡镇街道共完成竣工项目11个，其中亿元以上项目2个，分别是豫新街道招引的华展科技、下相街道招引的华骏广告；2000万元以上项目5个，丁嘴镇、新庄镇、大兴镇、曹集乡、关庙镇各完成竣工项目1个；追加投资项目4个（不计入项目数），分别是侍岭镇2个，来龙镇、保安乡各1个。

【外资引进】 2016年，全区共实现到账外资4294万美元，同比增长1751%。其中，宿迁高新区2438万美元，宿迁生态化工园区928万美

2016年宿豫区招商引资工作完成情况一览

表34

类别	单位	亿元以上工业项目（个）		2000万元以上工业项目（个）		工业追加投资项目（个）	电商项目（个）	实际到账外资（万美元）
		开工	竣工	开工	竣工			
乡镇街道	豫新街道	1	1	—	—	—	3	—
	下相街道	—	1	—	—	—	1	—
	新庄镇	—	—	2	1	—	2	—
	丁嘴镇	—	—	2	1	—	1	—
	大兴镇	—	—	2	1	—	1	—
	曹集乡	—	—	2	1	—	1	—
	保安乡	—	—	2	—	1	4	—
	关庙镇	—	—	2	1	—	5	—
	侍岭镇	—	—	—	—	2	3	—
	来龙镇	—	—	1	—	1	3	—
	陆集镇	—	—	2	—	—	2	—
	顺河街道	—	—	—	—	—	7	—
	仰化镇	—	—	1	—	—	2	—
有工业任务部门	区地税局	1	1	—	—	—	2	100
	区委办	1	1	—	—	1☆	2	—
	区财政局	—	1	1	—	1	1	—
	区水利局	1	1	—	—	1	—	—
	区政府办	1☆	—	—	1	1	2	—
	区政协办	1☆	—	—	1	1	2	—
	区人大办	1☆	—	—	—	2（1☆）	2	—
	区商务局	—	—	1	1	1	2	215
	区住建局	—	—	1	1	—	1	—
	区市场监管局	—	—	1	—	1	3	—
	区环保局	—	—	1	1	1	1	—
	区交通局	—	—	2	1	—	4	8
	区经信局	1	—	—	—	1	5	—
	区国税局	1	—	—	1	—	1	—
	区卫计委	—	—	—	—	1	3	—
	区城管分局	—	—	1	1	—	1	—
	区科技局	—	—	1	—	1	2	—
	区发改局	—	—	1	—	—	2	—

续表34

类别	单 位	亿元以上工业项目（个）		2000万元以上工业项目（个）		工业追加投资项目（个）	电商项目(个)	实际到账外资（万美元）
		开工	竣工	开工	竣工			
园区	宿迁电商产业园区	—	—	—	—	—	71	605
	宿迁高新区	8（2☆）	7（1☆）	3	3	3	—	2438
	生态化工园区	1	1☆	—	4	2（1☆）	—	928
	张家港宿豫工业园区	—	—	—	—	1	—	—
无工业任务部门	区纪委	1	1	—	—	1	2	—
	区委组织部	—	—	1	2	—	2	—
	区教育局	—	—	—	1	—	1	—
	区农机局	—	—	1	1	—	1	—
	区妇联	—	—	—	—	1	1	—
	区公安分局	—	—	1	1	—	—	—
无工业任务部门	区委宣传部	—	—	—	—	2	10	—
	区安监局	—	—	—	—	1	1	—
	区民政局	—	—	1	—	—	1	—
	区国土分局	1	—	—	—	—	2	—
	区级机关工委	1	—	—	—	—	1	—
	人社局	—	—	—	—	1	1	—

说明：1.标注“☆”为联合引进项目；2.追加投资项目只计引资额，不计项目数

元，宿迁电子商务产业园605万美元，区商务局215万美元，区地税局100万美元，区交通运输局8万美元。

【电子商务项目引进】 2016年，共引进电子商务项目209个。其中入驻宿迁电商产业园区项目163个，分别为电商产业园区引进71个，乡镇、街道引进18个，区直部门引进74个；入驻创业谷项目46个，分别为区委宣传部引进10个，乡镇、街道引进17个，其他区直部门引进19个。

（王斯权）

·综　述·

【概况】 2016年，宿豫区先后创成国家级出口农产品质量安全示范区、江苏省出口农产品（禽肉及制品）质量安全示范基地、省级湿地公园，张圩居委会创成江苏省首批休闲观光农业示范村，区农委获得全市文明单位、全市“一村一品一店”工作优秀奖、全市农业工作绩效管理完成奖，区委、区政府2016年度目标综合考评完成奖、农业农村工作先进单位、党风廉政建设和作风建设先进单位以及共青团工作十大创新创优成果奖，区渔政监督大队获评江苏省2016年度水产品质量安全执法先进单位，保安乡、侍岭镇农产品质量安全监管站荣获全市农产品质量安全监管“双十佳”。

【休闲体验农业】 发展近郊农业休闲体验农业面积1.7万亩，培育休闲农业和乡村旅游景点131个，打造星级乡村旅游点、农业旅游示范点各1个，培育全省知名的精品景点16个，开发旅游线路12条，其中农业部推荐线路3条。

【家庭农场培育】 培育家庭农场139个，建成顺河观光农业、新庄荷藕、登山金菜、丁嘴蔬菜、仰化稻麦、玉皇稻麦6个市级家庭农场集群，加强烘干储藏、保鲜加工、电子商务、游客接待、科技培训等一条龙产业化配套服务，构建现代农业产业体系，推进一、二、三产融合发展。

【“一村一品一店”建设】 2016年，新建成2个电商孵化一条街，建立完善区有电商产业园、乡有电商孵化中心、村有网店的三级链式服务体系。全区网上销售地方特色产品404种，销售额12亿元，培育全区千万元以上网店达到23个。10月28日在首届中国农村电子商务主题会议上，宿豫区代表全国3个典型示范县做经验交流。

【农产品质量建设】 2016年，认证“农三品”56个。在全市率先建成农产品质量安全追溯系统，建成可追溯示范点30个，试点开展农产品质量安全全程可追溯管理。蔬菜、畜产品、水产品例行监测合格率分别达96%以上、100%和100%，没有发生一起重大农产品质量安全事件。

（吕宏生）

【农业行政执法】 2016年，农林执法大队先后发放宣传材料5万余份。悬挂横幅90多条次、宣传靠牌20块次、接受农民咨询2000人次。出动执法人员1100余人次，清理整顿各类农资市场48次，检查农资生产、经营企业（个体）550余家，抽检农药、肥料、种子42个批次，协助抽检蔬菜样品50多个。全年立案查处违法违规案件8起，其中种子7起，农药1起，全区未发生一起重大坑农害农事件。

（臧怡年　王　勇）

·农村工作·

【脱贫投资】 2016年，累计发放扶贫小额贷款9286.5万元，惠及低收入农户7716户。累计落实帮扶项目232个，项目主要集中于土地流转、

“三来一加”和标准化厂房。项目总投资4380万元，其中挂钩单位帮扶资金1670.2万元。

【国家扶贫改革试验区建设】 2016年，以44个经济薄弱村和5.48万户建档立卡为对象，构建“政府平台+互联网公司+网店+生产基地（农业龙头企业、合作社）+农户”五位一体的电商扶贫模式，推进电商扶贫创业致富、网货增收、就业脱贫、平台减负、产业带动、工程惠民“六大行动”。统筹财政扶贫资金和涉农资金，建设一批规模养殖、乡村旅游、标准化厂房等项目，通过分红获取收益，使被扶贫者获得“固定资产长期收益，低收入人口分红获利”。协调区教育局、卫计委、民政局等部门，启动“教育扶贫”“健康扶贫”工程，扩大政策惠及面，预防因病致贫、因学致贫等二次致贫出现。

【土地产权改革】 全年，开展土地确权颁证工作的村（居）125个，完成实测面积511416亩，公示村民小组数1495个、农户83528户，签字确认82695户，签字率99%，档案整理82695户。

推进村级土地股份合作社试点工作，新建来龙镇光明村、新庄镇振友村、丁嘴镇丁嘴居委会等6个村级土地股份合作社。其中，来龙镇光明村和丁嘴镇丁嘴居委会村级土地股份合作社，争取到市级补助资金120万元。重点打造以丁嘴镇丁嘴居委会村级土地股份合作社为载体的“一社一群一中心”村级综合服务体。

搭建区镇平台，加快构建区、乡、村三级农村产权交易体系，完善区级交易中心，加强乡镇（街道）产权交易服务平台设施建设。重点围绕农村土地承包经营权、农村集体经济组织“四荒地”使用权等业务做好信息搜集，建立电子信息台账。2016年，全区实现各类农村资产资源交易359笔，交易金额9710.43万元。

【农民合作组织创建】 2016年新增各类专业合作组织32家，截至年底累计组建各类农民专业合作社1634家，入社农户达8.28万户，占总户数的75%，有力带动农民增收。

【农业产业化扶持】 推动龙头企业转型升级，提高市场占有率，引导企业在产品更新、企业重组、技术创新，经营方式更新等方面加大投入，提升企业在市场上的竞争力。鼓励企业走集约化、特色化融合发展的新路子，实现一、二、三产业融合发展。引导龙嫂、春绿、罐头食品、玖久丝绸等走“企业＋基地＋合作社＋农户”的新路子，拉长和联动产业链条，实现企业和农户双赢。2016年，争取扶持资金160万元和其他龙头企业名下的农业专业合作社。为企业的发展注入强有力资金支持。全年，生产加工型农业龙头企业实现销售收入150亿元，市场流通型龙头企业实现交易额51亿元，种养类龙头企业实现产值14.5亿元，全区龙头企业实现利税2.6亿元，出口2400万美元，研发投入0.9亿元，农产品加工值与农业总产值之比达到2.7∶1。在龙头企业引领带动下，全区2016年肉鸡规模养殖扩大到2亿羽，设施蔬菜种植达到13万亩。

【农民负担】 2016年，宿豫区把减轻农民负担工作作为“民心工程”来抓，推进各项减负措施的落实，取得明显成效。全区农业人口42.85万人，劳动力22.66万个，根据年度预算方案，全区一事一议筹资应筹资金521万元，人均12元；一事一议筹劳应筹劳89万个工日，其中自愿以资代劳77万个工日，自愿以资代劳款616万元。全年，区内2016年一事一议实筹资金168万元，占年度预算方案应筹资金比例27.3%；实收自愿以资代劳金额154.5万元，占年度预算方案应筹资金比例25.1%。未发生一起涉及农民负担的信访事件。通过召开全区农民负担工作会议和下发农民负担工作实施方案，年内共投入资金1164万元，实施一事一议财政奖补建设项目64个，涉及全区11个乡镇、30个行政村，共铺设农村道路46千米。

【农业保险】 2016年，全区实现保费收入总额3723万元，其中农户自缴保费757万元，各级财政补贴保费2966万元。全年理赔资金2808万元，受益农户6.7万余户，帮助受灾农户迅速恢复生产。

【“三来一加”项目】 2016年，全区新增“三来一加”项目146个，新增从业人员8347人，带动低收入农户302人。（臧小燕）

·种植业·

【粮食生产】 实施绿色高产高效创建，建成高标准良田1万亩、万亩高产创建示范方6个。全区小麦实收面积50.2万亩，单产385公斤，水稻种植面积约44.3万亩，单产622公斤，全年粮食单产可达490公斤，粮食单产水平全市领先，总产可达37.5万吨。

【蔬菜生产】 全区新增省级园艺作物标准园有6家，新增设施蔬菜面积0.8万亩，新增金针菜、芦蒿等特色蔬菜0.9万亩，建设“永久”蔬菜基地面积达到0.3万亩。

·林果业·

【植树造林】 3月，在全区开展绿化造林突击月活动，动员全民植树造林添绿。3月10日，区政府召开全区春季农村绿化造林成效观摩会，区政府成立2个绿化督查小组，对突击月活动进行督查。结合全区农村环境综合整治，推进绿化示范村建设和农田林网完善工程。全年共营造成片林173.3公顷，完善农田林网控制面积533.3公顷，四旁植树50.8万株，建成省级村庄绿化示范村7个，其中森林生态示范村1个。农村植树102万株。

【林政管理】 严格执行林地征占用审批，实行占补平衡，落实林木限额采伐，加强森林资源保护，制止乱砍滥伐行为。执行伐前调查、公示，伐中监督、伐后验收制度，保证不突破省下达给宿豫区的森林资源总消耗量。继续加强对林地的管理力度，开展“林地执法大检查”等专项治理行动，震慑破坏森林资源的违法行为，建立规范的林地市场秩序。2016年，没有林地未批先用现象发生。有序推进全区杨树品种更新改造工作，全区更新老杨树2万余亩，更新栽植雄株杨树和乡土树种。

【林业补贴项目】 中央财政补贴全区造林项目34.7万元。省级公益林生态补偿基金，主要补偿全区11个乡镇及区水务投资公司、运河湾动物园等生态公益林1606.67公顷，补贴资金59.2万元。运河湾动物园绿化改造升级和运河湾农园、顺河街道、新庄镇等绿化造林示范基地建设，共营造生态示范林233.3公顷，补贴资金32.8万元。村庄绿化项目，共建成省级绿化示范村庄7个，分布在全区7个乡镇，其中森林生态示范村1个，奖补资金54.3万元。森林抚育项目，主要抚育丁嘴镇柴塘河护岸林和砂礓河护岸林，抚育面积133.3公顷。林业有害生物检疫防治补助资金28万元，用于购置机械和农药，并有效控制全区美国白蛾疫情。全面完成江苏省林业三新工程项目，主要繁育和示范推广苏杨7号、南林380、3412等杨树雄株品种，示范推广杨树雄株造林667公顷，栽植雄株杨树3.2万株。全区继续实施飞机防治美国白蛾，共投入防治资金30万元，防治面积3333公顷。（朱　迅）

·养殖业·

【畜牧业】 建成肉鸡场平、网改笼养面积4万平方米，完成25个规模养殖场进行污染综合治理工作，全面推行标准化生产，建立并完善肉鸡产品质量全程监管体系，强化疫病防控，重大动物疫病免疫覆盖率达100%，加强例行监测，畜禽产品例行监测合格率100%，全区未发生一起重大农产品质量安全事件。全区存栏生猪19.28万头，出栏生猪49.8万头，生猪大中型规模养殖比重74%，出栏肉鸡9813万羽，出栏肉牛2.12万头，出栏羊18.87万只，蛋禽存栏152.12万羽。1月，省级出口食品农产品质量安全示范基地通过验收，9月，创成国家级出口食品（禽肉）农产品质量安全示范区。

【水产业】 投放各类水产苗种达265万公斤，特种水产品苗种投放量达42万公斤，新增设施渔业0.11万亩。创建关庙省级渔业精品园，建成高效标准养殖示范区、渔光一体智慧渔业区、悠闲渔家特色体验区、生态稻田立体种养区，生产信息、数据采集、病害远程防控、水质在线监测等智能化管理广泛运用。（吕宏生）

·蚕桑业·

【蚕桑生产】 举办区、乡、村三级养蚕技术培训班12期，受训蚕农2100余人次，发放技术资料和宣传资料10000余份。新增省力化养蚕大棚15000平方米，新增省力化大棚养蚕量达1200张。2016年春、秋蚕茧收购平均价分别达到每公斤36.5元和50.2元，同比去年每公斤分别高出6元和22元，全年亩桑平均产值接近4500元，同比2015年的平均每亩3300元增收超过1200元，增幅达到36%。首次从山东引进雄蚕新品种秋华×平30在玖久养蚕基地进行试养，蚕茧产量和质量达到预期目标，为全区传统蚕桑产业创新发展提供新思路。

【蚕桑科技入户】 2016年是宿豫区实施蚕桑科技入户项目的第10年，为确保项目得到顺利开展，3月，项目单位积极开展示范户和技术指导员筛选工作，在全区有桑园的4个乡镇中公开遴选300户蚕桑科技示范户，其中仰化镇150户，丁嘴镇80户，大兴镇60户，顺河镇10户；专家组在全区公开择优选拨了17名入户指导员并进行公示，全年17名技术指导员累计入户指导达到2115天次，为示范户发放技术资料10000多份，发放复合肥20吨，尿素40吨，新品种蚕药100多箱，价值16万元。

【新型蚕桑经营主体培育】 2016年，全区培育新型蚕桑经营主体两个，分别是宿迁市源壮蚕业合作社和宿迁市宝隆蚕桑家庭农场。宿迁市源壮蚕业合作社位于新庄镇袁庄村，是一家集家蚕新品种引进试验、地方蚕桑丝绸文化开发、果桑采摘体验和休闲观光旅游为一体的对外合作试验区，项目规划面积1000亩，一期建成桑园面积680亩，其中果桑面积300多亩，建成专用蚕室5000多平方米，2016年接待省内外游客3万人次；宿迁市宝隆蚕桑家庭农场位于陆集镇长胜村，是一家集蚕桑新品开发、技术服务、果桑种植销售、茶桑种植研发和餐饮垂钓采摘游玩于一体的有机绿色生态型家庭农场，项目规划占地500亩，2016年建成面积320亩，其中果桑、茶桑180亩。（王路成）

·农业综合开发·

【概况】 2016年，全区农业综合开发项目总投资17203.69万元，其中财政投资5765万元、贷款总额11000万元、企业(合作社)自筹282.63万元、群众自筹156.06万元。全区新增高标准农田3.18万亩，高标准农田占比达65.5%，与上年同比增长5.25%。争取农业综合开发产业化经营项目8个，扶持农业产业化龙头企业5个，农民专业合作社1个，家庭农场2个，项目全部通过省、市验收。区农开局先后获全市2016年度农开系统目标考核一等奖、全区2016年度岗位目标考评农业农村工作先进单位。（沈　瑶）

【国家农业综合开发土地治理项目】 2016年，全区国家农业综合开发土地治理项目完成投资4656.06万元，其中财政资金4500万元，群众自筹资金156.06万元，累计建设高标准农田3.18万亩，分别为第一批土地治理保安乡高标准农田1万亩、关庙镇高标准农田0.5万亩、仰化镇高标准农田0.5万亩，第二批土地治理大兴镇高标准农田（老项目区改造）0.68万亩，仰化镇高标准农田0.5万亩。累计铺设防渗渠112.97千米，建设渠系建筑物2597座，铺设水泥路39.36千米，营造农田防护林80公顷（1200亩），新品种示范推广200公顷（3000亩）。（王东升）

【国家农业综合开发农业产业化经营项目】 2016年，区农开局实施国家农业产业经营财政补助项目4个，总投资532.63万元，其中财政资金250万元，企业（合作社）自筹282.63万元。分别为五得旺米业2万吨水稻仓储流通新建项目、安圩养鸡合作社30万羽肉鸡养殖基地改扩建项目、叶平鹅养殖家庭农场100万只鹅苗孵化基地新建项目、五得丰稻麦家庭农场400亩粮食种植基地新建项目。实施农业综合开发产业化经营贷款贴息项目4个，争取贷款贴息415万元，带动贴息贷款投资11000万元，分别为完成玖久丝绸年耗1300吨蚕茧原料收购项目、春绿粮油年产1万吨菜籽油原料收购项目、雪龙面业年产3万吨精制面粉加工原料收购项目、正业食品年产5000吨稻麦及杂粮制品原料收购项目。（张　勇）

【省级农业综合开发黄河故道项目】 2016年，区农开局实施省级农业综合开发黄河故道项目1个，总投资600万元，全部为财政资金。具体为顺河街道黄河故道农业综合开发优质农产品基地项目，位于顺河街道北部，主要涉及周石庄、张圩、林苗圃3个居委会。建设优质农产品基地0.6万亩，新改建电灌站5座，衬砌防渗渠8.04千米，新建生产桥、涵洞、渡槽、节制闸、斗农门等农田基础建筑物213座，铺设砼生产路6.77千米，营造农田防护林1.33公顷（20亩）。（彭　虎）

·农业机械化·

【概况】 2016年，全区农机具保有量2.08万台（套），其中大中型拖拉机、高性能联合收割机4000余台，农机总动力达到64.5万千瓦，农业机械化水平达到80.5%。

【农机购置】 2016年，全区新增农业机械1380多台（套），其中100马力以上大型拖拉机188台、高性能联合收割机464台、旋耕机253台、粮食烘干机27台、秸秆切粉碎还田机、土地深松机、条播机、开沟机、植保机械等各类配套农机具400余台（套），全区农业机械装备结构进一步优化。

【农机补贴】 2016年，在全区新增农机中，获得国家补贴的农机有15品目932台，累计获得补贴1674.26万元。其中，自走履带式谷物联合收割机（全喂入）、轮式拖拉机（不含皮带传动轮式拖拉机）、旋耕机等购置数量较大，分别添置410台、188台、253台，依次获得中央补贴741.7万元、645.3万元、54.9万元。

【秸秆还田】 2016年，召开秸秆还田现场会议4次，秸秆机械化全量还田工作快速推进。全年秸秆还田面积82万亩，其中夏季秸秆机械化还田42万亩、秋季秸秆机械化还田面积40万亩，秸秆还田率达95%，争取省、市秸秆还田补助资金2000万元以上。

【技能培训】 全年，农机行业职业技能鉴定培训3期，参训人数210人，发放从业职业证书210本，合格率达100%，农机合作社带头人培训一期28人参训，农机维修人员、驾驶操作人员培训工作已步入正常化、规范化、制度化的轨道。

【农机监理】 2016年，拖拉机、联合收割机上牌980辆、驾驶操作人员发证230人，年度检验农业机械1.5万台（套），上牌发证率、机械年检率分别达到90%、95%，全区农业机械都能以良好的技术状态投入生产，全年无一例重特大农机事故发生，农机安全生产形势平稳，农机监理工作在全市领先。

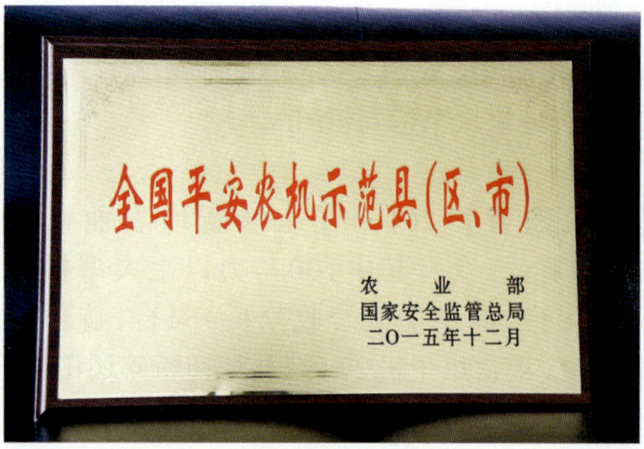

2015年12月，宿豫区被农业部、国家安全监管总局表彰为全国平安农机示范区

【农机合作社】 2016年，以农机合作组织建设为引领，农机社会化服务水平大幅度提升。全区新增农机合作社9个，农机合作社总数达到94个。农机专业合作社已成为农村集约经营，规模服务的作业主体，稻麦主要粮食作物的收种管理及其秸秆机械化还田作业85%以上由农机合作社承担。

【招商引资】 2016年招商引资项目2个，其中亿元工业项目1个，即江苏晨科新能源有限公司，公司主营产品是太阳能电池板、多晶硅、智能单级、4级接地系统、智能太阳能跟踪器、千子平层面系统等，项目总投资1.25亿元，进入省高新区技术产业园，已竣工投产运营，顺利通过市招商办考核验收；农业项目1个，即投资650万元禽舍超2万平方米的德兵畜禽养殖场，主要经营肉鸭养殖，年出栏20万羽，已投产运营。农业招商项目顺利通过区考核部门认定，超额完成年度目标任务。

（李 清）

2016年宿豫区农机具购置补贴一览

表35

编号	机具品目	指标确认书数	受益户数	机具数（台）	中央补贴(元）	最终售价(元）
1	半喂入联合收割机	20	20	20	700000.00	5432000.00
2	秸秆粉碎还田机	9	9	9	16830.00	67030.00
3	开沟机（器）	1	1	1	1000.00	7600.00
4	粮食烘干机	15	9	27	825930.00	2535480.03
5	轮式拖拉机（不含皮带传动轮式拖拉机）	173	164	188	6453000.00	21646750.00
6	喷杆式喷雾机（含牵引式、自走式、悬挂式喷杆喷雾机）	2	2	2	67500.00	282500.00
7	撒肥机（厩肥）	4	4	4	10200.00	26600.00
8	深松机	27	24	27	108090.00	263760.00
9	水稻插秧机	3	2	3	81000.00	245000.00
10	条播机	2	2	2	1800.00	34900.00
11	旋耕机	239	217	253	549000.00	2118210.00
12	穴播机	1	1	1	1260.00	5100.00
13	抓草机	11	11	11	105000.00	391800.00
14	自走履带式谷物联合收割机（全喂入）	410	404	410	7417000.00	39882688.00
15	自走轮式谷物联合收割机（全喂入）	14	14	14	405000.00	1704800.00
合计	—	931	884	972	16742610.00	74644218.03

水利

·水利重点工程·

【大型泵站更新改造】 井头泵站更新改造工程总投资7634万元。工程按照80%灌溉保证率、50年一遇防洪标准设计，设计流量80立方米每秒。主要建设内容包括拆除井头一站、废除井头二站，在一站站址处新建泵站一座，设计净扬程1.7米，安装5台2500ZGB16-2竖井贯流泵，单台配套710千瓦电机，总装机容量3550千瓦。工程于2014年年初开工建设，2015年8月完工。2016年5月，工程通过省水利厅组织的机组启动验收；2016年7月，通过工程完工暨单位工程验收，同时按照规范规定完成质量核备工作。

【水利遗址公园二期项目】 水利遗址公园二期为园林景观绿化雕塑工程，总投资435.75万元。新建运河往事水景广场，完成广场铺贴面积2832.98平方米；景观水池4个，面积为932平方米；沙池1个35.34平方米，绿化池2个19.52平方米。完成青铜雕塑14组，计人物32个，石雕背景7组，互动水车3组，辘轳1个，石碾石夯7个，镇水兽5个。工程于2016年11月8日通过竣工验收。

【城东污水处理厂提标改造】 工程总投资7620万元，于2015年11月开工，2016年11月完工。工程对原三槽式氧化沟处理工艺改造为AAO工艺，并增加深度处理等工程措施，共新(改)建15座构（建）筑物，更换新增设备237台套，新增工艺管道3千米。工程完成后，污水排放标准从二级提高到一级A标准。

【中运河水源地保护工程】 中运河刘老涧水源地达标建设工程，项目总投资1543.29万元，主要建设内容为实施饮用水源地防护工程，对水源地应急调蓄水池在运河堤路处设立隔离网栅，在一级、二级、准保护区内设置警示牌和界牌；对二级保护区范围内，沿运河堤路及周边居民集中区河道两岸的垃圾收集和水域保洁；实施应急调蓄水池建设工程，对取水口处现状浅滩建设为应急调蓄水池；实施水量、水质监测和水源地监控工程，建设包括水量监测站点建设，水质预警监测站建设，在线监测系统及数据采集、视频在线监控系统和传输系统；实施生态防护林工程，种植涵养林4000棵。水源地达标建设工程2016年3月土建进场施工，5月采购设备，6月水源地达标建设工程土建按设计要求施工完成；7月水源地在线水质监控设备安装到位并投入使用。

（张立峰　李晓亚）

【大运河水环境综合整治工程】 总投资600万元。主要建设内容：整治中运河堤防880米，坡面生态护砌5920平方米，新建挡墙920米，滩面建设人行步道及亲水平台3520平方米，对顺堤排水沟进行疏浚治理880米，并进行生态护砌，两岸长600米约3354平方米，铺设堤顶道路880米，对中运河沿线漫坡进行水土保持32150平方米。至2016年年底，已完成顺堤排水沟进行疏浚治理880米，并进行生态护砌，两岸长600米，新建挡墙680米。

·农村水利·

【2016年冬春水利工程】 工程自2015年12月开工至2016年3月完工，先后完成区指办工程土方75万立方米、18条县乡河道疏浚土方55.4万立方米、18个行政村149面村庄河塘整治土方62.2万立方米、灌排工程土方82.4万立方米、农村绿化水系调整土方22万立方米，共完成总土方297万立方米。

【小型农田水利重点县建设】 工程自2015年9月15日开工建设，至2016年4月15日完工。主要建设内容包括拆建泵站1座，衬砌防渗渠51.3千米，疏浚排涝沟48.4千米，更新改造配套建筑物752座，新建砼生产道路1500米，新建斗渠首电磁流量仪配套量水设施4处。

【新增千亿斤粮食产能规划田间工程】 项目位于仰化镇和大兴镇。工程总投资1500万元，于2015年11月开工，2016年11月底全部完工。共完成新建防渗渠道60.44千米，拆建节制闸7座、涵洞20座、渡槽22座、农毛门248座，放水洞468座，斗渠桥40座，农渠桥225座，沟桥12座；田间道路工程：新铺生产路3700米；计量设施配套：明渠流量计2套，电磁流量计7套；疏浚排涝沟道18.915千米。

【来龙灌区续建配套与节水改造项目】 项目总投资4400万元。工程于2015年11月进场施工，2016年5月30已全部完工。共建设完成护砌渠道16.82千米；新建（拆建、改造）泵站21座；新建（拆建、改造）水闸7座、分水闸23座，涵洞20座，渡槽7座，桥梁6座；河道生态防护3.1千米；灌溉水利用系数测算1项；量水设施4处。

【水利科技】 2016年，宿豫区共开展省水利科技课题研究2项。5月27日，《来龙灌区农民用水协会运行机制对末级渠系管护和水费计收的适应性分析》顺利通过省水利厅组织的结题评审。《农业灌溉渠道综合防渗技术研发与推广应用示范基地项目》自2014年年底启动至2016年全面完成，项目研发的农业灌溉渠道综合防渗技术，累计获得国家发明专利3项、新型实用专利15项，获水利部先进实用技术推广证书1项。

【农业水价综合改革试点】 2016年，宿豫区在全市率先编制完成《农业水价综合改革持续推进实施方案》上报省水利厅。年内，宿豫区先后在全省水利局长会议、省水利厅农业水价综合改革培训班、全省农业水价综合改革会议上做经验交流发言，为全省水价改革会议提供现场观摩。全年，共接待水利部、淮委领导以及湖北、安徽、浙江等省和省内各市水利同行前来交流、学习改革经验共26批约400人次。宿豫区被水利厅列为2016年全省水利改革创新点，改革经验在全省推广。

【区域供水工程】 投资2.45亿元，完成供水规模每天6万吨的城东水厂建设，建成源水厂、大兴配水厂、来龙增压泵站、骨干供水管网铺设及其他配套工程；完成镇村817千米二、三级管网和39千米骨干连接管网铺设，完成137座个人管理小水厂处置工作，完成入户安装8.61万户，全区区域供水通村率达100%，入户率达98.2%，超额完成市委市政府下达的目标任务，实现全区区域供水全覆盖的目标。

·防汛防旱·

【防汛准备】 2016年，组织开展汛前、汛后检查，落实行政首长防汛责任制。及时修订和完善各项防汛预案，各乡镇、水管单位在建水利工程单位都按要求及时编制防汛预案。积极储备抢险物资，全区共储备防汛编织袋17万只、木材32.02立方米、土工布9000平方米、块石5400吨、机泵94套、排涝车1辆。

【防汛及维修养护工程】 投资280万元，完成中运河、新沂河流域性工程、城区排涝泵站应急处理工程；投资250.2万元，完成中运河、新沂河、马河等维修养护工程。

【农桥工程】 投资649万元，完成2016年农村小型公益性桥梁建设任务，共建设农桥142座。

【骆马湖移民项目帮扶】 宿豫区共有11个骆马湖搬迁群众项目区，涉及66个自然村，1.8万搬迁群众。2016年，投入1073万元完善项目区小型农田水利、道路、桥梁等基础设施。

【科学调水】 根据宿豫区情况，区防办及时与省市防办联系，协调水源，累计引水1.8亿多立方米，灌溉面积与上年持平，顺利完成夏插灌溉任务。（苏亚威　朱　坤）

·水利工程管理·

【基层水管单位达标创建】 主要对中运河管理所进行达标创建准备，对照达标创建考核办法，完善河道堤防的相关硬件设施。并到已达标创建单位进行学习，对软件资料进行规范化整理和完善。

【涉水项目建设管理】 把好审批关，搞好涉河项目审批，按照市、区人民政府要求，水行政审批科具体负责涉河工程等水行政审批工作。把好监督检查关，定期和不定期地开展涉河工程监督检查，发现问题及时纠正。全年，未发生一起非法涉河建设项目建设。

【河湖管理及"河长制"落实】 贯彻落实《中共中央办公厅国务院办公厅印发〈关于全面推行河长制的意见〉的通知》和市政府相关会议精神，宿豫区建立完善河道长效管理机制，切实保障河道防洪安全、供水安全和生态安全，印发《宿豫区全面推行河长制工作方案》，文件明确河长相关职责及工作制度。2月27日，市考核组对宿豫区9条骨干河道进行考核，考评结果均为优秀，优秀率达100%。

【水利工程确权划界】 2016年底前完成壅水闸、井头翻水站、嶂山电灌站、何塘电灌站、陆运隔堤东闸、陆运隔堤西闸、东民便河地涵、路北河地涵、路北电灌站、泰山路排涝站、恒山路排涝站、阿里山河泵站、五台山泵站、来龙灌区管理所等13座涵闸站工程及中运河（左堤）、新沂河（右堤）、总六塘河的划界及复核工作。

（苏亚威　朱　坤）

·水资源管理·

【城区供水】 2016年，宿豫区有6万吨深度处理工艺水厂1座及配套水源厂和增压站各1座，建成城区骨干管网346千米，区域供水骨干管网126千米，城区用水人口达到18.3万人，日用水量突破3万吨。宿迁城东水厂的建成和宿豫区城乡南北骨干管网的连通，形成宿豫区城乡双水源的安全供水局面，收到良好的社会效益和经济效益。

【打击非法采砂】 2016年，配合沂沭泗做好新沂河非法采砂综合整治工作，集中惩治新沂河非法采法12次，出动人员40余人次，坚持每周巡查，确保巡查到位，发现问题及时与流域管理机构对接。

【河湖专项执法活动】 按照省水利厅及市水利局部署，积极认真做好专项执法活动。成立专项领导小组，下设办公室在水政大队，具体负责地下水整治活动的协调与开展。先后配合完成废旧塑料加工回收整治工作，下达责令停止违法取用地下水行为5起；做好涉水案件查处工作，下达责令停止违法行为通知书9起，责令限期改正通知书5起，责令补办行政许可通知书2起，立案查处非法取水案件1起，申请法院强制执行案件1起。清除违章建筑1650平方米，取缔非法耕种12亩；清除4家砂石料场共10000平方米；取缔不合格码头2座，含680.64平方米厂房、36.78米院墙、1000平方米道路及厂区硬化；现场执法处理破坏护堤地行为3起。

【水资源费征收】 2016年，上级下达全区的水资源费征收任务为310万元，实际征收水资源费569万元，超额完成征收任务。

【地下水管理】 2016年，开展地下水专项整治行动，利用珠江菜场搬迁整治机会，依法封填菜场内11眼浅层地下井，封填顺河林苗圃水厂等深层地下井9眼，超额完成全年的4眼地下井压采任务。

【取水许可】 严格执行取水许可制度，年初对38家用水户下达用水计划。2016年，新批2家取用浅层地下水申请，许可水量1.29万立方米每年。

【开发区水资源管理】 宿豫区所有开发区使用地下水均接受日常管理，所有重点用水户均安装远程监控系统，实时监测用水信息和征收水资源费。

【节水型社会建设】 2016年，创建节水型企业3家，节水型学校2家，节水型小区1家，节水型单位1家，开展载体复查2家。宿豫区在省级节水型社会示范区创建过程中，成立宿豫区节水型社会示范区建设工作领导小组，编制《宿豫区创建省级节水型社会示范区实施方案》《宿豫区节水型社会建设工作方案和实施计划》等文件，制定完善计划用水定额管理制度、水平衡测试制度、节水财政投入制度等。6月，宿豫区被省水利厅命名为省级节水型社会示范区。

（张贺华　李晓亚）

·旅　游·

【概况】 至2016年底，区内共有六塘河水利风景区、中运河国家级水利风景区等国家级水利风景区2处，水利遗址博物馆、民防体验园等国家AAA级旅游景区2处，梨园湾、杉荷园等四星级乡村旅游区2个，玖久丝绸之路、秀强晶莹之旅两个项目为江苏省工业旅游示范点。1—12月，全区完成旅游业投入12.92亿元，共接待市内外游客190.8万人次，实现旅游总收入19.2亿元，全区饭店客房出租率达到70%。

【旅游线路】 宿豫区2016年度着力打造精品旅游线路共5条。主要线路规划：经典乡村游（梨园湾景区—杉荷园—桃缘梦），魅力工业游（秀强玻璃—百威啤酒—久久丝绸），运河文化游（水利遗址公园—运河湾自然农园—马棚岛），趣味体验游（运河湾自然农园—宿迁动物园—民防体验园），电商文化游（电商第一街—当当书吧—海豚西选—国际馆—宿迁馆）。

【住宿餐饮】 宿豫区共有四星级酒店两家：枫华丽致酒店、江山大酒店。两家四星级酒店在2016年10月28—29日，已经通过省四星级复核。辖区内三星级酒店3家：万顺大酒店、延安大酒店以及莱悦宾馆。组织参加江苏乡村美食大赛荣获银奖；在全区范围内，组织评选出区二星级农家乐1个（羽姬小院）、二星级旅行社1个（永飞旅行社）、旅游放心购物店1个（国际馆）。

【旅游管理】 6月19日，开展暑期安全旅游宣传。9月13日，旅游局行管科组织旅游行业从业人员，进行宿豫区旅游行业安全和职业技能培训。同时开展旅游行业安全生产大检查，在坚持每月一次例行安全检查基础上，与区安监、消防、市场监管局等部门联合检查。全年，全区旅游行业无重大旅游事故发生。

【旅游发展专项资金】 2016年，筛选水利遗址公园景区、玖久丝绸工业旅游点、新庄杉荷园、顺河梨园湾、丁嘴桃缘梦5个项目申报省级旅游业发展引导资金，共争取到60万元省级扶持资金。梨园湾等3个项目争取市级旅游业发展专项引导资金23万元。

【旅游推介】 2016年，先后指导举办“豫美现杉荷春风送荷韵”杉荷园“五一”三天乐、宿迁动物园“筑巢引凤”百鸟园开园、第六届“醉美梨园湾”民俗旅游活动、秋游采摘季等活动。其中梨花节民俗旅游活动，区旅游局指导顺河街道转变举办模式，引进社会组织和企业等作为主办方，让更多农民参与其中，为期15天的梨花节民俗旅游活动获得圆满成功。活动共接待市内外游客14万人，线上线下实现销售70余万元。（张　明）

·商贸流通·

【概况】 2016年，全区社会消费品零售总额实现53.69亿元，同比增长12.7%，其中批发和零售业实现45.93亿元，同比增长23.9%。全区限额以上单位社会消费品零售额实现37.05亿元，同比增长22.5%，高于全市平均水平7.7%，继续稳居全市第一位，其中批发零售业实现零售额35.99亿元，增长23.5%，住宿餐饮业实现零售额1.06亿元，增长6.8%。

【商业网点建设】 2016年，全区批发企业总计2373家，个体批发2404家，个体零售11513家；加油站（点）总数34个，其中中石化加油站9个，加油点1个，中石油加油站2个，社会加油站6个，社会加油点16个；新增酒类备案企业72家，总数达到1206家，其中批发企业144家，零售企业890家，餐饮企业167家，其他（KTV、酒吧）5家。

【行业管理】 严格酒类流通市场管理，落实酒类经营溯源制度，发放酒类随附单1600份；加强成品油市场管理，编制成品油"十三五"发展规划，中石化江苏宿迁开发大道加油站获省商务厅批复建设，完成12家加油站（点）双层罐改造，查处超范围经营加油点5家，处罚金额2.5万元；加大安全生产监管，开展加油站（点）、商场超市、粮食收储企业安全生产检查116人次。牵头组织全区餐饮场所燃气安全隐患排查治理工作，排查餐饮企业531家、整改安全隐患494项，并被市安委会评为"2016年度安全生产管理先进单位"。落实肉菜储备计划，宿迁宏成种猪场、宿迁市喜农旺果蔬种植专业合作社、宿迁市宿豫区鑫田蔬菜种植专业合作社获储备资格，其中生猪活体猪储备1600头，基地蔬菜储备420吨；加强茧丝绸市场管理，指导企业做好春秋两季生茧收购，为玖久丝绸股份有限公司争取国家茧丝绸发展专项资金160万元。

（华顺怀）

·连锁经营·

【苏果平价店】 苏果平价店宿豫店位于宿豫区西湖东路与长江路交会处，是苏果总部于2009年在宿迁投资注册的第二家直营店，注册资金200万元，总投资5000多万元，营业面积1.5万平方米，经营百货、服装、家电、农副产品等2万余种商品。2016年，企业开展了元宵节猜灯谜、端午节送艾草、周年庆品类折扣、国庆节抽奖、圣诞节送苹果等活动，实现营业额9452.4万元，利税420万元。

【红星凯盛】 宿迁红星·凯盛国际家居生活广场有限公司位于宿豫区江山大道188号，于2010年10月1日开业，是宿迁市档次最高、品类最齐全的一站式家居卖场。广场由江苏凯盛置业有限公司和红星美凯龙集团联袂打造，建有家具馆和建材馆，总建筑面积15万平方米，经营品牌140个。元旦节期间，企业开展"跨年疯出界"活动；"五一"期间，开展"5动全城1降到底"促销活动；3月，开展"新消费我做主新春惠全城"活动；6月，开展"童居节——儿童家具儿童价"活动；7月，开展"疯狂夏日嘉年华"；10月，企业开展"周年庆"，平均每两月开展一次大型销售活动。由于建材馆撤馆，营业额大幅下降，全年实现营业额948.3万元，同比下降45.69%，实现利税93.06万元。（华顺怀）

·电子商务·

【概况】 2016年，全区电子商务交易额实现281亿元，同比增长141%，其中宿迁电子商务产业园交易额202亿元，同比增长94.98%；电商从业人员7.4万人，其中直接从业人员3.24万人，带动就业4.16万人；网店2507个，电子商务企业645家，同比增加258家，增长66.67%，其中规上企业180家，电商应用率达到63.3%，网络销售额超5000万元以上企业9家，分别为江苏京东信息技术有限公司、江苏圆周电子商务有限公司、当当网信息技术（江苏）有限公司、宿迁广博控股集团有限公司、江苏京东海元贸易有限公司、宿迁泽众地产品贸易有限公司、宿迁吉峰农机汽车贸易有限公司、宿迁市凡艺家有限公司、江苏联旺信息科技有限公司。

【电子商务示范创建】 2016年，宿豫区被省商务厅认定为省农村电子商务示范县，创成省级电子商务示范镇2个（曹集乡、大兴镇）、省级电子商务示范村1个（大兴镇集东居委会）、市级电商示范镇3个（曹集乡、大兴镇和关庙镇）、市级电商示范村9个（来龙镇光明村、关庙镇关庙社区、大兴镇集东居委会、丁嘴镇登山村、顺河街道办卓圩社区、保安乡黄泥村、下相街道办陆桥居委会、曹集乡天同庵居委会和豫新街道办雨露社区）。共争取省市电商政策资金1422.78万元。 （华顺怀）

·外向型经济·

【外资】 2016年，全区实际到账外资4294万美元，同比增长1751%。到账外资企业共8家，分别为江苏秀强玻璃工艺股份有限公司（简称秀强玻璃）1304万美元、宿迁中玻电子玻璃有限公司1134万美元、宿迁宇新固废处置有限公司928万美元、宿迁途牛信息科技有限公司505万美元、江苏博迁新材料有限公司201万美元、宿迁天天拍车汽车科技有限公司200万美元、宿迁卜力斯环保设备有限公司14万美元、江苏蓝翔航空技术有限公司8万美元。新批外商投资企业6家，分别为宿迁途牛信息科技有限公司（注册资本1600万美元）、卡普氏宿迁洁净设备制造有限公司（注册资本1000万欧元）、江苏博迁新材料有限公司（注册资本4500万人民币）、江苏蓝翔航空技术有限公司（注册资本500万美元）、宿迁天天拍车汽车科技有限公司（注册资本200万美元）、宿迁翼同信息科技有限公司（注册资本16万美元）。

【外贸】 2016年，全区实现进出口总额34977万美元，同比增长4.28%，其中出口32602万美元，同比增长8.29%，进口2395万美元，同比下降30.67%。全区新增进出口实绩企业18家，总数达到79家。围绕外贸稳增长目标，区商务局全年调研企业120家次，印发宣传材料80份；组织35家外贸企业参加中国进出口商品交易会（简称广交会）、中国华东进出口商品交易会（简称华交会）等知名展会，推动企业开拓国际市场；加快省级玻璃制品出口基地发展，出台《关于做好商务专项资金支持玻璃产业发展项目申报的通知》，支持基地企业开拓国际市场，扩大出口规模，年内玻璃制品进出口4257万美元；加强国家和全省开展跨境电商政策的研究和解读，积极鼓励外贸企业开展跨境电商，帮助宿迁电子商务产业园成功申报省级跨境电商产业园试点，争取政策资金300万元。

【对外经济技术合作】 2016年，东辰投资控股有限公司投资开曼群岛5000万元人民币项目已完成备案。

【宿迁市宿豫区玻璃产业协会成立】 5月24日，宿迁市宿豫区玻璃产业协会选举暨成立大会在秀强玻璃召开，区商务局、省高新区、省玻璃制品产品质量监督检验中心，以及秀强玻璃、江苏苏华达新材料有限公司（简称苏华达新材料）、宿迁德威玻璃纤维有限公司（简称德威玻纤）等16家玻璃制品企业参加会议。大会通过协会章程，选举产生协会组织机构，设立会长1名，荣誉会长1名，副会长3名，秘书长1名，理事7名，秀强玻璃董事长卢秀强当选协会会长。

2016年5月24日，宿迁市宿豫区玻璃产业协会成立

【鼓励企业外向型发展】 6月20日，区委、区政府出台《关于推动全区工业企业转型发展的意见》，进一步完善开放型经济发展奖励办法，激发外经贸企业发展动力。在利用外资上，对项目年度注册或增资（当年全部到账）100万美元～500万美元（含），按当年到账额的3‰给予奖励；500万美元～1000万美元（含），按5‰奖励；1000万美元～3000万美元（含），按8‰奖励；3000万美元以上，按10‰奖励。在对外贸易上，对工业企业当年自营进出口额达到500万美元以上，且与上年相比增幅达到5%以上，500万美元～1000万美元（含），每100万美元给予2万元人民币奖励；1000万美元～3000万美元（含），每100万美元给予2.5万元人民币奖励；3000万美元以上，每100万美元给予3万元人民币奖励。在对外经营上，经相关部门核准赴境外开展新设、增资、并购的企业，按企业当年实际投资额每100万美元奖励5万元人民币。（华顺怀）

·粮食经营·

【粮食购销】 全区国有粮食企业严格执行国家粮食收购政策，敞开收购农民余粮，保护农民利益。全年累计收购粮食84986吨，其中小麦51137吨，水稻33849吨（籼稻19806吨、粳稻14043吨）；累计销售粮食73003吨，其中小麦24812吨，水稻（籼稻）48191吨。为解决农民卖粮难，区粮食局夏秋两季共腾出仓容14万吨，缓解仓容不足压力。加快地方储备粮轮出，对地方储备粮在保持一定库存量的前提下，适当提前并超量轮出，尽量腾出仓容；制定粮食销售优惠政策，根据在库粮食质量情况，适度让利给粮食购买方，并全额免除粮食出库费和上车费。同时，报经区政府同意，区财政对全区政策性粮食销售给予40元／吨的补贴，共争取补贴资金124.8万元，促进粮食销售，减少销售亏损。

【粮食收购价格】 2016年，国家继续在粮食主产区实行最低收购价格保护政策，单位最低收购价保持2015年水平不变。小麦价格，以2016年生产的国标三等小麦为标准品，白小麦、红小麦和混合小麦最低收购价格均为每500克1.18元。标准品小麦的具体质量标准：容重750～770克/升（含750克/升，水分12.5%以内，杂质1%以内，不完善粒8%以内。执行最低收购价的小麦为2016年生产的等内品，相邻等级之间等级差价按每500克0.02元掌握。最低收购价是指承担最低收购价收购任务的收储库点向农民直接收购的到库价。2016年，全区国有粮食购销企业收购托市小麦43637吨，均价为每500克1.20元。

水稻价格标准。以2016年生产的国标三等中晚稻为标准品，中晚籼稻最低收购价每500克1.38元，粳稻最低收购价每500克1.55元。标准品中晚籼稻的具体质量标准为：杂质1%以内，水分13.5%以内，出糙率75%～77%（含75%，不含77%），整精米率44%～47%（含44%，不含47%）；标准品粳稻的具体质量标准为：杂质1%以内，水分14.5%以内，出糙率77%～79%（含77%，不含79%），整精米率55%～58%（含55%，不含58%）。执行最低收购价的中晚稻为2016年生产的等内品，相邻等级之间等级差价按每500克0.02元掌握。最低收购价是指承担最低收购价收购任务的收储库点向农民直接收购的到库价。2016年，全区国有粮食购销企业收购托市水稻20568吨，其中籼稻6525吨，粳稻14043吨，籼稻均价为每500克1.40元，粳稻均价为每500克1.57元。

【公开竞拍省储粮】 为规范省级储备粮销售管理，实现经营效益最大化，区粮食局对省级储备晚籼稻轮换采取公开竞拍方式销售。根据当地市场行情，先行确定销售底价，然后将粮食的品种、数量、质量、生产年份等向各粮食加工企业公开发布。客户如有购买意向，须先交纳10万元保证金，中标后，将保证金转为合同定金，再按货款的10%补齐合同定金，如3个工作日不签订合同或合同定金不到账，保证金不再退回。竞拍以每个仓为一个标的，逐仓拍卖，现场公布报价，如出现同等中标价，进行二次报价，价格最高者中标。6月、7月，在来龙粮库省储粮销售过程中，区粮食局安排局纪检监察室全程参与，督导企业实行公开竞价竞拍，两次拍卖水稻8000吨，净增加利润62.1万元。

【仓储设施建设】 完成大兴粮库二期2万吨新仓房建设，争取省财政补贴560万元，在大兴粮库新建3栋高大平房仓，仓容2万吨。完成区粮油质量监测中心建设，在来龙粮库高标准建成区粮油质量监测中心，建设面积300平方米，工程总投资60余万元，向区财政争取专项资金40万元，省粮食局质监所支持价值12万元的检化验仪器设备。完成来龙粮库智能化升级建设，以来龙粮库为主体，开展粮库智能化升级，同步建成综合信息化监管平台，工程总投资132万元，提升粮库的信息化、自动化和智能化水平。

【粮油加工】 2016年，全区列统粮油加工企业25家，其中大米加工企业19家，面粉加工企业3家，油脂加工企业1家，饲料加工企业1家，粮油食品企业1家。全年实现工业总产值26.30亿元，同比增长5.71%；产品销售收入25.20亿元，同比增长3.62%；利税0.95亿元，同比下降2.06%；利润0.65亿元，同比增长3.17%。（华顺怀）

·供销合作·

【概况】 宿豫区供销合作社机关在职干部职工21人，退休27人。下辖1个事业单位，11个基层供销社，12家直属公司，1个农产品批发市场，179个为农服务社，100个专业合作社。2016年，全系统完成销售总额7.1亿元，农民购销农副产品2.8亿元，实现入库税收355万元，向上争取资金122万元。

【为农服务社建设】 全系统累计建成为农服务社179个，其中“三星级”社87个，覆盖全区98%以上行政村。经营范围不断拓展和延伸，已发展成为集生活资料零售、农业生产资料零售、建材销售、农副产品收购、废旧物资回收、庄稼医院、农机服务、科技咨询、劳务代理、代收保险、代收水电费、创办农民活动室于一体的综合服务社。

【农民专业合作社建设】 截至2016年年底，全系统共创建专业合作社示范社114个，主要涉及养殖、种植、服务等类，发展社员3730个，带动农户6787户，年人均助农增收1.6万元。2016年，资金互助合作联社入社社员近2.4万余人，社员存放联社资金总量逾6.86亿元，联社累计拨付全区社员各项分红补贴达1.7亿元，投放全区5.65亿元用于帮助社员发展生产、解决生活困难。

【连锁经营】 区供销总社现拥有各类连锁经营龙头企业5家，建成区级配送中心5个，发展各类连锁加盟店462家，设立村级销售点306个，基本实现“一村一点”全覆盖的目标。

【为农综合服务平台建设】 2016年，全区已经建成中心站20家，村站46家，选举站长46名，选举社员代表680人，组织社员代表培训29场，召开社员代表大会61场，组织大集活动6场，组织互联网知识培训7场，代缴代购260万元，代服务1177.6万元（含金融服务），入社社员15620人。

【“农综社”建设试点工作】 “农综社”全称农民综合性合作社。按照“强化合作，农民参与，为农服务，开放办社”的总体要求，以“三体两强”示范基层社为建设标准，发展生产合作、供销合作、消费合作、信用合作，加快办成规范的、以农民社员为主体的综合性合作社。年底，顺河街道办“农综社”建设试点工作初步完成。

【供销电子商务】 宿豫区供销总社结合本单位的实际情况，发展“互联网+农产品营销”产业，促进农产品电子商务产销对接。截至12月，全系统发展电商58家，实现网络销售8.37亿元。由区供销总社牵头领办的电商企业有：亲耕田网上供销社电子商务公司、华东农业大市场“菜财商城”、宿迁市济农电子商务有限公司、江苏益农科技有限公司、宿迁市“农三品”电商平台等。（金向南）

·烟草专卖·

【概况】 2016年，共销售卷烟4.06万箱，同比减少3.94%；实现销售收入10.60亿元，同比增长1.64%，实现税利1.40亿元，同比增长7.86%；实现利润1.15亿元，同比增长9.57%。年内，3起卷烟网络案件（“2·8”“8·29”“10·24”）被国家局通报表彰，1起制售假劣卷烟案（“5·18”）被列为公安部挂牌督办，获得全国“安康杯”竞赛优胜单位、江苏省“文明单位”两称号，创成宿迁市“书香机关”，年度目标绩效综合考核居全市烟草系统第一。

【卷烟营销】 开展卷烟消费调查12期，配合市局安装室外落地式烟灰柱650个，印发营销服务二维码近5000个；编制《客户经理沟通清单》，实施“消费者在哪里，我们就到哪里”主题营销活动，采集68户样本客户信息，分类30档客户，均衡总量、品类、节奏，每周一公示、一配送，推动卷烟精准销售，发挥“一街一店一品”终端功能。

【烟草专卖管理】 开展“冬季会战、亮剑2号、亮剑3号、闪电19号、许可证专项整治”5起专项行动和2起“雷霆”自主行动，行政许可缩短至15日，全年累计查处各类涉烟案件132.5起，罚没卷烟140.98件，案值109.26万元，卷烟网络案件办结4起、在侦3起。相关涉案人员刑事拘留15人、逮捕3人、判刑10人。

【烟草内部管理】 2016年，组建1个大学生创新团队和多个QC活动小组，提报3条精益改善合理化建议，开展多起创新课题研究和QC活动，7个项目通过评审，5人受表扬表彰。财务预算执行误差率控制在5%内，卷烟销售费用、管理费用和财务费用三项费用率为4.0%。系统推进“三会三能”双基工程建设，创新推进“3+党建”（支部+创优、党小组+项目、党员+客户）模式，常态共建文明结对社区，精准服务结对帮扶各对象，捐赠款物近10万元，一名中层干部、一名基层员工培养为预备党员，7个团队近60人分获业内外多部门表扬表彰。

（潘苏军）

·盐业专卖·

【盐业销售经营】 2016年，域内实现营业收入3175.86万元，完成年度计划102.47%；实现利润98万元，完成年度计划122.50%；累计销售各类盐产品8947.89吨，完成年计划129.60%；食盐小包装销售4313.79吨，完成年计划101.43%；非盐集采收入627万元，完成年计划107.73%；实现非食盐毛利69.26万元，完成年计划238.82%。

【盐业市场监管】 做好“3·15”“5·15”碘盐知识宣传，借助“政风热线”“政府热线12345”“政民互动”等官方平台宣传盐业改革政策，印发行政指导书、宣传单页等解读改革过渡期间政策。联合市公安、食药监、工商等多部门开展制贩假盐专项治理联合执法行动和突击月活动，保持惩治制贩假盐的高压态势。全年共查处各类涉盐案件52件，罚没盐产品7.22吨。移送案件58件，其中有14起案件涉及嫌疑人36人已被起诉到法院，首批已判决4人。全年检查企业96个次、农贸市场432次、零售商店1944个次、食品加工企业（含作坊）72个次、饭店食堂1512个次、访问居民户2160户，未发生重大食盐安全事故。

（宋延鑫）

·工商服务业·

【商务服务业】 2016年宿豫区发展商务服务业经营户3860户，注册资金总额49827万元，从业人员总数4693人。其中企业184户，注册资金总额41869.2万元，从业人员总数905人；个体工商户3676户，注册资金总额7957.8万元，从业人员总数3788人。新发展的商务服务业经营户主要经营范围为咨询调查服务、企业管理服务。三夫金鼎投资管理中心，注册资金4000万元，为2016年新发展商务服务业经营户中注册资金最高企业。

【居民服务业】 2016年，新发展居民服务业373户，注册资金总额4565.7万元。其中企业12家，注册资金总额1640万元，从业人员总数59人；个体工商361户，注册资金总额2925.7万元，从业人员总数727人。注册资金最高的1200万元，为江苏旱极沙灸有限公司。新发展居民服务业中，有239户位于宿豫主城区，其他分布于区各个乡镇。新发展的居民服务业经营户主要经营范围为美容美发服务、洗浴服务、保健服务、洗染服务、家庭服务、婚姻服务。

【房产中介服务业】 2016年，宿豫区新发展房产中介14户，注册资金总额1192万元，参与就业人数达56人。其中，企业类7户，注册资金1146万元，就业人数达26人；个体类7户，注册资金46万元，就业人数30人。截至2016年底，全区房产中介累计达58户（不含注销户），注册资金总额达2001万元，参与就业人数达203人。其中，企业类24户，注册资金1830万元，就业人数118人；个体类34户，注册资金171万元，就业人数85人。（王颖聪）

2016年宿豫区商务服务业情况一览

表36

经营范围	户数	注册资金(万元)	从业人数(人)	性质	
				企业(户)	个体工商户(户)
咨询调查服务	3693	21356.8	4033	75	3618
企业管理服务	3	10112.2	222	30	0

2016年宿豫区居民服务业情况一览

表37

经营范围	户数	注册资金(万元)	从业人数(人)	性质	
				企业(户)	个体工商户(户)
美容美发	134	890.2	221	1	133
洗浴服务	46	803	145	0	46
保健服务	46	1604.2	104	2	44
洗染服务	12	147	20	0	12
家庭服务	0	0	0	0	0
婚姻服务	2	20	4	1	1

金融·保险业

·金融业管理·

【概况】 2016年，全区共有各类金融服务机构33家，其中银行类金融机构11家、小贷公司7家、担保公司5家、证券机构1家、保险公司6家、农民资金互助合作社1家、大宗商品交易中心1家、典当行1家。年末，全区11家银行机构人民币存款余额155.03亿元，比年初净增加12.6亿元，增幅8.85%。区内外银行机构人民币贷款余额276.05亿元，比年初净增加30.54亿元，增幅12.44%，其中，区内银行机构净增21.99亿元，增幅9%，区外5家银行合计净增8.55亿元，增幅77.7%。区内外银行机构工业贷款余额116.29亿元，比年初净增加15.53亿元，增幅15.42%。7家小贷公司贷款余额5.02亿元，比年初减少1.25亿元，减幅19.9%。5家担保公司在保业务余额13.59亿元，比年初增加3.87亿元，增幅39.82%，担保平均放大倍数2.5倍。证券机构累计交易额46.9亿元，同比减少14.58亿元，下降23.7%。3家保险公司累计实现保费收入2.92亿元，同比增加0.54亿元，增长22.69%。

【金融机构培育】 2016年，新引进华泰财产保险股份有限公司、中国人寿财产保险股份有限公司2家保险机构；注册资本为3亿元的江苏邦丰融资担保有限公司已正式开业运行；新增东吴村镇银行市区支行、全市首家智慧型银行建行宿豫电商支行，建设银行、江苏银行分别增设自助服务区和自助银行。

【信贷投放增加】 印发《宿豫区2016年度金融工作考核办法》等文件，对区各金融机构贷款投放情况按季考核，通报考核结果，要求金融机构全力扩大贷款投放。多次召开银政企座谈会，推动银政企三方进一步加强对接、增进共识，促进地方经济与金融事业共同发展。3月，与南京银行宿迁分行签订战略合作协议，双方将在更宽的领域开展合作。

【企业上市推动】 定期召开企业上市工作推进会，对上市后备企业实行“三优两减”，即优先安排土地使用指标，优先办理立项预审、转报或核准手续，优先安排科技研发、设备更新等财政补助资金；减免企业因上市需要而重新验资、登记、注册所发生的行政费用；减少企业在改制、资本运营等过程中涉及的各项审批程序和环节。2016年，江苏众客食品股份有限公司、江苏华星新材料科技股份有限公司、江苏永星化工股份有限公司已经正式在新三板挂牌；江苏良木新材料股份有限公司已在“E”板挂牌；江苏博迁新材料股份有限公司、江苏力引建材科技股份有限公司已经收到全国中小企业股转系统受理通知书；天成锋精机股份有限公司已经完成股改。

【融资渠道建设】 2016年，全区实现股权融资20.59亿元，比年初净增12.99亿元，增长171%，宿迁裕丰资产经营管理有限公司企业债、公司债和高新区企业债发行材料已报国家发改委、证监会待批。

【金融监管】 发挥监管职能，要求各金融机构在每月按时报送经营情况报表；严格执行重大事项变更审批备案制度；定期、不定期开展小贷公司、担保公司现场检查，对检查中发现的问题下发限期整改通知书，督促整改到位；对农民资金互助社、中苏商品交易中心等风险高发、易发领域，专题开展运营情况调研，梳理存在的风险点，制定出台《宿豫区规范农民资金互助社发展的意见》《互联网金融风险整治实施方案》，促进此类机构规范运作，最大限度控制风险。

【金融风险处置】 发挥区防范和化解企业信贷风险工作领导小组作用，多次召开专题会议研究部署涉险企业问题，制定处置预案，化解重点企业资金担保链风险。2016年，区企业互助协会及平台公司为涉险企业提供过桥资15.26亿元，国有担保公司为涉险企业新增担保9000万元，协调了绿陵集团、鸿大化工、翔盛粘胶等企业欠息、诉讼等问题。

【非法集资惩治】 2016年，召开专题会议，研究部署打击和处置非法集资工作，区政府与各园区、乡镇签订《2016年度处非工作责任状》，利用各种媒介宣传“处非”工作。7月，金融办从区公安局、商务局、市场监管局、化工园区、高新区、江苏银行等单位抽调6名人员成立专项工作组，对省金融办梳理出的248家企业进行实地排查，查出其他在线下从事金融活动的各类机构107家，按照上级统一部署落实整改。开展惩治非法集资宣传活动，共散发宣传单12万份、张贴宣传海报1000余份、悬挂横幅标语162条、制作宣传靠排64块、发放公开信4200封、新闻媒体宣传报道次数达9次，有效增强公众的风险意识和鉴别能力，防范非法集资风险隐患。2016年全区金融生态环境在全省69家县、区评比中排名第38位，比2015年上升5位。 （陶梦瑶）

·工行宿豫支行·

【主营业绩】 2016年，工商银行宿豫支行人民币各项存款余额达15亿元，较年初新增1.41亿元；全行各项贷款余额达42.1亿元，比年初增加4.4亿元，增幅达11.58%。其中公司贷款余额达27.99亿元，较年初新增4.47亿元。贷存比已高达280.6%，被区政府评为“财税金融工作先进单位”，为区内唯一一家获此殊荣的金融单位。

【信贷经营】 突出加大对重点企业的信贷投放，对景宏新材料、秀强、三元轮胎、益客食品、禾友化工、中医院等企业加大支持力度，共投放贷款近5亿元。优化配置，助力小微企业发展。拓展小微创业贷业务，发挥小企业信贷业务权限大、产品多等优势，支持有实力、前景好的小企业客户，共对良木新材、天工纸制品、果然食品、鼎盛印务、广新特种装备、广博罗纳斯等小企业投放贷款6000余万元。抓好项目贷款审批效率及投放进度，成功发放宿迁电子商务产业发展有限公司“物流中心”5000万元项目贷款、裕新科技5亿元项目贷款。

【提升服务水平】 开展“压缩客户排队，减少客户投诉”“服务暖人心”等系列活动，加强店长和大堂经理管理，抓好柜面排队问题解决和现场管理规范，明确二线为一线服务的管理方针，积极构建大服务格局，全年服务工作在省市场考评中始终保持良好水平。2016年下半年宿豫支行启动网点装修，进一步优化网点布局，将理财室及体验区建设成为支行一大特色。 （张　嫱）

·中国银行宿豫支行·

【概况】 中行宿豫支行有员工19人，2016年，支行围绕全功能型网点建设要求，针对宿豫区招商引资项目多、工业企业多的特点，以大公司业务为发展重点，以个金服务销售为发展基础，公私并重、公私联动，实现预期业务目标。

【经营业绩】 截至2016年年末，支行人民币存款余额6.15亿元，比年初增加0.04亿元。其中，人民币个人储蓄存款余额4.17亿元，比年初增加0.41亿元；人民币企业存款余额1.98亿元，比年初下降0.37亿元。外币存款余额168万美元，比年初增加22万美元。支行人民币贷款余额7.97亿元，比年初增加0.18亿元。其中，公司贷款余额2.86亿元，比年初下降1.3亿元；零售贷款余额5.11亿元，比年初增加1.48亿元。（王　乐）

·农发行宿豫支行·

【概况】 中国农业发展银行宿迁市宿豫支行成立于1997年9月10日，属农业政策性银行，主要办理粮食等重要农产品收储贷款、农业基础设施改造建设贷款等涉及“三农”类贷款业务，现有职工13人。2016年，农发行宿豫支行各类贷款余额9.7亿元，日均存款4.4亿元，实现目标利润1557万元。

【信贷支农】 2016年，共投放涉农贷款8.1亿元，其中粮食托市贷款1.6亿元，投放市县储备粮贷款1亿元，支持企业自主收购投放贷款1亿元。累计支持收购粮食4636万公斤，其中小麦1233万公斤，稻谷3403万公斤，油料482万公斤，促进宿豫地区农民增收；2016年投放中长期项目贷款4.5亿元，有效地支持宿豫地区的重点基础设施建设。（王惠芹）

·农行宿豫支行·

【农行业务经营】 截至2016年年末，全行各项贷款余额24.4亿元，比年初净增4.27亿元。其中个人贷款余额12.87亿元，比年初增加2.02亿元；法人贷款余额11.53亿元，比年初增加2.25亿元。

【金融诈骗案件防控】 全年未发生重大案件、安全生产事故、舆情风险。防诈骗工作成效显著，成功堵截各类诈骗案件18起。其中，堵截假存单1起，金额15万元；电信诈骗案件12起，金额265万元；堵截冒名开卡5起。

【服务三农】 截至2016年年末，涉农贷款余额6.26亿元，比年初增加3.35亿元。农户贷款余额1764万元，比年初增加1368万元。普惠金融有效发展，惠农卡比年初增加2024张，为有效服务三农工作打下坚实基础。

【发展转型】 2016年，宿豫支行新增超级柜台4台，新增自助柜员机5台。全行推广“6S”（整理SEIRI、整顿SEITON、清扫SEISO、清洁SEIKETSU、素养SHITSUKE、安全SECURITY）管理，提升软硬件形象，增强辐射能力及金融服务能力。（刘　勇）

·建行宿豫支行·

【存款经营】 截至2016年年末，建设银行宿豫支行一般性存款余额31073万元。其中个人存款余额26225万元，较年初新增4272万元；理财产品及保险产品余额1126万元，较年初新增356万元。

【贷款投放】 截至2016年年底，行内对公存款余额4848万元，较年初下降1849万元。各项贷款余额为178538万元，比年初下降22647万元，降幅11.26%。工业贷款余额49405万元，比年初下降29589万元，降幅37.46%；农业贷款余额4939万元，比年初增加2200万元，增幅80.32%；商业贷款余额1150万元，较年初无增减；个人消费贷款余额123044万元，较年初增加4742万元，增幅4.01%。年末，支行存贷比为58.41%。

【电信诈骗防范】 2016年,建行宿豫支行积极配合司法机关打击经济犯罪，防范金融诈骗。全年累计协助司法查询冻结扣划业务共5600余笔，堵截电信诈骗2起。

【自助设备添置】 2016年，在宿豫区帝景豪苑购物广场增设自助设备服务区一处，截至年底，建行在宿豫区共布放离行式自助柜员机8台，附行式自助柜员机6台，附行式智慧柜员机1台。 （靳旻雯）

·民丰农商行宿豫支行·

【概况】 江苏民丰农商银行在宿豫区共有13家网点，其中城区2家，分别为宿豫支行、阳光支行；农村支行11家分别为：顺河、大兴、来龙、仰化、侍岭、保安、关庙、曹集、陆集、新庄、丁嘴，从业人员112人。2016年4月，大兴支行被市妇联授予“宿迁市巾帼文明岗”荣誉称号。

【主营业务】 截至2016年年底，民丰银行宿豫区各家支行各项存款余额36.65亿元，各项贷款17.03亿元，存款客户493053人，贷款客户17419人。 （邹志超）

·江苏银行宿豫支行·

【主营业绩】 截至2016年12月底，支行贷款投放34亿元，其中为小企业贷款135户，年末贷款余额近6.8亿元。全年，理财产品累计销售近10亿元，成功投放5亿元棚改基金。

【金融知识宣传】 积极履行社会责任，与雨露社区、大兴镇先进村开展社区共建，2016年共开展金融知识进社区活动35次，为广大群众普及反假币、反洗钱、防电信诈骗等知识，提升社区群众的金融知识。 （葛晓磊）

·张家港农商行宿豫支行·

【概况】 2016年，张家港农商行宿豫支行根据行业特点，为企业量身订做信贷业务新品种4个，分别为“农易贷”“信用贷”“创易贷”“工薪贷”。年内，相继荣获“宿迁市青年文明号”“宿迁市巾帼文明岗”等荣誉称号。

年末，张家港农商行宿豫支行各项存款余额122847.09万元，各项贷款余额117451.31万元（表外业务），签发银承汇票敞口16010万元。

【存款业务】 截至2016年12月31日，支行各项存款余额122847.09万元，比年初增加7292.8万元，上升6.31%。其中：对公存款108136.33万元，比年初增加6106.21万元，上升5.98%；储蓄存款14710.76万元，比年初增加1186.59万元，上升8.77%；保证金存款32391.56万元，比年初增加1144.53万元，上升3.66%。

【贷款业务】 截至2016年12月31日，支行各项贷款余额117451.31万元，比年初减少348.72万元，下降0.3%。其中：公司贷款87727.85万元，比年初减少8335.71万元，下降8.68%；个人贷款29723.46万元，比年初增加7986.99万元，上升36.74%。

【金融诈骗案件防控】 2016年，支行成功堵截2起票据诈骗案件和1起通信网络诈骗案件，为支行和客户避免资金损失900余万元，得到当地监管部门和公安部门的高度肯定。

（滕志强）

·邮储银行宿豫支行·

【存款业务】 2016年，邮储银行宿豫支行存款总额共计52861万元。其中储蓄存款余额16478万元，较年初净增4327万元。企业存款余额共计36383万元，较年初净增6237万元。

【贷款投放】 2016年，贷款总余额合计110425万元，比年初净增35824万元，增幅48.02%。工业贷款余额2615万元，较年初下降1545万元，降幅10.73%。农业贷款余额3644万元，较年初净增353万元，增幅10.73%。商业贷款余额27731万元，较年初净增2798万元，增幅10.09%。房地产贷款余额64418万元，较年初净增30588万元，增幅90.42%。个人消费贷款余额12017万元，较年初净增3630万元，增幅43.28%。

【电信诈骗防范】 2016年，支行履行社会责任，保障存款人资金安全，拦截防范电信诈骗5起，防范客户资金损失6万余元。

【业务创新】 响应国家的“三农”政策及鼓励国民自主创业的新政策，支行先后申报家庭农场贷款、创业贷、民营医院、小企业贷等多项创新产品。利用“互联网+”，创新推出“网贷通”业务。 （陈雨泽）

·交通银行宿豫支行·

【存款经营】 截至2016年年末，支行各项存款余额9930.81万元，较年初增加2595.68万元，增幅为35.39%。其中，对公存款2404.98万元，较年初增加193.72万元；对私存款7525.84万元，较年初增加2401.97万元。

【贷款投放】 2016年年底，支行对公贷款余额37841万元，比年初下降18474万元，降幅32.80%。工业贷款余额24341万元，比年初下降6440万元，降幅20.92%；农业贷款余额800万元，与年初持平；基础设施贷款2200万元，较年初无增减；表外融资贷款1.05亿元，较年初减少6871万元，降幅39.55%。

【金融服务】 全年，为电商产业园区企业开立公司账户56家；持续推进金融服务“企业行”，为15家国内知名互联网企业提供员工工资代发服务，累计开卡600余张。 （李丹丹）

·宿豫东吴村镇银行·

【存贷业绩】 2016年，江苏宿豫东吴村镇银行存款余额达56959.98万元，贷款余额达39310.57万元。在贷款结构中，企业贷款13834.23万元，占比35.19%；零售贷款18665.17万元，占比47.48%；小微贷款6811.17万元，占比17.33%。

【信用村建设】 截至2016年末，东吴村镇银行共推进8个信用村，预授信户数2438户，预授信金额15735户，已用信户数177户，已用信金额1980万元。 （徐 曼）

·国际机遇小贷公司·

【概况】 国际机遇（中国）于2003年成立，将国际性小额金融服务经营模式当地化，研发中国式小额金融服务经营管理模式。2009年3月23日在江苏成立宿迁市宿豫区国际机遇农村小额贷款有限公司。2010年下半年，国际机遇设立村镇联络点，为客户提供零距离服务。2010年11月国际机遇经江苏省人民政府批准，成为江苏第一家，也是唯一一家可以跨区域开展服务的农村小额贷款公司。2012年，业务范围已全面涵盖宿豫区、宿城区、沭阳县和泗阳县。

【主营业绩】 2016年，国际机遇宿迁公司共发放贷款530笔，累计放款3338.5万元。其中单笔金额10万元以下的微型及小额贷款468笔，占放贷笔数总额的88%。影响和创造的工作岗位33,412个，支持和影响贫困户及残疾人98

人。国际机遇的客户，从事粮食蔬菜种植、禽畜及水产养殖等纯农业客户占到客户总数的49%，“三农”贷款占比为100%。

【支农服务】 2016年，国际机遇继续为当地的村镇微小企业和农业专业合作社提供发展支持，同时加大对当地农业经纪人支持力度。通过发展支持微小企业、农业合作社及农业经纪人，间接帮助更多农民。截至2016年年末，国际机遇宿迁公司所发放的贷款，已累计为当地创造就业岗位27万多个，为当地贫困户的生计提供帮助达9000多户。 （史利娜）

·金诚信贷担保公司·

【金诚信贷业务拓展】 金诚信贷担保公司继与工商银行、民丰银行签订合作协议，并逐步开展业务合作之后，2016年，公司与宿迁市中级人民法院、宿迁市宿豫区人民法院、宿迁市宿城区人民法院、宿迁市沭阳人民法院、宿迁市泗洪人民法院、宿迁市泗阳人民法院合作的诉讼财产保全担保业务，取得良好成果。

【信贷担保业务】 2016年，共发生担保业务57笔，担保发生额为26539.12万元，担保余额为6383万元（其中融资性担保业务2笔，担保发生额600万元；诉讼财产保全担保业务55笔，担保发生额25939.12万元）。年末，在保余额6006.3万元，均为诉讼财产保全担保业务。担保业务收入70.07万元，均为诉讼财产保全担保业务保费收入。与2015年相比，诉讼保全担保业务收入下降67%，融资性担保业务大幅度下降。 （孙继莹）

·泰丰担保公司·

【概况】 泰丰担保公司位于宿豫区珠江路东侧的商贸城A区112号，成立于2008年5月，注册资本3000万元，实收资本3000万元。聘请宿迁市钟山明镜律师事务所作为法律顾问，确保业务安全。拥有职工15人，均为高中以上学历，其中初级职称2人、高级职称1人。

【担保业绩】 2016年，公司主要与民丰银行合作，全年共发生担保业务724笔，担保发生额20623.2万元，年末在保余额18747.7万元，担保业务收入205.41万元，较上年度有所上升。 （江志红）

·区水务投资公司·

【概况】 宿迁市宿豫区水务建设投资有限责任公司（以下简称“水投公司”）成立于2003年，注册资金1.2亿元。公司的主要职能是投资建设城乡水务基础设施项目、旅游开发项目；经营管理政府授权范围内的国有资产；为政府重点项目建设融资；中运河风光带景区的日常管护；运河沿线房地产开发企业的帮办等。

【水投公司业务实绩】 2003年为实施中运河综合整治工程，宿豫区委区政府出资成立水投公司，至2007年底中运河综合整治工程基本建设完毕，共建成金沙江路1条；堤顶观光道路1条；中运河风光带一处，工程总投资约2.9亿元。中运河风光带于2008年至今先后被评为国家级水利风景区、全国农业旅游示范点、市级森林公园。

2014年5月，区委区政府根据国家深化改革的意见精神，对国有投资公司进行改革，改革后的水投公司职能由全方位的管理向经营性发展转变，成为政府融资工作的平台。先后与华夏银行、南京银行、农发行、浦发银行、江苏银行、苏州银行建立业务合作关系。2016年全年共完成融资12.5亿元。 （邵风波）

·区城建开发公司·

【概况】 宿迁市宿豫区城镇建设开发有限公司成立于2010年4月，企业注册资金5亿元，取得房地产二级开发资质，为宿豫区国有投资建设平台。公司秉持“以人为本，诚信务实，品质第一，业主至上”的经营理念，经营范围包括工程建设、监理业务等。

【监理业务】 2016年，在建和新开工监理项目共有8个，其中道路工程3项，农贸市场改造2项，游泳馆1项，道路提升1项，网路孵化中心1项。全年累计新签合同8份，合同金额共计约34万元；截至12月底，实现利润总额约17万元。

【工程建设】 盛世家园二期高层全面竣工，6月20日主体工程及相关配套工程完成竣工验收，并于11月10日完成备案工作；宿豫区游泳馆项目土建工程已于11月全面完工；盛世家园小区周边城区道路通达工程于5月10日施工，并于5月30日顺利通过验收；庐山路便民疏导区工程于2016年7月12日开工建设，并于8月31日完成建设任务；豫新街道社区卫生服务中心于10月1日进行装修工程，并通过初步验收。

【房源销售】 5月，举办盛世家园第二季度买房让利抽大奖大型户外演出活动，并参加宿豫区举办的房展会；11月、12月推出第四季度活动方案，利用双11和双12节日到乡镇派单宣传。全年完成销售任务597套，其中签订网签合同417套，已交付定金预定180套，实现销售收入约1.7亿元。

【融资实绩】 2016年，区政府下达公司基础设施建设项目融资贷款目标任务为20000万元，公司全年已超额完成49800万元，其中工行交投委贷10000万元，江苏银行棚改基金50000万元，浦发银行贷款5000万元，江苏银行流贷4800万元，农发行150000万元和南京银行140000万元项目贷款已启动提款手续。完成工程建设投资13422万元。当年销售主营业务收入累计19757万元，其他业务收入1494万元，主营业务成本13421万元，主营业务税金（增值税）838万元，管理费用355万元，财务费用6538万元，营业费用216万元。

【盛世家园小区物业管理】 2016年，盛世家园物业公司全年接业主维修总量1400多例，小修、急修1100多例，协调组织中修、大修300例。开展物业费等各项费用收缴工作，清缴高层增压水费36600元，收缴物业费用共计575265元。（刘思伯）

·道勤信用投资担保公司·

【概况】 江苏道勤信用投资担保有限公司（以下简称“道勤担保公司”）成立于2011年7月，位于宿迁市宿豫区珠江路东侧，为宿迁市宿豫区唯一一家全资国有担保公司，注册资本1亿元。公司秉承“稳健、高效、诚信、共赢”的企业精神，主营业务为融资性担保业务、贷款担保、票据承兑担保、贸易融资担保、项目融资担保、信用证担保、与担保业务有关的融资咨询、财务顾问等中介服务、以自有资金进行投资及其他业务。年内，公司被宿豫区人民政府表彰为“2016年度融资担保工作先进单位”。

【信用担保业务】 公司成立后，先后与工商银行、江苏银行、中国银行、农业发展银行、张家港农商行、东吴村镇银行、苏州银行建立广泛业务合作关系，关注小微企业发展，累计协调担保额度25.62亿元，上缴国有资本收益1224.52万元。

2016年，公司妥善应对行业经营业绩下滑、整体经济下行的严峻形式，坚持不抽贷、不压贷，稳健经营，取得较好业绩。全年新增担保业务100笔，担保额5.94亿元；全年计提准备金462.06万元；全年实现业务收入837.99万元，实现营业利润814.39万元，公司总资产达19893.53万元。（赵　政）

·裕丰资产管理公司·

【概况】 宿迁裕丰资产经营管理有限公司（以下简称“裕丰公司”）成立于2009年2月，由区国资办和区预算外资金管理局共同出资设立，内设党政办、财务部、综合业务部、法控部、供管办等5个职能科室。裕丰公司成立初期主要从事区政府授权范围内的国有资产经营、管理、租赁、转让、投资；政府重大项目的开发、咨询以及批准的其他业务。随着经济形势发展变化，裕丰公司演变成平台公司，新增融资、担保以及为其他企业提供过桥资金等职能。截至2016年年末，裕丰公司总资产达67.47亿元，控股及参股企业共13家。年内，被区委、区政府表彰为“2016年度财税金融工作先进单位”。

【主营业绩】 2016年度，裕丰公司共为其他企业提供担保37笔，担保总额27.53亿元，年末在保余额27.29亿元；全年实际到账融资金额15.57亿元（其中：裕丰公司6.03亿元，全资子公司宿迁裕新科技产业发展公司9.54亿元）。全年，企业互助协会为企业过桥166笔，过桥总规模达76亿元。各项业务均已超额完成年度目标任务。（韩　亮）

·中信建投证券恒山路营业部·

【概况】 中信建投证券股份有限公司（下称“中信建投证券”）成立于2005年11月2日，是经中国证监会批准设立的全国性大型综合证券公司。公司总部位于北京，截至2016年6月30日，公司在全国30个省、市、自治区设有245家营业网点，并设有中信建投期货有限公司、中信建投资本管理有限公司、中信建投（国际）金融控股有限公司、中信建投基金管理有限公司等4家子公司，拥有约530万名财富管理客户及约9000家机构客户。公司连续七年被中国证监会评为行业最高级别的“A类AA级证券公司”。2016年，中信建投证券作为行业内首家证券公司创设第一期信用风险缓释凭证（CRMW）。

中信建投证券宿迁恒山路营业部位于江苏省宿迁市宿豫区洪泽湖东路锦华名园B4-5-6座，拥有职工21人，全部通过证券从业资格考试。其中，2人取得投资顾问资格，2人取得IB期货资格。

【中信建投证券】 截至2016年年底，中信建投证券股份有限公司宿迁恒山路营业部累计客户总数达到8083户，全年新增4705户，其中有效户达697户，占比8.62%。客户总资产折人民币29790万元，其中融资融券的总资产达到1289万元。2016年营业部的年累计交易量达552542.10万元。（王　娟）

·人保财险宿豫支公司·

【保险业务】 2016年，宿豫公司实现保费收入2.71亿元，全面完成区政府下达任务指标，各项经营指标均名列全市系统前茅，并荣获“全市系统标杆团队”荣誉。全年，支公司开展协税护税工作，宣传引导车辆在当地投保，维护区内保源、税源。共上交地方税收2306万元，其中为地方财政代收车船使用税1576万元。

【理赔保障】 公司全年累计承担风险总额821亿元，承保各类车辆保险95257单，承保各类企业2448家，承保其他各类险种总数量108871单；共处理各类赔案14622件，支付赔款7020万元，较好发挥保险行业的补偿作用。（周江红）

交通·通信·能源

·交　通·

【交通工程建设】 2016年，区交通局投入5700万元完成洪泽湖东路东延、扬子江路、魏胜路、晓仰线侍岭段、侍姚线、乡镇共建工业园区的华兰路、云南路、乡镇扶贫路等交通重点工程。投入5400万元加快实施农村公路提档升级和“最后一公里”通达工程，其中农村公路提档升级70千米，总投资4000万元；农村公路“最后一公里”通达工程实施30千米，总投资1400万元，改善广大群众出行条件。至2016年底，全区公路总里程1100.334千米。公路密度达130千米/百平方千米。其中，高速公路29.8千米，一级公路75.092千米，二级公路196.84千米，三级公路104.058千米，四级公路525.469千米，等外公路169.075千米。

【交通治理】 2016年，交通稽查累计出勤9500余人次，出动执法车辆近2400台次，检查各类车辆近万台，发现违章车辆176台次，其中抛洒91台次、私自改装39台次、驾驶员无资格证书19台次、非法营运10台次、不按线路行驶或不按固定站点停靠10台次、危险品货物运输3台次、无危险品资格证书2台次、大件运输2台次。所处罚案件均为一般程序案件，无一例行政复议撤销或行政诉讼败诉案件。在超限治理上，与公安部门联合执法、联手治超，全天候24小时检查，累计上路巡查5万余千米，其中日间巡查1.9万余千米，处理路政赔偿案件30宗，结案30宗，收取损坏路产赔偿费17万元；办理路政审批许可3宗，收取占用公路补偿费10万元；利用查询超限车辆不停车检测系统送达公路违法案件告知表41份。全年共查处超限车辆670台，卸载货物1.3万吨。清除违章建筑18处1149平方米，清除堆积物52立方米，清除各种非交通标志44块，清除摆摊设点占道经营905处。

【道路养护】 以全国文明城市创建为契机，全面加强辖区国道G235，省道S324、S325、S250养护工作，通过抓道路搭接道口、中分带、路肩边坡、桥梁等重点部分保洁和加强养路工出勤出绩考核，提高日常道路保洁效果。全年完成沥青砼3000平方米、绿化乔灌木栽植8.5万株、砼硬路肩维修3280平方米、路面灌缝2720米、清理水毁塌方1500立方米、更换里程碑25块、更换百米桩警示桩180根、更换路缘石261米、桥梁栏杆扶手油漆222平方米、全线路中分带及路肩边坡绿化修剪8次等。投入390万元用于县道安保设施和小修工程施工。重点解决晓仰线、丁仰线、宿沭路的路面破损维修和新大线、宿沭路、宿穿线、来关线等多条县道安保完善工作。主要完成沥青砼路面维修8700平方米、水泥砼48立方米、水稳碎石1260立方米、绿化修剪3次、路肩边坡杂草高草修剪4次、路肩整修11600立方米、路肩培土570立方米、更换窨井盖111个、更换里程碑12块、更换百米桩警示桩98根等。同时，推进县乡公路桥梁动态管理工作，对辖区8条县道上33座桥梁进行检测评定工作。农村公路方面，从组织建设、养护质量、养护管理、内业管理和路产路权维护5个方面对管养工作进行细化，与乡镇农路办签订农村公路管理养护责任状，推动农村公路管理养护工作标准化、规范化、长效化。

【物流运输】 2016年，全区新增物流企业16家，共计拥有物流企业101家，其中普通运输企业86家、危险品运输企业6家、水路运输企业9家。申报省“50佳”货运企业3家：江苏金豫港物流有限公司、江苏健安物流有限公司、宿迁市万宏物流有限公司；完成农村物流示范申报项目1家，宿迁市宝唐物流有限公司；创建“江苏快货”品牌线路3条，分别为宿迁—天津、宿迁—临沂、宿迁—营口。物流企业总投资规模达2.83亿元，从业人员1.98万人。注销物流企业24家。全年公路货运量881万吨，货物周转量528500万吨公里，水路运输货运量588万吨，货物周转量为157200万吨公里。

【运输管理】 全区运输企业共有营运车辆4205辆，总吨位约6.3万吨，其中新增车辆902辆，吨位1.4万吨，危运车辆122辆，总吨位1405吨；培育与发展定制交通运输企业对象2家，即欧拉信息科技和健安物流。完成全区镇村公交通达工程，拥有公交车24辆，线路20条，已更新10辆。办结一类维修许可1家，二类维修许可2家，专项类维修许可8家。营运船舶736艘，总吨位39.3万吨。审验港口经营许可证4家，完成港口岸电建设4家，港口共完成货物吞吐量约184.66万吨，其中进港约157.19万吨，出港约27.47万吨。

【驾驶培训】 2016年，区内新增驾校2家，即阳光驾校、杰冬驾校，驾培机构累计12家，共有教练车560辆，教练员457名，年初学员培训18187人，驾驶员资格培训1631名。

【城乡公交】 截至2016年年底，全区范围内已开辟城市和城乡公交线路54条，其中城市公交24条、城乡公交11条、镇村公交20条。

城市公交分别为104路、106路、110路、310路、311路、312路、316路、318路、319路、320路、810路、811路、812路、洋河火车站专线二、802路、803路、游2路、201路、202路、203路、309路、308路、806路、322路。年内，新开路线322，优化调整线路308路、320路。

城乡公交分别为91路、92路、54路、71路、72路、73路、81路、82路、83路、84路、张圩闸专线。

镇村公交20条线路，分别为来龙镇4条线路、新庄镇2条循环线路、大兴镇2条线路、仰化镇1条循环线路、关庙镇3条线路、保安乡2条线路、侍岭镇1条线路、陆集镇1条、曹集乡1条、丁嘴镇3条。镇村公交线路为宿迁市顺达镇村公共交通有限公司经营，共24辆车，全区镇村公交开通率达100%。（安刚忠）

·电　信·

【概况】 2016年，中国电信宿迁分公司宿豫区局先后获得“省公司规模发展先锋奖银奖”“全国质量管理小组活动优秀企业”，2015—2016年度“省文明单位”“市文明单位”等荣誉称号。

【客户服务】 及时收集服务热难点问题，重点改进装移修投诉占比高、不规范停复机操作，客户接触层面人员服务能力差等问题；对装维情况、营业服务、10000号定期进行客户服务满意度调查，进行整改提高。加强对客户行为、消费特征的分析和研究，全面启用客户行为分析系统，加强移动互联网时代各类客户消费特征分析和目标客户定位，并用于指导开展针对性营销，提高营销成功率。推进全业务服务标准，加大实施服务风险预警，实施横向考核。通过开展“做好服务风险及热点问题排查整改工作”“全业务服务标准（2016版）贯标”“修订申诉专项考核办法”“落实2016年度纠风重点工作”“修订首问负责制”及“‘三强’行为问责与考核”等一系列重点工作，做好服务质量管理系统应用推广工作。

【网络运行维护】 全面推进“宽带提速”，实现“江苏领先，苏北第一”目标。按照专业特点开展针对性网络优化及隐患排查整改工作，提升网络安全等级；重点强化干线光缆维护管理质量，力争干线光缆全年零阻断；做好各专业应急预案完善及演练工作，满足应急需要。

【内控管理】 以“防范风险，提升价值”为目标，积极开展各项审计工作，2016年开展6项内控管理制度月度会审，提出76条管理建议，加强企业财务、经营风险管控，增强各部门风险意识。围绕2016年安全工作目标和任务，开展隐患排查整治工作，打造“平安电信”为重点，在全区范围内组织开展专项检查8次、日常检查12次，下发限期整改责任表30份，检查通报12份。

【党建工作】 8月，承办省公司“两学一做”工作推进会和市委组织部省属机关单位“两学一做”观摩会。区域营销服务党支部被中国电信集团党组选定“两学一做”学习教育挂钩点，并作为宿迁市委组织部全市“两学一做”学习教育观摩点，先后接待30余个市直机关前来观摩学习。“七一”前夕，支部被评为“宿迁市先进基层党组织”。（仲　琪）

·移　动·

【概况】 宿豫移动公司，全称中国移动通信集团江苏有限公司宿迁分公司宿豫营销中心，有自建营业厅2家，合作厅及便利店196家，实现宿豫城乡全面覆盖。公司下设综合部、集团部、市场部，现有员工116人，其中大专及以上学历占比90%，平均年龄28岁。

【移动运营发展】 2016年，宿豫移动与途牛、百度糯米合作，发展智慧旅游，实现三台山客源分析、公共自行车、直播线路，全市首家大数据应用、4G行业应用突破。与区人社局达成农村药房监控项目合作，实现宿豫区所有农村定点药店及医院药房实时监控，解决人社局对药店及医院医保刷卡监管难题。

【客户服务】 开展“便捷服务，满意100活动”客户满意度调查问活动、一线人员服务、业务双规范培训等活动，修订完善各类窗口服务规范制度，提升窗口服务、投诉处理质量、业务办理水平。实施“便捷服务满意100”服务举措，重点开展“优秀服务明星评优”评选活动。推进“通信网络诈骗犯罪百日行动”，加大网点多渠道的防范通信网络诈骗犯罪宣传。（张　宁）

·联　通·

【概况】 2016年，宿豫联通全面推进“沃飞跃、沃超越、沃卓越”三大行动计划，做好网络建设、运维保障、基础管理、人才工程、暖心工程、党政工团等方面工作，主要经营指标稳中有进，整体发展趋势向好。响应区委区政府号召，主动积极参与并落实“挂村包户”工作，助力地方经济信息化建设，较好完成区委区政府交办工作。

【网络建设】 宿豫联通向市分公司争取投资，加大4G无线网络建设，打造“放心+倍”精品网络。2016年，在完成原“沃超越”建设任务的基础上，增强宿豫13个乡镇（街道）及行政村的4G覆盖，补足短板。完成集团客户单点工程接入、铜缆小区光缆化改造、小区创卫改造及多个合建小区宽带接放工作并对全区44个重点乡镇作宽带覆盖。

【客户服务】 宿豫联通客户服务通过日常工作过程管理和服务质量监督，开展客户感知提升，打造更优客户体验活动。最终实现2016年宿迁移网综合NPS得分全市第二，宽带综合NPS得分全市第一。2016年月均投诉率列全市第五，累计申诉率列全市第四。

【智慧宿迁建设】 宿豫联通在“互联网+”智慧教育和教育信息化“三通两平台”等领域加大建设力度，在宿豫张家港实验小学三、四年级合计10个班级推广合作“班班通”业务，在宿豫高新小学三、四年级6个班推广合作“互动答题卡”业务，在宿迁开放大学全专业推广合作“智慧校园一卡通”业务。 （孙 杨）

・能 源・

【电网建设】 2016年，全区电网建设累计总投资约2亿元，开工建设35千伏及以上电网工程9项，完成线路建设约75千米，杆塔228基，工程建设施工临时占地和补偿青苗田地1200亩，通道内树木清理砍伐3.9万棵。截至年末，全区共有220千伏变电站（含开关站）4个，110千伏变电站（含开关站）10个，35千伏变电站2个。

【有序用电】 2016年，区经信局严格按照宿迁供电公司有序用电方案，配合宿迁供电公司为全区重要用电企业制定有序用电设施方案以及企业迎峰度夏（冬）应急工作预案，加强高危及重要客户管理，查找重要客户在安全管理、电源配置、应急预案制订等方面的隐患，有效遏制重要客户重特大供用电安全事故发生。指导禾友、秀强、中粮、南钢、中亚、惠然6家企业参与电力需求响应，自主减少尖峰用电需求，实现错峰用电。做好全区企业调负荷限电措施宣传解释和调控方案制订上报工作，在电力迎峰度夏（冬）期间，做好企业调研计划表，指导企业调整生产时间和班次。

【供电服务】 2016年，先后7次邀请市供电公司领导到宿豫区会办重点企业供电工作。协调供电公司解决电商产业园、京东物流中心和博迁新材料等26家企业项目的供电问题；推进电能替代工作，指导帮办楚霸体育公司电能替代燃煤锅炉工作；协调供电部门对御景小区等4处老旧小区低压线路和部分配电箱（柜）改造更新工作；为保证区域内重点骨干项目建设需要，协调完成陆运河工程、精品路工程、京东物流园等11处电力杆线迁移改造。组织重点企业做好申报直购电工作，组织南钢金鑫、秀强玻璃、华一科技、惠然实业、禾友化工等10家企业申报省电力直接交易，共获批4.3亿度直购电交易量，为企业节省电费共计1047.56万元。

【用电安全】 开展电力安全宣传活动，在城区、集镇，人群密集区发放《电力设施保护条例》宣传单1200份、发放电力安全宣传画600张、电力隐患告知卡1600张、发放输电线路保护守则350册。联合乡镇、园区和单位开展平安电力系列主题创建活动、电力安全整治活动，共砍伐影响电力线路通道树木2.3万棵，排查整治异物挂线、违章施工作业及大棚作物12次，排查工业企业和住宅小区用电安全隐患40余项。 （张 颖 吴新华）

【燃气管网建设】 截至2016年年末，宿豫区已经建成次高压管网21.2千米，城市中高压管网约130千米，小区庭院管网220千米以上，通气小区数达64个，燃气用户3.4万户，完成东至京东电子产业园区、北至化工园区、南至新开发区燃气管道布局。

【燃气安全管理】 加强全区燃气安全管理，与五家燃气企业签订安全工作目标责任状。全年共组织检查19次，发现各类安全隐患79处，所有隐患全部整改到位，并实施对宿豫区大海液化气站、永强液化气站两家企业违法行为进行处罚，共计罚款7000元。先后开展六次应急演练，开展大型主题宣传四次，发放宣传材料3万份。 （李 波）

·财政工作·

【概况】 2016年，全区财政工作有效应对复杂经济形势和全面推开营改增试点等结构性减税因素影响，较好的完成各项工作任务。财政系统先后被评为“全市财政目标综合考评一等奖”“区直机关岗位目标综合考评先进单位”。

【财政收入】 2016年，全区实现一般公共预算收入23.02亿元，完成调整预算的99.8%，同口径增长8.4%（剔除营改增和增值税分成政策调整等因素影响）。一般公共预算收入中税收收入18.55亿元，同口径增长1%，税收占比80.6%；非税收入4.47亿元，增长56.1%。

区本级（含区直、宿迁高新区、电商产业园、生态化工园区、张家港宿豫工业园区、现代农园、顺河街道、豫新街道）收入20.39亿元，完成年度调整预算的99.6%，同口径增长5.8%；乡镇收入2.63亿元，完成年度调整预算的101%，同口径增长16.2%。区本级收入中，区直7.06亿元、宿迁高新区（含陆集镇和下相街道）6.19亿元、电商产业园3.7亿元、生态化工园区1.78亿元、张家港宿豫工业园区0.42亿元、现代农园0.33亿元、顺河街道0.85亿元、豫新街道520万元。

【财政支出】 2016年，全区预计完成一般公共预算支出39.8亿元，完成年度调整预算的99.3%，同口径增长6.8%。

区本级37.2亿元，完成年度调整预算的99.4%，同口径增长6.6%；乡镇级2.59亿元，完成年度调整预算的99%，同口径增长8.4%。区本级支出中：区直25.31亿元、宿迁高新区5.37亿元、电商产业园3.33亿元、生态化工园区1.5亿元、张家港宿豫工业园区0.5亿元、现代农园0.33亿元、顺河街道0.82亿元、豫新街道451万元。

【财政助力经济发展】 2016年，严格落实营改增全面扩围政策，加强涉改行业税负监测，确保行业税负只减不增；开展清理规范收费专项检查，取消或停征行政事业性收费14项。辅导三元轮胎、联盛化学等25家企业向上争取扶持资金5000万元，支持企业改造升级制造装备和加大新技术应用；设立1亿元工业发展引导资金，推动“2+1”主导产业发展。安排电商产业发展引导资金1.5亿元，支持搭建电商平台载体、孵化创业、开展定向招商和完善配套设施。鼓励企业科技创新。安排引导奖励资金432万元，支持企业高层次人才培养和引进；争取科技创新与科技成果转化补助资金1529万元，支持企业高新技术产业化。创新财政金融服务，投入小微企业贷款贴息资金2000万元，缓解中小微企业融资困境；安排资金1200万元与市财政共同设立总规模2亿元的企业周转贷款，为符合贷款条件的企业发放低成本还贷周转信用贷款。

【财政惠民】 优先保障教育发展，拨付资金1152万元，全面落实农村、城市义务教育优惠政策及各项助学政策；投入资金1.3亿元，继续实施农村薄弱学校改造计划，推进教育优质均衡发展，新建、改扩建城乡中小学及教学点32所，幼儿园42所。支持社会保障提标扩面，筹集补助资金3370万元，引导城乡居民积极参加基本养老保险；城市低保和农村低保分别提高120元/月、65元/月，全年发放城乡低保4388万元；农村五保集中供养和分散供养分别提高25元/月、33元/月，全年发放五保供养补助1106万元。支持提高医疗卫生保障水平，城镇居民医保和新农合人均财政补助标准从114元提高到129元，城乡居民医保住院报销比例进一步提高，大病保险政策惠及所有参保人员。支持"三农"稳步发展，安排资金7234万元，兑现粮食直补、良种补贴、农资综合补贴和农机购置补贴；安排农业保险补贴专项资金3167万元，支付农业保险赔款1998万元，为民筑起安全"防火墙"；安排资金7615万元，改造中低产田2.7万亩，开挖沟渠61.1千米，修建农桥64座。支持民生实事工程顺利推进，筹集资金1.94亿元，大力推进棚户区改造和保障性住房建设；安排资金1622万元，支持深入推进农村环境综合整治，加快改善农民居住环境；安排资金2746万元，加快推进城乡供水一体化进程，保障居民饮水安全。

【财政监管】 细化公用经费开支标准，将公用经费由总额包干使用改为分项分档定额，倒逼各预算单位从严控制各项支出。全面推动预决算公开，制定统一的部门预决算和"三公"经费预决算公开模板，督促54家区直单位及时对外公开部门预决算。成立融资调度中心，健全内控制度和业务流程，对融资资金实行专户存储、统筹调度，避免资金闲置浪费，增强资金灵活性。开展资产清查，在全市率先实现一物一码管理，充实条码信息。制定出台《关于进一步加强政府性债务管理的意见》，规范政府融资行为，切实降低融资成本；制定政府性债务化解方案，置换高息债务，帮助乡镇化解债务1.2亿元。

2016年宿豫区财政收支情况一览

表38

收入项目	执行数（万元）	同口径增长（%）	预算科目	执行数（万元）	同口径增长（%）
一般公共预算收入	230199.14	-2.25	一般公共预算支出	399904	0.68
1.税收收入	185474.71	-10.33	1.一般公共服务支出	37919	35.00
国内增值税	23891.65	71.09	2.国防支出	509	-60.17
改征增值税	24334.38	60.34	3.公共安全支出	21041	15.37
营业税	48925.95	-39.98	4.教育支出	73917	-20.45
企业所得税（40%）	9115.36	28.29	5.科学技术支出	8763	-17.35
个人所得税（40%）	6415.79	3.33	6.文化体育与传媒支出	3531	-56.47
城市维护建设税	11160.53	9.77	7.社会保障和就业支出	42471	5.66
房产税	10195.17	10.42	8.医疗卫生与计划生育支出	21173	26.62
印花税	2003.00	-0.49	9.节能环保支出	21094	-11.78
城镇土地使用税	6056.30	-3.25	10.城乡社区支出	38525	35.60
土地增值税	26727.96	-21.27	11.农林水支出	54534	-5.68
耕地占用税	367.68	513.42	12.交通运输支出	6209	-10.92
契税	14426.48	-26.73	13.资源勘探信息等支出	38423	18.22

续表38

收入项目	执行数（万元）	同口径增长（%）	预算科目	执行数（万元）	同口径增长（%）
其他税收收入	1854.46	12.00	14.商业服务业等支出	1311	-73.79
2.非税收入	44724.44	56.06	15.金融支出	312	-11.86
专项收入	10118.77	8.07	16.国土海洋气象等支出	1284	-43.88
行政事业性收费收入	11208.58	6.07	17.住房保障支出	20159	0.08
罚没收入	22324.46	213.93	18.粮油物资储备支出	575	-24.14
国有资源(资产)有偿使用收入	775.29	-13.11	19.其他支出	453	-55.06
其他收入	297.33	-58.98	20.债务付息支出	7635	345.45
—	—	—	其中：地方政府一般债券付息支出	7635	345.45
—	—	—	21.债务发行费用支出	66	-62.50
政府性基金收入	11967	-72.04	政府性基金支出	—	-100.00
其中：国有土地使用权出让收入	38546	0.34	其中：国有土地使用权出让收入安排的支出	53084	37.72
国有资本经营预算收入	300	-33.48	国有资本经营预算支出	—	-100.00
社保基金收入	50971	15.17	社保基金支出	102056	0.15

·国家税务·

【概况】 宿豫国家税务局内设8个科室，下设5个分局和1个稽查局，有正式税干91名，平均年龄43岁，本科以上学历71人，占78.02%，共产党员74人，占81.32%。2016年，通过江苏省文明单位复查验收，被评为“江苏省第四批省级法治文化建设示范点”“全省税收管理改革综合示范点”“区直机关绩效综合考评先进单位”“财税金融工作先进单位”。

【国税收入】 2016年，全区国税收入12.26亿元，同比增长38.88%。完成地方级收入5.68亿元，同比增长67.7%。办理免抵调库和电力调度1.03亿元，同比增长0.16%。

【国税征管】 按照要求推进金税三期上线，全面完成数据补录、业务演练、压力测试、人员培训等流程。落实国地税合作规范，实现国地税互相派员入驻办税服务厅，共建自助办税区，互派干部挂职培养，合作共建便民办税网点。加强风险应对管理，完善风险管理工作格局，严格落实三层集体审议。全年完成风险应对任务98户次，累计应对成效2883万元，完成欠税追征745户次，入库税款4194.08万元。

【全区首份“营改增”增值税发票开出】 2016年，通过采集、核实等比对工作，累计确认“营改增”纳税人共11588户，开设临时申报服务厅，增加服务窗口，增派工作人员，5月1日顺利开出全区首份“营改增”增值税发票。2016年，“营改增”的建筑业、房地产业、金融业和生活服务业等“四大行业”共入库增值税1.58亿元。

【国税执法】 打造集税收档案、政策法规、征管改革、税收执法、党建廉政等内容为一体的国税文化展厅，开展多种形式的税收法治宣传教育活动。强化执法督察，全年督察发现问题4类，涉及纳税人25户次，开展责任追究16人次。开展企业所得税汇算清缴，汇算清缴面达100%，全年实际应纳税所得税额达1.22亿元。加大税务稽查力度，2016年全年共检查纳税人27户，查补税款521万元，移送公安机关16起；全年共受托协查案件49件，受托协查发票472份，移送公安机关2起；委托协查案件4件，发出委托协查发票422份，已经证实虚开金额3964万元、税额673万元。积极推行实名制办税，全年累计采集纳税人实名信息1.1万户，采集面达到65%。

【国税服务】 结合税收宣传月、税收优惠政策宣讲会、纳税咨询辅导等活动，积极宣传国家税收优惠政策。深化办税服务厅规范化建设，设立值班长、咨询台、导税台、手机加油站、绿色通道和党员示范岗，重组182项业务流程，推广使用电子税务局。实行基础办税事项二维码一次性告知，增加办税窗口人员、自助办税终端，开展邮寄送达文书，服务外包，增加邮递、特服号、QQ交流群、宿豫国税公众号等非接触式办税，开设税邮共建窗口。落实各项优惠政策，全年累计办理各项退税1.67亿元。

（单　楷）

2016年宿豫区国税纳税前50强企业一览

表39　　单位：万元

序号	纳税人名称	1—12月税收数
1	江苏京东信息技术有限公司	25282.79
2	江苏秀强玻璃工艺股份有限公司	6775.79
3	旭派电源有限公司	5773.01
4	百威英博（宿迁）啤酒有限公司	5046.79
5	江苏银祥晟华实业有限公司	2958.26
6	宿迁中玻新材料有限公司	2204.97
7	宿迁市烟草公司宿豫分公司	2126.21
8	苏钢中亚特种钢业宿迁有限公司	2118.55
9	江苏省电力公司宿迁市宿豫供电公司	2066.00
10	宿迁龙净环保科技有限公司	2011.69
11	宿迁新亚科技有限公司	1859.48
12	新亚强硅化学股份有限公司	1601.64
13	宿迁南钢金鑫轧钢有限公司	1269.36
14	宿迁嘉禾塑料金属制品有限公司	1249.35
15	江苏景宏新材料科技有限公司	1235.50
16	张家港宿豫工业园区管理委员会	1065.96
17	宿迁市鑫电能合金有限公司	1015.33
18	江苏惠然实业有限公司	952.36
19	宿迁联盛化学有限公司	950.02
20	江苏三元轮胎有限公司	917.87

续表39

序号	纳税人名称	1—12月税收数
21	宿迁科思化学有限公司	911.21
22	江苏翔盛粘胶纤维股份有限公司	873.36
23	宿迁市宿豫区人民政府顺河街道办事处	836.70
24	宿迁万鸿置业有限公司	748.46
25	宿迁市新宁房地产开发有限公司	737.52
26	宿迁市宿豫区关庙镇人民政府	737.00
27	宿迁市宿豫区城镇建设开发有限公司	726.88
28	宿迁市宿豫区曹集乡人民政府	669.08
29	宿迁林通新材料有限公司	662.21
30	江苏永星化工股份有限公司	633.46
31	光大环保(宿迁)固废处置有限公司	614.03
32	江苏省大坤房地产开发有限公司	578.83
33	百威英博（中国）销售有限公司江苏分公司	573.63
34	宿迁市群英纺织印染科技有限公司	526.32
35	江苏联旺信息科技有限公司	521.15
36	江苏翔通房地产开发有限公司	520.80
37	江苏京东海元贸易有限公司	489.13
38	江苏荣归房地产开发有限公司	470.34
39	宿迁楚霸体育器械有限公司	458.36
40	宿迁市宿豫区陆集镇政府	456.35
41	宿迁思睿屹新材料有限公司	454.74
42	江苏标尚纤维有限公司	452.79
43	江苏北斗星通汽车电子有限公司	448.53
44	江苏省金枫蓄电池制造有限公司	444.33
45	宿迁锦华房地产开发有限公司	431.69
46	宿迁市宿豫区仰化镇人民政府	413.95
47	宿迁虹光化学工业有限公司	399.54
48	江苏阿尔法药业有限公司	393.29
49	江苏博迁新材料股份有限公司	392.69
50	宿迁市千秋置业有限公司	390.79

（单　楷）

·地方税务·

【概况】 宿豫地方税务局内设9个科室，下设5个分局和1个稽查局。2016年，宿豫地税局被表彰为“2013—2015年度江苏省文明单位”“2015年度宿迁市文明单位”“区绩效综合考评先进单位”等，109人次获得区级及以上表彰，9人次获得省级及以上表彰。

【地税税收】 全年累计组织各项收入21.71亿元，同口径比增长12.01%。其中，税收收入15.71亿元，同口径比增长11.35%；非税收入6亿元，同比增长13.78%。完成公共财政预算收入13.24亿元，同口径比增长8.18%，占全区公共财政预算收入的57.52%。

【税源管控】 组建6个税源普查组，从管户、行业、税种、区域等四个方面对“营改增”后全区税源进行全面调查，掌握税源分布情况。通过向上争取，被省局确立为苏北唯一的“金税三期”工程试点单位，截至单轨上线，共进行各类测试1.9万笔，测试通过率达到96%，圆满完成试点任务，获评省局“金税三期”工程上线工作先进单位。按时完成“营改增”各项工作，实现1.6万户资料交接，清缴7.7万张发票，增设14家国地税委托代征点。深化第三方数据应用，提升风险应对质效，全年应对中等风险538户，入库税款1.03亿元，贡献率达到6.56%，其中自主识别秀强股份股权转让风险，入库税款7100万元。组织为期4个月的“强基础促转型”劳动竞赛，对4类24项考核指标进行分解和落实，提升征管质效。

【依法治税】 全年自行查处案件17件，其中大要案5件，受理举报案12件，累计查补税款7900万元，高等风险应对贡献率达到6.72%。开展执法督察，全年核查疑点数据346条，整改入库税款48.15万元，追究执法责任6人次，责任追究面达100%。全年减免税款3198万元，有效促进经济产业结构调整，落实税收优惠政策。推进法治宣传，被区政府授予法治宣传教育工作集体三等功。

【地税服务】 贯彻落实中央全面深化改革战略部署，修订办税服务、权益保护、税法宣传、咨询辅导等服务规范10项。深化国地税合作，明确5大类44项合作事项，整合纳税服务资源，互设2个办税窗口，联合开展6千次协同办税、6期“营改增”及金税三期业务培训。超额完成招商引资任务，全年成功招引1个2.5亿元竣工项目，1个1.2亿元开工项目，两个电商项目（天天拍车和澳美网络），引进到账外资200万美元。创新开展三大团队建设，组建招商团队、涵税团队、增税团队，先后向区委区政府提交5篇高质量调研报告，提出27项建设性意见。响应精准扶贫号召，全年累计捐助近20万元，联合市宗教局、秀强股份共同出资50万元，为德高村购置农贸市场固定资产。全年报送420篇信息和科调研材料，其中3篇被国办专报采用并获得国务院领导批示，22篇在省部级以上刊物发表，充分发挥以税资政作用。

【地税队伍建设】 开展“岗位大练兵业务大比武”活动，在全市地税系统大考试中，3人入围市局岗位能手，均分排名位居县（区）局第一。分类、分批组织人员参加更新知识培训、梯队人才培训、股职干部培训，通过师带徒模式，做好新进人员培训，1人被市局表彰为“优秀学员”。实施清单管理，制定主体责任清单5项30条，监督责任清单5项22条，细化“常态清单”“季度清单”，确保“两个责任”落到实处。持续“四风”督查，全年累计开展29次各类督察检查，发布多期督察通报，查处违纪13人次，追究领导责任2人次，实施经济处罚2900元，区局连续十年被评为“全区政行风先进单位”。

2016年宿豫区地税入库税收前30强企业一览

表40　　单位：万元

序号	纳税人名称	年度累计
1	江苏京东信息技术有限公司	13432
2	宿迁市新星投资有限公司	7063
3	江苏省大坤房地产开发有限公司	2499
4	中国人民财产保险股份有限公司宿迁市宿豫支公司	2260
5	江苏兴邦建工集团有限公司	2231
6	江苏翔通房地产开发有限公司	1831
7	浙江新邦建设有限公司宿迁分公司	1562
8	宿迁万鸿置业有限公司	1561
9	江苏众大房地产开发有限公司	1328
10	江苏秀强玻璃工艺股份有限公司	1217
11	江苏荣归房地产开发有限公司	1026
12	旭派电源有限公司	764
13	江苏省宏泰房地产开发有限公司	762
14	中亚地产宿迁有限公司	675
15	百威英博（宿迁）啤酒有限公司	644
16	宿迁锦华房地产开发有限公司	631
17	江苏景宏新材料科技有限公司	609
18	宿迁市新宁房地产开发有限公司	571
19	江苏阿尔法药业有限公司	552
20	江苏中淮建设集团有限公司	528
21	江苏中苑建设集团有限公司宿迁分公司	518
22	江苏华凯置业有限公司	497
23	江苏政泰建筑设计有限公司	497
24	宿迁晨译置业有限公司	496
25	宿迁市润宏房地产开发有限公司	487
26	上海星宇建设集团有限公司	459
27	江苏联旺信息科技有限公司	450
28	宿迁市千秋置业有限公司	448
29	宿迁南钢金鑫轧钢有限公司	443
30	江苏中通房地产开发有限公司	439

（张　宇）

·发展改革·

【概况】 2016年，区发展和改革局编制完成《宿豫区2016年国民经济和社会发展计划执行情况与2017年国民经济和社会发展计划（草案）》，并通过区第十七届人民代表大会第一次会议审议。推进完成列市重大项目29个，审核、批准、备案各类项目162个，被市委、市政府表彰为“全市重大项目建设工作先进单位”，被市发改委表彰为“对上争取工作先进单位”。

【策应扶持】 2016年，全区共有57个部门向中央及省市争取各种扶持项目492项，争取扶持资金25.1亿元，比去年同期多争取3.68亿元，同比增长17%。其中发改局共争取资金5690.5万元，完成年度计划的126%。

2016年宿豫区策应扶持实绩一览

表41 单位：万元

序号	单　位	1—12月实绩（含退税）	序号	单　位	1—12月实绩（含退税）
1	国土分局	23667.01	30	检察院	358
2	宿迁高新区	1870.99	31	文广新局	161.24
3	水务局	14614.6	32	供销合作总社	122
4	财政局	19897.88	33	旅游局	83
5	卫计委	11500.4	34	司法局	200.75
6	人社局	15672	35	爱卫办	194.5
7	农　委	13043.67	36	总工会	129.9
8	农工办（扶贫办）	3701	37	宣传部	148
9	民政局	11556.73	38	金融办	649.54
10	教育局	6332.85	39	物价局	208
11	住建局	3069.48	40	人防办	69.37
12	电商产业园区	5985	41	妇　联	130.96
13	农开局	5677.5	42	统计局	66.66
14	交通运输局	5338	43	政法委	124
15	国税局	10516	44	安监局	109.05
16	发改局	5690.5	45	团区委	22.53

续表41

序号	单　位	1—12月实绩（含退税）	序号	单　位	1—12月实绩（含退税）
17	经信局	4203.2	46	党史工委	10
18	农机局	3349.4	47	纪　委	8.5
19	化工园区	653.78	48	广播电视台	50
20	科技局	3780.6	49	信访局	22.6
21	商务局	2131.35	50	统战部	40
22	公安分局	1347	51	科　协	11
23	城管分局	1249	52	地税局	201.33
24	张家港宿豫工业园区	1500	53	机关工委	6.4
25	环保局	1070.27	54	红十字会	45.89
26	法　院	843	55	技师学院	1088.11
27	残　联	602.68	56	政管办	22
28	市场监督管理局	556.81	57	工商联	3.6
29	组织部	683.2	—	—	—

【重大项目建设】 实施重大项目“123”（建立1个重大项目库，制订项目推进计划表和问题清单表两张清单，开展“每周督查、半月通报、一月观摩会办”三项督查机制）行动计划，做好重大项目动态监测平台更新工作，及时掌握重大项目建设情况。2016年，全区列市重大项目29个，其中新型工业化项目17个、新型城镇化项目7个、生态文明项目5个，实现项目总投资75.1亿元，完成年度计划投资的104%。

2016年宿豫区29个列市重大项目完成情况一览

表42

下达序号	项目名称	项目性质	建设规模及建设内容	开竣工时间(年/月)	2016年计划投资（万元）	2016年目标任务	1—12月形象进度
一	新型工业化		—	—	441000	—	—
1	宿豫中玻电子玻璃产业园一期	新建	建设10万㎡厂房，建设400t/d电子玻璃生产线	2016.1—2017.6	50000	订购设备	熔窑耐火材料继续施工，附属厂房砌筑墙体，主体车间安装门窗，部分设备安装
2	宿豫博迁新材料	新建	新建厂房4万㎡，新增小径粒纳米镍粉生产线11条，年产超细纳米金属粉体600吨	2015.9—2016.9	10000	调试2条线	已完工

续表42-1

下达序号	项目名称	项目性质	建设规模及建设内容	开竣工时间(年/月)	2016年计划投资（万元）	2016年目标任务	1—12月形象进度
3	宿豫长川科技节能配变壳体生产线	新建	新建厂房3.6万m²，年产7500吨配变箱体、充电桩、电表集装箱等产品	2016.1—2016.12	18000	试生产	已完工
4	宿豫润宇车业	新建	新建厂房2.5万m²，年产发动机凸轮轴200万根	2016.1—2016.12	15000	办公楼及厂房施工	办公楼外墙油漆粉刷，门窗安装，厂房墙体施工
5	宿豫良木新材料	新建	年产200万m²新型改性强化复合环保材料、15万m²3D打印改性强化复合环保材料	2016.1—2016.12	10000	新厂设备调试，试生产	已完工
6	宿豫来龙建材集聚区	新建	建设标准化厂房15万m²，完成外环路、卧龙路、工业路铺设，园区排水系统、供电系统、绿化工程、公共服务中心建设，投产工业项目10个	2015.3—2016.12	60000	设立公共服务中心，设备采购	已完工
7	宿豫兴塘河光伏发电	新建	建设25MW农光互补发电项目	2015.5—2016.12	15000	完工、并网发电	已完工
8	宿豫关庙正辉渔光互补光伏发电	新建	建集中式光伏电站（光伏扶贫），装机规模20兆瓦渔光互补光伏电站，项目建成后形成年均2516万kwh的发电能力	2015.7—2016.12	14000	机组试车，并网发电	已完工
9	宿豫喆尔森实业	新建	1、2号厂房试生产，3、5号厂房采购设备	2015.6—2017.12	55000	设备安装	已完工
10	宿豫机械产业工业集中区	新建	建设标准厂房25万m²，完成上海路、华兰路、幸福路、管网铺设，园区供电系统、绿化工程、亮化工程、设立公共服务中心，投产工业项目20个	2015.1—2016.12	100000	设立公共服务中心，设备采购	已完工
11	宿豫福友化肥催化净化环保材料	新建	建设厂房附属工程，购置设备安装	2015.3—2017.12	20000	设备安装调试	已完工
12	宿豫优美特手套	扩建	建设厂房3万m²，新上10条先进生产线，年产PVC手套10亿只	2015.10—016.12	10000	第二批设备调试	已完工

续表42-2

下达序号	项目名称	项目性质	建设规模及建设内容	开竣工时间(年/月)	2016年计划投资（万元）	2016年目标任务	1—12月形象进度
13	宿豫长江润发耐指纹板项目	扩建	新建1条耐指纹板生产线，年产耐指纹板2万吨	2015.12—016.12	14000	设备调试	已完工
14	宿豫百威啤酒	扩建	新购置安装啤酒生产线1条,年产啤酒10万吨	2015.1—2016.12	10000	建成投产	已完工
15	宿豫南翔医药中间体及精细化工	改建	建筑面积0.8万m²，建设年产1400吨丙二酸、700吨硼酸三丁酯、700吨2-甲酸吡啶、700吨2-溴乙胺氢溴酸盐生产线	2015.6—2016.12	17000	建成投产	已完工
16	宿豫永信医药中间体及日化产品	改建	建筑面积0.5万m²，建设年产100吨舒巴坦酸、100吨氧哌嗪酸、500吨2-氯烟酸、5000吨烷基糖苷技改项目	2015.8—2016.12	13000	建成投产	已完工
17	宿豫沂醇生物质乙醇改造	改建	建筑面积2万m²，建设年产5万吨生物质乙醇生产线	2015.6—2016.12	10000	建成投产	已完工
二	新型城镇化		—	—	244000		—
18	宿迁电子商务产业园快递配送中心、质押仓库一期	新建	10万m²仓库及其附属配套工程	2015.12—016.12	33000	附属配套施工	设备安装，外墙彩钢板及雨棚安装完成
19	宿豫珠江医院	新建	完成门诊楼，住院楼附属工程建设，购置购置相关医疗设备，器械，设立床位800张	2015.1—2016.12	15000	设备安装、投入使用	已完工
20	京东淮海经济区电子商务运营中心	新建	完成20万m²仓库及附属配套工程	2016.1—2016.12	97000	市政配套工程施工	市政配套设施施工，办公楼装修施工
21	宿迁电子商务产业园道路及管网工程	新建	铺设园区道路3.5km、管网及绿化、亮化等配套工程	2016.4—2016.12	12000	附属工程施工	已完工
22	京东信息科技园二期呼叫中心	新建	12万m²商务办公楼及附属工程	2014.8—2016.12	70000	亮化、电梯及室外附属工程施工	已完工

续表42-3

下达序号	项目名称	项目性质	建设规模及建设内容	开竣工时间(年/月)	2016年计划投资(万元)	2016年目标任务	1—12月形象进度
23	宿豫陆运河工程	新建	实施陆运河船闸工程和翔盛大道桥工程。船闸设计船舶吨级为2000t，闸室有效尺度为230m×23m×5.0m，翔盛大道桥荷载等级均为公路-Ⅰ级，总宽21m，本次实施下闸首上半幅，总宽10m	2015.11—2018.6	12000	完成河道土方开挖400000立方米，船闸底板砼浇筑100%，闸室墙30%混凝土浇筑	陆运河先导段北侧河道开挖疏浚
24	宿豫城区道路提升工程	改建	城区道路改造、绿化提升，铺设污水管网	2016.3—2016.12	5000	全面完工	已完工
三	生态文明项目		—		37400	—	—
25	宿豫城东水厂	新建	建设12万吨水源厂及取水口，6万吨净水厂，1.2万吨配水厂、铺设配套源水管道和清水管道	2015.6—2016.12	13000	工程扫尾，完工	已完工
26	宿豫来龙灌区配套与节水改造	新建	渠道护砌8.15km；新建（改建）泵站18座、水闸5座、分水闸15座、涵洞12座、渡槽5座、桥梁5座；河道生态防护3.1km；灌溉水利用系数测算1项；量水设施4处	2015.1—2016.9	4400	工程完工	已完工
27	宿豫久巨环保废弃物资源综合利用	新建	建设1万m²生产厂房，年回收处理5.5万吨废弃物	2015.9—2016.12	10000	建成投产	已完工
28	宿豫区新庄杉荷园	扩建	完善路网、沟通水系工程。建设2公里环池杉林景观河、5公里长游船河道，4公里园区主干道，33公里防渗渠，核心景区4座桥涵等配套工程，2个观鸟平台等	2015.7—2018.12	5000	建设第二座观鸟平台	已完工
29	宿豫城东污水处理厂及配套管网建设	改建	污水处理厂规模3万吨/天，建设1座曝气沉砂池、2组水解池、2组AAO生物所应池、2组二沉池及污泥泵房、鼓风机房等，更新改造设备；铺设4.9公里污水管道	2015.12—016.12	5000	二期设备安装完成，完工	已完工

【产业集聚发展】 2016年，重点实施“153”计划（“优化一套扶持政策、实施五次产业招商、开展三类助企活动”），推动产业集聚发展工作取得突破。实现入库“2+1”（机械制造、食品饮料、新型材料）产业企业59家，“2+1”产业开票销售收入119亿元，同比增长8.5%，占工业开票总销售收入的48%，入库税收占工业总入库税收的50%，完成固定资产投资18.47亿元。

【新兴产业发展】 2016年，全区新开工亿元项目13个，新竣工亿元项目13个。新兴产业入库企业达85家，比2015年增加15家，实现销售收入192亿元。共获批创新平台6家，其中省级工程中心3家（江苏省聚合物基纳米复合材料工程中心、江苏省耐指纹板工程中心、江苏纳米金属粉体材料工程中心）、省级工程技术中心2家（江苏省苯基单体工程技术研究中心、江苏省金属超微粉末制备工程技术研究中心）、省级企业技术中心1家（江苏博迁新材料股份有限公司技术中心）。宿迁高新区获批“省级新型无机非金属材料产业区域集聚发展试点”，江苏秀强股份有限公司获批“2016年度江苏省战略性新兴产业创新示范企业百强工程企业”。

【服务业发展】 2016年，全区服务业发展增速平稳，实现服务业增加值79.17亿元，同比增长15.58%。新增市级服务业重点项目16个，新培育服务业重点企业20家。宿迁电子商务产业园区获批“省级生产性服务业集聚区”。

（付　娜）

·国土资源管理·

【违法用地整改】 2016年，区国土分局完成全区332个全天候遥感监测影像图斑外业核查。发现和查处违法用地项目7宗，建议处理责任人7人，被市国土资源局表彰为“土地执法先进单位”。开展“两法衔接”工作，与区公安分局、区人民检察院、区人民法院沟通协调，共申请法院强制执行违法用地罚款87.7279万元，已全部追缴到位。2016年9月27日，宿豫区人民法院在侍岭镇现场召开生态保护巡回审判，对3名非法采砂、破坏矿产资源人员进行公开判决。

【土地征转用】 2016年，组卷土地征收8个批次1667.013亩（其中独立选址项目4宗284.0835亩）。使用农用地转用指标1181.259亩，首先保障民生基础设施项目，有限保障新兴产业用地，其中电商园使用762.495亩，高新区使用指标107.934亩，化工区使用指标99.655亩，民生基础设施使用209.039亩，充分保障了扬子江路、项王东路、110千伏曹集变电所，宿迁救助站及物资储备库、京东第三方呼叫中心、京东研发中心、数据中心、首佳科技、中玻电子玻璃等项目用地。

【土地出让】 2016年，经营性用地主要以去库存为主，2016年挂牌出让经营性用地2期6宗37.393亩，成交出让金总额2217.57万元。全年挂牌成交工业用地4期8宗287.71亩。

【土地整治】 3月，区政府下发《宿豫区人民政府关于做好2016年度耕地占补平衡和城乡建设用地增减挂钩试点工作的通知》，分解目标任务，明确补助标准和工作措施，推进耕地占补平衡和城乡建设用地增减挂钩等土地整治项目。全年完成耕地占补平衡879.7亩。城乡建设用地增减挂钩拆旧复垦经市局验收确认新增农用地1453亩。省级投资生态化工科技产业园土地整治项目（建设规模540.2公顷，上级下达资金1775万元）、宿豫区“万顷良田建设工程”土地整治项目（建设规模1418.81公顷，上级投资3823万元，涉及到关庙、丁嘴、曹集三个乡镇）和省级投资侍岭镇朱岭村和佟庄村高标准基本农田建设土地整治项目（建设规模419.5公顷，上级下达资金

1492万元）已完成项目竣工审计，并通过区级初验，正在申请省级验收；市级投资保安乡五魁村基本农田保护区土地整治项目（建设规模311.4公顷，上级下达资金940.75万元）2016年11月启动建设。

【耕地保护】 2016年度，市级下达宿豫区耕地保护目标任务52.52万亩，基本农田保护目标任务40.02万亩。通过督促目标责任落实，年内前全区耕地总面积、基本农田保护面积均超出下达指标，全年建成高标准基本农田5.08万亩。同步开展永久基本农田划定工作，按照要求完成举证任务图斑约3.64万亩，划入永久基本农田任务图斑3821亩。

【低效闲置土地清理】 2016年，开展“节地水平和产出效益”双提升活动，通过盘活存量、盘活闲置低效用地，有效解决特色产业园北斗星空产业园、江苏沃华智能科技等一批重点项目用地难题。全年盘活存量土地37宗1226.75亩。其中：协议收回11宗295.58亩、转让25宗806.67亩、追加投资扩大建设1宗124.5亩。 （万　江）

·市场监督管理·

【名牌产品创建】 全年创省名牌产品10个，其中获省名牌产品5个、到期复评保持称号产品5个，市名牌产品13个，其中获市名牌产品8个、到期复评保持称号产品5个。

【标准化监督管理】 全年为南翔化工等多家企业备案企业标准28项；为秀强玻璃、强维橡塑、联盛化工3家企业申报补助资金8万元；组织申报省级标准化项目2个：宿迁仁爱老年公寓、宿豫区政务服务中心；组织申报市级标准化项目3个：浅水藕种植农业标准化示范区、瓜蒌生产农业标准化示范区、万亩荷塘休闲旅游标准化试点；协助运河湾农园通过了省级农业标准化示范区验收，促成宿迁高新区“江苏省标准化创新基地”揭牌。

【特种设备安全监察】 加强元旦、春节、“3·15”“五一”、安全月、中秋、国庆等节日期间的特种设备安全监管。组织全区42家企业特种设备安全管理负责人观摩学习，组织35家电梯使用单位及25家电梯维保单位进行专题培训。实施安全提醒标志，全年共划设1753条文明等候线，张贴1723套乘梯警示标识，悬挂547个乘梯须知。逐企检查特种设备使用，检查企业523家，发现一般隐患176项，发出安全监察指令书132份，办理特种设备方面案件9起，连续19年未出现安全监管责任事故。

【质量监督管理】 推广先进的质量管理技术和方法，开展质量标杆和领先企业示范行动，组织22家高新区企业参加省级“首席质量官”培训，组织全区23家规模以上企业参加区长质量奖工作推进会专题培训，组织开展“质量月”活动。景宏新材料、新亚强硅化学获“2016年度区长质量奖”，到期复评的宿迁新亚科技、山亿新能源保持“区长质量奖”称号，三元轮胎获得“2016年度市长质量奖”，旭派电源获“2016年度市长质量奖”提名。

【执法打假】 全年立案248起，其中食品类案件56起、药品类案件38起、商标广告类案件25起、特种设备案件17起、产品质量案件49起、不合格产品及其他案件63起。出动执法人员5000余人次，检查市场主体万余家，帮助整改违法、违规行为400余起，有5起案件移交公安机关，5人被采取刑事强制措施，批捕3人，刑拘1人，取保1人。

【计量监督管理】 组织开展“5·20”世界计量日、计量惠民进社区进校园等宣传活动。开展“计量惠民示范区”创建工作，全年通过政府招标采购电子计价秤600台；开展诚信计量示范单位创建活动，组织医院、集贸市场等6

种业态30家单位开展计量承诺，申报省市级诚信计量示范单位。

【“两码”工作】 2016年，区市场监督管理局积极配合域内企业做好组织机构代码和商品条码等“两码”工作。新办组织机构代码证1937户，变更1421户，换证2097户，迁入91户，迁出75户，注销361户。新注册商品条码11个，续展条码36个。

【合同管理】 开展市、区两级2016年度守合同重信用（以下简称“守重”）企业的认定及复查工作，将“守重”企业培育与合同助企、合同助农活动相结合，有针对性开展“守重”创建。全年新发展市级“守重”企业4户，区级“守重”企业78家，其中新发展首次公示的“守重”企业11家，经复查继续公示的“守重”企业67家。6月27日，春绿粮油喜获“2014—2015年度国家级‘守重’企业”称号，为宿豫区首家。

开展合同帮农示范点创建工作，制订《宿豫区市场监督管理局合同帮农示范点创建工作实施方案》，帮助龙头涉农企业创建合同帮农示范点，其中益客食品公司和亲耕田农业专业合作社作为全区合同示范点的典型参加市工商局的考核。

【名牌商标创建】 持续加大品牌创建力度，推动企业实施品牌战略，全年新培育“三名”（中国驰名、省著名、市知名）商标18件，其中省著名商标2个、市知名商标16个，新培育件数历年最多。

【消费维权】 6月，全区电商代表、各街道电商和创客基地工作人员、消费维权志愿者等近120人参加区市场监督局组织举办的维权大讲堂，围绕网络交易、职业举报等社会敏感问题进行培训。拓宽互联网、移动监管终端等受理渠道，及时依法受理和处理消费者投诉举报，为群众营造安全放心的消费环境。在新珠江路农贸市场、华东农业大市场分别建有诚信维权驿站，为消费者免费提供商家信息查询、消费者维权登记及处理等服务，此

2016年宿豫区新获取名牌产品情况一览

表43

序号	企业名称	产品名称	获取类别	认定时间
1	玖久丝绸股份有限公司	“玖久”牌生丝	省名牌	2017.1
2		“玖久牌”蚕丝被	省名牌	2017.1
3	宿迁市御珍家私有限公司	“御珍”牌弹簧软床垫	省名牌	2017.1
4		“御珍”牌软体家具	省名牌	2017.1
5	江苏强维橡塑科技有限公司	“强维”牌高强力再生胶	省名牌	2017.1
6	江苏省农垦米业集团宿迁有限公司	“绿特隆”牌大米	市名牌	2017.1
7	趣园食品股份有限公司	“趣园”牌酥性、韧性、薄脆饼干	市名牌	2017.1
8	宿迁市瑞华米业有限公司	“旺香缘”牌大米	市名牌	2017.1
9	宿迁市正元米业有限公司	“正元（图形）”牌灿米	市名牌	2017.1
10	宿迁华展工贸有限公司	“华展候车亭”牌候车亭	市名牌	2017.1
11	宿迁市裕佳涂覆布业有限公司	“裕佳” PVC涂覆布	市名牌	2017.1
12	江苏三元轮胎有限公司	“一枝花”牌自行车、电动车、摩托车内外胎	市名牌	2017.1
13	江苏省金枫蓄电池制造有限公司	“金枫”牌铅酸蓄电池	市名牌	2017.1

2016年宿豫区新培育“三名”商标一览

表44

序号	企业名称	注册商标	核定使用商品/服务	商标类别	认定时间
1	江苏恒正家纺有限公司	乐美蝶	床用毯子，毛毯，床上用毯	省著名商标	2016.12
2	新亚强硅化学股份有限公司	新亚强	六甲基二硅氮（胺）烷，六甲基二硅脲，二甲基二甲氧基硅烷等	省著名商标	2016.12
3	江苏华星新材料科技股份有限公司	阳阳及图	交联剂TAIC；防老剂ODA	市知名商标	2016.12
4	宿迁南翔化学品制造有限公司	南洋牌	丙二酸；2-溴乙胺氢溴酸盐；2-甲酸吡啶	市知名商标	2016.12
5	江苏万祥锌业有限公司	图形	氧化锌	市知名商标	2016.12
6	江苏健谷化工有限公司	鼎盛及图	农药	市知名商标	2016.12
7	江苏健谷化工有限公司	谷亲GUQIN	农药	市知名商标	2016.12
8	江苏省金枫蓄电池制造有限公司	金枫	铅酸蓄电池	市知名商标	2016.12
9	江苏三元轮胎有限公司	一枝花	自行车、电动车、摩托车内胎	市知名商标	2016.12
10	宿迁联盛亚克力有限公司	LESON及图	有机玻璃；半加工塑料物质；合成树脂（半成品）	市知名商标	2016.12
11	宿迁市宿豫区正强米业有限公司	京杭及图	米	市知名商标	2016.12
12	宿迁市明威米业有限公司	明威	米	市知名商标	2016.12
13	宿迁市宿豫区广源米业有限公司	CYG	米	市知名商标	2016.12
14	宿迁市宿豫区来龙农技米厂	来龙	米；面粉	市知名商标	2016.12
15	江苏顶好食品有限公司	楚霸王	面包；蛋糕；糕点	市知名商标	2016.12
16	宿迁市正元米业有限公司	图形	米	市知名商标	2016.12
17	宿迁市宿豫区利民蔬菜土地股份专业合作社	蔡大沟	新鲜蔬菜	市知名商标	2016.12
18	宿迁市亲耕田农业专业合作社	亲耕田	替他人推销	市知名商标	2016.12

举为全市首创，《新华日报》和《人民日报》相继报道。年内，通过“12345”“12315”“12331”“12365”平台和来人来信来电等渠道受理投诉1506件，接处率100%，消费者满意率96%以上。

【信用体系建设】 围绕全区社会信用体系建设总体工作部署，加强市场监管、服务地方经济发展，制定具体的信用信息和信用产品使用细则，在企业登记注册、许可证发放、“三名”商标申报、“守合同重信用”企业核查等工作环节中要求企业提供信用承诺和信用核查报告，累计使用信用承诺1543份，信用核查591份，归集11类信用数据共16329条。同时，做好信用约束惩戒，7月将1365户未年报企业及农民专业合作社列入经营异常名录，通过“全国企业信用信息公示系统”对外公示；9月对70余户“守重”企业进行信用核查并在信用网上进行公示，有效发挥信用产品约束作用。

【电商监管】 在全市县区市场监管局中率先增设网络交易监管科，主要承担监管网络交易及有关服务行为等。在全省率先启动电商信用评比活动基础上，实行激励与惩处相结合，强化在线监测，及时发现和处置一批失信违法网站（店）。全年，共在线检查网站（店）1213个次，线下实地检查网站（店）99个次，梳理无效网站（店）232个，责令整改关闭网站1家。

【执法体系创建】 区市场监管局制订《政务公开工作要点分解落实方案》，推动政务公开更加制度化、规范化，倒逼权力在阳光下运行。印发《“2+3”星级绩效综合评价办法》《“5+1”精准化监管精细化考核实施意见》和《干部职工年度大数据考核评价办法》，以严考核激发工作内动力。出台《行政处罚程序暂行规定》等十余项工作制度，确保执法办案合法与规范。建立“双随机”监管制度，建立“市场主体名录库”，并制作一套抽查软件，在所属来龙分局进行试点，取得较好成效。在2016年全市“双随机”工作推进会上进行经验介绍和典型发言，并获全市推广。以“四盾行动”（专项整治“亮盾”、质量提升“固盾”、食品安全“护盾”、民生维权“民盾”）贯穿全年，有效保障市场安全稳定。

【简政放权】 全面推进“三证合一、一照一码”登记制度改革，办证方式由投资人到各窗口分别办理改变为综合窗口“一表制”填写，一站式办结，一次性领取，即“一窗受理、一表填报、内部流转、统一发证”的运行模式。全年，发放载有统一社会信用代码营业执照5982件，办理“多证合一”营业执照790件；颁发全市首张全程电子化登记营业执照；实施企业名称自主申报制，全年自主选名458件；办理个体工商户“两证整合”营业执照616份；办理食品经营许可证367件；药品经营许可证57件，三类医疗器械经营许可证1件，二类医疗器械备案92件。

【食品安全监管】 “3·15”期间，邀请社会各界代表200余人召开食品安全誓师大会，构建社会共治格局。出台《宿豫区食品安全管理人员质量安全知识培训考核实施方案》，在全市率先组织食品生产企业质量负责人进行培训考核，并形成一套完整的培训、考核、监管机制，切实将监管摆在前沿。

全年陆续开展学校食堂食品安全监管专项检查、集中消毒餐饮具专项整治、餐饮服务环节罂粟壳（粉）专项抽检、文明餐饮普及提升行动、问题猪肉专项检查、“大桶水”生产企业质量安全专项检查、婴幼儿乳粉专项检查、打击非法回收酒类包装材料专项检查、食品添加剂获证生产企业专项检查、食用植物油专项检查、豆芽生产经营单位专项监管等11个专项整治活动，各整治活动确保有方案、有行动、有效果、有总结。全年各类专项整治工作累计检查各类食品生产经营单位5131家次、出动执法人员3789人次。由点到面，有效保障全区群众饮食消费安全。陆续为区人代会等9项重大活动提供餐饮保障，实现从原料采购到成品上桌的全流程监管。

出台《宿豫区食品安全协管员信息员管理办法》，推动各乡镇（街道、园区）均设立食安办和全区配备143名协管员，形成上下联动、覆盖全区的食品安全监管网络。开展全区食品安全知识和《江苏省食品小作坊和食品摊贩管理条例》宣传贯彻培训活动，推动全区食品安全工作再上新台阶。

【药械安全监管】 对药械监管中常见问题、重难点问题和群众反映较多的问题进行归类，创新实施“每月一主题、月月有重点”主题监管模式。以查促效，开展专项整治7次，查获过期医疗器械15批次，查获其他类案件38起。完善医疗机构不良反应上报网络，全年累计上报药品不良反应1108例、医疗器械不良事件206例。

【保健食品化妆品监管】 将连锁门店100%、保健食品化妆品专营店和美容单位60%以上纳入量化分级管理，搭建企业自律诚信平台，引导企业守诚信合法经营。探索实施化妆品监管“二三四”（内容上抓住“美容院、美发店”等二个重点，案件上抓好“化妆品标识标签、过期失效化妆品、特殊化妆品”等三个方面，效果上实现“监管人员的业务水平、企业的自律意识、群众的维权打假意识、部门形象”等四个提高）工作法，作为先进经验做法在全市范围内推广。对保健食品化妆品批发企业进行定期检查，加大隐患排查力度，督促企业落实主体责任，从源头上遏制和消除安全隐患。全年共查获保健品标识标签不符合规定、商标侵权等案件2起，化妆品违法违规经营案件16起。

（王颖聪）

·物价监管·

【概况】 区物价局有职工52人，其中行政9人（含二线人员），事业人员41人。局机关设置办公室（监察室）、价格科（农价、服价、工价）、收费科，下属行政机构两个：物价检查分局和价格成本调查监审队，下属全额拨款事业单位三个：大兴物价检查分局、来龙物价检查分局、价格监测中心；一个自收自支事业单位：价格认证中心。2016年10月，被省文明委命名为“2013—2015年度省级文明单位”。

【平价商店建设】 开展元旦、春节期间平价商店的监管，对各家平价商品建设中存在问题督促整改，维护节日市场价格秩序。加大对平价商店考核力度，将综合考核情况上报市物价局，组织发放2015年下半年及2016年上半年省、市价格调节基金支持平价商店补助、考核奖励计44.74万元。

【资源要素价格改革】 开展水、气、热大用户合同交易试点，签定交易合同，享受优惠。2016年达到用水大户的有秀强玻璃工艺、南钢金鑫轧钢、银祥晟华、博迁新材料、京东信息技术、百威英博啤酒6家企业。11月30日，举行气热供用双方合同交易签约仪式，年度可为企业减少成本支出35.42万元。参与用热合同交易企业为新亚科技、科思化学、联盛化学3个企业，年度可为企业减少成本支出231.17万元。

【价格审批制度改革】 清理区级物价部门承担的价格行政审批事项，保留六类45项。全面启用收费动态监管系统，将全区141家收费单位录入系统纳入管理。同时实施行政事业性收费动态目录管理，2016年度全区行政事业性收费总额为31379.2328万元，比2015年度行政事业性收费总额减少2373.3063万元，减幅7.03%。会同区财政局调整和发布《宿豫区行政事业性收费目录》《宿豫区政府定价管理的经营服务性收费目录》《宿豫区涉企政府性基金、行政事业性收费目录》。

【价费专项检查】 开展电信市场专项检查；结合对全区68家行政事业单位收费巡查，组织开展涉企收费专项检查、旅游景点门票价格检查、教育收费检查；结合政协提案的办理，对全区餐饮行业进行市场巡查，发放《宿迁市宿豫区餐饮行业价格自律提醒告诫函》并签订《价格信用承诺书》；开展商品房价格专项检查，对16家商品房销售企业进行行政指导。2016年共查处各类价格违法案件47件，上缴财政120万余元。

【价格管理及备案】 会同宿豫区交通运输局，对宿迁市顺达公共交通有限公司申请运营的丁嘴、曹集、陆集三个乡镇5条镇村公交线路的站点票价进行核定。完成商品房销售价格备案37件，备案总面积60.99万平方米，物业小区前期服务收费备案6件。

【价格举报案件查处】 全年共办理涉及价格收费咨询、投诉的各类网络舆情152件，其中价格咨询类56件，价格举报类78件、价格求助类18件，均在规定的有效时间内给予网友满意的答复，及时率、办结率均为100%。

【价格认证】 2016年，完成各类价格认定案件213件，认定标的额2118.12万元，所办案件均达到无错案、无复核裁定、无投诉的“三无”要求。

【农本监审】 完成生猪月报、农户种植意向调查；肉羊生产数据省直报、及分析报告及农户农资购买意向调查；做好农户存粮、售粮、余粮调查报告及省直报基础数据上报；强化成本监审，对宿迁市殡仪馆火化费标准的调整进行成本监审、并对凤凰岭公墓价格、宿豫区6家幼儿园收费的成本构成开展了摸底监审工作。

【价格监测】 编辑《物价动态》12期，定期发布三农服务信息98条，上报国家、省、市价格监测报表一百多份，一千多条监测数据，报送农副主食品数据450条，同比增加10%以上，没有一条被省中心列为疑问数据。

（李 耀 张海棠）

·统计调查·

【第三次农业普查】 2016年3月9日，根据区政府《关于切实做好第三次全国农业普查工作的通知》，成立农业普查工作领导小组及办公室，设置综合协调、调查业务、数据处理、遥感测量、执法检查和资料开发等6个工作组。10月15日前在全区范围内选调近400人的农业普查“两员”，并进行普查业务知识、使用智能数据采集终端（PDA）进行PDA数据采集、数据审核、数据上报等工作技能培训，11月初完成131个普查区和1500多个普查小区电子地图绘制、上报等工作，在正式登记前夕制定宣传计划，按照要求在仰化镇开展农业普查综合试点工作。

年末，已经全面完成入户登记工作，正在进行农户和规模经营单位纸质普查表的数据审核工作，组织普查表PDA录入等工作。后续将落实好上级普查办业务查询工作，数据修改工作，完成农普数据机器审核和数据上报等各项工作。

【基层统计基础建设】 向省统计局申报《创新建立区直部门首席统计员制度》《创新建立“1+X”模式加强基层调查队伍管理制度》2个创新项目，全省“百佳统计示范诚信单位”1家（大兴镇统计站）。开展统计“一镇一特”建设：顺河街道统计站设置“统计之窗”；仰化镇统计站打造“3+2”仰化特色；曹集乡开展以走村问政、走企问需、走户问计为主题的“三走”活动；大兴镇统计站打造“学习型、创新型、服务型”精品统计团队，开展“五步学习法”；豫新街道统计站服务业统计工作成效显著；侍岭镇统计站“三勤”服务创特色。全区389个“四上企业”的规范化建设合格率为88.7%，其中建筑业企业达100%，房地产企业达86.8%，贸易业91%，服务业61.0%，工业93.2%。

【统计服务】 2016年，全局共撰写统计信息230篇，被各级媒体、网站采用280余篇次，编发《统计分析》、统计专报近60余篇次。组织编印了《宿豫统计手册》、印发《统计月报》11期（1月免报），编发《宿豫统计年鉴2016》。

【“1+X”模式基层调查队伍建立】 建立“1+X”模式基层调查队伍管理模式，面向调查点、监测点所聘用调查员，建立1+X模式一点多用、一人多项，高效开展城乡住户调查、劳动力调查、人口调查、小微企业调查等正常开展的调查、监测项目，以及临时交办的工作任务。同时制定《考核管理办法》，以考评奖励调动基层调查队伍的积极性，实现调查任务落实到位。

【区直部门首席统计员制度建立】 制定《区直部门首席统计员制度》，组建包括财政局、教育局、卫计委、交通局、金融办等22个部门的首席统计员队伍，并建立长期的沟通联系方式，规范部门统计工作，实行常态化信息交流沟通机制，实时进行信息交流共享。

【统计专项工作监测】 对照《江苏全面建设小康社会指标体系（2013年修订，试行）》，2015年宿豫区全面建成小康社会综合得分为88.88分，比上年提高3.38分。农业基本现代化监测，2015年宿豫区综合得分为83.23分，在市内“三县两区”的排名上升至第一位。做好“三大建设”目标任务的监测工作，建立重点工业企业监测预警制度，通过电话、QQ群、微信、报表等方式随时了解掌握企业动态信息，确保在每月联网直报工作开始之前，掌握新情况、新信息，做好企业生产经营的监测预警工作。

（白静宜）

·安全生产监管·

【概况】 宿豫区安全生产监督管理局内设4个科室和下设1个直属参公管理事业单位，分别为办公室（监察室）、法规执法科（安全生产应急救援办公室）、安全监督管理科（危险化学品监督管理科）、职业健康监督管理科和安全生产监察大队。共有行政编制10个，事业编制10个。

2016年，宿豫区共发生各类生产安全事故71起，死亡31人，其中工矿商贸领域死亡5人，道路运输领域死亡25人，农机事故死亡1人，化工、烟花爆竹、房屋建筑、农业机械、工矿商贸行业未发生较大及以上事故；全国“两会”、G20峰会、省党代会等重点时段和春节、中秋、国庆等重要节假日期间均未发生有影响的事故，安全生产形势总体平稳。

【安全隐患排查整治】 开展安全生产大检查和隐患排查整治活动，贯彻落实新《中华人民共和国安全生产法》《江苏省安全生产条例》，在重点时段、重点行业领域加大安全生产执法、隐患排查和销号整改力度，共组织开展安全生产大检查和隐患排查整治活动5次，排查一般安全隐患8746项，已整改8728项。督办整改市级重大安全事故隐患5项，区级重大安全事故隐患31项。

【安全生产宣传】 集中开展新《江苏省安全生产条例》宣贯、“安全生产月”“送课进企业”“名师送讲”等系列安全生产宣传教育活动28次，组织“安全生产进行时”专题新闻报道3次，开展安全事故企业巡展98家次。在化工园区开展安全生产警示教育基地建设，在企业、建筑工地、校园等场所开展“安康杯”竞赛、“青年安全生产示范岗”“安全文化示范企业”等系列安全文化活动，共有2家企业被评为全省“安全文化建设示范企业”。

【基层安监机构建设】 推进基层安监机构标准化建设。丁嘴镇、关庙镇安全生产监督管理办公室通过全省基层安监机构达标验收。按照“1+2”“2+9”和“2+5”的模式落实乡镇（街道）和园区安全监管人员配备，现共有基层专兼职安全监管人员42人，先后6次组织基层监管人员参加省、市、区安全监管业务培训。制定企业安全生产标准化建设工作重点和目标任务，引导和鼓励企业开展安全生产标准化创建活动，共有三级达标企业218家，二级达标企业12家，小微达标企业84家，13家企业正在推进二级达标创建，已有4家企业申请二级考核验收。36家企业已实行安全总监制度，提高安全管理水平。

（李　丽）

·审计监督·

【概况】 2016年，宿豫区审计局以服务地方经济发展为重点，加大对违法违纪问题的查处力度，在维护全区财经秩序，促进党风廉政建设，保障经济健康发展等方面发挥积极作用。全年共完成审计项目124个，占年初计划的110%，查处各种违纪违规资金35.36万元，管理各种不规范资金8910.14万元，损失浪费资金3.91万元。审计提出建议405条，被采用400条，撰写各类审计宣传信息400余条，促进出台制度规定1项，移送案件线索2条，获得“全省文明单位”称号。

【财政审计】 按照全口径预算监督和审计全覆盖的要求，对公共资金、国有资产、国有资源实行审计全覆盖，以预算执行为主线，重点关注预算编制、国库集中支付管理、财政存量资金、“三公”经费情况等方面，加强对财政资金分配、使用和管理情况的监督。共查出预算编报不真实不完整资金54.25万元，未按规定征收缴纳收入7449.9万元，滞留闲置资金320万元，较好发挥审计监督作用。

【领导干部任期经济责任审计】 2016年，共完成16名领导干部任期经济责任审计，其中任中审计6个，占比37.5%，同比增长12.5%；党政领导同步审计8个，占比50%，同比增长60%。审计共涉及部门和单位20多个，审计资金总额10.56亿元，查出管理不规范资金7910.14万元、违纪违规资金305.36万元、损失浪费资金103.91万元。通过审计，增强领导干部财经法纪观念和自我约束意识，促进党风廉政建设，提高领导干部履行职责的自觉性，为党委和组织、人社部门加强干部管理、正确考核和使用干部提供依据。

【政府投资审计】 2016年，完成100个政府投资竣工决算审计项目，送审金额为60311.69万元，审定金额为45695.78万元，审计核减额为14615.91万元，核减率为24.23%，仅高新区嘉陵江路南延段工程单项核减率高达51.16%。对区文化公园、中医院外科病房楼、陆运河和城东水厂4个重点项目开展全过程跟踪审计。共审核招标文件、合同文件730余份，监督询价活动30多次，提出审计建议230余条，节约建设资金19676.33万元。同时，创新开展工程标底审计，将审计关口前移，督促招标代理单位严格按规范编制工程量清单及招标控制价。2016年，共完成731个标底审核，送审额为35995.13万元，节省财政资金5060.42万元，核减率为14.06%。有效控制工程建设中的高估冒算、偷工减料、损失浪费等现象，提高政府投资绩效，同时对规范建设单位工程建设管理起到较好的监督作用。

【专项资金审计调查】 2016年，共开展城镇保障性安居工程、工业企业新增用地绩效、区域供水一体化和省级扶贫专项资金等4项专项资金审计。审计资金总额4.48亿元，查处违规资金6.24万元，管理不规范资金1278万元，归还原资金渠道6.32万元，向区纪委移送案件线索1条。通过审计调查促进被审计单位进一步完善制度，规范管理，防范风险，确保资金安全运作。

（林　燕）

·政务服务管理·

【概况】 2016年，政务服务中心共接收各类办件49.3万件，办结率99.9%，各窗口受到不同类型表彰30余次，接收锦旗和表扬信60余件。区民意访评中心随机抽取窗口4374件办件进行民意访评，满意率达99%。荣获市政务服务管理工作单项奖、区机关工委“两学一做”学习教育比赛三等奖、国庆诗朗诵二等奖。

【公共资源交易】 根据宿迁市人民政府办公室《关于印发加强公共资源交易统一平台建设工作方案的通知》要求，宿豫区建设工程交易额100万元以上、政府采购50万元以上统一到市公共资源交易中心交易，限额以下在区内交易。2016年，全区公共资源进场交易项目469个，交易预算总金额3.41亿元，实际中标金额2.42亿元，节约资金0.99亿元。其中建设工程163个，交易预算金额2.66亿元，中标金额1.78亿元，节约率33.21%；政府采购项目306个，预算金额0.73亿元，采购金额0.64亿元，节约率12.45%。工程类直接发包备案541个。

【审批制度改革】 2016年，区政管办配合区编办加强权力事项清理和调整，区级行政审批事项由原来的213项缩减为139项，其中进驻区政务大厅行政审批事项为103项，项目审批从1314天减少到521天。编制《宿豫区套餐式办事指南》《宿豫区政务服务常见问题问答》，解决群众目的性需求与单一行政许可之间的信息不对称问题。7月，试点全流程电子化营业执照的网上申请，率先颁发苏北第一张全流程电子化营业执照；9月，制订宿豫区“多证合一、一照一码”工作实施方案，10月1日正式开展“多证合一、一证一码”营业执照颁发工作。全年完成“一证一码”营业执照4357件。开展“预约服务、延时服务、上门服务”等特色服务，让政务服务更便捷。全年累计预约服务118次，上门服务32次，延时服务216小时。先后完成强维大酒店、老船坞、南乔北家等21家餐饮服务类民生项目联审联验工作，审批时间压缩均超过80%；探索投资建设领域“并联+串联”审批，在政务大厅设立“多评合一”窗口，进一步优化办事流程，提高办事效率。

【公共资源交易平台整合】 于2016年2月底前完成市、区交易平台整合工作，协助各主体单位对招标限额标准以上项目进入市交易平台交易的衔接协调工作，参照公开招标程序标准，严格执行招标限额标准以下项目的招标采购工作。进行中小型项目加强监管试点工作，明确进场交易范围及规模标准，实行资金标前审核，简化招投标操作流程，加大监管过程性巡查，全年没有发现一例违法违规违纪现象。联合行业主管部门，加大招投标项目过程性监管，依法查处各类违法、违规案件，全年共接受投诉、质疑5起，办结5起。对部分乡镇的招投标工作进行巡查，全年共巡查13个乡镇计218个项目，对检查中发现的问题进行梳理，并以纪检交办单形式交办至被巡查单位，促进乡镇30万元以下项目招投标规范化。进场交易的建设工程施工项目电子化招标投标率98%；监理项目的电子化招投标率100%；政府采购通用类项目电子化招标投标率64.86%。推行将信用产品作为资格审查条件和“三合一”“二合一”评标办法的评分项运用到招标采购活动中。全年在招采项目中递交并使用1588份“企业信用报告”，工程建设使用率100%。加强对招标代理机构的监管，全年组织招标代理机构执业质量检查2次；建立代理机构绩效管理台账，全年考核通报2次。（孙守杭　周　游）

科技·卫生

·科学技术·

【概况】 2016年，区科技局结合宿豫区实际，加强宣传培训，营造政策环境，建立激励机制，推进科技进步和科技创新。区知识产权局被省知识产权局评为“2016年度江苏省知识产权工作先进集体”。

【科技计划项目申报】 全区18家企业共申报省级科技计划项目30项，累计获批资金3778万元。2016年，宿迁南航新材料与装备制造研究院有限公司承担的“南航宿迁新材料与装备制造研究院建设”产学研联合重大创新载体项目，获批资金300万元。由宿迁南钢金鑫轧钢有限公司申报的“高强度耐低温海洋工程球扁钢研发及产业化”获批省重大成果转化项目，获批资金1000万元，是2016年全市唯一获批的工业项目。

【高新技术产业】 2016年，组织20家企业申报国家高新技术企业，获批15家，净增10家，截至年末累计达45家，形成以新材料、精细化工为主要特色的高新技术产业集群。全区规模以上高新技术企业实现工业总产值114.2亿元，高新技术产业产值占全区规模工业总产值比重22.9%。

【科技人才】 2016年，宿豫区科技局加强与高等院校、科研院所沟通交流，促进区内重点企业同大专院校、科研院所合作，引进省“双创”人才2人，分别是江苏春绿粮油有限公司引进合肥工业大学曾庆梅博士、江苏益客食品有限公司引进黑龙江省农业科学院冯艳忠博士。阿尔法药业、益客食品、新亚强硅化学三家企业获批省科技副总项目。

【科技特色产业】 2016年，全区已形成以六兴集团种鸡饲养和鸡苗孵化，谷客等肉鸡养殖，正大食品、益客食品、正业食品、龙嫂食品等肉食加工，益客饲料、春绿饲料等饲料生产，绿汇宿动无害化处理等完整的畜禽养殖与深加工产业链。特色产业财政经费投入为871.22万元，特色产业产值达46.8亿元。 （叶书桐）

·知识产权保护·

【产学研科技合作】 2016年，宿豫区科技局组织宿豫区内企业参政产学研对接活动6次，建立产学研合作关系50余项。区人民政府副区长、省第九批科技镇长团宿豫团团长仲崇东代表宿豫区政府与天津科技大学、天津工业大学、金陵科技学院、河海大学4所高等院校签订校地全面合作协议。

【科技创新】 通过产学研合作、引进和培养科技创新人才、加大资金投入力度，大力建立科技创新平台，完善科技创新体系。2016年，新亚强硅化学、博迁新材料2家企业获批“省级工程技术研究中心”；同创化工、飞鹰科技等22家企业获批“市级工程技术研究中心”；力引管桩、趣园食品、良木新材料、广博罗纳斯4

家企业获批“省研究生工作站”。

【知识产权工作】 2016年，宿豫区共申请专利1543件，其中发明专利申请533件、专利授权474件。科思化学成功获批省级知识产权战略推进计划项目，获批经费30万元。博迁新材料被评为“企业知识产权贯标工作优秀单位”，全市仅4家。

易工场、京东宿迁馆获批省电子商务平台知识产权保护项目，银杏树获批省众创空间知识产权保护项目。（王　婷）

·防震减灾·

【概况】 宿豫区地处黄淮平原，郯庐断裂带穿境而过，地质构造复杂，是我国东部最高设防区。2016年在省、市地震部门的指导帮助下，区地震局围绕经济建设中心，坚持“预防为主、防御与救助相结合”的工作方针，以建立健全地震监测预报、震灾预防和紧急救援三大工作体系为重点，全面提升防震减灾综合水平。苏05井前兆资料观测质量参加全省评比，水位、水温观测项目获得全省第三名优秀佳绩，被江苏省地震局评为“防震减灾综合工作优秀单位”“地震监测预报工作效能考核优秀单位”。

【震灾预防】 2016年，修订出台《宿豫区地震应急预案》《关于调整宿豫区防震抗震领导小组成员的通知》、印发《宿豫区2016年度地震重点危险区抗震救灾应对工作方案》《关于印发宿豫区2016年防震减灾工作目标任务分解表的通知》等文件，将防震减灾工作纳入国民经济和社会发展计划。4月21日，召开防震减灾联席会议，传达贯彻省、市防震减灾工作会议精神，研究解决防震减灾工作中的重大问题。

【地震监测】 区地震局认真做好苏05井地震监测预测工作，保证观测仪器正常运行和数据的及时采集，确保前兆观测数据的连续性、完整性。苏05井共有5个测项，观测资料均为当天处理当天分析，异常情况及时跟踪处理，运用多种方法对资料和前兆数据进行地震活动性分析。在各乡镇建立宏观观测点，对上报的各种宏观异常，坚持第一时间赶到现场排查落实，耐心细致地做好群众思想工作，维护社会稳定。

【防震减灾宣传】 2016年，区地震局利用“5·12”防震减灾日、唐山地震纪念日、科普宣传周等特殊日子进行防震减灾知识宣传。“5·12”期间和区教育局联合发文开展学校防震减灾知识宣传和地震应急演练，先后在宿豫初级中学、曹集中心校等学校开展防震避震应急疏散演练。利用网络、广播、板报、橱窗、靠牌、LED屏等方式开展宣传，有效普及地震科普知识，收到良好社会宣传效果。（赵　英）

·医政管理·

【医疗卫生机构概况】 截至2016年年底，全区共有医疗机构181个，其中三级甲等中医医院1个（市中医院）、二级综合医院2个（市第三医院、区珠江医院）、一级综合医院12个（各乡镇医院）、康复医院2家、社区卫生服务站8个、村卫生室132个、门诊部（诊所）和医务室24个。拥有卫生技术人员1802人，开放床位2300张，每万人拥有床位数42.37张，每千人拥有执业医师数1.58人，全区医疗卫生总资产约9.33亿元。

【卫生设施建设】 妇产儿童医院主体工程已完工，正在进行装潢和设备安装，计划于2017年第一季度试运行；豫新街道社区卫生服务中心已建成，正在进行人员招聘和设备安装。结合镇村建设“1+10”工程，全面实施乡镇医疗机构提质工程，重在基础设施建设、院容院貌改善、人才引进和内部管理的规范，提升医疗卫生服务能力和水平，尽快实现城乡医疗服务均等化，其中仰化、陆集、丁嘴、侍岭4家乡镇医院已全面建成并投入使用。

【卫计人才建设】 市中医院新增在读博士1名、推荐省“333”工程第三层次培养对象2名；通过第三批全国优秀中医临床人才培养结业1人，第二批江苏省优秀中青年中医临床人才培养结业1人；引进硕士研究生6名；遴选基层骨干人才33名，其中省级9名。

【医疗卫生监管】 全年惩治非法行医出动1300人次，查处无证行医42家次，立案29件，移送公安机关处理5件，没收药品102件，共计罚款33.89万元。排查疫苗采购经营单位17家，未发现“问题疫苗”。妥善处理医疗纠纷12起，经行政调解终结6起，治安拘留5人，申请医疗事故技术鉴定6起。完成160家医疗机构校验，登记或校验率达100%；新设置医疗机构3家，变更15家，再注册4家，依法注销1家。 （周帅行）

·妇幼保健·

【婚前健康检查】 2016年，共婚检男性4050人，女性4078人，婚检率92.01%，疾病检出率20.76%，疾病干预率100%。

【孕产期服务】 2016年，全区孕产妇建卡6470人，系统管理率为99.17%；高危妊娠1218人，管理率100%，孕产妇死亡率为0。

【儿童保健】 3岁以下儿童系统管理22358人，系统管理率96.99%；7岁以下儿童保健覆盖46044人，保健管理96.61%；5岁以下儿童死亡25人，死亡率为3.83‰；婴儿死亡17人，死亡率2.61‰；新生儿死亡11人，死亡率1.69‰；新生儿访视率99.33%；6个月内母乳喂养率93.31%，纯母乳喂养率87.81%；开展托幼机构卫生保健工作，全区32家托幼机构在园共体检19158人，体检率99.58%，疾病检出率22.7%。

【出生儿缺陷综合防治】 开展健康教育、婚前医学检查、婚前保健和咨询指导、孕前咨询和孕前孕早期医疗保健服务。全年产前疾病筛查6406人，筛查率98.86%；开展新生儿疾病筛查，全区采血数为6430人，采血率为98.6%，听力筛查6427人，筛查率98.56%。全年确诊听力障碍3例、苯丙酸酮尿症及甲低5例，8例患者均得到正规的干预。

【儿童生长发育监测】 2016年，全区活产数为6521人，其中男婴3459人，女婴3062人，产后42天健康体检率99.18%，6个月母乳喂养率93.31%，纯母乳喂养率87.81%，全年筛查体弱儿449例，管理率100%。 （周帅行）

·人口计生·

【概况】 2016年，年末全区总人口47.9万人。其中，新出生人口6356人，出生率13.34‰，出生政策符合率85.97%；性别比112.98（以女性为100，下同）。

【生育政策落实】 加强政策宣传，主动回应社会关切的“两孩政策”实施，引导群众理性生育、合法生育，共办理生育服务登记6932例，其中一孩2463例、二孩4469例。

【计划生育奖励扶助政策落实】 为全区5249名49~59岁独生子女父母办理意外伤害保险，总金额157470元。贯彻落实农村部分计划生育家庭奖励扶助和特别扶助惠民政策，共发放奖励扶助金132.804万元。落实企业退休职工一次性奖励政策，全年审核符合一次性奖励对象146例。

【推进依法行政】 规范卫计行政许可，深化行政审批制度改革，共批准再生育102例。加大查处和惩治“两非”（非医学需要的胎儿性别鉴定，非医学需要的选择性别人工妊娠）案件力度，全区出生人口性别比为112.98。

（周帅行）

·疾病预防控制·

【计划免疫】 2016年，全区共建卡7477人，累计接种第一类疫苗198962针次，平均接种率99.85%，以区为单位所有疫苗接种合格率均达到95%以上，“五苗”覆盖率98.81%，乙肝疫苗首针、麻风、麻腮风疫苗接种及时率均能达到90%以上。开展脊髓灰质炎补充免疫2轮次，应补种3053人，完成实补种3050人，补种率99.90%。

【传染病防治】 2016年，全区无甲类传染病报告，累计报告乙类传染病12种1066例，报告死亡2例（肺结核和艾滋病各1例），其中发病前三位的传染病分别为病毒性肝炎679例，肺结核213例，梅毒134例，累计占乙类传染病的96.25%；报告丙类传染病4种1543例，其中手足口病报告1375例，占丙类传染病的89.11%，无死亡病例报告。

【碘缺乏病防治】 完成中央补助300户居民户盐碘采样工作，其中合格碘盐285份，不合格碘盐15份（9份为非碘盐、6份不合格碘盐）；盐碘中位数为25.1毫克/千克；碘盐覆盖率为97%、碘盐合格率为97.94%，合格碘盐食用率为95%。

【氟中毒监测】 组织开展江苏省饮水型地方性氟中毒监测，对高氟地区进行尿氟、水氟采样检测，检测结果儿童氟斑牙检出率为4.7%，氟斑牙指数为0.10；水氟、尿氟指标在正常范围值。

【慢性病防治】 累计建立居民健康档案381258份，建档率达到85.64%；“五苗”（卡介苗、脊灰疫苗、百白破三联疫苗、麻疹疫苗和乙肝疫苗）覆盖率98.81%；高血压患者40012人，规范化管理35010人；2型糖尿病患者12871人，规范化管理1350人；登记在册严重精神障碍患者1655人，纳入管理1605人，规范管理率98.69%。

【健康促进】 组织开展“世界麻风病日”“结核病防治日”“计划免疫日”“疟疾宣传日”“国际家庭日”“世界无烟日”“高血压防治日”等系列宣传活动，全区共开展宣传日活动268场次。组织辖区居民利用江苏省疾病预防控制中心居民健康素养学习测评系统开展自测评估活动，年内共完成7.5万份健康素养测评问卷，占全区总人口15.29%。利用媒体宣传疾病预防控制知识，通过电视媒体宣传报道5次，网络平台报道93次，提高城镇居民健康素质，增强居民防病意识。

（周帅行）

·爱国卫生·

【卫生城市管理】 区委、区政府将卫生城市长效管理工作经费及专项资金、爱国卫生工作经费、病媒生物防制工作经费、健康教育工作经费等列入年度财政预算，按计划及时足额拨付到位。全年共投入长效管理专项资金1500万元。严格奖惩兑现，加强创卫督查，每周开展一次创卫督查活动，发现问题及时交办，整改不到位每月进行一次通报。区爱卫办与住建局、环保局、市场监管局、城区三个街道召开工作协调会议3次，督促落实整改城区乱倒建筑垃圾、居民小区和沿街餐饮网点下水道堵塞溢流、交通秩序、机动车乱停乱放等影响城市环境卫生的突出问题。年内，高标准完成省级慢病示范区建设的各项任务，实现无烟医疗卫生机构全覆盖，创成10家无吸烟单位、5个省级卫生村。

【城乡环境卫生集中整治】 制订年度城乡环境

整洁行动方案，坚持以块为主、条块结合，开展城乡环境卫生清洁行动。抓集贸市场集中整治，新珠江路农贸市场建成投入使用，老珠江路农贸市场建成雨露小商品批发市场。集中整治“五小”（小餐饮店、小浴室、小网吧、小歌舞厅、小旅馆）行业，改善“五小”行业的硬件设施，规范“五小”行业的经营行为。严格渣土运输企业准入管理，统一渣土运输车辆标识，安装定位管理系统，并严格按照规定的运输时间、路线、运输量运行，严控扬尘污染。以保障饮水安全为重点，加大城区集中式饮用水源地保护力度。采取“机扫、普扫、保洁、果皮箱清理、流动垃圾收集、管理人员巡回检查”的街道清保作业“六合一”管理模式，对中心城区街道实施清扫保洁。实行街道段面标示制，采取街路清保视觉管理法，以创建噪声达标区为抓手，加强城市噪声管理。对城区28条主次干道划定双向禁鸣区域，设置禁鸣标志，加强执法巡查，控制交通噪声污染。严格建筑施工管理，严查夜间施工噪声扰民等违法行为，改善环境质量。组织环保、公安、交通、综合执法等部门联合开展专项执法检查，对噪声违法行为及时纠正和处理，并对违法单位和负责人进行媒体曝光。

【农村户厕改造】 将农村改厕工作列入民生工程和政府目标管理内容。广泛开展培训与宣传，每年举行2次改厕工作培训会，培训改厕管理人员和施工人员300多人。同时利用广播、电视、报纸等宣传媒体，宣传农村改厕目的意义，发放宣传资料5.5万余份，制作专题片在电视台播放，营造氛围。区爱卫办每周深入改厕现场，进行改厕业务指导，及时纠正施工过程中发现的问题。每月组织施工人员互相观摩学习，对各项目村的进度及工程质量进行督促与检查，促进改厕质量与管理水平提高。加大旧厕拆除力度，顺河、曹集等乡镇受益户旧厕基本拆除。引导群众使用新厕所，每个项目村建成30户洗漱卫一体的示范点。全年累计完成改厕2.8万户，其中2016年新建无害化卫生户厕3000座。

【健康教育服务】 建立健全健康教育体系，完善区、街道和社区三级工作网络，强化医院、学校、居民和村民健康教育工作，开展全民健康生活方式行动，赠送健康生活工具礼包，发放《公民健康知识64问》等教育资料。公共广场、汽车站等电子屏不间断开展健康教育宣传，媒体设立健康教育专栏。采取多种形式和多种办法宣传吸烟的危害和控烟知识，做好其他类型的公共场所的控烟工作。区爱卫会联合区电视台对汽车站、行政服务大厅、医疗卫生机构等单位公共场所进行控烟暗访，并对存在的问题进行曝光。对医护人员开展健康教育专业培训2次以上，医务人员培训覆盖率达到98%。对职工相关卫生知识知晓率达到95%以上。建立健全传染病防治体系，未发生甲、乙类传染病暴发疫情。结合爱国卫生月和健康宣传月活动，大力宣传《江苏省爱国卫生条例》，利用QQ群、微信、微博等新兴媒体，宣传疫苗接种、行为习惯、慢病防控、传染病防治等知识，引导公众养成正确的生活方式。

【病媒生物防治】 区财政每年投入资金10万元，高温期间区爱卫办每周集中组织1次化学消杀活动，对公共场所、农贸市场、城区道路等全面消杀，每次消杀面积50万平方米以上。开展孳生物环境整治，落实经营场所和公共场所防鼠、防蝇设施，城区“四害”密度明显降低，鼠、蚊、蝇、蟑螂密度达到全国爱卫会规定的标准。建立健全食品安全和饮用水管理体系。把好许可关、入口关、监督关、规范关，统一制度、统一标志标识、统一消毒登记台账等，建立一户一档，相关部门分别按餐饮、流通生产企业分类建档，动态管理。（陈少清）

教育·体育

·综　述·

【概况】 2016年，区教育工委先后荣获“江苏省中小学校责任督学挂牌督导创新区”“省级公共体育服务体系示范区”“2013—2015年度江苏省文明单位”等50余项荣誉称号。在全市教育系统目标考核排名第一；省教育现代化监测综合得分79.80分，跃居全市第一。

【师资队伍建设】 推荐评选省教育工作先进集体3个，省教育系统优秀基层党组织1个，省优秀教育工作者2人，市委“两优一先”优秀党务工作者1人，市教育系统先进基层党组织4个，市教育系统优秀共产党员6名，市教育系统优秀党务工作者3人，区委“两优一先”先进基层党组织1个，区委“两优一先”优秀共产党员1人，区教育系统先进集体10个，区教育系统优秀教育工作者157名，宿豫区最美教师10名，宿豫区最美教师提名奖10名，区教育系统先进基层党组织11个，区教育系统优秀共产党员及标兵50名，区教育系统优秀党务工作者25名。优化师资配置，通过城乡互动、校际流动、竞争性流动等方式，交流教干教师371人，占全区在职教师总数比例超过16.8%。强化教师培养培训，实施名师培养“六大工程”，扩大名优教师示范引领作用，提升教师专业素质和教研水平。2016年，获得省级中小学教师班主任知识网络竞赛优秀组织奖，组织优秀教师出国培训15人次，组织优秀青年教干到江苏大学参加特级教师后备人才发展力培训6人次，省级初中数学“名师送培”200人次，组织国家级网络培训500人次及各级各类培训1000余人次，开展暑期教师全员培训4553人次，新教师培训62人次，持续促进教师专业成长，努力扩大优质师资总量。2016年，新增省级特师2人，市名校长2人，区级各类称号教师53人。截至2016年，全区拥有特级教师4人，市名校长4人，市名师4人，区名校长7人，区名师83人，区领军人物34人。

【招生考试】 2016年，宿豫区招办单独组织各类国家教育考试9次（高考、学业水平考试、成人高考、教师资格认证等考试由市招办组织），分别是中考、高等教育自学考试2次、江苏省书法等级考试2次、全国计算机等级考试2次、中等专业学校学业水平考试1次、江苏省义务教育质量监测1次。其中中考人数达3378人，高等教育自学考试达1209人，书法考试达10915人，全国计算机等级考试1600人，教师资格考试报名986人，各类证书考试报名已经达到13501人次。报名总数超出市教育局下达的6000人的目标任务2倍以上。组织两年一次的江苏省义务教育质量抽测，本次共抽到区内17所中小学，涉及考生1481人。成人高考规模继续保持全市领先，区招办吸引江苏科技大学宿迁办学点、立信会计学校等相关培训机构及社会考生2852人到宿豫区进行现场确认，报名确认人数排名全市第二。

【集团化办学】 组建分片“合作型”集团9个、南北“交流型”集团11个、名校“联合型”集团4个和网络“协作型”集团，涉及中小学幼儿园51所，覆盖率达100%。2016年度，区内集团化办学相关做法先后被多次宣传报道："江苏教育"（省教育厅官网）以《宿迁市宿豫区：启动集团化办学扩大优质教育资源》为题进行报道，"宿迁教育"（市教育局官网）以《宿豫：深化教育共同体建设促进教育优质均衡发展》为题进行报道，"中国宿豫"（宿豫区政府官网）以《宿豫区教育局启动集团化办学"四驾马车"》为题进行报道。2016年，区教育局荣获"全市基础教育集团化办学先进单位"称号。

【民办教育管理】 对全区民办义务学校、民办幼儿园及民办非学历培训机构进行年度工作检查，通过本次年检，优秀单位3家，不合格单位2家。对全区无证幼儿园进行大排查，依法对10所无证园下达《停止办学通知书》。联合区物价局对城区民办幼儿园收费进行调研，进一步落实民办幼儿园收费备案工作，确定民办幼儿园及民办学校收费进行两年一备案，首次备案学校由区物价局进行成本核算。对全区17所民办学校（3所民办中小学、14所民办幼儿园）进行全面的非法集资专项检查。2016年，审批通过一所民办幼儿园：宿迁市宿豫区小龙人幼儿园。

【第19届推广普通话宣传周】 9月8—14日，全区第19届全国推广普通话宣传周活动期间，围绕"大力推行和规范使用国家通用语言文字，助力全面建成小康社会"的活动主题，以营造与和谐宿豫相适应的和谐语言生活为目标，贯彻落实《江苏省实施〈国家通用语言文字法〉办法》，引导群众树立科学的语言观，切实增强语言规范意识、法制意识和推广普通话参与意识。（陈　芬）

·学前教育·

【概况】 2016年，宿豫区有成型幼儿园32所，办园点12个。成型园中，公办幼儿园17所，民办幼儿园15所，在园幼儿18948人，入园率为98.2%；在园教职工1508人，专任教师962人。

【学前教育管理体制完善】 坚持政府主导、社会参与、公办民办并举的办园体制，建立健全区级统筹、乡镇共建的管理机制。区政府负责全区学前教育的规划、布局调整，落实学前教育经费，统筹管理全区各类学前教育机构，并将学前教育工作纳入对乡镇政府的考核，并作为对党政主要领导考核的重要依据。乡镇政府承担发展农村学前教育的责任，加大经费投入，按省优质幼儿园标准建好并办好乡镇公办中心园；加强幼儿园周边环境治理，规范管理区域内各类幼儿园。优化学前教育监管体制，

2016年宿豫区省、市优质幼儿园一览

表45

序号	所属乡镇	幼儿园名称	是否乡镇中心园	办园性质	取得省优时间
1	城区	宿豫区实验幼儿园	否	民办	2007.9
2	城区	宿豫区机关幼儿园	否	民办	2008.2
3	城区	宿豫区珠江幼儿园	否	民办	2010.6
4	城区	宿豫区江山幼儿园	否	民办	2010.6
5	城区	宿豫区学府幼儿园	否	民办	2011.7
6	城区	宿豫区张家港实验小学幼儿园	否	公办	2008.9

续表45

序号	所属乡镇	幼儿园名称	是否乡镇中心园	办园性质	取得省优时间
7	来龙镇	宿豫区来龙中心幼儿园	是	公办	2008.2
8	侍岭镇	宿豫区侍岭中心幼儿园	是	公办	2008.9
9	曹集乡	宿豫区曹集中心幼儿园	是	公办	2009.12
10	顺河镇	宿豫区顺河镇中心幼儿园	是	公办	2009.12
11	高新区	宿豫经济开发区中心幼儿园	是	公办	2010.6
12	关庙镇	宿豫区关庙中心幼儿园	是	公办	2010.6
13	丁嘴镇	宿豫区丁嘴中心幼儿园	是	公办	2011.1
14	大兴镇	宿豫区大兴中心幼儿园	是	公办	2011.7
15	保安乡	宿豫区保安乡中心幼儿园	是	公办	2012.6
16	仰化镇	宿豫区仰化中心幼儿园	是	公办	2012.6
17	陆集镇	宿豫区陆集中心幼儿园	是	公办	2013.5
18	新庄镇	宿豫区新庄中心园	是	公办	2013.5
19	顺河镇	宿豫区安泰家园幼儿园	是	公办	2014.6
20	城区	宿豫区小百灵幼儿园	否	民办	2014.6
21	城区	宿豫区第一实小幼儿园	否	公办	2014.12
22	丁嘴镇	宿豫区丁嘴康乐幼儿园	否	民办	2014.12
23	城区	宿豫区宏成实验幼儿园	否	民办	2015.5
24	城区	宿豫区阳光幼儿园	否	民办	2015.5
25	城区	宿豫区浦东幼儿园	否	公办	2016.12
26	化工园区	宿豫区启明实验幼儿园	否	公办	2016.12
27	大兴镇	宿豫区中山利民幼儿园	否	民办	市优质园2012.3
28	城区	宿豫区伟才幼儿园	否	民办	市优质园2016.3
29	化工园区	宿豫区启智幼儿园	否	民办	市优质园2016.3

全区所有学前教育机构由教育局统一规划、统一准入、统一监管，未经注册登记的学前教育机构，一律不得举办。

【办园规范】 严格幼儿园申办、审批、评估、年审和复审。由各乡镇政府牵头，加强无证幼儿园清理规范工作，全面消除无证幼儿园。严格收费纪律，对于存在办园行为不规范的幼儿园，下达“责令整改通知书”，限期整改，对整改不及时不到位的，予以限期停办。严格执行《江苏省中小学幼儿园治安保卫工作规定（试行）》，全面落实幼儿园安全工作责任制和事故责任追究制，切实保障在园幼儿安全。2016年，新增省优质园2所、市优质园2所。截至2016年，全区拥有省优质幼儿园26所，省优质园占比为81%，实现省优质园乡镇全覆盖。

【学前教育改革】 为有效缓解幼儿“入园难”问题，让更多幼儿享受优质教育资源，宿豫区政府制订小区配套幼儿园移交办成公办园或普惠性幼儿园的工作机制。2016年，豫苑小区配套幼儿园移交给教育局，9月1日已正式开园。同时试行公办幼儿园和普惠性民办幼儿园服务区制度。针对城区发展情况及城区各小区生源分布状况，结合城区幼儿园的办学规模等实际情况，按照“相对就近，方便家长”原则，划分宿豫区城区幼儿园招生服务区域，为服务区内的幼儿，提供学额保障，确保优先入园。

深化幼儿园课程改革，提高幼儿园课程建设意识，开展幼儿园课程游戏化建设。2016年，全区申报市级课程游戏化项目2个，围绕幼儿园课程游戏化积极开展幼儿教师特别是农村幼儿教师专业培训，提高教师课程设计和组织实施能力。30多位教师在省、市幼儿教师优课评选、基本功大赛活动中获奖，60多位教师在省、市幼儿教育优秀论文评选中获奖。 （张梅叶）

·义务教育·

【概况】 2016年，全区义务教育阶段学校计24所，其中小学10所（另有9所教学点）、九年一贯制学校8所、初中5所、特殊教育学校1所。学生总数43459人，其中小学32827人、初中10632人。小学入学率、巩固率、毕业率、升学皆为100%。初中入学率100%，巩固率99.04%，毕业率100%，升学率98.3%。根据新型城镇化、人口流动、“单独二孩”、新农村建设等带来的生源变化，邀请宿迁市城市规划院谋划《宿豫中心城区教育设施布局规划（2015—2030）》，优化城区义务教育学校、幼儿园规划布局，满足适龄儿童、少年就地就近入学需要，提升宿豫城区教育发展水平和服务能力。同时，根据“十三五”教育发展需求，拟定《“十三五”期间宿豫主城区教育布局方案》，并报区委区政府批准，拟在“十三五”期间建设幼儿园8所、小学4所、初中1所。2016年暑期，按照免试就近入学的要求，对城区小学施教区进行调整，为有序做好招生工作提供保障。

【素质教育】 出台《关于深入开展中华优秀传统文化主题教育活动的指导意见》，推进国学经典传承。以“大讲堂、小书院”为载体，开展优秀传统文化教育活动，定期组织学生开展经典篇目、诗词歌赋、琴棋书画等国学专题教育，吸收民族文化智慧，提升道德情操和国家情怀。5月25日，市文明办在宿豫区第一实小举办全市未成年人成长仪式教育现场观摩活动；9月20日，在宿豫实小举行了全区未成年人入学仪式教育现场观摩活动。2016年，全区中考成绩持续位居全市前列，全市中考前十名宿豫区占有四名。区教育局先后获“第十一届江苏省少年儿童书信文化活动优秀组织奖”“宿迁市青少年科技创新大赛优秀组织奖”“全市红领巾读书征文组织奖”。

【教育惠民】 在省教育厅、省统计局联合发布的江苏省教育现代化建设监测报告中，宿豫区教育现代化建设监测综合得分79.80分，位居全市第一，高于全省平均水平，在全市增幅最大。推进“全面改薄”（全面改善贫困地区义务教育薄弱学校基本办学条件）工作，2016年，全区中小学“全面改薄”主要实施项目为新庄中心学校、大兴初级中学、陆集中心学校3幢综合楼和高新区小学食堂建设及宿豫张家港实小、关庙中心学校等学校装备配备，投入到位资金2755.63万元。

【品牌学校创建】 全面贯彻落实《义务教育学校管理标准》《江苏省中小学管理规范》，落实“五严”规定，严格执行《宿迁市中小学教辅材料推荐目录》和教辅资料“一科一辅”规定，切实规范办学行为，开足开齐各类课程。创建市精致管理达标学校5所；创建市级小学特色文化项目1个；创建市薄弱初中课程建设项目1个；创成省级绿色学校2所，创成市级绿色学校2所；创建市级中小学优秀心理咨询室2个、示范心理咨询室2个。

链接：

“五严”：严格禁止下达高（中）考升学指标、严格控制学生在校集中教学活动时间、严格执行国家课程计划、严格规范考试和招生管理、严格制止义务教育办学中的违法行为。

【校园文化】 实施校园文化建设工程，扎实推进“一校一品”特色文化和学生社团活动建设。宿豫张家港实小的科技教育、大兴中心小学的少年足球、保安中心学校的象棋、丁嘴中心学校的书法教学、来龙初中的“善”文化、第一实小的绿色生命教育等已经获得了较好成果。大兴中心小学成为欧亚校园足球促进会会员单位，带动全区9所中小学入选全国校园足球特色学校。宿豫张家港实小先后荣获“省科技教育特色学校”“省艺术教育特色学校”，大兴中心小学、宿豫第一实验小学、丁嘴中心学校、保安中心学校先后成功申报省级特色文化建设项目。

2016年宿豫区义务教育情况一览

表46

学　　校	校　长	地址	教职工数	学生人数	班级数	新生人数	新生班级数
宿迁市宿豫区顺河中心小学	刘　芳	顺河镇卓圩街	133	1758	38	317	7
宿迁市宿豫区顺河第二中心小学（宿豫区张家港实小）	凌朝阳	宿豫区长江路	240	3990	80	780	18
宿迁市宿豫区仰化中心小学	张成红	仰化镇仰化街北首	98	1506	32	277	6
宿迁市宿豫区大兴中心小学	徐　铸	大兴镇大兴街南首	128	2891	67	567	13
宿迁市宿豫区来龙中心小学	肖　辉	来龙镇来龙街北首	157	2503	52	571	11
江苏宿豫经济开发区中心小学	罗乾喜	开发区罗桥居委会	54	879	18	162	3
宿迁市宿豫区启明实验学校	卓新胜	生态化工科技产业园区	36	412	11	117	3
宿迁市宿豫区第一实验小学	高　翔	宿豫区燕山路	142	2885	62	749	15
宿迁市宿豫区实验小学	张海燕	宿豫区黄浦江路	179	3529	76	504	11
宿迁市宿豫区文昌小学	朱秀玲	宿豫区学海路	52	1068	22	657	14
宿迁市宿豫区第一初级中学	王　彬	宿豫区江山大道2号	147	1562	33	597	12
宿迁市宿豫区仰化初级中学	韩荣华	仰化镇仰化街北首	71	513	13	153	4
宿迁市宿豫区大兴第一初级中学	汪生东	大兴镇大兴街	84	456	11	138	3
宿迁市宿豫区来龙初级中学	刘成宇	来龙镇来龙街	30	344	9	102	3
宿迁市宿豫区关庙中心学校	魏　强	关庙镇关庙街	168	2447	54	618	11
宿迁市宿豫区侍岭中心学校	胡永成	侍岭镇侍岭街	155	1629	47	414	9

续表46

学　校	校　长	地址	教职工数	学生人数	班级数	新生人数	新生班级数
宿迁市宿豫区实验初级中学	刘　晨	宿豫教育园区	341	4752	96	1814	36
宿迁市宿豫区陆集中心学校	董　凯	陆集镇陆集街南首	182	2226	51	466	11
宿迁市宿豫区丁嘴中心学校	金庆军	丁嘴镇丁嘴街西首	151	2008	47	481	12
宿迁市宿豫区保安中心学校	王一连	保安乡保安街西首	93	1329	32	302	8
宿迁市宿豫区曹集中心学校	刘立华	曹集乡曹集街	164	1875	46	460	11
宿迁市宿豫区新庄中心学校	李先迎	新庄镇新庄街	97	1118	28	709	7
宿迁市宿豫区宿北中学	邹金山	来龙镇来龙街西首	101	2006	41	484	10

·特殊教育·

【概况】 宿豫区特殊教育学校是宿迁中心城区唯一一所集聋学前教育、义务教育、职业高中教育和盲义务教育为一体的九年一贯制特殊教育学校。学校在校生134人，占地面积50亩，校舍建筑面积1.3万余平方米。学校有教职工54人，其中专任教师47人，教师学历合格率100%，有全国优秀教师1名，省特殊教育先进工作者2名，市、区先进教育工作者6名，市级名教师3名、市级学科带头人4名、骨干教师8名。学校秉持“让每一个生命都绽放光彩”的办学理念，坚持以人为本，以科研为先导，有国家级课题2项，省级课题3项，市、区级课题3项。承担省特殊教育发展工程建设项目2个，烹饪培训基地与餐饮实训基地建设的办学条件改善项目、听觉言语康复室与语言康复教室建设的医教结合实验项目。

【按需供教】 学校先后为听障残疾学生开办聋人烹饪职业课程，为视障学生开办盲人按摩职业课程。保障音乐、美术和体育等艺体特长生发展，盲生李桂枝和聋生徐超两名体育特长生被选送到省盲人游泳和聋人自行车队参加集训，2人在各自运动领域都获得优异成绩，为学校争得荣誉。

【特教体系完善】 宿豫特殊教育重点向着职业技能教育发展，学校开办职业教育班3个、盲人按摩和聋人烹饪职业教育项目2个，职教成果显著，“小龙人”餐饮项目成功营业，多次接受各级主管部门检查指导和省市级媒体多次报道，受到学生家长和社会的高度认可。（叶　飞）

·职业教育·

【校企合作】 职业中专与域内的京东、秀强、苏酒集团、北斗星通、南钢集团以及市外的奥特佳等大中型企业合作，先后开设“京东班”“秀强班”“南钢班”“奥特佳班”“中电二公司班”等特色班，与宿迁宝驰捷汽车服务有限公司宿豫分公司合作创办汽车修理厂等校内企业，拓展多样化工学结合人才培养模式。

【校校合作】 职业中专先后与苏州大学、南京师范大学、南京审计大学、三江学校、盐城工学校、淮阴师范学院等高校开展“3+2”“3+4”分段式人才培养，提高人才培养层次。2016年，联合办学班在校生规模已达635人。

【中德合作办学班开班】 职业中专与凤凰传媒集团合作，引进国际职业资格认证体系、职业教育理念和方法，成功签订中德合作办学协议，走出“技能+学历+国际证书”高技能人才培养特色化办学之路的实质性一步。2016年，首期中德合作办学班已招收学生60名。

【教学成果】 在2016年度全国职业院校技能大赛上，学生王玉获得冷拼与雕刻项目金牌，学院被市政府分别授予“技能大赛国赛金牌奖”“技能大赛省赛金牌奖”。在2016年全省对口高考中，学院本科上线人数达110人，上线人数连续17年位居全市第一，被市政府表彰为“高考对口升学质量一等奖”。2016年，职业中专成功承办全市职社教育工作会议和全省职业学校课堂教学大赛决赛（数学赛项），技师学院被市教育局表彰为“2015年办学实绩考评二等奖”。

【职教师资培养】 2016年，先后培养省级名师、省级领军人物、省级专家组成员、国赛教练等11人，省市级学科带头人、骨干教师42人；先后有34名教师荣获“省市级示范课”，86项国家和省、市、区级课题立项或结题，200多篇论文在省级以上刊物发表或获奖。区职社教研室获得“市政府高考对口升学质量贡献奖”。

【社会培训】 职业中专依托自身优质培训资源，开展劳动力转移培训、在职职工培训、退役士兵培训、电子商务网络创业培训等内容丰富的社会培训。2016年，学院共完成各级各类培训14290人次，先后被表彰为“全省退役士兵教育培训工作先进单位”“省双拥示范基地”等，先后创成江苏省农科教结合富民示范基地、江苏省级创业培训示范基地。 （熊继龙）

·社会教育·

【社会教育创建】 为迎接2017年省级社区示范区创建，对全区社区教育情况进行调查统计、汇总，全面了解区内社区教育情况。2016年，创建省级社区教育中心1所，新庄镇社区教育中心；创成省级居民学校4所，分别是陆集镇官庄居民学校、大兴启宇村居民学校、仰化镇仰化居委会居民学校、丁嘴镇丁嘴居委会居民学校。

【社会教育成果】 组织全区社区教育中心参加省社区教育实践创新工作项目案例评选工作，经过多轮评选，精选四篇上报市局参赛。配合市教育局开展全民终身活动周活动遴选，并上报2016年“百姓学习之星”“终身学习品牌项目”，两位教师获得“百姓学习之星”，区内社区学院全民创业培训基地获得市“终身学习品牌项目”。2016年，区教育局获得“江苏省社会教育宣传工作先进集体”，4人获得“江苏省社会教育宣传工作先进个人”称号。

【社会教育培训】 联系各乡镇社区教育中心，精心做好2016年非全日制涉农专业中专学历教育培训工作。完成全区农村精神文明建设培训1.79万人次、农村实用技术培训0.9万人次，退役军人培训率98%、为市内输送毕业生和短训学员1500人。开展2015年度全国企业职工教育培训统计工作，在全区企业范围内调查了25家企业，调查职工总数16470人，全区职工教育总经费1474.7万元，占职工工资总额的1.9%。

（熊继龙）

·体育健身·

【体育设施】 强化公共体育设施建设，进一步完善城区“10分钟健身圈”布局，完成城区健身设施地面提档升级工程，硬化和软化地面2000平方米，更新健身路径8套，新建成宿豫实验初级中学等学校笼式足球场3片，丁嘴等乡镇笼式足球场6片；安装室内外乒乓球桌21张；建成乡镇多功能运动场（体育公园）3个、村居篮球场18片，新增健身器材26套。

【全民健身】 着力构建政府引导、社会支持、群众参与的全民健身格局，引导广大群众自觉参加各类健身活动和体育比赛。开展群众喜闻乐见的全民健身系列活动，实施“月月有比赛，周周有活动”计划，办好元旦万人长跑、市民绿色健身日、全国全民健身日、户外运动节等活动。新审批成立区广场舞协会等体育社团2个，配合开办柔力球、广场舞、排舞、健身气功和大学生村官等社会体育指导员培训班，新增一级、二级社会体育指导员432名。

（冯振国）

【学校体育】 2016年宿豫区学校体育工作围绕“保安全、提质量、创特色、塑精品”工作目标，面向全区中小学推行校园体育“1+X”工程。制订《宿豫区中小学体育“1+X”特色项目实施方案》，开展全区中小学体育“1+X”特色项目申报与创建活动，每所学校结合体育特色项目确定1项体育特色发展项目和2项以上体育运动队。1项特色项目在学生中得到广泛普及，创新活动内容和形式，围绕特色项目深入开展体育教学，大课间活动、课外活动、课余训练和校园竞赛等，打造学校体育特色品牌。大兴中心小学、宿豫实验小学分别荣获江苏省足球大课间视频评比一、二等奖。高新区中心小学、丁嘴中心学校、实验初级中学3所中小学获批“全国校园足球特色学校”。大兴中心小学被教育部授予“第一批全国学校体育工作示范学校”。开展宿豫区“区长杯”校园足球联赛，实施校园足球预赛主客场保晋级赛制，年度区级联赛264场，有效提升足球竞赛质量和运动技术水平。大兴中心小学足球队荣获江苏省苏宁足球俱乐部“汝康杯”比赛亚军，在宿迁市“市长杯”校园足球联赛中，大兴中心小学荣获小学足球男女4个冠军、宿豫第一初级中学荣获初中男子足球冠军，实验初级中学荣获初中女子足球冠军。8名球员参加江苏省代表队，在由中国足球协会和国际奥林匹克体育中心主办的“青禾杯”2016全国青少年足球冠军杯赛中获得全国一等奖。在宿迁市阳光体育联赛足球比赛中，大兴中心小学分别荣获小学男子组、女子组亚军，宿豫第一初级中学荣获初中男子足球冠军，实验初级中学荣获初中女子足球亚军。成功举办“蒙牛杯”2016年宿豫区青少年校园足球邀请赛，邀请学校涉及苏北五市；由宿豫区推荐的《苏北五市绿茵“足”梦——“蒙牛杯”2016年宿豫区青少年校园足球邀请赛宣传典型案例》，荣获“江苏省2016年度体育宣传案例优秀案例”。开展中小学生篮球校际交流赛，深入推进篮球进校园活动，在宿迁市阳光体育联赛篮球比赛中，曹集中心学校女篮荣获初中组亚军，关庙中心学校男篮、侍岭中心学校女篮荣获小学组季军。全面推行《国家学生体质健康标准》学生身体素质抽测制度，为全面掌握全区学生体质健康状况，衡量体育教学成果，促进学校体育工作发挥重要作用。

（张　驰）

【体育赛事】 2016年，宿豫区成功承办四项国家级体育赛事，提高宿豫知名度。5月8日承办中国宿迁骆马湖“乐钓江苏”四季精英赛（春赛），此次比赛被国家钓鱼协会列为国家级四类钓鱼赛事。5月26日，名为“时尚瑜伽——健康宿迁”的健身瑜珈公开赛在宿豫区文化大剧院开赛，该比赛是由国家体育总局举办的全国首届健身瑜珈公开赛，云集了全国900余名健身瑜伽高手。7月30—31日，“江阴周庄”2016年中国体育彩票全国象棋业余棋王赛，“乐在其中”江苏赛区宿迁站宿豫分站赛在宿豫区体育馆举办。8月27日，由宿豫区人民政府与北京三夫户外联手打造的“2016首届中国宿迁荧光半程马拉松”举行，这是顶级荧光马拉松赛事。中央电视台体育频道和英语频道、北京电视台体育频道、《北京晚报》、人民网、新华社、《中国体育报》等多家国内知名媒体进行宣传报道。

（方　猛）

文化·传媒

·综　述·

【概况】 2016年5月，区文化馆被省委宣传部、省文化厅、省新闻出版广电局评为“江苏省第五届服务农民、服务基层文化建设先进集体”荣誉称号；9月，区文广新局被省文明委评为“江苏省文明单位”；12月，文化行政执法卷被省文化厅评为“优秀案卷”。

【文化人才培养】 开展第五届“文化名家”选拔工作，共推荐陈兆安、王秀营、王春明等在文化领域取得显著成绩文化名家候选人14名，充实宿豫文化名家库。召开文化名家座谈会，组织历届本土拔尖人才“文化名家”代表10名同志围绕“发挥名家效应、推进文化繁荣”主题进行交流发言。开展文化名家服务月活动，组织师徒结对、专业培训、采风创作以及送文化走进社区、走进学校等，服务经济社会发展，发挥文化名家示范引导功能。开展全区乡镇（街道）综合文化站站长培训活动，邀请市局专家就全民阅读、摄影艺术创作进行授课，受到学员一致好评。　　（丁　玲）

·文化设施建设·

【公共文化服务网络建设】 全区13个综合文化站正常开放，为基层开展各类群众文化活动提供主阵地。启动乡镇综合性文化服务中心建设，明确大兴镇作为试点并率先建成。推进行政村和社区综合文化服务中心建设，2016年建成30个。推进乡镇特色文化广场建设，2016年豫新街道、顺河街道、下相街道、陆集镇、仰化镇、大兴镇、丁嘴镇、关庙镇、来龙镇、新庄镇、保安乡、曹集乡建成，侍岭镇完成规划。启动农村文化大院建设，2016年，建成3个，即侍岭镇徐效章民俗文化大院、陆集镇罗乾国文化大院、顺河街道卓圩文化大院。

【区图书馆当当分馆建成开放】 2016年2月，在区委、区政府和宿迁电子商务产业园的支持、帮助下，当当网向区图书馆捐赠10万册图书，并在当当大厦一层建立面积600平方米的开放式“书吧”，利用“书吧”筹建区图书馆当当分馆。区图书馆与当当分馆实现“资源共享、通借通还”，查阅各图书馆的馆藏信息和借阅信息。

区图书馆当当分馆一角

【城乡图书通借通还试点】 完成64个农家书屋与区图书馆资源共享、通借通还建设工作，通过半年多工作开展，完成了选点、设备统一采购、图书编目加工、安装端口软件等系列工作。64个农家书屋已全部纳入区图书馆总分馆体系，通过“一卡通”服务和统一流转平台，实现区图书馆总馆和村（社区）农家书屋分馆图书管理的互联互通和借阅的通借通还。读者可以就近到区图书馆和任一农家书屋办理借阅证，可凭此证到总馆和任一分馆借书，并就近还书。

【文化馆】 2015年5月18日，宿豫区文化馆在文化部组织开展的第四次全国文化馆评估定级工作中，被评为国家一级文化馆，2016年6月接到奖牌。宿豫区文化馆人员共计9人，2016全年，先后举办、联办各类文艺演出67场，广场文化节演出活动6场，参与市级以上群文赛事6场次，开展免费培训班两轮，开展流动辅导100课时，组织大型文艺演出活动9场。全年组织文艺活动参加人次达10000人次。举办展览4场，组织公益讲座10场，观众达2.8万人次；培训1400余人次，发现和培养文艺新人10多人。（丁　玲　徐春雷　赵大虎　陈　元）

宿豫区被文化部评估定为2015-2018年度国家一级文化馆

·公共文化·

【主题纪念活动】 6月30日，在宿豫区文化馆举办宿豫区纪念中国红军长征胜利80周年暨建市20周年书法美术摄影作品展。本次活动得到全区书法美术摄影专业人员及业余爱好者的踊跃参与，征稿期间收到各类投稿作品224幅（组）。经过专家评选，其中共有78幅作品在本次活动中获奖或入展，作品紧扣活动主题，表现形式丰富多样，诠释广大干群对长征精神的感悟和继承，彰显建市20年的光辉历程。

【文化“三送”活动】 完成2016年农村电影公益放映政府采购工作，139个电影固定放映点确定和系统设置工作按期完成，7—9月共完成50余场红色电影放映工作。全年共完成送电影下乡1056场次，完成送戏4轮44场，送图书8000册。

送戏下乡

【文艺创作】 组织创作《空巢》等语言类剧节目50个，在《宿迁剧目》上发表作品31个。编印《宿豫剧目》两期，《“张家港宿豫工业园区”成立十周年剧目创作专辑》一期，刊载创作剧节目40余个。开展“聚焦三大建设，赞颂辉煌宿豫”剧作采风行活动2次、大型改稿活动6次。组织作品参加“江苏省2016年新剧本征选、2016年度宿迁市优秀精品剧目创作奖”。继续保持全市“三个第一”：即投稿量第一、宿迁剧目发表数第一、参评作品数第一。

（丁　玲　王　姬　陈玥文）

·文化遗产保护·

【不可移动文物保护】 不可移动文物保护点总

数达51处，市级文物保护单位12处，区级文物保护单位39处。

【全国第一次可移动文物普查】 成立宿豫区文物普查小组2个，投入经费10万元，对全区企事业单位开展可移动文物普查，普查的内容包括古代史类、民俗类、革命史类、当代史类和古生物化石类。全区共普查出可移动文物9件，对普查出的不可移动文物进行登记造册。区博物馆拥有馆藏文物31件、主要陶罐23件、铜镜3件、瓷器5件登记造册。

【非物质文化遗产保护传承】 全区有省级非物质文化遗产名录项目4个、保护单位1个，市级非物质文化遗产名录项目12个、保护单位10个，县区级非物质文化遗产名录项目16个、保护单位8个。全年举办各类宣传展示活动计5次，参与人次达3800人次。全区有各类非物质文化遗产健在代表性传承人99人，学徒1920人。联合教育部门做好非物质文化遗产进校园传承活动并取得显著成绩。侍岭小学的琴书《凿壁借光》荣获第六届江苏省少儿曲艺大赛二等奖；丁嘴中心校的跑驴、大兴中心校的旱船参加全区第二届文化艺术节荣获二等奖；剪纸传承人张红、王丽及其培养的学生参加全市“美丽中国梦”“建市二十周年”等多项赛事并荣获奖项。泥塑、舞龙等10多个非遗传承场所传承发展，不断培养壮大传承人。组织郝氏泥塑第四代传承人郝欢欢参加文化部组织的中国非遗传承人群研修研习培训班，郝氏泥塑传承人郝钧的作品荣获第四届全国非物质文化遗产博览会传统工艺类项目二等奖；豫苑社区舞龙被确定为全市重点传承项目。依托区老年大学建设丁嘴跑驴传承基地，新培养传承人20多名。（陆敬伟　徐春雷）

·文化管理·

【行政审批】 完成2家出版物经营单位、5家互联网上网服务营业场所和1家演出场所的行政审批许可工作。组织全区30余家印刷企业、20余家出版物经营单位完成年度核验工作。做好《政务服务事项管理平台》456项行政权力信息上传工作。完成2016年新增行政许可企业信用信息“双公示”和信用数据工作。

【文化市场管理】 2016年，开展各类专项整治行动8次，检查各类文化经营主体850余家次，下发整改通知书18份，行政处罚49件，为全国文明城市创建营造良好社会文化环境。先后对8个居民小区的“小耳朵”（即小型室外天线）进行集中清理，共拆除收回“小耳朵”900余套。

【版权管理】 开展省级版权依法行政示范点创建工作，严格执法程序、规范执法行为。推进“扫黄打非”进社区、进乡镇，开展联合执法，打击非法经营行为。先后开展出版物市场和网络文化环境等专项治理行动，共出动检查人员50余人次，检查出版物市场、印刷复制企业140家次，收缴非法出版物700余件。组织开展全国侵权盗版及非法出版物集中销毁活动，共销毁侵权盗版及各类非法出版物14500余件。（王　姬　张　磊）

·社科工作·

【概况】 11月，省社科联在宿迁市举办第十四届省社科苏北专场论文专场研讨会，宿豫区围绕“一带一路背景下的苏北发展”主题，筛选全区6篇相关论文报送组委会，有1篇论文荣获三等奖；以宿豫农村电商发展为主题的论文被省社科联成功立项，并获得省社科联经费资助；出版《项羽文化研究》杂志4期、《武圣情圣》专著1本、收集国内外专家学者论文109篇。

【“国学讲堂”创品牌】 2016年，区社科联以

“国学讲堂”活动为主要抓手，以弘扬传统文化为切入，全力打造“国学讲堂”文化品牌。构建三层级国学讲堂，实现国学教育机构纵向全覆盖，全方位立体化宣传，实现国学教育受众横向全覆盖，通过群众需求与优势资源两结合的多元化课程设置，将传统的要我学转变为我要学。“国学讲堂”活动荣获全省社科系统工作创新奖。

【倪瑞璇诗歌研讨会】 7月21日下午，由宿豫区委宣传部主办，宿迁市西楚文化研究会承办的倪瑞璇诗歌研讨会在宿豫区举办。研讨会上，专家学者围绕倪瑞璇诗歌艺术的人文特点和时代精神等议题展开讨论，对推进倪瑞璇诗歌研究起到一定的推进作用。

【项羽文化研究高峰论坛暨第二次会员代表大会召开】 12月27日上午，中国·宿豫项羽文化研究高峰论坛在宿豫区举行。北京大学历史系教授、博导、中共中央统战部机关党委常委岳庆平，市委宣传部副部长、市社科联主席周长胜，区领导刘士武、袁昌华、王占军、徐海涛、刘培禄等出席活动。12月27日下午，江苏省项羽文化研究会第二次会员代表大会召开。省社科联副主席徐之顺，区领导徐海涛、刘培禄等出席会议。会上，岳庆平作《第一届江苏省项羽文化研究会理事会工作报告》；会议表决通过新章程；表决通过选举办法和监票人、计票人名单；选举第二届理事会、常务理事会及监事；选举苏州大学臧知非教授为江苏省项羽文化研究会第二届会长，同时选出副会长、秘书长和副秘书长。（邱肖洁）

·新闻工作·

【对外宣传】 2016年，全区在《人民日报》用稿6篇；在《农民日报》用稿17篇；在《光明日报》《经济日报》等用稿8篇；在《新华日报》用稿113篇，其中头版头条1篇，头版头题1篇，头版4篇；在《宿迁日报》头版和要闻版用稿768篇，其中头版头条11篇，专版3版。电视媒体宣传方面，全区全年在央视用稿20条，其中《新闻联播》2条；在江苏卫视用稿122条，其中《江苏新时空》34条。区委宣传部何可、朱瑞被新华日报社表彰为年度优秀通讯员，同时朱瑞还被新华报业传媒集团表彰为“优秀特约摄影师”。在2016年度江苏省优秀新闻摄影评选中，朱瑞的《迎战“双11”，京东无人机送快递》荣获铜奖；在2016江苏省“点赞最美阅读空间”摄影大赛中，朱瑞的《电子产业园当当书吧》荣获社会组三等奖。

【专题宣传】 2016年，在《宿迁日报》和《新华日报》等媒体进行多个专版或专题宣传展示宿豫20年来改革成效；牵头拍摄《空中看宿豫》专题宣传片，展现我区重要自然景观、工业、农业、交通、城建等方面的新亮点、新成就；牵头拍摄《情牵宿豫——张家港·宿豫南北共建16周年暨张家港宿豫工业园区成立十周年》专题片，全方位展示结对共建成果；会同区电视台、区创文办拍摄制作播出11期《创文曝光台》和5期《创文风景线》专题节目，推动文明创建薄弱环节和卫生死角的快速整改。

【新媒体宣传】 2016年，优化宿豫发布和“速新闻”宿豫板块栏目内容，宿豫发布全新改版，新增15个子栏目和便民服务工程，宿豫发布关注用户超过3万人次。推动新兴媒体建设，全区70余家单位和部门实现微信公众号、速新闻、交汇点使用全覆盖，开设文明创建、“两学一做”“贯彻落实党代会”等近20个特色栏目，宣传区委区政府特色和亮点工作。全年宿豫发布共推送新闻355期，推送新闻1256条，微信传播影响力指数排名全市连续领先。

【舆论引导】 2016年，区新闻办、区新闻中心、区网信办和新闻科相互联动、密切配合，全力做好新闻舆情和网络舆情引导处置工作。全

2016年宿豫区省级以上主流平面媒体用稿情况一览

表47

序号	媒体名称	作　品　名　称	刊发时间	版面	作　　者
1	《人民日报》	《京东开动电商快车，让农产品更好卖——再也不担心黄花菜凉了》	1月18日	18	王　观
2	《人民日报》	《宿迁宿豫镇村干部接受群众现场质询》	2月28日	11	何首君　林　松　杨安成
3	《人民日报》	《广博控股集团王利平代表：激发企业创新动力》	3月10日	5	王比学
4	《人民日报》	《宿豫设立“诚信维权驿站”（图片新闻）》	5月11日	19	朱瑞君　蔡威乔
5	《人民日报》	《江苏宿豫首届网民节网民唱主角》	7月22日	6	王伟健　施克江
6	《人民日报》	《江苏宿豫寻访党员红色老物件》	8月17日	7	姚雪青　曹　原　乔丛继
7	《光明日报》	《“小举措”带来“大成效”——看宿迁宿豫的精细化城市管理》	2月7日	3	郑晋鸣　李　薇
8	《光明日报》	《江苏：好家训引领新风尚》	2月25日	1	郑晋鸣
9	《光明日报》	《儒商卢秀强：传统美德的守望者》	2月28日	3	郑晋鸣　张　玲
10	《光明日报》	《江苏宿迁广博控股集团有限公司董事长王利平代表：网贷监管亟须补齐短板》	3月8日	7	殷　泓
11	《光明日报》	《创新不是为了拿名次——全国大学生移动应用大赛总决赛侧记》	12月20日	7	陈海波　郑晋鸣
12	《经济日报》	《王利平代表：多举措提振企业创新积极性》	3月7日	7	韩秉志
13	《经济日报》	《京东完成首单无人机配送　品质消费倒逼电商升级》	7月5日	11	祝　伟
14	《经济日报》	《加快构建具有区域特色的现代产业体系苏北跨越赶超再提速》	8月20日	1	薛海燕
15	《农民日报》	《宿豫区全力推进“特色镇村”建设》	2月3日	2	何首君　杨安成　张立峰
16	《农民日报》	《宿迁市宿豫区：借招聘抢占“智”高点》	2月19日	3	王　彪
17	《农民日报》	《宿豫区新庄镇“杉荷园”的莲藕正在采摘上市（图片新闻）》	3月2日	2	朱瑞君　杨安成
18	《农民日报》	《宿迁打造“互联网+”全民创业新高地》	3月21日	2	沈建华　陈　兵
19	《农民日报》	《宿豫采取“支部+电商+合作社”发展观赏高效农业（图片新闻）》	4月14日	3	朱瑞君　高行科
20	《农民日报》	《顺河街道开展“学党章、交党费、亮身份”活动（图片新闻）》	5月3日	4	何首君　高行科
21	《农民日报》	《用“品质革命”推动“精品制造”——来自江苏宿迁宿豫区龙头企业提质转型的调查》	6月14日	4	何首君　张少剑　张春雷　陈　兵
22	《农民日报》	《江苏宿迁市宝华合作社做强粉皮产销》	7月5日	5	郑思佳
23	《农民日报》	《宿豫打造肉鸡特色农业主导产业》	7月19日	3	杨安成　戴　浩
24	《农民日报》	《宿豫中运河风光带的树木上安装放蜂袋（图片新闻）》	7月21日	6	朱　瑞
25	《农民日报》	《大兴镇：学习教育接地气》	8月19日	6	林德学　张　阳

续表47

序号	媒体名称	作品名称	刊发时间	版面	作者
26	《农民日报》	《宿迁市宿豫区严管农村红白喜事“流水	8月19日	3	何首君　吴爱梅
27	《农民日报》	《宿迁市宿豫区跻身出口食品农产品质量安全示范区》	9月29日	3	何首君　吕宏生
28	《农民日报》	《江苏宿迁：被盗农资等集中发还原主人》	10月21日	8	孙东城
29	《农民日报》	《宿豫区开设“国学讲堂”提升基层文化工作者素质》	10月22日	7	张　杰
30	《农民日报》	《江苏宿迁帮助农民识别防范“电诈”》	11月18日	8	孙东城
31	《农民日报》	《岁末年尾防“盗骗”》	12月23日	8	孙东城
32	《新华日报》	《宿豫：互联网经济风生水起》	4月17日	头版头条	陈炳山　徐明泽　孙　巡　何首君　王　超　朱　瑞
33	《新华日报》	《重大项目年度目标完成逾九成——宿豫快马加鞭推进“工业强区”》	9月11日	头版头题	刘宏奇　徐明泽　何首君　朱　瑞　王　超

年先后成功处置国家级、省级等媒体到宿豫采访企业欠薪、新沂河采砂等多起突发事件及较大舆情20余次。（朱　瑞　盛高明）

·广播电视·

【概况】 宿豫区广播电视台成立于1956年，为全民事业单位。全台在编47人、台聘75人，其中，持证记者9人、中级职称9人、初级职称28人。台内设办公室、总编办、广播电视新闻宣传中心、电视节目中心、广播节目中心、广播电视技术播控中心、广播电视经营服务中心、大型活动部、网络运营中心等9个部门。

2016年11月8日，宿豫区第十七个中国记者节暨宿豫广播电视台建台六十周年庆祝表彰活动

2016年，是宿豫区广播电视台建台60周年。11月8日，宿豫电视台在中国第17个中国记者节来临之际，举办宿豫区第十七个中国记者节暨宿豫广播电视台建台六十周年庆祝表彰活动。

【电视宣传】 自主策划实施《新春走基层》《机关作风建设“百访千评”》《创建在行动》等系列报道和重点专栏30多个。2016年，共制作播出《宿豫新闻》节目365档，播发各类稿件3500多篇，播出各类专题稿件900多档。全年播发各类舆论监督稿件80余篇。大型电视问政政民互动栏目《民声在线》正式上线。打造好6档电视专题，先后制作《2015宿豫经济社会发展回眸》等宣传片25部。电视专题《生活》《冷暖人间》等进一步提质。全年共计在央视上稿21篇，其中《新闻联播》上稿2篇；在江苏卫视上稿112篇，其中《江苏新时空》上稿51篇；市广电总台上稿466篇。

【广播宣传】 2016年，宿迁爱心广播网（FM106.3）全年播出8700多小时，其中自办节目5100多小时。在市广电总台上稿158篇；江苏人民广播电台上稿4篇。改版广播节目，创办《八点听天下》《生活互助汇》《有车悦生活》《音乐加速度》等10档共10个小时直播节目，每天近五小时的录播节目，在岗人员8人。全年重点策划“学雷锋活动日”“世界自闭症日”“打击网络诈骗”“记者节”等特别节目。打造爱心广播品牌，《生活互助汇》通过定期邀请嘉宾走进直播室，关注老百姓热点难点话题，扩大社会反响。直播节目主动融入新媒体，利用微信公众号和听众互动。

【媒体融合】 2016年，创建宿豫广播电视台微信公众号（SYTV88），开发推广自己的APP，与其他手机终端软件结合，与国内知名视频运作平台对接合作，拓展传播途径，拓宽广播电视节目传播平台，实现手机移动端观看本台电视栏目即时播放和广播的在线收听。

【节目创优】 2016年，节目创优持续推进，全台共有21件广电作品在全市创优评选中获奖。其中，一等奖3件、二等奖11件、三等奖7件。多部作品被推荐到省里参评，《女孩也有足球梦》获江苏省社教类电视专题三等奖，广播特别节目《走进老兵》获得江苏省三等奖，《文明踏青》获2016年度江苏省广播节目技术质量奖广告类二等奖，《我们的抗战》《中国民乐——鼓乐》获2016年度江苏省广播节目技术质量奖语言类三等奖。2016年年初，宿豫广播电视台与黑龙江省电视台联合创作录制反映区内“江苏省道德模范”吴新建、吴佳妮事迹的广播剧《父亲》，冲刺省“五个一”工程奖。

【栏目创新】 2016年，加大节目改版创新力度，推动自办节目提质增效。对《宿豫新闻》栏目进行优化提升，创新动漫等制播方式。对经营创收类栏目，依托现有资源和新建的大型演播室，通过与单位、企业联办等方式，新上综艺等参与性强的栏目，提高节目质效。

【安全播出】 2016年，落实《广播电视安全播出值班制度》和《广播电视安全播出应急预案》，严格执行24小时值班制度，实行领导带班、技术员跟班、监播员值班制，确保广播电视安全。圆满完成“元旦”“春节”、全国“两会”“G20杭州峰会”“国庆节”和建党95周年等重大保障期安全播出和区委区政府重要会议、区“两会”直播任务，实现安全播出全年无事故目标。

【大型活动】 2016年，成功举办主题为《宿豫·我的家》“五一大型房展”活动。加强与区直部门的合作，先后与区机关工委、区科技局、区环保局、区残联等单位联办合办《两学一做》《创业创新大赛》、创建生态示范区知识竞赛及庆祝建党95周年歌咏大赛、新春团拜会等演出活动。协助江苏电视台完成了《江苏最美诚信之星——金辉》现场发布会录制，弘扬宿豫区普通乡村医生金辉义无反顾替父还债的诚信美德。

【基础设施】 2016年5月，《宿豫综合频道》继广电网络平台之后，接入中国电信宿迁分公司的IPTV平台，拓宽宿豫广播电视节目网络传输收视新平台。江苏省中央广播电视节目无线数字化覆盖工程项目建设总体技术方案获得批准，省多频网DS-43频道在区台选址发射。截至年底，已完成省多频网前期机房改造，包括供配电改造、铁塔维护、旧发射机拆除、省多频网发射机安装、UPS安装、编码器、信号监测设备等工程，届时宿豫群众可免费收看到23套无线数字电视节目。 （李思花）

·宿迁日报宿豫记者站·

【媒体专栏专版】 围绕区委提出的“工业强区、电商名城、幸福家园”的奋斗目标，专门开设“矢志不渝建设工业强区、电商名城、幸福家园”“求实务实抓落实、建设强富美高新宿豫”“建设特色乡镇打造美丽家园”“一把手话发展”“敢担当善作为快落实——扎实开展机关作风提升年活动”等特色专栏。

组织出版宿豫区两会、区委工作会宣传专版及会议特刊，对宿豫近年来的经济社会发展情况进行全方位宣传报道。做好《政府工作报告》的解读工作，组织记者对代表和委员进行专访，反映代表、委员心声。

【宣传宿豫】 对区四套班子领导活动，及时安排记者采访，经层层把关后上传到《中国宿豫》网站。为防止稿件中出现差错，出台《新闻成稿上网流程》并严格执行，形成主要领导活动稿件必经两办室审核的三审制，一般稿件两审制，从制度上明确责任主体和分工，强化责任意识，减少差错。2016年，宿豫记者站向《新华日报》投稿4篇，向《宿迁日报》头版及要闻版投稿72篇。（胡　春）

·江苏有线宿迁分公司宿豫管理部·

【概况】 宿豫管理部主要负责统筹全区市场营销宣传与乡镇有线电视服务站的日常经营管理工作。2016年，坚持“发展与整转”并举方针，净增有线电视用户1.75万户。

【有线电视网络工程】 2016年，江苏有线宿迁分公司工程技术部全面推进老旧小区网改网优与FTTH双向化改造工程。截至年底，宿豫区累计完成网络改造小区22个，完成20个行政村FTTH（光纤入户）试点工作，覆盖住户数近3万户。

【乡镇站形象标识规范】 2016年，按照省公司形象识别系统标准，对晓店、曹集、皂河等乡镇站营业厅进行标准化装修，形成统一的对外服务形象，打造人性化服务环境。（汪军良）

·网络管控·

【“网聚宿豫 豫见精彩”宿豫区首届网民节启动】 7月21日，2016年“网聚宿豫　豫见精彩”宿豫区首届网民节启动仪式在红星美凯龙广场举行，市委常委、宣传部部长赵正兰，区委书记、宿迁高新区党工委书记刘海红出席开幕式。

【网络舆情管控】 建立健全“预防预警、实时监控、及时引导”的全方位防控机制，坚持24小时舆情监测值班值守工作制度，每月定期发布舆情报告。统筹网信办、电子政务办、网监大队和宿豫论坛，加强信息互联互通和处置协同联动，每日梳理网络热点和网民诉求，编发《今日关注》，对涉事单位第一时间交办督办，注重线下处置，化解舆情根源。全年交办202起网络舆情，回应网民诉求1500余条。对重要舆情实行专报制度，做到“一事一报”“一帖一报”和“特事特报”，使舆情隐患不留死角、网民诉求不留盲区。加强网络发言人和网评员队伍建设，从网评员日常业务培训、网络发言人应急处置能力培训、重大舆情群演群练团队协同能力提升三个维度开展培训，为提升全区网络舆论引导能力提供经验支撑。同时，通过举办“网聚宿豫豫见精彩”首届网民节、“宿豫网民访机关”“网眼看宿豫”等活动，增进与网媒、网民的交流，营造健康网络文化环境。（邱肖洁）

·城乡规划·

【中心城区及高新区控制性详细规划编制】 深化中心城区及高新区控制性详细规划的编制与报批工作。其中，中心城区控制性详规初步成果已完成，区规委会审查后初步同意，又根据从各单位征求来的意见对控详规进行修改完善，报至市规委会审批。

【乡镇规划修编督导】 督促各乡镇做好总体规划及村庄建设规划编制工作。陆集、大兴、丁嘴、侍岭、曹集、保安等乡镇的总规修编已完成初稿；关庙、仰化的总规和控规修编已基本完成；新庄总规已经过专家论证，下一步报市政府审批；来龙的总规已审批通过。

【“一书三证”办理】 2016年，区规划分局紧紧围绕区“三大建设”战略部署，做好“建设用地规划许可证”“建设工程规划许可证”“乡村建设规划许可证”和“建设项目选址意见书”等“一书三证”审批办理工作。

2016年，共发放《项目选址意见书》35份、办理拍卖地块24个、建设用地规划许可证37份、建设工程规划许可证（副本）33份、规划核实21个、市政管线项目21个。

【规划服务】 完成梨园湾规划提升方案编制。对高新区控规及9个乡镇总规积极沟通对接，已形成论证成果，对乡镇中心广场出台指导性意见。8月，市里下达断头路改造工程，宿豫规划分局联合有关单位，对全区杆线、管网、分接线迁移进行现场位置指定，并出具有关导则。对接万达项目前期工作，就用地范围、容积率、建筑密度、停车位进行商讨，达成统一意见，对前期手续办理进行梳理并形成材料。

（林云久　王　艳）

·城乡建设·

【概况】 2016年，住建系统先后承担并完成的城区重点工程、交办重点工程、镇村建设工程项目54个，在产业培育工作中，建筑业实现总产值118亿元，其中省外建筑业产值53.68亿元，入库税收3.89亿元；房地产业完成投资额21.3亿元，实现入库税收6.25亿元，完成新开工面积83.54万平方米，竣工面积90.18万平方米。不断推进为民办实事工程建设，完成棚户区危旧房改造安置住房开工1529套，基本建成1529套，争取保障性安居工程配套基础设施建设中央预算内投资配套资金2324万元；完成小香港、御景山庄、宏成都市、锦华名园、豫苑小区等住宅小区物业整治提升；完成江山大道东侧五台山路北侧等4个地块房屋征收任务，完成征收总户数为220户；完成城区人行道、盲道和断头路道路通达工程32项，并作为标杆工程接受全市观摩；完成21处港湾式公交站台改造和城区26个公共自行车投放点供电接入工程；完成7条道路路灯新建工程。高标准完成了市、区园林绿化市重点工程项目共七大类20项绿化工程。新植乔灌木183万余株，新增绿地面积

7.4公顷，城市绿化覆盖率达43.9%、绿地率达40.1%，城市人均公园绿地面积达到15.21平方米。2016年，宿豫区住建局被宿豫区委、区政府表彰为区直机关绩效综合考评先进单位、重点工程推进先进单位、文明城市创建先进单位。（孙维兵）

【村镇建设】 年内，全区小城镇建设总投资约1.6亿元，建成住宅小区面积8.2万平方米。截至2016年年底，全区累计建成7万平方米以上、配套齐全、管理较完善的示范住宅小区共13个。年内，共争取到2个省级“美丽村庄示范项目”和一个省级“康居村庄”项目，获得省专项补助资金630万元，完成旱闸村美丽村庄示范建设工程。完成危房改造任务50户，争取国家农村危房改造补助金100.7万元。（薛　峰）

·市政建设·

【市政工程建设】 2016年，先后完成8项新建提升工程，城区道路建设3700米；完成雨污水管道建设10040米；新建改造面积16.3万平方米，工程总投资约6400.6万元。

【市政府通达工程】 全年共完成市政府共交办“三不通”（人行道、盲道不通，斑马线不通，道路不通）工程53项。在此基础上，全区查漏补缺，共排查出“三不通”问题112项（含市交办任务），其中人行道和盲道不通70项、斑马线不通39项、断头路3项，完成总投资1650万元。宿豫区作为市政府通达工程标杆工程示范点，接受全市观摩。

2016年宿豫区重点市政工程建设情况一览

表48

序号	道路名称	建设类别	建设内容	路段	路长（米）	路宽（米）	投资额（万元）
1	项王东路	提升	沥青路面铺设及侧平石更换	松花江路至江山大道	800	46	500
2	秀强桥南匝道	新建	沥青路面铺设及排水	—	375	10	130
3	京东大道北延	改造	道路、排水、亮化及绿化	武当山路至九华山路	500	30	900
4	九龙江路	新建	道路、排水、亮化及绿化	西湖东路至庐山路	1400	24	2000
5	项王东路	改造	道路、排水、亮化及绿化	清水江路至汉江路	514	46	900
6	黄浦江路	新建	雨污水管道铺设	尚阳城至燕山路北侧	1400	—	626.3
7	玉泉山路	新建	道路、排水、亮化及绿化	宿豫大道至张家港大道	1000	30	1500

【人行道板砖修复】 在文明城市创建过程中，区住建局先后完成人行道板砖修复21932.06平方米、沥青面层铺设5518.89平方米、混凝土路面铺设2632.6平方米、路牙石铺设1100.86米、平石铺设729.2米、压花路面1098.1平方米。（王芝晓）

【道路果壳箱安装】 2016年先后在项王东路、洪泽湖东路、金沙江路、长江路、公交站台安装果壳箱180只，共投入资金18万元。（胡玉朝）

【城市亮化建设】 2016年，实施项王东路（清水江路至汉江路）、长江路（庐山路至黄山路）、玉泉山路（清水江路至宿豫大道）、项王桥匝道、四号桥匝道以及新庄镇幸福路、华兰路、上海路等8条路灯新建工程，投资约280.2万元；实施对城区近6200盏路灯、68台路灯专用变压器的维修工作，共维修更换各类灯泡1816只、镇流器658只、触发器1377只、灯具103套、更换电缆杆线4648米，维修路灯3520盏，其中换钠灯泡934只、触发器1300只、镇流器891只、灯头395只，维修地埋电缆3100米，维修维护路灯专用变压器7台，更换路灯电脑控制器17台。全年，路灯维修投资约180万元。严格按照国家《城市道路照明设施管理规定》，实施24小时值班，发现问题及时通知维修公司维修处理，确保城区主、次干道亮灯率达99%以上，设施完好率达98%以上。（胡　杰）

·园林绿化·

【园林绿化建设】 2016年，完成珠江路绿化提升（洪泽湖路至韶山路），韶山路绿化提升（江山大道至珠江路），新庄产业园三条道路（上海路、华兰路、幸福路）、锦泰绿地、雨露绿地、地税广场、农林广场、信用广场、项王桥南匝道新建绿化、五台山路绿地提升改造，项王东路绿化（清水江路至汉江路），长江路南延段新建道路绿化，松花江路（项王路至庐山路）绿化工程、电商产业园廊架、千鸟园廊架、宿豫区金沙江路绿化改造工程等18项工程（不含零星小工程），总投资额约1000万元，新增绿地面积约7.4公顷（含居住区），绿化覆盖率达43.9%，绿地率达40.1%。（李　梦）

【城区园林绿化养护】 2016年9月，宿豫区绿化养护管理工作，由宿豫区裕安公司正式移交至宿豫区住建局。经区政府同意，并于2016年8月进行招投标，2016年9月9日中标单位进场开始正常的绿化养护工作，绿地养护面积约160万平方米。2016年9—12月，共恢复绿地6万余平方米，出动1.3万余人次，水车100余台次，区住建局出动考核人员80余人次。（李　锦）

·城市管理·

【城市环境综合整治】 城管分局牵头的城市环境综合整治工作得到省市表扬，并在2016年4月被江苏省城市环境综合整治工作推进小组评为2014—2015年度全省城市环境综合整治先进集体。2016年，宿豫区共上报9552项目10类33项，其中九整治7项，五规范9项，五优化17项，已全部完成。

【城区主干道沿线规范治理】 围绕招牌广告、建筑立面、城市家具、夜景亮化、工地围墙、标示标线和杆线等六个方面，投入1825万元对洪泽湖东路（四号桥至西楚大道）和项王东路（项王桥至江山大道）两条精品路进行整治。公众对本轮主街道城市形象提升工程满意度达90%以上。规范招牌广告，完成对道路两侧门头招牌拆除和改造出新392块，拆除大型跨街广告3个、楼顶广告字及墙体字45处、阅报栏9个、绿化带内公益广告牌57块、大型落地式广告牌4块、LED显示屏100块，全面清理沿线店面软贴、小广告等，有效净化城市环境，排除安全隐患。建筑立面规范出新。粉饰新道路两侧建筑立面57400平方米，清洗12500平方米；迁移规范空调外机270台，加装空调外机罩1190台。更新城市家具。改造港湾式公交站台5个；道路两侧体育设施添置塑胶地面3处；拆除精品路两侧的广告式果壳箱182个并安装新式果壳箱65个；迁移控制箱8个，新增添休闲座椅33处；纳入市区智能交通提升工程交通信号灯56处，对道路两侧的路灯、信号灯等加罩美化81个。推进亮化工作，改善城市夜景。粉饰出新路灯杆104处，主、次干道亮灯率达99%以上，设施完好率达98%以上，通过下发交办单的形式督促区住建局和属地街道对存在未正常亮化或亮化设施破损的楼体和景观监管整改到位。统一建设标准，美化工地围墙。需改造提升工地围墙共9处，目前按照市里的工地围墙提升标准，将围墙景观柱统一加高至2.7米，并采用文化石进行装饰；对墙面统一加高至2.5米，按照简约风格使用公益和宣传进行美化，画面采取喷绘为主，手绘为辅。开展绿化改造，美化城区环境。共补植榉树、乌桕、栾树、红叶李、垂丝海棠等乔木100余株，法桐72株，绿篱5100平方米，栽植红叶石楠、金森女贞、小叶栀子等低矮地被灌木4000平方米、草花1024平方米。

【镇村环境整治】 实施镇村提品升级改造"10+1"工程。集中解决镇区功能配套不全，容貌秩序混乱、车辆乱停乱放、占道经营现象严重及村庄长效管护力度减弱等问题。

截至年底，全区各乡镇（街道）镇区新增配备有明显标识的分类垃圾箱(桶)1900个，保洁员245人；铺设污水管网60千米，安装路灯600盏；拆除乱搭乱建、违章建设660处，清理街道、路边小广告7500处；整治车辆乱停乱放5500处，镇区主街道新划停车线1.6万米；集中治理店外经营、占道经营、流动摊点3400处。

推进村庄环境长效管护工作，1—10月各乡镇（顺河街道）共转运生活垃圾7.135万吨至光大环保或小岭垃圾处理场进行无害化处理，市级下达的任务量为4.26万吨，完成率为167%。全区农村地区生活垃圾集中转运及无害化处理率达97%以上，推进顺河街道、陆集镇农村生活垃圾分类收集试点示范工作。全区村居配备专职保洁人员达到1450人，所有1407个自然村村规民约、村庄铭牌全部上墙。通过区村整办考核，区财政拨付乡镇上半年农村生活垃圾转运奖补资金58.1万元，村庄环境长效管护奖补资金440万元。

组织相关乡镇对宿新高速沿线、S325省道、S324省道及老宿沭路、宿泗路、宿关线部分县乡主要道路沿线、集镇区出入口环境卫生进行整治提升。整治累计投入资金180万余元；投入人力12000人次、机械350台次；清除杂物、草垛3600处；清理、转运生活垃圾4500吨；拆除废弃猪圈、简易旱厕180个。

链接：

"10+1"工程：修编乡镇总规、控规，污水处理厂及配套管网建设工程，精品示范街建设工程，农贸市场改造及马路市场清理，市民文化、体育公园建设及绿化提升，乡镇医疗卫生及公共服务体系，公共厕所建设及户厕无害化改造，公益性墓地建设及文明殡葬，镇域环境及主要干道沿线整治提升，畜禽养殖场污染治理，新型社区建设及土地增减挂钩。

【便民疏导区建设】 在庐山路建设占地30亩的便民疏导区，建成后可为低收入群体提供就业岗位200多个，并能够有效解决城区流动摊点多、乱、脏问题，优化人居环境。

【公共自行车投放】 2016年，宿豫区共建设公共自行车站点29个，投放公共自行车600辆。截至年末，所有站点均已投入使用。

【违法建设管理】 2016年，初步排查存量违法建设13926平方米，累计拆除存量违法建设1930平方米；对建成区区域存在的3处正在施工的违法建筑实施强制停工。

【渣土管理】 宿豫城管分局在设立审批窗口的基础上，成立渣土大队，实行24小时道路巡查，对在建工地及渣土运输车辆进行监督检查。全年，共出动人员700余人次、60余车次，开展集中整治行动20余次。（朱海艳）

·数字化城市管理·

【概况】 区数字化城市管理指挥中心（以下简称中心）成立于2013年8月，主要职能是督促具有城市管理职能的专业部门做好城市管理工作。中心内设指挥派遣科和综合考评科两个科室，指挥派遣科负责区级数字化城管系统运行，将市数字化城市管理指挥监督中心批转案件派遣至相关专业部门处理，并将处理结果信息反馈到市监督中心；综合考评科结合数字化城管系统运行情况对相关专业部门的城市管理工作作出考核。2016年8月，中心增加编制1名，编制累计3名，其中副主任1名，主任由组织派遣担任。2016年1—3月，陈思军担任主任；4月—12月，张瑜担任主任。

【城市管理案件办理】 2016年度，全区数字化城管系统平台共受理市数字化城市管理指挥监督中心派遣案件14863件，与2016年度目标任务8000件相比，超出6863件，应结案数14816件，已结案数14291件，结案率达96.46%，与本年度目标任务95%相比，超出1.46%；按期结案数13575件，按期结案率91.62%，与本年度目标任务90%相比，超出1.62%。系统案件返工327件，占比2.2%；督办案件88件，占比0.59%。均控制在目标任务的5%以内，系统综合得分达到97.70分，超出目标任务2.70分。

【城市管理工作考核】 2016年，结合宿豫实际及时调整城市管理工作考核参与单位和考核办法，设定参与考核的单位共计19家，参照市级奖惩方式，各责任单位共缴纳、补齐城市管理保证金115万元。区财政每年安排城市管理工作专项奖补资金60万元，用于城市管理工作考核奖补及城管委办工作运行经费。城市管理考核实行“5+2+X”模式，考核得分＝数字化城管指挥中心系统得分×30%+城管委办组织考核得分×70%+加减分。

【城市管理队伍建设】 中心加强对内部及各责任单位相关人员业务知识培训，定期分析、研究上报信息质量，总结出一套规范信息派遣和案件处理工作指导性办法，全年组织业务知识教育及培训活动2次，案件派遣的准确率进一步提高。 （蔡　笑）

·环境保护·

【概况】 2016年，宿豫环保局以大气环境质量为核心，全面提升生态环境，环境质量总体趋稳，大气环境质量明显改善。全年，宿豫区共接到中央环保厅交办信访件11件、省环保厅交办件4件，均已经全部整改到位。在“两违”（违法违规）项目清理中，先后共排查出238个环保违法违规建设项目，开展专项清理工作。其中第一批206个两违项目已于11月底前完成清理工作，第二批补录的32个“两违”项目年底前也已完成。

【网格化环境监管格局建成】 出台宿豫区网格化环境监管实施方案，合理划分网络，落实人员编制。多次牵头召开工作推进会议，推动乡镇网格化环境监管办公室挂牌；定期召开网格化环境监管工作月例会，明确乡镇、街道、园区网格化环境监管职责，推动全区网格化环境监管工作全面铺开，初步形成二级、三级环境监管网格。加强对网格化环境监管人员的业务培训，指导乡镇、街道、园区环境监管队伍开展业务工作，推动四级网格的建立，逐步形成监管合力。

【环境质量】 大气环境质量。宿豫区空气环境质量实际有效监测天数为350天，其中优良天数245，达标率70.0%，同比增加8.7%，明显好于宿城区同期，远远高于省下达的上升1.1%的考核目标。PM2.5年平均浓度为54微克/立方米，同比下降11.5%，比考核基准年同期下降25%，超额完成考核目标，大气环境质量明显改善。

水环境质量。虽然省控、市控断面距离达标要求尚有一段距离，但是水环境质量持续恶化的趋势得到明显遏制，与上半年相比，下半年水质有所改善，工业废水达标整治、生活污水排查治理、畜禽养殖污染整治、污水处理能力提升等措施所产生的效果正逐步显现。

声环境质量。区域环境噪声均值为51.3分贝(A),交通噪声均值为62.1分贝(A),声环境质量持续稳定达标,达标率100%。

【环境监测】 开展13家国控污染源、13家涉重企业、71家市控企业废水、废气监督性监测工作;做好11个中央环保督察交办问题环境监测工作,加强化工园区监督监测力度,开展多轮专项执法监督性监测,以及六塘河、高新区、化工园区、城区地表水水质调查和监测;加强部门联动,配合城管部门完成7起餐饮油烟及KTV噪声扰民等信访问题环境监测工作。通过加强监督性监测成果运用,推动环保执法工作开展。

【环境执法】 开展废旧物资整治、两违项目整治清理、"十小"企业取缔整治、全区企业自动在线监控设施整治、化工园区企业专项执法检查、废气排放重点企业双随机检查、锅炉整治及证照联动等工作,加强企业环境突发事件应急处置管理培训,排查重点行业过剩产能,特别是劣质地条钢项目。排查清理废旧塑料行业企业43家,完成78家企业证照联动工作,督促完成38家企业安装在线监控,并组织通过验收。开展化工园区环境问题突出的各类企业专项执法检查,推动化工园区环境治理。全年累计征收排污费1210.5万元,同比增长7.2%,超额完成目标任务;立案处罚97起,累计处罚金额达648.9万元,已执行到位315.4万元,其中涉嫌污染环境罪案件2起、查封扣押2起、向宿城区人民法院申请强制执行5起、移送公安部门行政拘留案件2起。全年共受理各类环境信访投诉举报529件次,与去年相比略有增加,其中省环保厅交办信访件42件次,市政府12345热线361件次,12369热线59件次,调处率和回访率均为100%,办结率达98%以上。

【大气污染防治】 2016年,在环保局推动下,宿豫区就大气污染防治建立领导约谈制度和清单销号机制,实行大气污染防治重点工作包保制度。先后编制大气污染防治督查通报11期,下发交办单159份,媒体曝光10次,开展大气"双随机"夜查10次,先后启动重污染天气应急响应7次。已淘汰黄标车1040辆;取缔禁燃区煤炭经营店11家,转运清理燃煤达两万吨;实现7台20蒸吨以上锅炉联网,整治燃煤锅炉99台,禁燃区内10蒸吨以下锅炉全部整治到位;15项防治重点工程已全部完成。开展夏秋两季秸秆禁烧与综合利用工作。

【水污染防治】 2016年,对全区列入水环境功能区的14条河流水环境状况进行摸底调查,开展专项监测。同时,对全区86家特别是沿河重点废水排放企业开展污水集中处理设施和自动在线监控装置排查,严厉查处水环境违法行为;会同农业部门,对全区畜禽规模养殖场进行全面排查摸底,编制《宿豫区畜禽规模养殖场污染治理实施方案》。牵头建立水污染防治联席会议制度,制订实施水污染防治工作方案和年度实施计划,其中2016年度6项重点工程已完成4项,2项正在建设。

【化工园区环境整治】 为全面改善生态化工园区环境质量,宿豫区委托南京工业大学对生态化工园区企业进行全面调研和摸底排查,编制《江苏宿迁生态化工科技产业园区环保专项整治方案》和36家企业"一企一策"治理方案,并付诸实施。为提高园区日常和应急监测能力,采取购买服务形式,投资4000万元,与南京工业大学共同建立园区环境监测实验室和环境检测监控中心,园区已具备日常环境监测能力。

（朱袁义）

·建筑业·

【概况】2016年，全区建筑业实现总产值118.79亿元，建筑业从业人员3.7万人，企业营业额119.87亿元；房屋建筑施工面积885.49万平方米，其中新开工面积190.5万平方米，房屋建筑竣工面积517.56万平方米；宿豫区省外施工产值53.7亿元。截至年末，全区建筑企业总数已达64家，其中，施工总承包资质企业一级3家、二级14家、三级13家。专业承包企业一级2家、二级4家、三级17家、不分等级1家。劳务承包企业11家。全年，取得省级标准化工地9项，市级标准化工地20项，创市"项羽杯"奖10项，新开辟外埠市场10个。（叶志金）

【建筑行业管理】开展安全生产大检查13次，检查在建工程项目400余次，发出督促整改通知书200余份，局部停工通知书100余份，排查出各类隐患4000余项，责令停工整改项目31个，对安全隐患较多的2家建设单位、4家施工单位和2家监理单位上报市局载入不良记录，3家施工单位项目经理、1家监理单位总监记不良记录，1家施工单位项目经理全市通报批评。开展起重设备专项检查，共检查142台起重机械设备，其中塔吊88台、施工升降机22台、吊篮32台，针对存在问题现场下发《建设工程施工局部停工整改通知书》21份。开展建筑工地消防安全专项检查，共查出消防安全隐患36起，下达限期整改通知书36份，停工整改通知书18份。开展建筑业企业诚信平台建设。区建筑工程管理处开始对全市范围内的建设企业关键岗位人员实行实名制管理，利用身份证识别系统录入企业关键岗位人员信息，进一步筑牢建筑市场信用体系。2016年，立案查处违法违规事件46起，涉及燃气、质量、安全、违法分包、转包、扬尘等，处罚到位金额90余万元，上报市局不良信用记录13起。（张庆龙）

【建筑工地扬尘专项整治】结合全国文明城市创建工作，针对20个城区在建项目，累计下发扬尘管控交办单400余份，对扬尘管控不力的项目根据情况轻重分别给予责令其停工、通报、罚款、记不良记录、停止房屋预售等处罚，对于情节特别严重的项目责任单位给予清除出宿豫市场的处罚。2016年，下发扬尘管控的行政处罚共14件，罚款金额28万元。（程志猛）

【工程款和农民工工资清欠】为确保2016年春节、中秋、国庆期间建筑工程款和工地农民工工资及时足额发放到位，先后组织2次工程款支付、农民工工资发放专项大调研活动，组建5个调研小组，由局班子成员带队，对31个在建项目进行调研。联合区人社局在建筑工地大门口、工人生活宿舍区，张贴农民工工资举报投诉电话，全年没有发生一起因建筑工地拖欠工资引发的群体性上访事件。（张庆龙）

【建设工程质量管理】2016年1月起，在全区35个在建项目、168个单体工程中开展"质量风暴"行动，先后进行拉网式检查5次，签发质量监督抽查单210份、整改通知单104份、停工（或局部）通知单23份，对违法违规的5个项目7家单位依法进行相应的行政处理处罚，有效提高了工程质量，降低质量投诉。全年，完成散装水泥量29.2万吨，预拌混凝土销售量42.8万立方米，新材料（非粘土）产量达8.9亿块标砖，实现节约能源5.64万吨标煤，减少废气排放2.67万吨，新墙材占墙材总量的97.8%。2016年10月，仰化镇“禁粘”乡镇创建工作通过省墙改考核组考核。

（白永辉　张　波　崔宏路）

·房地产业·

【概况】 2016年，全区房地产业呈现出“缓开发”局面，各项开发、投资数据与上年同期相比均有所下降。总体呈现“销售面积、销售套数、销售均价同比上升，房地产新开工面积、竣工面积、投资额同比降低，‘去库存’周期不断减少”的“三升三降一减少”态势。

2016年，全区完成商品房销售面积88.15万平方米，同比增长84.49%，其中住宅销售面积82.49万平方米，同比增长89.81%。完成商品住宅销售套7228套，同比增长85.48%，其中2016年8月，单月销售1183套，创单月销售最高值。全区商品住宅销售均价3979元/平方米，同比增长0.43%。

2016年，全区完成新开工面积83.54万平方米，同比降低8.98%；全区房地产完成竣工面积90.18万平方米，同比降低11.72%；全区房地产完成投资额21.3亿元，同比降低33.02%。房地产开发、投资指标同比均大幅下降，主要原于各房地产企业均将精力用在消化已建商品住宅上，“去库存，缓开发”成为2016年全区房地产项目主要动态特征。

2016年，宿豫区通过购房优惠、房屋征收货币化安置等政策落实，推动房地产“去库存”工作又好又快实施。截至12月底，全区商品住宅未售面积70.3万平方米，去化周期约12.3个月，比2015年末26.64个月的去化周期缩短了14.34个月；比2016年6月末16.2个月去化周期缩短3.9个月，去化效果明显。

（韩杨州）

【项目开发建设】 2016年，区委区政府按照稳中求进的城市建设理念，加快推动在建小区项目建设，暂缓推地速度，全年暂无新建项目。同时加大招商引资力度，引进全国知名商业综合体万达入驻宿豫。2016年，根据万达广场投资意见，积极做好位于东起长江路、南至九龙花园、西至九龙江路、北至项王东路四至选址地块项目土地回收手续工作。

（韩杨州）

【房产交易】 2016年1—6月，房产登记发证5781件，抵押权设定22679件，二手房过户534件，预告登记2643件，新建商品房转移登记2643件，初始登记67件。6月29日起，全市统一实施不动产登记，房管处主要业务是进行交易备案，出具交易告知单。7—10月，完成新建商品房交易备案2955件，预抵押备案1625件，二手房交易备案344件。全年，共发放施工许可25件，预售许可27件，购房补贴2164户，补贴总额2210万元。

【不动产登记权限转移】 根据《不动产登记暂行条例》规定，住建局不动产登记权限于6月29日移至区国土分局不动产登记中心，住建局原有负责审批的房产登记发证、抵押权设定、二手房过户、预告登记、新建商品房转移登记以及初始登记权限全部划转，划转之后的主要业务是交易备案，出具交易告知单，连同划转的还有14名在编的工作人员。

【产权发证】 实施产权“并联+串联”审批改革，工业项目施工许可证、房产证办理时间由过去的15个工作日缩短为即受理即办理，二手房转移登记由原来的13个工作日缩减为5个工作日。通过实施产权“并联+串联”审批改革，完成办理工业施工许可证30个，房产证13

个，二手房过户542件，预告登记2643件。

【房地产市场调控与监管】 2016年，宿豫区房管处安排专人负责房地产统计、分析及联络工作，进一步提高政府监管水平，加强政府宏观调控，引导房地产市场理性投资和消费，同时继续加强对尚东壹号、富建名河雅居、钻石公寓、星海湾、紫金园等资金实力较差且问题较多的项目进行重点监管，促进房地产市场平稳有序发展。 （韩杨州）

【住宅小区选介】 广博·丽景湾 由宿迁广恒置业有限公司投资开发，项目占地面积201.78亩，总建筑面积约24.78万平方米，总投资额约10亿元，栋数45栋，总套数1998套，已开发土地面积约103亩，在建土地面积约16亩，未建土地约82亩。项目内设会所、幼儿园、半地下停车场、商业商务中心等配套公共建筑，绿化率35%，容积率1.63，住宅建筑密度24%，商业建筑密度24%。项目于2012年开工建设，一期工程建筑面积为3.15万平方米，已经竣工交付，住宅销售完毕；二期建筑面积为4.17万平方米，住宅基本售罄；三期建筑面积为3.21万平方米，已开始销售。

水润天城 由宿迁新天地置业有限公司投资开发，项目占地面积105.17亩，总建筑面积约111709.52平方米，总投资额约3亿元，栋数33栋，总套数932套，已开发土地面积45879.44平方米，在建土地面积10394.81平方米，未建土地13942.49平方米。项目内设多层、高层、别墅、半地下停车场、商业商务中心等配套公共建筑，绿化率35%，容积率1.59，建筑密度26%。项目于2012年开工建设，一期工程建筑面积为5.3万平方米，已经竣工交付，住宅销售完毕；二期建筑面积为1.6万平方米，其中20#-22#、29#主体封顶，住宅基本售罄；1#住宅即将预售；三期建筑面积为4.3万平方米，23#、26#、28#高层及商业筹建中。

卧龙湾 由江苏长河置业有限公司投资开发，项目占地面积180亩，总建筑面积约39.5万平方米，总投资额约2亿元，栋数64栋，总套数741套，已开发土地面积178.5亩，未建土地1.5亩。项目内设半地下停车场、商业商务中心等配套公共建筑，绿化率≤35%，容积率≤1.5，住宅建筑密度≤28%。项目于2006年开工建设，一期工程建筑面积为4.4万平方米，已经完工，住宅销售4万平方米；二期建筑面积为2.4万平方米，已经完工，住宅销售1.9万平方米；三期建筑面积为4.5万平方米，目前已经完工，住宅销售3.98万平方米。

【保障性住房建设】 保障性住房建设完成棚户区改造安置住房1646套建设任务，完成廉租房租金补贴发放56户，向上争取资金3549.59万元。 （高 旺）

2016年宿豫区房地产业新开工楼盘情况一览

表49

序号	所属月份	项目名称	开工面积（m²）
1	1月	水润天城1#、20—22#、29#	36472.31
2		帝景豪苑11#、14#	26170.63
3		锦绣江南C14—C16#	62959.48
4	2月	新新家园二期29—34#、37#、39—44#、46—56#	82146.04
5	3月	浦东国际花园南25—南33#	26955.56

续表49

序号	所属月份	项目名称	开工面积（㎡）
6	4月	状元里1—8#楼、B、C、D区商业	47231.53
7		金色威尼斯28—52#楼	34849.41
8	5月	帝景豪苑9#、10#、12#、13#、2#地下车库	48883.47
9		众大上海城B09、B10、B14	17822.1
10	6月	众大上海城B11#	40503.2
11		中亚翰林华府12#、17#、19#、20#	17884.16
12	7月	金色威尼斯54#-67#楼	38934.57
13		京东信息科技园快递配送中心1#、2#楼、质押仓库7#、8#楼	85006.2
14	8月	景尚佳园二期1#、2#、6#楼、1#商业	30880.6
15		中亚翰林华府3#、4#及东区地下车库	18612.74
16		盛世家园游泳馆	2326.72
17	9月	合成气催化净化环保新材料项目	20802.40
18		帝景豪苑15#、16#、17#、5#人防地下车库	18251.02
19		尚阳湖畔花园6-4#、6-5#、6-10#、6-12#修尾工程	60982.68
20	10月	宿迁科思化学有限公司七车间	1300
21		尚阳城（B区）36—46#楼	13158.83
22	11月	宿迁市第三医院住院部工程	18322.3
23		书香苑1—6#楼	27306.14
24		浦东国际花园北18—北20#、2524#、25#楼及地下车库	18365.23
25	12月	东方逸品花苑B1#、B4#、B8#、B11#、B12#	38405.63
合　计		814375.08	

2016年宿豫区房地产业竣工楼盘情况一览

表50

序号	所属月份	项目名称	竣工面积（㎡）
1	1月	玺园小区13#、16#、19—22#楼	22045.18
2		御景龙庭16#、17#、24—34#、人防	140608
3		紫金园69#、A2—A12#、半地下车库、御田菜场	72974.09

续表50

序号	所属月份	项目名称	竣工面积（m²）
4	2月	玺园小区13#、16#、19—22#楼	22045.18
5		御景龙庭16#、17#、24—34#、人防	140608
6		紫金园69#、A2—A12#、半地下车库、御田菜场	72974.09
7	3月	卧龙湾三期1—8#楼及地下车库	58121
8	4月	锦绣江南C-3、C-4、C-7、C-8、C-10、C-11及大地下车库二	87405.52
9		星海湾27-30、33-37、39-42、人防地下车库及幼儿园	41254.91
10	5月	锦华御园21—29#、34#、35#及地下车库	54319.8
11		金色威尼斯1—3#、4-1#、4-2#、地下汽车库一	38159.35
12	7月	广博丽景湾二期1#、5#、9#、19#、21#楼	32667.78
13	8月	帝景豪苑1—8#楼	91881.0
14	9月	尚阳湖畔花园6-11#、6-12#	21909.12
15	11月	盛世家园二期高层25—29#、34#、35#、40—42#、49#及地下汽车库	122814.00
16		江苏北斗星通汽车电子有限公司8#车间	10815.00
合　计		901840.02	

（刘　彤）

·住宅小区物业管理·

【概况】 宿豫区城区住宅小区有58家（不包括拆迁安置小区），物业管理企业28家，管理面积约800万平方米，物业从业人员约1000人。从28家物业管理企业资质来看，除江山国际花园的上海采林宿迁分公司和江苏春雨物业属一级资质，安民物业和永飞物业属二级资质外，其它都属于三级资质（暂三级），全区住宅小区服务的物业公司均已备案。

【住宅小区物业管理】 规范服务方面。2016年，创新开展住宅小区物业管理“一访五评”活动，制定印发《区政府办公室关于开展城区住宅小区物业管理“一访五评”工作的通知》，由区住建局，豫新、顺河、下相三个街道和现代农园管委会组成联合考核组，对全区68个住宅小区物业管理工作进行季度考核。先后有12家物业企业受到奖励，18家受到处罚。基础设施建设方面。全年，完成小香港、御景山庄、豫苑小区等住宅小区整治提升，总投资230多万元。（张修春）

【房屋专项维修资金使用】 2016年，严格按照维修资金的审批流程办理，先后审批并发放使用了金外滩小区、珠江花园小区、小香港小区、惠隆花园小区等小区维修资金，发放金额152.46万元。（卓　森）

·房屋征收·

【概况】 2016年启动江山大道东侧五台山路北侧（B4）地块、黄浦江路东侧五台山路北侧（B5）地块、五台山路南侧黄浦江路东侧（C5）地块、黄浦江路北延雨污管网改造地块的房屋征收工作，完成顺河十三组征收扫尾工作。征收总户数为238户，征收房屋面积6.44万平方米，征收预算资金20649万元。（沈　博）

【江山大道东侧五台山路北侧（B4）地块房屋征收】 占地196.82亩，征收房屋面积2.48万平方米，征收资金11160万元。共有被征收户108户，其中合法建筑100户，违法建筑8户。已签协议103户，剩余5户。

【黄浦江路东侧五台山路北侧（B5）地块房屋征收】 占地192.12亩，征收房屋面积0.61万平方米，征收资金1715万元，总征收户数19户，其中合法建筑18户、违法建筑1户。已签定补偿协议18户，剩余1户。

【五台山路南侧黄浦江路东侧（C5）地块房屋征收】 占地178亩，征收面积2.18万平方米，征收资金5318万元，总征收户数74户，其中合法建筑55户，违法建筑19户。已签定补偿协议71户，剩余3户。

【顺河十三组房屋征收扫尾工作】 征收总户数18户，其中合法建筑11户，违法建筑7户，征收面积0.53万平方米，征收预算994万元。已签协议11户，剩余7户。

【黄浦江路北延雨污管网改造地块房屋征收】 黄浦江路北延雨污管网改造项目（陆河南5组）地块，征收户数19户，征收面积0.64万平方米，征收资金1462万元。已签协议30户（19户为北延雨污管网所涉及的必须征收户数，11户为申请征收户数）。（沈　博）

·公积金管理·

【公积金归集】 2016年，全区新增开户单位50个，新增开户人数5794人，当年净增归集额11547万元，公积金余额53942万元，同比增长27%，超额完成了年初下达的任务。

【公积金贷款】 2016年，共发放公积金贷款751笔2.16亿元。其中，组合贷款185笔，公积金贷款566笔，同比增长29%，全年支持职工购房共计86242.71平方米。在资金短缺、客户需求量大的情况下，区公积金管理部向市中心争取调配资金6500万元进行放贷。宿豫管理部对贷款客户耐心做好解释工作，同时做好资金风险防范工作，做到贷前、贷中、贷后跟踪管理，大力催收贷款，防范资金风险，确保贷款零逾期。

【公积金支取】 2016年，按照市中心的支取规定，在支取工作中，严格把关。全年共办理公积金支取10298万元。用于住房消费的8370万元，其中按月还住房公积金贷款3450万元，按年还公积金贷款267万元，一次性还公积金贷款791万元；还商业贷款2808万元；购房支取1054万元。（邹　敏）

·劳动就业·

【就业招聘服务】 开展“春风行动”，累计举办招聘会45场，发布招聘求职信息2万余条，提供招聘岗位8500个，实现新增就业7153人，城镇登记失业率稳定在1.88%以下，城镇新增就业总人数、新增转移农村劳动力人数、开发高校毕业生就业见习岗位数三项指标均居全市第一。扶持特殊群体就业，配合“废旧物资、流动摊点、三轮车三项治理”整治工作，举办“三项整治”从业人员专场招聘会，为3243名从业者推荐再就业。

2016年2月3日，2016新春大型人才招聘会现场

【就业创业政策扶持】 牵头制订《宿豫区关于进一步做好新形势下就业创业工作的实施意见》，落实失业保险“援企稳岗”政策，为企业发放失业保险稳岗补贴31万元，为失业人员发放社保补贴1123万元、失业金1097万元。组织各类职业技能培训7684人，支持各类群体创业，发放创业担保贷款630万元，组织创业培训4990人。

【创业项目培育】 常态化开展“区级创业基地”考核认定和扶持服务工作，完善创业后续服务，为载体建设水平的整体提升打下基础。2016年，全区有7个项目获省级认定、2个项目获市级认定。“宿迁技师学院”“宿迁银杏树网络创业孵化示范基地”分别被认定为“省级创业培训基地”和“省级大学生创业园”“曹集电商一条街”“下相创客空间”被认定为“市级创业孵化基地”，5个个人创业项目获评“省级大学生优秀创业项目”。 （王　彪）

·劳动维权·

【劳动纠纷案件调处】 开展农民工工资“八项机制”落实情况专项督查和农民工“维权季”专项行动，追讨工资1658万元。推进劳动监察“两网化”建设，基层网格共调处案件489件，联动平台举报投诉动态录入率、案件按期运行率、调处率均为100%。实施“调解仲裁质效提升工程”，案内受理案件416件，调解结案356件，调解率为85.6%，为劳动者挽回经济损失1400余万元；案外处理案件1662件，其中专家平台调解案件262件，调解数继续排名全省前列。

【参与产能过剩企业调处】 全年共参与调处产能过剩企业22家、“僵尸”企业16家，安置分流职工4170人，受理集体劳动监察投诉7起、集体劳动争议仲裁5起，涉及职工1158人。

·人才培引·

【人才引培】 组织"人才招引进校园"系列活动，为企业新引进第一学历本科以上人才728人、紧缺人才44人。实施"名校优生引才工程"，新引进紧缺急需人才10名。加大"重点人才项目"申报力度，"齐纳新材料"彭伟平成为全市唯一入选"省创业类博士"人才，3名留学人员获"省创新创业类"项目资助。实施"高层次人才载体培育计划"，玖久丝绸被认定为"省博士后创业实践基地"，实现企业和高校产学研无缝对接，阿尔法药业被评为"省引进国外智力示范单位"，为全市唯一获评企业，获省引智资金扶持。

【"智慧人才"体系打造】 2016年，启动建设人才信息管理系统，整合"一网、一库、一平台、一系统"资源，初步建成"智慧人才"服务体系。全区356家用人单位进入人才信息管理系统，录入系统管理的各类人才达到11911人，其中各类技能型人才8924人（专业技术人才6192人、技能人才2108人、农村实用人才289人、社会工作人才196人、电子商务人才139人），占人才总量的75%。

【职业资格认定改革】 全区取消职业资格认定鉴证项目180项，其中人社部门167项；下放项目294项，其中人社部门218项；保留项目53项，其中人社部门10项。加强事中事后监管，实现责任和权力同步下放、放活和监管同步到位。

【推进企业人才自主评价】 2016年，全区新增企业人才自主评价项目4个（秀强玻璃"玻璃熔化工""印染工艺检验工"；禾友化工"化学检验工""合成氨生产工"），2680名企业工人参加人才自主评价，全区累计已有2万余名企业员工通过企业人才自主评价取得相关资质认证。秀强玻璃、京东商城成为全市玻璃制造和电子商务行业企业人才自主评价试点单位，多次接待国家和省、市相关部门单位的观摩调研，为"两资去行政化"改革提供样板和经验参考。（王　彪）

·人事管理·

【机关事业人员工资薪酬制度改革】 初步建立机关事业人员工资待遇动态调整机制，做好工资系统数据维护工作。按照"工资待遇向基层倾斜"的政策要求，牵头制订《宿豫区乡镇工作补贴实施办法》，全区3600余名乡镇机关事业单位工作人员工作补贴全部调整到位。按照公车改革工作的统一安排，对1695名涉改人员身份和职级进行认定，严格落实公务交通补贴标准。开展违规发放奖金津补贴、"吃空饷"、"在编不在岗"等问题专项整治，进一步规范奖金、津补贴发放行为。

【机关事业人员招录与安置】 组织2016年公务员招录和事业单位公开招聘工作，顺利完成38个公务员岗位、86个事业岗位考录招聘任务（27名事业+59名公办教师）。配合教育局做好48名城区教师选聘工作，进一步优化公办教师队伍。落实随军家属定向安置办法，首次通过差额竞争定向招聘随军家属到事业单位工作，顺利完成军转干部安置任务。

【机关事业人员考核管理】 主动承担"公务员平时考核试点"任务，提高考核工作科学化水平。对全区32个行政机关991名公务员和383个事业单位7092名事业人员年度考核结果进行审核备案，为机关事业人员提拔任用、职级晋升、评优评先、绩效考核、带薪休假、健康休养等待遇享受提供重要依据。（王　彪）

·社会保障·

【社会保障服务“幸福行动”】 2016年，企业职工养老、医疗、工伤、生育、失业保险参保人数累计达到26.68万人，“五险”扩面新增2.91万人，基金征缴5.5亿元，“五险”新增人数比目标任务翻一番，基金征缴收入高出全年目标20%（目标：1.5万人、4.6亿元）。区人社局被评为全市社保扩面“幸福行动”先进单位，并在全市人社工作会议上作交流发言。通过下调社保费率和缴费基数，助推实体经济发展。企业职工“五险”费率由原来的41.1%下降至38.68%，企业用人成本平均减少697元/人，全年为企业降低用人成本累计在1724万元左右。

【养老保险】 2016年，宿豫区城乡居民养老保险参保人数达到15.32万人，覆盖率超过99%。城镇职工养老和城乡居民养老参保总人数达到21.02万人，占全区劳动力人口总数（21.1万人）的99.6%。

【医疗保险】 2016年，全区城镇居民基本医疗保险参保人数达到9.92万人，覆盖率均超过99%。城镇职工医保和居民医保参保总人数达到16.75万人，占全区劳动力人口的79.4%。

【机关事业单位养老保险制度改革】 2016年，区人社局牵头制订《宿豫区机关事业单位养老保险制度改革实施办法》。9月，全面启动实施，截至12月底已完成全区4000余名机关事业单位工作人员信息核对与参保登记工作，实现参保系统上线运行。

【被征地农民社会保障】 2016年，累计完成14个地块被征地农民社保安置任务，为1555名被征地农民办理参保手续，721名60周岁以上人员按月足额领取养老金。

【退休人员养老金动态调整机制建立】 2016年，初步建立退休人员养老金待遇同步动态调整机制，全区12576名企业退休人员和3210名机关事业单位退休人员养老金首次实现同步调整，总体调整水平在6.5%左右。

【“老农保”遗留问题善后处理】 做好“老农保”遗留问题善后工作，截至2016年12月底全面完成11万老农保人员费用清退工作。

【社会保障信息建设】 推进“全民参保登记计划”，累计开展入户调查23.6万人次，梳理信息近80万条，为社会保障卡普及应用和“互联网+社保”工程实施打下坚实基础。继续做好社保卡信息采集、发放与使用推广工作，累计制卡35.54万张、发放26万张，使用功能拓展到养老金发放、退休人员体检、居民医保续保缴费、领取社保补贴等领域。（王　彪）

·民族工作·

【概况】 截至2016年7月，全区共有30个少数民族，常住少数民族人口583人，人口最多的是回族126人。有2个少数民族聚居组，分别是宿豫区豫新街道顺河社区居民委员会六组、宿豫区丁嘴镇德高村民委员会丁大庄组。少数民族生产示范基地1个，为丁嘴镇德高村民委员会丁大庄组。江苏省清真食品挂牌生产基地5个，分别是江苏龙嫂绿色食品有限公司、宿迁市罐头食品有限公司、宿迁市春绿粮油有限公司、江苏益客食品有限公司、宿迁味霖食品有限公司。民贸企业3个，分别是江苏龙嫂绿色食品有限公司、江苏玖久丝绸股份有限公司、宿迁市春绿粮油有限公司。

【少数民族政策落实】 为江苏春绿粮油有限公司5000吨浓香型菜籽油生产线扩建、江苏益客食品有限公司畜禽屠宰生产线技术升级改造等清真食品生产企业，争取民族事业专项资金合计10万元；为宿迁市丁嘴金菜专业合作社、宿迁市华鼎广告制品厂争取扩大少数民族就业专项资金合计30万元。落实上级部门下发的《关于妥善解决回族等10个少数民族群众清真饮食问题的意见》，对辖区内的回族等10个少数民族基本情况进行全面统计，12月底，126人清真食品补贴已全部发放到位。对8名少数民族考生进行民族成份认定，为进一步学习深造提供服务。（卢彩云）

·宗教工作·

【概况】 全区有基督教、天主教、佛教、伊斯兰教四种宗教，经批准的爱国宗教团体2个，即宿迁市宿豫区基督教三自爱国运动委员会，主席曹建；宿迁市宿豫区佛教协会，会长常性。宗教活动场所80处，信教人数1.2万人。其中基督教活动场所78处，信徒近1万人；佛教活动场所2处（来龙古寺、龙虎山观音寺），信徒2000余人；天主教信徒25人；伊斯兰教信徒近70人。

【基督教三自会换届】 按照区基督教三自会换届章程，及时做好宿豫区基督教三自爱国运动委员会换届工作。7月28日，宿豫区基督教三自会召开第八次代表大会，选举产生新一届领导班子，新任主席为曹建，副主席祁云飞、韩敏，常委徐胜云、吴月琴。

【佛教协会第二次理事会】 5月31日，宿豫区佛教协会召开第二次理事会，会上学习习近平总书记在全国宗教工作会议上的讲话精神，听取区佛教协会会长常性所作的《区佛协2015年工作总结》，讨论成立宿豫区佛教协会爱心功德会等相关事项。

【“三送三提升”活动】 在全区宗教界开展“三送三提升”（“送科技、提升信教群众创业致富能力，送政策、提升信教群众遵规守法意识，送图书、提升信教群众科学文化素养”）活动。3

月3日，召开宿豫区宗教界“三送三提升”主题活动工作会议，会上对“三送三提升”主题活动进行动员部署。5月，宿豫区民宗局邀请农业技术专家吴心强到曹集基督教中心堂为信教群众讲解水稻病虫害防治知识，赠送科技书籍200余册。

【宗教教义和反邪教宣传】 4月初，宿豫区民族宗教局联合区委610办公室在全区宗教界开展“七个一”反邪教警示教育活动，即开展一次反邪教警示教育宣讲活动、开展一次反邪教警示教育图片巡回展、编印一份反邪教警示教育画册、观看一场反邪教警示教育专题片、开展一次反邪教警示教育文艺演出、成立一支宗教场所反邪教志愿者队伍、建立一个反邪教警示教育活动室。8月19日，在区基督教中心堂举办了“七个一”邪教警示教育汇报演出活动。10月12日，省、市610办公室等领导专门到区中心堂观看反邪教文艺演出活动，对反邪教节目给予高度评价。

【星级宗教活动场所认定】 2016年，宿豫区来龙镇来龙古寺、顺河镇闸东教会等33家宗教场所分别被宿豫区民宗局认定为第二批二星级、一星级宗教活动场所。为进一步推动“星级宗教活动场所认定”工作深入开展，在全区宗教界开展“五星级宗教教职人员”和“五星级宗教信众”评比活动、“道风建设”活动、反邪教“正信”活动。通过组织召开动员会、专题培训班、现场观摩会，现场检查指导等形式，稳步推动宗教界教风建设，进一步端正教风，正言正信。

【“同心·致富”工程】 5月，宿豫区委统战部成立了“同心·致富”工程领导小组，下发了《宿豫区统一战线帮扶贫困信教群众“同心·致富”工程实施方案》，召开专题会议进行部署，对符合帮扶标准的140余户年人均收入低于6000元的贫困信众家庭进行精准扶贫、实现精准脱贫。

【宗教慈善活动】 2016年8月，宿豫区基督教三自会发出“给阜宁灾区捐款倡议书”，号召全区信教群众为被龙卷风袭击的阜宁灾区人民伸出援助之手，共捐款64100元，分别于8月8号、8月18日分两批寄出。9月份基督教中心堂结合“宗教慈善周”开展“大走访、大慰问、大帮扶”活动，深入基督信徒家庭一线对200多户贫困信徒进行走访和慰问。 （卢彩云）

·社会救济和社会福利·

【城乡最低生活保障】 自2016年7月1日起，全区农村低保标准由每人每月370元提高至390元，城乡低保标准增长实现与地方GDP增长同步。全面开展低保对象核查清理行动，对“人情保”“关系保”等违纪违规现象进行核查整治，救助审批、信息公开及卷宗管理等进一步规范，2016年累计清退不符合条件的低保对象204户801人，受理、审批新增救助对象178户687人，全年累计发放城乡低保救助资金4736.81万元，其中城市低保2004户3287人，989.05万元；农村低保6023户12616人，3747.76万元。

【“五保”供养】 自2016年7月1日起，全区“五保”集中和分散供养标准分别由每人每年6100元和5000元提高到每人每年6500元和5500元。创新推行失能“五保”老人集中供养护理制度，联合第三方机构完成全区失能“五保”老人评估认定，并于仁爱老年公寓达成合作协议。截至2016年年底，已有70名符合条件的失能特困老人入住宿迁市仁爱老年公寓。敬老院公办民营体制改革全面启动，全区12所乡镇（街道）敬老院完成养老服务中心挂牌及法人登记工作。养老机构安全管理工作有序推进，全区所有养老机构全部按要求完成消防设施改造。分散五保对象的“3+1”关爱照料制度，即乡镇、村（居）、监护人三级包保责任制，实现全覆盖。

【未成年人保护】 全面开展农村留守儿童摸底排查工作，采集录入农村留守儿童数据2476条。建立困境未成年人保护制度，出台《宿豫区困境未成年人社会保护和困境儿童分类保障工作实施方案》，200万困境儿童保护工作经费列入财政预算，此项工作走在全市最前列。建立孤儿保障标准自然增长和动态管理机制，自2016年7月1日起，全区孤儿保障经费由每人每月950元提高到1000元，全年共为184名孤儿发放保障经费209.3万元。针对六类监护失当未成年人提供关爱保护，出台《推进监护失当未成年人社会保护工作实施方案》，并与民间志愿服务组织“迅哥有约”合作开辟监护失当未成年人宣传版块，以爱心企业家为引领，引导企业参与未成年人社会保护工作，监护失当未成年人实现有政策有措施。

【重残救助】 10月，顺利完成困难残疾人生活补贴接收和发放工作，四季度共为2855名困难残疾人发放生活补贴345.75万元，为897人发放护理补贴资金22.2万元。

【自然灾害救助】 6月23日，全区突遭暴雨袭击，雨量达176.3毫米。全区受灾人口累计达6.4万人，树木倒损6万多棵，受损房屋101户、227间，严重损毁房屋3户9间，冲毁桥梁4座、鱼塘2270多亩，农作物受灾面积累计达5345公顷，灾害造成直接经济损失5022万元，其中农业损失3865万元、基础设施损失1157万元。灾情发生后，区民政局积极应对，妥善处置，先后发放救灾面粉200吨、救灾款63.3万元。

【临时救助和大病救助】 10月，修订出台《宿豫区城乡困难群众临时救助暂行办法》《宿豫区城乡困难群众医疗救助实施办法》，救助对象、标准和程序得到细化明确，救助对象范围、救助比例标准实现量质齐增，其中医疗救助对象住院合规费用的救助比例提高到70%，封顶线提高到9万元。2016年累计发放临时救助资金735.49万元，较上年同期增长189.4%，惠及困难群众1704人次，同比增长18.2%；为五类城乡困难群体代缴新农合223.44万元，惠及18620人次；全年发放医疗救助资金917.89万元，惠及困难群众8344人次。

【慈善救助】 助医行动、慈善超市、情暖江苏、慈善助孤、阳光助学等慈善项目常态开展，全年共发放慈善救助资金566.31万元，惠及困难群众1127人。“6·23”盐城风灾慈善募捐筹集善款62.94万元，位居全市首位；会同区扶贫办组织开展“群”众扶贫助学，动员社会各界开展“线上+线下”募捐，筹集善款160.763万元，帮助全区320多名家境贫寒、品学兼优的学生走进大学校门、完成大学学业。

【福利彩票发行】 2016年，宿豫区福利彩票销售共有82个投注站，其中，城区22个、乡镇60个。福利彩票销售总额为7174万元，其中电脑彩票5215万元、即开型彩票271万元、中福在线1688万元。

（叶再洲　刘　伟　甘凤东　程秋菊）

·基层民主和社区建设·

【村（居）两委会换届选举】 第十一届村民委员会换届选举和第六届居民委员会换届选举工作于2016年8月16日正式启动，10月底完成村（居）党组织换届选举，11月底完成村（居）民委员会换届选举。村、居换届选举期间，先后召开2次动员会、2次培训会、1次会办会，先后派出指导组15个，全区村（居）换届选举工作顺利完成，未出现一例信访、来访事件。

【基层社会治理创新】 深化基层民主协商制度建设，出台《关于深化“一家双联三议事”民主制度建设的通知》。在社区为民服务专项资金的使用和管理工作创新推行“三征两评四公开”方式，在规范基层权力中推行城乡社区小微权力清单制度，在推进基层公共事务决策工作中推行“3+3+3”管理模式，在社区服务工作中推行社区“3324”组团服务模式和“五式服务”工作法。全面实行社区事务准入制度，通过“减牌子、减事务、减考核”等措施，取消创建评比21项，取消组织机构、挂牌及活动阵地37项，取消盖章项目20项，减轻基层组织工作负荷，更好地发挥基层自治组织能动性。

【和谐社区建设】 2016年3月，顺河街道文昌社区、丁嘴镇登山社区、丁嘴镇丁嘴社区、来龙镇水庄村、来龙镇陵园村等5个社区被省民政厅表彰为“江苏省和谐社区建设示范社区”，丁嘴镇被表彰为“江苏省和谐社区建设示范乡镇(街道)。4月，全面启动星级社区服务中心规范化建设，实施中心城市社区服务中心两年达标提升计划，完成保安乡黄泥、曹集乡双河、丁嘴镇岔河、来龙镇陵园区、陆集镇官庄、新庄镇新庄6个社区服务中心新建、改扩建工程和顺河街道京东社区建设，社区为民服务能力得到强化。

【“社区+电商”为民服务模式】 利用电子商务快速发展的地域优势，采取政府购买服务方式与江苏益农科技有限公司合作，打造“社区+电商”服务模式，实现8类民政政策代宣和6类民政业务代办，进一步放大互联网+社区功能效应，破解基层民政服务“最后一公里”难题，该做法得到省厅刘亚军副厅长的批示肯定。

（张先友　程秋菊）

·双拥工作·

【优抚工作】 以“八一”建军节为契机，开展拥军优属活动，走访慰问驻宿部队各项活动常态开展。健全优抚对象医疗保障办法，由财政出资156万元为1649名重点优抚对象办理商业医疗保险，解决优抚对象看病难问题。完成165名重点优抚对象疗养、345名重点优抚对象巡诊工作，优抚对象幸福指数不断提高。全面落实优抚安置政策，优抚对象抚恤补助标准自然增长机制全面落实，及时足额发放义务兵家庭优待金，全年共发放各类优抚对象抚恤补助资金2242.66万元，为476名义务兵发放家庭优待金461.76万元。

【安置培训】 深化退役士兵安置改革，全面实行“档案积分、依次选岗”的安置方式，2015年度符合安置条件的6名重点对象全部按要求安置到位，其中2人安置在全拨事业单位、3人安置在部省属驻宿单位、1人安置在公益性岗位。做好退役士兵一次性经济补助金发放和接收工作，共为210名2015年度退役士兵发放一次性补助金584.626万元，接收2016年退役士兵189名。退役士兵免费教育培训工作扎实推进，与宿迁市技师学院合作开展为期两年的退役士兵“技能+学历”职业技能菜单式培训，408名退役士兵顺利毕业并获得“双证”。

（闫　庄　程秋菊）

·专项社会事务管理·

【社会组织管理】 2016年，出台《关于印发宿迁市宿豫区社会组织分类培育办法的通知》，全年新增社会组织62家，全区社会组织登记注册突破475家，平均每万人拥有社会组织数达9个以上。2016年6月，区民政局向区政府提交《关于购买区社会组织培育中心与福利彩票销售二部用房的请示》，即在众大上海城沿街商铺购买1450平米的社会组织培育中心与福利彩票销售二部用房。8月9日，区委副书记、区长刘士武批示同意购买。12月，启动社会组织培育中心与福利彩票销售二部用房启动规划设计、评审。

【婚姻登记】 婚姻登记处全面推行统一着装、挂牌上岗、微笑服务，实行高峰时段延时服务制度，全年累计办理结婚、离婚等婚姻登记证明9948对。

【殡葬管理】 全面落实惠民殡葬政策，健全惠民殡葬服务单位管理，全年共计免除基本丧葬服务费244.9348万元，有效减轻宿豫城乡群众丧葬负担。全年死亡人口2809人，死亡率为0.65%；加大生态殡葬宣传力度，鼓励花葬、树葬等新型生态葬形式，倡导移风易俗、文明殡葬，累计发放生态殡葬宣传手册3000余份。

【流浪乞讨人员救助】 开展“夏日送清凉”“寒冬送温暖”等专项救助活动，全年累计救助流浪乞讨人员164人次，其中跨省护送返乡11人，保障流浪乞讨和生活无着人员生命安全。

·地名管理·

【勘界】 至2016年年底，宿豫区已勘定县级以上行政区域界线6条，全长287.971千米，设界桩21颗。其中，市级界线主要有宿豫—睢宁线、宿豫—邳州线、宿豫—新沂线，共3条，长125.936千米，设界桩12颗；县级界线主要有宿豫—宿城线、宿豫—沭阳线、宿豫—泗阳线，共3条，长162.04千米，设界桩9颗。

【地名变动】 2016年，新命名的有9个，分别为盛基通大厦、电商第一街立体综合停车楼、冠宇大厦、中石化宿迁发展大道加油站、书香苑、众合商务大厦、柏盛大厦、文昌阁商业广场、瑞丽阳光花园。 （朱勤磊）

·老龄工作·

【概况】 宿豫区现辖10个乡镇3个街道2个园区，总人口49.53万人，其中60周岁以上的老年人口7.2万人，占总人口的14.54%，其中80岁以上的老年人口达到11554人，是老龄化较高的县区之一。

【尊老金发放】 全年累计发放尊老金744.83万元，惠及高龄老人11554名，其中80至89岁老人10126人、90至99岁1388人、百岁以上老人40人。

【居家养老】 2016年，全区新建社区老年人助餐点8个，普通型社区居家养老服务中心10家，升级建设居家养老服务中心17家，城乡居家养老服务中心总数达到108家，城乡社区居家养老服务中心覆盖率分别达到100%和65.9%。通过采用政府购买服务方式，引入第三方专业运营居家养老服务项目，完成顺河、豫新、下相3个街道25个社区60周岁以上712名低保户、五保户、重点优抚对象、生活贫困（低保标准2倍以内）老人、失独老人等五类人员摸底排查和鉴定工作。

【安康关爱行动】 2016年，全区60周岁以上老年人口数7.2万人，有33687人老年人购买安康关爱保险，先后有488人获得安康关爱保险赔付1024722元，其中死亡赔付83人408500元；医疗赔付405人616272元。 （甘凤东）

·顺河街道·

【概况】 顺河街道办事处位于扬子江路8号，怀抱中国宿迁电子商务产业园和宿豫张家港工业园区，行政区域面积39.53平方千米(其中电子商务产业园辖区6.39平方千米、宿豫张家港工业园区辖区15平方千米以及梨园湾景区规划1.35平方千米，顺河街道现辖城区实有面积16.79平方千米)，耕地面积15平方千米。西临京杭大运河，东与大兴镇接壤，南与陆集镇、省高新区相连、北与自然农园毗邻，宿新高速、宿沭一级公路穿境而过，5座大桥与市区相接，交通便利。总人口10.26万人，年末户籍人口3.5万人。下辖卓圩、文昌、京东（2016年8月12日区政府批准成立）3个社区居委会和周石庄、张圩、蔡老庄、陆槽坊、椿树、林苗圃6个居民委会。

2016年顺河街道经济与社会发展概况一览

表51

项　目	单位	2015年	2016年	增长(%)	项　目	单位	2015年	2016年	增长(%)
总人口	人	40459	35167	-12.36	工业企业	家	350	218	-37.71
其中：非农业人口	人	12271	26464	115.66	工业总产值	万元	106860	117606	10.06
人口出生率	‰	15.94	12.45	-21.89	工业利税总额	万元	16029	17641	10.06
人口死亡率	‰	6.81	5.32	-21.88	三产增加值	万元	55440	101094	82.35
人口自然增长率	‰	9.13	7.14	-21.80	镇村主干道	千米	124	145	16.94
总面积	公顷	3953	3953	0	实有就业人数	人	25410	11812	-53.51
其中：耕地面积	公顷	1400	1500	7.14	科技人员	人	1200	1210	0.83
地区生产总值	万元	123200	174300	41.48	学　校	所	3	3	0
财政收入	万元	15000	8787.60	-41.42	在职教师	人	300	110	-63.33
农业总产值	万元	9200	13944	51.57	在校学生	人	7920	1750	-77.90
粮食总产量	吨	13200	16250	23.11	卫生院	家	1	1	0
油料产量	吨	19	23	21.05	卫生室	个	10	11	10
生猪饲养量	头	—	5.3万	—	初级保健普及率	%	95	97	2.11
家禽饲养量	万羽	30	150	400	农民人均纯收入	元	21567	23400	8.5
水产品产量	吨	95	45	-52.63	农民人均住房	平方米	31	31	0

2016年顺河街道社区（居）概况一览

表52

名　称	组数（个）	户数（户）	户籍人口（人）	耕地（公顷）	村集体收入（万元）	人均可支配收入（元）	党组织书记	主　任
卓圩社区	17	3187	11159	97	226	23615	张玉鹏	卓冬生
文昌社区	11	968	3864	48	68	23800	董跃先	孙志军
蔡老庄居委会	13	930	3865	194	59.8	24210	陈夫科	单早庭
张圩居委会	11	762	3216	188.4	28	21860	许业华	陈大电
陆槽坊居委会	12	806	3780	260	21.5	21600	胡新泽	焦安清
椿树居委会	8	585	2488	190	14	22800	赵振生	李　静
周石庄社区	12	911	3860	246	23.56	23300	曹礼明	蒋秉恩
林苗圃居委会	4	215	935	142		24260	高行科	徐荣伟
京东社区	—	450	2000	—	—	—	王永强	刘萍萍
合　计	88	8814	35167	1365.4	465.16	—	—	—

2016年，完成地区生产总值17.43亿元，实现财政收入8787.6万元，其中公共财政预算收入达到8548.89万元，完成固定资产投资5360万元，实现城乡居民可支配收入2.34万元，实现工业销售117606万元，入库税收17641万元。2016年度张圩居委会入选江苏省首批“休闲观光农业示范村”、获得“江苏省文明村”称号；顺河街道获得2016年度文明单位、基层党建工作先进单位荣誉；顺河街道武装部获得2016年度先进基层武装部荣誉；文昌社区、卓圩社区获得2016年度文明社区、林苗圃居委会获得2016年度文明村居荣誉。

农业　2016年，辖区内实测耕地面积22508.45亩，完成土地确权登记颁证20525.76亩，已流转土地10000亩，主要种植花卉苗木、果蔬等。全年新增农业适度规模面积5000亩，新增农民专业合作社2家；新增蔬果采摘园2个；张圩景禾多肉基地一期、二期累计占地70多亩。做好电子商务产业园第三方呼叫中心、筑梦小镇、扬子江路等项目拆迁征地工作，共征地684.55亩，安置拆迁农户336户，完成土地换社保工作。

工业　2016年，工业园区公共设施建设总投资超过5000万元，其中道路建设投资4500多万元；园区绿化、亮化及供水、排水设施建设投资约860万元。新增企业和“三来一加”项目200多个，其中规模企业6个，完成销售收入117606万元，实现利税17641万元，中粮集团追加投资1.4亿元；落户（张家港园区）5000万元以上项目1个，即金拓机械有限公司。实现网店总数200余家、网络销售额1.5亿元。

社会事业　2016年，共发放低保金225.03万元；发放五保供养金97.35万元；发放各类救助金580万元；为70周岁以上老年人送生日蛋糕，完成敬老院消防设施改造；顺河医院改造提升有序推进，新建公共卫生楼900平方米，医疗综合大楼6600平方米，新增床位100张，满足群众对优质医疗资源需求。以创建国家级文明城市为契机，开展“四新一亮”工程，围绕道路出新、亮化绿化提升等工作，对顺河人家、安泰家园等老旧小区进行全面改造，改造非机动车位3600平方米，新增机动车位300个，新增亮路灯500盏，修补路面3000平方米，粉刷墙体2万平方米；开展道路环境提升工程，对龙嫂路、扬子江路、文明路等镇区主要道路进行整体环境提升，新安装太阳能路

2016年顺河街道骨干企业基本情况一览

表53　　单位：万元

企业名称	主要产品	投资金额	销售收入	利税总额
宿迁市天彩玻璃纤维有限公司	玻璃制品、高硅氧产品	700	2360	130
宿迁市佳宜工贸有限公司	服装加工	760	2890	165
江苏恒正家纺有限公司	毛毯	1250	6930	542
宿迁市裕佳涂覆布业有限公司	帆布	420	2460	140
宿迁市恒顺防水布制造有限公司	帆布	310	2206	116
宿迁市东方米业有限公司	大米	130	2160	42

灯265盏；修复破损路面14000平方米，新植绿化苗木1080平方米，添置果壳箱500个，总投入260万元，打造精品示范街；投入50余万元建设“E广场”，对街道原有广场进行提升改造，让社区居民有了休闲娱乐好处去，增加街区居民的归属感。

【民俗旅游文化节】 2016年4月1日，由宿豫区人民政府顺河街道办事处牵头，在区委、区政府的鼎力支持下，由盛秦传媒有限公司赞助，成功举办第六届“最美梨园湾”民俗旅游文化节，吸引市内外游客30万人，接待游客超过100万人次。宿迁日报、宿迁电视台和网易等媒体对活动进行全程宣传和报道，进一步放大最美梨园的旅游品牌。

【党建创新】 深入开展“双五星”评创活动，强化“身边人”示范引领作用，凝聚时代正能量。925户党员亮出身份，引导民风、树立家风；创新开展“两学一做”学习教育活动，认真开展“立家规、正家风”活动，组织社区党员主动“鉴宝”，把能感染人教育人、承载“红色记忆”的老物件，通过相互交流、互动晾晒等方式体现出来并向党组织推荐。同时，组成“寻宝队”挨家挨户进行走访“探宝”，收集提炼党员家庭几代传承的家风、家训。活动开展以来，共汇总党员自荐“传家宝”故事6个，“寻宝队”搜集“红色故事”13个，创建“红色藏宝室”1个。通过“两探访一寻找”打造红色“藏宝室”，引导党员干部“不忘初心，继续前进”，中组部观摩2次，省委组织部观摩2次，市委组织部观摩4次。

【“三年幸福指数提升计划”进展】 为更好地改善民生，增加人民福祉，提高人民幸福指数，现结合顺河街道实际，2015年制订《顺河街道实施“三年幸福提升计划”打造“六个新顺河”的指导意见》。以“2015年起步、2016年深化、2017年飞跃”为目标，以“实力顺河、网络顺河、生态顺河、文明顺河、平安顺河、民生顺河”为定位，全面完成了2016年度幸福指数提升计划目标。认真挖掘各类先进典型，评选出“五星文明示范户”80户，以此鼓励和激发广大群众讲文明、树新风，努力营造良好民风；大力开展“支部+文化”活动，开展老年关爱、全民健身、留守儿童之家等活动37场次。街道以全国文明城市创建为抓手，开展了老旧小区“四新一亮”工程、农贸市场环境卫生整治、镇区道路改造提升、背街小巷治理等民生工程，为顺河居民用心打造宜居、舒适、安全的人居环境；开展免费发放扶贫鸡苗、发放物资、扶贫义诊等扶贫活动，累计发放金额3.6万余元，实现脱贫210户832人，除低保、五保户外，其他低收入户人均年增收500余元。（闫　岩）

·豫新街道·

【概况】 豫新街道为宿豫主城区街道，行政区域面积29平方千米，常住人口8.72万人，辖锦华、中通、江山、天一、庐山、豫苑、雨露、顺河8个社区居委会。2016年，实现地区生产总值26.32亿元，公共财政预算收入520万元，新增500万元以上固定资产投资8亿元，城镇居民人均可支配收入2.4万元。6月，被市委、市政府评为宿迁市双拥模范街道；7月，被省委组织部、省委宣传部评为江苏省2015—2016年度全省基层党员冬训工作示范街道；11月，在全市2011—2015年全市法治宣传教育工作评比中，获市政府嘉奖；12月，被省红十字会评为2010—2015年度全省红十字会基层组织工作先进集体。

基层党建 2016年，社区“两委”（支部委员会、居民委员会）换届工作圆满完成，共选举产生新一届社区“两委”班子成员70名。“两学一做”学习教育活动扎实开展，创新推出“双讲双行双议”（街道领导班子成员到机关支部、所驻社区讲党课，学习感悟支部议和社区议，坚持自律和他律相结合）项目，街道班子成员共讲党课30余场次。扎实推进“双结双联”共建活动，69家部门单位与45个小区签订共建协议，大党委构架已初步形成。

招商引资 2016年，“易工场”定制示范中心落户电商产业园并投入使用，江苏华展金属科技股份有限公司项目已投产达效，江苏正和金属环保科技有限公司于12月完成底土地清障、施工方案、施工图设计。豫新街道招商引资工作在全区招商引资年度单项考核中排名第一。

网络创业 以打造网络创业特色街道为目

2016年豫新街道经济与社会发展概况一览

表54

项　目	单位	2015年	2016年	增长（%）	项　目	单位	2015年	2016年	增长（%）
总人口	人	83483	87265	4.53	工业企业	家	—	—	—
其中：非农业人口	人	83483	87265	4.53	工业总产值	万元	—	—	—
人口出生率	‰	13.28	15.29	14.57	工业利税总额	万元	—	—	—
人口死亡率	‰	7.03	1.99	-71.69	三产增加值	万元	138264	162000	17.17
人口自然增长率	‰	6.25	13.3	112.8	镇村主干道	千米	130	130	—
总面积	公顷	2900	2900	—	实有就业人数	人	45513	46921	3.09
其中：耕地面积	公顷	—	—	—	科技人员	人	1110	1123	1.17
地区生产总值	万元	243700	263000	7.92	学　校	所	6	6	—
财政收入	万元	460	520	13.04	在职教师	人	1180	1210	2.54
农业总产值	万元	—	—	—	在校学生	人	21750	22490	3.40
粮食总产量	吨	—	—	—	卫生院	家	2	2	—
油料产量	吨	—	—	—	卫生室	个	13	13	—
生猪饲养量	头	—	—	—	初级保健普及率	%	100	100	—
家禽饲养量	万羽	—	—	—	农民人均纯收入	元	21940	24000	9.39
水产品产量	吨	—	—	—	农民人均住房	平方米	31	32	3.23

2016年豫新街道社区概况一览

表55

名　称	组数（个）	户数（户）	人口（人）	耕地（公顷）	村集体收入（万元）	人均可支配收入（元）	党组织书记	主　任
雨露社区	13	9895	26896	0	402	25603	张先东	张先东
顺河社区	11	5285	17998	0	205	25647	张　健	王　娜
江山社区	2	1265	4554	0	36.7	24659	韩金珍	张　楠
锦华社区	5	2258	7820	0	13.8	25192	陆　辉	任园园
豫苑社区	5	2315	5978	0	18.6	22597	李培荣	史莉莉
天一社区	3	2458	6687	0	2.6	22753	侍继闯	侯　敏
中通社区	1	1212	4800	0	0	24982	董佳锋	王　颖
庐山社区	4	3262	12532	0	13	20567	翟　榕	王　银
合　计	44	27950	87265	0	691.7	—	—	—

标，推进电商产业发展，培育电商44家，实现网上销售额500万元。鼓励全民创业，“金种子”网络创业大赛成功报名66人、完成网络创业培训200余人，新增“五小”（小网店、小工厂、小农场、小物流、小服务）创业项目550个。

文明城市创建　新增宣传牌2000余块，发放创建“倡议书”、创建手册、知识调查问卷等资料10万余份。加大对小商品市场、商贸城、小区出入口、背街后巷等整治力度，共清理各类小广告2.2万处，刷新墙面49.2万平方米。志愿者注册人数达3000余人，开展文明劝导、环境卫生清理、课外辅导、老年服务等各类志愿活动3000余人次。

民生事业　加快居家养老服务推广、助餐点建设等工程建设，雨露、顺河、豫苑、锦华、庐山、中通、江山7个社区已建成“居家养老服务站点”和助餐点，雨露、顺河、豫苑、庐山、江山、锦华6个社区开通“12349”居家养老服务热线，其中豫苑社区建成“省级示范性居家养老”服务机构。2016年，共走访慰问贫困户、老党员、低保户等弱势群体3454人次，发放各类补助慰问1000余万元。共处理网络问政和舆情2200余件、满意度达98%，街道便民服务中心累计办理业务3500余件，接待咨询5000余人次。重视文化惠民工程建设，投资110万元在商贸城E区建设街道文化站，已于5月投入使用。3月豫新街道举办了解社区邻里节，5月举办庆端午文艺演出。

平安街道建设　深入开展信访“543”工作法，通过快落实、快调查、快上报和快调解，累计化解矛盾纠纷470余起。加强对社区矫正、邪教人员等特殊人群管控力度。共接收社区矫正人员37人，解矫29人。以“七五普法”为契机，共开展防范通讯网络诈骗宣传98次、消防安全宣传56次、反邪教宣传68次，组织法律讲座10场。

队伍作风建设　创新开展“三书两单一反馈”集体践诺活动、廉政提醒谈话活动，推行关键提醒机制，减少和预防违纪行为发生。成立街道督查联合办公室，共印发督查通报6期，35人次被公开通报批评、责令检讨，9人被诫勉谈话处理。

【“三征两评四公开”项目管理模式】　2016年，为进一步规范社区党组织为民服务资金的使用和管理，提升社区党组织服务群众水平，街道探索出“三征两评四公开”模式。通过“三级征求”确定项目范围，即居民代表和党员征求居民意见、支部党组织征求党员代表、居民代表意见和社区党委征求支部党组织意见；“两级评议”确定候选项目，即社区代表评议和街道党工委评议；“四项公开”保证项目成效，即实施方案公开、项目实施公开、资金申报情况公开和资金使用情况公开，最大限度提高资金使用效益。全年，街道有42个项目纳入到“三征两评四公开”模式管理，扩大了项目的知晓率、参与率，提升了项目建设的满意率。

【“幸福邻里365”为民服务工程】 2016年，街道创新实施“幸福邻里365”工程，推进社区服务提质，管理提效。“3”即三网融合，将社会治理服务网、基层党建组织网、邻里e家便民网融合，“6”即培育公益慈善类、文化体育类、社区服务类、家庭服务类、维权关爱类、历史记忆类等六类组织，“5”即整合议事平台、社工队伍、志愿者队伍、共建单位、物业管理部门等五大力量，夯实党在城市社区的执行基础，2016年“一长五员”（网格长、党建联络员、信息采集员、治安巡防员、邻里调解员、物业管理员）组织架构已搭建完毕，该项工程已被区委组织部在全区推广。

【“三书两单一反馈”促进机关作风建设提升】 为深入贯彻落实区“机关作风建设提升年”活动部署，街道探索实施“三书两单一反馈”新机制。“三书”，即党纪党规知晓书、履职尽责承诺书、“八小时外”承诺书，“两单”即权力责任清单、关爱提醒单，“一反馈”即问题反馈函，进一步拓宽作风建设新途径。该机制2016年5月开始实施，街道共有124名党员干部提交了“三书”，下发“关爱提醒单”8份。

【“543”信访工作法】 健全信访工作机制，创新信访“543”工作法，“5”即街道、社区、居民小区、楼栋、单元五级网格，构建街道主要领导、分管领导、驻居干部、社区书记、小区书记5级联动；“4”即街道主要领导包保全局、驻居领导驻居干部包保社区、社区干部包保小区、小区支部包保楼栋四级包保机制；“3”即街道成立“人民调解委员会”、社区成立“人民调解中心”、小区设有“调解员工作室”三级调解机制。2016年，有效调解各类矛盾纠纷案件470余起。

（陆岩）

·下相街道·

【概况】 下相街道于2014年11月21日正式挂牌成立，社会人口3.27万，行政区域面积37.78平方千米，辖何塘、陆桥、罗桥、陆墩、油坊、兴隆、季桥、德太、新化9个村（居），所属区域是目前宿迁高新技术产业开发区建成区的覆盖范围，北接宿豫主城区，京杭大运河环抱西、南，新扬高速、S325省道穿境而过，交通和区位优势十分明显。

2016年，下相街道获得的市里表彰分别是“全市城乡社区校外教育先进辅导站”“2016年市区联创全国双拥模范城集体三等功”“2015—2016年全民健身十佳体育乡镇（街道）”；获得的区里表彰分别是“机关作风提升年活动先进单位”“计生工作先进单位”“2015—2016年度区级依法行政示范点”“2015年度法治建设先进单位”“市创业孵化基地”等。

社会事业 在小区改造上，共建设小区附属用房7000平方米，维修安装路灯600余盏，新增绿化面积105亩；创新物业管理机制，责成社区办统筹归口管理辖区小区提升改造与管理服务工作，同时按照属地管理的原则，将安置小区的物业管理列入区域化社区管理范围，并配备专门的门卫人员和保洁人员。在社会保障上，共发放社会保障、残联补助、低保求助、医疗救助等各类资金共计230万元，救助群众1930人次；敬老院集中改造工作已完成，入住五保老人29名，并先后将60名低收入农户纳入低保行列，近1100人迈进新农保门槛；虚拟养老院全面启动，首批240名失地、失居、失能、失独老人现已纳入政府买服务养老行列；

2016年下相街道经济与社会发展概况一览

表56

项　　目	单位	2015年	2016年	增长（%）	项　　目	单位	2015年	2016年	增长（%）
总人口	人	32497	32712	0.66	工业企业	家	—	—	—
其中：非农业人口	人	10337	—	—	工业总产值	万元	—	—	—
人口出生率	‰	14.6	18.79	12	工业利税总额	万元	—	—	—
人口死亡率	‰	4.38	5.91	34.9	三产增加值	万元	—	—	—
人口自然增长率	‰	7	12.88	84	镇村主干道	千米	90.487	—	—
总面积	公顷	3778	3778	—	实有就业人数	人	25137	—	—
其中：耕地面积	公顷	1118	843	-24.6	科技人员	人	116	124	6.45
地区生产总值	万元	624828	—	—	学　校	所	2	2	—
财政收入	万元	11632	—	—	在职教师	人	96	—	—
农业总产值	万元	3575	3933	10.01	在校学生	人	850	—	—
粮食总产量	吨	6360	7000	10.06	卫生院	家	—	—	—
油料产量	吨	63	70	11.11	卫生室	个	8	8	—
生猪饲养量	头	—	3200	—	初级保健普及率	%	100	100	—
家禽饲养量	万羽	—	26	—	农民人均纯收入	元	17968	—	—
水产品产量	吨	—	—	—	农民人均住房	平方米	33	40	21.21

2016年下相街道村（居）概况一览

表57

名　称	组数（个）	户数（户）	人口（人）	耕地（公顷）	村集体收入（万元）	人均可支配收入（元）	党组织书记	主　任
陆桥居委会	14	1202	4236	20	27.6	16000	李　磊	胡风军
油坊居委会	12	1115	4264	0	31.9	15000	侍继敏	张红红
新化居委会	13	841	3659	120	218.6	16000	朱　琳	李　娜
罗桥居委会	13	909	3547	27	20.6	15200	李　辉	李　辉
兴隆居委会	14	877	3616	120	23.8	16500	胡宝生	张　倩
何塘居委会	11	789	3332	53	31.3	18000	张玉林	薛成军
季桥村委会	16	942	4113	133	73.7	15500	周　浩	沈元军
德太村委会	10	794	3426	255	70.7	17500	张新宝	李成伟
陆墩村委会	9	537	2519	115	61.6	14500	纪盛昌	卞月军
合　计	112	8006	32712	843	559.8	—	—	—

城镇居民医保和新型农村合作医疗覆盖率达100%。社会稳定上，全面开展“六五”普法宣传和加大惩防体系建设力度，创新实施干部帮助群众上访的制度，促进社会稳定。

精神文化建设 2016年，组织开展9场“文化进社区，温暖送万家”文艺汇演，“支部+文化”为基础的“社区文化汇演”“下相街道办创建文明城市建设幸福家园”广场舞比赛；围绕“工业强区电商名城幸福家园”中心，在“中秋”“十一”“重阳节”等传统节日开展专题文艺演出3场次；组织实施“民间书画摄影作品征集活动”，收集文艺作品30余件；举办宿豫区第二届下相情器乐比赛等，丰富群众业余文化生活。完善文化体育阵地，投资350万元，建成4500平方米群众文化活动中心；完成罗桥、油坊、兴隆3个社区农家书屋图书编纂工作，实现与区图书馆的统借统还；在市体育局100万元资金的支持下，新建多功能运动场2个，配置笼式足球场4个，标准篮球场3个，健身路径4套；投资800余万元改建、新建的高新区中心小学青少年宫、幼儿园、塑胶跑道以及骏马小学围墙、大门改造等一批惠民项目全部实施到位；6个社区卫生室服务站全部达到省级卫生室标准。

招商引资 2016年，投资2.3亿元的华骏广告项目已正式投产，并通过市级考核验收；投资1.2亿元的兴恒交通项目7月正式开工；投资2.6亿元的良木新材料已通过竣工验收；鸿棋科技和再生元两个项目现已落户宿迁电商产业园；长川科技、中玻电子、润宇车业、津祥瑞、陆桥五期、油坊五期、景宏新材料以及S325省道环境整体提升和城东水厂等50余个重大项目、重点工程帮办服务已实现无障碍推进。

环境卫生整治 2016年，将9个村居道路保洁和绿化管养全部纳入市场化管理模式。对辖区43条道路实行“路长制”，全天候、全时段保洁；铺设柏油道路9200平方米、新增停车位1150多个、新增绿化面积85亩、新建公厕1座、垃圾中转站1座，另已投资100余万元建立油坊、陆桥、罗桥三个疏导点。

【下相网络创业】 2016年，成功孵化项目20余个，年销售额达8000余万元，全年新增就业2700余人，所辖9个村居实现了“支部+电商”全覆盖。其中创客空间入驻项目32个，开设专题讲座及培训辅导10余场，培训1000余人次。5月，被列为全省“抓党建促脱贫攻坚座谈会”学习贯彻会暨“支部+电商”工作现场会观摩点。

【群众文化活动中心建设】 下相街道群众文化活动中心是2016年度宿迁高新区为民办事项目。该项目总投资300余万元，建筑面积4600平方米，共分图书阅览室、电子阅览室、体能训练室、乒乓球馆、综合展厅、舞蹈训练室、老年活动中心等7个专项功能室。活动中心以“艺术传递幸福，文化点靓生活”为主题，本着贴近实际、贴近生活、贴近群众的原则，主要服务于宿迁高新区企业职工以及下相街道广大居民，推动宿迁高新区文化事业发展。

【“一述一晒一评”促干部作风转变】 2016年，下相街道创新推出“一述一晒一评”活动。“一述”，即一周一述，检验干部作风是否真转变。全街道领导班子成员、站所负责人、村（居）党支部书记要在每周召开的工作例会上，汇报上周工作完成情况及下周工作计划，书面剖析个人在作风方面存在的问题；村（居）“两委”其他成员要在村（居）每周召开的工作例会上，向村（居）“两委”成员、党员和村民代表述职，并汇报上周工作完成情况及下周工作计划；“一晒”，即“一月一晒”，检验干部效能是否真提高。领导班子成员、站所负责人、村（居）党支部书记、村（居）两委其他成员每月要撰写当月工作事迹，并在宣传栏内进行公开晾晒，接受各界监督；“一评”，即一季度一评，检验干部落实是否真到位。每季度邀请行风监督员对领导班子成员、站所负责人、村（居）“两委”班子成员的作风和工作实绩进行评议。同时通过民主测评和党工委评议等方式在工作人员内部开展互评。

【智慧养老服务中心】 2016年，下相街道创新公共服务方式，采取政府购买服务项目的形式，搭建“智慧养老”服务中心，建成全天候响应、“一键通”紧急救助平台，服务街道812位失能、半失能、失独、留守、孤残、“三无”老人。只需通过服务终端“点单”，虚拟养老服务中心就可以根据服务对象的需求向代理商转发指令，让老人在第一时间享受助急、助洁、助餐、助医、助浴、助行、助聊等服务。此外，根据服务救助对象的类别、类型，每月发放100~160元不等服务卡，老人可自由挑选服务内容、服务商家。

【下相创客空间】 下相创客空间是下相街道为适应创新2.0时代到来，在全市率先打造的低成本、便利化、全要素、开放式新型创业和就业服务平台。该项目位于陆桥安置小区内，总面积4100平方米。共分三大板块，即创客咖啡、创客论坛、创客驿站，常规服务是技能培训、创意交流和办公场地，以“创新、创作、创业”为发展思路主导创业者的能力成长和业务发展。已入驻项目32个，正在孵化培育社会服务组织12个。通过创客空间的带动引领，全年共新发展电商377户，其中党员电商示范户41户、积子电商标兵户19户、支委电商联系户317户，年销售额达8000余万元，带动就业人数2162人，其中低收入户456人，人均年增收3500元。

【“两单一员”精准扶贫】 创新实施“两单一员”（“两单”即扶贫项目订单和帮扶清单，“一员”即扶贫工作联络员）。在推进帮扶工作进程中，通过配送物流项目、劳务项目、物业服务项目、分红项目、三来一加项目、种养项目等，培育系列化的扶贫订单，供广大低收入农户选择。为保证效果，按自然村庄（楼道）将辖区划分成103个网格区域，组建以村组干部、党小组组长、老党员为主体的103名精准扶贫工作联络员队伍，定期做好低收入群体精准脱贫工作的帮办服务工作。全年共培育列入扶贫项目库项目318个，解决低收入群众反映的突出问题5大类130余个，1263名低收入农户实现家门口就业。1040户低收入农户2773名低收入人口，已下降到789户1822人，脱贫率达到34.11%，高于区定目标9个百分点。

（张玉林）

·大兴镇·

【概况】 大兴镇位于宿豫区东南17千米，东临丁嘴镇，西靠新扬高速，京杭运河、宿泗公路、S325省道横穿腹地，境内有六塘河、马河、姚河，区位优势明显，水陆交通方便。历史上的大兴文人辈出，清朝皇帝乾隆侍读徐用锡和著名诗人倪瑞璇就诞生于此。原中共宿迁县第一个党支部——马庄支部即建立于此，并养育出宿迁县第一位县委书记马仑以及革命烈士马骥、张启宇、张清高、鲍子和等众多革命英雄，是宿豫区的历史名镇、商贸重镇和经济强镇，也是全国重点镇、江苏省文明乡镇和省新型小城镇。境域面积59平方千米，集镇建成区面积4.25平方千米。辖14个行政村、3个居委会，社会人口5.6万人。

2016年，大兴镇实现地区生产总值同比增长12.5%；完成公共财政预算收入4035.24万元；农民人均收入17550元，同比增长12.1%。大兴镇在全区目标考核中荣获三等奖、省“农村电子商务示范镇”“关心下一代工作先进集体”称号，基层党组织、全民创业、人民武装等工作受到市委表彰，农业产业结构调整被区委区政府评为“先进单位”。

农业 2016年，投入560万元用于农业基础设施建设，新建农田防渗渠29条、11000米，新建农桥9座，铺设农田生产路20条12700米。全年举办农业新技术培训班46期，无偿发放农技宣传资料5.6万份，利用自办广播节目举办技术讲座47期，镇农技部门先后召开现场

2016年大兴镇经济与社会发展概况一览

表58

项　目	单位	2015年	2016年	增长（%）	项　目	单位	2015年	2016年	增长（%）
总人口	人	51179	51022	-0.3	工业企业	家	48	57	18.75
其中：非农业人口	人	12776	12633	-1.1	工业总产值	万元	113904	174173	52.91
人口出生率	‰	6.95	14.38	—	工业利税总额	万元	3815	6516	70.8
人口死亡率	‰	0.3	5.25	—	三产增加值	万元	25107	25538	1.7
人口自然增长率	‰	6.65	9.13	—	镇村主干道	千米	74.8	92.4	23.5
总面积	公顷	5838	5838	0	实有就业人数	人	13970	14318	2.5
其中：耕地面积	公顷	3174	3220	1.4	科技人员	人	149	153	2.68
地区生产总值	万元	217800	—	12.5	学校	所	3	4	33.3
财政收入	万元	4872.86	4035.24	—	在职教师	人	248	306	23.39
农业总产值	万元	116800	127843	9.4	在校学生	人	2906	4161	43.19
粮食总产量	吨	28143	29673	5.4	卫生院	家	1	1	0
油料产量	吨	262	247	-5.7	卫生室	个	17	17	0
生猪饲养量	头	164000	153734	-6.2	初级保健普及率	%	100%	100%	0
家禽饲养量	万羽	941	876	-6.9	农民人均纯收入	元	15656	15812	9.9
水产品产量	吨	870	920	5.7	农民人均住房	平方米	39.7	41.4	4.28

会26次。年内，全镇新增5000亩绿色粮食基地，其中卢集村2200亩，新新村2400亩，陈洼村950亩，先锋村500亩。新增市级及以上品牌或有机产品数1个，完成质量安全可追溯体系平台1个。

2016年，全镇土地流转面积4600亩，新添家庭农场30个，新增农业加工龙头企业1个（江苏农垦米业），新增“1+X”规模基地和订单生产基地1个（卢集村特色蔬菜基地），完成农民土地确权发证工作，农村产权交易新增45笔，交易额达231.57万元。全年，全镇通过实施土地占补平衡、增减挂钩措施，共新增土地224.25亩。推进秸秆禁烧和综合利用，全镇农作物秸秆机械还田面积3.6万亩。全镇营造生态林220亩，农户“四旁”植树6.4万株，更新改造成熟杨树2560亩。

发展无污染养殖业，实施畜禽场所改造和规范。畜禽防疫率达到100%，生猪定点屠宰检疫率100%，规模养殖场产地检疫率100%，病死畜禽无害化处理率100%，畜禽检疫出证3560份。2016年，全镇出栏肉鸡900万羽、蛋鸡存栏量70万羽，生猪出栏16万头，存栏5.4万头，羊出栏1.8万只，存栏2.1万只，鹅出栏11万羽、存栏5万羽，鸭出栏15万羽，存栏8万羽，牛出栏1200头，存栏820头。2016年，全镇启动畜禽无污染养殖机制，对374户养殖户的养殖场所进行全覆盖治理。年内，全镇农业保险险种扩大到7项，水稻和小麦保险面积达3.7万亩，母猪投保率100%，蛋鸡保险67万只，投保率达到96%。育肥猪投保1500头，高效农业大棚投保400余亩。

招商引资及工业经济　全年共引进工业及“三来一加”项目19个，其中2000万元以上工业项目4个，到位资金1.2亿元。其中，宏升电子有限公司投资8000万元，常州滨元箱包制品有限公司投资2600万元，浙江客商姚学

2016年大兴镇村（居）概况一览

表59

名　称	组数（个）	户数（户）	户籍人口（人）	耕地（公顷）	村集体收入（万元）	人均可支配收入（元）	党组织书记	主　任
大兴居委会	13	2367	8895	155.06	92	18132	李　军	张晓军
启建居委会	7	516	2068	105.79	39.6	17920	圣佑峰	施佰军
集东居委会	6	424	1670	74.61	23.75	18050	高圣疆	高圣疆
清高村委会	5	507	1995	95	12.41	17545	蒋　凤	蒋　凤
周马村委会	10	761	3101	226.47	10.4	16830	刘思泽	方雪平
桃园村委会	15	799	3398	271.73	11.64	16523	孙乃权	尹兰喜
先进村委会	9	545	2254	160.07	8.92	17501	李士白	张永扬
大庄村委会	10	1083	4275	201.6	23.76	17548	陈继涛	陈良柱
高圩村委会	8	685	3133	193.33	7.65	17326	程永利	化际玲
堤南村委会	6	475	1951	115.13	19.05	16845	王双爽	高修生
逸奇村委会	16	904	3897	300.53	14.83	17433	吴继超	施恩华
同心村委会	12	618	2375	211.8	16.26	17605	王新超	徐建军
新新村委会	12	712	2860	273.4	46.6	18050	叶梦宇	刘吉广
先锋村委会	9	375	1533	171.27	30.59	17830	张裔锋	张裔锋
陈洼村委会	6	309	1337	109.53	22.87	17915	张绍成	张　松
卢集村委会	16	832	3190	301.07	21.7	17854	周玉山	卢德佩
启宇村委会	11	652	3090	253.47	17.8	18022	赵　峰	陆敬洲
合　计	171	12564	51022	3219.86	419.83	—	—	—

峰兴办的熊猫时装有限公司投资2300万元，森仕龙服装厂投资2000万元。新增500万元以上固定资产投资增长率达31.4%，盘活投资1000万元以上工业项目2个，规模以上工业总产值增长率25.2%，培育精准创业企业2个。

2016年，全镇规模企业个数达到16家，“三来一加”项目142个。从事工业和“三来一加”的务工人员达到8600人。绿源电器、宏升电子、宇晨纺织、久久车轮、鑫盛墙体材料、农垦米业、恒胜装饰，颜艺绢花等企业利润增长率均比增长15%以上。工业企业和“三来一加”完成入库税收643.3万元，完成率位居全区第一。同时，盘活工业用地60亩，分别是启宇村的蓝星玻璃、鑫华工贸、瑞州伞业和工业创业园。“三来一加”为市、区两级现场会提供12个示范观摩点。全镇网络创业快速发展，全年网络创业个数达到547个，产品销售总额突破1.2亿元，同比增长41.3%。

镇村建设　2016年，镇区建设总投资8600万元，配套完善3条精品街区、住宅小区6.3万平方米，建成2万平方米示范住宅小区，完成460套小区楼房建设任务。建筑面积为2.3万平方米的金兴家园工程当年开工、当年竣工，当年入住率为86%，占地23亩的书香苑顺利启动、当年底竣工5栋楼房。全长4.9千米的自来水管网和下水道全面更新结束，投资额达1800多万元。富民路东段8000平方米水泥路铺设完成，投资400万元用于宿泗路、振

2016年大兴镇工业园区骨干企业基本情况一览

表60　　单位：万元

企业名称	主要产品	投资金额	销售收入	利税总额
绿源照明有限公司	节能灯	8000	6500	720
宏升电子有限公司	电子	3000	2410	420
久久车轮有限公司	车轮	3000	1800	265
农垦米业有限公司	大米	3000	13400	120
豫兴面业有限公司	面粉	1500	6000	80
兴株粮食加工厂	大米	500	2300	40
华友粮食加工厂	大米	400	2400	35
宇晨纺织有限公司	防水雨布	800	1850	85
祥鑫新型建材有限公司	建筑材料	6000	2300	40

兴路、繁荣路、东方大道等街道提档升级。投入160万元重新规划和包装兴盛街农贸市场，重新建设40个经营摊位，统一管理。

村级建设发展方面，投资300万元，完成8.1公里的西循环道路拓宽工程，铺设村到组和组到户水泥路千米，农户与农户之间的硬化道路实现100%。推进农户进城入镇，消化空置房。先锋村9个村民小组360户农户到当年底全部拆迁到位，入住本村农民集中居住点。启动高圩村8个村民小组660户农户拆迁工作，全村80名党员干部和部分农户已签订搬迁协议，进城入镇新增城镇人口412人。强化镇村环境治理，全镇新增286名镇村组保洁员，添置垃圾桶、垃圾箱800个，完成8000吨的垃圾收集和处理任务。清理取缔污染严重的废旧物品回收点19个，燃煤锅炉54个，畜禽养殖场19家。

社会事业　2016年，全镇580户，2328名低收入群体实现脱贫目标，陈洼、同心、新新3个省定扶贫村走出贫困村行列，卢集、逸奇两个村走出区扶贫村行列，全镇党员干部、企业大户等为贫困户捐资捐物折价112万元，31名当年考入大学的贫困生享受助学补助。排查2468户低收入农户，全部安排到具体帮扶人和帮扶单位，高圩被列入2017年省定扶贫村，卢集、清高、堤南、同心、逸奇、桃园被列入区级扶贫村。投资280万元对镇敬老院进行全面改造升级，改造面积达2200平方米，达到省“乡镇示范敬老院”标准。发放优抚补助、五保供养、低保补助、尊老金、孤儿救助金、临时救助资金以及各项惠农补贴等2432万元。

2016年，全镇参加新农合人数达46086人，参合率99%；参加新农保人数19689人，参保率达100%。提供免费孕前检查386对，宫颈癌检查1963人，生殖健康检查2897人次。完成自来水“通村达户”工程，新铺设自来水干、支管网16千米，维修破损管道366处，入户安装7848户，回购小水井23座。除镇区大兴和集东两个居委会外，15个村居的农户饮水全部实现了同城、同网、同水源、同服务的工作目标。

全年接到公安报警电话1797起，立刑事案件171起，侦破刑事案件59起，抓捕犯罪人员33名，拘留邪教分子5名。增加治安监控设施，投入30万元，安装高清摄像头22处、44个。全年共处理网络问政1264条，网络舆情157条，处理上访案件152件，积案化解8件。

全镇安装数字电视536户，大兴中心小学完成3680平方米教学楼改造；村居农家书屋通借通还工作顺利完成，增加图书4600册；新增农民健身器材46件；计生服务并入镇卫生院顺利实施；大兴医院全面完成服务大厅数字化门诊改造；自办广播节目《大兴之声》全年编播稿件126档，每天播出时间达45分钟。

基层党建　2016年，完成大兴镇党委、镇政府的换届选举和村居党支部、居委会改选工作，选拔6名素质过硬的镇干部、创业能人担任村支部书记，调整52名村级干部。将条河、竹城、王滩3个“隐形村”并入周马、卢集、大庄3个村。2016年，全镇发展党员31名，培养村居后备干部41名。镇纪委开展作风建设专项督查17次，发布督查通报12期，通报35人。党员干部因违纪违规被立案15件，处理违纪党员干部11人。

【瓜蒌产业启动】2016年下半年，大兴镇加快高效农业发展步伐，打造大兴瓜蒌产业。全镇已快速流转3677亩肥沃土地作为瓜蒌种植用地，所涉及村居达16个，其中先锋村948亩，新新村299亩，集东居委会325亩，堤南村280亩，启建居委会58.3亩，清高村433亩，大庄村292亩，逸奇村17亩，高圩村160亩，落实瓜蒌种植的农户达83户。从2016年10月开始，全镇举办瓜蒌技术培训班8期，参训人数达428人次，印发技术资料270份。镇里专门成立“大兴镇瓜蒌产业办公室”，办公室主任由镇农技推广服务中心主任施苏配担任。全镇在先锋、堤南、新新、集东等4个村居成立瓜蒌种植专业合作社。

【集东居委会喜糖盒电商产业】2016年，集东居委会从事喜糖盒营销的网店有43家，喜糖盒年销售额超过7000万元，喜糖盒在淘宝网同类产品上的销售率超过90%。带动村民就业650人，126户居民因加工喜糖盒而脱贫。1月14日，原省委书记罗志军视察集东居委会喜糖盒电商产业，给予较高评价。同年，集东居委会被评为省市“农村电子商务示范村”。

（林德学）

·来龙镇·

【概况】来龙镇位于区政府东北23千米处，南连保安乡，北接侍岭镇，东界沭阳，西与曹集接壤。S304省道穿境而过，来侍路、兴张路连通南北，区位优势明显，交通便利。全镇面积75平方千米，社会人口4.28万人，可耕地面积5.78万亩。辖3个居委会、9个行政村。

全年实现地区生产总值14.51亿元，同比增长12.2%；财政总收入1.3亿元，同口径增长3%；实现一般公共预算收入8500万元，同口径增幅13.5%；500万元以上项目投资8.04亿元，同比增长26.1%；规模以上工业总产值13.93亿元，同比增长12.1%；工业企业销售收入增长率达17.3%；农民人均纯收入1.61万元，同比增长18.6%。年计划培育规模企业4个，完成新增规模以上企业2个：江苏优琪宠物用品有限公司、宿迁市宏图羊绒制品有限公司，实现固定资产投资6.8亿元。

农业与特色产业　2016年，来龙新城农业总产值1.77亿元，粮食种植面积7.51万亩，总产量5.91万吨；水产养殖2500亩。在特色养殖方面，实现繁育苗鸡6000万羽；在高效农业方面，实现新增设施农业850亩，新增花卉200亩，新增高效渔业600亩；在新型农业经营主体培育方面，实现新增家庭农场24个，新增专业大户16户，新增宿迁市宿豫区来龙镇左庄村土地股份合作社、宿迁市宿豫区来龙镇光明村土地股份合作社2个；在土地整理方面，流转土地4300亩，完成土地增减挂钩46亩，实现土地复垦93亩。依托宿豫区农广校在我们来龙举办农民培训，共计培训500余人，其中取得职业化农民资格证书300人。全镇完成农业招商项目3个，共计投资8100万元，分别是金坤宇生态水产养殖家庭农场投资2200万元、宿迁市金龙粮食有限公司新上粮食加工生产线2700万元、宿迁市茂丰秸杆有限公司3200万元。

2016年来龙镇经济与社会发展概况一览

表61

项　　目	单位	2015年	2016年	增长(%)	项　　目	单位	2015年	2016年	增长(%)
总人口	人	42449	42783	0.79	工业企业	家	377	348	-7.69
其中：非农业人口	人	—	—	—	工业总产值	万元	284750	316230	11.06
人口出生率	‰	—	—	—	工业利税总额	万元	958	884	7.72
人口死亡率	‰	—	—	—	三产增加值	万元	38844	43060	10.85
人口自然增长率	‰	—	—	—	镇村主干道	千米	97	98.5	1.55
总面积	公顷	7496	7496	—	实有就业人数	人	24909	28292	13.58
其中：耕地面积	公顷	4237	4237	—	科技人员	人	112	106	5.36
地区生产总值	万元	147016	161156	9.62	学　校	所	3	3	—
财政收入	万元	15200	9135	-39.9	在职教师	人	357	357	—
农业总产值	万元	—	—	—	在校学生	人	4971	4765	4.14
粮食总产量	吨	55548	55462	0.15	卫生院	家	1	1	—
油料产量	吨	65	66	1.54	卫生室	个	12	12	—
生猪饲养量	头	7950	8008	0.73	初级保健普及率	%	75	80	6.67
家禽饲养量	万羽	1050	1050	—	农民人均纯收入	元	15445	16544	11.8
水产品产量	吨	1689	1626	-3.73	农民人均住房	平方米	35	35	—

工业与招商引资　2016年，来龙工业园区共有规模企业13家，实现年销售收入3亿元，完成固定增加值1.5亿元。排查重点工程34项，完成投资6.56亿元，其中工业集中区配套设施建设、道路亮化绿化工程和藏龙街改造等区级三类项目以及滨河公园提升改造、镇区公共厕所、中心幼儿园配套工程、电商创业孵化中心、张大庄标准化厂房等10个重点项目如期完工。农贸市场改造、市民公园、小镇客厅、精品街提升等13个项目已成功启动。全年预计可完成引进亿元合同工业项目1个：江苏优琪宠物用品有限公司，普通新开工工业项目4个：宿迁市诚忆纺织有限公司、江苏优琪宠物用品有限公司二期、宿迁市盛盟传动有限公司、宿迁市欧力塑业有限公司。园区新招引的企业宿迁市诚忆纺织有限公司、江苏优琪宠物家居二期及宿迁市欧力塑业有限公司、宿迁市宏图羊绒制品有限公司4个工业项目全部投产达效。

社会事业　完成新农保扩面任务数13200人，完成全民参保调查录入数据22200人，完成劳动力调查录入17600人，调处农民工工资纠纷140人次，解决农工工资拖欠款200万元。在民生工作方面，新增低保22户71人，享受低保共计587户1176人。全年累计发放低保金369.7万元。五保供养180人，其中分散117人、集中63人，全年共发放五保供养资金100.5万元。在扶贫工作方面，做好结对帮扶和精准扶贫工作。共计发放小额贷款1391万元，年初建档立卡户2042户，6127人，全年已经脱贫477户，1728人。开展特殊困难低收入农户救助工作，从扶贫资金中拿出3万元重点帮扶。在人武工作方面，完成全镇1200名18岁男性公民兵役登记工作，登记率达到99%，选拔9名优秀青年参军入伍。在社会稳定方面，共接访148件，接待群众来访480余人，化解矛盾130余起。

2016年来龙镇村（社区、居）概况一览

表62

名　称	组数（个）	户数（户）	户籍人口（人）	耕地（公顷）	村集体收入（万元）	人均可支配收入（元）	党组织书记	主　任
来龙社区	9	475	1982	146.7	29.40	19230	高胜友	高胜友
太平居委会	14	518	2232	186.7	28.85	18780	王召军	陆　逊
龙西居委会	17	738	3141	370.0	26.74	18790	许红亮	周　瑞
陵园村委会	21	834	3880	280.0	23	16300	杜　刚	蔡　建
高圩村委会	8	517	2093	268.2	22.50	15890	王　彬	尚兆楚
左庄村委会	12	541	2314	333.6	36.33	16190	张成迎	张成迎
光明村委会	18	767	3320	328.7	45	15990	李　江	陈　欣
张大庄村委会	12	599	2352	293.3	12.87	15960	张　鑫	胡秀林
水庄村委会	15	466	2312	270.4	19.07	16100	王爱军	吴可乐
王庄村委会	18	888	3920	466.7	16.37	14890	王荣生	卢宜玲
路墩村委会	24	989	4192	487.3	20.57	15900	陈超政	王新召
玉皇村委会	19	916	4417	420.0	21.96	15800	姚　文	王　跃
合　计	187	8248	36155	3851.6	302.66	—	—	—

2016年来龙镇骨干企业基本情况一览

表63　　　　单位：万元

企业名称	主要产品	投资金额	销售收入	利税总额
宿迁市金丰米业有限公司	稻米	12000	30000	1500
江苏卡耐得文具有限公司	文具	8000	12000	500
宿迁市宿豫区来龙农技米厂	稻米	8000	15000	300
宿迁市迎绿面粉有限公司	面粉	5000	15000	300
宿迁市长鑫纺织有限公司	布匹	5000	6000	600
江苏优琪宠物用品有限公司	宠物玩具	12000	5000	800
江苏金口工贸有限公司	口杯、礼花	4000	3000	500

【“三来一加”】 2016年，域内新增“三来一加”项目24个，完成全年目标任务300%，带动就业1300余人，上半年全区排名第一。

【特色镇村建设】 2016年，完成《宿迁市宿豫区来龙新城总体规划（2013—2030）》的修编工作。组织编制来龙镇光明村美丽乡村项目——桃花宅的建设规划，左庄村康居村庄项目规划、王庄村乡村规划也已正式启动。来龙镇共有11项重点工程，涵盖基础设施、房地产开发两大类。新增建设投资约1亿元，完成主要干道的道路绿化、路灯亮化及标识标线工程，新建住房12万平方米，安置拆迁户285户，新建厂房一栋，完善共建园区新型建材厂

房室外配套工程、电商孵化中心室内装饰工程等。在9项重点基础设施建设中，所有项目已全面完工，分别是：来龙大道改造、道路绿化、亮化、标志标线、标准厂房安防工程、标准厂房消防控制室及消防水池工程、张大庄厂房工程、孵化中心室内装饰工程、滨河公园改造工程。在2项房地产开发类项目中，龙城雅苑2016年年底一期14栋约8万平方米已交付使用；状元里项目10栋4.5万平方米正在建设，并将于2017年初投入使用。启动光明桃花宅项目，占地112亩，规划204户、建筑面积2.7万平方米。

【镇村环境治理】 对农贸市场进行清理整顿，划定统一经营区域，规范摊位经营秩序，解决市场排水、通行难、环境差的问题。2016年，共清理店外店1500余起，清除流动摊点400起、乱堆乱放杂物1000余处，清理违规广告牌360余块、村庄垃圾12000余吨。在创文整治期间，投入劳力近5000人次，清除乱贴乱画近4000处，清理镇区垃圾500余吨，修补镇区破损路面近5000平方米，划定停车泊位800余个，增设分类垃圾桶900余个。

【精神文明建设】 2016年，来龙镇在各村（居）开展文明示范户评选工作，各村（居）通过推荐评选122户文明户候选人，来龙镇评选小组通过走访、调查等方式在其中选择30户作为2016年度文明示范户。由党委下文公示，驻村领导亲自授牌，来龙镇宣传科在镇区宣传栏上对他们的事迹宣传展播，促进在全镇形成了知荣辱、讲正气、作奉献、促和谐的良好风尚。主动挖掘先进典型，联合电视台对龙西居委会的卫生室医生左美荣的事迹进行报道，获得中国好人、宿迁市文明家庭等称号。 （吴可乐）

·曹集乡·

【概况】 曹集乡位于宿豫区东北部，距城区5千米。境内有新扬高速公路、S324省道、张家港大道和宿沭路等高等级道路及高速道口一处，同时新规划合青高速铁路从镇区东侧穿过，交通区位优势显著。全乡辖5个行政村、3个居民委员会，总面积49平方千米，其中耕地4.12万亩，年末户籍人口30146人。境内有六塘河、东民便河、二干渠等水系资源，生态基底好。

2016年，曹集乡实现地区生产总值96932万元，同比增长9.6%；财政总收入5499万元，同比增长13%；一般公共预算收入2178.98万元，同比增长13%；农民人均纯收入1.3万元，同比增长11%；固定资产投资额6.01亿元；实现工业销售1.1亿元，入库税收260万元；新增电商企业10家，全年实现电商销售超亿元。年内，被省商务厅评为江苏省2016年度农村电子商务十强镇，被宿迁市委、市政府分别授予全市全民创业工作先进乡镇、2015年度平安建设工作先进单位，被区委、区政府授予全民创业工作先进单位。

农业 年内，全乡共种植优质水稻3.8万亩，小麦3.9万亩，玉米6000亩，特色农业8000余亩。沿宿穿线完成了农业招商项目2个，分别是石榴园和金银花基地，每个项目占地300亩。重点扶持培育像小岭千亩果蔬基地、天同庵千亩黄桃采摘园、百亩精品蔬菜园等特色农业品牌，小岭“喜农旺”生鲜超市在中心城区布点达到19家。天同庵黄桃生产基地、果蔬精品园等休闲采摘项目也完成出入口景观打造，油桃大棚等区域投入运营。

工业 截至2016年底，全乡各类工业项目总数达110个，规模以上的投资项目9个，总投资额3.2亿元，工业年销售收入9.6亿元，年利税563万元。年内，盘活原曹集初中68亩土地3万平米闲置校舍，建成小微企业创业园。广宇纺织、紫江彩印、天宇包装在园内建成投产，宏鑫印务、迎科渔具基本建设完成。在机械共建园区，吉雄机械、盛士达包装、苏润节能3个项目建成投产。全年新引进“三来一加”企业12家，解决200余人就业。

公共事业 实现新农合、新农保参保率

2016年曹集乡经济与社会发展概况一览

表64

项　　目	单位	2015年	2016年	增长（%）	项　　目	单位	2015年	2016年	增长（%）
总人口	人	30179	30665	1.61	工业企业	家	27	37	37
其中：非农业人口	人	1867	1903	1.92	工业总产值	万元	49300	54700	10.95
人口出生率	‰	21.3	13.98	-3.43	工业利税总额	万元	1219	1353	10.99
人口死亡率	‰	10.8	6.1	-4.7	三产增加值	万元	16376	20321	24.1
人口自然增长率	‰	8.7	7.88	-0.82	镇村主干道	千米	—	—	—
总面积	公顷	4700	4700	0	实有就业人数	人	7800	8600	10.2
其中：耕地面积	公顷	2748	2748	0	科技人员	人	85	136	10.6
地区生产总值	万元	94325	96932	2.73	学　校	所	—	—	—
财政收入	万元	4867	5499	13	在职教师	人	—	—	—
农业总产值	万元	—	—	—	在校学生	人	—	—	—
粮食总产量	吨	27983	28906	3.29	卫生院	家	1	1	0
油料产量	吨	16.7	17.9	7.37	卫生室	个	8	8	0
生猪饲养量	头	47300	49333	4.3	初级保健普及率	%	87	89	2
家禽饲养量	万羽	830	870	4.82	农民人均纯收入	元	5170	—	—
水产品产量	吨	1082	1290	10.92	农民人均住房	平方米	—	—	—

2016年曹集乡村（社区、居）概况一览

表65

名　称	组数（个）	户数（户）	户籍人口（人）	耕地（公顷）	村集体收入（万元）	人均可支配收入（元）	党组织书记	主　任
快乐社区	25	1043	6245	655.33	26.84	14195	周发强	周发强
冒店居委会	11	587	2413	423	14	13724	朱昌斌	朱昌斌
天同庵居委会	18	974	4239	470.23	39.21	14202	刘文明	刘文明
道方村	19	1082	3860	874.47	21.63	13221	张新忠	张新忠
孙庄村	15	767	3623	618.87	20.5	13757	李　辉	王　鹏
小岭村	10	701	2845	321.4	18	14084	卢　锋	韩万明
旱闸村	13	786	3168	340.87	19.48	14086	高行俭	陈　转
双河村	18	907	3753	339.6	76.62	14046	谢　振	杨凌云
合　计	129	6847	30146	4043.77	236.28	—	—	—

2016年曹集乡骨干企业基本情况一览

表66　　单位：万元

企业名称	主要产品	投资金额	销售收入	利税总额
宿迁市衡寰纺织涂塑有限公司	白坯布	3000	2500	170
宿迁市德丰杰钢球有限公司	钢　球	2000	3300	210
宿迁市华中水泥制品有限公司	混凝土	3300	1000	70
宿迁市富霖包装材料有限公司	纸板	2000	2010	140
宿迁市金力橡塑有限公司	胶带	1500	2600	170
宿迁市杰克包装材料有限公司	包装袋	2000	2200	150
宿迁市奥源塑料制品有限公司	塑料制品	2000	2080	110
宿迁市广泰混凝土有限公司	混泥土	3500	3000	180
宿迁市福康乐纸业有限公司	纸杯	2100	2600	170

达99%以上，对低保和五保实行应保尽保。打通乡村土地“微循环”，全乡共铺设乡村道路25.8千米。自来水通村达户工程全区率先完成，16个小水厂全部回收，自来水通村达户率达95%以上，全乡7786户家庭全部吃上与市区“同质、同网、同价”的骆马湖水。脱贫攻坚工作取得新进展，928户低收入户实现脱贫，冒店居委会、小岭村、孙庄村5700平方米厂房开工建设，小岭村集体收入达18万元。

镇村建设　旱闸集中居住区36套基本建成，水、电、路、污水管网即将建设到位，初步具备入住条件。天同庵电商一条街绿化、亮化、硬化全部完成。旱闸村农民集中居住区项目“水韵农居”一期工程36套住房主体完工。在镇区高标准规划建设3座国家二类标准公厕，投资180余万元规划建设现代化农贸市场。村庄环境整治，投资80万元，购置箱体垃圾桶200个，添置机械垃圾转运车4辆，人力垃圾车100余辆。

党建工作　为每名党员发放“红色礼包”(一枚党徽、一本党章、一卷笔记、一册系列讲话)；开展“支部+文化”广场舞大赛；开展“崇孝向善”党员家庭评比活动。顺利完成乡村两级换届。乡党委5月份完成换届，选出新一届党委领导班子；村两委换届自9月份启动10月份全面完成，新一届村“两委”干部中，高中文化以上占比超80%，支部书记平均年龄45.9岁，副书记38.7岁。组织新当选村干部换届后培训，努力打造一支能打硬仗的队伍。目前全乡8个村居实现一档村3个，二档村4个。

【小微企业创业园】　曹集乡小微企业创业园于2016年1月正式启动建设，盘活原曹集中学63亩闲置土地。园区由江苏省规划设计院宿迁分院规划设计，按照“一心一轴四组团”（即一处综合管理中心、一条发展轴、四个企业组团）布局建设。目前，园区水、电、路、网配套工程已基本到位，现已入驻企业10家，累计建设标准厂房3万平方米，在建厂房1万平方米，固定资产投入1.2亿元，主要有纺织、电子、印刷、包装、渔具制造等企业，预计可实现开票销售收入5000万元，税收300万元，带动就业400余人。

【曹集乡电商服务中心】　投资100万元在天同庵一条街建设集“展示、培训、咨询、服务”等功能于一体的1000平方米电商服务中心，孵化带动创业。深入推进“一村一品一店”工程，建立“曹家集地”地产品销售平台，带动纸箱、礼盒、罐头等10余种地产品上网销售。

【文明城市创建】 在镇区主要入口、主要干道建设大型跨街宣传广告6处、大型高炮宣传广告3处、大型屋顶宣传广告4处、大型文化墙宣传广告6处，并常态化发布善行义举榜、红黑榜。创新实施网络化包保、乡村组包保等模式，推进镇区基础设施配套和街道秩序管理，文明城市创建工作在全区名列前茅，并获得全区文明城市创建先进单位称号。 （高 杨）

·陆集镇·

【概况】 陆集镇地处宿豫区南郊，毗邻江苏省宿迁高新技术产业开发区，全镇总面积42.3平方千米，辖7个行政村、1个居委会，社会人口数28479人。陆集镇四面环水，北隔马河与下相街道相望，东隔涧河与大兴镇、仰化镇接界，大运河环绕南部，宿新高速和325省道穿境而过。2016年，全镇公共财政预算收入2168万元；地区生产总值138200万元，同比增长0.25%；新增500万元以上固定资产投资56464.8万元，同比增幅25.4%；农民人均纯收入14208元，同比增长6%。年内，陆集镇获得宿迁市书香乡镇、宿迁计划生育先进乡镇等多项市、区级表彰。

农业 2016年全镇粮食产量达24635吨；全镇共种植水稻25000亩，小麦27000亩，蔬菜5000亩（其中设施栽培面积3000亩）；林果面积2000亩，水产养殖面积1000亩；全年培育新型经营主体家庭农场10个，新增专业大户12个；大力发展“1+X”主导产业，利民芦蒿专业合作社种植规模达1200余亩。夏、秋两季秸秆禁烧及秸秆综合利用工作有序推进，完成

2016年陆集镇经济与社会发展概况一览

表67

项　目	单位	2015年	2016年	增长（%）	项　目	单位	2015年	2016年	增长（%）
总人口	人	24554	26813	9.2	工业企业	家	56	65	16
其中：非农业人口	人	4473	5009	12	工业总产值	万元	83211	85000	2.15
人口出生率	‰	15.94	15.96	0.13	工业利税总额	万元	1765	2150	21.8
人口死亡率	‰	6.81	6.5	-4.5	三产增加值	万元	2170	2210	1.84
人口自然增长率	‰	9.13	9.67	5.9	镇村主干道	千米	42	47	11.9
总面积	公顷	4208	4208	0	实有就业人数	人	13878	14150	1.96
其中：耕地面积	公顷	2248	2320.54	3.2	科技人员	人	503	510	1.39
地区生产总值	万元	137850	138200	0.25	学　校	所	2	2	0
财政收入	万元	2151	2168	0.79	在职教师	人	192	190	-1.04
农业总产值	万元	25285	25880	2.35	在校学生	人	1895	1870	-1.32
粮食总产量	吨	24508	24635	0.518	卫生院	家	1	1	0
油料产量	吨	97	80	-17.5	卫生室	个	8	8	0
生猪饲养量	头	22136	23427	5.8	初级保健普及率	%	95	95	0
家禽饲养量	万羽	240	160	-33.3	农民人均纯收入	元	12978	14208	9.5
水产品产量	吨	3100	3150	1.61	农民人均住房	平方米	40	40	0

2016年陆集镇村（社区）概况一览

表68

名　称	组数（个）	户数（户）	户籍人口（人）	耕地（公顷）	村集体收入（万元）	人均可支配收入（元）	党组织书记	主　任
陆集社区	14	1041	4363	251.87	20.72	14473	陈景生	陆裕银
利民村委会	17	997	4200	373	22.6	14052	闫斯平	徐守刚
东风村委会	10	636	2346	259	21.6	14047	张　民	朱允久
虎山村委会	15	930	4016	351	21	14334	潘宝珍	吕裕生
官庄村委会	10	780	3273	186.7	18	14291	王　甫	李守俭
乐园村委会	12	576	2403	230	15	14137	张　洋	陆万科
长胜村委会	12	741	2890	282.85	19	14242	魏　耸	吴培勇
义合村委会	9	648	2229	208.04	15.35	14087	陈井军	陈金刚
合　计	99	6349	25720	2142.46	153.27	—	—	—

秸秆机械化还田40000余亩，秸秆机械化还田率达90%以上。

工业与招商引资　2016年，陆集镇工业企业总数共65个，工业企业年实现产值、利税分别为85000万元、2150万元，同比增长分别为2.15%、21.8%。宿迁瑞华建材项目建成投产；引进电商聚跃、海豚两选网络项目2个；五类企业盘活宿迁久顺新材料项目1个，盘活土地102亩，新建盘活厂房11300平方米；共培育“三来一加”项目8个。

年内，陆集镇专业招商局共外出招商40余人次，拜访企业40余家，邀请来访客商50余人次，年内，全镇各村（居）通过盘活闲置固定资产，新引进“三来一加”项目8个，截至年底全镇共有“三来一加”项目53个，提供就业岗位1750个，促进农村剩余劳动力就业，提高村级集体经济收入。

社会事业　2016年，陆集镇实施平安校车工程，为孩子提供安全的出行方式；新建居民健康档案1032份，更新档案5560份；免费接种一类疫苗9533人次，接种及时率98%，合格接种率为100%，二类疫苗635人次；开展65岁以上老年人体检2120人，体检率73.6%；完成对乐园、利民、长胜三个村的近3500米水泥路进行铺设，满足群众出行需求；全镇8个村（居）98个自然小组实现村庄环境整治全覆盖，投入垃圾桶2000多个，新建垃圾池300余个，配齐村组及镇区保洁员，实现常态化保洁。

民生事业　镇团委为留守青少年开展各式各样志愿活动，全年共服务留守青少年1000余人次；完善社会保障体系建设，完成“五保”、低保户走访排查700余人次，社会救济和优抚安置300余人次；对所有低收入农户帮扶结对，对低收入农户通过民丰银行发放扶贫贷款400余万元，完成693人，168户低收入农户脱贫；组织农村妇女劳动力培训，帮助农村妇女提高劳动力水平和就业成功率，培训累计人数达143人。实施技防提升工程，打造镇区技防全覆盖网络体系，构建立体化、信息化的社会治安防控体系，增强社会治安防控能力，打击犯罪行为；建成高标准的镇便民服务中心，8个村（居）建成便民服务站，配齐配优办公设备，设立去向牌、公示牌、流程图，确保群众好办事、易办事。

小城镇及村居建设　2016年，陆集镇加强基础设施改造提升，完成对幸福路街道两侧，

2016年陆集镇骨干企业基本情况一览

表69 单位：万元

企业名称	主要产品	投资金额	销售收入	利税总额
宿豫区锦丰恒润工艺品厂	动物玩具	500	2050	200
宿迁金剑灯具有限公司	玻璃灯罩	800	2000	170
宿迁瑞华建材有限公司	干砂浆	2500	1000	90
宿迁强力塑料制品厂	塑料扣板	2000	800	80
宿迁艺腾装饰材料厂	塑料扣板	1200	600	50
宿迁鼎力新型建材有限公司	商砼	3500	4000	350
宿迁梓鑫木业有限公司	细木工板	1200	500	40
宿迁宝俊包装有限公司	包装箱	1000	400	35
宿迁昌利金属制造有限公司	广告灯箱	600	300	25
宿迁正强米业有限公司	大米	300	800	65
宿迁爱德玻璃科技有限公司	水杯	800	400	35
宿迁鹏辉水泥制品有限公司	桥梁	500	2000	180
江苏艾维特钢构有限公司	钢结构	3500	4500	370
宿迁英丰玻璃制品有限公司	玻璃灯罩	500	900	75

人行道、管网、门牌改造，及店外店管理工作；建成东风、乐园、义合等农民集中居住区，共建成房屋6800套，总建筑面积69.6万平方米；配合高新区、交通局全力推进魏胜路工程，现已建成通车；实施文府路提升改造工程，建立起养路管路的长效机制；加快翰林商业圈的建设，加强店铺管理工作，全面提升商业圈品位。

【陆集镇网络创业】 全镇电子商务企业5家，京东电商合作点9家，个人网店数100家以上，电商直接从业人员达到1200余人，网络销售额达1000万元。其中妙洁拖把、free福瑞五金年销售额都可达到百万元以上。为形成集聚效应，政府出资扶持在乐园新城建设了陆集镇“智谷”创业街，创业街面积1080平方米，可容纳电商20余家，现已吸纳明红绣品、陆集粉皮、利民芦蒿、艾维雅厨卫、多肉植物等8个项目入驻。

【党风廉政建设】 镇党委与下属党组织签订《党风廉政目标管理责任书》24份；认真组织学习中央、省、市、区各级会议精神20余次；建立健全学习制度、财务管理制度、督查督办工作制度等20余项规章制度；开展公务接待、公务用车、办公用房、铺张浪费等专项治理活动10余次；全年陆集镇纪委共接待群众来信来访30余起，已立案6件，拟立案1件，其中3件案件已初结，1件案件即将初结，3件案件基本完成调查工作。印发督查通报15期，通报约谈16人次、诫勉谈话8人次。

（李　娜　张恒硕）

·仰化镇·

【概况】 仰化镇位于宿豫区东南27千米处，位于京杭大运河北岸，境内岸线长达7.5千米，水资源丰富。北接大兴镇，东与泗阳县众兴镇史集街道办接壤，南隔运河与宿城区郑楼镇相望，西邻省级刘老涧三线船闸和刘老涧翻水站。全镇总面积52.36平方千米，其中耕地面积24.67平方千米，年末户籍人口35054人，辖7个行政村、2个居委会。2016年，实现地区生产总值7.42亿元，一般公共预算收入1570万元，固定资产投资7.7亿元，完成财政收入3500万元，农民人均收入14517元。实现工业销售6亿元，入库税收574万元。

农业　全镇小麦平均亩产量为432公斤，总产达1252.8万公斤；水稻平均亩产为673公斤，总产达1749.8万公斤。推广南粳9108优质水稻800余亩，良种覆盖率达95%以上，病虫害防治覆盖率达98%。举办农业实用技术培训班12期，培训农民800多人次；下发技术明白纸6000余份，推广新型农机设备44台；完成秸秆还田5.9万亩，完成植树造林7.7万株，营造成片林210亩。免费为600户蚕农发放蚕药3次，价值9万元。共发放惠农补贴539.26万元，所有的惠民政策都通过"一卡通"发放，发放率100%。全镇注册农民合作社82个，列入省级扶持8个，家庭农场35个，种植大户60余户，优质稻麦基地规模达到15000亩，瓜蒌种植面积200亩，浅水藕种植面积7160亩。

工业　实现工业销售收入7.56亿元，工业增加值2.5亿元，利税615万元，完成工业入库税收210万元，新增"三来一加"企业18家，实现订单业务收入9500万元。

2016年，共引进各类项目14个，实际到位资金2.94亿元，引进固定资产投资500万元以上开工项目6个，投产3个。投资2亿元的宿迁晶辉新能源项目于2017年二季度全面并网发电；投资5000万元的宿迁市雪莲山食品项目于2017年三季度全面投产达效。盘活厂房2.1万平方米，完成单体设备投资100万元以上项目5个。

社会事业　铺设自来水管道48千米，4700户管网及供水设施重新改造，解决2万多

2016年仰化镇经济与社会发展概况一览

表70

项　目	单位	2015年	2016年	增长（%）	项　目	单位	2015年	2016年	增长（%）
总人口	人	34801	35054	0.7	工业企业	家	246	258	4.8
其中：非农业人口	人	19814	19945	0.66	工业总产值	万元	68900	69200	0.43
人口出生率	‰	6.95	7.02	1	工业利税总额	万元	2945	3053	3.67
人口死亡率	‰	0.3	0.32	6.6	三产增加值	万元	26700	27350	2.4
人口自然增长率	‰	6.65	6.63	-0.3	镇村主干道	千米	93	102	9.6
总面积	公顷	5236	5236	0	实有就业人数	人	10594	10975	3.6
其中：耕地面积	公顷	2467	2467	0	科技人员	人	591	604	2.19
地区生产总值	万元	82811	88193	6.5	学　校	所	3	3	0
财政收入	万元	3239	3500	8.05	在职教师	人	151	152	0.6
农业总产值	万元	21011	22124	5.3	在校学生	人	3118	3146	0.8
粮食总产量	吨	34655	35469	2.35	卫生院	家	1	1	0
油料产量	吨	830	809	-2.53	卫生室	个	9	9	0
生猪饲养量	头	—	—	—	初级保健普及率	%	100%	100%	0
家禽饲养量	万羽	—	—	—	农民人均纯收入	元	13768	14595	6
水产品产量	吨	—	—	—	农民人均住房	平方米	40	42	5

2016年仰化镇村（居）概况一览

表71

名　称	组数（个）	户数（户）	户籍人口（人）	耕地（公顷）	村集体收入（万元）	人均可支配收入（元）	党组织书记	主　任
仰化居委会	23	1540	6295	384.05	15.5	15517	邢印环	朱彩瑞
新桥居委会	10	598	2940	195．83	16.5	14890	桂　兵	卢笑雨
保祥村委会	12	701	3258	269．13	19.8	13989	朱冬流	朱冬流
同义村委会	9	1108	5212	393．07	19.7	15109	李　娟	张云华
刘涧村委会	11	738	3198	222．45	18.7	14978	叶文虎	刘国胜
涧河村委会	9	565	2529	195．32	15.8	13887	张群刚	陈卫国
建新村委会	15	886	4240	368．56	15.3	13670	闵华东	马振海
解闸村委会	9	651	2962	216.52	16.2	14789	冯新平	冯新平
复隆村委会	15	1028	4420	221.62	17.3	14531	孙纪生	姜广田
合　计	113	7815	35054	2467	154.8	—	—	—

2016年仰化镇骨干企业基本情况一览

表72　　　　单位：万元

企业名称	主要产品	投资金额	销售收入	利税总额
江苏润邦再生资源科技有限公司	矿渣微分	3500	1800	350
宿迁市捷达食品有限公司	面筋	3000	800	200
宿迁市嘉友国际贸易有限公司	服装	3200	1700	280
宿迁市宿豫区仰化米厂有限公司	大米	2500	1600	260
江苏绿陵百农可生物科技有限公司	有机肥	2400	800	200

人的饮水安全问题，全镇7429在家农户已经全面使用清洁水源。总投资510万元的仰化医院综合楼已投入使用，建有医疗室62间，设有床位108张，新增妇产科、CT室，已投入使用，村级卫生室建设全面完成，基本药物制度无缝对接，新型农村合作医疗参保率达99%以上。仰化中学2016年中考在全市同类学校中排名第一，设立和友励志助学基金，发放助学金10余万元。新农保覆盖率达98%，60岁以上老人养老金、80岁以上老人尊老金发放全覆盖；坚持按照“应保尽保、规范运作、分类施保、动态管理”的要求，层层把关，共发放低保金330万元左右。扶贫开发310户1290人，全部实现脱贫。铺设农村公路22千米，完成农村改厕700户，全面开展农村环境卫生综合整治工作，垃圾运转体系和长效保洁机制已经形成。

小城镇建设　投入资金65万元，创建一条精品街，改造门头广告牌近600平方米，粉刷墙体门面约1500平方米，种植草坪约2000平方米，安装护栏720米，安装路灯24盏，铺设人行道近400米；投入资金52万元，对镇区出入口提品升级。梦想家园安居工程项目，截至年底已完成13459平方米建设；幸福小区完成8900平方米。完成同义、建新等五个村6500

米的“最后一公里”道路铺设；共铺设“一事一议”道路10485平方米；完成涧河至解闸3000米道路提档升级。二级标准公厕正在施工；文化体育公园已完成规划设计。

【综合文化服务中心建设】 仰化镇综合文化服务中心按照文化部制定的《乡镇综合文化站建设标准》（建标160—2012）进行建设，占地面积3000平方米，建筑面积720平方米，使用面积520平方米，设置健身房、乒乓球室、棋牌室、图书室、美术室、电子阅览室、排练室、展览室、广播室、储存室、办公室、值班室、综合培训室、妇女儿童活动室、文化信息资源共享室等功能室，服务人口3.6万人，属中型站。

【浅水藕基地建设】 宿豫区仰化浅水藕基地位于仰化镇仰化居、建新村、同意村三村（居）境内，仰化干渠横穿而过，交通条件优越，周边生态环境良好，无工业污染源，适合绿色高效农业生产。目前已种植莲藕连片2600余亩，采取“合作社+基地+低收入农户”的生产经营方式，采用“莲藕种植套养小龙虾”的种植养殖模式，充分发挥基地的联农、带农作用，带动低收入农户脱贫致富。截至年底浅水藕种植总面积扩大至6000亩。（吴　瑞）

·丁嘴镇·

【概况】 丁嘴镇位于宿豫区东南部，距区政府20千米。南隔六塘河与仰化镇相接，西与大兴镇接壤，北隔砂礓河与关庙镇相望，东与泗阳三庄、穿城两乡镇毗邻。宿泗路、325省道穿境而过。区域总面积53平方公里，耕地总面积2381公顷，林地总面积4800亩，水域面积1327亩。辖丁嘴、继先2个居委会，莫

2016年丁嘴镇经济与社会发展概况一览

表73

项　目	单位	2015年	2016年	增长（%）	项　目	单位	2015年	2016年	增长（%）
总人口	人	36365	36378	0.04	工业企业	家	168	165	-1.79
其中：非农业人口	人	6664	6707	0.65	工业总产值	万元	98000	101000	3.06
人口出生率	‰	5	5	—	工业利税总额	万元	9750	9901	1.55
人口死亡率	‰	4	4	—	三产增加值	万元	20784	22300	7.29
人口自然增长率	‰	1	1	—	镇村主干道	千米	85	85	—
总面积	公顷	53	53	—	实有就业人数	人	9000	9000	—
其中：耕地面积	公顷	2390	2390	—	科技人员	人	68	68	—
地区生产总值	万元	103690	111250	7.29	学校	年	2	2	—
财政收入	万元	2879	2900	0.73	在职教师	人	278	278	—
农业总产量	万元	58000	58000	—	在校学生	人	1720	1530	-11.05
粮食总产量	吨	27000	27000	—	卫生院	家	1	1	—
油料产量	吨	120	120	—	卫生室	个	26	26	—
生猪饲养量	吨	20000	20000	—	初级保健普及率	%	98	98	—
家禽饲养量	头	1000	1000	—	农民人均纯收入	元	13800	14100	2.17
水产品产量	万羽	650	655	0.77	农民人均住房	平方米	40	40	—

2016年丁嘴镇村（居）概况一览

表74

名　称	组数（个）	户数（户）	户籍人口（人）	耕地（公顷）	村集体收入（万元）	人均可支配收入（元）	党组织书记	主　任
丁嘴居委会	11	630	3033	103	17	9000	曹　虎	张　营
继章村	6	375	1792	115	15	7500	陈　凯	陈　凯
苗冲村	10	479	2238	142	15	7000	朱成林	朱成林
丁长庄村	9	483	1846	203	16	7000	张　辉	张　辉
继先居委会	9	627	2602	261	16	7500	潘　巍	潘　巍
周夏村	11	585	2503	192	16	8000	周以明	周以明
张新庄村	9	360	1720	100	15	7500	赵继军	赵继军
登山村	13	513	2750	130	16	8000	史修朋	陈双喜
倪牌坊村	11	510	2539	172	15	8000	王春冬	王新林
德高村	9	550	2506	186	15	8500	闫怀远	闫怀远
岔河村	11	504	2226	152	16	7500	刘生良	陈　轩
莫庄村	10	446	2035	226	15	8500	王晓雷	王国华
储嘴村	12	685	2945	189	16	8000	张益荣	张益荣
丁庄村	14	680	3233	219	16	7500	胡继春	张艳春
合　计	145	7427	33968	2390	219	—	—	—

2016年丁嘴镇骨干企业基本情况一览

表75　　单位：万元

企业名称	主要产品	投资金额	销售收入	利税总额
宿迁市瑞华米业有限公司	大米	1000	3210	66
宿迁市北玻玻璃有限公司	钢化玻璃	2500	2100	60
宿迁市万众米业有限公司	大米	1200	2360	48
宿迁市宿豫区德佳缫丝厂	生丝	1000	2120	82
宿迁市新辉玻璃灯具厂	玻璃灯罩	800	2000	55
江苏泰韵制衣有限公司	服装	12000	3106	50

庄、丁长庄、储嘴、登山、倪牌坊、岔河、继章、张新庄、苗冲、丁庄、德高、周夏等12个村民委员会，152个村民小组，9257户，常住人口36378人。

2016年，完成地区生产总值111250万元，其中农业产值22300万元，工业产值61140万元，服务业收入27810万元；公共财政预算收入实现2900万元；农民人均年收入1.41万元。社会消费品零售总额3.25亿元，其中限额以上社会消费品零售2894万元。

农业　传统农作物播种面积3625公顷，其中粮食作物3200公顷、油料作物65公顷、蔬菜作物面积360公顷；设施农业占地面积136公顷。农业保险面积3400公顷。耕地流转面积510公顷，种植大户43户。畜禽养殖大户23户，种植业食用“三品”（无公害农产品、绿色食品、有机产品）基地面积45公顷。市级以上农业龙头企业2个，企业销售收入2340万元。粮食总产2.7万吨，蔬菜总产10682吨，油料总产120吨，肉类总产6900吨，禽蛋产量2431吨，水产品产量655吨。

全年建成连片金菜2000亩，建成宿迁市丁嘴金菜生产合作社，规模为全镇之最。建成丁嘴金菜家庭农场集群服务中心，拥有27个家庭农场，初步形成“种田农场化，农场集群化，产业配套化，配套标准化”的新格局。服务中心承担家庭农场约9000亩土地服务工作，培训低收入户2000人次，带动低收入280户近300人。5月初，省委苏北全面建成小康社会工作推进会莅临观摩。省委主要领导亲临集群服务中心视察工作。5月底，接受省委组织部在宿迁市召开的“支部+电商”会议观摩。

工业 2016年，全镇工业总产值10.1亿元，其中规模以上工业3.6亿元。截至年底全镇有企业222个，其中列统“三上企业”（规模以上工业企业、资质以内的建筑业企业和限额以上批发零售住宿餐饮业企业）8个，高技术产业企业2个，企业从业人员3800人（列统“三上企业”从业人员906人），其中工业企业从业人数2700人。企业实缴税金700万元（高技术产业上交580万元）。

招商引资 2016年，共招引项目3个。其中，江苏泰韵制衣有限公司是江苏国泰集团在苏北地区重点投资兴建的项目之一，总投资1.5亿元。江苏玄禾谷生物科技有限公司是一家以科研、加工、销售为一体的民营科技企业，总投资6000万元，主要从事玄米（发芽糙米）产品研发，其衍生产品有活力发芽糙米、发芽营养糙米、半胚芽发芽糙米以及玄米汁、玄米茶、玄米胚芽油等。发芽糙米及延伸产品是糖尿病人首选食品。厂房已经完工，12月中旬试生产。

社会事业 水利工程修建。改建岔河、卢大塘、颜码等三处电灌站；重做丁庄防渗渠近3000余米，新铺德高村水泥路500米；新建丁庄、周夏等村计7座农桥；维修全镇农田设施及电灌站30余处。

村庄环境整治 重点启动打造丁嘴居委会顾庄组和周夏村提升建设工程。组织200多名志愿者整治镇区环境，全面治理街道店外店，乱搭乱建、乱停乱放等。完成对宿泗路丁嘴镇区两侧绿化及镇区西部人行道建设提升。

饮用水改造 对老旧管网进行改造升级，与区自来水管网主管道对接。成立丁嘴镇金盛自来水有限公司，做好通村达户工作，实现全镇户户吃上优质自来水。

精品示范街打造 东盛(路)街北至继先居委会村部，南至S325省道，全长1.64公里。截至年末，东盛街已建400户共计960间商铺，商铺设置成统一格调，涉及墙体统一颜色、统一粉刷约5万平方米；新铺设7米宽道路，约1.5万平方米，两侧路灯70盏；道路两侧及公园内种植600棵乔木、1200颗灌木。另外，道路实现3.4千米长的雨污分流，一座180吨污水处理中心正在投入运行。

完成土地确权颁证，全镇共14个村居，152个村民小组，7300余户，签字率达到98%。完成土地占补平衡，涉及倪牌坊村100亩、丁长庄村180亩土地。

【“一社一群一中心”试点建设】 “一社”建设。在丁嘴居委会成立土地股份合作社，有310户入股，入股面积1200亩，土地按每亩为一股份，每股800元，股份总额1825股。合作社理事会下设市场及营销部、生产管理部、技术服务部、财务管理部，实行实体化运作。

“一群”建设。家庭农场集群东至东汤路、西至三分支、北至宿泗路、南至陆塘河，涉及槽坊村、丁嘴居委会、丁庄村、张新庄村4个村居，规划建设蔬菜基地面积约5000亩，其中露地蔬菜基地2400亩，设施蔬菜基地2000亩，果蔬基地600亩。

“一中心”建设。建设集群服务中心，位于

丁嘴居委会境内、S325省道北侧。总占地面积8.9亩，总建筑面积5800平方米。其中，加工包装车间3000平方米，冷藏保鲜库3000立方米，产品展示中心60平方米，电子商务中心600平方米，科技培训中心90平方米，农产品检测中心30平方米，农资超市100平方米。

集群与省农科院合作，引进适应基地栽培种植的高产优质高效新品种、新技术、新成果进行试验、示范、推广，规范生产操作规程，建立健全生产台帐，实行严格的农产品可追溯制度，提升集群产前、产中和产后的全程社会化服务水平。

【“抗美援朝钻天榆”】 位于继先居委会原高庄小学校院内的白榆，因此树树冠大，树干高，当地人叫它“钻天榆”。这株榆树栽植于1950年冬，高庄组在校三年级学生倪前贵，因家境贫寒，无钱、无物捐助支援抗美援朝运动，便在学校栽植一株白榆，以示纪念。被冠其名曰：“抗美援朝钻天榆”。这株榆树历经六十年风吹雨打，主枝折断，且遭受腐烂病侵袭，主干阳面腐脱，2014年，又遇美国白蛾啮食，在宿迁市林业专家张用宪指导下，经抢救复壮，重现生机，至今依然郁郁葱葱，见证着丁嘴人民爱国情怀。

【新四军排长遗物——榔榆】 榔榆，当地人习惯称之为小麦榆。由于它发叶晚，农民在青黄不接之际，可将嫩叶与面粉掺和蒸馏度春荒。在储嘴村张圩组张用志门前汪塘北侧一株榔榆，系新四军老排长张定贤于1928年在宅前亲手所植。如今榔榆树高9.5米，胸径40厘米，曾为汪水所害，虽经抢救、牵拉，榆树倾斜仍然较为严重。张定贤于1940年10月黄桥战役中光荣牺牲，他手植的榔榆成为留给后人的纪念。

【高氏酥肉饼】 宿迁市宿豫区丁嘴镇高氏酥肉饼，最早由新四军骑兵连炊事员刘维凤创造，后经过外甥高军桂反复加工，形成一道特色鲜明的地方菜肴。1941年，18岁的刘维凤参加新四军代军长陈毅指挥的程道口战役，参战部队有山东教导五旅一个团，三师七旅十九团、二十团，二师四旅十团，四师骑兵团，以及其他地方武装，歼灭韩德勤嫡系王光夏旅1400余人。为欢庆胜利，刘维凤发动炊事班人员把猪肉在砧板上砧碎成糊状，然后放上葱花及调料，与小麦面勾兑，放进滚开的油锅里炸，待熟透时捞出来就是一道不油不腻、清爽可口的美食。刘维凤在战争年代，眼睛被子弹打瞎，返乡后分别干过初级社、高级社社长。八十年代初，刘维凤外甥高军桂高中毕业，跟随他学习厨师手艺。高军桂通过认真学习，完全掌握了酥肉饼的制作方法。在此基础上，巧妙运用外地食材和本地食材的结合，形成本地独特的“高氏酥肉饼”。高军桂先后在南京金陵饭店、宿迁京杭大酒店、项里大酒店任厨师长。他创作的高氏酥肉饼、花椒肉双双摘得宿迁市首届2015“项府家宴”一等奖。在2016江苏美食节分别夺得金银大奖。（黄凤桥）

·关庙镇·

【概况】 关庙镇位于宿豫区东部，北接保安乡，南邻大兴镇，西连新庄镇，东与泗阳、沭阳两县交界。距宿新高速15千米，宿沭一级公路和来关路穿境而过，交通便利。总面积82.5平方千米，承包地面积59298.15亩，辖11个行政村、2个居委会和1个社区，社会人口37674人。2016年，全镇实现公共财政预算收入2958万元，完成全年目标任务的106%；乡镇规模以上工业开票销售完成1.8亿元，完成全年目标任务的138%；农民人均纯收入12986元。年内，先后被表彰为市电子商务示范镇、市安全生产工作先进单位、区文明单位、区住房和城乡建设先进集体等。

农业　2016年，关庙镇实现农业总产值19.01亿元，全年粮食总产量1.53亿斤，生猪饲养量310万头，年出栏309.6万头，家禽饲养量952万羽。大力发展基地农业、订单农

2016年关庙镇村（社区、居）概况一览

表76

名　称	村民小组（个）	户数（户）	社会人口（人）	承包面积（公顷/亩）	村支部（党支）书记	主　任
关庙社区	12	618	2819	222.60/3339.01	赵书保	赵书保
新河居委会	10	544	2351	299.92/4498.92	许　威	许　威
乔口居委会	11	593	2726	203.89/3058.29	张绍利	张绍利
二元村委会	13	657	3023	400.04/6000.61	林振勇	林振勇
董圩村委会	10	473	2131	243.17/3647.5	乔继达	乔继达
永平村委会	16	703	3580	426.09/6391.29	袁振渠	袁振渠
仁和村委会	8	383	1785	172.15/2582.21	卓　波	卓　波
泰山村委会	12	691	3282	372.25/5583.82	徐　勇	徐　勇
董墩村委会	10	382	1886	238.64/3579.57	李先才	李先才
长兴村委会	13	769	3569	370.29/5554.33	王振宇	王振宇
水汉村委会	12	680	2958	296.8/4452	陈法武	陈法武
卓庄村委会	11	605	2787	297.07/4456.09	伍　斌	伍　斌
林河村委会	10	450	1948	167.37/2510.53	刘国阳	刘国阳
陆相村委会	10	584	2827	242.93/3643.98	蔡　云	蔡　云
合　计	158	8128	37674	3953.21/59298.15	—	—

2016年关庙镇骨干企业基本情况一览

表77　　单位：万元

序号	企业类型	企业名称	主要产品	投资金额	销售收入	利税总额
1	规上企业	宿迁市明威米业有限公司	食品加工业	50	5420	1951
2	规上企业	宿迁市丰源米业有限公司	食品加工业	200	5020	1807
3	规上企业	宿迁市雪龙面业有限公司	食品加工业	200	5600	2016
4	规上企业	宿迁市长兴粮食加工有限公司	食品加工业	200	5100	1836
5	规上企业	宿迁市南翔丝绸有限公司	纺织	50	3060	1101
6	规上企业	宿迁市大鹏毛纺有限公司	纺织	50	2510	903
7	规上企业	宿迁苏铝门窗幕墙有限公司	金属制品	200	3600	1296
8	规上企业	沭鑫汽车零部件宿迁有限公司	机械加工	2000	4250	1530
9	规上企业	宿迁市金泉鞋业有限公司	童鞋制造	200	3020	1087
10	规上企业	宿迁市金乔米业有限公司	食品加工业	300	6000	2160
11	规上企业	宿迁市凯丽纺织有限公司	纺织	500	2000	720
12	规上企业	宿迁市宿豫区华康粮食加工厂	食品加工业	50	3030	1090

业、可追溯农业，着力形成现代特色生态农业格局。其中渔业精品园，规划完成1100亩核心区建设，包括渔光互补640亩，稻田龙虾养殖120亩，水蛭养殖200亩，鱼塘护坡120亩。猕猴桃采摘园占地68亩，截至年末苗木栽植、盖膜、埋桩等全部完工。火龙果采摘园占地50亩、投资200万元，其中采用众筹募集资金20万元，9月初果实上市，采用线下采摘线上付款模式，实现年销售额400万元。

工业与招商引资　2016年，完成招商引资额1.5亿元。相继开展招商引资百日竞赛及“四比四看”招商引资竞赛、“金线索”“双十计划”“大干四季度冲刺总目标”等招商引资系列竞赛活动。截至11月底，外出到浙江、苏南等地招商69人次，邀请客商来宿考察126人次，梳理搜集有价值招商引资线索125条，其中已洽谈36条，达成投资意向3个，签订投资合同4个，梦欣缘家具、铝塑门窗、精密仪器3个项目已开工建设，梦欣缘家具、楚艺门窗、恒祥丝品、PVC封边条4个项目均竣工。

社会事业　全镇14个村居“村村通”公交全部开通，方便群众出行。扎实推进精准扶贫，组织全镇干部开展“一对一”结对帮扶全镇低收入农户1571户5116人，通过产业扶贫、项目扶贫、电商扶贫、培训扶贫，助推低收入农户早日脱贫。完成区域供水工程，“通村达户”工程涉及全镇8350户，8月中旬已全面完成，通村率100%，达户率96.5%。居民小区建设稳步推进，水汉新村作为区“幸福家园”建设目标之一，总建筑面积4万平方米，可入住220余户。一期86套1.7万平方米居民小区，群众已开始入住。

【农村电商】 2016年10月，关庙镇被表彰为“市电子商务示范镇”，关庙社区被表彰为“市电子商务示范村”。全镇年网销额超3000万元的企业1个，超1000万元的企业2个，电商从业人员超过1200人，全年网销额1.2亿元，形成珍珠棉、童鞋、玩具三大特色网销品牌，实现从生产到销售的全产业链。珍珠棉网销量全国第一，kakaworld童鞋获“市最受欢迎网销地产品”称号，每天销售童鞋500双以上。“双十一”，kakaworld童鞋单日销量1.6万双。全镇拥有儿童玩具网店30余家，网销品种50余种，主要包括荧光棒、发光蝴蝶结发夹、LED手指灯等。

【创文工作】 成立创文14个工作组，每天出动人力300人以上，对镇区环境卫生整治实行全方位、网格化管理，划片到组，责任到人。投资80余万元对农贸市场、文化站、文体广场等设施进行改造提升，先后出动车辆90余台次，清理店外店46家，乱停乱放1500余辆次，乱贴乱画230余处，乱搭乱建68个，乱扯乱挂85个，乱栽乱种180余平米。镇调频广播全天候滚动播出《告广大群众一封信》，制作过街广告5个，发放宣传材料3500余份，安装道旗130组，安装地插56组，镇区5处电子显示屏滚动宣传《宿迁文明20条》以及《社会主义核心价值观》等相关内容。志愿者开展文明劝导，签订《关庙镇镇容环境责任书》和《管住自家门，营造好秩序承诺书》各1200余份。强化督查考核，以大督查推动大考核、大整治，年内有6人被通报扣分。

（袁振宝）

·侍岭镇·

【概况】 侍岭镇位于宿豫区东北部、处新沂河南岸，为宿豫、沭阳、新沂三县（市、区）交界，南接来龙镇，西连宿迁市生态化工科技产业园，北与新沂市邵店镇隔新沂河相望，东邻沭阳县悦来镇。宿新高速穿境而过，并在境内吴圩村设有互通出口，实现了与京沪高速、宁宿徐高速等主干线连线接轨。侍岭是马陵山脉东延的一条山岭，因明正德年间金陵廪生侍国桢迁入，隐逸此地，名为“侍家岭”，后称侍岭。全镇总面积为58.06平方千米，耕地2745公顷，总户数8614户，人口34849人。辖佟庄、朱岭、姚塘、岭西、陆宋、吴圩、盛湖7个行政村和大墩居委会、侍岭社区居委会等共9个村

（居）124个村民小组。2016年，实现地区生产总值14.2亿元，农民人均纯收入1.46万元，固定资产投资达7.78亿元，公共财政预算收入2386.9万元。

2016年侍岭镇经济与社会发展概况一览

表78

项　目	单位	2015年	2016年	增长（%）	项　目	单位	2015年	2016年	增长（%）
总人口	人	34681	34849	0.48%	工业企业	家	20	21	5.00%
其中：非农业人口	人	4912	5518	12.34%	工业总产值	万元	197880	199120	0.63%
人口出生率	‰	12	12	0.00%	工业利税总额	万元	2105	2201	4.56%
人口死亡率	‰	6	6	0.00%	三产增加值	万元	20150	21620	7.30%
人口自然增长率	‰	6	6	0.00%	镇村主干道	千米	39	42	7.69%
总面积	公顷	5806	5806	0.00%	实有就业人数	人	14796	15565	5.20%
其中：耕地面积	公顷	2745	2745	0.00%	科技人员	人	301	297	-1.33%
地区生产总值	万元	131220	141860	8.11%	学校	所	2	2	0.00%
财政收入	万元	2159	2386.9	10.56%	在职教师	人	141	137	-2.84%
农业总产值	万元	21800	22160	1.65%	在校学生	人	1453	1589	9.36%
粮食总产量	吨	37492	46984	25.32%	卫生院	家	2	2	0.00%
油料产量	吨	—	—	—	卫生室	个	9	9	0.00%
生猪饲养量	头	30500	41000	34.43%	初级保健普及率	%	100	100	0.00%
家禽饲养量	万羽	140	201	43.57%	农民人均纯收入	元	14500	14820	2.21%
水产品产量	吨	270	278	2.96%	农民人均住房	平方米	32	33	3.13%

2016年侍岭镇村（社区、居）概况一览

表79

名　称	组数（个）	户数（户）	人口（人）	耕地（公顷）	村集体收入（万元）	人均可支配收入（元）	党组织书记
佟庄村委会	7	524	2328	210	24	14110	王德龙
朱岭村委会	17	1027	4415	352	10.3	14210	王　勇
姚塘村委会	12	816	3405	298	11.48	14010	曹万春
大墩居委会	15	816	3630	248	26.5	14010	夏方友
侍岭社区	14	1376	4870	251	18.7	13910	王　曼
岭西村委会	9	599	2581	200	16.95	14010	侍　春
陆宋村委会	9	563	2460	199	18.9	13510	吴　勇
吴圩村委会	17	1310	5181	405	29.95	13610	王　浩
盛湖村委会	24	1414	5979	582	26.6	13110	周　斌
合　计	124	8614	34849	2745	183.38	—	—

农业 2016年，以大墩为中心，流转土地3000亩，发展优质稻米；在陆宋、岭西、侍岭、大墩、姚塘规划5000亩畜禽生态循环种养殖基地。盛湖、吴圩等村初步形成以草莓、提子种植为主的特色产业，全镇共有草莓园400多亩，主要分布在盛湖至吴圩中心路两侧，集种植、采摘、配送、体验、休闲等功能于一体，亩产效益2.6万元以上，带动400多人就业。全年，共植树8.5万余株，其中成片林680亩，四旁植树6.2万株，沿路绿化2.5千米，佟庄村建成省级绿化示范村。2015—2016年度冬春水利河工项目，西二斗排涝沟疏浚完成，共疏浚河道5.5千米，完成土方5.1万立方米。骆马湖搬迁群众扶持项目，共建设3米宽道路3930米，涵洞28座。

工业 截至2016年年底，全镇民营企业达到36家，注册资本达到1.13亿元，民营经济实现营业收入18.2亿元，上交税金1300余万元，税收过百万元的民营企业1家，过十万元的民营企业16家。

2016年，恒信丝绸二期建设追加投资2000万元，新建厂房3000平方米，部分机器已完成安装调试；西楚米业追加投资1000万元，新建厂房2200平方米，已竣工投产；光大环保追加投资1000万元，新建的污水处理车间已竣工。落户在新庄共建园区的金耐特汽车配件和索菲玛轴承项目厂房已全面竣工，其中索菲玛轴承已投产。宏豹装饰、冠星玥商贸、芒砀农场电子商务和豫华电子商务四个项目入驻宿迁电商产业园创业谷、新智三维科技有限公司进驻3D产业园。

社会事业 区域供水通村达户工程顺利完成。共铺设二级管道（镇到村）12.50千米，三级管道（村到组户）共101.64千米，完成7188户的自来水入户工作。镇区南入口改造、农贸市场新建、市民公园建设均完成前期规划。在镇区投资40万元建公厕2座，结束镇区无高标准公厕的历史。市、区、乡三级“挂村包户”落实到位，确定低收入农户1675户4920人，其中扶贫开发户1002户，低保户382户，“五保”户170户。市、区18家包保单位全部对接包保到位，镇机关包保人员184名包保434户低收入农户。至2016年年底全镇机关单位和市区18家帮扶单位帮扶物资合计14万元，平均每人入户不低于3次。

全年组织5次350多人参加市区组织的招聘会，351人参加免费义诊活动。实现了低收入户1376人人均收入达到6000元标准。同时组织低收入农户参加电商扶贫到户技能培训10人、学历培训1人、实地培训3人，帮助低收入农户自主开设网店和微店1人，参与农业技术培训99人。

2016年，全镇化解信访矛盾58起，其中积案、陈案、旧案15起。900余件12345网络问政，全部按期办结，无一件超时，回访满意率达99%以上。组建300人的红袖标队伍，配备相应的警具，坚持每天治安巡逻。受理人民调解案件127件，成功调解125件，调解成功率达

2016年侍岭镇骨干企业基本情况一览

表80　　　　单位：万元

企业名称	主要产品	投资金额	销售收入	利税总额
江苏亿利达纺织有限公司	精梳棉坯布	4000	8000	800
宿迁市恒信纺织有限公司	棉布	3000	4000	4000
宿迁市西楚米业有限公司	米	2000	3000	200
光大环保（宿迁）固废处置有限公司	固废处置服务	10000	3500	8600
江苏正杰生态农业有限公司	苗猪	10000	1000	50
宿迁市宝欣化纤有限公司	涤纶纱线	1600	2200	200

98%以上。全年组织反邪教宣传活动6次，举办法治大讲堂4次，悬挂法治宣传条幅200余条，发放各类法治宣传材料5000余份，提供免费法律咨询50余次。

【镇村环境整治】 2016年，共拆除乱搭乱建80处，整治店外店和占道经营现象120起，清理乱堆乱放250余处，新栽植绿化树木200棵，划定车位线110处，配置垃圾桶500个，清理垃圾3600吨，总投资140万元。整治村庄环境，硬化道路2000余米，投入资金420余万元，对119个自然村庄进行整治，清理整治污水河塘150多处，遮盖露天旱厕2503处，清理乱堆乱放3600多处，清运垃圾5200多吨，新增垃圾桶3000余个，绘制文化墙780平方米，涂白树木10.7万多颗，配备保洁队伍，实现组保洁、村收集、镇转运，良性操作模式的保洁体系。

【镇第十四次党代会选举工作】 5月23日上午，镇第十四次党代会在会堂隆重举行。会议听取和审议镇党委书记潘红海代表镇十三届党委所作的《团结拼搏 锐意进取 全力开创侍岭经济社会发展新局面》工作报告和陈安东《坚持挺纪在前 强化监督执纪问责 为全镇经济社会实现新突破提供有力纪律保证》纪委工作报告。在公推直选党委领导班子阶段，通过竞职演说、演讲答辩、投票选举等程序，顺利选出了新一届党委班子和纪委班子：潘红海当选为党委委员、党委书记，单海军、唐献甫2人当选为党委委员、党委副书记，陈安东、高维林、孙全、葛建国4人当选为党委委员；陈安东当选为纪委书记，刘江江当选为纪委副书记，王旭（纪委办事员）、王勇（朱岭村支部书记）、姜华（农服中心主任）3人当选纪委委员。区委常委、副书记胡赣江出席选举阶段的会议并向新当选的侍岭镇党委、纪委班子成员表示祝贺并提出要求。区指导组成员莅临会场指导，全镇85名党代表、9名列席代表出席会议。

【农村电子商务服务基地】 镇电子商务服务中心总投资500万元，占地面积2500平方米，建筑面积为1600平方米，分“特色产品展示区”“产品检测中心”“电商孵化办公区”“培训实践区”“3D研发中心”“网络代办服务区”等区域，可供100余家电商入驻，现已配齐电脑、宽带、桌椅等办公设备。截至年末，在线销售特色农产品100余种，包括：盛湖草莓产品系列、禽蛋产品系列、“三来一加”产品系列、玖久丝绸系列、特色零散农副产品系列等。已入驻电商有岭上情生鲜京东专营店、苏北人家食品商店、松岭家居、宿迁味道、苏北沂河农家小院、锐兴3D打印等。

【岭西村幸福家园建设】 侍岭镇岭西村共有9个村民小组612户，被区委、区政府列为“7+6”特色村建设项目之一，实行整村推进。该项目共分为增减挂钩项目区和规划建设项目区。其中，增减挂钩项目区计划拆除6个村民小组353户，全部实施后可新增耕地500余亩。规划建设区计划拆除3个村民小组184户，建设用地216亩，计划建设320套，约5.6万平方米。2016年年末，已建成110套。

【举办“纪念毛泽东号召‘向雷锋同志学习’”千人签名活动】 2016年3月4日上午，宿豫区侍岭镇在镇中心学校举行纪念毛泽东号召“向雷锋同志学习”千人签名活动。全镇千名中小学学生及机关、镇村干部签名并承诺向雷锋学习，积极践行社会主义核心价值观，大家纷纷在条幅上签名承诺。活动邀请“中国好人”“中国最美警察”陆迅，“中国好人”、2013年感动宿迁英雄人物周咸材、王帮玲、吴新建和省、市、区劳模以及京东驻宿豫负责人等知名人士参加签名仪式。仪式上本镇农民夏金义自费订做150多枚纪念雷锋像章无偿赠送给全镇学习雷锋代表。 （张智博）

·新庄镇·

【概况】 宿豫区新庄镇地处市区东郊，镇政府距区政府仅9千米，东与关庙接壤，西与曹集相连，北与来龙相依，南与大兴毗邻。省道S324（宿沭一级公路，京沪高速公路连接线）穿境而过，距新扬高速宿迁东出口仅2千米。镇内主要交通干线呈网状循环。镇政府驻新庄居委会。新大线、宿关线纵贯南北、东西，西距观音机场60千米，东距白塔埠机场110千米。镇域总面积55平方千米，辖陈墩、袁庄、朱林圩、前进、朱瓦、安圩、振友7个村、1个新庄居委会，总人口2.5万人。耕地总面积3557公顷（5.3万亩），林地面积700公顷（1.05万亩），林木覆盖率42%，水域面积2000公顷（3万亩）。2016年，实现地区生产总值19.35亿元，同比增长13.6%；公共财政预算收入1461万元，同比增长14.1%；实现农民人均纯收入14860元，同比增长14.5%。

农业经济与特色产业 2016年，新庄镇实现农业总产值15.8亿元，粮食单产增幅明显；初步建成8平方千米杉荷园高效农业生态示范区，已形成“主辅并进”的特色发展格局（主要品种为荷藕和黄桃，辅助品种为葡萄、大枣、油桃），其中荷藕种植6000亩、黄桃种植1000亩；农业生产合作组织发展迅速，成立振友、朱瓦村农村土地股份合作社，建成各种农业专业合作社61个，家庭农场60个，注册资金总计近2200万元。

工业与招商引资 2016年，实现工业总产值25.85亿元，新增税收百万元企业江苏辰宇电气有限公司1个。新增规模企业2个，分别是宿迁市五得旺米业有限公司、江苏宏坤篷布有限公司。2016年，全镇共完成“三来一加”新增项目9个，新增带动就业人数505人。全民创业园建设完成，完成盘活标准化厂房29350平方米，引进项目7个。自2014年宿豫区机械产业工业集中区落户新庄，工业产业迅速发展。一期规划面积916.8亩，截至2016年底建成区面

2016年新庄镇经济与社会发展概况一览

表81

项　　目	单位	2015年	2016年	增长（%）	项　　目	单位	2015年	2016年	增长（%）
总人口	人	22370	24268	—	工业企业	家	452	509	12.61
其中：非农业人口	人	—	—	—	工业总产值	万元	46375	52501	13.21
人口出生率	‰	12.3	12.5	—	工业利税总额	万元	1285	1428	11.13
人口死亡率	‰	6.5	6.5	—	三产增加值	万元	54000	60480	12
人口自然增长率	‰	5.8	6	—	镇村主干道	千米	88	88	—
总面积	公顷	5368	5368	—	实有就业人数	人	13000	13500	—
其中：耕地面积	公顷	3557	3557	—	科技人员	人	300	350	—
地区生产总值	万元	90855	100485	10.59	学　校	所	2	2	—
财政收入	万元	2500	2714	8.56	在职教师	人	95	95	—
农业总产值	万元	15030	17530	16.63	在校学生	人	1017	1032	—
粮食总产量	吨	44455	43819	-1.4	卫生院	家	1	1	—
油料产量	吨	27	26	-3.7	卫生室	个	18	18	—
生猪饲养量	头	1500	1620	8	初级保健普及率	%	100	100	—
家禽饲养量	万羽	220	235	6.8	农民人均纯收入	元	—	14860	14.5
水产品产量	吨	1954	1850	5.62	农民人均住房	平方米	40	40	—

2016年新庄镇村（居）概况一览

表82

名　称	组数（个）	户数（户）	户籍人口（人）	耕地（公顷）	村集体收入（万元）	人均可支配收入（元）	党组织书记	主　任
新庄居委会	9	589	2638	364.86	70.04	310.99	王方运	王方运
朱瓦村委会	5	417	1989	295.41	21.34	178.18	罗前彬	罗前彬
振友村委会	11	758	3866	578.46	58.92	209.82	茆长亮	茆长亮
安圩村委会	7	598	3012	364.80	13.03	89.07	徐绍贵	徐绍贵
前进村委会	5	641	3178	374.33	28.19	126.46	汪明高	汪明高
朱林圩村委会	8	699	3175	359.86	20.36	115.78	蔡同毅	蔡同毅
袁庄村委会	7	706	3162	444.46	44.48	186.84	张　垒	张　垒
陈墩村委会	11	722	3248	450.13	20.43	106.00	林化洲	林化洲
合　计	63	5130	24268	3232.31	276.79	—	—	—

2016年新庄镇骨干企业基本情况一览

表83　　单位：万元

企业名称	主要产品	投资金额	销售收入	利税总额
江苏辰宇电气有限公司	箱式变电柜	5000	11000	360
江苏宏坤篷布有限公司	刀刮布	5000	4100	310
宿迁市鑫宝布业有限公司	防雨布、篷布	2000	3600	300
宿迁市天成锋精机股份有限公司	精密机床、伺服刀塔	5000	3000	300
宿迁市五得旺米业有限公司	精制米	1000	2600	50
宿迁市恒丰粮食有限公司	精制米	1000	2200	40

积约705亩，建设厂房25.8万平方米，入驻天成锋精密机械（宿迁）股份有限公司、宿迁鼎崴创科自动化设备有限公司等23个项目。

小城镇及村居建设　投入280万元，完成8.5千米的新陈线和新朱林圩线提档升级工程；先后投入2100余万元，加强水利工程基础建设；饮水“通村达户”工程入户率达90%以上。围绕生态旅游名镇、工业重镇、特色小镇的目标要求，对城镇总体规划和各分区规划进行修编；投入近250万元，全面完善镇区道路、农贸市场、人行道、绿化等公共服务设施。

社会事业　新农保覆盖率达100%，60岁以上老人养老金发放全覆盖；完成全镇劳动力9547人普查建档工作，邀请市区人社部门专家开展网络创业和技能培训1200人次；帮助企业招工470余人，帮助农民工讨薪近300万元。年初建档立卡低收入人口1296户3981人，已完成每年25%实施脱贫计划。按照“三园一体”模式，创建工业创业引领园、建设农业创业示范园、壮大网络创业孵化园。加强农民就业创业方面的引导和帮扶，帮助2500余人就地就业创业。

按照省星级敬老院“三有三能六达标”的要求，投入80余万元对敬老院消防、护理等配套设施进行升级改造，建成“一门受理，协同办理”便民服务大厅，通过省二星级标准敬老院验收。投入476万元，建设3600平方米多功能一体教育综合楼，教育教学水平明显提高、硬件设施进一步完善。成功举办新庄镇第二届文化艺术节，丰富群众文化娱乐生活；完成陈墩遗址和刘陵墓群遗址等历史文化遗产和非物质文化遗产普查建档工作，丰富全镇文化底蕴。养老保险和新型农村合作医疗保险参保率均达到98%以上，8个村级卫生室达到省级标准化卫生室。

【村庄环境整治】 实施“美丽村庄”建设工程，建立网格化管理责任机制，先后投入资金420余万元，添置垃圾桶、购买环卫车辆、新建垃圾池等环保设施，健全“组保洁、村收集、镇转运”垃圾收处模式，常态化开展环境综合整治，镇村环境得到明显改善，打造新新庵线交通安全文明示范路，建成朱瓦特色村示范点，并被提名为“省最美乡村”。

【宿豫机械产业园】 为集约利用土地、促进产业集聚，启动规划生态环保创业园区。核心区占地面积400余亩，截至2016年年底已落户项目23个，累计完成固定资产投资28亿元，共建设厂房面积25.8万平方米。招引的宿迁天成锋精机股份有限公司、宿迁市鼎崴创科自动化设备有限公司成功入驻新庄镇自建的2.2万平方米标准化厂房区，实现高端机械制造、新材料项目零的突破。集中区内大部分项目已建成投产，现园区用工总计500余人，每年为当地农民增收2000余万元。

【杉荷园建设】 杉荷园地处宿豫区东郊，计划总投资2.9亿元，规划总面积8平方千米，规划功能布局为“一心两环四区”，一心即综合服务与管理中心；两环：内环—漫游休闲游憩环，外环—自驾观光游览环；四区：荷香翠海游憩区、魅力田园体验区、缤纷花果游赏区、杉林生活休闲区。已形成6000亩荷藕和1000亩黄桃为主导产业以及葡萄、大枣、油桃等特色品牌农产品基地。

【支部+电商】 新庄镇党委探索“支部+电商”、合作社带农户模式，成立杉荷园党总支，流转土地8000亩，建成包括黄桃、油桃、葡萄在内的12个家庭农场，打造出一批以“杉荷园”为代表的具有新庄特色的知名品牌。目前，全镇共有网店500余家，年销售额超4500万元，带动就业4000余人，其中低收入户706人，人均年增收3000余元。在全区率先实现“支部+电商”村村有的目标。

【朱瓦特色村建设】 将新庄镇朱瓦村列为首批整村推进建设特色村，先期启动朱瓦村杜庄组，拆迁户数52户。项目由新中远工程设计有限公司规划设计，整体规划建筑风格为徽派建筑风格，规划建设总户数160户，建筑面积34152平方米，计划总投资3400万元。一期启动建设52户，由江苏瑞蚨祥建设工程有限公司代建，年内已全部投入使用。在建设房屋的同时，新庄镇走内涵式发展道路，在居住区周围流转80亩土地栽培观赏荷花，同时清理河道、排水渠2千米。

【荷藕家庭农场集群发展】 年内，新庄镇已形成以荷藕产业为主、总面积1.5万亩的荷藕家庭农场集群，集群已实现“产—加—销—游”一体化发展，年实现销售收入2000万元，惠及2500余户5000余人。

推行“龙头企业+专业合作组织+家庭适度规模经营”和“园区（基地）+专业合作组织+家庭适度规模经营”等经营模式，重点培育和扶持一批以荷藕为特色的休闲体验观光型家庭农场31个、合作社12个，“鄂莲五号”等优质高产荷藕种植面积1.17万亩。

集群服务中心由朱瓦村农村土地股份合作社入股建设，建成5600平方米莲藕饮料等农产品加工中心，以及1300平方米的电子商务、产品展销中心，统一注册“杉荷园”商标，开发藕粉、藕汁、藕片、荷叶茶等系列产品，仅今年上半年就实现网上销售额560万元。

（罗前宝）

·保安乡·

【概况】 保安乡政府位于区政府东偏北30千米处，北与来龙新城接壤，南与关庙镇相依，西与新庄镇相连，东与沭阳县悦来、刘集两镇毗邻。交通十分便捷，北连宿（迁）沭（阳）S204省道，南临宿（迁）沭（阳）S324一级公路，直通京沪高速，距宁宿徐高速、徐宿盐淮高速均20千米，距宿新高速公路10千米。市级东外环来（龙）关（庙）公路和兴（大兴）张（大庄）公路穿境而过。具有西靠京杭大运河、徐州观音国际机场，南靠宿（宿州）淮（淮阴）铁路，北靠陇海铁路，东靠连云港白塔埠机场、港口和新长铁路等优势。全乡总面积46平方千米，耕地面积3026公顷（45390亩），集镇区面积3平方千米。辖1个社区、1个居委会和6个行政村，年末人口22912人。2016年，全乡实现地区生产总值9.36亿元，同比增长6.7%；完成500万元以上固定资产投资32452万元，同比增长10.4%；完成社会消费品零售总额28722万元，同比增长11.2%；完成一般公共预算收入1891.9万元，增幅6.9%；农民人均纯收入13866元，同比增长11.5%。年内，保安乡被市委、市政府表彰为平安建设先进单位（2017年2月），市部门表彰为全市农产品质量安全“十佳乡镇监管站”（2016年12月），被区委、区政府表彰为全民创业工作先进单位（2017年1月）、平安建设先进单位（2017年2月）、大巡防工作先进单位（2017年2月）。

农业与特色产业　年内完成农业招商项目两个：宿豫区风之舞肉鸡养殖场项目已落实到

2016年保安乡经济与社会发展概况一览

表84

项　目	单位	2015年	2016年	增长（%）	项　目	单位	2015年	2016年	增长（%）
总人口	人	22641	22912	1.19	工业企业	家	18	20	11.11
其中：非农业人口	人	3256	3527	8.32	工业总产值	万元	37980	40990	7.93
人口出生率	‰	15.83	16.51	4.30	工业利税总额	万元	4482	4919	9.75
人口死亡率	‰	6.2	6.29	1.45	三产增加值	万元	17017	18466	8.52
人口自然增长率	‰	9.9	10.2	3.03	镇村主干道	千米	59	62	5.1
总面积	公顷	4460	4460	0	实有就业人数	人	13735	14823	7.92
其中：耕地面积	公顷	3026	3029	0	科技人员	人	42	45	7.1
地区生产总值	万元	87801	93625	6.7	学　校	所	1	1	0
财政收入	万元	1770	1891.9	6.9	在职教师	人	70	94	34.3
农业总产值	万元	38000	39100	2.9	在校学生	人	1169	1320	12.9
粮食总产量	吨	70000	79300	13.3	卫生院	家	1	1	0
油料产量	吨	5	7.2	44	卫生室	个	8	8	0
生猪饲养量	头	37000	38500	4.1	初级保健普及率	%	92	93	1.1
家禽饲养量	万羽	590	572	-0.03	农民人均纯收入	元	12436	13866	11.5
水产品产量	吨	1379	1520	10.2	农民人均住房	平方米	28.6	29.5	3.15

2016年保安乡村（社区、居）概况一览

表85

名　称	组数（个）	户数（户）	户籍人口（人）	耕地（公顷）	村集体收入（万元）	人均可支配收入（元）	党组织书记	主　任
保安社区	9	481	2424	215	24.11	13882	张成保	马　耿
永胜居委会	14	734	3579	261.7	21.45	13872	丁　峰	王　婷
五魁村委会	12	435	2116	252	24.30	13751	邹以江	邹以江
黄泥村委会	15	720	3239	417	16.60	13626	牛长军	牛长军
大庄村委会	11	420	2241	239	16.60	13646	张成四	张成四
坡墩村委会	14	622	2575	341	18.05	13758	张德群	徐金中
东张圩村委会	10	630	2546	332.7	15.52	13862	郭苏美	郭苏美
韩集村委会	22	793	4192	431.3	12.16	13816	高慎明	单士才
合　计	107	4835	22912	2489.7	148.79	—	—	—

位并投入使用，项目总投资670万元，占地面积77亩，年可出栏肉鸡200万羽，产值3500万元；富硒稻米特色种植项目占地2108亩，主要生产富硒米、富硒藕、富硒草鸡及其衍生富硒产品，年产值1600余万元。基地吸纳周边村居200多名低收户就业，年增加群众收入50余万元，为大庄、黄泥两个村增加集体收入6万元。

扶植本土农业项目发展，培育特禽养殖场，占地面积30余亩，年销售收入达360万元，利润近40万元，带动低收入户就业30人。2016年，全乡花卉苗木面积发展到1200亩，设施农业面积超2000亩，藕类面积达1100亩，规模化畜禽养殖企业达12家。年内共建设家庭农场21个，专业合作社20个，培育新型农民11人。

全乡10个京东合作点全面投入运营，累计完成销售395.5万元，其中永胜张先云320万，获得京东商城“掌柜宝”称号。“一村一品一店”逐步建成并在京东、淘宝等网络上线销售，绿中宝大米、喜糖盒子、有机复合肥、中药咸鸭蛋等产品实现销售，蕊欣家具的沙发、床垫，韦帕洁具的高档卫生洁具也登陆淘宝网，触网销售。6月，黄泥村获评“第一批宿迁市农村电子商务示范村”。实行秸秆全量还田。严格按照收割必粉碎，收完快还田，确保秸秆全量还田。2016年，全乡秸秆还田面积达9.6万亩。

工业与招商引资　年内完成规模以上工业总产值达4.1亿元，增长率为7.93%；工业利税总额4919万元，增长率为9.75%。乡镇工业集中区入驻企业累计达12家，年内签约项目3个，2000万元以上项目1个，盘活竣工项目3个：莫克尔卫浴、玉谷粮食、杭天管业，清理存量工业用地81.6亩，盘活存量工业用地51.6亩，盘活利用闲置厂房21000平方米，实现销售收入4151万元。新增私营企业29个，个体工商户177个；新发展“三来一加”项目10个，达到25个；新增规模企业3个。年内投资1200万元，建成2000平方米网络创业孵化中心，签约商户16家，入驻5家，年可孵化项目10个左右，将带动全乡3000多人从事网络生产与销售，年销售额可超亿元，利税超180万元。

社会事业　乡村便民服务中心正常开放，方便群众办事，年内服务群众450余人次。全乡8个村级卫生室完成达标建设，并全部推行药品“零差价”；全面完成区域供水“通村达户”工程，达户率超90%。保安社区获评“全市

2016年保安乡骨干企业基本情况一览

表86　　单位：万元

企业名称	主要产品	投资金额	销售收入	利税总额
宿迁市吉氏木业有限公司	细木工板	360	620	75
宿迁市玉谷粮食有限公司	大米	420	1200	145
宿迁市金源米业有限公司	大米	350	1100	132
宿迁市吉盛装饰材料有限公司	装饰板材	260	810	98
宿迁市顺达木材厂	细木工板	180	450	55
宿迁市韦帕洁具厂	家具	330	1800	216

城乡社区校外教育先进辅导站”，第二届保安乡“善德之星”评选表彰活动、首届夏季广场文化艺术节顺利举办，韩集村韩玉福获“感动宿迁人物”提名奖，张圩村张先红获评“宿迁市节俭孝亲人物”。年内引进农田水利项目3个，投资达3240万元。铺设“一事一议”道路4条3公里，乡村道路通达率100%。

全乡集中供养“五保”户18人，分散供养117人，供养标准分别提高到6100元、5004元。年内发放低保资金215万元，惠及低保对象346户、748人；发放80岁以上老人尊老金38万元，大病救助22万元，残疾人护理补贴、生活保障98万元。农民养老保险覆盖率超过97%，农民大病医疗合作保险参保率达98%。2016年全乡1105户、3248人，低收入人口1958人拥有帮扶项目或帮扶计划，成功脱贫1077人，未脱贫人均增收超500元。

推进社会治安综合治理，狠抓法制宣传，建成法制一条街、法制小区、法制广场、法制村组“四个一工程”，开展法律宣传进校园、社区、企业“三进”活动，年举办普法宣传20余次，年内获2011—2015年度全区法治宣传教育工作集体嘉奖。加大“两抢一盗一骗”犯罪行为打击力度，案件破案率达90%以上；各类矛盾纠纷成功调解率达98%以上，信访共性、个性案件成功调处率100%。开展安全生产隐患排查整治，落实企业安全生产主体责任，全乡未发生一起有人员伤亡的安全生产事故。加强食品安全监管，保安乡农产品质量安全监管站获评宿迁市“十佳乡镇监管站”。

【小城镇与村居建设】 镇村建设特色明显。完成新安邻里中心、府东小区、阳光小区水电改造，惠及群众1138户；永胜四组、坡墩丰庄特色村规划建设；建成大型综合文体广场，占地5500平方米，包含1座国家二类公厕及200米宣传文化长廊。黄泥村党群服务中心建成并投入使用，8个村居图书室、文化室按时开放。街道改造稳步实施。年内投入资金300余万元进行人民路改造，改造街道1500米，铺设沥青路面1.5千米，雨污分流改造2千米，增加绿植148棵。投入资金80余万元，完成兴张路及中学门前道路修补。

【村庄环境整治】 2016年，共清除占道经营、店外店、流动摊点176处，清理门前杂物、乱堆乱放、灯箱广告牌230余处，清除小广告1100余处，清运垃圾900吨。对镇区乱停乱放车辆开展整治，开出罚单10张，店外经营、私搭乱建、乱贴乱画、乱停乱放等得到改善。保安乡建成1座压缩式垃圾中转站，8个垃圾中转房，232个垃圾池，配备108名保洁员、1180个垃圾桶，街道配备小型垃圾收集车20辆，压缩式垃圾转运车1辆，“村收集、乡转运”垃圾处理体系逐步完善，年可处理垃圾4000余吨。

【举办首届夏季广场文化艺术节】 2016年9月23日，宿豫区保安乡举办2016年夏季广场文化艺术节“倡文明新风，建幸福家园”演出，并表彰6位“善德之星”。王世航夫妇表演小品《老来难》，展现一个儿媳妇由不孝，到主动把撵出去的婆婆接回家赡养的过程。市非物质文化遗产、苏北琴书传承人王军兵演唱苏北琴书《女儿泪的诉说》，讲述韩集村老人韩玉福20年前在路边捡到一个遗弃的女婴，将其带回家抚养，执意靠捡拾垃圾攒钱供孩子上学，最终当年的弃婴韩莉顺利考上徐州医学院的故事。演出现场，保安乡党委、政府对当年评选出来的2016年度6名“道德之星”进行表彰：立足岗位、爱岗敬业的村组干部王安才、徐金如；热爱公益、助人为乐，创办蒲公英书屋的姜胜侠；亲情善爱、厚德养育，20多年如一日抚养残疾、脑瘫哥哥的丁成东；还有尊老爱亲、孝敬公婆的王翠珍，善养90多岁高龄多病母亲的王玉才。

【《日落峰山》出版印刷】 2016年4月，由范金华、张用来创作的长篇纪实小说《日落峰山》经江苏人民出版社正式出版。范金华，20世纪90年代末曾在保安乡政府工作。张用来，保安乡大庄村人，本土作家。长篇纪实体小说《日落峰山》以张英华率领的抗日武装英勇斗争为线索，全景式展现宿迁地区在中国共产党的领导下进行的抗日战争。该部长篇详实再现1937年后宿迁地区的抗日进程，填补宿迁抗日文学的空白。

【农民书法家张用惠作品入展“林散之书法双年展”】 2016年10月，宿豫区保安乡韩集村农民书法家张用惠行草作品《林散之江上诗存》，入展第四届“林散之书法双年展”。张用惠现年46岁，为中国书法家协会会员，江苏省书法家协会会员。受父亲影响，15岁起练习书法，作品屡获全国大奖。（苗南昌）

·晓店镇·

【概况】 晓店镇位于市湖滨新区核心区，也是宿迁市的北大门，东有穿境而过的宿新公路，南与宿迁市主城区仅一河之隔，西临骆马湖，北与新沂市隔新沂河相望，环抱省级旅游度假区骆马湖，坐拥省级森林公园三台山，三面环水、一面抱山，山水相映、风光秀丽，湖滨新区景区景点和重点项目有2/3落在晓店镇辖区。晓店镇辖区面积约为196平方千米，其中水域面积110平方千米，下辖11个村居、1个水产养殖场，总人口约5.6万人。2016年，全镇实现地区生产总值15.8亿元，完成公共财政预算收入3780万元、村居集体经济收入650万元、农民人均纯收入18520元。年内成功创建为国家卫生镇，是全市首家率先获批的国家级卫生乡镇；同时还获得江苏省村庄环境整治工作先进集体、江苏省充分就业示范乡镇、江苏省基层党员冬训工作先进集体、十八批省五四红旗团委创建单位等多项省级殊荣；获得全市文明单位、市级杰出青年文明号窗口等多项市级荣誉；全镇有2家省三星级康居示范村、1家省三星级乡村旅游点、1家省首批农家乐集聚村示范村。

综合经济　2016年，完成公共财政预算收入3770万元，一般公共财政预算收入比上年增长超过13%，税收收入占公共财政预算收入比重达94%；全镇11个村居的村均集体经济收入达45万元以上；农民人均纯收入达18524元，增长12%。全镇整体经济发展保持了稳步增长的良好势头。年内，实现7个合同项目，在建项目2个；顺利投产项目6个，全年总投资实现9.5亿元。工业方面，晓店镇工业园2016年工业企业营业额超14.48亿元，纳税额超1.37亿元。工商小企业方面，新增工商个体户和投资50万元以上私营企业分别为262户、55户。全民创业方面，“五小创业”总数已有4085家，达到每3户中有一户经营项目，小网店包括微商总数已达1100余家；截至年末，全镇电商349家，全年实现线上销售额5152万元。晓店镇是全区唯一受到市委、市政府表彰的“全民创业先进乡镇”，同时周庄、晓店居委会被命名为市级“电子商务示范村”，周庄居委

2016年晓店镇经济与社会发展概况一览

表87

项　　目	单位	2015年	2016年	增长（%）	项　　目	单位	2015年	2016年	增长（%）
总人口	人	59168	59393	0.38%	工业企业	家	26	27	3.8%
其中：非农业人口	人	34880	35268	1.11%	工业总产值	万元	86782	103264	18.99%
人口出生率	‰	13.9%	14.5%	4.31%	工业利税总额	万元	8550	11853	27.8%
人口死亡率	‰	7.1%	6.9%	-2.8%	三产增加值	万元	21500	27500	28%
人口自然增长率	‰	6.9%	6.98%	1.16%	镇村主干道	千米	125	132	5.6%
总面积	公顷	14546	14546	0	实有就业人数	人	34880	35268	1.1%
其中：耕地面积	公顷	2751	2790	1.42%	科技人员	人	5378	5492	2.1%
地区生产总值	万元	122830	136339	11%	学　校	所	6	9	50%
财政收入	万元	3549	4672	31.6%	在职教师	人	381	359	-5.77%
农业总产值	万元	18425	19450	5.5%	在校学生	人	5681	6805	19.78%
粮食总产量	吨	28470	29055	2.1%	卫生院	家	1	1	0
油料产量	吨	578	635	9.8%	卫生室	个	11	12	9%
生猪饲养量	头	30500	26800	-12.1%	初级保健普及率	%	92	95	3.26%
家禽饲养量	万羽	42.5	35.6	-16.2%	农民人均纯收入	元	13750	16120	17.23%
水产品产量	吨	6400	6120	-4.37%	农民人均住房	平方米	40	43	7.5%

2016年晓店镇村（居、场）概况一览

表88

名　称	组数（个）	户数（户）	户籍人口（人）	耕地（公顷）	村集体收入（万元）	人均可支配收入（元）	党组织书记	主　任
晓店居委会	13	1205	4728	90	60	21020	孙光中	孙光中
峰山居委会	16	1130	5220	320	28	17180	葛　凯	葛　凯
周庄居委会	11	985	4216	217	42.6	18550	张苗贵	张苗贵
湖滨居委会	21	1680	5850	122	61	18900	李成华	李成华
新站居委会	11	797	3321	127	60	18560	沈永华	沈永华
新窑居委会	10	2565	7966	42	30	18575	王宝胜	王宝胜
洋河滩居委会	8	665	3248	8.5	49	18710	蔡则连	蔡则连
王沟居委会	17	1050	3960	39	31	18420	陆敞楼	陆敞楼
陆庄居委会	15	1128	5360	140	46	18520	吴体全	吴体全
三巨村委会	21	1266	5884	769.3	37	16600	赵　国	赵　国
戴场村委会	3	173	587	0	34	18610	晁　勇	孙尤磊
水产养殖场	1	102	635	18.7	10	18500	曹康学	张晓辉
合　计	147	12746	50975	1893.5	488.6	—	—	—

2016年晓店镇骨干企业基本情况一览

表89　　　　单位：万元

企业名称	主要产品	投资金额	销售收入	利税总额
江苏达利食品有限公司	蛋糕、薯片、饮料等食品	100000	107000	11820
江苏金天雪莲生态保养有限公司	男女保健品、保养品研发生产	15000	3000	280
江苏国瑞科技股份有限公司	电子材料、电子元器件、电子设备	5000	6500	448
江苏星宇钢结构有限公司	钢结构网架	2000	2127	28
宿迁绿博服装厂	出口服帽、工装、保洁服等	1500	2388	190
宿迁润扬建材有限公司	商业混凝土生产销售	1600	2080	94
宿迁双闽管道燃气有限公司	天燃气能源、工程安装	2000	2329	292
宿迁市银河帽业有限公司	服装、帽子、围巾、手套等	2000	2444	45
宿迁第一砂轮制造有限公司	砂轮制造	1000	1635	62
宿迁市永峰体育工程有限公司	体育塑胶跑道、球场草地	1100	1100	60
宿迁百润木业有限公司	木板、合板	800	1000	56
江苏清晨木业有限公司	木材加工、出口木材板材	1500	800	16

会被省商务局评为“省级电子商务示范村”。

城镇建设　镇区内已有住宅小区19个，路灯监控、绿化景观、公厕、运动设施、雨污管网、垃圾收集转运、物业管理等设施完善、功能齐全，城镇居民达1.5万户，2016年上半年完成湖滨人家和三巨家园大型集中居住区建设；投入资金1600余万元，完成新城家园北苑、新城家园南苑、湖滨花园北苑、湖滨花园南苑、学府人家、湖滨小区、洋河滩小区7个住宅小区的改造，惠及居民4500户。城镇交通建设方面，晓店镇辖区内已经形成了“六纵十横”的网格格局，宿新公路、三台山大道、三峰路、发展大道、湖滨大道、环湖大道6条主干道贯穿南北，奥体路、枫杨路、学成路、桃李路、新站路、玉兰路、月晓路、龙泉路、青墩路、黑松路10条支干道纵横东西，城镇功能渐趋完善。

社会事业　2016年，晓店镇村级和住宅小区卫生室达到全覆盖，村级居家养老服务中心达到全覆盖，获得市政府颁发的“十二五人口和计生先进乡镇”和全区授予的“一等奖先进单位”荣誉称号；新建2所现代化镇级幼儿园和1栋中心小学现代化教学楼，全面完成中小学校改扩建工程，三台山小学已开工建设，为全镇低收入新入学学生送去助学金，每年为新录取的本科大学生赞助“千元助学金”；开展区域供水工程建设，预计年底全面完成，彻底消除城镇、村供水问题，确保用水安全全民、全方位覆盖；新增建筑50万平方米集中居住区，完成所有住宅小区整治提升工程；村居党群服务中心建设全面覆盖和达标；困境儿童、孤儿救助、残疾补贴、重残救助、低保、五保、医保、农保等，涉及各类人群、各个年龄层次的社会保障多达10多种；村级图书室及户外健身场点达到全覆盖，成功举办了两届全民广场舞大赛，获得“全市全民健身十佳乡镇”荣誉称号。

旅游产业　晓店镇在2006年、2011年就分别获得“江苏省绿色乡镇”“江苏省自驾游基地”等荣誉称号，拥有得天独厚的生态旅游资源，形成“一山一湖、一泉一岛”产业体系，“一山”是指镇区东侧三台山旅游景区的旅游服务业；“一湖”是指骆马湖东岸风光带，有湖滨公园、罗曼园、湖滨浴场、嬉戏谷、欢乐岛摩天轮等旅游景区10余个，有星辰国际酒店、威尼斯大酒店、运河金陵大酒店和双星国际酒店等星级旅游服务企业20余家，有骆马湖特色餐饮饭店50余家，以及洋河滩、周庄、峰山、湖滨等水产交易市场；“一泉”是指晓店温泉，位于镇区，占地20亩，总投资5000万元，建筑面积为5333平方米，可同时容纳1000人休闲沐浴，有“苏北第一温泉”之称；“一岛”是指戴场岛乡村旅游区，是骆马湖中渔村，形成戴场岛休闲渔业以及水产养殖、加工、销售业。休闲旅游业带动我镇近5000人就业，旅游服务业年收入近亿元，水产品年产值5600万元。

现代农业　截至年底，全镇有生态果蔬采摘园百亩以上12家、50亩以上15家，年产值2000万元以上，同时还建设有湖滨绿化苗圃专业村，峰山、戴场渔业养殖特色村；峰山、周庄等居委会正在实施都市农业大世界项目，号称“苏北走马濑”，总占地10平方千米，总投资10亿元，包括江苏国邦农业科技、福建绿耕耘、低碳循环水养殖、房车营地等重点工程，将逐步发展成独具特色的现代农业观光园；三巨、晓店等居委土地流转近2万亩由江苏农垦集团发展成现代种植业万顷良田。

民生工程　为民建设现代化安置小区，建筑面积达50万平方米的湖滨人家、三巨家园两个大型集中居住区全面交付入住，可容纳3610户居民，新建了3家小区幼儿园，完善全镇12家村级卫生室和养老服务中心。开展“三送一访”活动，共深入走访2035户，“三送”810余户，解决各类民生问题320余件。全面开展创建国家卫生镇工作，成立专项工作组，按节点筹备创建事项，在街道、小区、卫生室、医院配置卫生宣传内容350余处，公共场所区域新增730只新型垃圾桶、450个毒饵站、120个捕蝇笼，改造镇区设施，更换青桐路两侧大理石路牙石达2000米，新划800多个机动车停车位、4千米以上非机动车线，投入40万余元新建农贸市场停车场，增添150个以上车位，改善镇区环境秩序，缓解交通压力。为全镇3549名幼儿园儿童进行免费健康检查评测；投入36500元帮扶资金，开展关爱留守儿童、在校特困独生子女活动。年度居民医保续保完成率100%，城乡居民养老保险待遇领取人员资格认证完成率98%，全民参保登记录入完成全年任务数72%，为8623名60岁以上人员发放基础养老金594.9万元，成功举办2016年“春风行动”大型招聘会及达利集团、金天雪莲专场招聘会，共向5家企业推荐劳动力千余人。确定20件为民办实事项目，涉及生态农业工程4项，市场、住宅、村庄等民生改造提升工程4项，医疗、养老、商业、农路、公园等惠民设施。

【“十个一”党建工程】 2016年，有计划开展“十项党建活动”：组织11个村居100余名党员干部、群众赴山东兰陵观摩现代农业示范园；为全镇1600余名党员免费发放一部智能手机，筑牢“指尖上的党建阵地”；举办一次“魅力晓店书画剪纸作品展”；为全镇105名行动不便群众发放轮椅，让残疾人走起来；为全镇党员送去“一牌一章一证”，重唤党员使命；在全镇28个党支部开展手抄党章活动；发展26名新党员，充实党员队伍；组织建国前、文革前老党员夫妻进行免费健康体检，组织全镇4169名65周岁以上老年人免费体检，为全镇3549名儿童进行免费健康检查评测；举办晓店镇第二届“舞动生活、幸福晓店”广场舞大赛；召开一次党员大会，邀请市委党校韩光化副校长给全镇党员和群众代表上一堂富民党课。

【“五好”推进支部书记领头调结构】 “五好”，即开好专项动员会、学好专题培训课、排好各村居任务表、做好科学统筹、组织好检查观摩，通过“五好”带动，推进支部书记领头调结构。开好专项动员会。召开镇、村、组干部专项动员会议，并将支部书记领头调结构工作纳入各村居目标责任状进行考核。学好专题培训课。12名支部书记参加全市专题培训活动，深入调结构示范乡镇进行观摩，学好调整农业产业结构的知识本领。排好各村居任务表。结合各村居实际特色，采取村居自报、镇里审核的方式，确定每家两个调结构项目，即支部书记个人一项，村居委会集体一项。做好科学统筹。

联合国土所、农服中心深入各村居，制定调结构实施项目地块分布图，并公示各家项目进度，确保调结构成效一目了然。组织好检查观摩。组织镇机关人员到12个村居检查观摩调结构项目进展，支部书记在田头介绍各家项目具体情况，实现人人心系调结构、村村紧抓好项目的良好成效。

【“三送一访”入民心】 开展以喜事送花篮、白事送花圈、孩子上大学送红包以及镇干部每周至少走访一户农户为主要内容的“三送一访”活动，全年共走访2035户、三送810户、解决各类民生问题320余件，吸纳建议180多条。同时，在开学季投入311600余元，开展爱心助学和奖励助学活动，给全镇低收入户家庭学生、家庭遭遇变故的优秀大学生、新考取大学本科生、留守儿童等发放助学金和物品；为入伍新兵送去爱心“红包”。

【骆马湖国家农业公园建设启动】 启动实施骆马湖国家农业公园建设，号称“苏北走马濑”，总占地10平方千米，总投资10亿元，包括江苏国邦农业科技、福建绿的、低碳循环水养殖、房车营地等重点工程，将逐步发展成独具特色的现代农业观光园。截至年末，有生态果蔬采摘园百亩以上12家、50亩以上15家，年产值2000万元以上，同时建有湖滨绿化苗圃专业村，峰山、戴场渔业养殖特色村，峰山居高效渔业特色专业村，戴场村规模渔业养殖专业村。

【激发农村创业】 推进“一村一品一店”和“企业+农户”带动工程，扶持160余家电商网店发展壮大，年内新增15家，上半年线上销售达2100万元，直、间接带动从业人员1000余人。

【省体育健康特色小镇建设启动】 晓店镇2016年成功纳入江苏省第一批8家体育健康特色小镇共建行列，将共建体育健康特色小镇纳入全年目标考核任务，初步排定计划，在湖滨新区管委会的总体部署和建设指导下，开启山水绿廊运动公园和漫步公园、上相湾游艇运动区、沙滩运动场扩建和沙滩公园、环湖大道自行车运动专用道、青年广场网球场、镇区群众体育健康公园等项目建设。

【特色体育赛事举办】 在晓店镇辖区成功举办了第四届国际生态四项赛、汽车越野赛、骆马湖马术邀请赛、全国青少年未来之星高尔夫球赛、绿色骑行活动赛、户外千人健身行、全民广场舞大赛等，成功举办了6次以上大中型体育赛事，并将赛事与旅游业相结合，形成体育盛事和美食节、音乐节、渔火节相结合的健康体育氛围。

【湖滨浴场至戴场岛旅游航线开通】 2016年8月6日，湖滨浴场至戴场岛水上体验游航线正式开通。该航线共有游轮4艘，总载客量300人，从湖滨浴场游船码头至戴场岛直线距离为13.5千米，整个水上航程45分钟，旅途提供戴场岛乡村旅游讲解、游戏互动、湖景观光等。

（孙尤磊）

·皂河镇·

【概况】 皂河镇地处宿迁市西北部，北临骆马湖、南接古黄河，距离市中心20千米，距离徐州观音机场50千米、距离淮安机场约100千米、连云港白塔埠机场120千米，京杭大运河、宿邳路穿境而过，水陆空交通十分便利。全镇镇域面积266平方千米，其中水域面积190.2平方千米，总人口50528人。拥有省四大淡水湖之一的骆马湖三分之二水域，国家级大型南水北调重点工程皂河抽水站位于辖区骆马湖畔。

皂河原是发源于山东郯城墨河的支流，南入京杭大运河，因水底土色发黑而得名。皂河古镇于明末清初渐成集市，是一座具有近四百年历史的“文化名镇、漕运古镇、河工重镇”，清康熙年间（1680年），总督靳辅凿中运河，皂河由此成为大运河南北漕运要道，逐渐成为苏北、鲁南、皖北极富盛名的集贸中心。康熙、乾隆两位皇帝曾多次在下江南途中驻跸皂河研究治理黄河水患，潘季驯、靳辅、齐苏勒等一大批治水名臣都在皂河留下很多治水传说。

2016年，全镇主要经济指标方面实现“六个同比增长”，累计完成地区生产总值9.82亿元，同比增长18%；固定资产投资1.73亿元，同比增长20%；农民人均纯收入1.55万元，同比增长11%；公共财政预算收入1145.31万元，同比增长10%；工业总产值1.6亿元，同比增长10%；完成工业销售收入1.2亿元，同比增长15%。

工业 坚持“生态、绿色、发展”招商理念，加大对旅游服务业、生态农业、轻工业等产业的招商力度，杜绝引进一些高污染、高能耗企业，努力实现全镇工业经济绿色健康发展。全年，累计开展10余场招商引资专项活动，完成招商引资项目6个，其中亿元项目1个，开工项目3个，总投资超过2.4亿元。

农业农村 加快农村道路提档升级，投资近700万元对工业园区路，S324-S250连接线，“一事一议”财政奖补路等一批农路完成建设；扎实推进“一村一品一店”工作，相继挖掘出特色水产、精品果蔬、休闲采摘等5个特色产品，已培育出金惠有机大米、骆马湖银鱼、三里渔村等特色品牌。大力度推广秸秆机械化全量还田，农作物秸秆综合利用率达95%以上。投资200万元，维修和新建自来水管网55公里，新增入户878户，完成除三湾村以外的16个村居自来水“通村达户”工程，入户率达95%以上。投资198万元，铺设4级农路2.1千米；投资161万元，铺设省道S250至S304连接线5400平方米。精准扶贫、精准脱贫加快推进，投入300余万元对全镇低收入农户开展“一对一”、“一对多”帮扶慰问，至2016年年底，4000元以下低收入农户2473户、8067人全部

2016年皂河镇经济与社会发展概况一览

表90

项目	单位	2015年	2016年	增长（%）	项目	单位	2015年	2016年	增长（%）
总人口	人	50759	50528	-0.46%	工业企业	家	35	36	2.8%
其中：非农业人口	人	17203	17073	-0.76%	工业总产值	万元	14152	14635	3.4%
人口出生率	‰	—	—	—	工业利税总额	万元	—	—	—
人口死亡率	‰	—	—	—	三产增加值	万元	—	—	—
人口自然增长率	‰	—	—	—	镇村主干道	千米	—	—	—
总面积	公顷	26409	26409	0.00%	实有就业人数	人	—	—	—
其中：耕地面积	公顷	2152	2152	0.00%	科技人员	人	575	575	0.00%
地区生产总值	万元	84151	93205	10.76%	学校	所	5	5	0.00%
财政收入	万元	1231	1425	15.76%	在职教师	人	191	191	0.00%
农业总产值	万元	22012	25369	15.3%	在校学生	人	2512	2543	1.23%
粮食总产量	吨	40531	42133	3.95%	卫生院	家	—	—	—
油料产量	吨	115	132	14.8%	卫生室	个	—	—	—
生猪饲养量	头	—	—	—	初级保健普及率	%	—	—	—
家禽饲养量	万羽	—	—	—	农民人均纯收入	元	13210	14783	11.9%
水产品产量	吨	13120	13854	5.6%	农民人均住房	平方米	23	23	0.00%

2016年皂河镇村（居）概况一览

表91

名称	组数（个）	户数（户）	户籍人口（人）	耕地（亩）	村集体收入（万元）	人均可支配收入（元）	党组织书记	主任
街东居委会	14	1036	4174	88	27.3	6	卢方民	卢方民
街西居委会	15	1020	4896	115	63.4	5	吴书龙	吴书龙
新农居委会	11	887	3381	154	23.2	3	袁 松	—
船闸居委会	3	625	2049	15.33	73	4	刘敬贵	徐宝剑
七堡村	8	512	2116	96	26.2	3	柏胜辰	柏胜辰
龙岗村	13	860	3180	123	35.6	2	索新华	索新华
谢庄村	6	376	1546	80	49.8	4	周维华	方 正
王营村	10	793	2768	163	76.1	3	王保领	王保领
八井村	6	434	2094	103	30.9	3	王邦勤	王邦勤
王圩村	11	548	2526	145	52.5	2	孔祥胜	黄 健
闫南村	13	585	2415	229	104.3	3	孙德彪	孙德彪
闫集村	13	423	1786	220	59.6	2	王聿明	闫长峰
要武村	13	558	2469	219	21.25	3	王万如	王万如
刘庄村	11	782	3904	171	32.95	3	刘书宇	刘书宇
金庄村	8	474	1921	149	25.2	3	王 保	王 保
袁甸村	10	454	2014	129	108.3	4	袁彩兵	袁彩兵
三湾村	2	290	1016	0	282.75	5	陆启化	陆启化
合 计	147	12746	50975	1893.5	488.6	—	—	—

脱贫，全面完成既定脱贫任务。

社会事业 以创建文明城市为契机，重点对镇区店外店、占道经营、乱停乱放等不文明行为进行整治，着力提升镇区旅游形象。先后划设机动车位400余个、非机动车位3000余个；购置固定式分类垃圾桶85个；修补镇区主要道路路面6500平方米；改造、新建公厕2个；安装道路护栏1400米。围绕生活垃圾、旱厕改造、黑臭水体、村民道路亮化等薄弱区域开展专项整治，累计投资约260万元开展村庄环境整治，有效改善村居环境面貌。深入开展“两减六治三提升”专项行动，淘汰、整改高污染燃料锅炉41台；全面完成管委会下达的黄标车整治任务，完成率达100%。加大对教育事业的投入力度，投资1096万元实施中心小学、王营村小“校安”工程，新建教学楼、综合楼6784平方米；投资20余万元，打造中学门前道路。进一步加快文化基础设施提档升级步伐，新建文化健身公园2处，篮球场、网球场、足球场各1处。投资70余万元用于村级居家养老服务平台建设，至2016年年底，街西、袁甸、金庄、刘庄、新农、三湾等六个村居居家养老服务平台相继建成并投入使用。加大对民生事业的投入力度，全年各类民生支出共计824万元，占财政支出的比重达72%。社会保险提标扩面，城乡社保覆盖率96.5%、城镇居民医保参保率95%，409户低保家庭、262户五保户实现应保尽保。弘扬社会主义核心价值观，“十好家庭”“文明家庭”评比活动在全镇范围内全面铺开，涌现各类“好人”594名。实施“社工+志愿者”联动机制，新增志愿者100余人，在册志愿队伍18支，开展各类公益活动30余次。牢固树立大平安理念，加快推进“平安镇区、和谐乡村”建设，全年累计接待来访者32批、284人，完成上级交办和自办案件13件，形成定期召开不稳定人员座谈会制度。

【旅游服务业】 实施龙运花园Ⅱ期、土地整理（市投项目）、污水管网改造、行宫路和宿黄路升级改造工程，累计投资突破7000万元。2016年皂河庙会及各类景点共计接待游客122.3万人次，同比增长27.67%，实现旅游总收入8760万元，同比增长23.2%。新培育各类电商20余家，全年电商交易额突破2000万元。

【党的建设和服务型政府建设】 深入开展八项整治专项行动，重点检查违规吃请和公款吃喝、“小金库”、违规经商办企业等问题，发现并整改问题3条。加强政务督查和检查，每月在微信工作群公布各条线、各部门工作实绩，提升党员干部办事效率。回应各类民生诉求，全镇在12345网络问政平台共受理群众诉求864件，办结率达100%。扎实开展“两学一做”学习教育，累计召开各类学习会200余场，发放意见征求表近3200份，共计征集意见建议1800余条，帮助解决“急难愁盼”问题462个。坚持依法治镇、依法行政共同推进，法治政府建设满意率达95%以上。落实公众参与、专家论证、风险评估、合法性审查、集体讨论决定重大行政决策法定程序，规范性文件报备率、及时率、规范率达100%。积极推行党务、村务、财务、服务“四务公开”，向群众公布工作完成情况、财务收支明细、债务增减、“代办”服务等12大类118个具体事项。 （张　磊）

·黄墩镇·

【概况】 黄墩镇地处宿迁西北，位于邳州、睢宁、新沂、湖滨新区交界处，东距宿迁市区35千米、湖滨新区45千米，东靠骆马湖。镇域总面积52平方千米，其中可利用水域面积7平方千米，陆地面积45平方千米，全镇下辖8个行政村（居），111个村民小组，社会人口3.2万人，其中农业人口2.63万人。2016年，黄墩镇地区生产总值7.3亿元，公共财政预算收入1070万元，农民人均收入13300元，低收入人口3990人。

农业　黄墩镇居民大部分以养殖和种植为主（东部3个村以养殖为主，西部4个村以种植为主）。2016年，粮食播种面积2213公顷，其中小麦面积2133公顷、水稻面积1866公顷，粮食总产量4.2125万吨。大豆、花生等油料作物面积220公顷，油料总产量639吨。一产以水产养殖、粮食作物种植、畜禽养殖为主。二产以食品加工、粮食加工、船舶制造为主。三产以为居民点服务的餐饮、商贸为主。产业基础相对薄弱，水产养殖和农业种植规模小、品种单一、单位面积效益不高、生产组织化程度低，农业结构亟待调整。主导产业为农业（一产），主要包括水产养殖、农业种植、家禽养殖等。优势产业为工业（二产），主要以农产品为原料的农副产品加工、农副产品包装加工、水产饲料加工为主。配套产业为服务业（三产），包含餐饮住宿、购物、农副产品物流、农副产品仓储、电商平台等。

以大农业产业（水产养殖、生态种植）为核心，整合服务业、农副产品加工、农业科研、电子商务、互联网+等相关产业及上下游产业，打造黄墩生态经济产业集群。以大农业为龙头的生态经济产业，将成为黄墩镇的核心产业与龙头引领产业。在供给侧产业结构性改革的新常态下，通过农业产业激发黄墩镇的生态休闲、乡村度假、休闲农业等新产业、新业态的全面发展，推动产业结构的优化调整与转型升级。

工业　全镇共有38家企业，主要是以食品加工业、制造业为主的中小企业，2016年工业总产值5.46亿元，税收318万元，带动就业人数1456人。

2016年黄墩镇经济与社会发展概况一览

表92

项　　目	单位	2015年	2016年	增长（%）	项　　目	单位	2015年	2016年	增长（%）
总人口	人	32166	31645	1.62	工业企业	家	5	5	0
其中：非农业人口	人	26315	26751	1.66	工业总产值	万元	21500	22450	4.41
人口出生率	‰	7.84	7.86	2.55	工业利税总额	万元	1825	1890	3.56
人口死亡率	‰	0.30	0.35	16.7	三产增加值	万元	—	—	—
人口自然增长率	‰	6.65	6.69	0.601	镇村主干道	千米	—	—	—
总面积	公顷	4420	4420	0.00	实有就业人数	人	—	—	—
其中：耕地面积	公顷	807	807	0.00	科技人员	人	—	—	—
地区生产总值	万元	65000	66500	2.31	学　校	所	1	1	0.00
财政收入	万元	930	1040	11.8	在职教师	人	—	—	—
农业总产值	万元	3240	3540	9.26	在校学生	人	—	—	—
粮食总产量	吨	15750	15840	0.57	卫生院	家	1	1	0.00
油料产量	吨	—	—	—	卫生室	个	8	8	0.00
生猪饲养量	头	—	—	—	初级保健普及率	%	100%	100%	0.00
家禽饲养量	万羽	—	—	—	农民人均纯收入	元	11937	12972	8.67
水产品产量	吨	—	—	—	农民人均住房	平方米	—	—	—

2016年黄墩镇村（社区、居）概况一览

表93

名　称	村民小组（个）	户数（户）	人口（人）	耕地（公顷）	党支部书记	主　任
李甸居委会	11	642	2890	205.67	蒋夫奎	蒋夫奎
曹瓦社区	17	1038	4300	252	袁　四	袁　四
曹甸村	10	562	2820	273.33	曹甸松	曹甸松
马桥村	17	1172	4857	281.1	朱荣彬	朱荣彬
魏场村	14	550	2558	311	陈贤飞	陈贤飞
柳湖村	17	705	3443	313.2	崔文亭	崔文亭
英庄村	15	804	4063	360	许　彬	许　彬
尚营村	12	685	2560	250.69	闫长学	闫长学
合　计	113	6158	27491	2246.97	—	—

2016年黄墩镇工业园区骨干企业基本情况一览

表94　　单位：万元

企业名称	主要产品	投资金额	销售收入	利税总额
宿迁市益客饲料有限公司	饲料	28000	13200	745
宿迁市冠源帽业有限公司	帽子	1200	220	26
宿迁市亿丰木业有限公司	木材	1540	180	20.4
宿迁市黄墩特色食品有限公司	食品	980	55	6.5
宿迁市新渔人水产科技有限公司	水产品	15000	4900	745

社会事业　抽调专门人员会同村居对全镇低收入农户和村居情况进行摸底核查，并适时建档立卡。2016年，全镇建档立卡农户1460户，省定经济薄弱村2个，分别为马桥、尚营村，针对不同家庭情况和造成贫困的原因，采取分类救助、“一户一策”的办法进行扶持；在全镇开展“全民创业、万众创新”活动，全民创业干事的热情得到激发；农村最低生活保障、五保供养、救灾救济等政策得到较好落实，资金的发放兑现渠道更加规范透明；新农保、居民医保的参保率不断提升，农民享受的标准和报销比例逐年增加；“平安黄墩”“法治黄墩”建设扎实推进，信访工作“一岗双责”制得到较好落实。

【重点工程推进】2016年，镇党委、政府一班人，认真编排建设项目，同时成立专门工作组，明确责任，强化督查考核，各项重点工程建设顺利推进。先后完成黄墩派出所、“苏渔水产”标准化养殖厂房、镇区改造、水产园区综合服务体、污水处理厂、黄墩医院等建设工程。

【水产养殖】黄墩现代渔业精品园区位于黄墩湖滞洪区的核心地带，于2011年启动建设，园区规划面积1.2万亩，总投资2.2亿元，包括10800亩特种生态养殖区、400亩苗种孵化区、300亩休闲观光区、500亩水产品加工物流区等五个功能区。园区以“规模化、标准化、集约化、产业化、品牌化”为经营理念，打造集水产科技示范推广、水产品加工、冷链物流为一体的综合性水产园区。2016年，新开挖高标准养殖塘口4000亩。年内，园区水产养殖面积已突破1.3万亩，集中养殖螃蟹、鳜鱼、南美白对虾等一批特色水产品。园区各项配套设施日趋完善，管理体系基本形成。目前，园区拥有水产品有限公司3家，水产加工企业1家，水产养殖合作组织26家，家庭渔场20家。

【文明城市创建】围绕“2017年创成全国文明城市”目标，先后完成镇区后街街道铺设、绿化亮化、停车位设置、污水管网改造和自来水安装等工程；集中开展街道门牌、广告牌、店外店、车辆乱停乱放等整治活动，并与沿街商铺、居住户签订了“门前三包”责任书等，保证街道繁荣整洁。建立长效保洁和考核机制，做到集中整治和长效管理常态结合。

【基层党建】先后对马桥、柳湖、尚营3个村居党群服务中心进行改造和建设，保证党员活动正常开展，方便群众办事；顺利完成镇党委和村居支部换届选举工作。成功选举产生新一届黄墩镇党委班子和村居新一届支部队伍。认真做好党员发展，注重从致富带头人、大学生村官、创业大户等中选优发展党员，从团组织推荐的优秀青年以及具有高中以上文化水平的青年中发展党员，对新发展的预备党员进行跟踪考核，对入党积极分子进行严格考察和培养，从源头上保证党员队伍的质量。

（陶亚威）

·井头乡·

【概况】 井头乡位于宿迁市北郊，东与曹集乡和侍岭镇接壤，西邻运河文化城和职教园区，南隔京杭大运河与市区相望，北连三台山景区。区域面积36平方千米，耕地面积1631.7公顷。辖1个行政村、3个社区、2个居委会和良种繁育场，年末总人口22380人。2016年，全乡实现工业销售收入28亿元；完成500万元以上固定资产投资8亿元；实现公共财政预算收入1381万元，农民人均纯收入1.83万元。为蓝天包装、博阳新材料等企业办理土地证、立项审批、用水用电、劳动用工等方面的困难和问题140多项，解决率达94%以上。

2016年，井头乡先后获得“宿迁市安康关爱行动”先进单位、2015年度重点项目推进工作先进单位、宿迁市尊师重教先进集体、2015年度文明乡镇、2015年度全国文明城市创建工作先进单位、江苏省文明乡镇等荣誉称号，被市政府评为市公正司法示范点、市法制文化建设示范点、宿迁市群众体育先进单位、平安宿迁建设先进单位。

农业　2016年，实现农业总产值14140万元。全年粮食播种面积3133公顷，其中，三麦播种面积1600公顷，水稻面积1533公顷，粮食总产量51408吨。

推进马楼园艺特色村建设，先后有雅晟家庭农场、绿泽家庭农场、成良家庭农场等农业新型经营主体投入经营。引进并成功签约高效农业项目4个，农业设施项目和特色产品有6家12个品牌，其中辣木系列产品辣木粉成功注册“西楚”商标。引进京东实体体验店2家；建成九里、马楼支部电商服务中心2个，完成2个村级店商达到市级标准；依托宿迁蓝客商城

2016年井头乡经济与社会发展概况一览

表95

项　　目	单位	2015年	2016年	增长（%）	项　　目	单位	2015年	2016年	增长（%）
总人口	人	22196	22380	0.83	工业企业	家	38	38	—
其中：非农业人口	人	6215	6712	8	工业总产值	万元	278000	370000	33.09
人口出生率	‰	3.95	4.01	1.52	工业利税总额	万元	17900	19332	8
人口死亡率	‰	1.35	1.34	0.74	三产增加值	万元	7743	8362	7.53
人口自然增长率	‰	2.60	2.67	2.69	镇村主干道	千米	4800	4800	—
总面积	公顷	—	—	—	实有就业人数	人	—	—	—
其中：耕地面积	公顷	1631.7	1631.7	—	科技人员	人	—	—	—
地区生产总值	万元	13780	14882	8	学　校	所	2	2	—
财政收入	万元	7000	11091	58.44	在职教师	人	228	235	3.07
农业总产值	万元	13100	14140	7.94	在校学生	人	3608	3788	4.99
粮食总产量	吨	47600	51408	8	卫生院	家	1	1	—
油料产量	吨	—	—	—	卫生室	个	6	6	—
生猪饲养量	头	4000	4050	1.25	初级保健普及率	%	97	97	—
家禽饲养量	万羽	120	126	5	农民人均纯收入	元	16720	18300	9.45
水产品产量	吨	—	—	—	农民人均住房	平方米	30	30	—

正在建设塘湖片区网络创业孵化器；规划建设井头、许庄支部+电商中心2个；全乡注册及入驻京东、淘宝等网店达37家。

对全乡2.3万亩的农作物进行了统一专业化的统防统治，顺利完成夏季秸秆禁烧与综合利用工作，农作物秸秆还田率达98%以上。完成九里、许庄十二个小组的土地位移项目，新增基本良田面积1200亩；完成一支渠疏浚、塘湖街管网连接工程和村庄道路、排灌站等一事一议工程。

完成农村土地承包经营权确权颁证工作；完成稻麦农业保险费51万元，高效农业保险47万元；发放良种补贴、农资综合补贴、农机补贴、农业保险理赔等惠农资金326万元；做好安圩居委会“一社一群一中心”试点工作，成立土地股份合作社，入股土地面积2068亩。家庭农场集群现有家庭农场4个，企业1家。完成全乡低收入计758户2068人建档立卡和“一对一”结对帮扶规划。完成年内25%建档立卡低收入人口人均年收入达到6000元、未脱贫户人均收入增加500元任务目标。发放扶贫小额贷款250万元。

工业　全年实现工业销售收入28亿元；完成500万元以上固定资产投资8亿元。主要工业产品有功能性聚酯薄膜、PVC片材、真空镀铝膜、光学增亮膜、ITO导电膜、太阳能基材、热收缩不干胶电池标签等，被科技部认定为“国家火炬宿迁薄膜材料特色产业基地”、中国双向拉伸薄膜产业基地。菲亚德印务技改后的生产线达到省内先进水平，其中增设的淋膜、钢刀生产线使产品由面向国内销售转为向海外出口，生产状况良好。耐威斯新材2016年相继与苹果、三星、海尔等大企业建立合作关系，年销售收入达到2000万元；福泰包装和宏瑞玻璃年销售在2500万元以上；中豪建材、方圆塑料等企业生产营收平稳有序。

社会事业　全年发放春节慰问、冬春灾害补助、大病救助以及低保五保和优抚金、尊老金等各类资金483.71万元；组织参加安康人寿老年意外保险3006人。完成城镇医保新参保1524人，其中新生儿参保78人。居民医保续缴费1.81万人，累计参保1.9万余人，已达到全覆盖；完成全乡21085人社保个人信息系统录入登记工作；在节日期间举办和参加招聘会16场次，促成近300人和企业达成用工意向，实现再就业168人。人口出生率2.35‰、死亡率1.45‰、自然增长率0.92‰、综合避孕率98%；全员信息准确率达到99%。接入政法综治信息平台8个；配齐配强乡村综治、法治、

2016年井头乡村（居）概况一览

表96

名　称	组数（个）	户数（户）	户籍人口（人）	耕地（公顷）	村集体收入（万元）	人均可支配收入（元）	党组织书记	主　任
井头社区	11	923	4122	33.33	22.00	21480	张家军	张家军
马窑社区	17	758	3574	193.33	23.00	19980	沈维高	沈维高
马楼社区	16	800	3653	193.33	21.00	17100	张永成	张永成
九里居委会	18	750	3718	469.00	35.00	17218	曹勤玲	曹勤玲
许庄村委会	15	656	3487	300.00	33.00	16380	杜运河	杜运河
安圩居委会	14	812	3791	326.67	31.00	16386	王伯安	王伯安
合　计	91	4699	22345	1515.66	165	—	—	—

2016年井头乡骨干企业基本情况一览

表97　　　　单位：万元

企业名称	主要产品	投资金额	销售收入	利税总额
宿迁双星新材料有限公司	功能性聚酯薄膜，PVC片材，真空镀铝膜，光学增亮膜，ITO导电膜，太阳能基材	240000	256500	19000
宿迁彩虹包装有限公司	不干胶电池标签，医用标签，镀铝膜	32000	5500	520
宿迁方圆塑料包装有限公司	塑料包装桶，烯塑	24000	3500	360
宿迁宏瑞玻璃有限公司	罐头玻璃瓶、酒瓶	19000	2500	240
宿迁中豪建材有限公司	商品混凝土	12000	2400	2600
宿迁新兴木材有限公司	板材，儿童玩具木材	9500	2300	240
耐威斯新材料有限公司	—	7300	2200	200
福泰包装有限公司	—	6200	2500	260
菲亚德印务有限公司	—	5000	2000	220

信访接待和矛盾调处及驻村民警、专职保安等30多人；投资3万余元建设马楼小区法治文化广场1个；9月，组织参加综治平台操作技能大赛，取得9个100分的成绩；排查不稳定因素34起、矛盾纠纷126起，并全部予以化解和管控；推进文明创建和形象宣传。相继组织开展核心价值观引领、幸福家园创建和宿迁“文明20条”推行等八大工程。借助全乡29个党支部微信群，集中发送关于中国梦、社会主义核心价值观以及勤俭节约、宿迁文明20条等一系列内容。全年，各种演出、宣传、评选、讲座和党员冬训、节日慰问等活动计43场，参加群众在1万人次以上。

【井头乡重点项目建设】 2016年，依照湖滨新区“四大主体工程”确立的井头乡八大工程项目全部达到或超过序时目标要求。蓝天包装一期项目开始试投产。马窑农民集中居住区10月中旬开始集中交房。景福家园小区道路、雨污水、供电等配套设施以及通信等施工基本完成，11月初组织竣工验收。

村庄建设用地布局调整。九里、许庄2个村（居）12个小组605户房屋的征收拆除、土地平整及复垦工作，于5月底全面完成，是全区四大主体工程中率先完成项目，新增建设用地指标达730亩，缓解集聚区建设用地紧张状态，建成集聚区研发中心。塘湖医院改扩建工程。新建门诊楼及病房楼面积达7800平方米，总投入近2000万元，10月20日工程全面竣工并正式投入使用，比计划提前2个多月。

农村环境连片整治项目总投资523万元。10月完成茶壶窑小区和马窑农民集中居住区污水管网铺设工程，可卸式垃圾车、垃圾箱、吸粪车采购到位，污水处理站设备安装和调试完成，垃圾中转站建设12月中旬全面完成。湖滨新区养老服务中心落成。项目总占地约33亩，主要建设老年公寓60间及餐厅、活动室等配套设施，总建筑面积约3560平方米，可容纳120名老人入住。所有主体工程、管网及附属配套施工年底前投入使用。

【井头乡城镇建设】 实施榉树路东延、中心路延伸、双星大道修补等“四路两网”6个基础设施项目，总投资约4000万元。完成井头集镇区的污水排放并入新源污水处理厂主管网工程。协调做好全乡土地利用总体规划局部修编，完成调整允许建设区近500亩空间指标。为集聚区邻里中心征收土地57.06亩，支付土地补偿款156.33万元。对金丝莉、金香园、润万佳和吉祥麻塑工贸等4家小企业实施征收，支付补偿金1700余万元。全乡新建一级垃圾中转站1座，采购可卸式垃圾转运车3辆、垃圾箱体88个，新建二级垃圾中转站12个，240升垃圾桶400多个。

【井头乡基层组织建设】 制定党委中心组、支部和个人学习计划，各党支部每周集中学习至少1次，党员干部每周自学不少于2个学时，保证每周不低于4个学时；以有效建立两学一做党员微信群为平台，及时发送学习内容和信息，开展党员互动和专题调研活动；开展党员组织关系排查和规范党费收缴等工作，摸清党员基本信息和流动党员、失联党员等具体情况。6月7日，井头乡第十二次党代会成功召开，选出新一届党委、纪委班子。8月24日，启动村居“两委”换届选举工作，9月29日，村居党支部换届圆满结束，6个村居共选举产生新一届支委31名。推动村级综合服务体系标准化建设，配套建设、翻建和预购置的村级党群服务中心达4家，总建筑面积4500多平方米。

【双星新材料有限公司】 公司光学膜项目已成为国内率先拥有全球领先水平的聚酯薄膜8700毫米幅宽设备集群生产线企业，形成从原料合成到聚脂薄膜及产品后加工全产业链布局。企业累计研发新产品121项，迈进基材自给和高端产品自主研发与生产的全新阶段。2016年2月，公司通过高新技术企业复审取得省高新技术企业证书；4月8日，公司荣获“江苏省优秀企业”荣誉称号。全年，公司实现收入25.65亿元，较上年增长7.6%；实现净利润1.38亿元，较上年同期增长14.9%。

（朱　军　王牧原）

·嶂山林场·

【概况】 国有嶂山林场成立于1958年，距骆马湖东岸仅3千米，东西宽2千米，南北长4.6千米，总面积18570亩，其中林地面积10460亩。核心景区三台山森林公园总面积7396亩，其中国有及省级生态公益林面积约6355亩，森林覆盖率达85.9%。三台山最高处海拔73.4米，为宿迁地区之最。

1997年7月，经省农林厅批准成立嶂山森林公园，中央军委原副主席张震将军为公园题写了园名；2001年，被国家旅游局评为国家AA级旅游景区。2005年，被批准为市级风景名胜区，2006年被批准为省级风景名胜区，2011年更名为三台山森林公园，同年被国家旅游局评为AAA级旅游景区，2015年12月被国家旅游局评为国家AAAA旅游景区，与嶂山林场合署办公，形成嶂山林场、三台山森林公园“一个机构，两块牌子”的格局。

嶂山林场下辖枣林、林西2个居委会，12个居民小组（枣林9个、林西3个），共1002户，社会人口4455人。由于三台山扩面提质项目建设，涉及房屋征收10个居民小组817户，土地流转6800余亩。2016年，枣林居委会实现经营性收入、土地和鱼塘承包收入、农机合作社收入合计24.3万元；林西居委会杨树种苗销售、土方工程收入、鱼塘和土地承包收入计22万元。全年，实现农业总产值842.62万元，地区生产总值6801.2万元，农民人均纯收入18524元。

村庄环境整治　先后投入资金20余万元，组织居组干部、保洁人员和志愿者共600余人次，出动机械150台次，对辖区庄台和主次干道沿线定期开展环境卫生集中整治，清理各类卫生死角260多处，共清运垃圾1200余立方米，清理“牛皮癣”140余处，新建二级垃圾房1座，村庄四旁植树900棵，村庄改厕、改水率达100%。

2016年嶂山林场经济与社会发展概况一览

表98

项　　目	单位	2015年	2016年	增长（%）	项　　目	单位	2015年	2016年	增长（%）
总人口	人	4455	4481	0.58	工业企业	家	—	—	—
其中：非农业人口	人	350	348	-0.57	工业总产值	万元	—	—	—
人口出生率	‰	0.8	0.9	12.5	工业利税总额	万元	—	—	—
人口死亡率	‰	—	—	—	三产增加值	万元	—	—	—
人口自然增长率	‰	0.3	0.4	33.33	镇村主干道	千米	—	—	—
总面积	公顷	1220	1220	0	实有就业人数	人	—	—	—
其中：耕地面积	公顷	380	380	0	科技人员	人	—	—	—
地区生产总值	万元	6801.2	6983.4	2.67	学　校	所	—	—	—
财政收入	万元	580	604	4.13	在职教师	人	—	—	—
农业总产值	万元	835.12	842.62	0.89	在校学生	人	—	—	—
粮食总产量	吨	1640	1800	9.75	卫生院	家	—	—	—
油料产量	吨	—	—	—	卫生室	个	—	—	—
生猪饲养量	头	356	148	-58.42	初级保健普及率	%	—	—	—
家禽饲养量	万羽	1.72	1.28	25.58	农民人均纯收入	元	16539	18524	12
水产品产量	吨	16.93	17	0.41	农民人均住房	平方米	—	—	—

2016年嶂山林场村（居）概况一览

表99

村（居）名称	组数（个）	户数（户）	户籍人口（人）	耕地（公顷）	村集体收入（万元）	人均可支配收入（元）	党组织书记	村（居）委会主任
枣林村	9	701	2671	230	24.3	18524	张广友	张广友
林西居委会	3	301	1434	150	22	18524	赵长江	赵长江
合　计	12	1002	4105	380	46.3	—	—	—

社会事业　进一步落实党和国家对农业农村的各项优惠政策，小麦统防统治2400亩，及时按规定下拨粮食补贴、良种直补资金；完成辖区枣林居委会朱庄组和黄庙组农桥建设4座，合计争取扶持资金90万元，其中一支渠2座投入资金55万元，拦山河2座投入资金35万元；精心部署全年秸秆禁烧与综合利用工作，组织机关党员干部72名，分6个片区，深入田间地头，配合两居，实行24小时严防死守，秸秆还田率达100%；城镇医疗保险参保率达到96%，农村新型养老保险参保率98%，育龄妇女妇检参检率达99%；积极化解基层矛盾，确保辖区社会稳定；加大对农村弱势人群的救助扶助力度，春节期间慰问五保户、低收入户、困难老党员和退休职工等74人，组织党员干部登门走访家庭人均年收入6000元以下贫困户380

人次，累计慰问和帮扶钱物折合人民币达5万元，力争年底脱贫人数达25%。

【生态林业】 全年累计完成成片造林4200亩，植树总株数20.78万株（其中生态公益林0.14万亩），超额完成全年绿化目标任务。

【病虫害监测与防治】 提前谋划和组织开展美国白蛾等噬叶性害虫监测防控工作，加强监测调查，全面掌握疫情，科学防控，及时除治。2016年，开展集中监测调查活动5次，组织飞防面积10.5万亩，飞防规避区剪除幕网1200多张，有效控制病虫害蔓延趋势。

【护林防火】 加大森林防火宣传力度，实行24小时值班、巡逻制度，规范林区墓地森林防火管理，定期维护防火车辆以及各种防火机具，备足防火物资，定期开展森林防火应急演练，实现连续14年“零火情”目标，组织护林管护人员35人利用一个月的时间对3000亩林区杂草进行清理。组织专业队伍参加2016全省第七届森林消防技能竞赛，取得优异成绩。配合区消防部门做好消防站挂牌及其他相关工作，建立与市消防部门视频联网和信息联动机制，配备专业消防服消防器材，强化森林消防软硬件设施建设。

【全国文明城市创建】 结合《宿迁文明20条》内容，张贴宣传牌24块、悬挂宣传横幅6条、印发宣传单200份，营造了浓厚的宣传氛围；利用微博、微信等平台，常态化开展文明城市创建活动宣传推广工作；组织开展张西树、蔡玉侠等“感动宿迁”人物学习宣讲活动；结合森林防火、野生动植物保护、秸秆禁烧等工作开展志愿者服务活动。

【三台山森林公园扩面提质工程服务保障】 先后出动管护组、护林队、生态园职工以及两居干部群众2000人次，车辆260台次，清理各类垃圾杂物3500吨，有效完成景区内外主次干道沿线和生态园内部环境清理整治任务。山水绿廊工程涉及林西居委会黄马组征收总任务共135户，3月上旬组织场居干部职工40人进场，完成签约，拆除进度达100%，地表清理及土地征收461.2亩全部完成。配合区征收部门做好山洼人家项目地表清理、征地工作。出动人力300多人次、车辆100多台次配合建设指挥部做好公园各项活动车辆管理、交通疏导、值班值守及安保等服务保障工作。

【江苏三台山国家森林公园创建成功】 8月，完成可行性研究报告、景观相册、申报录像片、土地权属、经营管理机构等材料完善工作。多次向国家、省林业局汇报创建工作进展情况，按照国家、省林业局提出的意见和建议进行修改完善。2017年1月19日经国家林业局审定，三台山森林公园符合国家级森林公园设定条件，准予设立国家级森林公园，定名为“江苏三台山国家森林公园”。（夏　祥）

·新任领导·

仲　林　现任宿豫区政协主席、党组书记。男，1961年3月生，汉族，江苏沭阳人。中央党校研究生学历。1976年12月参加工作，1988年10月加入中国共产党。

1976年12月，沭阳县向阳公社新闻报道员；1977年10月，民办教师；1979年10月，淮阴师范专科学校化学系学生；1982年8月，沭阳县华冲中学教师；1985年8月，沭阳县中学教师；1987年9月，江苏省委党校党史党建理论班学员；1989年7月，沭阳县民主评议党员办公室办事员；1990年1月，沭阳县委组织部组织科干事；1992年3月，沭阳县委组织部组织科副科长；1993年5月，沭阳县委组织部组织科科长；1994年8月，沭阳县委组织部组织科科长、副科级组织员；1996年8月，宿迁市筹建领导小组组织办工作；1997年5月，宿迁市委组织部副科级组织员；1997年7月，宿迁市委组织部知工科副科长；1998年4月，宿迁市委组织部办公室（研究室）副主任、知工科副科长；1998年10月，宿迁市委组织部机关干部科副科长、正科级组织员；2000年3月，宿迁市委组织部机关干部科科长；2001年1月，宿迁市委组织部副处级组织员、机关干部科科长；2002年7月，宿豫县委常委、组织部部长；2003年12月，宿豫县委副书记、纪委书记；2004年3月，宿豫区委副书记、纪委书记；2005年3月，宿迁市民政局局长、党组副书记；2007年4月，宿迁市民政局局长、党组书记；2015年3月，宿迁市政协副秘书长、办公室主任；2016年11月，宿豫区政协党组书记；2017年1月，任现职。

刘培禄　现任宿豫区人民政府副区长。男，1967年1月生，汉族，江苏宿豫人。1991年8月参加工作，在职研究生学历。2014年7月加入中国农工民主党。

1991年8月，宿迁市无线电厂技术科办事员；1993年1月，宿迁市机床厂设备科办事员；1993年7月，宿迁市机电工业总公司副科长；1994年9月，宿迁市经委重工科副科长；1997年1月，宿城区计经委运行股股长；1999年4月，宿城区计经委主任助理、副主任；2001年12月，宿城区发改局副局长兼经济开发区南区管委会副主任；2003年1月，宿城区政协副主席，区发改局副局长，经济开发区南区管委会副主任；2004年1月，宿城区政协副主席，外经贸局副局长、招商局局长；2004年12月，宿城区人民政府副区长；2010年7月，宿城区人民政府副区长，区红十字会会长；2011年9月，宿城区人民政府副区长，区红十字会会长，苏州市吴中区副区长（挂职）；2013年9月，宿城区人民政府副区长，区红十字会会长；2016年11月任现职。

丁必江 现任宿豫区政协副主席、党组成员。男，1964年7月生，汉族，江苏宿豫人。大学学历。1987年6月加入中国共产党，1987年8月参加工作。

1987年8月，宿迁县化肥厂技术员；1988年5月，宿迁市化肥厂团委书记；1996年6月，宿迁市化肥厂党委秘书；1996年11月，宿迁市化肥厂组宣科副科长；1998年4月，宿豫县委组织部办事员；1999年1月，宿豫县委组织部副股级干事；2000年3月，宿豫县委组织部组织员；2000年8月，宿豫县委组织部组织科副科长；2002年7月，宿豫县委组织部干部监督科科长；2003年4月，宿豫县政府办副主任、党组成员；2005年11月，宿豫区侍岭镇党委书记、人大主席；2011年10月，宿豫区侍岭镇党委书记、人大主席、宿迁生态化工科技产业园党工委副书记；2011年12月，宿豫区卫生局局长、党委书记、宿迁生态化工科技产业园党工委副书记；2013年11月，宿豫区来龙新城党工委书记、来龙镇党委书记；2016年4月，宿豫区政协副主席提名人选、党组成员；2017年1月，任现职。

·江苏好人·

张洪波 江苏好人。男，1978年12月出生，中共党员，宿豫公安分局治安大队中队长。

2008年下半年，宿迁市红十字会组织开展造血干细胞抽样。张洪波得到消息后，第一时间跑到采血点进行抽样，样本及个人详细信息随之存入中华骨髓库。2015年12月，他当年被采集的血样与一个急需进行骨髓移植的重性血液病患者的血型配对成功。他便开始全力配合做好初查、复查等工作，最终确定其血型各项指标都与患者的指标匹配。2016年1月下旬，怕父母担心，瞒着二老赴宁为苏州一名16岁高二女孩捐献造血干细胞，挽救了一名花季少女的生命。

工作中他勇于挑重担，连破大案要案；大义拒诱惑，秉公不徇私。先后获得宿豫区安全生产工作先进个人、宿迁市“无毒社区”创建工作先进个人、宿豫区政府个人三等功、宿迁市安保工作先进个人等荣誉称号。2016年10月，被评为“江苏好人”。

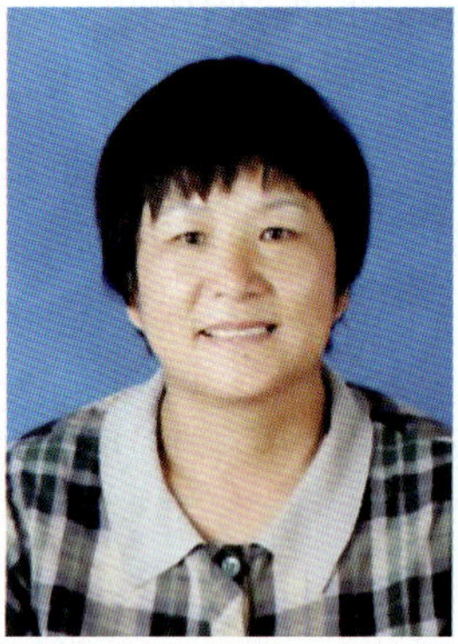

左美荣 江苏好人。女，1965年9月生，来龙镇龙西居委会卫生室主任，乡村从医30余年，认真对待每一名患者。

2013年3月，她被确诊为甲状腺癌患者，仍坚守岗位，一边接受化疗，一边坚持工作，认真对待每位就医村民。

2015年7月，一个大雨深夜，她不顾家人劝阻，执意坚持为2.5千米外黄二组的糖尿病晚期患者出诊。黑暗中冒雨在泥泞的岗土地上艰难行走，脚底突然一滑，她被重重摔在路上，钻心的疼痛随之袭来，冷汗从她额头滴落。艰难爬起后，继续前行，到患者家出诊，及时解决病人之痛。然而，那一跤直接导致了她的右膝关节半月板撕裂。只要病人需求，她就不分白天黑夜，风雨无阻，随叫随到。多年来，她跑遍全村946户、遍访全村3686人，定期为65岁以上老人进行健康体检，建立居民健康档案。2016年，她成功入选“感动宿迁人物”；同年12月，被评为“江苏好人”。

·先进集体·

省部级表彰的先进集体、荣誉称号一览

表100

获奖单位	荣誉称号	授予单位	表彰时间
宿豫区	2014—2015年全省法治建设示范县（市、区）	省委、省政府	2016.9
宿豫区	国家级出口食品农产品质量安全示范区	国家质检总局	2016.9
宿豫区	2015年全国“平安农机”示范县（区）	农业部、国家安全监管总局	2015.12
宿豫区	2016—2020年度全国科普示范县区	中国科协技术协会	2016.2
宿豫区	2011—2015全国法治宣传教育先进区	中宣部、司法部	2016.5
宿豫区教育局	江苏省促进义务教育均衡发展先进单位	江苏省人民政府	2016.3
区文化馆	国家一级文化馆(2015—2018年度)	文化部	2015.12
宿迁电子商务产业园区	2016优秀电子商务园区20强	中国国际电子商务博览会组委会	2016.4
宿迁电子商务产业园区	中国物流与采购联合会物流园区专业委员会常务理事单位	中国物流与采购联合会物流园区专业委员	2016.8
江苏京东信息技术有限公司	先进基层党组织	中共江苏省委	2016.6
陆集镇武装部	省军区基层建设标兵单位	省军区	2017.1
大兴镇集东居委会	2015年度全国淘宝村	阿里研究院	2015.12
丁嘴镇	丁嘴金菜获国家农产品地理标志登记认证	农业部	2015.12
民丰银行宿豫支行	农村合作金融机构监管2C级	中国银监会	2016.5
江苏春绿粮油有限公司	全国食用油加工企业50强	中国粮食行业协会、中国粮油学会、中国粮食经济学会	2016.1
江苏春绿粮油有限公司	稻米油加工企业10强	中国粮食行业协会、中国粮油学会、中国粮食经济学会	2016.1

省级部门单位表彰的先进集体、荣誉称号一览

表101

获奖单位	荣誉称号	授予单位	表彰时间
宿豫区政府	2015年度平安县区	省综治委	2016.8
宿豫区政府	江苏省人口协调发展创建工作先进县	省人口和计划生育领导小组	2016.4

续表101-1

获奖单位	荣誉称号	授予单位	表彰时间
宿豫区政府	江苏省土地执法模范区	省国土资源厅	2016.4
宿豫区政府	江苏省国土资源节约集约利用模范区	省国土资源厅	2016.6
宿豫区委宣传部	全省基层党员冬训工作示范县（市、区）	省委组织部、省委宣传部	2016.7
区社科联	省社科系统“工作创新奖”	省社科联	2017.1
宿豫区档案局	全省档案系统先进集体	江苏省档案局	2016.2
区委宣传部	2015年度全省基层党员冬训工作创新项目	省委组织部、省委宣传部	2016.7
区信访局	全省信访工作先进集体	省人社厅、省信访局	2017.2
区法院	2013—2015省文明单位	省文明委	2016.9
区检察院	2013—2015省文明单位	省文明委	2016.9
区司法局	2013—2015省文明单位	省文明委	2016.9
区财政局	2013—2015省文明单位	省文明委	2016.9
区人社局	2013—2015省文明单位	省文明委	2016.9
区物价局	2013—2015省文明单位	省文明委	2016.9
区国税局	2013—2015省文明单位	省文明委	2016.9
区地税局	2013—2015省文明单位	省文明委	2016.9
区市场监管局	2013—2015省文明单位	省文明委	2016.9
区公安分局	2013—2015省文明单位	省文明委	2016.9
区城管分局	2013—2015省文明单位	省文明委	2016.9
区烟草分公司	2013—2015省文明单位	省文明委	2016.9
宿迁市罐头食品公司	2013—2015省文明单位	省文明委	2016.9
区广播电视台	2013—2015省文明单位	省文明委	2016.9
区地税局稽查局	2013—2015省文明单位	省文明委	2016.9
宿迁高新区管委会	2013—2015省文明单位	省文明委	2016.9
区市场监管局曹集分局	2013—2015省文明单位	省文明委	2016.9
刘老涧闸站管理所	2013—2015省文明单位	省文明委	2016.9
宿豫团区委	四曲协奏唱响“青年之声”案例被评为江苏“青年之声”创新案例三等奖	团省委	2017.1
宿豫团区委	第二批全省共青团网络文明志愿行动建设示范单位	团省委	2017.1
关庙司法所	2014—2015年度省优秀司法所	省司法厅	2016.1
关庙司法所	江苏省人民调解委员会规范化建设示范点	省司法厅	2016.2
化工园区	省文明单位	省文明委	2016.9
化工园区团工委	团属报刊宣传工作先进单位	团省委	2016.7
宿迁电子商务产业园区	江苏省“企企通”建设试点园区	省经信委、中国联通江苏分公司	2016.3

续表101-2

获奖单位	荣誉称号	授予单位	表彰时间
宿迁电子商务产业园区	2016优秀电子商务园区20强	中国国际电子商务博览会组委会	2016.4
宿迁电子商务产业园区	中国物流与采购联合会物流园区专业委员会常务理事单位	中国物流与采购联合会物流园区专业委员	2016.8
宿迁电子商务产业园区	江苏省跨境电子商务产业园试点	省商务厅	2016.9
宿迁电子商务产业园区	江苏省大学生创业示范园	省人社厅	2016.1
宿迁电子商务产业园区	首批省级生产性服务业集聚示范区	省发改委	2016.12
宿迁电子商务产业园区	省大众创业万众创新示范基地	省发改委	2016.12
张家港宿豫工业园区	江苏省南北共建工业园区先进单位	江苏省苏北发展协调小组	2016.5
民丰银行宿豫支行	江苏省5A级农商行	江苏省联社	2016.3
民丰银行宿豫支行	综合收益考核优胜奖、审计监督考核优胜奖、科技工作考核优胜奖、信息与网站宣传考核优胜奖	江苏省联社	2016.3
民丰银行宿豫支行	本行湖滨新城支行荣获“江苏省银行业普惠金融文明规范服务五星级营业网点”荣誉称号	江苏省银行业协会	2016.8
区国税局	江苏省第四批省级法治文化建设示范点	省委宣传部等6部门	2016.4
区国税局	全省税收管理改革综合示范点	省国税局	2016.9
区知识产权局	2016年度江苏省知识产权工作先进集体	省知识产权局	2017.2
区文广新局	江苏省文明单位	省文明委	2016.9
区文广新局	全省第11届文化行政执法优秀案卷	省文化厅	2016.12
区文化馆	江苏省第五届服务农民、服务基层文化建设先进集体	省委宣传部、省文化厅、省新闻出版广电局、省文联、省作协	2016.5
顺河街道文昌社区	江苏省和谐社区建设示范社区	省民政厅	2016.3
丁嘴镇登山社区	江苏省和谐社区建设示范社区	省民政厅	2016.3
丁嘴镇丁嘴社区	江苏省和谐社区建设示范社区	省民政厅	2016.3
来龙镇水庄村	江苏省和谐社区建设示范社区	省民政厅	2016.3
来龙镇陵园村	江苏省和谐社区建设示范社区	省民政厅	2016.3
丁嘴镇	江苏省和谐社区建设示范乡镇	省民政厅	2016.3
豫新街道	2015—2016年度全省基层党员冬训工作示范街道	省委组织部、省委宣传部	2016.7
豫新街道	2010—2015年度全省红十字会基层组织工作先进集体	江苏省红十字会	2016.12
来龙镇	江苏省2015年度省级耕地保护激励单位	省国土资源厅	2016.12
来龙镇	敬老文明号	省老龄工作委员会	2016
来龙镇	江苏省人民调解委员会规范化建设示范点	省司法厅	2016.2

续表101-3

获奖单位	荣誉称号	授予单位	表彰时间
来龙镇司法所	2014—2015年度江苏省优秀司法所	省司法厅	2016.1
区人社局	2016年度全省劳动监察两网化管理示范县	省人社厅	2016.11
公安分局	全省公安信访窗口二级单位	省公安厅	2016.8
新庄镇	全省基层党员冬训工作示范乡镇	省委组织部、省委宣传部	2016.7
新庄镇	基层党员冬训工作先进集体	省委组织部、省委宣传部	2016.5
新庄镇	江苏省科普示范村（2015—2017）	省科协	2016.2
区人防办	全省民防系统先进集体	省民防局	2016.9
公安分局	全解决信访突出问题专项行动先进集体	省公安厅	2016.8
区科协	县级科协创新发展能力提升计划优秀单位	省科协	2016.1
区地税局	江苏地税金税三期工程推广上线工作嘉奖单位	省地税	2017.1
国土分局	全省国土资源信访工作先进集体	省国土资源厅	2016.1
区教育局	2013—2015省文明单位	省文明委	2016.9
区教育局	江苏省中小学校责任督学挂牌督导创新区	省教育厅	2017.1
区教育局	省级公共体育服务体系示范区	省教育厅	2016.9
曹集乡	江苏省2016年度农村电子商务十强镇	省商务厅	2017.1

宿迁市委、市政府表彰的先进集体（项目）一览

表102

获奖单位（项目）	荣誉称号	授予单位	表彰时间
宿豫区	社会治安综合治理和信访稳定工作先进单位	市委	2016.2
宿豫区	2016年度社会治安综合治理和信访稳定工作先进单位	市委、市政府	2017.2
宿豫区委政法委	2011-2015年全市法治宣传教育工作三等功	市政府	2016.11
宿豫区发展和改革局	全市重大项目建设工作先进单位	市委、市政府	2017.2
宿豫区发展和改革局	全市产业集聚发展工作先进单位	市委、市政府	2016.2
宿豫区发展和改革局	全市重大项目推进工作先进单位	市委、市政府	2016.2
宿豫区发展和改革局	全市新型工业化工作先进单位	市委、市政府	2016.2
曹集乡天同庵居党支部	先进基层党组织	市委	2016.6
大兴镇集东居党支部	先进基层党组织	市委	2016.6
豫新街道雨露社区党委	先进基层党组织	市委	2016.6
顺河街道卓圩社区党委	先进基层党组织	市委	2016.6
江苏秀强玻璃工艺股份有限公司党委	先进基层党组织	市委	2016.6

续表102-1

获奖单位（项目）	荣誉称号	授予单位	表彰时间
市公安局宿豫分局交通警察大队党支部	先进基层党组织	市委	2016.6
江苏健谷化工有限公司党总支	先进基层党组织	市委	2016.6
区法院	市文明单位	市委	2016.6
区检察院	市文明单位	市委	2016.6
区财政局	市文明单位	市委	2016.6
区委党校	市文明单位	市委	2016.6
区委老干部局	市文明单位	市委	2016.6
区国税局	市文明单位	市委	2016.6
区地税局	市文明单位	市委	2016.6
区教育局	市文明单位	市委	2016.6
区政务服务管理办公室	市文明单位	市委	2016.6
区民政局	市文明单位	市委	2016.6
区司法局	市文明单位	市委	2016.6
区人社局	市文明单位	市委	2016.6
区供销总社	市文明单位	市委	2016.6
区交通运输局	市文明单位	市委	2016.6
区农委	市文明单位	市委	2016.6
区农开局	市文明单位	市委	2016.6
区卫计委	市文明单位	市委	2016.6
区市场监管局	市文明单位	市委	2016.6
化工园区管委员	市文明单位	市委	2016.6
区委统战部	市文明单位	市委	2016.6
宿迁高新区	市文明单位	市委	2016.6
秀强玻璃公司	市文明单位	市委	2016.6
区审计局	市文明单位	市委	2016.6
区物价局	市文明单位	市委	2016.6
区信访局	市文明单位	市委	2016.6
区文广新局	市文明单位	市委	2016.6
区数字城管中心	市文明单位	市委	2016.6
区国土地资源局	市文明单位	市委	2016.6
区水利局	市文明单位	市委	2016.6
区公安分局	市文明单位	市委	2016.6
区城管分局	市文明单位	市委	2016.6

续表102-2

获奖单位（项目）	荣誉称号	授予单位	表彰时间
区总工会	市文明单位	市委	2016.6
团区委	市文明单位	市委	2016.6
区妇联	市文明单位	市委	2016.6
区文化馆	市文明单位	市委	2016.6
区烟草公司	市文明单位	市委	2016.6
区科协	市文明单位	市委	2016.6
区广播电视台	市文明单位	市委	2016.6
区交警大队	市文明单位	市委	2016.6
豫新街道办事处	市文明单位	市委	2016.6
顺河街道办事处	市文明单位	市委	2016.6
来龙灌区管理所	市文明单位	市委	2016.6
裕丰公司	市文明单位	市委	2016.6
刘老涧船闸管理所	市文明单位	市委	2016.6
刘老涧闸站管理所	市文明单位	市委	2016.6
洋河滩闸管理所	市文明单位	市委	2016.6
关庙派出所	市文明单位	市委	2016.6
丁嘴派出所	市文明单位	市委	2016.6
曹集派出所	市文明单位	市委	2016.6
电子商务产业园	市文明单位	市委	2016.6
江苏景宏新材料科技有限公司	市文明单位	市委	2016.6
宿豫移动公司	市文明单位	市委	2016.6
工行宿豫支行	市文明单位	市委	2016.6
区市场监管局顺河分局	市文明单位	市委	2016.6
区市场监管局城区分局	市文明单位	市委	2016.6
宿豫张家港实小	市文明单位	市委	2016.6
新庄中心学校	市文明单位	市委	2016.6
仰化初级中学	市文明单位	市委	2016.6
区实验小学	市文明单位	市委	2016.6
大兴镇医院	市文明单位	市委	2016.6
大兴第一初中	市文明单位	市委	2016.6
顺河中心小学	市文明单位	市委	2016.6
区国税稽查局	市文明单位	市委	2016.6
区地税局第一分局	市文明单位	市委	2016.6
区地税局稽查局	市文明单位	市委	2016.6

续表102-3

获奖单位（项目）	荣誉称号	授予单位	表彰时间
区妇联	十佳社会扶贫先进单位	市委	2016.1
顺河街道办事处	基层党建工作先进单位	宿迁市委、市政府	2017.2
文昌社区	文明社区	宿迁市委、市政府	2016.6
卓圩社区	文明社区	宿迁市委、市政府	2016.6
林苗圃居委会	文明村居	宿迁市委、市政府	2016.6
豫新街道	2011—2015年全市法治宣传教育工作嘉奖	市政府	2016.11
豫新街道	依法治市（社会治安综合治理）工作先进单位	市委	2017.1
豫新街道	文化建设工作先进单位	市委	2017.1
豫新街道	宿迁市双拥模范街道	市委、市政府	2016.6
下相街道	2016年市区联创全国双拥模范城集体三等功	市委、市政府	2016.12
来龙镇	2015年度重点敏感时期信访稳定工作先进集体	市委、市政府	2016.2
来龙镇	2015年度法治建设工作先进单位（集体）	市委、市政府	2016.2
陆集镇	“十二五”人口和计划生育工作先进单位	市政府	2016.5
保安乡	平安建设新建单位	市委、市政府	2017.2
国土分局	国土资源节约集约利用工作先进单位	市委、市政府	2016.2
曹集乡	全市全民创业工作先进乡镇	市委、市政府	2016.5
曹集乡	2015年度平安建设工作先进单位	市委、市政府	2016.2

·先进个人·

宿迁市委、市政府表彰的先进个人一览

表103

姓　名	单位/职务	荣誉称号	授予单位	表彰时间
臧其永	新庄镇党委书记	优秀党务工作者	市委	2016.6
陆　振	豫新街道党工委书记	优秀党务工作者	市委	2016.6
陈先扬	关庙镇副镇长（豫新街道雨露社区原党委书记）	优秀党务工作者	市委	2016.6
李　军	大兴镇大兴社区党总支书记	优秀党务工作者	市委	2016.6
胡新泽	顺河街道陆槽坊居党支书记	优秀党务工作者	市委	2016.6
林　松	区委组织部副部长、党建办主任、“两新”工委书记	优秀党务工作者	市委	2016.6

续表103

姓　名	单位/职务	荣誉称号	授予单位	表彰时间
汪世龙	江苏京东信息技术有限公司党委书记兼人力资源总监	优秀党务工作者	市委	2016.6
凌朝阳	宿豫张家港实验小学党支部书记、校长	优秀党务工作者	市委	2016.6
周　斌	顺河街道党工委书记	优秀共产党员	市委	2016.6
肖日考	大兴镇副镇长	优秀共产党员	市委	2016.6
丁春龙	新庄镇杉荷园党总支书记	优秀共产党员	市委	2016.6
张洪波	市公安局宿豫分局治安大队三中队中队长	优秀共产党员	市委	2016.6
王　玲	宿迁市中医院重症医学科护士长	优秀共产党员	市委	2016.6
倪棋静	宿迁高新区建设规划局规划科科长、机关团委书记	优秀共产党员	市委	2016.6
周咸材	宿迁市衡寰纺织涂塑有限公司总经理	优秀共产党员	市委	2016.6
王志祥	区老龄协会会长	优秀共产党员	市委	2016.6
韩　虎	宿豫区委政法委国安办副主任	2016年度优秀政法干警	市委、市政府	2017.3
张运昌	关庙司法所所长	全市法制宣传教育工作先进个人	市政府	2016.11
陆　振	豫新街道党工委书记	宿迁市招商引资先进个人	市委	2017.01
曹冬梅	陆集镇党委委员、宣统委员	法治建设先进工作者	市委、市政府	2016.2
郭　磊	陆集镇党委书记	基层党管武装好领导	宿迁市委、市政府、宿迁军分区	2017.2
周永科	区督查室	全市目标管理工作先进个人	宿迁市委、市政府、宿迁军分区	2017.2
张志刚	区纪委监察局	2016年度全市信访稳定先进个人	市委、市政府	2017.2

省级部门单位表彰的先进个人一览

表104

姓　名	单位/职务	荣誉称号	授予单位	表彰时间
胥凯利	宿豫区人民检察院	全省优秀公诉人	省检察院	2016.3
年冬阳	宿豫区人民检察院侦监科干警	全省侦查监督业务能手	省检察院	2016.6
刘书戎	党组书记、区妇联主席	省妇女儿童工作先进个人	省政府妇儿工委会	2016.12
王　莉	区妇联副主席	省平安家庭创建活动先进个人	省妇联	2016.1
王　凯	化工园区安监分局负责人	安全工作先进个人	省安委会	2016
周　峰	区市场监管局	2016年专项执法先进个人	省工商局	2017.1

续表104

姓　名	单位/职务	荣誉称号	授予单位	表彰时间
徐　超	宿豫区统计局局长	先进个人	江苏省人口抽样调查	2016.6
张恩辉	宿豫区统计局副局长	先进个人	江苏省人口抽样调查领导小组办公室	2016.6
闫金凤	宿豫区统计局办事员	先进个人	江苏省人口抽样调查领导小组办公室	2016.6
徐　如	宿豫区统计局办事员	先进个人	江苏省人口抽样调查领导小组办公室	2016.6
陈　军	宿豫区卫计委主任、党委书记	江苏省妇女儿童工作先进个人	省政府妇女儿童工作委员会	2016.12
陈　宏	宿豫区疾病预防控制中心副主任	全省疾病预防控制工作先进个人	省卫计委	2016.3
闫四春	宿豫区卫计委医政科负责人	江苏省优秀医患纠纷人民调解员	省司法厅	2017.1
单睿智	区委宣传部	2015—2016年度全省党员冬训工作先进个人	省委组织部、省委宣传部	2016.7
蔡　坡	区纪委监察局	2016年度全省纪检监察系统先进个人	省纪委、监察厅	2016.12
卜向梅	区人防办	“十二五”全省人民防空先进个人	省民防局	2016.12
孙家胜	区地税局	江苏地税金税三期工程推广上线工作三等功	省地税局	2017.1
张朱安	区地税局	2011—2015全省普法工作先进个人	省委宣传部、省法规厅等	2016.8
施昌明	区地税局	税务标准及业务支持先进个人	税务总局信息办	2016.11
刘俊喆	区地税局	2016年度省局大企业税收风险管理工作先进个人	省地税局	2017.1
江　猛	区地税局	2015年度全省地税系统政务信息工作先进个人	省地税局	2016.3
何　可	区委宣传部	优秀通讯员	新华日报社	2016.7
朱　瑞	区委宣传部	优秀通讯员	新华日报社	2016.7
朱　瑞	区委宣传部	优秀特约摄影师	新华日报社	2016.3
王　岩	嶂山林场	全省森林防火工作先进个人	全省森林防火指挥部	2016.11

·表彰决定·

中共宿豫区委 宿豫区人民政府 关于2016年度目标管理工作的奖惩决定

2016年，在市委、市政府的正确领导下，全区上下紧紧围绕建设“工业强区、电商名城、幸福家园”目标，扎实做好稳增长、促改革、调结构、惠民生等各项工作，经济社会保持了平稳较快发展的良好势头。为鼓励先进，激励后进，根据《宿豫区2016年度目标综合考评办法》（宿豫办发〔2016〕57号）等文件精神和目标考评结果，经研究，决定对2016年度全区目标管理工作成绩突出的单位和个人予以表彰，对成绩较差的单位予以通报批评，并对少数单位实行后位重管。

招商引资、机关效能建设纳入目标管理工作统一考核，不单独进行表彰奖励，将其奖金与目标综合考评奖金整合，并结合全市平均水平及我区2016年度综合目标、招商引资、机关效能和政行风建设在全市排名情况，确定奖金发放基数标准。其中，综合目标奖占70%，招商引资占20%，机关效能和政行风建设占10%。

一、表彰与奖励

（一）综合先进单位

1.乡镇（街道）（6个）

（1）授予豫新街道“目标综合考评一等奖”。

（2）授予新庄镇、顺河街道“目标综合考评二等奖”。

（3）授予来龙镇、大兴镇、下相街道“目标综合考评三等奖”。

获得综合先进奖的乡镇（街道）各颁发奖匾一块，按有关标准予以奖励，奖金由区财政支付，并按22%的比例评选优秀公务员。以上获奖乡镇（街道）可同比例匹配奖金用于对重点工程、重点工作进行激励。

2.园区（1个）

宿迁电子商务产业园区

颁发奖匾一块，奖金实行总额控制，由自身财政支付。

3.区直单位（16个）

区地税局、区财政局、区商务局、区市场监督管理局、区国税局、区环保局、区住建局、区经信局、区金融办、区交通运输局、区卫计委、区国土分局、区教育局、区人社局、区信访局、区司法局

上述16个获奖单位各颁发奖匾一块，按有关标准予以奖励。奖金按工资渠道支付，并按18%的比例评选优秀公务员。

区委办、区人大办、区政府办、区政协办、区纪委（监察局）、区委组织部、区委宣传部、区委政法委（综治办）、区委统战部、区公安分局、区法院、区检察院、区委区政府督查室等13家单位不参与评比表彰，考核得分达到综合先进水平的，奖金发放及优秀公务员评选比例享受综合先进单位同等待遇。

（二）其他单位

1.乡镇（6个）

关庙镇、保安乡、侍岭镇、曹集乡、陆集镇、丁嘴镇

按有关标准予以奖励，奖金由区财政支付，并按18%的比例评选优秀公务员。以上6家乡镇可同比例匹配奖金用于对重点工程、重点工作进行激励。

2.园区（3个）

宿迁高新区、宿迁生态化工科技产业园、张家港宿豫工业园区

奖金实行总额控制，由自身财政支付。

3.区直单位（36个）

区科协、区科技局、区农委、区物价局、区城管分局、区妇联、区机关工委、区民政局、区供销总社、区安监局、区旅游局、区农开局、区水利局、区红十字会、宿迁技师学院、团区委、区委农工办、区农机局、区文联、区数字化城管指挥中心、区审计局、区总工会、区残联、区党史工委、区编办、区政管办、区统计局、区档案局、区委党校、区规划分局、区工商联、区老干部局、区广播电视台、区文广新局、区烟草局、现代农业产业园区

对上述36家单位，分按有关标准予以奖励，奖金按工资渠道支付，并按15%的比例评选优秀公务员。其中，现代农业产业园区的奖金由自身财政支付。

（三）乡镇（街道）、园区奖金发放

各乡镇（街道）、园区在全区年度综合考评基础上，参照本《决定》自行制定考核奖惩办法，奖金由各自财政支付。考核奖金实行总额控制，总额控制人数为在编、在岗人员、大学生村官及三支一扶人员总数。各乡镇（街道）、园区按就高不就低原则不重复发放借用、挂职人员奖金。

（四）单项奖

1.文明城市创建（10个）

区公安分局、区城管分局、区住建局、区市场监督管理局、区督查室、区创文办、豫新街道、顺河街道、曹集乡、区纪委

2.依法治区（10个）

来龙镇、侍岭镇、区委政法委、区公安分局、区检察院、区人社局、区信访局、区人大办、宿迁电子商务产业园区、区委统战部

3.农业农村工作（8个）

仰化镇、新庄镇、大兴镇、丁嘴镇、陆集镇、区商务局、区农委、区农开局

4.党风廉政建设和作风建设（8个）

豫新街道、丁嘴镇、区财政局、区农委、区地税局、区级机关工委、区委办、区纠风办

5.重大事项及重点工程建设（9个）

宿迁高新区、宿迁生态化工科技产业园、区住建局、区交通运输局、区国土分局、新庄镇、区政府办、区绩效办、区机关事务管理局

6.财税金融工作（6个）

区国税局、区地税局、区财政局、区金融办、工商银行宿豫支行、裕丰公司

7.全民创业工作（6个）

关庙镇、丁嘴镇、曹集乡、来龙镇、保安乡、区创业办

8.党的建设工作（6个）

豫新街道、下相街道、宿迁高新区、宿迁电子商务产业园区、教育局、大兴镇

9.文化建设工作（6个）

区新闻办、陆集镇、宿迁高新区、区政协办、区文广新局、区广播电视台

10.安全生产工作（6个）

陆集镇、侍岭镇、区交通运输局、区民政局、区卫计委、区市场监督管理局

对上述获得单项奖的单位，各颁发奖匾一块，并分别按有关标准予以奖励，奖金由区财政支付。

（五）先进个人（150名）

1.乡镇（街道）（18名）

陆昭宝、郭万君（豫新街道）、郑家宝、张成军（下相街道）、田强、王永鹏（来龙镇）、杨永泉、郑国强（新庄镇）、戚磊、王艳（大兴镇）、周勇、高行科（顺河街道）、高永（关庙镇）、彭敏（保安乡）、李启明（侍岭镇）、袁雪（曹集乡）、刘建军（陆集镇）、崔强（丁嘴镇）

2.区直单位、园区（132名）

陈允杰、陈敏（区委办）、王先巍、郝景延（区人大办）、李柏、徐征（区政府办）、王鹏、邢刘（区政协办）、殷亮、王建武（区纪委）、王新军、高文博（区委组织部）、何可、邱肖洁（区委宣传部）、张瑞、韩帅帅（区委政法委）、孙建中、徐敏（区督查室）、高美红、王坦（区委统战部）、侍继满、张新杭（区公安分局）、王宏贵、朱珠（区委研究室）、张言伟、王东林、（区法院）、胥凯利、王庆鹏（区检察院）、陈绕林（区级机关工委）、刘强、李娜（区人社局）、

乔伟（区编办）、叶琴（区委老干部局）、孙宗亚、徐光兵（区信访局）、晁成亚（区档案局）、韩晓凤（区党史工委）、李群（区总工会）、刘书戎（区妇联）、左坤（团区委）、罗晖乾（区科协）、王辉（区工商联）、朱军（区委党校）、李海霞、苗青（区教育局）、吴亚明（区文广新局）、张丽娇、丁义军（区卫计委）、姚克斌（区广播电视台）、李彦、汪鹏（区司法局）、尚辉（区民政局）、张强（区残联）、李耀（区物价局）、温冠军、徐辉（区住建局）、张宁（区城管分局）、王艳（区规划分局）、赵彦（区科技局）、邓全、张韦华（区环保局）、闫颇（区改革办）、张恩辉（区统计局）、朱清（区旅游局）、马彦、张莉（区经信局）、南黎明（区目标办）、张越（区安监局）、马昌状、杨勇（区交通运输局）、张玉春、王灵芝（区市场监管局）、戴浩、吕鹏（区财政局）、彭清连（区审计局）、姜建明、朱店忠（区国税局）、汪庆同（区绩效办）、蔡爱东、曹明明（区地税局）、于泽鲲（区创文办）、张宁（区创文办）、李群、朱海平（区商务局）、于成艳（区作风办）、董鸣（新闻办）、杨来修（区供销总社）、朱晓杰（区委农工办）、王莉（区法制办）、刘益召（区农委）、丁方强（区软建办）、宋成武（区水利局）、程琳（区纠风办）、王慧珠、查静（区国土分局）、蔡莉莉（区机关事务管理局）、张勇（区农开局）、任崇坡（区农机局）、吴应华（区政管办）、魏苏、陶梦瑶（区金融办）、毕传兵（区民意访评中心）、王峰（区创业办）、单睿智（区文产办）、连飞（区人防办）、张健（宿迁技师学院）、孙曙（区文联）、严海军（区烟草局）、张用东（区数字化城管）、陈敏（区挂钩办）、高博（区镇村办）、张磊（区电子政务办）、李如敏（区接待办）、李冬冬、刘江江、范瑞、曹原（区“两学一做”办公室）、吴限、臧伟年、蒋大伟（市委驻宿豫帮扶工作队）、马斌、朱慧娟（宿迁电子商务产业园区）、唐伟议（宿迁高新区）、朱安军（宿迁生态化工科技产业园）、叶雷（张家港宿豫工业园）、方立斌（宿豫农业产业园）、潘宁（宿迁高新区）、朱贝贝（宿迁电子商务产业园区）、朱安军（宿迁生态化工科技产业园，重点工程建设）、王皓（区督查室）、徐三华（区住建局）、仲霞（区交通运输局）

凡获得先进个人的，各颁发荣誉证书一本，并按有关标准予以奖励，奖金由区财政支付。

二、批评与处罚

（一）对乡镇（街道）年度岗位责任目标综合考评排名末位的仰化镇予以通报批评，并列入2017年度目标综合考评后位重管，并按15%的比例评选优秀公务员。

（二）对区直单位年度绩效综合考评排名末位的区发改局、区台办予以通报批评，并列入2017年度绩效综合考评后位重管，奖金按有关标准发放，并按12%的比例评选优秀公务员。

（三）对平安创建工作落后的关庙镇予以通报批评，并列入2017年度平安创建工作后位重管。

在新的一年里，希望受表彰的单位和个人再接再厉，再创佳绩，受通报批评的单位努力拼搏，奋力赶超。各乡镇（街道）、各部门、各单位要以更加饱满的热情、更加高昂的斗志，主动担当、积极作为，确保全面完成2017年各项目标任务，为加快建设“工业强区、电商名城、幸福家园”而努力奋斗。

（2017年1月25日，宿豫委〔2017〕17号）

中共宿豫区委　宿豫区人民政府
关于对2016年度招商引资项目奖励的决定

2016年，全区上下紧紧围绕区委第十二次党代会提出的“工业强区、电商名城、幸福家园”建设，坚持产业招商、园区招商、专业招商，不断优化招商思路，创新招商方式，招商引资工作取得了一定的成效。

为进一步凝聚招商合力，激发全区广大干部职工招商引资的积极性，推动全区招商引资工作持续深入开展，根据《关于进一步加强招商引资工作的实施意见》(宿豫发〔2016〕9号)和《全区2016年招商引资工作考核实施细则》(宿豫招商办发〔2016〕2号)文件精神，决定对2016年度工业竣工项目、重大电商项目、利用外资项目予以奖励。

2017年，各部门、各单位要不断创新招商思路，积极参与投身招商，全力攻坚大产业，聚力推进大项目，努力实现新形势下招商引资工作新跨越，力争在新的一年里取得更好的招商成绩，为加快建设“工业强区、电商名城、幸福家园”作出积极的贡献！

附件：

1. 2016年全区招商引资工业竣工投产项目奖励明细表

2. 2016年度全区利用外资项目奖励明细表

3. 2016年度电商产业园招商引资工作奖励明细表

附件1

2016年度全区招商引资工业竣工投产项目奖励明细一览

表105

序号	项目名称	进展情况	引资单位	奖励金额（万元）
1	宿迁长发背材有限公司	竣工投产	宿迁高新区	9.0
2	天成锋精机（宿迁）有限公司	竣工投产	新庄镇	3.7
3	江苏吉美新材料有限公司	竣工投产	区委组织部	3.4
4	宿迁市佳鑫布业有限公司	竣工投产	区政协办	3.0
5	江苏玄禾谷生物科技有限公司	竣工投产	丁嘴镇	2.2
6	宿迁万康新材料有限公司	竣工投产	区纪委	12.8
7	合　计	—	—	34.1

附件2

2016年度全区利用外资项目奖励明细一览

表106

序号	项目名称	到账外资（万元，美元）	引资单位	奖励金额（万元，人民币）
1	江苏秀强玻璃工艺股份有限公司	1304	宿迁高新区	1.3

续表106

序号	项目名称	到账外资（万元，美元）	引资单位	奖励金额（万元，人民币）
2	宿迁中玻电子玻璃有限公司	1134	宿迁高新区	1.1
3	宿迁宇新固体废物处置有限公司	928	宿迁生态化工科技产业园	0.9
4	宿迁途牛信息科技有限公司	505	宿迁电子商务产业园区	0.5
5	宿迁天天拍车汽车科技有限公司	200	宿迁电子商务产业园区	0.1
			区地税局	0.1
6	江苏博迁新材料有限公司	201	区商务局	0.2
7	宿迁卜力斯环保设备有限公司	14	区商务局	0.1
8	江苏翔盛航空技术有限公司	8	区交通局	0.1
9	合　计	4294		4.4

附件3

2016年度电商产业园招商引资工作奖励明细一览

表107

序号	名　称	奖励类别	奖励标准	奖励金额（万元）	备　注
1	宿迁途牛科技有限公司	重大项目奖	10万元／家	20	均为2016年新引进知名龙头企业
2	江苏博岳技术有限公司（小米客服）				
4	江苏银杏树创客服务公司	税收贡献奖	纳税额1%	11.5	年纳税1149万元
5	江苏联旺信息科技公司			10	年纳税1000.5万元
6	江苏海元贸易公司			5.5	年纳税548万元
7	合　计	47			

（2017年1月25日，宿豫委〔2017〕18号）

·工作报告·

把握转型发展主动权　奏响项目建设最强音 在推进“三大建设”征途上迈出坚实步伐

——2017年1月6日在区委十二届三次全会上的报告

中共宿豫区委书记　刘海红

同志们:

这次会议的主要任务是:认真贯彻中央和省、市系列会议精神,总结2016年工作,部署新一年任务,动员全区各级党组织和广大干部群众,以更加坚定的信心、更加昂扬的斗志、更加务实的举措,把握转型发展主动权,奏响项目建设最强音,在推进“三大建设”征途上迈出坚实步伐。

下面,根据区委常委会讨论的精神,我讲四个方面意见:

“十三五”实现良好开局

刚刚过去的一年,全区上下紧紧围绕全面建成小康社会的奋斗目标,自觉践行新发展理念,以“三抓三促”为工作主线,按照推动“八个方面”转型升级要求,积极应对经济持续下行带来的挑战,扎实做好稳增长、促改革、调结构、惠民生、防风险等各项工作,圆满完成了既定的目标任务。经济运行稳中有进。坚持发展第一要务,狠抓稳定增长与转型升级不动摇,经济在结构调整中保持平稳健康发展。预计地区生产总值增长9.0%左右,一般公共预算收入同口径增长8.4%;工业开票销售、入库税收等重点经济指标回归合理增长区间;新增500万元以上固定资产投资、规上工业增加值、限上消费品零售总额等主要经济指标保持两位数以上增长。新兴动能加速集聚。国家高新区创建扎实推进,高新技术产业产值占工业总产值的比重提高到23.5%,累计创成国家高新技术企业46家、省级工程技术研究中心14家。电商园区保持迅猛发展态势,累计入驻企业252家,预计一般公共预算收入同口径增长41.7%。工业税收、服务业(不含房地产)税收占全区税收的比重达到30.2%、33.2%,分别比去年同期提高5.4个、3.0个百分点。人民生活不断改善。统筹推进创业创新、农业结构调整、“家门口就业”等工作,全民创业园建设全面启动,“双10”工程稳步实施,预计城乡居民人均收入增长8.9%。出台鼓励农民进城入镇的政策措施,镇村建设“1+10”工程启动实施,城乡实现同源同质供水,连续6年实现民生投入增幅高于一般公共预算支出增幅。社会事业协调发展，连续11年获评“全省社会治安安全区”，蝉联“全省法治建设示范区”，高质量完成国家文明城市创建年度任务。扎实开展“一挂三化”“三进三帮”等工作，4053户、15849人脱贫，16个经济薄弱村实现新“八有”。

在组织推动经济社会发展的过程中，区委常委会特别注重把握了以下几个重点：一是进一步明晰抓发展的思路。坚持用新理念引领新发展，始终把上级精神作为推动宿豫发展的重要指引，认真组织、及时贯彻党的十八届五中、六中全会和省第十三次党代会、市第五次党代会精神。在深刻领会、准确把握的基础上，区第十二次党代会描绘了未来五年蓝图，确立了“三个高于、一个率先”的奋斗目标，明确了建设“工业强区、电商名城、幸福家园”的发展定位和发展目标，科学谋划了六大先进特色产业园、六塘河生态经济区、镇村建设“1+10”工程和“双10”共进等重大部署，为今后一个时期的发展指明了方向、明确了路径、凝聚了力量。二是进一步强化抓项目的氛围。坚持一切工作项目化，突出抓好项目招引、项目建设、项目培育、项目增效，努力营造外出招商招项目、向上争取争项目、在家干事干项目的浓烈氛围，以项目建设做大经济总量、引领发展转型。京东（宿迁）物联网智能制造产业园等一批关系未来发展的重大项目落户宿豫，115项“三类项目”有序推进，发展后劲有效增强。全面落实“三去一降一补”要求，企业培育“511”工程成效显著，新增挂牌上市企业4家，累计达到14家，稳增长的基础进一步牢固。三是进一步完善抓工作的机制。坚持把健全工作机制作为推动落实的重要保障。成立工业强区、电商名城、幸福家园三个指挥部，建立重点项目定期观摩评议制度，整合资源、重点突破，带动全局工作整体提升。加强督查工作，强化过程管控，探索实施积分考核制度，实现工作动态考评、成绩精准量化。建立“宿豫政务”“宿豫党建”“宿豫招商”3个微信群，促进党群、政民互动交流。相对固定重要会议召开时间，增强工作安排的计划性，促进各项工作有序落实。坚持“四个公开”“六个从严”，加强作风建设，强化责任担当，“转作风、提效能、抓落实”成为宿豫干部的工作常态。四是进一步压实抓党建的责任。着力加强区委常委会自身建设，党建工作水平不断提升。扎实开展“两学一做”学习教育，党员干部的党性修养、宗旨意识进一步增强。区乡党委和乡镇人大、政府、村（居）“两委”换届圆满完成，区人大、政府和政协换届工作有序推进。坚持“凭实绩用干部”，注重“四个一线”培养选拔干部，开设乡镇党委书记工作讲坛，常态化举办“周末2.5天培训班”，着力打造宿豫干部“勤于思考、敢于争先、勇于担当、善抓落实、严于自律”的鲜明特质。扎实推进“基层党建责任深化落实年”活动，深入实施“书记项目”，基层组织建设水平不断提高。党风廉政建设“两个责任”有效落实，创新实施 “两个责任”纪实档案管理，推动正风肃纪常态长效。支持人大、政协围绕大局、积极履职，人武、统战、法检、群团、老干部、工商联、党校等工作也取得新成绩。

总结成绩的同时，我们也清醒地认识到：经济下行压力依然较大，财政收支平衡矛盾进一步凸显；支撑发展的重大项目还不多，全社会自主创新能力还不强，产业层次提升与结构调整还有很大空间；城乡基础设施和公共服务欠账较多，脱贫攻坚难度较大，统筹发展的能力有待进一步增强；“两个责任”落实还存在薄弱环节，“不想为”“不敢为”“不能为”问题仍然存在，全面从严治党还需付出更大努力，等等。对此，我们将高度重视，采取有力措施，认真加以解决。

牢牢把握今年工作总体要求

2017年是党的十九大召开之年，也是全面落实省市区党代会部署的开局之年。面对新形势、新任务、新要求，我们要准确研判宏观大势，精准把握区情实际，因势而谋、应势而动、顺势而为，努力把发展新趋势转化为发展新优势。具体来说，就是要正确认识和应对“四个期”。量质并进发展期。贯彻稳中求进工作总基调，要求我们在“稳”的基础上积极作为。对于宿豫而言，总量不大、存量不优、质量不高依然是经济发展亟待解决的“短板”。要按照“三转三稳”要求，保持定力、聚焦短板、精准发力，坚定不移扩大总量、优化存量、提升质量。五化协同加速期。协同推进新型工业化、城镇化、信息化、农业现代化和绿色化，是贯彻新理念、引领新常态的生动实践，也是落实“两聚一高”要求、统筹城乡发展的具体行动。中央和省、市高度重视农业转移人口市民化，我市加快生态经济发展得到省委、省政府大力支持，有利于我们加速推进城乡统筹，实现五化协同发展。转型升级突破期。高新区、电商园区和生态化工产业园等一批优势载体平台正由“拉框架、兴产业”转向“强集聚、重创新”，特别是去年我们谋划的先进特色产业园、六塘河生态经济区等一系列项目将陆续开工建设，不仅将形成新的经济增长点、积蓄新的发展势能，也将带动产业重构、加快转型，使宿豫发展更具张力、更有活力。要突出转型升级主攻方向，紧盯不放、聚力突破。全面小康接力期。全面小康是“十三五”期间最核心的任务。从指标上看，我区早在2013年就达到2003版小康标准，但对照2013版小康36个监测指标，目前达标指标仅有19个，特别是城镇居民人均可支配收入、城镇污水处理达标率等指标差距较大。围绕“三个高于、一个率先”奋斗目标，还需接力奋进、重点突破。尤为重要的是，新的一年，我国经济发展总体向好的基本面没有改变，江苏作为国家重大发展战略叠加区域的政策效应不断放大，新一届省委、市委对未来发展的导向更加明确，省委、省政府对加快苏北发展也将给予更大支持，宿迁高铁时代即将来临，这些难得的机遇必将进一步激发加快发展的内生动力，强力助推宿豫各方面工作迈上新的台阶。

按照中央和省委、市委的部署，做好今年的工作，要全面落实党的十八大和十八届三中、四中、五中、六中全会精神，深入贯彻习近平总书记系列重要讲话精神，统筹推进“五位一体”总体布局和协调推进“四个全面”战略布局，牢固树立和贯彻落实新发展理念，坚持稳中求进工作总基调，以“三抓三促”为主线，以“三转三稳”为取向，以提高发展质量和效益为中心，守底线、补短板、创特色，在建设工业强区、电商名城、幸福家园征途上迈出坚实步伐，全力推动宿豫转型发展、绿色发展、创新发展。

根据这一指导思想，结合宿豫实际，做好今年工作还要把握好“五个导向”：一是富民增收导向。积极落实“聚焦富民”“生态富民”要求，坚持把人民对美好生活的向往作为我们的工作追求，多措并举加快富民增收步伐，努力让全区人民有更强的获得感和幸福感。二是转型发展导向。始终把新发展理念贯穿于经济社会发展的各领域各环节，深入实施创新驱动发展战略，更大力度调结构、转方式、惠民生，努力走出一条以创新为引领、以科技为驱动的转型发展之路。三是项目为王导向。坚持一切工作项目化，把项目作为提高发展质量和效益的重要手段和有力途径，切实加大有效投入，以项目定实绩、以项目看水平、以项目用干部，在全区上下进一步形成齐心协力抓项目的工作局面。四是绿色增长导向。牢固确立“绿水青山就是金山银山”的发展理念，围绕生态经济化、经济生态化，积极探索生态优先、绿色发展的新路子，努力把生态优势转化为发展优势、生态资源转化为富民资源，增进群众的生态福祉、实现绿色增长。五是全面从严导向。认真贯彻落实党要管党、从严治党要求，自觉扛起全面从严治党主体责任，增强“四种意识”，集聚齐谋发展的合力，努力实现干部清正、政府清廉、政治清明，为经济社会发展提供坚强的政治保证和组织保障。

全力以赴推动“三大建设”取得突破

全区上下要严格落实市委“提高八个方面水平”要求，围绕既定目标，按照重点突破、整体推进的思路，抢抓机遇勇担当，拉高标杆自加压，推动宿豫经济社会发展再上新台阶。

一、坚持项目为王，聚力创新驱动，坚定不移打造工业强区。始终突出工业经济的主导地位，把项目引培作为关键抓手，把创新驱动作为核心战略，把特色集聚作为主要路径，努力实现工业经济总量、质态“双提升”，坚定不移打造产业集聚度高、企业竞争力强、集聚集约特色鲜明的工业强区。

强化工业强区的项目支撑。狠抓有效投入、做强项目支撑，是新常态下谋发展、促转型的首要任务。务实推进项目招引。一以贯之地保持招商强劲态势，在全面落实“三位一体”招商模式的基础上，进一步突出领导招商、主体招商、职能招商、以商招商，主攻科技含量高、投资强度高、税收贡献高、产业关联度高、富民增收带动强、单位资源消耗低的“四高一强一低”项目，着力突破固定资产投资超5亿元以上项目。切实增强招商引领转型的主动性，抓实“签约审核、开工建设、投产达效”等关键环节，严把产业层次、投资强度、产出效益和能评安评环评关，加快推动工业经济向高端化攀升。合力推进项目建设。坚持以落户园区为第一责任主体，引资单位全程代办、职能部门一线帮办，采取“全程监控、半月督查、按月通报”等措施，随时掌握推进动态，及时督促问题解决，确保项目建设无障碍推进。精准推进项目培育。以“511”工程为核心举措，坚持“一类一策、一企一策”，实行“个转企、小升规、规改股、股上市”梯次培育。突出抓好股改上市工作，把培育壮大后备梯队作为一项长期战略任务，引导推动企业利用多层次资本市场加快发展，坚持不懈做大上市企业“宿豫板块”。深入实施“品牌强企”战略，持续加大引导和激励力度，以品牌企业、品牌产品的大发展，引领工业经济转型升级。着力推进项目增效。加快建立企业“亩产效益”评价机制，以市场化、法治化方式淘汰落后产能、培育发展新动能，有序推进“腾笼换凤、挖潜增效、汰劣扩优”，以亩产论英雄、以质量论英雄。扎实开展“三服务三促进”活动，全面落实为企业“松绑减负”的各项政策，健全服务产业企业双联制度，变坐等上门的被动式服务为自我加压的主动式服务，努力营造“围绕企业转、跟着项目跑”的氛围。

加大工业强区的创新引擎。持之以恒通过创新来提高经济发展质量。加快创新平台建设。统筹推进科创平台、众创空间建设，支持各类园区创建国家级、省级科技孵化器，发挥科技镇长团的资源优势，引导推动校（院所）企共建产业技术研究院、重点实验室及“三站三中心”，年内规上企业研发机构覆盖率达到70%以上。突出创新主体地位。实施企业工艺装备升级和高新技术企业、“科技小巨人”企业、创新型领军企业培育等四大工程，加速培育和集聚一批自主研发能力强、核心技术突出的高新技术企业。优化创新发展环境。发挥宿迁技术交易服务中心、新材料科技城等载体作用，引进和培育天使投资、股权众筹等投资机构，整合各类创新资金资源，完善科技创新孵化服务链。坚持将人才作为创新之源，扎实推进人才引领发展“五大行动计划”，创新柔性引才机制，大力引培各类创业创新型人才及团队。

提升工业强区的载体平台。按照“五有三转”要求，坚持“抓集聚就是抓发展、抓集聚就要抓特色”，加快构建“一区带多园、多园强一区”的发展格局。高新区要以创建国家高新区为新的起点，进一步突出特色导向、放大高新效应，围绕项目建设、创新平台、基础配套、园区环境、效益产出、机制创新等六大重点，当好全区产业集聚、转型升级、对外开放“领头雁”，力争在培育和引进国家级研发机构上实现零的突破。生态化工科技产业园要以全省新一轮化工行业专项整治为契机，立足“生态、智慧、效益、和谐”定位，强化空间、总量、项目“三位一体”管控，加快推进“两大中心”建设，压减落后化工产能，有序开展企业清理盘活，严把投资强度关、亩均税收关，切实增强可持续发展能力和产业竞争力。张家港宿豫工业园区要抓住新一轮南北合作机遇，加大协调对接力度，做大食品饮料产业特色，争创省级开发区，确保继续走在全省共建园区前列。抓牢先进特色产业园建设这一核心。立足“2+1”产业定位，以产业特色化、特色高端化、高端集群化为目标，按照“2+4”模式，坚持以产业发展规划和空间布局规划为纲，抓实扶持政策制定、龙头企业引培、产业配套完善、行业研究院建设等4项重点工作，示范引导同类产业集中布局、关联企业集群发展，尽快打造一批国家级、省级特色产业基地。月底前，完成产业发展规划、空间布局规划编制和产业扶持政策制定；一季度，核心区启动建设；年内，各引进行业龙头企业3家以上。

二、立足宜居宜业，提升品质内涵，精益求精建设电商名城。坚持政府引导和市场主导相结合，全力抓龙头强带动、抓投入强短板，推动电商园区和主城区空间融合、功能融合、气质融合，精益求精打造在全国有一定影响力的电商产业集聚、城市形态现代、人气商气富集的电商名城。

夯实电商名城的产业基础。围绕“三新”发展定位，在巩固提升呼叫客服、电商运营（跨境电商）、物流仓储三大主导产业的同时，培育壮大物联网智能制造、手游动漫、互联网金融三大重点产业，推动电商产业向更大规模、更高层次迈进。在产业招商上求突破。瞄准互联网企业100强和“独角兽”企业300强，突出产业定位，注重精准招引，重点做好“补链、强链”文章，实现“围绕龙头建产业、围绕产业引龙头”集群发展。年内，新增“3+3”产业关联企业不少于50家，确保电商交易额超过300亿元。在项目建设上求突破。组织精干力量做好项目帮办服务工作，年内确保京东淮海经济区电子商务运营中心、京东客服呼叫中心二期、第三方呼叫中心、快递配送中心和质押仓库一期等项目投入使用；智慧物流产业园创成省级示范物流园，邮政和“四通一达”全部进驻运营；京东（宿迁）物联网智能制造产业园全面启动建设。在融合发展上求突破。积极探索电商发展“宿豫模式”，以三产接二连一、贯穿全产业链为目标，深化“两化融合”试点，提升“一村一品一店”建设水平，推动宿迁馆、江苏农产品馆等品牌化运营，力争创建1~2个全国性单品交易平台，加快实现本土培育的互联网企业上市零的突破。推进“线上销售+线下体验+品牌活动”的发展方式，办好中国农村电商宿迁论坛、全国大学生移动应用创新大赛、啤酒节等活动，争创国家级创业孵化示范基地，全方位展示园区、打响品牌。

完善电商名城的功能配套。按照“生产空间集约高效、生活空间宜居适度、生态空间山清水秀”总体要求，优化空间布局，完善功能分区，不断提升服务功能。拓展城市功能空间。始终将电商园区作为电商名城建设的关键核心，以精致的理念作细致的刻画，深化园区智慧元素设计融合和特色街区策创营，加快推进文化公园二期、智慧云谷、西楚大道市政化改造等项目建设，加速布局餐饮、文化、教育等优质服务业态，拓展城市发展新空间，建设产城融合示范区。强化政务服务功能。坚持以人民为中心的城市工作理念，以转变政府服务职能、群众共享城市资源为目标，推进“互联网+政务服务”体系建设，尽快启动一站式、智慧型政务中心建设，让服务多聚合，让群众少跑腿。同时，实施“拆墙透绿”行动，还绿于民、服务便民。年内，完成区政府及周边单位庭院开放式改造和景观提升项目建设。提升商业服务功能。以项王东路为轴线，以“金三角”及周边为中心，提升业态、完善配套，富集商业要素，加快打造宿豫核心商圈。在推进过程中，要牢固树立精品意识，加快建设一批“名校、名居、名商”，以精品的重点突破带动城市功能全面提升。

精塑电商名城的品位形象。加强对城市轮廓、重要地段、建筑界面、风格色彩的城市设计，让“一路一楼别具特色、一园一场富含韵味、一河一湖水清景美”。扮靓视觉廊道。围绕项王东路、西湖东路、洪泽湖东路“三条横轴”和珠江路、江山大道、西楚大道“三道纵线”，科学管控城市空间，留足街头绿地、公园广场等用地，实施道路绿化、夜景亮化、景观美化、环境净化，形成赏心悦目的视觉效果和错落有致的景观特色。描绘城市水景。围绕泰山河、世纪河、六塘河和中运河、江山河、牡丹江河“三横三纵”六条河流，按照“海绵城市”的标准，统筹推进疏浚整治、景观提升、雨污分流，加快实施清水入城计划，打造碧水润城、水景一体的城市生态名片，年内尚阳湖湿地公园、中运河风光带改造提升完成主体工程。拉升宜居指数。对标全国文明城市测评体系，实施千鸟园广场、文昌广场改造提升，不断完善图书馆、体育馆、慢行系统等配套设施，扎实开展公共秩序整治、文明施工和居民文明习惯养成，高水平推进文明城市创建。以“工匠精神”进行“微观治理”，强化属地管理责任，实施新一轮老旧小区改造工程，着力解决设施陈旧、配套不全、管理混乱等问题。年内，下相街道和现代农业产业园区所有小区要“改到位、管到位”。进一步理顺城市管理体制，健全数字化管理系统，实现城市管理的精细化、高效化和全覆盖。注重彰显城市文化内涵，塑造城市文化符号，传承城市文化记忆，使城市真正成为人们的生活家园和精神家园。

三、着眼富民增收，推进城乡统筹，凝心聚力绘就幸福家园。坚持富民优先，以城乡统筹为抓手，切实补齐短板，让宿豫发展更有“温度”、群众幸福更富“质感”，凝心聚力建设增收渠道多、人居环境好、公共服务全、社会文明程度高的幸福家园。

把富民增收作为建设幸福家园的首要任务。调动一切可以调动的力量，千方百计拓宽增收渠道。聚焦全民创业促增收。将全民创业园、网络创业园和农业产业园作为支撑乡镇发展的重要载体、富民增收的重要渠道，全力招引一批质态优、贡献高、带动强的好项目，让更多农民在“家门口”就业增收。年内，所有乡镇全民创业园达到“六通一平一中心”配套标准，网络创业园、农业产业园实现“全覆盖”。抓住获批国家返乡创业试点地区机遇，深入实施返乡创业“54321”工程，引导和鼓励更多的人投身创业创新大潮，通过政府有形之手、市场无形之手、群众勤劳之手同向发力，以创业带动就业，以创业促进增收。聚焦农业增效促增收。深入推进“双10”共进，积极培育职业农民、家庭农场、农业龙头企业、土地股份合作社等新型经营主体，因地制宜加快推进农业结构调整，以农业结构调整促进农业增效，以农业增效带动农民增收，在面上形成示范带动效应。聚焦精准脱贫促增收。全面落实精准扶贫、精准脱贫要求，探索实施“健康扶贫”“教育扶贫”，更大力度发展“三来一加”，推行扶贫力量和资源整合，着力构建扶贫脱贫长效机制。深入开展“一挂三化”工作，实施“强村富民”行动，年底确保经济薄弱村“摘帽”和低收入农户脱贫“双过半”。

把生态彰显作为建设幸福家园的活力之源。精心谋划、科学推进，努力让宿豫的生态经济效益更高、生态环境质量更好。抓实国家生态文明建设示范区创建。围绕“深呼吸、看绿化、见清水”目标，深入实施“生态文明建设三年行动计划”，严格实行能源和水资源消耗、建设用地等总量和强度“双控”制度，立体推进区域、城市、镇村三大层面生态文明创建，不断扩大环境容量、生态空间，为发展生态经济提供有力保障。抓好六塘河生态经济区建设。围绕“一轴四核”，实行产业、社区、文化、旅游、生态“五位一体”推进，重点按照“一区带一镇、一镇兴一业”的思路，精心打造杉荷小镇、筑梦小镇、科创小镇三个特色小镇，新庄生态经济示范镇建设力争走在全市前列。扎实推进10万亩休闲农业和乡村旅游核心区建设，对接高铁“快时代”、呼应生活“慢时代”，敢于“无中生有”，善于“移花接木”，注重“推陈出新”，深化四季主题培育，加快创意农业布局，推动乡村民宿发展，加快建设长三角“慢生活”主题休闲度假旅游目的地。上半年，幸福大道建成通车，“五朵金花”景观打造成形，梨园湾、杉荷园提升改造一期工程全面完成。抓牢生态环境治理。扎实开展“263”专项行动，全面推进“五水共治”“五土整治”“五气治理”，全面落实河长制度，确保省考河流断面、地表水市控以上断面稳定达标。强化“双随机、一公开”监管，推进企业循环式生产、产业循环式组合、园区循环式改造，坚决淘汰“三高三落后”项目，始终保持打击环境违法行为的高压态势。统筹抓好农业面源和生活污染源治理，重点开展畜禽养殖污染专项整治和秸秆禁烧禁抛工作，切实提升农业生态化水平。

把镇村提质作为建设幸福家园的基础要件。顺应“三集中”发展趋势，联动推进镇村建设，全方位完善基础设施，力争通过2—3年的努力，实现镇村整体面貌、人居环境、发展内涵全面提升。积极稳妥推进人口梯次集聚。严格执行“先报批后实施、先风险评估后实施、先补偿安置后拆除、先配套到位后入住、先成立土地股份合作社后规模流转”等要求，坚持“不强制、重引导、多支持”的原则，加大鼓励农民进城入镇政策宣传力度，支持乡镇采取适当提高货币化补偿标准、一次性托底流转承包地等方式，解决好进城入镇农民的后顾之忧，让农民自愿“能进城不入镇、能进镇不留村”，逐步实现三个“三分之一”梯次人口布局。高质高效推进镇村建设。在严格控制规模扩张的前提下，实行“以奖代补”方式，推进镇村建设“1+10”工程，确保做一件、成一件、群众满意一件，切实提升生态宜居品质。要高点定位抓规划、精品意识抓建设，打造具有本土特色的“小镇客厅”，带动镇区形象全面提升。切实用好乡镇发展基金，规范流程，定好标准，引导对标建设，确保资金使用效益最大化。加快推进省道268宿豫段、老宿沭路提升改造，实施农村公路提档升级，为镇村发展提供有力支撑。科学规范推进幸福家园小区建设。原则上，每个乡镇规划建设3—5个幸福家园小区，做美形象、做实内涵。对已经启动的7个整村推进特色村，要按照“六不六多”要求，年内全面完成建设任务。近期，主要通过挖掘镇区存量和低效用地，建设幸福家园小区，以“零收益”原则定向保障，做到镇村同质同价。区委、区政府将全力给予支持，免收区权范围内所有规费，最大限度支持农民改善住房需求。年内，各乡镇至少建成一个高品质幸福家园小区。

把民生改善作为建设幸福家园的重要内容。民生改善，均衡是前提，优质是关键。在均衡推进的同时要注重优质的突破，满足群众多样化、高品质的公共服务需求。塑造“学有优教”的独特品牌。科学调整和优化城区教育布局，深入推进“改薄”工程，探索与优质名校联合办学，加大优秀教师的培育引进，扩大优质教育资源总量和覆盖面。健全“病有良医”的功能平台。全面实施乡镇医院提档工程和村卫生室、社区卫生服务中心提质工程，引导区内医疗机构与区外高水平医疗机构开展合作共建，探索推进区域性医疗服务中心建设，不断做大优质医疗资源总量。营造“心有所寄”的服务体系。加快打造城乡“十分钟体育健身圈”、城市“十五分钟文化圈”和农村“十里文化圈”，优化资源配置，不断满足群众精神文化需求。积极践行社会主义核心价值观，深入推广宿迁文明20条，持续开展“身边典型人物”“宿豫好人”等选评活动，讲好宿豫故事，发好宿豫声音，树好宿豫形象。完善“困有多助”的保障网络。实施社会保障提标扩面工程，建立统一的城乡居民医保服务体系，健全社会保险、社会救助等互为补充的保障机制，让困难群体生活更有保障、更有尊严。构建“居有所安”的良好环境。深入推进法治平安建设，健全重大事项风险评估、矛盾纠纷动态排查，以及安全生产、食药安全监管、舆情管控等机制；深入推进信访法治化建设，落实接访下访、积案包案化解等制度，促进社会矛盾有效化解，保障社会和谐有序。

四、完善制度机制，狠抓作风建设，务实求实推动工作落实。引领新常态、贯彻新理念、落实新任务，需要我们以过硬的作风、完善的制度、创新的举措，全力全面全速抓好各项工作落实。

锻造实干作风，集聚强劲动力。当前和今后一段时期的发展思路已经确定，关键就是要执行到位、落实到位。全区广大党员干部要

“不说一句虚话，下足十分功夫”，守底线、补短板、创特色，更好地担负起转型发展的重任。深入一线抓落实。一线工作法是推动落实最有效的措施。各级干部要主动深入经济发展的主战场、项目建设的第一线、服务群众的最前沿，一项一项抓推进，一件一件抓落实。利用开展干部联系农户“三进三帮”活动的有利契机，带着情怀、带着思路、带着责任，听民意、察民情、暖民心，实实在在为群众解决一批问题。勇于担当抓落实。少数干部碰到问题“绕着走”，遇到矛盾“往上交”，“等靠要”思想严重。要有知难而上不言难、迎难而上不怕难、克难而上不留难的精神，对区委、区政府部署的工作，不谈条件、不讲困难，落实不拖延、不打折扣，真正把能力体现在工作实效上。善作善成抓落实。要不断解放思想、创新思路，善于用新办法、新举措破解项目建设、镇村发展、富民增收、维护稳定等重点工作中遇到的难题，能干事、会干事、干成事，不产生“噪音”、不留下“尾巴”。

健全推进制度，层层压实责任。突出靶向更准、落点更实的要求，以制度压实责任，以责任倒逼落实。以“两张清单”定人定责。对重点指标、重点项目和重点工作实行清单化管理，一个领导一张清单，一个单位一张清单，并按照“同部署、同考核、同标准、同问责”的原则，对应建立捆绑考核清单，切实构建领导牵头、层层负责、齐抓共管的责任体系。以观摩评议推进项目。进一步优化“三大建设”观摩推进制度，严格做到“一公示、四固定”；创新开设《民声在线》栏目，以更加公开的机制加快补齐民生短板，真正把全区工作重心引导到项目建设上来。以过程管控创先争优。抓好积分考核，采取“按月盘点、季度提醒、半年表态、年度兑现”的方式，公示、公开晾晒领导干部和部门单位工作实绩，以月保季、以季保年，全面激发广大党员干部干事创业的热情，努力形成镇村比进位、园区比贡献、机关比服务的浓烈氛围。以实绩导向严明奖惩。用好督查考核“指挥棒”，坚持量化考核为主，强化项目至上、争先进位导向，不搞平均主义，坚决不打和牌，该重奖的重奖、该提拔重用的提拔重用、该调整的调整，切实建立进位奖励、末位淘汰、无为问责的考评考核体系。

全面深化改革，激发发展活力。围绕“一重点、三领域”，切实通过改革突破瓶颈、优化机制。深化区域发展机制改革。优化资源配置机制，以效益为导向，集中力量为优质项目、重点区域和重点企业提供要素支撑。优化投融资机制，既要有效控制政府性融资和债务规模，规范国资平台管理，又要发挥政府投入对社会资本的撬动作用，在更广领域推行PPP等投融资模式。稳步试行专项资金整合使用，在不改变资金性质、用途的前提下，有机捆绑、统筹安排、聚焦投入，最大化发挥政策性资金作用。优化考核评价机制，注重年终考核与日常考评相结合，完善差别化绩效考核，探索共建共享发展新模式，充分调动各类主体发展的积极性。深化行政管理和服务体制改革。加大行政资源整合力度，科学界定责权利，积极构建“大城管、大环保、大城建”工作格局。坚持市场化、多元化、产业化方向，在更多领域推行政府购买服务，提高资源配置效率和公共服务水平。多措并举推进“放管服”改革，全面推进政务云服务“一张网”建设，积极落实企业投资项目“不再审批”、企业登记全程电子化、工业类产品生产许可证制度等改革，充分激发市场主体活力。深化统筹城乡发展体制改革。积极推进新型城镇化综合改革，把去库存和促进人口城镇化结合起来，打通供需转化通道，促进人口梯次集聚，加速人气商气繁荣。积极推进农村土地“两权”抵押、土地股份合作、扶贫资产确权等改革，引导土地经营权有序流转，促进多种形式的适度规模经营，切实提高农民财产性收入。深化社会治理体制改革，推进城市社区网格化、扁平化管理，推行法治德治自治“三治融合”的乡村治理模式，引导社会团体、志愿者协会等社会组织参与社会治理，促进公共服务、便民服务、志愿服务有机衔接，不断提升协同治理水平。

坚定不移推进全面从严治党

党的建设是事业发展的根本保证。全区各级党组织要认真贯彻全面从严治党要求，聚焦主责主业勇担当，不忘初心，继续前进，不断提升党建工作科学化水平。

一、突出思想建党引领，打造总揽全局的领导核心。始终把思想建党放在首位，坚持总揽全局、协调各方，不断提高党领导经济社会发展的能力和水平。强化思想政治建设。深化“两学一做”学习教育成果转化，不断完善党委（党组）集体学习和领导干部自学制度，积极探索党性教育新路径，筑牢信仰之基、补足精神之钙、把稳思想之舵，坚定“四个自信”，强化“四种意识”，坚决贯彻中央和省委、市委的决策部署。严肃党内政治生活。认真落实《准则》和《条例》，推进党内生活规范化、制度化。坚持和完善民主集中制，强化区委常委会自身建设，严格执行议事规则、重大事项请示报告、谈心谈话等制度，提高科学决策、民主决策水平。广泛凝聚发展合力。积极支持人大、政府、政协和审判机关、检察机关依法依规开展工作，巩固和发展新时期统一战线，创新党群工作一体化模式，扎实推进人民武装、国防动员和“双拥”工作，完善联系群众、服务群众机制，更好地汇聚起推进“三大建设”的强大力量。

二、完善考核评价体系，打造德才兼备的干部队伍。以严格的约束机制、科学的考评机制、健全的容错机制，推动事业发展和干部成长“同频共振”。坚持正确用人导向。牢固树立为发展配干部、凭实绩用干部的鲜明导向，探索实施“一表五单式”干部考察选任新模式，不看说功、看做功，不看资历、看实绩，真正让勤于思考、敢于争先、勇于担当、善抓落实、严于自律的干部得到褒奖和重用。加大干部培养力度。深入实施年轻干部培养“620”计划和“三后三百”、素质提升工程，更加注重“四个一线” 培养选拔干部，切实形成比贡献、争先进、促发展的良好氛围。从严教育管理干部。严格干部的日常管理和“八小时之外”监管，建立健全干部“小微问题库”，紧盯重点领域、重点岗位、“关键少数”，定期综合分析研判，及时函询提醒整改。不断深化领导干部个人有关事项报告制度，将个人有关事项报告作为干部使用的重要参考，并实行“一票否决”。建立健全激励和容错纠错机制，严格落实“三个区分开来”，支持改革、鼓励创新、宽容失败。

三、坚持管党重心下移，打造坚不可摧的基层堡垒。将抓基层、打基础作为固本之策，推动基层组织建设全面进步、全面过硬。突出“项目支撑”建强组织。聚焦基层党建薄弱环节，深入推进“书记项目”实施，管好用好村级党建为民服务专项资金，不断提升基层党组织服务能力和水平。实施党建“1+1”强基行动，以强村带弱村，把强村打造成引领发展的示范村，把弱村打造成迎头赶上的“后劲村”。深化“支部+电商”党建富民工程，进一步加大农村电商人才培养和项目扶持力度，带动更多农民增收致富。突出“源头把控”配强队伍。实施党员发展“源头提升”工程，设立创业青年党支部，实行领导结对、重点培养，切实把好“源头”和“质量”关。加强组织员队伍建设，确保基础性党务工作有人抓、抓得好。进一步健全完善村级党组织书记培养选拔、考核管理和激励保障机制，着力建设一支“双创”型村干部队伍。突出“融合共建”加强服务。探索推行“组织结对、党群结亲、联手共建、联动服务”的“双结双联”融合式党建模式，推动机关党建下基层、进社区、进小区，不断完善城市社区功能，推动社区党建品牌化、服务多元化、管理网格化。

四、狠抓党风廉政建设，打造风清气正的政治生态。扎实推进党风廉政建设和反腐败工作，切实做到管党治党不放松、正风肃纪不停步、反腐惩恶不手软。始终保持挺纪在前的强劲态势。把纪律和规矩作为管党治党的尺子，刚性执行“六大纪律”，坚决维护党规党纪的权威性、严肃性，坚持纪在法前、纪严于法，做到严到份、管到位。用好监督执纪“四种形态”，严格党内监督，让红脸出汗成为常态。始终保持常抓抓长的持久态势。从严执行中央八项规定、省委十项规定、市委实施意见和区委实施细则，以勤政、廉政、善政为目标，以提质、提速、提效为重点，严格落实“四个公开”“六个从严”，扎实开展慵懒治理、效能问责、攻坚落实等专项行动，进一步提升机关效能建设水平。始终保持惩治问责的高压态势。健全完善巡察的组织领导体系，突出政治巡察和重点人员、重点领域、重点问题巡察，查处一案、教育一片、警示一方。坚持有腐必反、有贪必肃，以零容忍、全覆盖、无禁区的鲜明态度，从严从快惩治腐败。干事但不干净要坚决惩处，干净但不干事也要坚决问责，用问责倒逼责任落实，激发干部担当有为。

同志们，做好今年的工作，意义重大，任务艰巨。让我们更加紧密地团结在以习近平同志为核心的党中央周围，在省委和市委的坚强领导下，坚定信心、克难奋进，开拓创新、砥砺前行，为聚焦聚力建设工业强区、电商名城、幸福家园，如期建成不含水分、百姓认可的全面小康而努力奋斗！

名词解释

1. 三抓三促：抓改革促发展、抓项目促转型、抓民生促和谐。

2. 一挂三化：以增减挂钩为抓手，加快工业化、城镇化和农业现代化进程。

3. 三进三帮：走进乡村，了解资源状况，帮助镇村理清发展思路；走进农户，了解收入状况，帮助农民就业创业增收；走进田头，了解生产状况，帮助农民发展高效农业。

4. 三个高于、一个率先：主要经济指标增速高于全市平均，城乡居民人均收入增速高于地区生产总值增速，农村居民人均可支配收入增速高于城镇居民人均可支配收入增速；在全市率先建成2013版全面小康社会。

5. 六大先进特色产业园：电子商务（智慧物流、智能制造）产业园、北斗电子信息和智能装备产业园、玻璃科技产业园、广告产业园、食品饮料产业园、医药健康产业园。

6. 两聚一高：聚力创新，聚焦富民，高水平全面建成小康社会。

7. 四个公开：公开联系电话，公开活动内容，公开服务承诺，公开工作实绩。

8. 六个从严：从严执行禁酒令，从严执行请假制度，从严执行值班制度，从严执行保持通讯畅通制度，从严执行请示报告制度，从严执行信访稳定、安全生产“一把手”负责制。

9. 四个一线：一线认识干部、一线培养干部、一线考察干部、一线使用干部。

10. 三转三稳：理念要转变，思路要转型，动力要转换；稳定经济增长，稳步推进改革，稳住社会大局。

11. 三站三中心：依托企业设立的博士后科研工作站、院士工作站、研究生工作站，工程技术研究中心、企业技术中心、工程研究中心。

12. 五大行动计划：“英才倍增计划”、“素质提升计划”、“双创领跑计划”、“活力激发计划”、“服务升级计划”。

13. 一重点三领域：紧扣供给侧结构性改革这一重点，深化经济体制领域改革、深化社会事业领域改革、深化农业领域改革。

14. 一轴四核：幸福大道轴线，宿迁电子商务产业园区、现代农业产业园区、杉荷园和梨园湾四个核心。

15. “263”专项行动：即“两减六治三提升”专项行动，“两减”指减煤炭消费总量、减落后化工产能；“六治”指治理太湖水环境、治理生活垃圾、治理黑臭水体、治理畜禽养殖污染、治挥发性有机物污染、治理环境隐患；“三提升”指提升生态保护水平、提升环境经济政策调控水平、提升环境执法监管水平。

16. 双随机一公开：随机抽取检查对象，随机选派执法检查人员，抽查情况及查处结果及时向社会公开。

17. 三高三落后：高能耗、高污染、高排放，落后技术、落后工艺、落后装备。

18. 三集中：人口向城镇集中、工业向园区集中、土地向规模经营集中。

19. 三个"三分之一":三分之一进城、三分之一入镇、三分之一集中居住。

20. 六不六多:坚持不填塘、不砍树、不沿主干道搞建设、不建兵营式房屋和不适合农村的高楼、村庄不建宽马路、家前屋后不过度硬化,多因地制宜、多保留乡村文化、多兼顾实用功能和景观效果、多建不同户型的房屋、多配套绿化和湿地、多维护群众生产生活习惯。

21. 一公示、四固定:重点项目现场设立公示牌,观摩时间、观摩类别、汇报形式、结果使用固定。

22. "620"计划:从2017年起,利用3—5年时间,在全区范围内从专业技术型、党政复合型、优秀大学生村官及公开选派村支书、省市委选调生及名校优生、党外干部和女干部、85后90后干部等六个类别干部中,分别培养选拔20名左右优秀年轻乡科级干部。

23. "三后三百"工程:对"70、80、90"后干部实行分类递进式培养管理,确保优秀干部100%具有一线任职经历,100%具有多岗位历练经历,100%具有专题培训经历。

24. 三个区分开来:把干部在推进改革中因缺乏经验、先行先试出现的失误和错误,同明知故犯的违纪违法行为区分开来;把上级尚无明确限制的探索性试验中的失误和错误,同上级明令禁止后依然我行我素的违纪违法行为区分开来;把为推动发展的无意过失,同为谋取私利的违纪违法行为区分开来。

政府工作报告

——2017年1月10日在宿豫区第十七届人民代表大会第一次会议上

宿豫区区长　刘士武

各位代表:

现在,我代表宿豫区人民政府向大会作工作报告,请予审议,并请区政协各位委员和其他列席人员提出意见。

本届政府工作回顾

本届政府履职的五年,是宿豫发展历程中极不平凡的五年。五年来,在市委、市政府和区委的坚强领导下,在区人大、区政协的监督支持下,我们抢抓发展机遇,科学应对挑战,顺利完成了区十六届人大历次会议确定的目标任务,经济社会呈现健康快速、持续向好的发展势头。

这五年,我们坚持稳中求进、进中求好,综合实力大幅提升。始终把发展作为第一要务,着力稳固基本面,培育增长点,经济发展水平明显提高。经济总量快速提升。预计2016年地区生产总值超过250亿元,年均增长14%;一般公共预算收入达到23.02亿元,年均同口径增长10.3%。五年来,累计引进亿元以上工业开工项目107个、竣工项目71个,完成固定资产投资988亿元,社会消费品零售总额达到243.76亿元,实际利用外资2.4亿美元,进出口总额突破20亿美元。发展均量全市领先。人均地区生产总值年均增长13.1%,先后突破4万元、5万元大关,预计2016年达到5.6万元,位居全市首位;人均一般公共预算收入年均增长8.5%,2016年达到5100元,三县两区最高。进入全市销售50强、纳税50强的企业分别达到13家、12家,全市最多。载体优势逐渐彰显。宿豫经济开发区先后创成省级高新区、两化融合示范区、生态工业园区,国家高新区创建工作通过国家级评估验收。张家港宿豫工业园区最近三年蝉联全省县级共建园区考核第一。宿迁电子商务产业园区发展迅猛，启动建设仅2年就创成国家级电子商务示范基地，跻身全国优秀电子商务园区20强，成为带动全区乃至全市电子商务产业发展的龙头。

这五年，我们致力调整结构、培强产业，转型步伐明显加快。预计三次产业结构调整为10.4∶59.5∶30.1，二、三产业占比达89.6%，三产比重逐年提高，突破30%。工业经济跨入产业成链、创新驱动新阶段。以“511”工程为抓手，加快企业培育、产业转型，规模以上工业企业达到251户，食品饮料、装备制造、新材料“2+1”产业体系更加健全，规上工业增加值年均增长9.4%，预计2016年突破100亿元。研发经费投入占地区生产总值比重达到1.62%，建成宿迁新材料科技城、海内外高层次人才创新创业园等创新平台，国家高新技术企业达到46户，江苏省科学技术奖、优质发明专利、企业知识产权战略推进计划项目以及自主申报“千人计划”专家等均在全市率先实现突破。服务业呈现快速发展、量质齐增新态势。电子商务产业异军突起，先后被评为全国电子商务示范县（区）、江苏省农村电子商务示范县（区）。金融服务机构达到33家，银行机构贷款余额达到275.7亿元，上海股交中心宿豫区企业挂牌孵化基地填补了全市金融服务领域空白。旅游资源开发步伐加快，创成国家级水利风景区2个、国家3A级景区2个、省级湿地公园1个，成功打造运河景观游、乡村一日游等特色旅游线路，形成百威啤酒节、顺河梨花节等特色品牌。农业保持效益提升、稳步发展好势头。高标准农田占比达68.5%，全市最高；粮食生产实现“十三连丰”，单产水平保持全市领先；在全市率先建成农产品质量安全可追溯体系，创成国家级出口食品农产品（禽肉及其制品）质量安全示范区，农业基本现代化水平晋升到全省第二区间、位居全市第一。

这五年，我们全面深化改革、加速创新，发展活力持续迸发。坚持问题导向，聚焦重点领域，持续推进改革创新，释放经济社会发展活力。国家试点项目取得突破。先后承担农业水价综合改革试点、“救急难”改革试点、PPP示范项目等三项国家级首批改革试点工作，其中，农业水价综合改革试点成果全国领先，“一门受理、协同办理”社会救助机制在全省推广，宏信污水处理厂PPP项目成为政府和社会资本合作的成功范例。重点领域改革先人一步。率先开展“政社联建”，探索基层社会治理模式，被确定为首批“全省现代社区治理创新实验区”。农业农村改革稳步推进，土地确权颁证工作质量全市领先。引导企业开展直接融资，发行苏北第一支中小企业集合票据，培育“新三板”及场外市场挂牌企业5户。同时，率先成立企业家互助协会，组建混合所有制担保公司，积极防控重点企业资金链风险，近三年累计为重点企业提供“过桥”资金近100亿元，确保了实体经济平稳健康发展，金融生态环境评价全市领先。营商环境类改革成效显著。建立区、乡、村三级政务服务体系，政务服务管理更加便捷；“五减”“并联+串联”等行政审批制度改革极大提高了办事效率、减轻了群众负担；持续开展社会信用体系建设，在全省率先建成信用核查、咨询一站式服务大厅；设立科技成果转化风险补偿资金，50家科技型企业入选“苏科贷”项目后备库；成功开展水、气、热大用户合同交易试点，降低了企业生产成本。

这五年，我们强化区域统筹、协调并进，城乡面貌不断变化。加快以人为核心的新型城镇化进程，统筹推进城乡基础设施建设，着力完善城乡管理机制，城镇化率达到59.9%，提高5.2个百分点。城市功能逐步完善。城市建成区面积拓展到17.4平方千米，西湖东路商业街建设有序推进，核心商圈初具雏形。持续开展市政、园林绿化、便民设施提升工程，新建、改造城市道路35条、42.6千米，形成“九横十三纵”路网体系；实施雨污分流，铺设雨水管网102千米、污水管网80千米；城市绿地率达40.1%、人均公园绿地面积15.21平方米，均高于全市平均水平；先后完成民生六项工程、公共自行车投放系统等重点民生项目，创成国家卫生城市、国家节水型城市、中国人居环境奖城市和江苏省文明城市。镇村环境逐步优化。围绕“卫生、秩序、人文、生态”四大环境，开展镇区“一街一路”和乡村“一系两网”整治提升工程，建立镇村环境“五位一体”长效管护机制，乡镇全部达到“环境整洁镇”标准，村庄环境综合整治全部通过省级全域考核验收，先后创成国家级生态乡镇1个、中国最美乡村1个、省级康居乡村17个、省级卫生村8个。城乡一体化发展逐步推进。坚持以基础设施、就业保障、公共服务、社会管理等一体化为目标和抓手，扎实推进城乡统筹，新建及改造农村道路278千米，实现公交村村通；138个村居全部建成标准化便民服务中心，农民足不出村就能购物、办事；实施区域供水通村达户工程，城东水厂建成供水，供水管网通村率、入户率分别达100%、96.5%，城乡基本实现同源、同质供水。

这五年，我们践行共享理念、兴办实事，民计民生显著改善。我们坚持把共享理念贯穿到经济社会发展各个方面，加快民生项目建设，民生支出占一般公共预算支出比重提高到76.4%，群众获得感不断提升。人民生活更加殷实。实施全民创业行动计划，累计新增城镇就业3万人，城镇登记失业率控制在2.3%以内；乡镇全部创成省级充分转移就业乡镇，农村劳动力就业转移比重连续三年位居全市第一。圆满完成“十二五”扶贫开发任务，省定建档立卡低收入户7.2万人、34个经济薄弱村全部脱贫。预计城镇居民、农村居民人均可支配收入分别达到23590元和14100元，年均分别增长9.1%和10.3%。保障体系更加健全。创立京东特困救助基金、广博暖基金，引导社会力量参与救助，社会救助资源更丰富；逐年提升城乡低保、五保、孤儿保障标准，动态开展核查工作，社会保障更精准；推动社会保险扩面提标，城镇职工“五险”覆盖率均超过96%，新农合参合率达99.95%，社会保险覆盖人群更广泛。公共服务更加优质。医疗卫生资源全面提质，市中医院创成三级甲等中医医院，村居卫生室全部完成标准化建设，12大类45项基本公共卫生服务有序开展。“全面改薄”工程扎实推进，D级校舍改造全面完成，新建、改造校舍40万平方米；创新开展教师竞争性双向流动，促进优质师资均衡配置；教育现代化水平、教育信息化和装备水平全市领先，先后创成江苏省教育现代化建设先进区、全国义务教育发展均衡区。文化馆创成国家一级馆，图书馆创成国家二级馆，宿豫大剧院正式启用，4个项目入选省级非遗项目、1件作品入选中国曲协文艺创作优秀作品。社会大局更加和谐。始终保持安全生产、食药监管高压态势，监管、责任体系更加健全；严厉打击违法犯罪，刑事破案率全市领先；法治宣传教育成效显著，再度被表彰为“全国法治宣传教育工作先进县(市、区)”；信访接待、矛盾化解、法律援助等工作有效开展，全省法治建设示范区通过省委、省政府复核确认，连续11年被评为全省社会治安安全区。

各位代表，2016年是“十三五”发展的开局之年。一年来，我们认真贯彻落实区委决策部署，围绕“工业强区、电商名城、幸福家园”三大发展定位，攻坚克难，真抓实干，各方面工作都取得了新的重大进展。

一是产业培育成效显著，稳增长的基础进一步牢固。工业主导产业向高端攀升。设立产业引导资金，加快调结构步伐，规模以上工业总产值480亿元，其中“2+1”产业、高新技术产业占比分别达到46.3%、23.5%。3D打印产业“一院三中心”建成运营，中玻电子玻璃产业园建设有序推进，新增长点不断形成；获批省两化融合管理体系贯标试点企业4户、省互联网与工业融合创新示范工程试点企业3户，阿尔法药业成为全市首家“江苏省引进国外智力示范单位” ，南钢金鑫轧钢获批省重大成果转化项目，科思化学获批省战略推进计划项目，产业创新能力、竞争能力不断增强。电子商务产业向纵深跃进。宿迁电子商务产业园区累计入驻电商企业252家，全国50强电商企业有11家入驻，呼叫客服、电商运营、物流仓储三大主业实现规模化发展；累计实现电商交易额305亿元，同比增长95%；电商物流园区、京东淮海经济区电子商务运营中心纳入国家现代物流业重大储备项目，京东物联网智能制造产业园正式落户，跨境电商、互联网金融试点迈出实质性步伐，成为全省跨境电商试点园区、首批生产性服务业集聚示范区。“一村一品一店”网店数达到1810个，销售额超过12亿元。创成省级电子商务示范镇2个、示范村3个。现代农业向特色发力。稳步推进“双10” 共进发展战略，加快重点区域农业结构调整，有组织流转土地3.9万亩，新培育家庭农场156家，新增农民专业合作社257家，新增休闲体验农业1.7万亩。

二是改革创新持续深化，促转型的动力进一步增强。在商事登记方面，建成线上线下一体化政务服务云平台，实施全流程电子化登记，颁发苏北地区首张全程电子化营业执照；“多证合一”“一照一码”全面推开，社会主体活力进一步释放，新增私营企业2000余家、个体工商户8000余家。在要素保障方面，开展委托贷款试点，有效解决中小企业融资难题；组织企业参与直购电交易，获批电量全市第一；开展同一乡镇范围内村庄建设用地布局调整试点，新增农用地450亩；清理盘活存量建设用地1100亩，被评为“江苏省国土资源节约集约利用模范县（区）”。在社会事业方面，乡镇卫计事业改革取得实质性进展，13个乡镇街道卫计服务中心全部组建到位，基本药物制度实现镇村全覆盖；在全市率先开展农村道路交通安全综合治理试点，农村道路交通管理“四项指数”全面下降；实施“一挂三化”工程，开展城乡建设用地增减挂钩节余指标省域内转让试点，精准扶贫走出新路；构建土地执法共同监管格局，成为全市首家“江苏省土地执法模范县（区）”。在科技创新方面，新引进国家“千人计划”专家3人，分别入选省“双创人才”2人、省“双创博士”3人、“苏北创业领军人才”1人，阿尔法药业漆志文团队获批2016年全市唯一的省级“双创”团队；新增省级工程技术研究中心、研究生工作站6个，南航新材料与装备制造研究院成为全市唯一的“江苏省重大创新载体项目”。成功举办了2016年全国大学生移动应用创新大赛。

三是城乡建设扎实推进，优环境的效果进一步凸显。城市品位明显提升。按照“一街一景致、一路一特色”的要求，完成洪泽湖东路、项王东路等主街道形象提升工程；改造港湾式公交站台21处，新建项王东路、秀强桥南匝道等道路3.7千米，完成道路通达工程41项，市政道路形象和通达功能显著提升。实施园林绿化项目20个、提升道路绿化5条、改造街景小品5个，新增绿地7.5公顷，绿化层次、品位显著提升。御田菜场投入使用、庐山路便民疏导区建成，有效缓解城市流动摊点问题。完成棚户区房屋征收10.7万平方米，房地产新开工83.5万平方米、竣工90.2万平方米，开展居民小区“四新一亮”工程，居住环境不断改善。全力推动国家文明城市创建，高质量通过年度测评，社会文明程度不断提高。镇村建设加快推进。全面启动镇村建设“1+10”工程，完成乡镇总规和康居村庄、美丽村庄规划编制，以及小镇客厅、市民公园、污水处理厂等建设、改造方案设计工作。“7+6”特色村庄建设项目通过专家评审，6个村居整村推进工作全面启动。重点基础工程稳步实施。陆运河被确定为宿连航道先导段工程，疏浚区乡河道59千米，整治村庄河塘149个，成片造林2470亩，更新改造杨树1.3万亩，完成农村公路提档升级62千米、“最后一公里”通达工程29千米。生态治理有序开展。启动国家生态文明建设示范区创建，制定生态文明建设三年行动计划，开展“三创四治”工作，集中式饮用水源地水质达标率100%，空气质量良好率70.5%，PM2.5平均浓度比基准年下降25.4%；生态化工园区环境检测监控中心建成运行，金属表面处理、纺织品印染两大中心分别与省表面处理协会、纺织设计院达成合作协议，重点企业全部落实“一企一策”治理措施，园区转型升级不断加快。

四是社会事业加速发展，惠民生的措施进

一步强化。公共服务水平明显提升。省级优质园占比超过80%，义务教育学校“暖心工程”全部完成，中小学学业水平测试成绩位居全市前列，全国职业院校技能大赛再度夺金。成功举办大陆首个荧光半程马拉松夜跑活动，8名青少年足球队员代表省队夺得2016年全国青少年足球冠军杯赛一等奖，建成健身步道21千米，乡镇、村居“三室（两室）一场一路径”建设有序推进，创成省公共体育服务体系示范区。健全区、乡、村三级公共卫生应急网络，顺利通过省卫生应急工作规范区验收。区图书馆当当分馆建成对外开放，11个乡镇、街道建成文化广场。就业创业帮扶更为有力。制定全民创业扶持政策，推动全民创业园建设，新建、盘活厂房25万平方米，建成市级创业孵化基地3个、创业培训基地1个，新增“五小”创业项目1万个；实施“互联网+就业”工程，构建信息化、规范化就业服务平台，全年新增就业5300人。扶贫开发力度不断加大。启动新一轮扶贫开发工作，人均收入低于6000元的1.8万户、5.48万人全部建档立卡，落实扶贫项目220个，发放扶贫小额贷款近亿元，共有4053户、15849人脱贫，16个经济薄弱村集体经济收入超过18万元、实现“新八有”。

五是政府自身建设加强，抓发展的能力进一步提升。强化决策程序规范。修订区政府重大行政决策程序规定，全面推行重大行政决策合法性审查；完善政府法律顾问制度，区、乡两级政府和区直机关单位实现法律顾问全覆盖。强化执法体制改革。积极开展镇域综合执法改革工作，推动城市管理领域相对集中行政处罚权试点向乡镇延伸，进一步规范行政执法行为。强化政府信息公开。加强载体建设，区政府门户网站改版运行；确定主动公开范围，加强督查考核，通过区政府门户网站、政务微博、宿豫发布微信公众号公开各类信息9800余条。实施预决算公开制度，54家区直部门预决算全部对外公开，预算执行性有效提高。强化社会各界监督。自觉接受人大法律监督和工作监督、政协及社会各界的民主监督，累计办理人大代表议案、建议64件，政协提案137件，办结率86.6%。办理网络问政、12345热线事项2.7万件，办结率100%，群众满意率达96.4%。强化国有资产管理。启动国有平台公司整合，开展行政事业单位清产核资工作，全面掌握国有资产现状；同时，加强国有资本运作形式探索，行政事业单位资产管理信息系统进一步完善。

此外，人武、双拥、统计、档案、史志、物价、科协、人防、外事、台侨、工会、老干部、民族宗教等工作实现新进展，老龄、青少年、残疾人、妇女儿童、红十字会、关心下一代等事业取得新进步，为全区经济社会发展作出了积极的贡献。

各位代表，回顾本届政府工作，我们深切感受到，过去几年的每一点变化、每一份成绩、每一个进步，都是区委统揽全局、科学决策的结果；是区人大、政协有效监督、大力支持的结果；是全区人民团结奋斗、锐意进取的结果；是在历届区级领导班子打下坚实基础之上的新发展。在此，我代表区人民政府，向积极奋战在各条战线的广大干部群众致以崇高的敬意，向所有关心、支持、参与宿豫发展的社会各界人士表示衷心的感谢！

在充分肯定成绩的同时，我们也清醒地看到工作中存在的困难与问题，具体表现在：一是宏观经济下行，一些重点企业运营仍然困难，产业层次整体偏低，转型升级任重道远；二是城乡发展仍不充分，城市内涵品质亟待提高，乡镇短板较为突出，统筹发展面临诸多难题；三是重点民生领域建设与群众对生产、生活、生态多元化、优质化的需求还有不小的距离，民生保障亟需加强；四是居民增收途径不多，村级集体经济基础薄弱，脱贫攻坚依然是全面小康建设的重点和难点，聚力富民的任务艰巨而紧迫，等等。对此，我们将高度重视，在今后的发展中，精准施策补短板，聚焦聚力创特色，推动经济社会持续健康发展。

今后五年发展思考

今后五年，是宿豫建设高水平全面小康社

会的关键时期。我们将始终把调适引领新常态作为贯穿发展全局和全过程的工作追求，按照区委的决策部署，全面贯彻党的十八大和十八大以来历次全会精神，认真落实习近平总书记系列重要讲话特别是视察江苏重要讲话精神，紧紧围绕“五位一体”总体布局、“四个全面”战略布局，坚持稳中求进总基调，积极践行五大发展理念，以“两聚一高”为工作主题，以“三抓三促”为工作主线，以“三转三稳”为工作取向，统筹推进“工业强区、电商名城、幸福家园”三大建设，不断提高发展质量和效益，切实保障和改善民生，加快建设高水平全面小康新宿豫。

今后五年的主要奋斗目标是：力争做到三个高于、一个率先。三个高于，即主要经济指标增速高于全市平均，城乡居民人均收入增速高于地区生产总值增速，农村居民人均可支配收入增速高于城镇居民人均可支配收入增速；一个率先，即在全市率先建成高水平全面小康社会。

围绕主要奋斗目标，我们将集中力量做好以下几个方面工作：

今后五年，我们将始终坚持第一要务，加快转型发展。进一步完善现代产业体系，不断提升供给质量和效率，“2+1”产业、高新技术产业产值占规上工业产值比重分别超过55%、33%，现代服务业比重进一步提高，农业实现基本现代化。大力实施“互联网+”行动计划，促进互联网与实体经济的深度融合发展，加快提升传统产业，不断培育新的增长点，有效激发实体经济新活力、增创经济发展新优势。地区生产总值年均增长10%左右，二三产业增加值占地区生产总值比重达92%。

今后五年，我们将始终坚持生态优先，加快绿色发展。以创建国家生态文明建设示范区为引领，实行最严格的环境保护制度，把绿色环保理念贯穿于经济发展、城乡建设、项目推进、民生保障等各个方面，扎实推进“两减六治三提升”专项行动，着力强化生态保护基础，大力提升全社会生态文明意识，确保主要生态指标位居全市领先水平，资源集约利用率持续提高，单位地区生产总值能源消耗、水和大气主要污染物排放逐步下降，绿色发展成为宿豫鲜明特色。

今后五年，我们将始终坚持城乡统筹，加快协调发展。扎实推进新型城镇化和城乡一体化，户籍人口城镇化率显著提高，城乡发展差距进一步缩小，逐步实现城乡居民基本权益平等化、城乡公共服务均等化、城乡要素配置合理化、城乡产业发展融合化。完善城市布局、补齐功能短板，优化人居环境，不断提高城市品质、提高核心板块“首位度”；加快镇村建设，进一步改善镇村面貌、彰显个性特色。

今后五年，我们将始终坚持科技引领，加快创新发展。深入实施创新驱动发展战略，聚力推进以科技创新为核心的全面创新，加快构建更具活力的体制机制，形成以企业为主体、市场为导向、产学研相结合、各类配套服务完善的创新格局；积极培育新技术、新业态、新模式，全面提升产业技术水平和核心竞争力，不断强化科技、教育、人才对发展的支撑作用，加快形成以创新为主要引领和支撑的经济体系和发展方式。

今后五年，我们将始终坚持以人为本，加快共享发展。坚持把“让人民过上好日子”作为一切工作的出发点和落脚点，着力推动创业、就业，拓宽居民增收渠道，优化居民收入结构，提高中等收入人口比重，城镇居民人均可支配收入、农村居民人均可支配收入分别达到41300元、24800元，人均年收入低于6000元的低收入户全部脱贫；坚持每年突出一个重点，持续推进 “医教水住行”等各类民生实事项目建设，切实解决就学、就医、养老等群众关心的热点问题，让人民群众更多、更公平地享有改革发展成果。

2017年工作安排

2017年是新一届政府的起步之年，也是建设高水平全面小康社会的重要一年。做好今年工作责任重大、影响深远。根据区委十二届三次全会的决策部署，今年全区经济社会发展主要预期目标是：地区生产总值增长8.5%左右，一般公共预算收入同口径增长9.2%，500万元以上固定资产投资增长13%以上，规模以上工业增加值增长10%左右，社会消费品零售总额增长12%左右，全体居民人均可支配收入增长8.5%左右，城镇登记失业率控制在3%以内，节能减排达省市调控标准。围绕上述目标和“三大建设”年度任务，重点抓好以下七个方面的工作：

一、聚焦转型升级，聚力做强做优实体经济

坚持以提高质量和效益为中心，实施创新驱动战略，不断推动产业集聚发展，加快实体经济互联网化转型，切实优化产业结构，提升产业综合实力。

推动产业集聚。全力做强“2+1”产业。围绕“2+1”产业链缺失环节和高端环节，制定产业集聚计划，加强项目引培，加快中玻电子玻璃产业园、吉尔生化、旭派电源二期等重大项目建设，推动3D打印等新增长点产业化发展，确保全年“2+1”产业总产值达到220亿元，高新技术产业占规上工业总产值比重达到24.5%，新增国家高新技术企业10家、科技小巨人企业3家。深入实施“511”工程。调整完善重点企业培育项目库，加强政策引导，做好兼并重组、技术改造、股改上市和规模发展四篇文章，推动企业加快转型升级。年内，实施千万元技改项目45个，兼并重组企业9家，完成股改企业5家、挂牌上市2家，新增开票销售收入2000万元以上企业20家。加快建设特色产业园。按照专业化、高端化、特色化的要求，依托现有优势产业和骨干企业，建设电子商务（智慧物流、智能制造）、北斗电子信息、玻璃科技等特色产业园，完善功能配套，做强核心企业，提升产业规模、层次、质量和竞争力。年内，电子商务（智慧物流、智能制造）产业园创成省级示范物流园，北斗电子信息和智能装备产业园、玻璃科技产业园全面启动建设。

坚持创新驱动。打造创新平台。加快科技创新平台建设，鼓励企业建设市级以上研发机构，年内，新增省级研发机构5家、博士后工作站1家、市级工程技术研究中心15家，力争国家级研发机构实现零突破。集聚创新人才。依托科技镇长团、名校优生、博士后工作站等人才后方资源，创新柔性引才制度，形成人才互推互荐链式效应，着力引进“带项目、带技术、带资金”的创业创新领军人才和团队，年内，力争引进“千人计划”专家2名，入选省“双创计划”3人。转化创新成果。引导和鼓励企业加强新技术新产品开发、应用和推广，推动精细化工、新材料、农产品深加工等领域新上省级重点科技项目，年内，开发市级以上新产品10个，申报省重大成果转化项目5项。

促进融合发展。一方面，大力推进两化融合。利用电商平台优势，做“互联网+实体经济”“实体经济+互联网”的文章，大力实施互联网与工业融合创新示范工程，深入开展“两化融合进百企”活动，引导企业“触电”上网，加强信息技术在研发设计、生产制造、经营管理、市场营销等环节的运用，加快技术融合、产品融合、业务融合，实现互联网化转型。另一方面，大力推进农村产业融合。大力度调整农村经济结构，按照“产加销一体化、贸工农一条龙”要求，多渠道发展农村二、三产业，加强产业配套，建设全产业链项目，促进农村一二三产业融合发展。进一步提升“一村一品一店”内涵和运营水平，因地制宜培育“一品”，年内，“一村一品一店”销售额突破15亿元，力争每个乡镇、街道和园区新增销售千万元以上网店1个，实现销售亿元以上网店零突破。积极开展农村物流示范县创建工作，着力培育农村物流示范点，进一步完善农村物流体系。

二、聚焦有效投入，聚力汇集各类资源要素

主动融入省、市发展总体布局，切实提升发展环境，集聚发展资源，扩大有效投入，为经济发展注入源源不断的动力。

建强载体汇集资源要素。围绕“五有三转”要求，进一步强化载体建设，做好补短板、创特色的文章，不断彰显载体多元的优势。以创成国家级高新区为契机，抬高宿迁高新区竞

争标杆，开展争先进位活动，启动国家级孵化器创建工作，优化创新创业生态，加快建设现代化科技产业新城。积极开展综合整治，提高生态化工园区产业准入环保门槛，坚守安全、环保底线，进一步凸显资源稀缺优势；主动强化南北对接，调高张家港宿豫工业园区建设标准，启动省级开发区创建，确保全省领先优势。

精准施策汇集资源要素。加大招商力度，吸引资源“平向汇集”。围绕主导产业发展，整合招商资源，精心组织好各类招商活动，力争在行业领军企业、产业龙头企业、产业链关键企业招引上取得突破；强化三位一体招商，建强专业招商队伍，开展以商引商、中介招商、委托招商和协会招商，形成主要领导带头招商、专业队伍精准招商的“一盘棋”招商局面。全年新引进固定资产投资亿元以上工业开工项目40个、竣工项目36个，其中5亿元以上开工项目5个、竣工项目4个。对接扶持政策，争取资源“纵向汇集”。加强对国家、省、市发展战略和最新扶持政策研究，不断完善策应扶持的措施，强化项目包装，积极争取政策扶持、资金支持。年内，力争对上争取项目资金不少于22.5亿元。

优化环境汇集资源要素。加强帮办服务。进一步强化“服务是最好的政策、服务是最大的优惠”理念，以“三服务三促进”为抓手，及时帮助企业解决发展难题，降低企业生产经营成本，维护企业合法权益，增强企业发展信心，释放社会投资活力。加强要素保障。编制低效产业用地再开发专项规划，持续开展存量建设用地清理工作，切实保障优质项目、重大项目用地需求；积极开展政银企对接活动，支持金融机构在宿豫试点金融创新，畅通银行与企业的交流通道。加强诚信建设。进一步强化信用信息平台建设，完善信用体系，试行区、街道、社区、小区四级联动的运作模式，推进信用产品研发和应用，加大联合惩戒力度，提升社会诚信度。

三、聚焦瓶颈制约，聚力深化重点领域改革

围绕增强发展优势，始终坚持目标导向、问题导向、需求导向，持续推动改革创新，进一步激发市场活力和社会创造力。

进一步深化行政审批制度改革。实行清单化管理。加快推进权力“瘦身”，全面建立行政权力清单和责任清单制度，加大区、乡两级行政权力清单化监管，着力提升服务效率，转变政府职能，为创业、创新释放更多有利空间。开展规范化建设。科学确定省、市下放审批项目的承接方式，加强服务质量、办件程序等政务服务规范化建设；围绕全省政务服务“一张网”，改造升级政务服务云平台，提高电子营业执照发放率。健全网格化体系。加强乡镇便民服务中心和村居便民服务站管理，通过完善载体、拓展功能，切实为群众提供方便、快捷、优质、高效的行政审批服务。

进一步深化社会事业领域改革。加快乡镇卫计事业改革。加强对购买服务和基本药物制度实施的监管，积极发展区域医疗保健联合体，逐步推开乡村医生签约服务，着力提升乡镇卫计服务质量，年内，乡镇医院全部开展公共卫生服务，规范实施基本药物制度。加快教育事业改革。稳妥推进义务教育阶段中小学教师“区管校聘”管理制度改革，不断完善双向竞争交流机制，进一步促进优质师资均衡配置；深入推进中小学校责任督学挂牌督导工作，完善督导制度，提升督导水平，年内，力争创成全国责任督学挂牌督导创新区；支持义务教育学校与知名学校合作办学，探索基础教育发展共同体和集团化办学模式，不断提高办学质量。加快社会救助试点改革。进一步完善“一门受理、协同办理”社会救助工作机制，强化救助的精准识别、科学比对和动态管理，提高跨部门社会救助效率。

进一步深化农业农村改革。认真落实上级要求，有序推进农村土地所有权、承包权、经营权三权分置，依法推进农村土地经营权流转，全面推行“两权”抵押贷款试点工作，年内，有组织流转土地5万亩。深化农村产权制度改革，丰富交易品种，逐步将农村集体资产股份、农户宅基地使用权、农业类知识产权等

纳入交易范围，促进土地、资金、技术等生产要素优化配置，进一步解放和发展农村生产力。推进农民资金互助合作社转籍工作，切实做好农民资金互助合作社资产、债务重组，确保农民资金互助社依法、稳健经营，有效提升农村金融服务水平。

四、聚焦内涵提升，聚力建设宜居宜业城市

坚持与中心城市错位发展，进一步加强城市经营，严控城市边界，提升内涵品质，努力让城市的功能配套更加完善、空间布局更加合理、人居环境更加优美。

强化城市基础配套。以群众需求为出发点，持续推进便民服务设施建设，年内，庐山路便民疏导区投入使用，多功能汽配服务区启动建设，建成公共多层停车场2.5万平方米。实施城市道路通达工程，推进断头路改造，进一步完善路网结构，畅通城市道路，年内，完成长江路北延、九龙江路、扬子江路、杨舍路等路段建设，改造提升江山大道、学海路以及周边居住区慢行系统。

提升城市整体形态。实施景观提升工程。坚持把景观打造作为彰显城市个性的重要节点，统筹考虑，突出重点，年内，启动区政府周边功能配套工程建设，完成文昌广场、中运河风光带、项王东路、千鸟园广场及广场西侧单位庭院改造。实施夜景亮化工程。坚持把城市亮化作为提升城市品位的重要措施，整体规划、梯次推进，年内，完成江山大道、项王东路、珠江路、洪泽湖东路，中运河、牡丹江河以及电商产业园区夜景亮化提升工程。实施水系畅通工程。坚持把水系建设作为改善城市生态的重要途径，点线结合，以水兴城，年内，完成尚阳湖湿地公园改造，加快推进牡丹江河、泰山河、世纪河等河道疏浚整治。

提升城市商气人气。一方面，围绕电商名城定位，加快推进电子商务产业园区载体建设和主体引培步伐，强力扩大电子商务优势。年内，京东智慧物流、京东淮海经济区电子商务运营中心、快递配送中心和质押仓库一期、京东客服呼叫中心二期、筑梦小镇等项目建成投用，京东物联网智能制造产业园、智慧云谷等项目启动建设；做大做强呼叫客服、电商运营、物流仓储三大主导产业，加快培育物联网智能制造、手游动漫、互联网金融三大特色产业，入驻电商企业超过300家，电商交易额突破400亿元。另一方面，围绕提升核心商圈“首位度”，以项王东路为轴，强化功能配套，加快周边现有商业项目建设，积极招引知名商业综合体进驻，努力形成城市发展的地理级差。

提高城市治理能力。加快老旧小区、棚户区改造，提升城市宜居指数，年内，完成宏成都市、九龙花园等15个老旧小区整治提升和曹庄、红星美凯龙东侧等7个地块513户房屋征收工作。深入推进全国文明城市创建，主动对标创建要求和“决胜2017”工作任务，开展文明劝导等创建行动，不断提升城市文明程度，确保全面完成创建任务。加强城市管理，完善长效机制，持之以恒开展店外店、占道经营等市容环境专项整治和背街小巷、城乡结合部等环境整治工作，让城市更加整洁有序。

五、聚焦内生动能，聚力加快农业农村发展

以增强“三农”发展内生动能为要求，深入开展“三进三帮”活动，立足镇村资源禀赋、产业基础等条件，因地制宜、灵活施策，持续推动农民增收、农业增效、农村发展。

加快农业特色发展。积极落实农业供给侧结构性改革任务，大力实施“双10” 共进战略，推进农业特色化、高效化发展，引导农民根据市场需求调整种植结构，深化土地耕作制度改革，推动农业保险“扩面提标增品”，进一步完善农业特色产业体系，年内，每个乡镇至少建成一个2000亩以上、成方连片的高效农业示范点。加快发展休闲体验农业，重点推进“一轴一带三组团”建设，年内，完成梨园湾梨花洲、梨韵水街和杉荷园游客服务中心等重点工程，力争杉荷园-梨园湾景区创成省五星级乡村旅游区。大力培育新型农业经营、服务主体，全年新增家庭农场80个、农民专业合作社100家。强化地域品牌创建，着力扩大质量安全可追溯体系试点范围，增加绿色优质农产品

供给，坚定不移推进农业专业化、标准化、商品化和品牌化生产，年内，新增“三品一标”认证20个。

提升镇村建设水平。持续推进“1+10”工程，加强镇区精品示范街创建，推进“小镇客厅”建设，着力完善文化活动中心、体育公园等公共基础设施和服务设施，丰富镇区便民服务功能。加快农村城镇化进程，着力建设一批幸福家园小区，切实改善农村居住条件。坚持把解决“行”的问题作为今年兴办农村实事的重点，加强农村道路建设、管理和提升，增强通达能力、提升配套水平，切实改善农村道路基础设施条件。年内，启动268省道建设，改造县乡道路31.9千米，提升农村公路40千米，实施道路通达工程38千米，建设“四好”示范路150千米。

推动农民进城入镇。以“一挂三化”为抓手，扎实有序推进村庄撤并，全年完成城乡建设用地增减挂钩拆旧复垦3500亩、搬迁农户3000户。进一步完善农民进城入镇的政策，积极引导农民向城区、镇区和新型农村社区梯度转移、渐进集聚。加强进城农民权益保障，在保留土地承包经营权、宅基地使用权、集体收入分配权等合法权益的同时，为进城入户农民提供与城镇居民同等的养老、医疗、就业和子女入学等社会保障和服务。

六、聚焦生态建设，聚力增强绿色发展成效

牢固树立绿色发展理念，围绕经济生态化、生态经济化，大力推进生态文明建设，实现产业竞争力和生态竞争力“双提升”，努力走出一条生态、经济、富民融合发展新路径。

启动生态经济示范区建设。坚持规划引领。深入研究生态经济大课题，委托专业权威机构，编制全区生态经济建设各项规划，明确建设目标、发展路径、工作抓手和推进举措，为面上工作开展提供遵循和指导。一季度，完成六塘河生态经济示范区、砂礓河生态湿地保护小区、养殖业禁养限养区等规划编制工作。坚持重点突破。依托六塘河沿线生态资源，围绕“一轴四核”，坚持高点定位、连片推进、分步实施，打造六塘河生态经济区；坚持以“三集中三转变”为抓手打造新庄生态经济示范镇，积极推动人口向镇区集中、工业向园区集中、土地向规模经营集中，实现农民向股东转变、务农向务工转变、打工向创业转变，努力形成示范效应，以点带面，全域推进。坚持项目化推进。严格按照规划编排示范区道路提升、生态农业发展、旅游景点打造等具体项目，集中资源加快项目实施，确保干一事成一事，件件成精品。

开展“两减六治三提升”专项行动。重点推进“六大治理”：在水环境治理上，分步整治城乡河道，大力实施六塘河流域治理工程，持续开展新沂河黄沙禁采工作。在生活垃圾治理上，深入实施生活垃圾收运、生活垃圾利用、餐厨垃圾处置、建筑垃圾再利用“四项工程”，确保垃圾分类覆盖范围达到15%。在黑臭水体治理上，扎实做好控源截污、生态修复、水系沟通等工作，逐步实现城乡主要河道见清水、可钓鱼。在畜禽养殖污染治理上，推广生态养殖、畜禽粪污综合利用新模式，上半年，完成禁养区养殖场、养殖专业户搬迁，确定好禁养区外的养殖区域、总量、畜种和规模。在挥发性有机物污染治理上，全面落实“气十条”行动计划，加大生态化工园区大气治理力度，进一步提升空气环境质量。在环境隐患治理上，用好用足法律手段和技术手段，严厉打击偷排偷放、非法排放有毒有害污染物、非法处置危险废物等违法违规行为，全面提升环境风险防控水平。

强化生态基础设施建设。深入实施“生态文明建设三年行动计划”，扎实推进“一系两网”建设和杨树品种更新，在重点区域和主要河道分别设置大气、水质监测检测设备，不断改善城乡生态环境。年内，整治疏浚河道70千米，成片造林1200亩、更新改造杨树2.3万亩。加强城镇污水处理设施和污水管网建设，加快已建污水处理厂提标改造和满负荷、标准化运营，积极探索农村污水处理新路径，年内，完成9个乡镇污水处理设施建设任务，有效开展中

德农村生活污水处理项目试点。

七、聚焦共建共享，聚力抓好富民惠民实事

坚持把群众的感受作为衡量民生工作的标尺，积极顺应群众新期待，进一步加大民生投入，加快民生实事项目建设，优化公共供给，让群众的“口袋”更鼓、获得感更强、满意度更高。

聚力富民抓增收。推动全民创业。实施全民创业工程和返乡人员创业“54321”工程，加强乡镇全民创业园和网络创业孵化基地建设，年内，乡镇全民创业园实现“六通一平”，新引进固定资产超500万元以上创业项目50个；区、乡两级孵化基地功能进一步完善，新入驻网络创业项目1500个，新增“五小”创业项目不少于1万个。促进全面就业。完善就业服务网络，强化就业技能培训，提高就业服务质量，确保有就业意愿的人群充分就业；加快推进农村剩余劳动力就近就地转移，让群众在家门口有事做、有钱赚。强化精准扶贫。提高低收入户识别精准度，大力开展产业扶贫、项目扶贫、电商扶贫、教育扶贫、健康扶贫，拓宽低收入户增收渠道；完善挂钩扶贫机制，强化项目落实，激发经济薄弱村集体“造血”功能。年内，完成1.2万低收入人口、11个经济薄弱村脱贫任务。

围绕需求优服务。制定完善基本公共服务标准，从基本公共服务单位和设施的建设标准、运营标准、人员设备配置标准等方面入手，对标找差、补齐短板。在优化教育服务方面，深入推进省义务教育优质均衡改革发展示范区创建，优化城区教育布局，深入推进“全面改薄”工程，加快教育信息化建设，培育“一校一品”办学特色，年内，启动相关小学、幼儿园的规划建设，改造加固中小学校B、C级校舍4.5万平方米，义务教育现代化学校评估达标率保持全市领先。在优化医疗服务方面，加快医疗卫生重点项目建设，年内，妇产儿童医院、豫新街道社区服务中心投入运营；乡镇医疗卫生提质工程全面启动，2家乡镇医院创成一级甲等综合医院，13个村居卫生室完成改造提升，基本公共卫生服务项目经费提高到60元/人/年。在优化文体服务方面，加快城区体育设施提档升级、镇村基础体育场地设施建设，进一步完善区、乡、村三级公益性文化设施，年内，100%的乡镇、街道和30%的村居、社区建成综合性公共文化服务中心，70%的村居建成“两室一场一路径”。在优化保障体系方面，持续开展社保扩面“幸福行动”，深入实施“全民参保登记计划”；将孕期筛查纳入医保范畴，从源头上提高人口素质；建设“留守儿童之家”，关心保护留守儿童。

强化治理促和谐。加强基层治理探索，深化“政社联建”，扎实开展机关与社区“双结双联”活动，推进星级社区服务中心建设，全面提升社区建设水平；实施“村村响”工程，拓宽政府与群众沟通联系渠道。加强法治宣传教育，认真落实“七五”普法规划，加快法治城市建设，切实增强全社会法治观念，提高社会治理法治化水平。加强平安宿豫建设，完善防控体系，健全信息搜集、社会预警、快速反应机制，严厉打击各类违法犯罪活动，深化企业安全生产主体责任落实年活动，强化食药、卫生等重点领域监管，切实维护社会稳定和人民群众生命财产安全。

全面加强政府自身建设

新的形势、新的任务和人民群众新的期待对政府工作提出了新的更高要求。我们将不忘初心，继续前行，结合“两学一做”学习教育，主动践行发展新理念，切实加快政府职能转变，积极展现实干担当、务实为民的新作为，为建设高水平全面小康社会提供坚强保障。

坚持依法行政。严格依照法定权限行使权力，健全重大行政决策程序机制，加强合法性审查，确保科学决策、民主决策、依法决策；推行行政执法全过程记录制度和执法公示制度，加强“双随机”监管，进一步规范行政执法行为；认真接受人大法律监督、人民政协民主监督、社会公众监督和舆论监督，加强行政监察和审计监督，确保行政权力规范运行。

坚持科学理政。主动适应经济发展新常态和供给侧结构性改革新要求，引导各级干部

认真找短板、着力补短板、有效强短板；切实加强形势分析、政策研究，督促各级干部尊重发展规律，守好工作底线，切实避免犯不可整改的错误；进一步强化聚力创新的工作导向，鼓励各级干部聚焦重点、精准发力，打好发展的主动仗，厚植发展的新优势。

坚持为民执政。围绕群众关注的热点、难点问题，不断增加民生支出，持续推进民生项目建设；积极创新公共服务方式，推行政府购买服务制度，进一步健全基本公共服务体系，增强公共服务能力，扩大公共服务范围；着力畅通与群众联系渠道，加强网络问政、12345热线建设，增设“民声在线”栏目，确保重点民生问题第一时间反应、第一时间处理。

坚持从严治政。大力倡导摸实情、办实事、求实效的务实作风，积极推进领导干部挂钩联系工作机制，切实解决经济社会发展中遇到的困难，为各类市场主体创造公平竞争的发展环境；大力弘扬主动作为、敢于争先、善做善成的担当精神，强化各项工作的监督检查，坚决克服不作为、慢作为和“庸、懒、散”现象；大力增强定了干、马上办、办到底的效率意识，加强绩效管理，改进工作作风，切实打通政策执行“中梗阻”，畅通为民服务“最后一公里”。

坚持廉洁从政。认真贯彻十八届六中全会精神，坚决执行《关于新形势下党内政治生活的若干准则》《中国共产党党内监督条例》等有关要求，进一步强化“一岗双责”，切实把廉政建设贯彻到各项工作之中；坚持把纪律挺在前面，认真落实中央八项规定、省委十项规定和市委、区委有关要求，通过监督检查、效能监察、执纪问责等方式，从严从重查处顶风违纪行为，进一步提高纪律规矩的约束力；不断健全反腐倡廉教育防范机制，加强廉政教育和廉政文化建设，引导广大干部筑牢思想防线、坚守纪律底线，推动全社会形成崇尚廉洁的良好风气。

各位代表，新常态赋予新使命，新征程呼唤新作为！让我们在市委、市政府和区委的坚强领导下，紧紧团结和依靠全区人民，继续开拓进取、创新实干、合力攻坚，加快推进“三大建设”，为在全市率先建成高水平全面小康社会而努力奋斗！

《政府工作报告》名词解释

一、“511”工程：2015年市委、市政府部署实施“511”工程，“5”是指扶持开票销售收入前500家企业，第一个“1”为1000家企业实施设备投资超千万元技术改造项目，第二个“1”为新增规模以上工业企业1000家。总体目标任务为：通过三年努力，全市重点实施150个兼并重组项目；1000家以上企业实施设备投资超千万元技术改造项目；新增股份制改造企业100家，实现股改挂牌上市企业20家；开票销售前500家企业实现开票销售突破2000亿元；累计新增规模以上企业1000家

二、政社联建：转变政府职能，深化基层群众自治，推动基层社会管理创新，实现政府治理与基层群众自治的有效衔接和协同联建，我区的具体措施是推进“契约化”管理

三、五减：减项目、减程序、减收费、减资料、减时限

四、并联+串联：在审批新建的房地产、工业、民生类项目时，对区权范围内涉及多个部门的审批事项，内部进行串联，对外开展并联审批，减少企业办事流程

五、一系两网：水系和路网、林网

六、3D打印“一院三中心”：3D打印产业研究院展示中心、教育培训中心、孵化中心

七、“双10”共进：10万亩果蔬基地、10万亩休闲农业和乡村旅游核心区

八、一挂三化：以城乡建设用地增减挂钩为抓手，推进工业化、城镇化和农业现代化“三化”进程

九、镇村“1+10”工程：“1”即乡镇规划修编；“10”即小镇客厅建设、精品示范街建设及绿化亮化提升、农贸市场改造及马路市场清理、乡镇医疗卫生服务体系建设、公共厕所建设及户厕无害化改造、公益性墓地建设及文明殡葬、镇域环境及主要干道沿线整治提升、污水处理厂及配套管网建设、畜禽养殖场污染治

理、城乡建设用地增减挂钩及幸福家园小区建设等10项工程

十、三创四治：创建生态示范区、乡镇，创建生态经济示范点，创建美丽乡村；整治“气、水、味、土”等环境突出问题和薄弱环节

十一、三室一场一路径：乒乓球室、棋牌室、健身室（村居建两室，即乒乓球室、棋牌室）；篮球场；健身路径

十二、“五位一体”总体布局：经济建设、政治建设、文化建设、社会建设、生态文明建设

十三、“四个全面”战略布局：全面建成小康社会、全面深化改革、全面依法治国、全面从严治党

十四、两聚一高：聚力创新，聚焦富民，高水平全面建成小康社会

十五、三抓三促：抓改革促发展，抓项目促转型，抓民生促和谐

十六、三转三稳：理念要转变，思路要转型，动力要转换；稳定经济增长，稳步推进改革，稳住社会大局

十七、两减六治三提升：2016年12月9日，省委、省政府召开专项行动动员会，部署“两减六治三提升”工作。两减，即减少煤炭消费总量、减少落后化工产能；六治，即治理太湖水环境、治理生活垃圾、治理黑臭水体、治理畜禽养殖污染、治理挥发性有机物污染、治理环境隐患；三提升，即提升生态保护水平、提升环境经济政策调控水平、提升环境监管执法水平

十八、五有三转：有产业规划、有龙头企业、有载体平台、有扶持政策、有优质服务；转变发展方式、转变开发方式、转变招商方式

十九、“三位一体”招商：园区招商、专业招商、产业招商

二十、三服务三促进：服务企业、服务项目、服务园区；促进深化改革、促进作风转变、促进转型发展

·重要文件选录·

关于推进脱贫致富奔小康工程的实施意见

为全面建成更高水平的小康社会，根据《中共中央国务院关于打赢脱贫攻坚战的决定》（中发〔2015〕34号）《中共江苏省委江苏省人民政府关于实施脱贫致富奔小康工程的意见》（苏发〔2015〕35号）《中共宿迁市委宿迁市人民政府关于推进脱贫致富奔小康工程的实施意见》（宿发〔2016〕1号）精神，结合我区实际，现就“十三五”时期推进脱贫致富奔小康工程提出如下实施意见。

一、切实统一实施脱贫致富奔小康工程的思想认识

实施脱贫致富奔小康工程是贯彻落实“四个全面”战略布局的迫切要求。全面建成小康社会的奋斗目标，是全党全国上下要致力实现的第一个百年梦想，也是我们各级党委政府和广大党员干部必须紧抓不放的政治和战略任务。党的十八大以来，习近平总书记对扶贫开发工作作出一系列重要论述，形成了丰富的战略思想体系，为扶贫开发工作指明了方向。中央扶贫开发工作会议是中央着眼实现“第一个百年”奋斗目标发出的脱贫攻坚动员令，省、市扶贫开发工作会议是向着“第一个率先”目标冲刺吹响的冲锋号。实现全面小康已经进入倒计时，如期实现全面小康社会奋斗目标，就是要深入推进脱贫致富奔小康工程的实施，把深化扶贫攻坚作为全面小康的最大任务来抓，把实施精准扶贫作为扶贫开发的主攻方向来抓，盯紧盯牢，全力推进。

实施脱贫致富奔小康工程是宿豫全面建成小康社会的关键所在。目前我区实现全面

小康任务艰巨，“十三五”期间全区相对贫困群体依旧庞大，农村年人均收入低于6000元的仍有5.1万人；经济薄弱村新“八有”建设不够稳固，集体经济收入低于18万元的省定重点经济薄弱村仍有8个；不可持续以及区域间发展不平衡等问题依然较为突出，部分村发展和农户增收的瓶颈制约尚未根本性消除，因病、因残、因灾、因学等致贫返贫现象依然存在，脱贫攻坚任务仍然十分艰巨。“十三五”时期是全面建成小康社会的攻坚阶段，也是决胜阶段，全区上下必须充分认识到做好新形势下扶贫开发工作的极端重要性和紧迫性，始终把扶贫开发工作放到事关全省“两个率先”的大局中来认识和谋划、放到事关宿豫全面小康社会建设的全局中来定位和推进。举全区之力，立愚公之志，苦干实干，加快推进“十三五”脱贫致富奔小康工程的实施，坚决打赢新一轮脱贫攻坚战。

实施脱贫致富奔小康工程是党委政府履行使命的现实需要。区委区政府历来重视扶贫开发工作，始终把增加群众收入、改善基础条件、壮大集体实力作为重中之重，锲而不舍抓扶贫，持之以恒促发展。“十二五”期间，全区7.2万低收入人口全部脱贫，34个省定经济薄弱村达到新“八有”标准，集体经济良性发展基础初步建立，基础设施及群众生活环境得到明显改善，为实施脱贫致富奔小康工程打下坚实基础。“十三五”期间，打好扶贫攻坚战、加快脱贫致富是各级党委政府必须担负的神圣职责，是建设全面小康、实现共同富裕的关键举措，也是新常态下促进区域经济增长的重要途径。各部门各单位要把扶贫开发作为事关实现全面小康社会的大事来抓，落实党政一把手亲自抓、负总责不动摇，全力推动区委、区政府各项决策部署落到实处，确保“一个不少、一户不落”迈入全面小康社会。

二、准确把握实施脱贫致富奔小康工程的总体要求

（一）工作思路。全面贯彻习近平总书记扶贫开发战略思想和对江苏扶贫开发工作的新要求，牢固确立创新、协调、绿色、开放、共享发展理念，紧紧围绕“减少相对贫困、缩小收入差距、促进共同富裕”的目标定位，按照“标准再提高、重点再聚焦、内涵再丰富、底线再织牢”的工作要求，贯彻精准扶贫、精准脱贫的基本方略，积极推进国家扶贫改革试验区建设，全力实施脱贫致富奔小康工程，切实抓住6000元以下低收入人口脱贫、经济薄弱村更高水平新“八有”建设“两个重点”，大力实施特色农业、镇村建设、全民创业、综合整治和基层党建“五大工程”，着力强化政策要素支持、社会力量参与、挂钩结对帮扶、扶贫开发责任保障体系，努力实现现代农业、镇村建设、村级经济、基础保障、重点片区、区域经济六个根本性变化，全面建成“强 富 美 高”的新宿豫。

（二）目标任务。力争到2019年底、确保到2020年，全区5.1万低收入人口年人均收入达到6000元，生活水平明显提高，义务教育、基本医疗和公共服务得到高度保障；以8个省定经济薄弱村为重点，全区经济薄弱村建成更高水平新“八有”，集体经济收入超过18万元；东北岗、袁王荡等片区面貌发生根本性改变，生产生活条件达到全市平均水平；国家扶贫改革试验区建设取得实质性进展，形成一批可复制、可推广的典型经验。2016年度，确保1.3万扶贫开发人口年人均收入达到6000元，其余人口年人均收入递增不少于500元；25%重点经济薄弱村建成更高水平新“八有”，集体经济收入超过18万元，其余重点经济薄弱村集体经济收入增幅不低于18万元目标差额的25%，其它村实现集体经济收入增长10%；高质量完成11项扶贫改革试验区建设任务。

（三）基本原则。一是坚持党委领导，实行分级负责。充分发挥区委总揽全局、统筹协调的领导核心作用，严格落实乡镇党委属地主体责任，强化基层党组织书记具体推进责任，真正形成扶贫开发一把手负责、区乡村三级书记一起抓的良好局面。二是坚持政府主导，推进全员参与。发挥区乡两级政府主导作用，把扶贫开发纳入经济社会发展总体规划，选好用好

扶贫开发政策，积极争取策应扶持。有关部门结合各自职能，发挥行业优势，密切协作配合。引导市场主体参与扶贫开发，改善农村发展环境、增加就业岗位、帮助低收入农户提升自主脱贫能力。聚集各类社会力量，开展以“村企、村社共建”等为重点的社会化帮扶活动。三是坚持精准扶贫，实现精准脱贫。通过精准识别扶贫对象、形成精准扶贫合力、创新精准扶贫路径，解决“扶持谁”“谁来扶”“怎么扶”问题，做到扶真贫、真扶贫、真脱贫，保障扶贫成效可持续性，让低收入人口有更多的获得感。四是坚持群众主体，激发内生动力。调动经济薄弱村和低收入农户的主动性、创造性，切实提高低收入农户自我脱贫能力、村居自我发展能力和镇级脱贫攻坚内生动力。五是坚持因地制宜，创新体制机制。围绕市安排的改革项目和下达的目标任务，结合本地实际，全力推动国家扶贫改革试验区建设，重点在产业扶贫、电商扶贫、专项扶贫、健全民生保障、集体发展投入等方面创新体制机制，努力探索推进扶贫开发工作的新路子。

三、加快低收入人口精准脱贫

（一）精准识别低收入农户。抓好精准识别、建档立卡这个关键环节，夯实新一轮扶贫开发工作基础，确保对象找准、找齐、找全，决不漏掉一个人、丢掉一个村。坚持“分级负责、精准识别、动态管理、群众认可”原则，采取户申报、组推荐、村评议、镇复核、区确认方式，深入细致开展低收入农户建档立卡工作。改“一卡一类”为“一卡三类”，针对有劳动能力扶贫开发人口、完全或部分丧失劳动能力已经享受社保兜底的低收入人口、完全或部分丧失劳动能力又未享受社保兜底的特殊困难群体等三类人群的不同情况，分门别类予以精准建档立卡，确保符合条件的一户不漏，不符合条件的一个不进。健全民主评议机制，全面全程实行公示公开，通过公示栏、手机短信（微信）、张贴申报公告等方式将政策送达千家万户，广泛宣传扶贫政策。召开村（居）民会议或者村（居）民代表会议对低收入农户选定、帮扶政策落实、脱贫成效认定等进行评议，并及时公开公示。每年对建档立卡低收入农户进行全面核查，实行有进有出的动态管理。建立低收入农户脱贫认定退出机制，已实现脱贫的两年内继续享受原扶持政策，巩固脱贫成果。

（二）发展特色产业带动脱贫。全面实行“菜单扶贫”，充分考虑低收入农户就业意向、就业潜能、致贫原因等实际，确定种类项目更多、选择方式更灵活的精准“扶贫菜单”。进一步拓展扶贫菜单内容，重点编制以花卉苗木、精品果蔬等为主的种植项目，以肉鸡、生猪、水产等为主的养殖项目，以喜糖盒、电子配件等为主的手工业项目，切实通过发展特色产业带动一批低收入农户脱贫致富。扩大“一社一群一中心”（村级土地股份合作社、家庭农场集群、综合服务中心）试点，不断完善现代农业生产、经营和服务体系，为低收入农户发展特色产业脱贫致富提供优质服务。

（三）实施“家门口”就业促进脱贫。健全低收入农户就业申报登记制度，逐村逐户建立台账，全面摸清就业需求和培训愿望，促进低收入人口在本地就业创业。加快乡镇全民创业园建设，不断完善基础配套，积极消化闲置标准化厂房，重点引进无污染的劳动密集型产业，为农户实现就近就业提供岗位。大力发展 “三来一加”，推动各园区企业进村设立加工点，加大项目经纪人培育力度，整合各类扶贫资金帮助经济薄弱村建设标准化厂房，让低收入农户不远离家门就能进厂务工、增加收入。到2019年，所有经济薄弱村实现“家门口”就业工程全覆盖。引导农业龙头企业进镇入村流转土地建设生产基地，整合各类农业项目资金和扶贫资金予以帮扶，强化其与低收入农户的利益联结，带动更多农户发展特色产业。以村为单位为家中无强劳力的低收入人口购买保洁、绿化、公共服务设施简易维护等公益岗位，帮助其脱贫致富。加大“互联网+扶贫”工作力度，推广“一村一品一店”模式，培育农村电商专业村和专业户，加快“一村”培育“一品”“一品”做精“一店”“一店”致富“一片”步伐。对有自主创业愿望和能力的低收入人口，进行免费职业技能培训，提供扶贫小额贷款，给予财政、税收优惠等措施，促进自主创业，带动更多低收入人口就业。

（四）探索资产收益助推脱贫。创新财政资金使用管理方式，各类经济薄弱村发展引导资金、挂钩帮扶资金、社会扶贫帮扶资金重点投向经济薄弱村，集中用于设施农业、规模养殖、标准化厂房、乡村旅游等物业资产建设，并将资产所有权明晰到村。乡镇（街道、园区）牵头负责物业资产的运营招商，项目建成两个月内招租或入股到位，收益到村。扶贫物业资产项目及时记入乡镇（街道、园区）“三资”账户，分村专账核算，收益按村集体和低收入农户各50%分配，其中村集体收益部分严格按照扶贫资产管理办法列支，严禁截留、挤占或挪用。低收入农户收益按年度结算，率先稳定脱贫的可以继续享受并予以倾斜，最迟到“十三五”末为止。2020年以后，所有帮扶资金形成的物业资产收益归村，采取确权量化到户的方式，由村集体和全体经济组织成员共享。

（五）加强教育支持脱贫。按照国家实施教育扶贫工程的要求，帮助带动低收入农户子女接受公平有质量的教育，阻断贫困代际传递。参照区低收入农户建档立卡名录，同步对家庭经济困难学生建档立卡，并进行动态管理。免除建档立卡家庭经济困难学生普通高中学杂费。建档立卡家庭学生就读本地中等职业学校、高职（专科）院校免除学杂费，为建档立卡家庭本科、高职（专科）学生提供生源地助学贷款。建立优秀教师“进得来，留得住”机制，对扎根农村教育一线的教师实行阶梯式生活补助政策。

（六）完善医疗保险和医疗救助脱贫。落实国家健康扶贫工程，保障低收入人口享有基本医疗卫生服务，努力防止因病致贫返贫。将建档立卡低收入人员全部纳入城乡居民基本医疗保险范围，个人缴费部分由医疗救助基金全额补贴。优化城乡居民基本医疗保险政策，将低收入人口发生的特殊检查、治疗及体内放置材料等项目逐步纳入报销范围，实行限额补偿，提高实际报销比例。完善城乡基本医疗保险、大病保险、医疗救助制度间的衔接，实行“三险”一站式同步结算，使低收入人口大病医治得到有效保障。推进区乡村三级医疗卫生服务网络标准化建设，全面完成村居卫生机构标准化建设，实施基本药物制度，实行零差率销售，将结报补偿网络延伸到村居，低收入人口在村居卫生室就医实现即时结报。

（七）实行农村最低生活保障兜底脱贫。完善农村最低生活保障制度，健全低保标准动态调整机制，“十三五”时期扶贫标准与低保标准相互衔接，对无法依靠产业扶持和就业帮助脱贫的低收入农户实行政策性兜底保障。强化农村低保申请家庭经济状况核查工作，将所有符合低保条件的低收入农户家庭纳入低保范围，做到应保尽保。对生活困难的无业、重度残疾人和精神智障人群，积极争取单人立户参照低保标准纳入保障范围。整合临时救助、医疗救助、教育救助等八类救助资源，加大临时救助制度落实力度，帮助低收入农户解决实际困难。提高农村特困人员供养水平，不断改善供养条件。加强农村低保和扶贫开发数据的互联互通、资源共享建设，创新“一二三一”管理法，即一年两次复核，对连续享受低保待遇满三年的重新评议一次，实现动态监测管理。健全完善城乡居民基本养老保险制度，逐年提高基础养老金标准，引导农村低收入人口积极参保续保，逐年提高保障水平，有效减少因老致贫返贫现象发生。

四、着力提升经济薄弱村新“八有”建设水平

（一）为经济薄弱村建档立卡。依据省定经济薄弱村识别标准和确认程序，围绕村居基本情况、集体经济收入、产业发展水平、基础设施状况、生产生活生态条件、公共服务能力、班子队伍建设等方面内容，将全区涉农村（居）分成重点经济薄弱村（分为省定、区定）、一般经济薄弱村和其他村等三类，有针对性

地开展“挂钩帮扶”活动。省定重点经济薄弱村，2016年3月底前录入省扶贫开发数据系统，其他村同步完成建档立卡工作，同步组织帮扶，分类实施考核。重点经济薄弱村由挂钩乡镇（街道）的区领导牵头，由市直部门、区直有实力部门、优秀企业挂钩帮扶。一般经济薄弱村由区直部门挂钩帮扶。其它村由乡镇（街道）整合各自辖区的机关、全民创业园企业、党员干部、种养大户等力量挂钩帮扶。没有挂钩帮扶任务的区直单位安排人员参与结对帮扶。在挂钩单位选择上，按照村发展需要安排对口部门帮扶。挂钩区领导重点发挥牵头抓总、统筹协调、调研推进等作用，及时会办解决脱贫攻坚中遇到的重要问题；挂钩单位重点围绕村居脱贫任务，帮助制定整村脱贫方案、选定村级产业发展项目，与低收入农户共同谋划、商研、选择脱贫项目，全程指导项目的组织实施、督查推进；帮扶企业利用自身优势，以帮建产业化项目、提供就业岗位、援建基础设施和发展民生实事等方式帮助村居脱贫致富奔小康。区国土、经信、科技、水利、农委、农开、扶贫、财政等部门，在用地指标安排、项目申报、资金拨付上向帮扶成绩突出的企业倾斜。

（二）全面落实“挂村包户”制度。按照“全员参与、全程帮扶、全责落实”的工作要求，根据机关企事业单位人力、物力情况，结合“十三五”建档立卡工作，分三类建立“挂村、包户、派第一书记”帮扶工作机制。市、区、乡“挂村包户”不交叉、不重复，实现挂钩帮扶全覆盖。重点经济薄弱村派驻“第一书记”，由挂村单位负责选派。“第一书记”在乡镇（含街道、园区，下同）党委领导下，与村党组织主要负责人共同带领村“两委”成员开展工作，重点是建强基层组织、推动精准扶贫、为民办事服务、提升治理水平。坚持选准派强、从严管理，坚持支持到位、保障到位，建立健全“第一书记”选派培训、考核管理、待遇保障、选拔使用、动态调整等制度。一般经济薄弱村挂村包户不派第一书记，其它村实行包户不挂村。包保单位工作实绩由乡镇组织申报，区扶贫工作领导小组审核认定。

（三）促进土地流转增加村集体收入。制定出台相关文件，鼓励新型农业经营主体集中连片流转土地，发展适度规模经营。引导村集体经济组织按照中央、国办《关于引导农村土地经营权有序流转 发展农业适度规模经营的意见》精神，收取基础设施使用费、土地流转服务费，进入乡镇（街道、园区）“三资”账户进行统一管理，用于发展农田水利设施、公共服务设施和扶贫济困、助残帮弱等公益事业。优先整合农开、水利、农委等农田水利基础设施项目，向集中连片土地流转区域倾斜，着力完善基础设施配套，降低土地整理的难度，增强土地流转和适度规模经营的吸引力。

（四）全力增加集体资产资金资源收益。用好经济薄弱村集体经济发展引导资金，按照宜工则工、宜农则农、宜商则商、宜游则游的思路，因地制宜发展资源开发型、资产运营型、资本运作型、为农服务型、休闲观光型等多种类型的集体经济。全面清理整合各年度扶贫资金，落实所有权和收益权到村，保持长久稳定集体收入，并实现资产保值增值。鼓励经济薄弱村利用租赁、股份合作等形式，推进农村荒地、林地、水塘以及整理土地的开发创收，实现对闲置集体资产、存量土地资产的合理经营。

（五）多方拓宽创新集体增收渠道。支持村级组织依托本地资源优势，发展特色产业，全力推进现代农业“1+X”产业发展。鼓励发展村级土地股份合作社、社区股份合作社、农民专业合作社等合作组织，通过吸收低收入农户土地经营权入股等，推进农户开展合作经营。认真落实村企挂钩帮扶制度，引导组织民营企业挂钩帮扶经济薄弱村，利用民企资本、技术、人才和管理等优势，提升乡村集体经济实力，增强脱贫后劲，并按规定享受涉农贷款等相关优惠政策。

（六）增强基层党组织的战斗力。围绕提升基层组织整体功能目标，重点开展村级党组织带头人职业化管理、软弱后进基层党组织整顿、经济薄弱村党组织建设，并以项目化理念开展党建带扶贫活动。通过对村书记实行“优秀书记高端培养、一般书记压担培养、后进书记结对培养”方式，着力提升规矩纪律意识、敬业奉献精神、苦干实干能力和引领带动本领。认真落实“支部+电商”党建富民工作要求，放大党建富民效应，充分发挥专职党务干部“一岗三责”作用，着力培养一支电子商务“网上先锋队”和“红色电商达人”。建立常态整顿机制，每年按照城市社区不少于5%、农村不少于10%的比例倒排，滚动开展软弱后进党组织整顿工作，着力解决带头人不胜任，发展思路不清晰，管理不民主，服务不到位，工作不作为、不善为、不会为等问题，不断提升基层组织的凝聚力和战斗力，为扶贫开发提供坚强的组织保障。

（七）实施“整村提升”工程。围绕建设更高水平新“八有”目标，在科学合理确定保留村庄、重点村、特色村的基础上，坚持“村为单位、统一规划、整合资源、分工负责、分步推进”原则，以发展村级经济、改善生产生活条件、提高发展能力为重点，编制村级发展规划，真正做到规划到村、项目到村、扶贫资金到村、行业扶贫到村、单位包保到村、干部联系到村、社会帮扶到村。深入实施村庄环境整治工程，健全村庄环境长效管护机制，切实做到全面覆盖、长效管理、动态保洁，着力解决好清垃圾、控污水等难题，打造宜居宜业宜游的生产生活生态环境。

五、创新扶贫工作新机制推进国家扶贫改革试验区建设

（一）突出改革重点，加速试点项目推进。围绕“统筹城乡发展、减少相对贫困”改革试验主题和目标，按年度分解改革试验任务，分解到相关部门，落实实施主体，制订实施方案，突出改革重点，加大推进力度。在工业化、城镇化和城乡发展一体化加快推进的新形势下，积极探索从根本上解决贫困问题、实现共同富裕的途径和办法。坚持问题导向、民生导向，努力提高工作的预见性、系统性和主动性，直面目前存在的突出问题和制约因素，力求取得普适性、长期性的创新成果。

（二）明确工作职责，确保取得预期成效。进一步明确区级有关部门和单位在国家扶贫改革试验区建设推进中的职责，建立区级联席会议制度，定期通报总体进展情况、协调解决问题、明确工作要求。区牵头部门切实发挥牵头作用，抓住关键环节，汇集部门合力，推进承担事项的全面创新完成。区有关部门发挥专业优势，指导乡镇制定年度分项实施方案、改革试验项目推进等工作。试验内容要细化到乡镇、村居，实现市区乡村四级联动。在完成目标任务基础上，围绕特色优势的创新项目，进一步挖掘潜力，找准改革创新的突破口，精选自选动作，在扶贫资产确权试点、电商扶贫模式、精准扶贫模式、农村金融扶贫和健全民生保障扶贫等领域取得突破性进展，形成一批成效明显的扶贫创新成果，打造国家扶贫改革试验区建设的品牌。

（三）积极对上争取，落实各项支持政策。把试验区建设作为重要抓手，抢抓机遇，积极争取各个领域各个方面的政策、资金支持。各牵头部门保持与上级部门时时对接，争取市扶贫办和有关职能部门的业务指导，将改革试点项目纳入省市对口部门总盘子，纳入中央和省、市的创新课题，争取资金和政策的直接支持。对已有的政策，要想方设法向改革试验项目倾斜，找准结合点，用真金白银推进改革深入，取得实实在在的成效。

六、凝聚扶贫开发强大合力

（一）加大专项扶贫力度。在国家扶贫专项资金、省级财政奖补资金、经济薄弱村发展引导资金等省级以上专项帮扶资金基础上，发挥好市脱贫奔小康专项资金和区配套资金作用，落实好专项扶贫主体责任。优先解决一批影响面较大、问题较迫切、脱贫带动效果好的相对贫困问题。积极策应国家、省各项支持政策，完善南北挂钩、四项转移、共建园区等机制。进一步细化专项扶贫的任务分解，明确各项工作进度，狠抓责任落实。

（二）探索行业扶贫政策。区发改、经信、

财政、教育、科技、民政、人社、国土、住建、交通、水利、农业、农开、文化广电、卫计、旅游等部门，要分别制定“十三五”行业扶贫实施意见。依据行业职责、发挥自身优势，确立重点支持项目，有效汇集行业部门政策资金资源，加大行业帮扶力度，合力推进扶贫开发。区国土部门探索城乡建设用地“增减挂钩”指标在区域范围内调剂使用，支持精准扶贫开发；区人社、卫计、民政部门要提高城乡居民基本医疗保险和大病保险制度实际筹资水平，门诊统筹全面覆盖所有经济薄弱村，将符合条件的低收入人口全部纳入重特大疾病救助范围，对城乡居民基本医疗保险、大病保险和医疗救助支付后自负费用仍有困难的，加大慈善救助帮扶力度，对低收入人口大病实行先诊疗后付费的结算机制。

（三）凝聚社会扶贫力量。建立社会扶贫工作协调机制，完善社会扶贫信息服务平台，推动资源整合，形成社会扶贫合力。鼓励民主党派、工商联和无党派人士帮助经济薄弱地区发展教育、科技、文化、卫生等社会事业，改善基础设施条件，促进特色优势产业发展。开展政府购买服务试点，鼓励社会组织承接政府扶贫项目。做好“南北挂钩”扶贫工作，创新发挥好市委帮扶工作队作用，实现经济薄弱村帮扶全覆盖。发挥工会、共青团、妇联、残联等组织优势，依托各类社会组织，创新帮扶体系。引导社会各界与低收入农户实行“一对一”帮扶。打造针对经济薄弱地区留守妇女、儿童、老人、残疾人、老军烈属等群体的社会扶贫公益品牌。建立家庭、学校、基层组织、政府和社会力量相衔接的留守儿童关爱服务网络。加强对未成年人的监护。健全发现报告、应急处置、帮扶干预机制，帮助特殊贫困家庭解决实际困难。组织好“10·17”全国扶贫日活动，合力扶贫帮困。

七、强化扶贫开发工作保障

（一）建立政策要素支持体系。加强基本财力保障，区财政每年安排1000万元，设立脱贫致富奔小康工程专项资金，主要用于扶贫改革试验项目奖补、重点经济薄弱村新“八有”建设、特殊困难群体的扶贫济困等。整合市级以上专项扶贫资金、相关涉农资金和社会帮扶资金，重点投向经济薄弱村，加快特色产业培育、扶贫对象发展能力提升和区域内生产生活生态条件改善步伐。鼓励引导金融机构为低收入农户提供免抵押、免担保扶贫小额贷款，单笔贷款额度由1万元提高到2万元，区政府设立扶贫贷款贴息资金。加大创业担保贷款、助学贷款、妇女小额贷款、康复扶贫贷款投放力度。扩大农业保险覆盖面，不断丰富高效农业保险险种，将低收入农户选择较为集中的农业产业发展项目全部纳入农业保险范围。新增建设用地计划指标优先保障扶贫开发用地需要，省级安排的土地整理项目向经济薄弱村倾斜。

（二）强化扶贫开发责任落实。坚持把扶贫开发工作作为中心任务，以扶贫开发统揽农村工作全局。强化扶贫工作领导小组综合协调职能，统一部署，加大统筹、整合力度；各成员单位要积极履行职责，落实扶贫开发责任。各乡镇党委政府承担主体责任，主要负责同志为辖区扶贫开发第一责任人，分管领导为直接责任人，村级党组织书记为具体责任人。

（三）加强扶贫机构队伍建设。进一步健全和完善各级扶贫开发机构的设置和职能，加强区级扶贫机构及队伍建设，区扶贫办设立专业科室，定编定岗，增加工作人员，改善办公条件；乡镇（街道、园区）成立扶贫开发工作领导小组，由党（工）委书记任组长，下设扶贫办，分管领导兼任扶贫办主任，选派1名扶贫专干，安排1~2名工作人员集中办公，专职负责乡镇（街道、园区）扶贫开发工作。把经济薄弱地区干部和扶贫系统干部纳入干部培训规划，加大培训力度。各级扶贫部门要大力加强思想、作风、廉政和效能建设，提高执行能力。

（四）严格扶贫考核督查问责。将脱贫致富奔小康工程纳入全区目标管理考核体系，区、乡、村三级层层签订责任状。加大扶贫开发对乡镇及各级机关企事业单位考核权重，实行专项考评和综合考评相结合。创新扶贫开发工作考核办法，实行“双线”考核，既考核年度“达标线”，又考核面上“保底线”。对因工作不力等原因在市级以上检查、验收和评比中落后的，或造成其他重大不良影响的单位和个人，在评优评先中实行“一票否决”，并严格问责追责。

（五）注重理论研究成效宣传。深入实际调查研究，系统总结扶贫开发实践经验，不断提高扶贫开发决策水平和实施能力。通过国家、省、市扶贫简报、网站等平台，大力宣传干部群众聚力发展、增收脱贫的生动实践。重点围绕低收入农户增收、经济薄弱村实现新“八有”“南北挂钩”帮扶、挂村包户帮扶等内容，广泛宣传扶贫开发政策、成就和典型事迹，以及在实施精准扶贫、国家扶贫改革试验区建设上的好做法、好经验，充分展现全区扶贫开发工作的亮点和特色，营造全社会参与扶贫的良好氛围。

（中共宿豫区委、宿豫区人民政府，2016年2月4日，宿豫发〔2016〕3号）

关于推进全民创业工作的实施意见

为进一步加强全民创业工作，落实市委市政府对全民创业工作的新要求，全力推进“大众创业，万众创新”，激发全民创业热情，充分调动社会各方面力量投入创业创新实践，现就全民创业工作提出如下实施意见：

一、指导思想

认真贯彻国家、省、市有关“大众创业、万众创新”文件精神，按照区“十三五”规划要求，围绕全民创业走在全市前列的目标，坚定不移实施“创业富民”战略。深入推进网络创业、返乡创业、科技创业、草根创业四大专项行动，以更大的力度、更加务实的举措，构筑培育更加活跃的创业主体，建立更加丰富的创业载体，提供更加优惠的创业政策，营造更加宽松的创业环境，迅速掀起全民创业热潮。

二、总体目标

（一）全民创业总量实现倍增。随着全民创业工作深入开展，到2020年，新增创业项目3万个以上，其中新增私营企业1万个以上，个体工商户2万个以上，新增创业项目带动就业人数达8万人以上。

（二）三类载体平台全面建成。一是加快全民创业园建设，依托乡镇（街道）原有工业集中区、共建工业集中区、农业园区，到2020年建成30个以上全民创业园，入园项目不少于1000个。二是完善区乡两级网创基地建设，区网创基地面积达到2万平方米，孵化项目不少于500个。2016年各乡镇、街道至少建成1个网创孵化基地，面积达到1000平方米，孵化项目不少于20个。三是推进科技创业园（众创空间）建设，依托宿迁高新区、宿迁电子商务产业园区扶持众创空间和众创集聚区建设，力争到2020年创成10个众创空间或众创集聚区。

（三）创业服务水平显著提升。完善全民创业服务体系，区、乡镇两级服务中心均设立全民创业服务窗口，按照“牵头受理、同步启动、限时办结”的“一条龙”联审工作机制，为创业者证照办理开辟“绿色通道”。建设全民创新创业综合服务平台“筑梦网”，为创业者提供政策咨询、培训报名、资源对接、人才招聘等全方位服务，营造全民创业宽松便捷的准入环境。

三、重点任务

（一）加强外出务工人员引导，实现返乡创业规模新突破

充分发挥外出务工人员在资金、市场、技术等方面的优势，积极引导和支持外出人员返乡创业。实施外出人员回乡创业行动，每年开展“春风行动”活动期间，面向返乡人员举办推介会、恳谈会、乡情会不少于15场，发布创业项目不少于150个，提供政策咨询、项目评估、

经营指导等服务。各乡镇（街道）、村居干部要主动结交有返乡创业意愿的外出人员，通过政策促动、乡情感召、贴心服务，吸引有资金、有技术、有项目、有市场的外出人员返乡创业，全区每年新增外出人员返乡创业1500人以上，到2020年外出人员返乡创业达到8000人。

（二）加大大学生创业指导，实现大学生创业增量新突破

充分发挥大学生有知识、活力、创意和技术优势，鼓励更多的大学生“用智力换资本”，实现自主创业梦想。一是实施展翅创业行动。由技师学院牵头，设立创新创业课程，支持职高院校组建创业社团，开展创新创业实践，培育创业先锋。二是实施千人创业行动。由区人社局牵头走进高校宣传我区创业环境、载体资源、配套设施及优惠扶持政策等，设立大学生创业指导服务机构，强化对大学生创业指导和培训力度，增强大学生创业意识和能力。三是组织“百名学子看家乡”活动。每年暑假期间由团区委牵头组织学生代表参观我区经济发展现状、创业环境，对返乡自主创业大学生实行跟踪帮扶、全程指导、一站式服务。每年组织、推荐优秀大学生创业项目申报省、市大学生创业项目资金。每年新增大学生创业100人以上，到2020年全区实现大学毕业生创业超过500人。

（三）加快乡村能人创业扶持，实现“二次创业”规模新突破

充分发挥村居干部、乡村能人在群众中的影响力，引领有创业愿望和创业能力的各类群体自主创业，兴办“小网店、小工厂、小农场、小物流、小服务”等“五小”创业项目。一是实施村居干部带头创业行动。由区委组织部牵头，推动基层党员干部带头创业，各村居（社区）“两委”成员中至少有2人创办“五小”项目，大学生村官任职起两年内创业率达80%以上，全区每年新增党员干部创业示范户100户以上。二是实施乡村能人务农创业行动。由区委农工办牵头，区农委、供销总社配合，引导支持有文化、懂技术、会经营的青壮年劳动者扎根农村创业，兴办家庭农场、专业合作社等新型农业经营主体，发展规模种养、农产品加工、农业休闲等创业项目，做农民经纪人，推动“农业+互联网”进程，全区每年新增农业创业项目不少于150个。三是实施群团组织助力创业行动。区妇联要立足岗位，积极抓好全区妇女创业工作，为广大妇女提供适合的创业项目，全力打造巾帼创业示范基地、巾帼农民合作社、巾帼创业示项目，每年培育妇女创业典型不少于20人；团区委要深入开展“创业青春最美丽”为主题的青年创业活动，宣传创业政策，每年培育青年创业典型不少于50人；区总工会要着力培育一批职工创业带头人，激励和帮助更多职工自主创业、自谋职业，每年培育职工创业典型不少于20人；区残联要进一步扶持激励残疾人创业，发挥残疾人创业大户在创业就业工作中的安置、辐射、带动作用，切实改善残疾人生活质量，提高残疾人生活水平，每年培育残疾人创业典型不少于15人。四是实施退役军人领航创业行动。由区民政局牵头，区人社局配合，鼓励退役军人领办、合办创业项目，带领群众致富。退役军人退役后一年内创业率达40%以上。

（四）加快网络创业培育，实现网络创业总量新突破

坚持把网络创业作为全民创业的重要抓手，把创业谷作为区级网络创业的重要载体，进一步深化网络创业内涵，打造宿豫网络创业品牌。一是实施网络创业倍增行动。进一步培大育强创业项目，推动网络创业规模化、集聚化、品牌化发展。到2020年，全区各类网络创业项目新增5000个，网络销售额年均增长超过30%，达到35亿元。网络创业示范村、示范乡镇分别达到15个、8个。区网络创业孵化中心使用面积达到2万平方米。二是实施网络创业拓展行动。深化创业谷入驻网络创业项目以及乡镇街道孵化中心网络创业项目与京东、当当等知名电商企业的合作，大力支持基于互联网、移动互联网的销售平台、信息资讯服务平台、线上线下融合平台的发展，每年新增众创、众包、众扶、众筹创业项目10个。三

是实施网络创业引才行动。区人才、科技等部门积极引进和培养一批网络营销、数据分析、开发运营等方面紧缺人才、领军人才，大力发展B2B、C2B、O2O模式，推动互联网在各行各业深入应用、融合发展，提升改造传统产业，全区每年新增网络创业专业人才不少于20人。

（五）加大科技人才创业培养，实现科技成果转化新突破

积极引导和扶持科技创业，吸引高层次人才、科研人员在宿豫投资，推动本地企业加大技术创新投入，加快转型升级，实现提速增效。一是实施精英人才领军创业行动。积极对接和落实十大领域海内外引才行动计划、海外智力为国服务行动计划，开展院士专家企业行活动，拓展产学研合作，吸引“千人计划”专家、省“双创”人才、留学归国人员和区外高校、科研机构高层次人员来宿豫领办企业、合作创业，每年引进高层次创业人才不少于5人，到2020年达25人以上。二是实施科技人才创业行动。鼓励和支持科研人员，采取合作研发、技术入股、技术承包等方式在职创业、离岗创业，全区每年新增科研人员创业不少于20人，到2020年达100人以上。三是实施小微企业提质行动。紧紧围绕“2+1”产业定位，强化创新驱动，推动创新资源向企业集聚，鼓励企业加大技术创新投入，承担省级以上科研项目，提高自主创新能力，培育一批创新能力强、成长速度快、质量效益优的科技型企业，全区每年新增科技型企业不少于10家，到2020年达50家以上。

四、推进措施

（一）强化创业主体培育。始终坚持把创业主体培育作为推动全民创业工作的重要抓手，不断提升创业者的创业能力和水平。一是强化分类指导。区各有关部门分别负责组织各类群体参加创业培训，扶持其自主创业；组织开展创业导师“走基层”“校园行”活动，为有创业意愿的各类群体提供个性化创业辅导。二是推动专业培训。开发以SYB创业培训为基础，以创业实训、网络创业培训为补充的“1+X”创业培训课程，编制创业培训菜单，举办“大学生村官班”“网络创业班”“新型职业农民班”等特色培训班。与淘宝大学、京东大学合作培养网络创业人才，大力实施网络创业“十百千”培训计划，实施考培分离，重点提升培训质量和数量。全区每年组织创业培训3000人以上。三是突出典型示范。积极选树和培育创业带头人、创业能手。由区委宣传部牵头组织，每年开展 “全民创业示范园”“创业示范项目”“创业之星”等创业典型评选表彰活动，推广创业成功经验，放大典型示范效应。

（二）加快创业载体建设。依托乡镇（街道）、园区现有资源，进一步健全全民创业载体，重点推动全民创业、网络创业载体和科技创业园建设，打造一批特色鲜明、功能完善、服务配套的新型创新创业平台。一是创建全民创业园。由各乡镇（街道）负责盘活闲置厂房、零散空地等存量资源，引导创业项目入驻和集聚发展，实现专区内创业指导、政策咨询、创业培训、商事代理等服务“一卡通”，为初始创业者提供创业服务平台，5年内盘活使用面积达到10万平方米，集聚返乡创业项目100个以上。二是建设科技创业园。加快现有电子商务产业园区、宿迁高新区打造众创空间、众创集聚区。孵化培育一批创新型企业，推动人才、技术、资本等创新要素向宿豫集聚，加快形成“大众创业、万众创新”的生动局面。力争5年内打造省级备案的众创空间或众创集聚区不少于2个。三是壮大网络创业孵化基地。进一步提升网络创业孵化基地、网络创业基地运营管理水平，完善孵化功能，全力打造市区范围内低成本、优服务、全要素、高效率的区级网络创业孵化基地。

（三）加大创业扶持力度。设立专项全民创业扶持资金。2016年至2020年每年区财政按照不少于1500万元标准安排全民创业发展资金，扶持范围主要是创业载体建设、创业主体培育等。加大金融支持力度，积极协调和鼓励金融机构创新金融产品和服务方式。推进银行优化贷款审批流程，对符合条件的返乡创

业人员发放财政贴息的创业担保贷款。积极推进建立网店信用评价机制，开展无形资产、动产质押等多种形式的融资服务，扩大电商企业贷款质押品范围。重点加强对乡村能人创业、科技创业、返乡创业、大学生创业等项目的政策扶持。

（四）提高创业服务水平。一是完善全民创业服务体系。积极提供符合创业者、创业项目需求的创业服务。开通创业服务绿色通道，在区行政服务中心整合人社局创业服务和经信局小微企业服务职能，设立全民创业并联服务窗口，按照“牵头受理、同步启动、限时办结”的“一条龙”联审办法，为创业者提供政策咨询、创业培训、创业指导、融资服务、跟踪扶持等服务。按乡镇设立“创业项目超市”，完善公共就业服务体系的创业服务功能，将服务范围延伸至村居、城市社区。二是全面深化商事制度改革。扩大“三证合一”“一照一码”实施范围，对各类网络众创空间，优先实施“一址多照”、集群注册政策，营造宽松便捷的准入环境。三是打造创业服务平台。设立全民创业公共服务网络平台“筑梦网”，发布创业扶持政策和创业项目库，宣传创业典型，提供创业培训、项目推介等服务。壮大创业导师队伍，常态化开展政策咨询、创业辅导、项目指导等志愿服务，建立创业导师库，到2020年全区创业导师达20人以上。

五、组织领导

（一）强化全民创业组织领导。调整完善区全民创业领导小组成员单位，进一步充实和加强乡镇（街道、园区）全民创业领导力量，健全领导机制，形成区、乡镇（街道）、村居三级联动，相关部门协调配合的工作格局，全力推动全民创业工作。区创业办按照“工作人员专职、业务经费专项、办公场所专有”的要求充实配强力量，各乡镇（街道）明确一名领导班子成员主抓，配备专（兼）职工作人员，完善创业工作体系，指导开展全民创业工作。

（二）形成全民创业推进合力。区全民创业领导小组成员单位要充分发挥部门职能，积极支持和推动全民创业工作。区创业办牵头负责全民创业的组织协调、业务指导、考核推进；人社部门负责推动返乡人员、大学毕业生创业；经信部门要结合我区两化融合工作，加快推进“实体经济+互联网”进程，指导乡镇提升全民创业园项目质态；人才办、科技部门和科协负责推动科技创业；组织部门负责推动村居干部、乡村党员能人、大学生村官创业；人社部门负责组织创业培训，联合教育部门推动大学毕业生创业工作；民政、农委、工会、团委、妇联、残联等部门分别负责退役军人、农民、企业职工、青年、妇女、残疾人创业；财政部门负责全民创业发展资金的筹措和使用管理；金融办负责推动各金融机构落实金融扶持政策，拓展创业融资渠道；市场监督管理部门负责注册登记、费用减免等政策落实。

（三）营造全民创业浓厚氛围。各乡镇（街道）、园区要利用横幅标语、镇村广播、墙纸墙画和村务公开栏等，大力弘扬创业文化，提升居民（村民）对全民创业的认知度和认同感。每年组织一次“全民创业集中宣传月”活动，区级各类媒体开设专栏、专题进行集中宣传报道，在全区营造创业创新的浓厚氛围。同时，要将创业典型、创新故事汇编成册并广泛印发、传阅，在电视、报纸、广播、网络等媒体上进行宣传和展示，放大典型示范带动效应。

（四）加大全民创业督查考核。各单位、各部门要按照实施意见提出的各项任务，结合实际，创造性开展工作，制定具体实施方案，全力抓好落实。全民创业工作纳入全区考核指标体系，区全民创业工作领导小组办公室会同区委区政府督查室出台具体考核办法，对此项工作进行跟踪督查，实行每月一观摩一通报一排名、年度兑现奖惩的考核机制。对在全民创业工作中取得显著成绩的单位和个人，按相关规定予以表彰奖励，对促进全民创业工作落实不力的单位和个人实行问责。

（中共宿豫区委、宿豫区人民政府，2016年6月20日，宿豫发〔2016〕5号）

关于推动全区工业企业转型发展的意见

为全面贯彻落实市委、市政府《关于推动工业企业转型发展的意见》(宿发〔2015〕9号)，加快推进我区“2+1”主导产业转型发展、绿色发展、创新发展，促进工业转型升级、产业集约集聚、企业做精做强，特制定本意见。

一、扶持对象

扶持附加值高、竞争力强的新材料、装备制造、食品饮料及精细化工等重点产业项目。

江苏省宿迁高新技术产业开发区、张家港宿豫工业园区：重点扶持新材料、装备制造、食品饮料产业项目及符合园区产业规划的工业项目，含高端金属材料、新型无机非金属材料、先进高分子材料、高性能纤维复合材料；通用和专用设备、新兴高端装备、装备关键零部件制造等产业项目。

宿迁生态化工科技产业园区：重点扶持高端精细化学品及中心城市主导产业配套项目，含五大中心建设、化工新材料、生物医药等产业项目。

乡镇工业项目参照执行。

二、发展目标

“十三五”期间，大力推进“2+1”主导产业集聚，重点实施企业培育“511工程”。

（一）规模发展。全区工业开票销售收入年均增长不低于18%，到2020年底突破600亿元；列入全市销售500强的工业企业开票销售收入年均增长不低于20%，2020年底突破500亿元；“2+1”产业开票销售收入年均增长不低于25%，2020年底突破400亿元；年均净增开票销售收入首次突破2000万元企业40户以上，到2020年底不低于200户，国家高新技术企业不低于100户；工业入库税收年均增幅不低于16%，到2020年底不低于15亿元，税收超千万元工业企业超过30户。

（二）技术改造。投资500万元以上技术改造项目年均完成设备投资20亿元以上，到2020年底累计投资不低于100亿元。

（三）兼并重组。年均新增完成兼并重组企业9户以上，到2020年底不低于45户。

（四）股改上市。年均新增完成股改企业5户以上，到2020年底新增完成股改企业不低于25户，新增“新三板”及以上板块挂牌企业不低于5户。

（五）外资外贸。利用外资年均增幅10%以上，到2020年底累计达到3亿美元；进出口总额年均增幅15%以上，到2020年底不低于7亿美元。

三、扶持资金

“十三五”期间，区政府每年统筹设立规模为1亿元的“重点产业发展引导资金”，专项用于扶持重点产业发展的奖励、融资及贷款贴息等。

四、扶持政策

（一）鼓励企业加大设备投入。新注册落户项目，按进园协议约定，新上设备投资1000万～5000万元、5000万（含）～1亿元、1亿元（含）以上项目，分别按设备实际投入的5%、8%、10%给予奖励。技术改造项目，经备案并竣工投产后，对年度内设备投资超过500万元的传统产业提质增效技改项目，给予设备投资额4%以内的补助；对年度内设备投资超过500万元的战略性新兴产业扩能增效技改项目，给予设备投资额5%以内的补助；对生产过程中采用或部分采用自动化、智能装备，实施后人均产值明显提高、减少用工，年度内设备投资超过500万元的智能化技改项目，给予设备投资额6%以内的补助；引导绿色化发展，对年节能量超过500吨标煤、年度内设备投资超过500万元的节能降耗项目，以及年度内设备投资超过300万元的清洁生产项目，给予设备投资额5%以内的补助。对符合国家产业发展政策，且科技含量高、装备水平先进的区外企业，按进园协议约定，搬迁至我区并竣工投产后，经第三方专业机构评估，主体设备价值达到3000万～5000万元（含）部分，按4%奖励，5000

万～1亿元（含）部分，按6%奖励，1亿元以上部分，按8%奖励。

（二）鼓励企业集约发展。对符合我区主导产业发展规划，亩均投资强度超过240万元，亩均产出达到260万元以上，亩均税收10万元以上，建筑物容积率达到1.0以上的，按生产性固定资产投资额的2%给予企业基础设施配套补助。

（三）鼓励企业外向型发展。对项目年度注册或增资（当年全部到账）100万美元～500万美元（含），按当年到账额的3‰给予奖励，500万美元～1000万美元（含），按5‰奖励，1000万美元～3000万美元（含），按8‰奖励，3000万美元以上，按10‰奖励。对工业企业当年自营进出口额达到500万美元以上，且与上年相比增幅达到5%以上，500万美元～1000万美元（含），每100万美元给予2万元人民币奖励；1000万美元～3000万美元（含），每100万美元给予2.5万元人民币奖励；3000万美元以上，每100万美元给予3万元人民币奖励。经相关部门核准赴境外开展新设、增资、并购的企业，按企业当年实际投资额每100万美元奖励5万元人民币。

（四）鼓励企业提档升级。对企业当年开票销售收入首次达到2000万元、1亿元、5亿元、10亿元的，且增幅达到全区工业平均水平的，分别一次性奖励10万元、15万元、20万元、25万元；首次突破20亿元的，且增幅达到全区工业平均水平的，一次性奖励40万元，每新增10亿元增加奖励10万元，最高不超过200万元；对当年开票销售收入超5亿元，且年均增长15%以上的，一次性奖励20万元；对当年开票销售收入超10亿元，且年均增长10%以上的，一次性奖励40万元。对地方税赋贡献大的企业，给予适当的奖励用于企业技术改造和配套实施补助，首次达到300万元、500万元、1000万元、3000万元、5000万元、1亿元的企业，且增幅达到全区工业平均水平的，分别一次性奖励3万元、5万元、10万元、30万元、50万元、100万元。对达到1000万元～3000万元（含）、3000万元～5000万元（含）、5000万元以上的，分别按照净增部分的8%、10%、12%给予奖励，最高不超过200万元。对年度入库税收排名前10名的企业，区政府授予法定代表人“突出贡献企业家”称号。

（五）鼓励企业兼并重组。鼓励企业通过外引内联、跨业投资、技术合作等形式实施兼并重组，对签订兼并重组合同后一年内，吸纳融资并投资不低于2000万元（含）的企业，一次性奖励10万元，其中引进世界500强、国内行业100强、央企、上市公司实施兼并重组的，一次性奖励20万元；对企业通过租赁重组恢复正常生产，当年实现开票销售5000万元（含）以上的，一次性奖励20万元。 对企业兼并重组过程中办理房产转让手续且属于契税免征范围的，免交房屋转让手续费。

（六）鼓励企业股改上市。对在沪深股市及海外上市的企业，完成股份有限公司工商登记的，奖励60万元，报会后奖励100万元，成功上市后再奖励100万元；在“新三板”、上海股权托管交易中心或江苏省股权交易中心等地方性场外市场成功完成股改挂牌的企业，给予60万元奖励；企业通过产权交易平台转让股权融资或募集融资且投资我区的，净融资超过500万元的，给予5万元奖励，每多融资500万元，增加奖励5万元，最高不超过100万元。

（七）鼓励企业科技创新。对新认定为国家级创新型企业、省级创新型领军企业、省级创新型企业、国家高新技术企业的，分别一次性奖励60万元、30万元、10万元、10万元。对企业新获批国家级、省级、市级企业技术中心、工程中心、工程技术研究中心的，分别给予300万元、30万元、5万元补助。对新认定的省级重点实验室、重点企业研发机构的，分别一次性给予50万元、30万元补助。对新认定的院士工作站企业，一次性奖励50万元。对新认定的国家级、省级博士后工作站企业，分别一次性奖励20万元、10万元。对新认定的国家级、省级研究生工作站企业，分别一次性奖励15万元、8万元。对新认定的国家重点新产品、省高新技术产品，分别一次性奖励5万元、3万元。对通过省级以上鉴定且技术水平达到省内领先的新产品、新技术，每个奖励3万元。对企业获得省级首台（套）重大装备和关键部件认定的，每个补助60万元。对获得国家级科技进步一、二、三等奖的企业，分别一次性奖励50万元、30万元、20万元；对获得省级科技进步一、二、三等奖的企业，分别一次性奖励10万元、5万元、2万元。对授权发明、实用新型专利，年累计量达20件以上的企业给予5万元奖励；对获得国家级、省级专利优秀奖和知识产权战略推进计划项目的，分别一次性奖励15万元、10万元和5万元。对当年通过市绿色发展示范企业认定的，一次性奖励5万元。对首次认定为省、市级科技“小巨人”企业，分别一次性奖励10万元、5万元。

（八）鼓励企业创优精品。对主持制定国际、国家标准和行业标准、地方标准的，分别一次性奖励50万元、30万元；对参与制定（排名前三）国际、国家标准和行业标准、地方标准的，分别一次性奖励30万元、10万元；新认定为中国驰名商标、省著名商标、市知名商标的，分别一次性奖励50万元、20万元、5万元；新认定为江苏省名牌产品、市名牌产品的，分别一次性奖励20万元、5万元；新认定为国家级质量奖、江苏省质量奖、市长质量奖、区长质量奖的，分别一次性奖励100万元、80万元、50万元、20万元；对获得省级质量信用AA级和AAA级的企业，一次性给予5万元奖励。

（九）鼓励企业两化融合。对新认定的国家级、省级“两化融合”示范企业，分别给予一次性奖励50万元、10万元；对新认定的省级“两化融合”试点企业，一次性奖励5万元；对新认定的省级两化深度融合创新（互联网与工业融合创新）示范工程示范企业，一次性奖励40万元，试点企业一次性奖励30万元；对首次认定为省、市级“五星级”数字企业，一次性分别奖励5万元、2万元；对新认定的省级两化融合管理体系贯标企业，一次性奖励30万元；对于首次创成省级农村信息化应用示范基地的，给予一次性奖励10万元。

（十）支持企业拓宽融资渠道。支持企业采取融资租赁、应收账款质押、担保提货、股权转让、不动产抵押、存货质押等方式进行融资；进一步加强国有融资担保平台建设，为企业融资担保提供服务，帮助企业申请“苏科贷”“江苏小微企业创业创新发展贷款”“市企贷”和“市级产业发展基金”等政策，有效解决企业融资难题。进一步发挥企业互助基金会作用，为企业提供“过桥资金”支持。对有市场、有回款、有效益的中小微企业，区财政给予贷款贴息，贴息比例不超过贷款基准利率的50%。

五、保障措施

（一）加强组织领导。区工业经济工作领导小组负责进行年终考核，根据考核结果，对获奖企业和培育工业企业成绩突出的部门、单位、个人提出表彰奖励方案，报区委、区政府批准后兑现奖励。

（二）创优营商环境。对投资规模较大、贡献突出的企业，优先享受要素资源保障、金融服务、政策扶持项目申报、名品名标申报、产学研平台搭建。围绕“2+1”产业，按照“园区+骨干企业+产业研究院+区相关部门”和一名处级领导联系帮扶企业，全力推进企业发展。对推动全区“2+1”主导产业集聚、新兴产业发展，投资规模大、产业带动能力强的龙头型、旗舰型项目，园区可采取“一企一策”“一事一议”的办法给予特殊扶持，所产生的奖补资金由园区财政自行承担。

（三）明确兑现原则。政策兑现坚持不重复奖励和统筹支付两项原则。企业同时获得国家、省、市、区同一奖项的，按最高奖励标准执行，不重复表彰奖励，如上级奖金总额低于本意见规定，差额部分给予补足。奖励资金由区财政负责统筹，受益财政支付，其中区财政承担50%，受益财政配套50%，自表彰奖励决定公布之日起30日内发放到位。

（四）实行“一票否决”。发生下列情形之一的，取消企业当年度评奖资格：企业及企业法人代表发生严重违法违纪行为的；企业安全生产标准化建设未达标的，或安全生产方面发生1人（含）以上人员死亡责任事故的；企业节能减排未达标的；有较大社会负面影响的环境污染事件发生的；企业未按规定为职工缴纳社会保险的；其他造成重大不良社会影响的事项。

本意见自印发之日起执行，凡此前出台的相关政策与本文件有抵触的，一律以本文件为准。

本意见由区工业经济领导小组办公室负责解释。

（中共宿豫区委、宿豫区人民政府，2016年6月20日宿豫发〔2016〕7号）

关于创建国家生态文明建设示范区的实施意见

为认真贯彻落实党的十八大精神和省、市关于推进生态文明建设的决策部署，进一步改善我区生态环境状况，提高人居环境质量。结合我区实际，现就开展国家生态文明建设示范区创建工作提出如下意见。

一、指导思想

以党的十八大及十八届三中、四中、五中全会和习近平总书记系列讲话为指导，坚持生态立区战略，以创建国家生态文明建设示范区为目标，大力发展生态经济，不断优化生态环境，注重培育生态文化，着力完善生态建设和环境保护体制机制，加快形成节约能源资源和保护生态环境的产业结构、发展方式和消费模式，全面推进生态文明建设，为构建“工业强区、电商名城、幸福家园”新宿豫而努力奋斗。

二、主要目标

（一）总体目标。坚持以生态文明建设重点工程为抓手，加快推进经济发展方式和传统生活方式转变，加强生产、流通、消费等各领域、各环节的环境保护，促进经济、社会和环境的协调发展。到2020年顺利通过国家生态文明建设示范区考核验收，初步形成生态经济加快发展、人居环境优美舒适、自然资源得到有效保护和合理利用、人与自然和谐发展的可持续发展格局。

（二）具体目标

——生态空间指标。到2019年，制定并遵守生态红线区域保护规划，积极保护耕地红线，受保护地区占国土面积比例≥16%，规划环评执行率100%

——生态经济指标。到2019年，单位地区生产总值能耗≤0.70吨标煤/万元且能源消耗总量不超过控制目标值；单位地区生产总值用水量≤50立方米/万元；单位工业用地增加值≥80万元/亩；秸秆综合利用率≥95%；畜禽养殖场粪便综合利用率≥95%；一般工业固体废物处置利用率≥90%；有机、绿色、无公害农产品种植面积的比重≥50%。

——生态环境指标。到2019年，环境空气质量改善目标不降低且达到考核要求，优良天数比例≥85%，严重污染天数基本消除；地表水环境质量改善目标不降低且达到考核要求，水质达到或优于III类比例≥70%，劣V类水体基本消除；土壤环境质量改善目标不降低且达到考核要求；主要污染物总量减排达到考核要求；生态环境状况指数（EI）≥55且不降低；森林覆盖率≥18%；生物物种资源重点保护物种受到严格保护，外来入侵物种基本消除；危险废物安全处置率100%；建立完善污染场地环境监管体系；未发生重、特大突发环境事件。

——生态生活指标。到2019年，村镇饮用水卫生合格率100%；城镇污水处理率≥95%；城镇生活垃圾无害化处理率≥95%；农村卫生厕所普及率≥95%；村庄环境综合整治率≥80%；城镇新建绿色建筑比例≥50%；公众绿色出行率≥50%；节能、节水器具普及率≥80%；政府绿色采购比例≥80%。

——生态制度指标。到2019年，宿豫区国家生态文明建设示范区规划经区人大审议通过颁布实施2年；生态文明建设工作占党政实绩考核的比例≥20%；编制完成自然资源资产负债表；固定源排污许可证覆盖率100%；国家生态文明建设示范乡镇占比≥80%。

——生态文化指标。到2019年，党政领导干部参加生态文明培训的人数比例100%；公众对生态文明知识知晓度≥80%；环境信息公开率≥80%；公众对生态文明建设的满意度≥80%。

三、工作任务

（一）实施碧水工程，确保水质达标。切实加强工业企业监管，加大污染治理力度，确保达标排放。大力实施乡镇污水处理厂建设工程，加快推进城区和乡镇污水管网建设及雨污分流改造工程，进一步提高城镇污水收集率和集中处理率。大力实施农药化肥减量控害增效工程，加强畜禽养殖污染治理，推进水产清洁养殖，进一步控制和减少农业面源污染。有效落实“河长制”，加强城镇河流环境整治，建立健全长效管理体制。重点实施六塘河整治，确保我区六塘河水质稳定达标。加快推进城乡同质供水工程，加强饮用水源地保护，保障饮用水安全。

（二）实施蓝天工程，提升空气质量。开展大气污染防治工程，加强对锅炉烟尘、工业粉尘、道路和建筑扬尘、机动车尾气等污染物排放的控制，促进空气环境质量持续改善。加快实施集中供热工程，推进中节能集中供热项目建设，鼓励实施清洁能源替代工程，淘汰中心城区小锅炉和燃煤炉灶，加强煤炭经营监管及煤质管控。开展油气回收和工艺废气专项整治，严禁秸秆露天焚烧，加强餐饮业油烟污染治理，改善空气质量，确保空气质量良好天数≥85%。

（三）实施清新工程，加强异味治理。大力整治空气异味，着力改善城市环境空气质量，按照当地政府对本辖区环境质量负责的原则，坚持“属地管理、分类施策、疏堵结合、综合治理”的原则，实施化工园区异味整治工程，对酒糟（类似）异味进行集中整治，解决群众反映强烈、媒体舆论关注的空气异味问题，促进全区环境空气质量全面可持续改善。

（四）实施洁净工程，确保土壤环境安全。以重金属铅、镉、汞、铬和类金属砷等为重点防控因子，对环境隐患进行全面排查和整治，有效防止重金属和固体废弃物给水体、空气、土壤带来的环境危害。对污染土壤进行全面排查，全面开展污染场地治理修复工程，修复完成后方可进行土地流转和开发利用。强化放射源安全管理，实现放射源实时监控和废弃放射源安全处置。强化工业固体废弃物、污水处理厂污泥处置和利用监管，实现生活垃圾无害化卫生填埋、焚烧和包括工业危险固废、医疗固废在内的危险固体废弃物安全处置。

（五）实施城市环境提升工程，建设“电商名城”。精心编制城市绿化、管网、水环境建设规划，高标准建设城市环保基础设施。加快推进城区污水管网建设进度，彻底改善城区河流水质。完善城区垃圾收运处理体系建设，加强日常保洁，改善城区整洁状况。加强社会生活噪声整治，积极开展环境噪声达标区和安静居住小区创建活动，规范街道、广场、公园等公共场所健身、娱乐活动的管理，减少噪声扰民问题。加强建筑施工噪声和工业噪声监管，加大对工业企业和在建工地的日常巡查力度，强化夜间噪声环境监管。加强中心城区交通噪声防治，划定禁鸣区域，开展机动车“禁鸣”等交通秩序专项整治行动，改善功能区声环境质量，为群众营造安静舒适的人居环境。

（六）实施村庄环境整治工程，建设“幸福家园”。全面掀起“幸福家园”建设热潮，围绕“六整治、六提升”工作要求，完善“户集、村收、镇转”的生活垃圾集中处理模式，从环境卫生入手，重点治理生活垃圾、生活污水，全面清理乱堆乱放，建立环卫保洁机制，加大改厕力度，实现农村卫生厕所全覆盖，加快推进村庄环境综合整治、服务设施完善和公共事业延伸，确保3年内全区所有村庄全部整治到位。因地制宜选择交通便利、生活污水易于收集的村庄，开展生活污水集中处理试点示范，推动农村生活污水集中处理。

（七）实施生态农业工程，提升农业发展质态。围绕“一镇一特、一村一品”的发展要求，加快产业结构调整，规范有序推进土地流转，重点在324、325省道沿线乡镇布局产业基地，实施新型职业农民培训计划，不断完善农业生产经营体系。全面启动现代生态循环农业示范园创建，重点抓好基础设施配套、龙头项目入驻、核心区块建设，大力发展优质稻米、特色水产、有机循环农业和休闲观光农业。以农业示范建设为抓手，充分发挥示范带动作用，建立现代高效生态型农作制度，积极运用现代农业技术改造传统农业，全面提升农产品质量安全水平。实施全区畜禽养殖污染治理，大力发展生态畜禽业。

（八）实施生态工业工程，建设“工业强区”。实行招商选资，围绕“2+1”产业招商，严把项目环保审批准入关，坚决杜绝高耗能高污染企业进入宿豫，将宿豫打造成产业竞争力强、集聚集约特色明显的工业强区。大力实施绿色产业提速提升提效计划，全力打造生态工业。宿迁高新区要创建成为国家级高新区、省级生态园区，完善环保基础设施，加大企业监管力度，确保达标排放；化工园区要创建省级生态化工园区，围绕基础配套完善、污水处理厂升级改造、区域河道治理、重点企业整治等工程建设，确保水质稳定达标排放，加强企业废气治理，确保工业废气达标排放，强化园区环境监管，建立健全网格化监管体系，落实园区属地管理责任和企业环保主体责任。

（九）实施生态服务业工程，打造旅游新亮点。依托宿迁丰富的生态资源，大力发展以生态旅游、绿色商贸、绿色物流为重点的生态服务业，以生态资源带动服务业发展、以服务业发展促进生态资源的保护和优化。以华东农业大市场、华东农机汽车城、京东物流园、电商产业园产品质押仓库等为依托，吸引知名仓储物流快递企业入驻，打造以电子商务为主导的全新流通体系，构建区域性物流中转中心。充分发挥品牌优势和丰富的生态文化旅游资源优势，全面提升宿豫旅游业的产业地位，成为苏北具有较大影响力的生态旅游胜地，创成国家级休闲农业和乡村旅游示范区。

（十）实施生态文化工程，倡导绿色发展新理念。倡导生态理念，加强国家生态文明建设示范区宣传和环境保护知识教育，提高公众的绿色消费意识，建立生态文明的绿色生活方式。构建生态制度，有效落实生态文明建设目标考核责任制，建立和完善体现科学发展和生态文明要求的综合考核评价体系。建立健全生态恢复与补偿机制，促进生态环境资源的可持续利用。深化创建机制，大力推进国家生态文明建设示范乡镇和绿色社区、绿色企业、绿色饭店、绿色学校、绿色家庭等“绿色细胞”创建工程，将国家生态文明建设示范区创建渗透到社会生活的各个方面、各个领域。

四、工作步骤

（一）启动建设阶段（2016年7月—2016年12月），7月召开动员大会，制定创建实施意见，建立创建组织，健全工作机制，明确职责任务，分解创建任务；8月启动编制创建国家生态文明建设示范区规划，开展创建宣传，营造创建氛围；9月初完成规划招投标工作；10月底完成规划编制工作；11月底规划通过省环保厅组织的专家论证；12月底前报区人大审核后，颁布实施。

（二）全面建设阶段（2017年1月—2019年12月）。全面落实创建国家生态文明建设示范区各项目标要求，主要完成城区污水管网配套工程、乡镇污水处理厂建设及管网配套工程、城乡垃圾收运处理体系建设工程、村庄环境综合整治工程、国家生态文明建设示范乡镇创建等重点工程及其他各项工程，2018年底各项指标达到创建要求，80%乡镇创成国家生态文明建设示范乡镇；2019年初，规划实施2年后，向省环保厅申请技术评估，2019年6月前通过省环保厅的预审，2019年7月向环境保护部提交技术评估申请，2019年底通过国家技术评估。

（三）迎接验收阶段（2020年1月—2020年12月）。根据国家技术评估报告，对各项目标完成情况进行查漏补缺，整改提高，完善各项迎检资料，2020年7月，国家技术评估报告实行半年后，向国家环保部申请考核验收，2020年底前通过国家考核验收。

五、各单位工作职责

在国家生态文明建设示范区创建过程中，各部门、各单位要结合自身工作职责，对照国家生态文明建设示范区考核指标任务责任分工表，制定本部门、本单位创建计划，按序时进度推进创建工作。

区委组织部：负责将国家生态文明建设示范区创建工作纳入各部门、各单位领导班子实绩考核内容，完成国家生态文明建设示范区工作占党政实绩考核的比例，并建立相应的考核机制；

区委宣传部：负责把生态文明建设示范区创建的宣传报道列入全年重大主题宣传报道计划，开展各种形式的宣传活动，营造浓厚的创建氛围，提高全社会的知晓满意率；

区监察局：对创建工作不力的单位和个人进行问责；

区委区政府督查室：负责对国家生态文明建设示范区创建工作的督促检查；

区环保局：负责创建国家生态文明建设示范区工作领导小组办公室日常工作，负责国家生态文明建设示范区创建沟通协调、资料汇编申报、联系迎接检查验收考核等工作；

区发改局：负责将国家生态文明建设示范区创建指标和主要污染物总量减排控制目标纳入国民经济、社会发展规划和年度计划实施，做好节能器具的普及和推广；

区水利局：负责水环境整治、城乡供水、开展节水行动，城镇污水处理达标达到国家生态文明建设示范区要求，确保农业灌溉用水有效利用系数达标，迅速启动城区污水管网全覆盖及乡镇污水处理厂及管网建设，2018年底前确保城镇污水处理率达95%以上，并做好节水器具的普及和推广。

区城管分局：负责全区垃圾收集转运体系建设，确保全区生活垃圾无害化处理率达标95%以上和村庄环境综合整治达标80%以上；

区住建局：负责推进生态节能建筑建设，提高城市绿化覆盖率，确保城镇人均公共绿地面积达标，城镇新建绿色建筑比例达50%以上；

区卫计委（爱卫办）：负责完善公共卫生医疗体系，加强医疗废水、废弃物管理，做好卫生乡镇建设、农村改厕等工作，确保农村卫生厕所普及率达标，加强对村镇饮用水卫生合格率的检测；

区农委：负责推进绿色农业、生态农业建设，加强秸秆综合利用，控制农业面源污染，加强规模化畜禽养殖污染治理，确保生态农业各项指标达标；

区交通运输局：负责强化运输污染治理，加强交通沿线环境保护和生态修复，强化绿色出行，确保公众绿色出行率达50%以上；

区国土分局：负责环境基础设施建设土地指标争取，土地资源开发利用中的生态环境及耕地红线的保护工作；

区财政局：负责制定国家生态文明建设示范区创建财政扶持政策，加大国家生态文明示范区创建投入力度，设立区级环境保护引导资金和污染防治资金，确保政府绿色采购比例达标；

区科技局：负责国家生态文明建设示范区创建科技研究和生态科技推广工作，为国家生态文明建设示范区创建提供科技支撑；

区统计局：负责国家生态文明建设示范区创建相关数据统计、分析、报送工作，做好生态文明建设满意度调查和汇总分析反馈工作；

区广播电台：负责创建宣传报道，影音资料收集、编辑、报送工作，做好创建宣传片制作工作；

区教育局：负责开展环保教育工作，做好绿色学校创建，秸秆禁烧宣传等工作；

区经信局：负责节能降耗、清洁生产，单位工业用地增加值等工作；

区旅游局：负责旅游资源保护，发展生态旅游，做好绿色宾馆、绿色饭店创建等工作；

区市场监管局：负责集贸市场环境管理，流通领域生态宣传教育等工作；

区公安分局：负责加强对破坏生态环境行为的打击力度，加强交通噪声和公共场所非经营性噪声管理，加强机动车尾气管理，促进环境噪声达标和机动车尾气排放达标；

宿迁高新区：负责国家级高新区、省级生态园区创建，加强污水收集处理、集中供热等环境基础设施建设，加强园区企业监管，促进园区企业节能减排；确保不发生重大环境安全事件；

化工园区：负责省级生态化工园区创建，加强污水收集处理、集中供热等环境基础设施建设，加强园区企业监管，促进园区企业节能减排；确保不发生重大环境安全事件；

各乡镇（街道）：负责国家生态文明建设示范乡镇和示范村创建等工作，确保按时完成省和国家生态文明建设示范乡镇创建任务。

六、保障措施

（一）加强组织领导。成立区主要领导挂帅的国家生态文明建设示范区创建工作领导小组，对重大事项统一部署、科学决策，定期研究、及时解决生态文明建设示范区创建过程中的重大问题。各乡镇（街道）、各园区、各相关部门相应成立创建工作机构，组织开展国家生态文明建设示范区创建工作。

（二）强化舆论宣传。充分利用新闻媒体，采取多种宣传手段，加大宣传频次，扩大宣传范围，广泛宣传生态创建，使国家生态文明示范区创建内容家喻户晓，深入人心。充分发挥舆论导向和舆论监督作用，表扬先进，批评后进，揭露违法违规行为。实行有奖举报，鼓励检举揭发各种环境违法行为。要广泛建立环保志愿者和环保义务监督员队伍，动员广大人民群众积极参与国家生态文明建设示范区创建活动，形成全民保护生态环境，全社会共同创建国家生态文明建设示范区的良好氛围。

（三）加大资金投入。将国家生态文明建设示范区创建所需资金纳入财政预算，并逐年加大投入，确保财政用于国家生态文明示范区创建和环境保护支出不断增加。完善政府引导、市场运作、社会参与的多元化投入机制，制定出台相关优惠政策，鼓励不同经济成份和各类投资主体，以多种形式参与国家生态文明建设示范区创建。

（四）强化过程推进。加强对创建工作的过程推进，定期对各项指标任务完成情况、重点工程进展情况进行通报，进行排名，排名靠后的要进行表态，对工作不力的要进行问责。

（五）严格督查考核。建立国家生态文明建设示范区创建监督、考核、评价和激励机制，将国家生态文明示范区创建工作纳入各乡镇（街道）、各部门工作考核体系，逐级签订国家生态文明建设示范区目标责任状，层层分解落实目标任务。加强对国家生态文明建设示范区创建工作的督查考核，强化考核结果应用，在各级综合评优中，实行国家生态文明建设示范区创建“一票否决制”。建立国家生态文明建设示范区保证金制度，对成绩突出的单位和个人进行表彰奖励，对因工作不力，造成严重后果的，严肃追究相关人员的责任。

附件：

1. 宿豫区创建国家生态文明建设示范区考核指标现状分析及进度安排一览表（略）

2. 宿豫区创建国家生态文明建设示范区十大工程交办表（略）

（中共宿豫区委　宿豫区人民政府，2016年7月30日，宿豫发〔2016〕10号）

关于鼓励农村居民进城入镇集中居住的意见（试行）

各乡镇人民政府、各街道办事处、各园区管委会、区各委办局，区直各单位：

为更好引导农民居住向城镇和新型社区集中，促进农村土地节约集约利用，加快城乡统筹发展，聚力建设幸福家园，结合我区实际，制定鼓励农村居民进城入镇集中居住的意见。

第一条 凡我区常住农村居民，经乡镇政府（街道）批准拆除房屋并将宅基地复垦到位的，享受本意见相关奖补及优惠政策。

第二条 凡我区常住农村居民，原房屋拆除复垦到位后，自愿放弃宅基地安置，由乡镇政府给予每户10000元的一次性奖励。进城入镇购房居住的，到城区购买政府团购平台上普通商品房居住的，由区级财政再给予所购房屋总价10%的补贴，补贴部分由区级财政与开发企业各承担50%；到镇区购房居住的，同样再给予所购房屋总价10%的补贴，补贴部分由乡镇政府（街道）与开发企业各承担50%。

第三条 凡进入规划建设的新型社区购买代建房屋或自建房屋，免于收取社区建设相关配套费用，并提供购房“安家贷”贷款支持。

第四条 凡在宿豫城区购房落户的农村居民，可同等享受城镇居民养老、医疗、就业等社会保障政策。对已参加农村合作医疗的，当年继续享受农村合作医疗报销政策；区人社、经信等部门提供免费职业技能培训或创业培训，优先推荐到园区企业就业；子女按城区公办学校施教区招生规定入学。

第五条 本意见涉及区级层面奖励、补贴的，由乡镇（街道）提出申请，到区财政局领取抵扣券，购房者凭抵扣券直接抵扣购房款，区财政与政府团购平台企业实行一月一结算。

第六条 本意见所指宿豫城区普通商品住房范围为宿豫区环城以内、高新区、电商产业园区、运河湾自然农园，建筑面积144平方米及以下的普通商品住房（不含二手房、自建房、小产权房、各类政策性住房、商业用房、高档别墅住宅）。

第七条 本意见由区住建局负责解释，自2016年9月1日实施，至2017年8月31日止。

（宿豫区人民政府，2016年8月31日，宿豫政发〔2016〕84号）

·文件题录·

2016年宿豫区委、区政府联合发文要目一览

表108

文　　号	文件标题	成文日期
宿豫发〔2016〕1号	关于制定宿豫区国民经济和社会发展第十三个五年规划的建议	2016.1.18
宿豫发〔2016〕2号	关于进一步加强公安工作的意见	2016.1.29
宿豫发〔2016〕3号	关于推进脱贫致富奔小康工程的实施意见	2016.2.4
宿豫发〔2016〕4号	关于印发《2016年“机关作风建设提升年”活动实施方案》的通知	2016.2.22
宿豫发〔2016〕5号	关于推进全民创业工作的实施意见	2016.6.20
宿豫发〔2016〕6号	关于进一步推动转作风提效能抓落实的实施意见（试行）	2016.6.20
宿豫发〔2016〕7号	关于推动全区工业企业转型发展的意见	2016.6.20
宿豫发〔2016〕8号	关于进一步加强全区统一战线工作的实施意见	2016.6.20
宿豫发〔2016〕9号	关于进一步加强招商引资工作的实施意见	2016.6.30
宿豫发〔2016〕10号	关于创建国家生态文明建设示范区的实施意见	2016.7.30
宿豫发〔2016〕11号	关于“十三五”期间幸福家园建设实施意见	2016.7.30

续表108

文　号	文　件　标　题	成文日期
宿豫发〔2016〕12号	关于印发《宿豫区党风廉政建设“两个责任”清单》的通知	2016.8.13
宿豫发〔2016〕13号	关于对“工业强区、电商名城、幸福家园”建设工作进行积分制考核的实施意见（试行）	2016.8.19
宿豫发〔2016〕14号	关于印发《贯彻〈中国共产党党组工作条例（试行）〉的实施细则》的通知	2016.8.30
宿豫发〔2016〕15号	关于印发《中国共产党宿豫区委员会工作规则》的通知	2016.8.30
宿豫发〔2016〕16号	转发《区人大常委会党组关于做好全区区乡两级人民代表大会换届选举工作的意见》的通知	2016.10.08
宿豫发〔2016〕17号	关于进一步加快化工园区转型升级的实施意见	2016.10.10
宿豫发〔2016〕18号	关于开展巡察工作的实施意见（试行）	2016.11.30
宿豫发〔2016〕19号	关于加强区委常委会自身建设的意见	2016.12.05
宿豫发〔2016〕20号	关于印发《中共宿豫区委常委会议事决策规则》的通知	2016.12.05

2016年中共宿豫区委发文要目一览

表109

文　号	文　件　标　题	成文日期
宿豫委〔2016〕1号	关于区委领导班子成员工作分工的通知	2016.1.6
宿豫委〔2016〕2号	关于成立区特色镇村建设指挥部的通知	2016.1.7
宿豫委〔2016〕3号	关于巡视反馈意见整改情况的通报	2016.1.13
宿豫委〔2016〕4号	关于印发《中共宿豫区委中心组2016年度理论学习计划》的通知	2016.1.14
宿豫委〔2016〕5号	关于举行宿豫区人民政府南京途牛科技有限公司战略合作签约仪式的请示	2016.1.21
宿豫委〔2016〕6号	关于举行当当网宿迁客服中心、国际馆电商平台上线启动仪式的请示	2016.1.21
宿豫委〔2016〕7号	关于成立网络安全和信息化领导小组的通知	2016.1.21
宿豫委〔2016〕8号	关于表彰脱贫奔小康工程先进集体和先进个人的决定	2016.2.4
宿豫委〔2016〕9号	关于成立区委企业和社会组织工作委员会及林松等同志任职的通知	2016.2.1
宿豫委〔2016〕10号	关于成立区妇女联合会党组及刘书戎等同志任职的通知	2016.2.1
宿豫委〔2016〕11号	关于侍继满等同志职务任免的通知	2016.2.1
宿豫委〔2016〕12号	关于侍行运等同志职务任免的通知	2016.2.1
宿豫委〔2016〕13号	关于刘丛林等同志职务任免的通知	2016.2.1
宿豫委〔2016〕14号	关于蔡武等同志职务任免的通知	2016.2.1
宿豫委〔2016〕15号	关于吴勇等同志职务任免的通知	2016.2.1
宿豫委〔2016〕16号	关于王春明、郭万君同志职务任免的通知	2016.2.1
宿豫委〔2016〕17号	关于王鑫等同志职务任免的通知	2016.2.1
宿豫委〔2016〕18号	关于毕喜书同志任职的通知	2016.2.1

续表109-1

文　　号	文　件　标　题	成文日期
宿豫委〔2016〕19号	关于刘洁等同志职务任免的通知	2016.2.1
宿豫委〔2016〕20号	关于张红艳、樊莉莉同志免职的通知	2016.2.1
宿豫委〔2016〕21号	关于于成艳等同志正式任职的通知	2016.2.1
宿豫委〔2016〕22号	关于冯军等同志提前退休的通知	2016.2.1
宿豫委〔2016〕23号	关于王立松等同志提前退休的通知	2016.2.1
宿豫委〔2016〕24号	关于2015年全区机关效能和政（行）风评议暨“机关作风建设提升年”活动考核情况的通报	2016.2.14
宿豫委〔2016〕25号	关于2015年度目标管理工作的奖惩决定	2016.2.15
宿豫委〔2016〕26号	关于命名表彰2015年度宿豫区群众性精神文明建设先进单位的决定	2016.2.15
宿豫委〔2016〕27号	关于调整区招商引资工作领导小组成员的通知	2016.2.15
宿豫委〔2016〕28号	关于对2015年度招商引资工作先进单位、先进个人和工业竣工投产项目奖励的决定	2016.2.15
宿豫委〔2016〕29号	关于李先斌同志退休的通知	2016.2.1
宿豫委〔2016〕30号	关于方南生同志退休的通知	2016.2.28
宿豫委〔2016〕32号	关于表彰2015年度农业农村工作先进单位先进个人的决定	2016.2.19
宿豫委〔2016〕33号	关于表彰2015年度全区政法信访工作先进单位和先进个人的决定	2016.2.23
宿豫委〔2016〕34号	关于选派第九批科技镇长团到宿豫区任职的请示	2016.3.1
宿豫委〔2016〕35号	关于增加来龙镇、大兴镇党委政府领导班子职数的请示	2016.3.8
宿豫委〔2016〕36号	关于调整区“机关作风建设提升年”活动领导小组组成人员的通知	2016.3.14
宿豫委〔2016〕37号	关于调整区民兵组织整顿工作领导小组成员的通知	2016.3.15
宿豫委〔2016〕38号	关于表彰2015年度宿豫区全国文明城市创建工作先进单位和先进个人的决定	2016.3.22
宿豫委〔2016〕39号	关于上报区乡领导班子换届工作实施方案的报告	2016.3.20
宿豫委〔2016〕40号	关于认真做好乡镇领导班子换届工作的通知	2016.3.21
宿豫委〔2016〕44号	关于乡镇党委换届工作的请示	2016.3.21
宿豫委〔2016〕46号	关于政协宿迁市宿豫区委员会2016年工作要点和工作计划的批复	2016.4.14
宿豫委〔2016〕47号	关于宿迁电子商务产业园区荣获2016优秀电子商务园区20强的报告	2016.4.15
宿豫委〔2016〕48号	关于胡德斌等同志职务任免的通知	2016.4.16
宿豫委〔2016〕49号	关于胡德斌同志任职的通知	2016.4.16
宿豫委〔2016〕50号	关于仲江林同志免职的通知	2016.4.16
宿豫委〔2016〕51号	关于王皓等同志职务任免的通知	2016.4.16
宿豫委〔2016〕52号	关于张瑜同志免职的通知	2016.4.16
宿豫委〔2016〕53号	关于刘广平等同志职务任免的通知	2016.4.16
宿豫委〔2016〕54号	关于杜辉同志免职的通知	2016.4.16
宿豫委〔2016〕55号	关于章延敬等同志职务任免的通知	2016.4.16

续表109-2

文　　号	文　件　标　题	成文日期
宿豫委〔2016〕56号	关于张瑜、陈思军同志职务任免的通知	2016.4.16
宿豫委〔2016〕57号	关于伏广宇同志免职的通知	2016.4.16
宿豫委〔2016〕58号	关于朱安军同志免职的通知	2016.4.16
宿豫委〔2016〕59号	关于戚磊等同志职务任免的通知	2016.4.16
宿豫委〔2016〕60号	关于戚磊等同志职务任免的通知	2016.4.16
宿豫委〔2016〕61号	关于刘顺洲同志退休的通知	2016.4.16
宿豫委〔2016〕62号	关于殷亮同志任职的通知	2016.4.16
宿豫委〔2016〕63号	关于朱静波等同志职务任免的通知	2016.4.27
宿豫委〔2016〕64号	关于汪海建反映信访事项办理情况的报告	2016.4.27
宿豫委〔2016〕65号	关于印发《2016年法治宿豫建设工作要点》的通知	2016.4.28
宿豫委〔2016〕66号	关于表彰宿豫区第八届“十大杰出青年”的决定	2016.4.29
宿豫委〔2016〕67号	关于区委领导班子成员工作分工的通知	2016.5.3
宿豫委〔2016〕68号	关于成立乡镇领导班子换届工作领导小组的通知	2016.5.10
宿豫委〔2016〕69号	关于做好中共宿豫区第十二次代表大会代表选举工作的通知	2016.5.11
宿豫委〔2016〕70号	关于胡赣江等同志职务任免的通知	2016.5.8
宿豫委〔2016〕71号	关于温士才、胡赣江同志职务任免的通知	2016.5.8
宿豫委〔2016〕72号	关于于成艳同志任职的通知	2016.5.8
宿豫委〔2016〕73号	关于陈磊等同志职务任免的通知	2016.5.8
宿豫委〔2016〕74号	关于李群等同志职务任免的通知	2016.5.8
宿豫委〔2016〕75号	关于李群等同志职务任免的通知	2016.5.8
宿豫委〔2016〕76号	关于陈斯泽等同志职务任免的通知	2016.5.8
宿豫委〔2016〕77号	关于袁凤江、傅荣平同志免职的通知	2016.5.8
宿豫委〔2016〕78号	关于丁必江、张先军同志职务任免的通知	2016.5.8
宿豫委〔2016〕79号	关于熊力等同志职务任免的通知	2016.5.8
宿豫委〔2016〕80号	关于吴良晶等同志职务任免的通知	2016.5.8
宿豫委〔2016〕81号	关于孙曙同志职务调整的通知	2016.5.8
宿豫委〔2016〕82号	关于李金驰等同志职务任免的通知	2016.5.8
宿豫委〔2016〕83号	关于唐宏伟等同志职务任免的通知	2016.5.8
宿豫委〔2016〕84号	关于张健等同志任职的通知	2016.5.8
宿豫委〔2016〕85号	关于王爱华等同志职务任免的通知	2016.5.8
宿豫委〔2016〕86号	关于吴勇等同志挂职的通知	2016.5.8
宿豫委〔2016〕87号	关于张勇等同志正式任职的通知	2016.5.8
宿豫委〔2016〕88号	关于马健同志提前退休的通知	2016.5.8
宿豫委〔2016〕89号	关于王同河、卞孝生同志退休的通知	2016.5.8

续表109-3

文　　号	文　件　标　题	成文日期
宿豫委〔2016〕90号	关于同意召开中共大兴镇第八次代表大会的批复	2016.5.8
宿豫委〔2016〕91号	关于同意召开中共来龙镇第八次代表大会的批复	2016.5.8
宿豫委〔2016〕92号	关于同意召开中共曹集乡第十三次代表大会的批复	2016.5.8
宿豫委〔2016〕93号	关于同意召开中共陆集镇第十四次代表大会的批复	2016.5.8
宿豫委〔2016〕94号	关于同意召开中共丁嘴镇第十三次代表大会的批复	2016.5.8
宿豫委〔2016〕95号	关于同意召开中共关庙镇第十三次代表大会的批复	2016.5.8
宿豫委〔2016〕96号	关于同意召开中共仰化镇第十三次代表大会的批复	2016.5.8
宿豫委〔2016〕97号	关于同意召开中共侍岭镇第十四次代表大会的批复	2016.5.8
宿豫委〔2016〕98号	关于同意召开中共新庄镇第十二次代表大会的批复	2016.5.8
宿豫委〔2016〕99号	关于同意召开中共保安乡第十三次代表大会的批复	2016.5.8
宿豫委〔2016〕100号	关于呈报乡镇党委换届人事安排方案的报告	2016.5.8
宿豫委〔2016〕101号	关于中共大兴镇第八届委员会和纪律检查委员会组成人员候选人预备人选的批复	2016.5.18
宿豫委〔2016〕102号	关于中共来龙镇第八届委员会和纪律检查委员会组成人员候选人预备人选的批复	2016.5.18
宿豫委〔2016〕103号	关于中共曹集乡第十三届委员会和纪律检查委员会组成人员候选人预备人选的批复	2016.5.18
宿豫委〔2016〕104号	关于中共陆集镇第十四届委员会和纪律检查委员会组成人员候选人预备人选的批复	2016.5.18
宿豫委〔2016〕105号	关于中共仰化镇第十三届委员会和纪律检查委员会组成人员候选人预备人选的批复	2016.5.18
宿豫委〔2016〕106号	关于中共丁嘴镇第十三届委员会和纪律检查委员会组成人员候选人预备人选的批复	2016.5.18
宿豫委〔2016〕107号	关于中共关庙镇第十三届委员会和纪律检查委员会组成人员候选人预备人选的批复	2016.5.18
宿豫委〔2016〕108号	关于中共侍岭镇第十四届委员会和纪律检查委员会组成人员候选人预备人选的批复	2016.5.18
宿豫委〔2016〕109号	关于中共新庄镇第十二届委员会和纪律检查委员会组成人员候选人预备人选的批复	2016.5.18
宿豫委〔2016〕110号	关于中共保安乡第十三届委员会和纪律检查委员会组成人员候选人预备人选的批复	2016.5.18
宿豫委〔2016〕111号	关于调整区机构编制委员会组成人员的通知	2016.5.24
宿豫委〔2016〕112号	关于乡镇党委、纪委换届选举后领导成员任职的批复	2016.5.24
宿豫委〔2016〕113号	关于刘海红、张晓伟同志职务任免的通知	2016.6.3
宿豫委〔2016〕114号	关于成立中共宿豫区第十二次代表大会筹备工作领导小组的通知	2016.6.8
宿豫委〔2016〕115号	关于召开中国共产党宿豫区第十二次代表大会的请示	2016.6.8
宿豫委〔2016〕116号	关于成立“工业强区、电商名城、幸福家园”建设推进机构的通知	2016.6.20

续表109-4

文　　号	文　件　标　题	成文日期
宿豫委〔2016〕117号	关于成立区委统一战线工作领导小组的通知	2016.6.20
宿豫委〔2016〕118号	关于调整区委党的建设工作领导小组成员的通知	2016.6.28
宿豫委〔2016〕119号	关于履行党风廉政建设主体责任的情况报告	2016.6.30
宿豫委〔2016〕120号	关于表彰全区优秀共产党员、优秀党务工作者和先进基层党组织的决定	2016.6.30
宿豫委〔2016〕121号	关于调整区招商引资工作领导小组成员的通知	2016.6.30
宿豫委〔2016〕122号	关于区委领导班子成员工作分工的通知	2016.7.7
宿豫委〔2016〕123号	关于调整网络安全和信息化领导小组组成人员的通知	2016.7.8
宿豫委〔2016〕124号	关于中共宿迁市宿豫区第十二届委员会和纪律检查委员会换届人事安排问题的请示	2016.7.11
宿豫委〔2016〕125号	关于给予李兆年开除党籍处分的批复	2016.7.11
宿豫委〔2016〕126号	关于给予晁杰开除党籍处分的批复	2016.7.11
宿豫委〔2016〕127号	关于给予刘长江开除党籍处分的批复	2016.7.11
宿豫委〔2016〕128号	关于给予陆松波开除公职处分的决定	2016.7.14
宿豫委〔2016〕129号	关于给予曹冬民开除公职处分的决定	2016.7.14
宿豫委〔2016〕130号	关于确定宿豫区出席中国共产党宿迁市第五次代表大会代表候选人预备人选的情况报告	2016.7.14
宿豫委〔2016〕131号	关于同意各党（工）委报来的出席中国共产党宿豫区第十二次代表大会代表的批复	2016.7.14
宿豫委〔2016〕132号	关于对我区出席中国共产党宿迁市第五次代表大会代表候选人预备人选进行党内公示的通知	2016.7.14
宿豫委〔2016〕133号	关于中共宿迁市宿豫区纪委换届人事安排问题的请示	2016.7.14
宿豫委〔2016〕134号	关于调整区生态文明建设领导小组组成人员的通知	2016.7.15
宿豫委〔2016〕135号	关于中共宿迁市宿豫区第十二届委员会、纪律检查委员会选举结果的报告	2016.7.19
宿豫委〔2016〕136号	关于选举产生宿豫区出席中国共产党宿迁市第五次代表大会代表的情况报告	2016.7.21
宿豫委〔2016〕137号	关于调整宿豫区落实党风廉政建设责任制领导小组成员的通知	2016.7.24
宿豫委〔2016〕138号	关于调整区委全面深化改革领导小组成员的通知	2016.8.3
宿豫委〔2016〕139号	关于调整区委全面深化改革领导小组专项小组组成人员名单的通知	2016.8.3
宿豫委〔2016〕140号	关于举办中国宿迁首届百威啤酒节和2016首届中国宿迁荧光夜跑活动有关事项的请示	2016.8.17
宿豫委〔2016〕141号	关于邀请市领导出席2016首届中国宿迁荧光夜跑活动开幕式的请示	2016.8.25
宿豫委〔2016〕142号	关于调整区老区开发促进会（扶贫开发协会）成员的通知	2016.8.26
宿豫委〔2016〕143号	关于陈亚光、李良同志职务任免意见的复函	2016.8.29
宿豫委〔2016〕144号	关于陈亚光同志任职的通知	2016.8.29
宿豫委〔2016〕145号	关于陈亚光、李良同志职务任免的通知	2016.8.29
宿豫委〔2016〕146号	关于赵其良等同志职务任免的通知	2016.8.29

续表109-5

文　　号	文　件　标　题	成文日期
宿豫委〔2016〕147号	关于成立宿迁市城市管理行政执法局宿豫分局党组及朱北平等同志任职的通知	2016.8.29
宿豫委〔2016〕148号	关于周玲玲同志任职的通知	2016.8.29
宿豫委〔2016〕149号	关于李良同志免职的通知	2016.8.29
宿豫委〔2016〕150号	关于唐善林等同志职务任免的通知	2016.8.29
宿豫委〔2016〕151号	关于宿迁市城市管理行政执法局宿豫分局管理体制调整及朱北平等同志任职的通知	2016.8.29
宿豫委〔2016〕152号	关于李金驰、姚秀全同志职务任免的通知	2016.8.29
宿豫委〔2016〕153号	关于管守南等同志职务任免的通知	2016.8.29
宿豫委〔2016〕154号	关于薛桂波等同志任职的通知	2016.8.29
宿豫委〔2016〕155号	关于鲍兴洲同志免职的通知	2016.8.29
宿豫委〔2016〕156号	关于孙拓同志任职的通知	2016.8.29
宿豫委〔2016〕157号	关于吴良学等同志退休的通知	2016.8.29
宿豫委〔2016〕158号	关于王学生同志退休的通知	2016.8.29
宿豫委〔2016〕159号	关于周永科同志职务调整的请示	2016.9.22
宿豫委〔2016〕160号	关于李仲平等同志职务任免意见的复函	2016.9.22
宿豫委〔2016〕161号	关于杨立清同志免职的通知	2016.9.22
宿豫委〔2016〕162号	关于杜宏兵等同志职务任免的通知	2016.9.22
宿豫委〔2016〕163号	关于姜亚泽同志任职的通知	2016.9.22
宿豫委〔2016〕164号	关于成立区乡人大换届选举工作领导小组的通知	2016.9.24
宿豫委〔2016〕165号	关于成立区选举委员会的通知	2016.9.24
宿豫委〔2016〕166号	关于成立乡镇选举委员会的通知	2016.9.24
宿豫委〔2016〕167号	关于李守强同志任职的通知	2016.9.22
宿豫委〔2016〕168号	关于孟凯等同志职务任免的通知	2016.10.8
宿豫委〔2016〕169号	关于李劲柏同志免职的通知	2016.10.8
宿豫委〔2016〕170号	关于孟凯等同志职务任免的通知	2016.10.8
宿豫委〔2016〕171号	关于倪棋静、李敬才同志职务任免的通知	2016.10.8
宿豫委〔2016〕172号	关于区委有关领导工作分工调整的通知	2016.10.9
宿豫委〔2016〕175号	关于征求张智勇、王辉同志任职意见的函	2016.11.14
宿豫委〔2016〕176号	关于邀请市领导出席京东（宿迁）物联网智能制造产业园项目签约仪式的请示	2016.11.27
宿豫委〔2016〕178号	关于郝景延等同志职务任免的通知	2016.11.15
宿豫委〔2016〕179号	关于陈谨慎等同志职务任免的通知	2016.11.15
宿豫委〔2016〕180号	关于闫景柏等同志职务任免的通知	2016.11.15
宿豫委〔2016〕181号	关于成立宿迁裕丰资产经营管理股份有限公司党委及有关人员任职的通知	2016.11.15

续表109-6

文　　号	文　件　标　题	成文日期
宿豫委〔2016〕182号	关于成立宿豫区城镇建设开发有限公司党委及有关人员任职的通知	2016.11.15
宿豫委〔2016〕183号	关于成立宿豫区水务投资建设有限公司党委及有关人员任职的通知	2016.11.15
宿豫委〔2016〕184号	关于成立江苏邦丰（道勤）投资担保有限公司党委及有关人员任职的通知	2016.11.15
宿豫委〔2016〕185号	关于成立江苏邦丰（道勤）投资担保有限公司及有关人员任职的通知	2016.11.15
宿豫委〔2016〕186号	关于苏斯洲等同志职务任免的通知	2016.11.15
宿豫委〔2016〕187号	关于程威同志任职意见的复函	2016.11.15
宿豫委〔2016〕188号	关于周永科同志免职的通知	2016.11.15
宿豫委〔2016〕189号	关于张少明、王玉斌同志职务任免的通知	2016.11.15
宿豫委〔2016〕190号	关于张清华、李德山同志职务任免的通知	2016.11.15
宿豫委〔2016〕191号	关于王新春、赵轶同志免职的通知	2016.11.15
宿豫委〔2016〕192号	关于郭浩、陈博同志职务任免的通知	2016.11.15
宿豫委〔2016〕193号	关于朱江等同志职务任免的通知	2016.11.15
宿豫委〔2016〕194号	关于张龙等同志职务任免的通知	2016.11.15
宿豫委〔2016〕195号	关于周永科等同志职务任免的通知	2016.11.15
宿豫委〔2016〕196号	关于周永科等同志职务任免的通知	2016.11.15
宿豫委〔2016〕197号	关于彭德平同志退休的通知	2016.11.15
宿豫委〔2016〕198号	关于张家龙等同志退休的通知	2016.11.15
宿豫委〔2016〕199号	关于许素芳同志退休的通知	2016.11.15
宿豫委〔2016〕200号	关于宿豫区工商业联合会第七届执行委员会主席、副主席和秘书长提名人选的通知	2016.11.25
宿豫委〔2016〕201号	关于仲林等同志职务任免的通知	2016.11.25
宿豫委〔2016〕202号	关于区委有关领导工作分工调整的通知	2016.12.1
宿豫委〔2016〕203号	关于举办2016全国大学生移动应用创新大赛总决赛的报告	2016.12.8
宿豫委〔2016〕204号	关于成立先进特色产业园建设指挥部的通知	2016.12.9
宿豫委〔2016〕205号	印发《关于深入实施创新驱动战略加快先进特色产业园建设的工作方案》的通知	2016.12.9
宿豫委〔2016〕206号	关于朱义和同志免职的通知	2016.11.25
宿豫委〔2016〕207号	关于郝康永、王爱华同志职务任免的通知	2016.11.25
宿豫委〔2016〕208号	关于郝康永、王爱华同志职务任免的通知	2016.11.25
宿豫委〔2016〕209号	关于郝康永同志免职的通知	2016.11.25
宿豫委〔2016〕210号	印发《关于做好市人大代表选举、市政协委员酝酿工作实施方案》的通知	2016.12.3
宿豫委〔2016〕212号	关于邀请市相关领导出席江苏三夫电子商务发展有限公司上线运营暨三夫户外体验店开业庆典的请示	2016.12.22
宿豫委〔2016〕224号	关于宿豫区人大、政府、政协、法院、检察院换届候选人的请示	2016.12.21
宿豫委〔2016〕225号	关于征求赵轶、张中华同志职务任免意见的请示	2016.12.28

续表109-7

文　　号	文　件　标　题	成文日期
宿豫委〔2016〕226号	关于袁震同志免职的通知	2016.11.25
宿豫委〔2016〕228号	关于于建江、何川同志任职的通知	2016.12.30
宿豫委〔2016〕229号	关于于建江、何川同志任职的通知	2016.12.30
宿豫委〔2016〕230号	关于叶敏同志任职的通知	2016.12.30
宿豫委〔2016〕231号	关于陶梦瑶同志任职的通知	2016.12.30
宿豫委〔2016〕232号	关于王云峰、袁震同志免职的通知	2016.12.30
宿豫委〔2016〕233号	关于王恒松等同志退休的通知	2016.12.30

2016年宿豫区人民政府发文一览

表110

文　　号	文　件　标　题	成文日期
宿豫政发〔2016〕1号	关于区政府领导班子成员工作分工的通知	2016.1.7
宿豫政发〔2016〕2号	空	—
宿豫政发〔2016〕3号	关于翔盛集团信贷风险情况的报告	2016.1.4
宿豫政发〔2016〕4号	关于表彰政协提案办理先进单位的决定	2016.1.9
宿豫政发〔2016〕5号	关于2015年度深入推进依法行政加快建设法制政府工作情况的报告	2016.1.11
宿豫政发〔2016〕6号	关于宿豫区九龙花园星海湾北侧棚改项目安置情况确认的请示	2016.1.14
宿豫政发〔2016〕7号	关于收购我区城乡建设用地增减挂钩指标的请示	2016.1.19
宿豫政发〔2016〕8号	关于调整来龙镇等乡镇（场）土地利用总体规划的请示	2016.1.19
宿豫政发〔2016〕9号	关于给予困难补助的请示	2016.1.20
宿豫政发〔2016〕10号	关于申报江苏省电子商务示范县的请示	2016.1.25
宿豫政发〔2016〕11号	关于严肃财经纪律严格预算执行管理的通知	2016.1.24
宿豫政发〔2016〕12号	关于江苏翔盛集团金融风险处置建议方案	2016.1.29
宿豫政发〔2016〕13号	关于办理苍风苑安置小区用地手续的请示	2016.1.27
宿豫政发〔2016〕14号	关于请求返还土地出让金的请示	2016.2.5
宿豫政发〔2016〕15号	关于将政府购买棚户区改造服务费用纳入财政预算的议案	2016.2.4
宿豫政发〔2016〕16号	关于申请设置宿迁高等职业技术学校暨江苏联合职业技术学院宿迁分院的请示	2016.2.20
宿豫政发〔2016〕17号	关于给予区公安分局和周硕俊等个人记功的决定	2016.2.22
宿豫政发〔2016〕18号	关于提名刘志凌同志任职的报告	2016.2.23
宿豫政发〔2016〕19号	关于给予企业上市工作相关单位奖励的决定	2016.2.22
宿豫政发〔2016〕20号	关于表彰2015年度财税审计金融工作先进单位和先进个人的决定	2016.2.26
宿豫政发〔2016〕21号	关于划拨宿迁高新区油坊和陆桥两个安置小区建设用地的请示	2016.2.29
宿豫政发〔2016〕22号	批转区审计局关于全区2016年审计项目计划安排意见的通知	2016.3.8

续表110-1

文　号	文 件 标 题	成文日期
宿豫政发〔2016〕23号	关于做好2016年度民兵组织整顿工作的意见	2016.3.8
宿豫政发〔2016〕24号	关于切实做好第三次全国农业普查工作的通知	2016.3.9
宿豫政发〔2016〕25号	关于2015年度宿豫区区长质量奖的决定	2016.3.8
宿豫政发〔2016〕26号	关于做好2016年度耕地占补平衡和城乡建设用地增减挂钩试点工作的通知	2016.3.7
宿豫政发〔2016〕27号	关于表彰2015年度食品安全工作先进单位和先进个人的决定	2016.3.9
宿豫政发〔2016〕28号	关于表彰2015年度质量强区工作先进单位和先进个人的决定	2016.3.14
宿豫政发〔2016〕29号	关于表彰2015年度全区新型工业化暨新兴产业发展先进单位和先进个人的决定	2016.3.16
宿豫政发〔2016〕30号	关于表彰2015年度全区推动新型工业化暨新兴产业发展先进企业的决定	2016.3.16
宿豫政发〔2016〕31号	关于侍行运等同志职务任免的通知	2016.2.3
宿豫政发〔2016〕32号	关于委托宿迁市宿豫区城镇建设开发有限公司代建宿迁市宿豫区顺河片区整体城镇化建设项目的决定	2016.3.22
宿豫政发〔2016〕33号	关于刘志凌同志工作分工的通知	2016.4.1
宿豫政发〔2016〕34号	关于邀请土耳其客商来我区商务考察的请示	2016.4.7
宿豫政发〔2016〕35号	关于成立投融资工作领导小组的通知	2016.4.6
宿豫政发〔2016〕36号	关于印发宿迁市宿豫区机关事务管理办法的通知	2016.4.8
宿豫政发〔2016〕37号	关于邀请阿富汗客商来我区商务考察的请示	2016.4.12
宿豫政发〔2016〕38号	关于表彰宿豫区劳动模范的决定	2016.4.25
宿豫政发〔2016〕39号	关于报送2016年一事一议财政奖补项目建设计划的报告	2016.4.22
宿豫政发〔2016〕40号	关于提名朱静波等同志职务任免的报告	2016.4.27
宿豫政发〔2016〕41号	关于区政府领导班子成员工作分工的通知	2016.5.3
宿豫政发〔2016〕42号	关于做好2014年冬季退役士兵接收安置工作的通知	2016.4.28
宿豫政发〔2016〕43号	关于创建国家级出口食品农产品质量安全示范区（禽肉及其制品）的请示	2016.5.6
宿豫政发〔2016〕44号	关于鼓励利用废钢生产成品钢企业扩大销售的实施意见	2016.4.6
宿豫政发〔2016〕45号	关于王皓等同志职务任免的通知	2016.4.16
宿豫政发〔2016〕46号	关于张瑜同志免职的通知	2016.4.16
宿豫政发〔2016〕47号	空	—
宿豫政发〔2016〕48号	关于印发《宿豫区水污染防治工作方案》的通知	2016.5.28
宿豫政发〔2016〕49号	关于开除王冠楠公职的决定	2016.4.30
宿豫政发〔2016〕50号	关于派遣赵颜同志赴美国学习的请示	2016.5.12
宿豫政发〔2016〕51号	关于陈斯泽等同志职务任免的通知	2016.5.8
宿豫政发〔2016〕52号	关于袁凤江、傅荣平同志免职的通知	2016.5.8
宿豫政发〔2016〕53号	关于印发宿豫区生态文明建设三年行动计划（2016—2018年）的通知	2016.5.19
宿豫政发〔2016〕54号	关于为江苏阿尔法药业有限公司石振祥等同志办理APEC商务旅行卡的请示	2016.6.5
宿豫政发〔2016〕55号	关于印发宿豫区国民经济和社会发展第十三个规划纲要的通知	2016.5.30

续表110-2

文　　号	文 件 标 题	成文日期
宿豫政发〔2016〕56号	关于确认宿豫区棚户区改造工程2016—2017年部分项目的请示	2016.6.8
宿豫政发〔2016〕57号	关于印发宿豫区规范性文件制定与管理办法的通知	2016.6.5
宿豫政发〔2016〕58号	关于提名李群等同志职务任免的报告	2016.6.23
宿豫政发〔2016〕59号	空	—
宿豫政发〔2016〕60号	关于江苏北斗玺园小区东侧地块土地挂牌的请示	2016.7.3
宿豫政发〔2016〕61号	关于周斌等同志组团赴韩国开展招商考察活动的请示	2016.7.6
宿豫政发〔2016〕62号	关于区政府领导班子成员工作分工的通知	2016.7.7
宿豫政发〔2016〕63号	关于汪海建反映信访事项办理情况的报告	2016.7.8
宿豫政发〔2016〕64号	关于派遣刘艳侠同志赴英国研修的请示	2016.7.14
宿豫政发〔2016〕65号	关于江苏华孚色纺有限公司翁鹤松办理APEC商务旅行卡的请示	2016.7.14
宿豫政发〔2016〕66号	关于表彰2015年度征兵工作先进单位和先进个人的决定	2016.7.18
宿豫政发〔2016〕67号	关于印发《宿豫区关于进一步完善城乡义务教育经费保障机制实施方案》的通知	2016.7.19
宿豫政发〔2016〕68号	关于批准宿迁市宿豫区陆集镇同一乡镇范围内村庄建设用地布局调整试点工作实施方案的请示	2016.7.27
宿豫政发〔2016〕69号	关于派遣李瑞华同志赴德国研修的请示	2016.7.21
宿豫政发〔2016〕70号	关于进一步做好新形势下就业创业工作实施意见	2016.7.27
宿豫政发〔2016〕71号	关于创建江苏省计量惠民示范区的请示	2016.8.2
宿豫政发〔2016〕72号	关于派遣姚军同志赴日本参加“第九届中国商务良机交易会“和赴韩国进行招商活动的请示	2016.8.3
宿豫政发〔2016〕73号	关于创建国家级电子商务产品质量提升示范区的请示	2016.8.8
宿豫政发〔2016〕74号	关于派遣陈晟同志赴乌兹别克斯坦考察的请示	2016.8.8
宿豫政发〔2016〕75号	关于申请批准实施《宿迁生态化工科技产业园区环保专项整治方案》的请示	2016.8.9
宿豫政发〔2016〕76号	关于批准设立生态化工园区“两大中心”的请示	2016.8.14
宿豫政发〔2016〕77号	关于宿迁市宿豫区2015年度城乡建设用地增减挂钩（第一批）实施规划的请示	2016.8.16
宿豫政发〔2016〕78号	关于印发《宿豫区政务服务管理规定》的通知	2016.8.16
宿豫政发〔2016〕79号	关于表彰年度考核优秀等次公务员的决定	2016.8.12
宿豫政发〔2016〕80号	关于派遣宿迁高新区冷庆丰同志赴德国参加创新创业管理服务培训的请示	2016.8.18
宿豫政发〔2016〕81号	关于开除李兆年公职的决定	2016.8.16
宿豫政发〔2016〕82号	关于开除晁杰公职的决定	2016.8.17
宿豫政发〔2016〕83号	关于申报农村一二三产业融合发展试点县（区）的请示	2016.8.29
宿豫政发〔2016〕84号	关于鼓励农村居民进城入镇集中居住的意见（试行）	2016.8.31
宿豫政发〔2016〕85号	关于申报2016年中央农作物秸秆综合利用试点区的请示	2016.9.14
宿豫政发〔2016〕86号	关于派遣吴长英典型示范赴香港进修的请示	2016.9.21

续表110-3

文　　号	文　件　标　题	成文日期
宿豫政发〔2016〕87号	关于印发宿豫区财政专项资金管理办法的通知	2016.9.20
宿豫政发〔2016〕88号	关于调整部分区政府领导工作分工作的通知	2016.10.9
宿豫政发〔2016〕89号	关于顺河片区整体城镇化建设项目委托代建购买服务资金列入财政预算的议案	2016.10.12
宿豫政发〔2016〕90号	关于棚户区（城中村）改造一期工程项目政府购买服务资金列入财政预算的议案	2016.10.12
宿豫政发〔2016〕91号	关于印发宿豫区增材制造（3D打印）产业发展引导资金实施办法的通知	2016.10.18
宿豫政发〔2016〕92号	关于印发宿豫区增材制造（3D打印）产业发展引导资金实施细则的通知	2016.10.18
宿豫政发〔2016〕93号	关于印发宿豫区城乡困难群众临时救助暂行办法的通知	2016.10.18
宿豫政发〔2016〕94号	关于印发宿豫区人民政府重大行政决策程序规定的通知	2016.9.15
宿豫政发〔2016〕95号	关于选派李仕松同志赴加拿大进修的请示	2016.10.27
宿豫政发〔2016〕96号	关于申报第二批结合新型城镇化开展支持农民工等人员返乡创业试点地区的请示	2016.10.14
宿豫政发〔2016〕97号	关于增报2016年一事一议财政奖补项目建设计划的报告	2016.10.29
宿豫政发〔2016〕98号	关于推进全区城乡建设用地增减挂钩工作的通知	2016.10.25
宿豫政发〔2016〕99号	关于派遣张进成同志赴美国研修的请示	2016.11.2
宿豫政发〔2016〕100号	关于博迁新材料研发大楼与3#厂房办理不动产证的请示	2016.11.4
宿豫政发〔2016〕101号	关于唐善林等同志职务任免的通知	2016.8.30
宿豫政发〔2016〕102号	关于为江苏达威奇工贸实业有限公司皋新洋办理APEC商务旅行卡的请示	2016.10.25
宿豫政发〔2016〕103号	关于调整乡镇财政管理体制的通知	2016.11.2
宿豫政发〔2016〕104号	关于印发区级融资资金统筹调度管理办法的通知	2016.11.2
宿豫政发〔2016〕105号	关于对宿豫区“土地执法模范区”创建工作进行检查的请示	2016.11.12
宿豫政发〔2016〕106号	关于解决江苏北斗玺园小区验收存在问题的请示	2016.11.15
宿豫政发〔2016〕107号	关于减免宿迁高新区油坊和陆桥安置工作小区五期项目城市市政公用基础设施配套费的请示	2016.11.15
宿豫政发〔2016〕108号	关于表彰2011—2015年全区法治宣传教育工作先进集体和先进个人的决定	2016.11.19
宿豫政发〔2016〕109号	关于派遣徐旭同志赴德国培训的请示	2016.11.23
宿豫政发〔2016〕110号	关于帮助协调宿迁技师学院公共实训基地建设中央预算内投资项目资金的请示	2016.11.23
宿豫政发〔2016〕111号	关于区政府领导班子成员工作分工的通知	2016.12.1
宿豫政发〔2016〕112号	关于印发宿豫区乡镇发展基金管理办法的通知	2016.12.1
宿豫政发〔2016〕113号	关于对部分危险化学品企业隐患整改实施区级挂牌督办的通知	2016.12.9
宿豫政发〔2016〕114号	关于给予区消防大队集体和郭路路等个人记功的决定	2016.12.9
宿豫政发〔2016〕115号	关于姜亚泽同志任职的通知	2016.9.22
宿豫政发〔2016〕116号	关于杜宏兵等同志职务任免的通知	2016.9.23
宿豫政发〔2016〕117号	关于孟凯等同志职务任免的通知	2016.10.8

续表110-4

文　　号	文　件　标　题	成文日期
宿豫政发〔2016〕118号	关于旭派电源公司邀请孟加拉国客商到宿豫进行商务考察的请示	2016.12.9
宿豫政发〔2016〕119号	关于为玖久丝绸股份有限公司朱烈办理APEC商务旅行卡的请示	2016.12.9
宿豫政发〔2016〕120号	关于选派优秀财政工作人员班学习的请示	2016.12.18
宿豫政发〔2016〕121号	关于将宿迁裕丰资产经营管理有限公司10亿元企业债券还款资金纳入政	2016.12.22
宿豫政发〔2016〕122号	关于成立江苏邦丰（道勤）投资担保有限公司及有关人员任职的通知	2016.11.15
宿豫政发〔2016〕123号	关于周永科等同志职务任免的通知	2016.11.15
宿豫政发〔2016〕124号	关于朱义和同志免职的通知	2016.11.25
宿豫政发〔2016〕125号	关于提请陈谨慎等同志职务任免的报告	2016.12.25
宿豫政发〔2016〕126号	关于调整2016年国民经济和社会发展计划部分指标的议案	2016.12.25
宿豫政发〔2016〕127号	关于申报2017年度省粮食生产全程机械化整体推进示范区建设项目的请示	2016.12.29
宿豫政发〔2016〕128号	关于印发宿豫已征地补偿和被征地农民社会保障实施细则（试行）的通知	2016.12.29
宿豫政发〔2016〕129号	关于2016年度推进依法行政工作情况的报告	2016.12.29
宿豫政发〔2016〕130号	关于提请对宿豫区生态文明建设规划（2016—2020）进行评审的请示	2016.12.30
宿豫政发〔2016〕131号	关于开除柏利公职的决定	2016.12.29
宿豫政发〔2016〕132号	关于印发《宿豫区畜禽养殖禁养区划定方案》的通知	2016.12.14
宿豫政发〔2016〕133号	关于印发《宿豫区畜禽规模养殖污染治理实施方案》的通知	2016.12.14

2016年宿豫区委办公室发文要目一览

表111

文　　号	文　件　标　题	成文日期
宿豫办发〔2016〕2号	关于印发《区委网络安全和信息化领导小组近期工作要点及责任分工》的通知	2016.1.21
宿豫办发〔2016〕3号	关于加强乡村和校园专职保安队伍建设的意见	2016.1.21
宿豫办发〔2016〕4号	关于印发《宿豫区废旧物资回收加工综合整治工作实施方案》的通知	2016.1.26
宿豫办发〔2016〕5号	关于调整区扶贫工作领导小组组成人员的通知	2016.2.2
宿豫办发〔2016〕6号	关于下达2016年度国家扶贫改革试验区建设和脱贫致富奔小康工程工作任务的通知	2016.2.2
宿豫办发〔2016〕7号	关于调整区社会文化管理委员会（区“扫黄打非”工作领导小组）成员的通知	2016.2.3
宿豫办发〔2016〕8号	关于印发《2016年度工作任务清单》的通知	2016.2.14
宿豫办发〔2016〕9号	关于调整区农业和农村工作领导小组组成人员的通知	2016.2.18
宿豫办发〔2016〕10号	关于调整区依法治区领导小组组成人员的通知	2016.2.18
宿豫办发〔2016〕11号	关于调整区“平安宿豫”建设工作领导小组组成人员的通知	2016.2.19
宿豫办发〔2016〕12号	关于印发《2016年度区级党政领导大接访活动时间安排表》的通知	2016.2.23
宿豫办发〔2016〕13号	关于印发《2016年全区信访工作要点》的通知	2016.2.23

续表111-1

文　　号	文　件　标　题	成文日期
宿豫办发〔2016〕14号	关于印发《乡镇（街道、园区）党（工）委2016年度抓村（社区）党建工作直接责任清单》等文件的通知	2016.3.7
宿豫办发〔2016〕15号	印发《关于在非公有制企业党的建设中深化“红领助企”行动的实施方案》的通知	2016.3.7
宿豫办发〔2016〕16号	关于印发《全区“乡镇工业突破年”活动实施方案》的通知	2016.3.11
宿豫办发〔2016〕17号	关于印发《宿豫区2016年度“三服务三促进”活动考核办法》的通知	2016.3.11
宿豫办发〔2016〕18号	关于印发《宿豫区2016年度创建全国文明城市考核办法》的通知	2016.3.14
宿豫办发〔2016〕19号	关于印发《宿豫区2016年重大项目建设计划表》的通知	2016.3.14
宿豫办发〔2016〕20号	关于印发《宿豫区2016年重点基础设施项目建设计划表》的通知	2016.3.14
宿豫办发〔2016〕21号	关于印发《2016年度信访稳定工作考核奖惩办法》的通知	2016.3.15
宿豫办发〔2016〕22号	关于调整区委防范和处理邪教问题领导小组成员的通知	2016.3.17
宿豫办发〔2016〕23号	转发《市委办公室市政府办公室关于印发〈“新常态下营商环境建设提升年”活动实施方案〉的通知》的通知	2016.3.18
宿豫办发〔2016〕24号	关于调整区创建全国文明城市指挥部组成人员的通知	2016.3.22
宿豫办发〔2016〕25号	关于印发《市委四届五次全会重要举措实施规划（2016—2020年）工作任务分解表》的通知	2016.3.23
宿豫办发〔2016〕26号	关于调整区委保密委员会组成人员的通知	2016.3.23
宿豫办发〔2016〕27号	关于印发《区委区政府2016年重点工作任务细化实施方案》的通知	2016.4.06
宿豫办发〔2016〕28号	关于印发《宿豫区乡镇卫生计生事业改革实施方案》的通知	2016.3.30
宿豫办发〔2016〕29号		
宿豫办发〔2016〕30号	关于印发《宿豫区区级机关办公用房集中统一管理实施办法》的通知	2016.4.08
宿豫办发〔2016〕31号	关于印发《张家港宿豫工业园区成立十周年系列活动方案》的通知	2016.4.11
宿豫办发〔2016〕32号	关于印发《2016年区领导及区级机关部门单位挂钩帮扶企业明细表》的通知	2016.4.11
宿豫办发〔2016〕33号	关于在全区建立机关企事业单位“挂村包户”脱贫责任制的通知	2016.4.14
宿豫办发〔2016〕34号	关于印发《区级领导“挂村包户”安排表》的通知	2016.4.14
宿豫办发〔2016〕35号	关于印发《宿豫区“组团式”扶贫试点工作实施方案》的通知	2016.4.14
宿豫办发〔2016〕36号	关于印发《2016年“机关作风建设提升年”活动重点工作》的通知	2016.4.15
宿豫办发〔2016〕37号	关于调整区房屋征收和补偿办公室人员的通知	2016.4.16
宿豫办发〔2016〕38号	关于印发《乡（镇）纪委书记、副书记提名考察办法（试行）》等制度规定的通知	2016.4.16
宿豫办发〔2016〕39号	印发《关于加强区纪委派驻机构建设的意见》的通知	2016.4.20
宿豫办发〔2016〕40号	关于印发《宿豫区生态文明建设实绩考核办法及评分细则（试行）》的通知	2016.4.20
宿豫办发〔2016〕41号	关于印发《宿豫区网格化环境监管实施方案（试行）》的通知	2016.4.20
宿豫办发〔2016〕42号	印发《关于在全区党员中开展“学党章党规、学系列讲话，做合格党员”学习教育的实施方案》的通知	2016.4.27

续表111-2

文　　号	文 件 标 题	成文日期
宿豫办发〔2016〕43号	印发《关于进一步优化营商环境的实施方案》的通知	2016.5.6
宿豫办发〔2016〕44号	关于进一步加强2016年度市级目标管理的通知	2016.5.10
宿豫办发〔2016〕45号	关于调整区委反腐败工作协调小组成员的通知	2016.5.13
宿豫办发〔2016〕46号	印发《关于严格规范领导干部配偶、子女及其配偶经商办企业行为的规定（试行）》的通知	2016.5.16
宿豫办发〔2016〕47号	关于成立区未成年人社会保护工作领导小组的通知	2016.5.17
宿豫办发〔2016〕48号	关于印发《宿豫区2016年“扫黄打非”行动方案》的通知	2016.5.18
宿豫办发〔2016〕49号	关于调整区高等学校招生暨高等教育自学考试工作委员会组成人员的通知	2016.5.30
宿豫办发〔2016〕50号	关于调整区秸秆禁烧与综合利用工作领导小组组成人员的通知	2016.5.30
宿豫办发〔2016〕51号	关于调整部分区级领导挂钩联系点的通知	2016.6.8
宿豫办发〔2016〕52号	印发《区委常委会及其成员“两学一做”学习教育工作方案》的通知	2016.6.8
宿豫办发〔2016〕53号	关于章厚成同志任职的请示	2016.6.16
宿豫办发〔2016〕54号	关于调整区全民创业工作领导小组组成人员的通知	2016.6.20
宿豫办发〔2016〕55号	关于印发《宿豫区全民创业专项行动扶持政策》的通知	2016.6.20
宿豫办发〔2016〕56号	关于在全区建立三级微信工作群的通知	2016.6.20
宿豫办发〔2016〕57号	关于印发《宿豫区2016年度目标综合考评办法》的通知	2016.6.20
宿豫办发〔2016〕58号	关于印发《宿豫区重点信访事项分类分级化解百日专项行动实施方案》的通知	2016.6.20
宿豫办发〔2016〕59号	关于调整区委民族宗教工作领导小组组成人员的通知	2016.6.20
宿豫办发〔2016〕60号	关于成立宿豫区“两学一做”学习教育协调小组的通知	2016.6.21
宿豫办发〔2016〕61号	关于调整区防汛防旱指挥部成员的通知	2016.6.21
宿豫办发〔2016〕62号	关于印发《宿豫区“六个从严”管理办法（试行）》的通知	2016.6.24
宿豫办发〔2016〕63号	关于成立区招商引资项目评审委员会的通知	2016.6.30
宿豫办发〔2016〕64号	关于印发《全区档案室建设提质升级“2513”行动方案》的通知	2016.7.13
宿豫办发〔2016〕65号	关于成立宿豫区休闲农业和乡村旅游示范区建设工作领导小组的通知	2016.7.14
宿豫办发〔2016〕66号	关于调整区绿化委员会成员的通知	2016.7.21
宿豫办发〔2016〕67号	关于调整区“一村一品一店”工作领导小组组成人员的通知	2016.7.21
宿豫办发〔2016〕68号	转发《市委办公室市政府办公室关于开展违规吃请和公款吃喝问题专项整治工作的通知》的通知	2016.7.21
宿豫办发〔2016〕69号	关于成立宿豫区创建国家生态文明建设示范区工作领导小组的通知	2016.7.30
宿豫办发〔2016〕70号	关于印发《省委书记李强同志在宿迁视察调研讲话涉及重点事项任务分解表》的通知	2016.8.6
宿豫办发〔2016〕71号	关于印发《宿豫区加强和规范国家工作人员因私出国（境）管理的暂行规定》的通知	2016.8.9
宿豫办发〔2016〕72号	关于印发《宿豫区全民创业园建设扶持政策》的通知	2016.8.10
宿豫办发〔2016〕73号	关于调整区创建全国文明城市指挥部组成人员的通知	2016.8.11

续表111-3

文　　号	文　件　标　题	成文日期
宿豫办发〔2016〕74号	关于印发《宿豫区村（社区）党组织和村（居）民委员会换届工作实施方案》的通知	2016.8.15
宿豫办发〔2016〕75号	关于成立全区村（社区）“两委”换届工作领导小组的通知	2016.8.15
宿豫办发〔2016〕76号	关于印发《区委网络安全和信息化领导小组工作规则》和《区委网络安全和信息化领导小组办公室工作细则》的通知	2016.9.1
宿豫办发〔2016〕77号	印发《宿豫区贯彻落实〈关于进一步加强作风建设的五项要求〉实施细则》的通知	2016.9.30
宿豫办发〔2016〕78号	关于建立挂村包户“统一活动日”制度的通知	2016.10.11
宿豫办发〔2016〕79号	关于印发《宿豫区“工业强区、电商名城、幸福家园”建设工作积分制考核办法（试行）》的通知	2016.10.11
宿豫办发〔2016〕80号	关于进一步加强督查工作的实施意见（试行）	2016.10.12
宿豫办发〔2016〕81号	关于调整区依法治区领导小组组成人员的通知	2016.10.14
宿豫办发〔2016〕82号	关于成立区休闲农业和乡村旅游核心区建设工作领导小组的通知	2016.10.14
宿豫办发〔2016〕83号	印发《关于切实做好“找短板、补短板、强短板”问题整改工作的实施方案》的通知	2016.10.14
宿豫办发〔2016〕84号	关于印发《宿豫区2016年度党风廉政建设和机关效能考核评议办法》的通知	2016.10.18
宿豫办发〔2016〕85号	关于印发《幸福家园项目建设推进办法》的通知	2016.10.24
宿豫办发〔2016〕86号	关于调整区领导挂钩帮扶联系点的通知	2016.11.7
宿豫办发〔2016〕87号	印发《区委统战部关于工商联、乡镇商会换届和街道商会组建工作的实施意见》的通知	2016.11.14
宿豫办发〔2016〕88号	转发《区委宣传部、区司法局关于在全区公民中开展法治宣传教育的第七个五年规划（2016—2020年）》的通知	2016.11.14
宿豫办发〔2016〕89号	印发《关于加强政党协商的实施意见》的通知	2016.11.17
宿豫办发〔2016〕90号	印发《关于开展“双结双联”活动推动机关社区党建融合发展的实施方案》的通知	2016.11.24
宿豫办发〔2016〕91号	印发《宿豫区2016—2020年党史工作规划》的通知	2016.11.30
宿豫办发〔2016〕92号	关于明确乡镇街道园区环境保护工作职责的通知	2016.11.30
宿豫办发〔2016〕93号	关于成立中共宿豫区委巡察工作领导小组的通知	2016.11.30
宿豫办发〔2016〕94号	关于印发《2016—2021年区委巡察工作规划》的通知	2016.11.30
宿豫办发〔2016〕95号	关于成立区城乡规划预审委员会的通知	2016.12.13
宿豫办发〔2016〕96号	关于成立杉荷园和梨园湾建设指挥部的通知	2016.12.21
宿豫办发〔2016〕97号	关于印发《全区干部联系农户“三进三帮”活动方案》的通知	2016.12.21
宿豫办发〔2016〕98号	关于成立畜禽养殖专项整治工作领导小组的通知	2016.12.22
宿豫办发〔2016〕99号	关于调整区扶贫工作领导小组组成人员的通知	2016.12.23
宿豫办发〔2016〕100号	印发《关于实施返乡创业“54321”工程的工作方案》的通知	2016.12.26
宿豫办发〔2016〕101号	关于成立宿豫区干部联系农户“三进三帮”活动领导小组的通知	2016.12.26
宿豫办发〔2016〕102号	关于做好2017年度重点党报党刊征订发行工作的通知	2016.12.30

2016年宿豫区政府办公室发文要目一览

表112

文　　号	文　件　标　题	成文日期
宿豫政办发〔2016〕1号	关于调整乡镇机关事业单位人员工资保障方式的通知	2016.1.6
宿豫政办发〔2016〕2号	关于印发宿豫区行政许可和行政处罚等信用信息公示工作实施方案的通知	2016.1.21
宿豫政办发〔2016〕3号	关于优化“互联网+”电子商务领域审批工作的意见	2016.1.20
宿豫政办发〔2016〕4号	关于印发《宿豫区证照联动监管实施操作细则》的通知	2016.1.21
宿豫政办发〔2016〕5号	关于成立宿豫区2016年春运工作领导小组的通知	2016.1.25
宿豫政办发〔2016〕6号	关于认真做好2016年春运工作的通知	2016.1.25
宿豫政办发〔2016〕7号	关于印发《2015年“市长抓质量”办公会议事项任务分工表》的通知	2016.1.26
宿豫政办发〔2016〕8号	关于印发宿豫区政务服务中心窗口工作人员管理办法的通知	2016.2.2
宿豫政办发〔2016〕9号	关于印发2016年区政府为民办实事项目建设计划表的通知	2016.2.18
宿豫政办发〔2016〕10号	关于区机关事管管理中心职能配置内设机构的请示	2016.2.18
宿豫政办发〔2016〕11号	关于成立区河道和水利工程管理范围确权划界工作领导小组的通知	2016.2.19
宿豫政办发〔2016〕12号	关于印发《曹集乡2016年特色镇村建设项目推进计划表》的通知	2016.2.19
宿豫政办发〔2016〕13号	关于印发2016年全区金融工作要点的通知	2016.2.23
宿豫政办发〔2016〕14号	关于印发宿豫区2016年度金融工作考核办法的通知	2016.2.23
宿豫政办发〔2016〕15号	关于2015年全区金融工作综合考核情况的通报	2016.2.23
宿豫政办发〔2016〕16号	关于进一步加强财政收入管理的通知	2016.2.29
宿豫政办发〔2016〕17号	关于印发宿豫区2016年农村改厕实施方案的通知	2016.3.1
宿豫政办发〔2016〕18号	关于加快推进宿豫区2016年列市重大项目建设的通知	2016.3.7
宿豫政办发〔2016〕19号	关于调整区食品安全委员会成员的通知	2016.3.7
宿豫政办发〔2016〕20号	关于调整区质量强区工作领导小组的通知	2016.3.7
宿豫政办发〔2016〕21号	关于调整区放心消费创建活动领导小组成员的通知	2016.3.7
宿豫政办发〔2016〕22号	关于贯彻落实《市政府办公室关于进一步加强和完善部门统计工作的意见》的通知	2016.3.8
宿豫政办发〔2016〕23号	关于成立宿区出口食品农产品质量安全示范区（禽肉及其制品）创建工作领导小组的通知	2016.3.7
宿豫政办发〔2016〕24号	关于印发《宿豫区2016年度“五类企业”清理盘活工作考核办法》的通知	2016.3.8
宿豫政办发〔2016〕25号	关于开展城区住宅小区物业管理“一访五评”工作的通知	2016.3.23
宿豫政办发〔2016〕26号	关于加强宿豫区骆马湖搬迁群众扶持项目及资金管理工作的通知	2016.3.23
宿豫政办发〔2016〕27号	关于印发区十六届人大五次会议代表议案建议和区政协十三届五次会议委员提案办理责任分解表的通知	2016.3.31
宿豫政办发〔2016〕28号	关于印发2016年区政府重点工作计划表的通知	2016.4.6
宿豫政办发〔2016〕29号	关于印发《雨露小商品（服装）市场业态转变整治工作实施方案》的通知	2016.4.7

续表112-1

文　　号	文　件　标　题	成文日期
宿豫政办发〔2016〕30号	关于成立宿豫区文明交通提升工程暨农村道路交通安全综合治理领导小组的通知	2016.4.7
宿豫政办发〔2016〕31号	关于印发宿豫区文明交通提升工程暨农村道路交通安全综合治理工作方案的通知	2016.4.11
宿豫政办发〔2016〕32号	关于印发宿区餐饮服务等民生类许可事项联审联办实施方案的通知	2016.4.12
宿豫政办发〔2016〕33号	关于调整区禁毒委员会组成人员的通知	2016.4.12
宿豫政办发〔2016〕34号	关于在全区开展“城乡居民基本养老保险扩面征缴突击月”活动的通知	2016.4.19
宿豫政办发〔2016〕35号	关于调整区防震抗震工作领导小组成员的通知	2016.4.19
宿豫政办发〔2016〕36号	关于印发宿区地震应急预案的通知	2016.4.19
宿豫政办发〔2016〕37号	关于印发宿豫区2016年防震减灾工作目标任务分解表的通知	2016.4.19
宿豫政办发〔2016〕38号	关于推动建立新型政府法制顾问制度的意见	2016.4.21
宿豫政办发〔2016〕39号	关于印发宿豫区推进未成年人社会保护和困境未成年人分类保障工作实施方案的通知	2016.4.21
宿豫政办发〔2016〕40号	关于转发市商务局等部门关于宿迁市农村电子商务示范镇创建办法和宿迁市农村电子商务示范村创建办法的智能	2016.4.22
宿豫政办发〔2016〕41号	关于下达2016年保障性安居工程建设目标任务的通知	2016.4.22
宿豫政办发〔2016〕42号	关于调整区消防安全委员会成员单位的通知	2016.4.26
宿豫政办发〔2016〕43号	关于印发宿豫区产业集聚发展工作考核办法的通知	2016.4.27
宿豫政办发〔2016〕44号	关于调整城区犬类管理工作领导小组的通知	2016.4.27
宿豫政办发〔2016〕45号	关于做好社会基础信息资源汇聚工作的通知	2016.4.28
宿豫政办发〔2016〕46号	关于印发宿豫区创建出口食品农产品质量安全示范区（禽肉及其制品）工作实施方案的通知	2016.4.27
宿豫政办发〔2016〕47号	关于调整区政府信息公开工作领导小组成员的通知	2016.4.29
宿豫政办发〔2016〕48号	关于调整区全面推进依法行政工作领导小组成员的通知	2016.4.29
宿豫政办发〔2016〕49号	关于成立城区道路通达工程领导小组的通知	2016.5.3
宿豫政办发〔2016〕50号	关于印发宿豫区乡镇医院实施基本药物制度监督管理暂行办法的通知	2016.5.3
宿豫政办发〔2016〕51号	关于调整区政府行政复议委员会成员的通知	2016.5.4
宿豫政办发〔2016〕52号	关于印发《宿豫区食品安全事故应急预案》的通知	2016.4.29
宿豫政办发〔2016〕53号	关于印发《宿豫区食品安全责任追究制度》的通知	2016.4.29
宿豫政办发〔2016〕54号	关于印发宿豫区食品药品安全举报奖励办法的通知	2016.4.29
宿豫政办发〔2016〕55号	关于成立宿豫区委托贷款领导小组的通知	2016.5.6
宿豫政办发〔2016〕56号	关于成立宿豫区小型水利工程管理体制改革工作领导小组的通知	2016.5.6
宿豫政办发〔2016〕57号	关于印发宿豫区小型水利工程管理体制改革实施方案（试行）的通知	2016.5.6
宿豫政办发〔2016〕58号	关于印发《宿豫区平台公司委托贷款管理办法的》的通知	2016.5.8
宿豫政办发〔2016〕59号	关于印发宿豫区创建社会信用体系建设示范城市工作制度的通知	2016.5.16

续表112-2

文　号	文 件 标 题	成文日期
宿豫政办发〔2016〕60号	关于印发2016年度宿豫区区级部门社会信用体系建设工作考核办法的通知	2016.5.16
宿豫政办发〔2016〕61号	关于印发宿豫区拓展信用产品应用领域工作方案（试行）的通知	2016.5.16
宿豫政办发〔2016〕62号	关于调整区基本公共卫生服务和妇幼重大公共卫生服务项目工作领导小组成员的通知	2016.5.18
宿豫政办发〔2016〕63号	关于建立基本公共卫生服务和妇幼重大公共卫生服务项目工作联席会议制度的通知	2016.5.18
宿豫政办发〔2016〕64号	关于印发宿豫区创建省级慢性非传染性疾病综合防控示范区工作领导小组的通知	2016.5.18
宿豫政办发〔2016〕65号	关于印发宿豫区创建省级慢性非传染性疾病综合防控示范区工作实施方案的通知	2016.5.18
宿豫政办发〔2016〕66号	关于印发宿豫区创建江苏省卫生应急规范区领导小组的通知	2016.5.18
宿豫政办发〔2016〕67号	关于印发宿豫区创建江苏省卫生应急工作规范实施方案的通知	2016.5.18
宿豫政办发〔2016〕68号	关于印发宿迁市宿豫区人感染H7N9禽流感应急预案（暂行）的通知	2016.5.18
宿豫政办发〔2016〕69号	关于印发宿豫区2016年大气污染防治实施方案的通知	2016.5.24
宿豫政办发〔2016〕70号	关于印发宿豫区大气污染防治重点区域环境综合治理达标方案的通知	2016.5.24
宿豫政办发〔2016〕71号	关于印发宿豫区高污染燃料禁燃区整治工作实施方案的通知	2016.5.24
宿豫政办发〔2016〕72号	关于开展规范性文件清理工作的通知	2016.6.8
宿豫政办发〔2016〕73号	关于成立主街道城市形象提升工程指挥部的通知	2016.6.5
宿豫政办发〔2016〕74号	空	—
宿豫政办发〔2016〕75号	关于调整宿豫区校车安全管理联席会议组成人员的通知	2016.6.17
宿豫政办发〔2016〕76号	关于成立区减灾委员会的通知	2016.6.17
宿豫政办发〔2016〕77号	关于调整区政府妇女儿童工作委员会组成人员的通知	2016.6.15
宿豫政办发〔2016〕78号	关于调整区征兵工作领导小组成员的通知	2016.6.21
宿豫政办发〔2016〕79号	关于调整区知识产权联席会议成员及明确职责的通知	2016.6.21
宿豫政办发〔2016〕80号	关于印发宿豫区村居卫生机构提质工程实施方案的通知	2016.6.22
宿豫政办发〔2016〕81号	关于成立互联网金融风险专项整治工作领导小组的通知	2016.6.23
宿豫政办发〔2016〕82号	关于印发宿豫区互联网金融风险专项整治工作实施方案的通知	2016.6.23
宿豫政办发〔2016〕83号	关于印发《宿豫区“江苏省平安校园建设示范区”创建工作实施方案的》的通知	2016.7.20
宿豫政办发〔2016〕84号	关于印发《策应省有关部门和单位2016年度支持苏北地区发展任务分解表》的通知	2016.7.20
宿豫政办发〔2016〕85号	关于印发宿豫区2016年政务公开工作要点的通知	2016.7.20
宿豫政办发〔2016〕86号	关于调整区安全生产委员会组成人员的通知	2016.7.22
宿豫政办发〔2016〕87号	关于成立宿豫区机关事业单位养老保险制度改革工作领导小组的通知	2016.7.29
宿豫政办发〔2016〕88号	关于公布宿豫区食品生产加工小作坊监管产品目录的通知	2016.7.28

续表112-3

文　　号	文　件　标　题	成文日期
宿豫政办发〔2016〕89号	关于印发宿豫区创建国家级电子商务产品质量提升示范区工作方案的通知	2016.8.8
宿豫政办发〔2016〕90号	关于转发区2016年度信用信息和信用产品使用计划的通知	2016.8.11
宿豫政办发〔2016〕91号	关于成立宿豫区政务服务领域供给侧改革工作领导小组的通知	2016.8.23
宿豫政办发〔2016〕92号	关于印发《宿豫区加强供给侧改革提升政务服务效能实施方案》的通知	2016.8.23
宿豫政办发〔2016〕93号	关于印发宿豫区乡镇便民服务中心和村级便民服务站考核暂行办法的通知	2016.9.7
宿豫政办发〔2016〕94号	关于成立创建江苏省计量惠民示范区工作领导小组的通知	2016.9.9
宿豫政办发〔2016〕95号	关于印发宿豫区重点企业生产经营和财务风险状况监测预警方案的通知	2016.9.13
宿豫政办发〔2016〕96号	关于印发宿豫区企业投资项目“多评合一”实施细则（试行）的通知	2016.9.14
宿豫政办发〔2016〕97号	关于印发宿豫区特种设备事故应急预案的通知	2016.9.22
宿豫政办发〔2016〕98号	关于印发宿迁市宿豫区社会组织分类培育办法的通知	2016.10.8
宿豫政办发〔2016〕99号	关于调整区食品安全委员会成员的通知	2016.10.10
宿豫政办发〔2016〕100号	关于印发宿豫区食品安全协管员信息员管理办法的通知	2016.10.10
宿豫政办发〔2016〕101号	关于贯彻江苏省食品小作坊和食品摊贩管理条例的意见	2016.10.11
宿豫政办发〔2016〕102号	关于印发宿豫区突发公共卫生事件应急预案的通知	2016.10.12
宿豫政办发〔2016〕103号	关于印发宿豫区突发公共事件医疗卫生救援应急预案的通知	2016.10.12
宿豫政办发〔2016〕104号	关于印发2016年宿豫区特色农业奖励办法的通知	2016.10.12
宿豫政办发〔2016〕105号	关于进一步完善城乡困难群众医疗救助实施办法的意见	2016.10.18
宿豫政办发〔2016〕106号	关于印发宿豫区2016—2017年度秋冬季大气污染防治工作方案的通知	2016.10.25
宿豫政办发〔2016〕107号	关于调整区中小学校舍安全工程领导小组成员的通知	2016.10.25
宿豫政办发〔2016〕108号	关于成立宿豫区永久基本农田划定工作领导小组的通知	2016.10.25
宿豫政办发〔2016〕109号	关于成立宿豫区土地利用总体规划调整完善工作领导小组的通知	2016.10.25
宿豫政办发〔2016〕110号	关于成立宿豫区“十三五”土地整治规划工作领导小组的通知	2016.10.25
宿豫政办发〔2016〕111号	关于成立农民资金互助社转籍工作领导小组的通知	2016.10.31
宿豫政办发〔2016〕112号	关于进一步加强政府性债务管理的意见	2016.11.1
宿豫政办发〔2016〕113号	关于印发宿豫区政府性债务化解方案的通知	2016.11.9
宿豫政办发〔2016〕114号	关于成立区教育督导委员会的通知	2016.11.11
宿豫政办发〔2016〕115号	关于印发宿豫区突发公共事件卫生应急处置多部门协调联动机制的通知	2016.11.11
宿豫政办发〔2016〕116号	关于印发宿豫区责任督学挂牌督导工作制度（试行）的通知	2016.11.11
宿豫政办发〔2016〕117号	关于印发宿豫区整治地条钢生产企业工作实施方案的通知	2016.11.26
宿豫政办发〔2016〕118号	关于提高部分特殊困难群体基本生活保障标准的通知	2016.11.29
宿豫政办发〔2016〕119号	关于印发宿豫区环境保护行政问责办法实施方案的通知	2016.11.28
宿豫政办发〔2016〕120号	关于调整区人民政府教育督导委员会成员的通知	2016.12.9

2016年宿豫区按当年价格计算的地区生产总值构成项目一览

表113　　　　单位：亿元

项目构成	增加值	劳动者报酬	生产税净额	补贴	固定资产折旧	营业盈余
地区生产总值	252.13	168.00	15.38	1.27	27.58	41.17
农、林、牧、渔业	27.48	26.46	-1.27	1.27	1.54	0.75
农业	18.40	18.21	-1.27	1.27	1.10	0.36
林业	0.95	0.73	—	—	0.17	0.05
畜牧业	6.32	6.03	—	—	0.13	0.16
渔业	1.06	0.82	—	—	0.11	0.13
农、林、牧、渔服务业	0.75	0.67	—	—	0.03	0.05
工业	129.82	81.23	8.90	—	15.58	24.11
采矿业	10.12	8.05	1.00	—	0.58	0.49
#开采辅助活动	—	—	—	—	—	—
制造业	118.75	72.78	7.83	—	14.88	23.26
#金属制品、机械和设备修理业	1.29	1.21	0.02	—	0.02	0.04
电力、燃气及水的生产和供应业	0.95	0.40	0.07	—	0.12	0.36
建筑业	17.70	11.31	3.91	—	1.08	1.40
房屋建筑业	12.68	8.90	2.56	—	0.50	0.72
土木工程建筑业	3.56	1.79	1.31	—	0.22	0.24
建筑安装业	1.16	0.39	0.03	—	0.34	0.40
建筑装饰和其他建筑业	0.30	0.23	0.01	—	0.02	0.04
批发和零售业	8.32	5.55	0.73	—	0.54	1.50
批发业	3.19	2.08	0.16	—	0.18	0.77
零售业	5.13	3.47	0.57	—	0.36	0.73
交通运输、仓储和邮政业	10.94	5.48	0.44	—	1.14	3.88
铁路运输业	—	—	—	—	—	—
道路运输业	4.20	2.14	0.24	—	0.93	0.89
水上运输业	1.98	1.04	0.08	—	0.05	0.81

续表113-1

项目构成	增加值	劳动者报酬	生产税净额	补贴	固定资产折旧	营业盈余
航空运输业	—	—	—	—	—	—
管道运输业	—	—	—	—	—	—
装卸搬运和运输代理业	2.40	1.12	0.03	—	0.07	1.18
仓储业	1.97	1.00	0.05	—	0.04	0.88
邮政业	0.39	0.18	0.04	—	0.05	0.12
住宿和餐饮业	5.45	3.42	0.42	—	0.29	1.32
住宿业	1.94	1.43	0.19	—	0.07	0.25
餐饮业	3.51	1.99	0.23	—	0.22	1.07
信息传输、软件和信息技术服务业	4.82	3.12	0.10	—	0.57	1.03
电信、广播电视和卫星传输服务	1.14	0.66	0.04	—	0.16	0.28
互联网和相关服务	3.24	2.17	0.04	—	0.39	0.64
软件和信息技术服务业	0.44	0.29	0.02	—	0.02	0.11
金融业	7.54	4.68	0.65	—	0.44	1.77
货币金融服务	6.81	4.48	0.55	—	0.32	1.46
资本市场服务	—	—	—	—	—	—
保险业	—	—	—	—	—	—
其他金融业	0.73	0.20	0.10	—	0.12	0.31
房地产业	11.85	5.23	0.67	—	3.16	2.79
房地产开发经营业	6.30	2.98	0.39	—	1.98	0.95
物业管理业	1.75	0.58	0.08	—	0.62	0.47
房地产中介服务业	0.64	0.33	0.05	—	0.05	0.21
自有房地产经营活动	2.25	0.82	0.10	—	0.46	0.87
其他房地产业	0.91	0.52	0.05	—	0.05	0.29
租赁和商务服务业	2.65	1.71	0.24	—	0.36	0.34
租赁业	1.24	0.73	0.17	—	0.13	0.21
商务服务业	1.41	0.98	0.07	—	0.23	0.13
科学研究和技术服务业	1.32	0.89	0.03	—	0.24	0.16
水利、环境和公共设施管理业	2.54	1.54	0.04	—	0.44	0.52
居民服务、修理和其他服务业	2.52	1.49	0.32	—	0.22	0.49
教育	7.19	6.18	0.07	—	0.42	0.52
卫生和社会工作	5.55	4.65	0.10	—	0.54	0.26

续表113-2

项目构成	增加值	劳动者报酬	生产税净额	补贴	固定资产折旧	营业盈余
文化、体育和娱乐业	1.77	1.09	0.03	—	0.32	0.33
公共管理、社会保障和社会组织	4.67	3.97	—	—	0.70	0.00
第一产业	26.73	25.79	-1.27	1.27	1.51	0.70
第二产业	146.23	91.33	12.79	—	16.64	25.47
第三产业	79.17	50.88	3.86	—	9.43	15.00

2016年宿豫区规模工业企业产销存汇一览

表114

产品名称	计量单位	年初库存量		销售量		企业自用及其他		期末库存量	
		2016年	2015年同期	2016年	2015年同期	2016年	2015年同期	2016年	2015年同期
甲	乙	1	2	3	4	5	6	7	8
水泥	吨	7586	22832	223616	382973	0	0	16896	7586
塑料制品	吨	670	237	2659	3654	0	0	703	670
化学农药原药(折有效成分100%)	吨	136	121	23473	22820	0	0	148	136
平板玻璃	重量箱	450479	1251	4412495	3834224	0	0	346922	450479
服装	万件	0.4	0	424.02	398.15	0	0	0.4	0
合成橡胶	吨	485	753	52383	50348	0	0	372	485
合成氨(无水氨)	吨	1015	1277	182931	187431	0	0	1955	1015
粗钢	吨	0	0	0	0	0	0	0	0
化学药品原药	吨	210	105	610	903	566	426.26	697.4	210
氮肥(折含氮100%)	吨	2219	2399	125857	128953	0	0	2865	2218
涂料	吨	153	42	3497	791	0	0	153	153
精制食用植物油	吨	101	4205	92050	85105	0	0	233	101
布	万米	35.23	15	2972.73	2274.17	0	0	52	35.23
农用氮、磷、钾化学肥料(折纯)	吨	2219	2399	125857	128953	0	0	2865	2218
硫酸(折100%)	吨	695	850	27493	38662	0	0	695	695
化学纤维	吨	1526.6	1674.6	176078	152769.76	0	0	8235.6	1526.6
橡胶轮胎外胎	条	50000	160000	2660000	2720000	0	0	60000	50000
纱	吨	146.36	78.23	1978.36	2088.87	0	0	0	146.36

2016年宿豫区固定资产投资完成情况一览

表115 单位：亿元

	投资完成额	2015年同期	同比（±%）
固定资产投资完成额	252.94	223.64	13.1
第一产业	2.93	2.54	15.4
第二产业	160.46	140.98	13.8
其中：工业投资	159.79	140.78	13.5
第三产业	89.55	80.12	11.8
其中：房地产开发投资	19.66	31.84	-38.3

2016年宿豫区社会消费品零售总额季度数据一览

表116 单位：万元

指标名称	1–3月	1–6月	1–9月	1–12月
社会消费品零售总额	131473	258146	388696	536948
（一）批发和零售业小计	105970	212680	322558	459327
1、批发业	28724	46991	68438	74770
2、零售业	77246	165689	254120	384557
（二）住宿和餐饮业小计	25503	45466	66138	77621
1、住宿业	5572	11463	17467	21609
2、餐饮业	19931	34003	48671	56012

2016年宿豫区城乡居民居住情况一览

表117

指标名称	单位	城镇	农村
（一）现住房建筑面积	m^2	43.1	50.9
（二）本住户居住空间样式	%	100	100
1.单栋楼房	%	29	12
2.单栋平房	%	29	88
3.四居室及以上单元房	%	0	0
4.三居室单元房	%	29	0
5.二居室单元房	%	14	0
6.一居室单元房	%	0	0
7.筒子楼或连片平房	%	0	0
8.其他	%	0	0

续表117

指 标 名 称	单 位	城 镇	农 村
（三）住宅有管道供水情况	%	100	100
1.管道供水入户	%	100	98
2.管道供水至公共取水点	%	0	0
3.没有管道设施	%	0	2
（四）住户厕所类型	%	100	100
1.水冲式卫生厕所	%	74	16
2.水冲式非卫生厕所	%	3	2
3.卫生旱厕	%	14	31
4.普通旱厕	%	9	51
5.无厕所	%	0	0
（五）住户厕所使用情况	%	100	100
1.本住户独用	%	99	100
2.几户合用	%	0	0
3.公用厕所	%	1	0
（六）住户洗澡设施情况	%	100	100
1.统一供热水	%	3	0
2.家庭自装热水器	%	89	73
3.其他	%	6	4
4.无洗澡设施	%	3	22
（七）主要炊用能源状况	%	100	100
1.柴草	%	4	14
2.煤炭	%	0	4
3.罐装液化石油气	%	67	63
4.管道液化石油气	%	0	0
5.管道煤气	%	1	0
6.管道天然气	%	27	0
7.电	%	0	18
8.燃料用油	%	0	0
9.沼气	%	0	0
10.其他	%	0	0
11.无炊用行为	%	0	0

2016年宿豫区居民收支情况一览

表118　　　　单位：元/年•人

指标名称	全体居民	城镇居民	农村居民
人均可支配收入	18991	23611	14077
（一）工资性收入	10883	15071	6290
（二）经营净收入	5136	4810	5550
（三）财产净收入	842	1290	372
（四）转移净收入	2130	2440	1865
人均生活消费性支出	12559	15218	9943
（一）食品	4344	5215	3476
（二）衣着	785	1035	541
（三）居住	2112	2440	1756
（四）家庭设备用品及服务	848	1123	612
（五）交通和通讯	1223	1390	1040
（六）教育文化娱乐服务	2262	2722	1791
（七）医疗保健	833	1103	616
（八）其它商品和服务	151	190	111

2016年宿豫区城乡居民就业情况一览

表119

指　标　名　称	单　位	城　镇	农　村
一、平均每户家庭人口	人	3.36	3.46
二、平均每户就业人口	人	2.07	2.41
（一）第一产业	人	0.40	0.98
（二）第二产业	人	0.67	0.76
1.采矿业	人	0.00	0.00
2.制造业	人	0.39	0.31
3.电力、热力、燃气及水生产供应业	人	0.01	0.00
4.建筑业	人	0.27	0.45
（三）第三产业	人	1.00	0.67
1.批发和零售业	人	0.11	0.12
2.交通运输、仓储和邮政业	人	0.04	0.18
3.住宿和餐饮业	人	0.13	0.10
4.信息传输、软件业和信息技术服务业	人	0.03	0.02
5.金融业	人	0.00	0.00

续表119

指 标 名 称	单 位	城 镇	农 村
6. 房地产业	人	0.00	0.00
7. 租赁和商务服务业	人	0.00	0.00
8. 科学研究和技术服务业	人	0.00	0.00
9. 水利、环境和公共设施管理业	人	0.00	0.00
10. 居民服务、修理和其他服务业	人	0.39	0.20
11. 教育	人	0.20	0.02
12. 卫生和社会工作	人	0.01	0.00
13. 文化、体育和娱乐业	人	0.00	0.00
14. 公共管理、社会保障和社会组织	人	0.09	0.02
15. 国际组织	人	0.00	0.00
三、平均每一就业人口负担人数	人	1.62	1.44

2016年宿豫区最终消费支出情况一览

表120　　单位：亿元

指标名称	2016年	2015年	同比（±%）
最终消费支出	73.07	67.13	8.85
一、居民消费支出	58.6	53.65	9.23
（一）城镇居民	40.89	37.2	9.92
1. 食品烟酒	14.01	12.94	8.27
2. 衣着	2.78	2.54	9.45
3. 居住（含自有住房服务）	6.56	5.81	12.91
4. 生活用品及服务	3.02	2.67	13.11
5. 交通和通信	3.73	3.3	13.03
6. 教育文化娱乐	7.31	6.89	6.1
7. 医疗保健	2.96	2.61	13.41
10. 其他商品和服务	0.51	0.44	15.91
（二）农村居民	17.71	16.45	7.66
1. 食品烟酒	6.19	5.82	6.36
2. 衣着	0.96	0.9	6.67
3. 居住（含自有住房服务）	3.13	2.84	10.21
4. 生活用品及服务	1.09	0.99	10.10

续表120

指标名称	2016年	2015年	同比（±%）
5. 交通和通信	1.85	1.68	10.12
6. 教育文化娱乐	3.19	3.03	5.28
7. 医疗保健	1.10	1.01	8.91
10. 其他商品和服务	0.20	0.18	11.11
二、政府消费支出	14.47	13.48	6.6

2016年宿豫区城乡居民平均每百户耐用消费品拥有量一览

表121

指 标 名 称	单 位	城 镇	农 村
1. 家用汽车	辆	29	12
2. 摩托车	辆	44	71
3. 助力车	台	140	112
4. 洗衣机	台	103	102
5. 电冰箱（柜）	台	96	92
6. 微波炉	台	66	29
7. 彩色电视机	台	144	124
8. 其中：接入有线电视	台	116	104
9. 空调	台	139	69
10. 热水器	台	96	76
11. 其中：太阳能热水器	台	91	69
12. 消毒碗柜	台	0	2
13. 洗碗机	台	1	0
14. 排油烟机	台	81	18
15. 固定电话	线	17	45
16. 移动电话	部	257	263
17. 其中：接入互联网	部	154	63
18. 计算机	台	84	24
19. 其中：接入互联网	台	76	20
20. 摄像机	台	4	0
21. 照相机	台	16	4
22. 中高档乐器	架	3	2
23. 健身器材	台	6	4
24. 组合音响	套	4	4

2016年宿豫区农村组织和从业人员情况一览

表122

指　　标	计量单位	数量
甲	乙	1
一、农村基层组织情况	—	—
乡镇个数	个	10
其中：镇个数	个	8
其中：城关镇个数	个	
村委会个数	个	88
村民小组个数	个	1546
二、乡村人口、从业人员资源及主要行业分布	—	—
乡村户数	万户	9.16
乡村人口数	万人	37.53
1.男	—	19.67
2.女	—	17.86
乡村劳动力资源	—	21.45
1.男	—	11.2
2.女	—	10.25
劳动年龄内人口数	万人	19.84
其中：劳动年龄内上学的学生数	万人	1.35
劳动年龄内丧失劳动能力的人数	万人	0.57
超过劳动年龄而实际参加劳动的人数	万人	2.18
乡村实有从业人员合计	万人	20.12
其中：劳动年龄内从业人员	万人	17.87
（一）按性别分	—	—
1.男从业人员	万人	10.51
2.女从业人员	万人	9.61
（二）按国民经济行业分	—	—
1.农林牧渔业从业人员	万人	5.89
其中：种植业从业人员	万人	4.98
①男性农林牧渔业从业人员	万人	3.23
②女性农林牧渔业从业人员	万人	2.66
2.工业从业人员	万人	4.94
3.建筑业从业人员	万人	4.15
4.交通运输、仓储和邮政业从业人员	万人	0.81
5.信息传输、计算机服务和软件业从业人员	万人	0.04

续表122

指　　标	计量单位	数量
6.批发与零售业从业人员	万人	2.11
7.住宿和餐饮业从业人员	万人	1.05
8.金融、保险业从业人员	万人	0.05
9.房地产、社会服务业从业人员	万人	0.2
10.卫生、体育和社会福利业从业人员	万人	0.17
11.教育、文化、艺术和广播电视事业从业人员	万人	0.25
12.科学研究和综合技术服务事业从业人员	万人	0.03
13.乡经济组织管理从业人员	万人	0.07
14.其他从业人员	万人	0.36
三、农村基础设施	—	—
1.通宽带的村数	个	88
2.自来水受益村数	个	88
3.通有线电视村数	个	88
4.垃圾集中处理的村	个	88
5.建立集中居住点的村	个	31
四、附报	—	—
1.涉农街道个数	个	3
2.涉农居委会	个	42
3.乡镇镇区(不含城关镇)居委会常住户数	万户	3.43
4.乡镇镇区(不含城关镇)居委会常住人口数	万人	11.61
5.外来从业人员	人	15747
6.当年到境外从业的从业人员数	人	18

2016年宿豫区农、林、牧、渔业总产值情况一览

表123

指标名称	单　位	产　值（万元）	
		现　价	可比价
甲	乙	—	—
农林牧渔业总产值	—	498767	478133
一、农业产值	—	291804	282092
（一）谷物及其他作物	吨	102129	103088
（二）蔬菜、食用菌及花卉盆景园艺	万元	175127	165214
（三）水果、坚果、饮料和香料	万元	14548	13790

续表123

指标名称	单 位	产 值（万元）	
		现 价	可比价
二、林业产值	万元	16192	16034
（一）林木的培育和种植	万元	3735	3713
（二）竹木采运	万元	12080	11949
（三）林产品的采集	万元	377	372
三、牧业产值	万元	158422	148879
1.牲畜的饲养	头	10038	9812
2.猪的饲养	吨	50778	43812
3.家禽	万元	89531	87535
5.其他畜牧业	万元	8075	7720
四、渔业产值	万元	19536	19097
五、农林牧渔服务业产值	万元	12813	12031

2016年宿豫区农业机械年末拥有量情况一览

表124

项 目	单位	数量	项 目	单位	数量
一、农业机械总动力	千瓦	628414	联合收割机	台	3074
#柴油机	千瓦	549050	秸秆粉碎还田机	台	2440
汽油机	千瓦	29570	谷物烘干机	台	116
电动机	千瓦	49794	保鲜储藏设备	台(套)	37
二、拖拉机数量	台	17693	四、畜牧养殖机械	台	1852
动力	千瓦	232000	动力	千瓦	7234
#大中型拖拉机数量	台	2833	五、林果业机械	台	260
动力	千瓦	130800	动力	千瓦	1310
三、种植业机械	—	—	六、渔业机械	台	8140
#耕整机	台(套)	528	动力	千瓦	8510
机引犁	台	3620	七、农用运输车	辆	—
旋耕机	台	19420	动力	千瓦	—
播种机	台	6030	农机化作业总体情况	—	—
水稻插秧机	台	1903	（一）机耕面积	公顷	48539
排灌动力机械	台	10590	（二）机播面积	公顷	37251
农用水泵	台	4900	（三）机电灌溉面积	公顷	31200
节水灌溉类机械	套	1230	（四）机械植保面积	公顷	40200
机动喷雾（粉）机	台	4912	（五）机收面积	公顷	45350

2016年宿豫区农业主要产品生产情况一览

表125

农作物名称	播种面积（千公顷）	每公顷产量（千克）	总产量（吨）
农作物总播种面积	63.17	—	—
一、粮食作物合计	49.16	7224	360024
（一）夏收粮食	20.76	5855	119793
夏收谷物	20.69	5864	119593
小麦	20.68	5864	119530
大麦	0.01	6000	63
夏收豆类（蚕豌豆）	0.07	2857	200
（二）秋收粮食	28.4	8458.84	240231
秋收谷物	27.32	8636.86	235959
稻谷	26.56	8722.85	231679
籼稻	12.56	8734.71	109708
粳稻	14	8712.21	121971
玉米	0.76	5631.58	4280
秋收豆类	0.9	3006.67	2706
大豆	0.86	3006.98	2586
绿豆	0.02	3000	60
红小豆	0.02	3000	60
秋收薯类	0.18	8700	1566
二、油料合计	0.63	2295	1446
花生	0.11	1800	198
油菜籽	0.52	2400	1248
三、棉花(皮棉)	0.03	1100	33
四、药材类合计	—	—	—
五、蔬菜(含菜用瓜)	11.96	50848	613139
六、瓜果类	1.17	24260	28311
其中:西瓜	0.93	24606	22834
甜瓜	0.1	22660	2334
草莓	0.11	20971	2202
七、其他农作物	0.22	—	—
附:常年种蔬菜面积	0.06	—	—

2016年宿豫区工业企业能源消耗情况一览

表126

	原煤(吨)	焦炭(吨)	天然气（气态）(万立方米)	汽油(吨)	煤油(吨)	柴油(吨)	热力(百万千焦)	电力(万千瓦时)	生物质废料用于燃料(吨)
全部工业企业	611359.81	2050	2285.79	1067.61	0	3155.39	711369.63	267075.32	133000
一、按工业行业门类分	—	—	—	—	—	—	—	—	—
(一)轻工业	199144	2050	98	956.31	0	1289.05	322709.74	58926.72	0
(二)重工业	412215.81	0	2187.79	111.3	0	1866.34	388659.89	208148.6	133000
(三)采矿业	0	0	0	0	0	365	0	890	0
(四)制造业	528136.81	2050	2285.79	1067.61	0	2550.39	711369.63	262476.32	0
(五)电力、热力、燃气及水生产和供应业	83223	0	0	0	0	240	0	3709	133000

2016年宿豫区工业企业用水情况一览

表127

指标名称	计量单位	取水量		外供水量	
		本期	上年同期	本期	上年同期
合　计	立方米	23720749.72	20324145.13	—	—
地表淡水	立方米	15003706	11819746	—	—
地下淡水	立方米	993724	987025	—	—
自来水	立方米	7714776.72	7509102.69	—	—
雨水	立方米	4443	4211.44	—	—
其他水	立方米	4100	4060	—	—
补　充　指　标					
指标名称	计量单位	本期		上年同期	
外排水量	立方米	13126987.6		11629947.73	
重复用水量	立方米	58498656		58096924.8	

环境保护一览

表128

指　　标	单位	2013年	2014年	2015年	2016年
工业废水排放总量	万吨	1363.09	1443.76	1370.58	1816.16
工业废水排放达标量	万吨	—	—	—	—
工业废水排放达标率	%	—	—	—	—

续表128

指　　标	单位	2013年	2014年	2015年	2016年
工业废水处理量	万吨	2141.30	1357.52	1261.59	1782.17
工业废水处理率	%	95	95	92	98
COD排放量	吨	4919.6	4524.21	3811.09	2675.34
工业废气排放总量	亿标立方米	86.71	86.81	114.08	164.65
燃料燃烧废气排放量	亿标立方米	—	—	—	—
经消烟除尘的	亿标立方米	—	—	—	—
消烟除尘率	%	—	—	—	—
生产工艺废气排放量	亿标立方米	—	—	—	—
经净化处理的	亿标立方米	—	—	—	—
净化处理率	%	—	—	—	—
工业二氧化硫排放量	吨	4103.83	4050.78	3740.65	3421.33
烟(粉)尘排放量	吨	1512.16	1586.11	1230.93	1027.03
工业粉尘排放量	吨	—	—	—	—
工业粉尘回收量	吨	—	—	—	—
工业固体废弃物产生量	万吨	20.32	22.37	23.17	37.83
工业固体废弃物综合利用量	万吨	20.31	22.36	22.12	31.49
工业废弃物综合利用率	%	99.94	99.95	95.47	83.22
工业二氧化硫去除量	吨	47.40	43.17	40.37	158671.61
工业烟（粉）尘去除量	吨	22392.52	22495.37	19300.91	28462.14
工业烟尘排放达标率	%	—	—	—	—
工业废气排放量	万标米	—	—	—	—
三废综合利用产品产值	万元	—	—	—	—
环境污染治理本年投资总额	万元	28581.46	45686.62	57335.21	5677.4
城市环境基础设施建设本年完成投资额	万元	26700	24153.08	5553.41	1951.2
烟尘控制区总面积	平方公里	15.85	70	15.85	—
高污染燃料禁烧区总面积	平方公里	0	70	70	—
环境噪声达标区总面积	平方公里	15.85	15.85	15.85	15.85
自然保护区个数	个	0	0	0	—
自然保护区面积	公顷	0	0	0	—

2016年宿豫区计划生育情况一览

表129

指　　标	单位	2015年数量	2016年数量	指　　标	单位	2015年数量	2016年数量
一、人口自然变动	人	—	—	四、人口出生	人	—	—
期末总人口	人	495353	499881	计划内一	人	2232	2461
出生总数	人	2830	6356	计划内二	人	458	3496
出生率	‰	5.71	13.08	计划内多	人	7	144
死亡人数	人	1246	3266	计划外一	人	32	—
死亡率	‰	2.52	6.53	计划外二	人	98	—
自然增长人数	人	1584	3090	计划外多	人	3	255
自然增长率	‰	3.19	6.18	女婴	人	1400	3011
二、育龄妇女构成	—	—	—	性别比（女=100）	比100	102.14	111.09
育龄妇女	人	123844	121205	计划生育率	%	95.30	95.99
占总人口	%	25.00	24.25	五、已婚育妇采取节育措	—	—	—
已婚育龄妇女	人	86862	85291	男性绝育	例	3784	—
占育龄妇女	%	70.14	70.37	女性绝育	例	12030	—
一孩育龄妇女	人	52357	—	宫内节育器	例	56013	—
独生子女率	%	60.28	51.36	皮下埋植	例	136	—
有效领证数	人	13101	—	口服及注射避孕药	例	408	—
占已婚育龄妇女	%	15.08	—	避孕套	例	2663	—
三、女性初婚	—	—	—	外用药	例	37	—
新婚总数	人	3509	3452	六、当年计划生育手术	—	—	—
19周岁以下	人	408	306	男性绝育	例	1	—
早婚率	%	11.63	8.7	女性绝育	例	6	—
20-22周岁	人	994	1023	宫内节育器	例	3698	3338
占初婚总数	%	28.33	29.8	皮下埋植	例	0	—
23周岁以上	人	2107	2123	人工流产	例	669	—
晚婚率	%	60.05	61.5	—	—	—	—

2016年宿豫区房地产开发项目施工、销售及待售情况一览

表130

指标名称	计量单位	合计	按用途分						
			住宅	户型结构		其中：别墅、高档公寓	办公楼	商业营业用房	其他
				其中：90㎡及以下	其中：144㎡以上				
甲	乙	1	2	3	4	5	6	7	8
房屋施工面积	㎡	3001137	2199836	703432	101272	30191	124897	468003	208401
其中：本年新开工面积	㎡	472150	382829	112702	11217	19223	0	46223	43098
本年房屋竣工面积	㎡	764100	639102	159899	8595	19223	0	83638	41360
其中：不可销售面积	㎡	12637	0	0	0	0	0	8719	3918
本年住宅竣工套数	套	—	5432	1799	52	76	—	—	—
本年房屋竣工价值	万元	213158	181569	46292	2336	3840	0	24299	7290
本年批准预售面积	㎡	529193	500377	138248	54677	0	0	25700	3116
本年批准预售住宅套数	套	—	4380	1483	301	0	—	—	—
房屋出租面积	㎡	0	0	0	0	0	0	0	0
本年商品房销售面积	㎡	831177	807561	73816	14719	780	2049	16963	4604
其中：本月销售面积	㎡	139233	136103	12183	611	0	0	2936	194
现房销售面积	㎡	233473	226359	1077	11046	780	0	6789	325
期房销售面积	㎡	597704	581202	72739	3673	0	2049	10174	4279
本年商品房销售额	万元	668395	654870	27228	5613	621	720	11435	1370
其中：本月销售额	万元	217786	215824	4497	115	0	0	1927	35
现房销售额	万元	279763	275975	413	4302	621	0	3714	74
期房销售额	万元	388632	378895	26815	1311	0	720	7721	1296
本年商品住宅销售套数	套	—	7485	1056	77	2	—	—	—
现房销售套数	套	—	2002	13	56	2	—	—	—
期房销售套数	套	—	5483	1043	21	0	—	—	—
待售面积	㎡	388319	241250	142560	29202	7562	0	112239	34830
其中：待售1~3年(含1年)	㎡	251193	181338	136291	16369	3529	0	46422	23433
待售3年以上(含3年)	㎡	70722	17079	0	5199	0	0	53643	0

2016年宿豫区教育事业基本情况一览

表131

指　标	计量单位	合　计	高　中	初　中	小　学	中等专业学校	特殊教育	幼儿园
学校数	所	60	1	13	10	1	1	34
班数	个	1616	4	234	725	128	17	508
在校学生数	人	68418	140	10632	32827	5737	134	18948
毕业生数	人	15680	327	3607	3500	1486	15	6745
公办教职工人数	人	4441	—	1036	1927	520	49	909
#专任教师数	人	4008	—	957	1894	508	46	603
专任教师学历达标率	%	—	100	100	100	100	100	100
学校占地面积	万平方米	171	4	69	54	19	2	22
校舍建筑面积	万平方米	66	3	20	16	15	1	11

2016年宿豫区广电文化事业情况一览

表132

指　标	单 位	2016年	指　标	单 位	2016年
广播覆盖率	%	100	#35mm	台套	—
电视覆盖率	%	100	16mm	台套	—
有线电视入户率	%	70.0	五、录像放映点	个	—
公共图书馆	个	2	#农村	个	—
公共图书馆图书总藏量	千册	175	六、电影院	座位/个	960/3
一、电影发行机构	个	—	七、博物馆	个	1
二、电影发行收入	万元	—	八、文化馆	个	1
三、电影公司放映收入	万元	90.00	九、县级剧场	个	0
四、电影放映机拥有量	部	4	十、乡镇文化广播电视中心	个	11

（区统计局供稿）

说 明

一、本索引采用主题索引方法编制，按标引词第一个汉字拼音字母顺序排列（同音按声调），音、调相同按第二个字的音序排列，以此类推。

二、类目、分目用黑体字标示，条目等内容一律用宋体字标示。

三、索引词后的阿拉伯字表示内容所在的页码，数字后的字母a、b表示该页码从左到右的栏位。

四、大事记、荣誉、文献辑录、图片资料等未做索引。

主题索引

A

B

C

D

T

W

表格索引

A

B

C

L

N

Q

S

X

Y

Z